法学精品课程系列教材
法律史学系列
吴汉东 总主编

主编、副主编简介

范忠信 1959年生，法学博士，博士生导师。全国优秀教师，国务院特殊津贴专家，教育部新世纪优秀人才，湖北省有突出贡献的中青年专家，中南财经政法大学法律文化研究院院长。河南大学法文化研究所兼职教授。有学术专著、译著九种，论文一百余篇，其中在《中国社会科学》、《法学研究》等期刊发表十余篇，有四篇论文被译为英日文在海外传播，著作《情理法与中国人》在韩国被翻译出版并指定为大学教学参考书。两次获全国高校人文社科奖，获“钱端升法学研究成果奖”一等奖，获司法部优秀教材奖。

陈景良 1958年生，法学博士，博士生导师。国务院特殊津贴专家，河南省跨世纪学科带头人，河南省高校优秀中青年骨干教师，中南财经政法大学“511人才工程”学科带头人、法学院院长。河南大学法文化研究所兼职教授。出版《当代中国法律思想史》、《中国法制通史》(“宋卷”副主编)等专著多种，在《法学研究》、《中国法学》等期刊发表论文五十余篇，参与十余种法制史教材编写。曾获国家图书奖、河南省人文社科成果奖等多种奖项，主持教育部人文社科基金课题等省部级课题多项。

武　乾 1964年生，副教授，法学硕士，硕士生导师。中南财经政法大学法律文化研究院副院长、理论法学系副主任，中南财经政法大学“511人才工程”优秀主讲教师。在《中国法学》等刊物上发表学术文章近二十篇，并主持教育部人文社科研究项目等多项科研课题。

中国法制史

主　编　范忠信 陈景良

副主编　武　乾

撰稿人　（以撰写章节先后为序）

范忠信 易江波 黄东海 罗　鑫

汤建华 陈敬刚 李艳华 陈景良

孙丽娟 陈会林 武　乾 春　杨

The Legal History of China

北京大学出版社
PEKING UNIVERSITY PRESS

图书在版编目(CIP)数据

中国法制史/范忠信,陈景良主编. —北京:北京大学出版社,2007.9
(法学精品课程系列教材)
ISBN 978-7-301-12586-1

Ⅰ. 中…　Ⅱ. ①范… ②陈…　Ⅲ. 法制史-中国-高等学校-教材　Ⅳ. D929

中国版本图书馆 CIP 数据核字(2007)第 117284 号

书　　名：中国法制史
著作责任者：范忠信　陈景良　主编
责 任 编 辑：李　霞　谢海燕
标 准 书 号：ISBN 978-7-301-12586-1/D・1830
出 版 发 行：北京大学出版社
地　　址：北京市海淀区成府路 205 号　100871
网　　址：http://www.pup.cn　电子邮箱：law@pup.pku.edu.cn
电　　话：邮购部 62752015　发行部 62750672　编辑部 62752027
出版部 62754962
印 刷 者：北京大学印刷厂
经 销 者：新华书店
730 毫米×980 毫米　16 开本　39 印张　738 千字
2007 年 9 月第 1 版　2008 年 5 月第 2 次印刷
定　　价：49.00 元

总　序

法学教育的目标和任务在于培养法律人才。提高培养质量，造就社会需要的高素质法律职业人才是法学教育的生命线。根据教育部关于高等学校教学质量与教学改革工程精品课程建设的精神和要求，结合中南财经政法大学精品课程建设的总体规划，在全面总结我国法学教育经验和分析法律人才社会需求的基础上，我校确立了以培养高素质法律人才为目的，以教材建设为核心，强化理论教学与实践教学的融会，稳步推进法学精品课程建设的方案。两年来，我校法学精品课程建设取得了阶段性的成果，已有民法、知识产权法等十余门课程被确定为国家、省、校三级精品课程，并在此基础上推出了《法学精品课程系列教材》。

《法学精品课程系列教材》是一套法学专业本科教材及其配套用书，涵盖了我校法学本科全程培养方案所列全部课程，由教材、案（事）例演习和教学参考资料三个层次的教材和教学用书构成，分为法理学、法律史学、宪法与行政法学、刑法学、民商法学、诉讼法学、经济法学、环境与资源法学、国际法学和法律职业实训等十个系列。

《法学精品课程系列教材》由我校一批具有良好学术素养和丰富教学经验的教授、副教授担纲撰写，同时根据需要约请法学界和实务部门的知名学者和专家加盟，主要以独著、合著的形式合力完成。《法学精品课程系列教材》遵循理论与实际相结合的原则，以法学理论的前沿性、法律知识的系统性、法律制度的针对性、法律运作的可操作性为编撰宗旨，以先进的教学内容和科学的课程体系的统一为追求，融法学教育的新理论、新方法和新手段于一体，力图打造成一套优秀的法学精品课程系列化教材。

《法学精品课程系列教材》是我校在推进法学教育创新，深化法学教学改革，加强教材建设方面的一次尝试，也是对以“一流教师队伍、一流教学内容、一流教学方法、一流教材、一流教学管理”等为特点的法学精品课程在教材建设方面的探索。

我相信《法学精品课程系列教材》的出版，能为广大读者研习法学理论、提高法学素养、掌握法律技能提供有效的帮助。同时，我衷心希望学界同仁和读者提出宝贵的批评和建议，以便这套教材不断修订完善，使之成为真正的法学精品课程教材！

是为序。

2005 年 3 月

订正说明

本书去年9月问世后，很快引起了法学同行的关注。据不太精确的了解，仅过去的一个学期里，就有近二十家大学选用本书为本科教材，初版数千册书早已销售一空。在数十种中国法制史教材同时竞销于书市的当下，这是非常难得的。同行们纷纷选用本书，使我们备受鼓舞，是对我们十多年心血凝聚的高度肯定。在这样的肯定和鼓励下，半年来我们一直以怵惕惶恐之心对本书进行勘误订正工作。我们的具体做法是：(一) 在本科生的法制史课堂上动员三百余位本科生刻意挑剔书中的毛病，并将这种挑毛病结果作为修课学生之“平时成绩”的评分依据之一。(二) 组织3批十余位法律史研究生对本书进行了通读和挑剔，特别征求他们关于本书错漏衍误之处的订正意见。此外我们还向一些法史同行非正式征询过意见。

结合这些宝贵意见，我们对书中的相应内容一一重新审定。除少数同学因对古文或典故陌生而提出的质疑之外，其他意见都予以采纳并一一加以更正。本次修订，有古文引用不准确处，有数字排序不连贯处，有标点符号不妥当处，有用词表意不准确处，有语句生硬不通处，甚至有字词使用错误处，以及前后文自相矛盾处。就是说，凡比较容易纠正的错误(即不改变初版版面格局就可消除的错误)，我们都纠正了。抱歉的是，有些朋友、同学提出的关于宏观结构改进的建议，关于各章节具体内容改进的建议，关于叙述逻辑或方法的改进建议，因时间关系至今尚未一一认真斟酌并作出取舍选择。那些意见，我们只好等待来日全面修订时参考采纳。

本次订正，我们特别要感谢下列诸君：

中国地质大学江城学院教师黄晓平君，中南财经政法大学法学院本科生吴欢、陈振坚、徐聪聪 、蒋楠楠、戴金飞、何兴瑞、胡可为、雷细荣、李杰、李炜、李宗桂、王超、韦倩倩、徐成宝、殷昭、张昕、翟永华、刘聪、刘菲诸君，中南财经政法大学法律史专业研究生王伟、徐会超、李兵、雷新年诸君，湖北大学法学院本科生刘瑞君。他们是最主要的批评指正者，他们的批评消除了本书中的最为显著的错误，功不可没。另外，北京大学法学院博士生尤陈俊君为本书核对数十处引用史料，多有劳苦，在此一并致谢。

我们期待着所有读者继续对本书批评指正。

本书系多年心血的结晶。焚膏继晷，胼手胝足，来之不易。我们不希望看到它迅速被别人抄袭剽窃。在此我们特别呼吁所有读者：如果发现有抄袭剽窃本书内容或思路框架之嫌疑者，望惠予关注并及时举报。

批评和举报都请发至我的邮箱 fzx59@vip. sina. com，我们将以一定的酬金对举报者进行酬谢！

殷切期待，至为感激！

范忠信
2008 年 3 月 8 日
于中南财经政法大学南湖校区
文澜楼北门　法律文化研究院内

目　录

第三编 整合时期的中国法制

（秦汉魏晋南北朝时期的法制）

第四编　定型时期的中国法制

（隋唐至明清时期的法制）

第五编 变革时期的中国法制

（清末、民国与新中国法制）

导　论

生活在今日中国的任何人，都生活在今日中国的法律秩序里，都受今日中国法制的保护、约束或曰调整。任何一个积极的公民，都不能不关注（或者说自然而然地想领悟）他置身其中的法律秩序或法制。

要领会中国当代法制或法律秩序，必须了解中国法制史。

我们今天置身其中的中国法制，是中国法制史的一个阶段，是传统中国法制延续和外来法制移植双重作用的产物，我们不能不以怵惕之心去认识之。

当代中国法制有两大历史渊源：一是传统的中国法制，即自先秦至清末数千年间中国法制的演进及其结晶；二是移植的外来法制，即自鸦片战争以来一个半世纪间中国移植西方和苏俄的法制。可以说，中国当代法制是人类历史上三个法制体系——中国传统法制体系、西方传统法制体系、西方革命法制体系——共同影响的结果。

这三大法制体系，哪一个对中国当代法制影响最深？毋庸置疑，影响中国当今法制外观和架构的主要是西方传统法制，因为中国自鸦片战争以来的法制史几乎就是一部翻译西方法律规范并模仿起草中国相应法律规范的历史。同时，自 1919 年以后，来自另一个西方的法制——巴黎公社到十月革命形成的革命法制，也开始局部地影响中国，并在 1949 年以后全面影响中国法制的框架和气质，中国的法制迅速苏维埃化。西方这两个法制体系对中国法制的影响，的确是巨大且深远的。不过，从人类法制发展的漫漫长河来看，一百多年外来法制的影响，并不足以改变五千年中国传统法制熏陶而成的中国或中华民族的个性，不足以改变整个民族心目中的法制，不足以彻底改变中国社会生活中实际存在的法律秩序。当今中国显性法制（成文法制）的背后，仍然顽强地运行着许多隐性法制（不成文法制）。那些隐性法制，更多是中国数千年法制传统遗留下来的。不管你喜欢不喜欢，不管它是进步还是落后，都客观地存在和运行着，不以立法者的意志为转移，甚至也不以人民中的一部分或社会阶层中的若干阶层的意志为转移。

中国法制史就是这样一部特殊的历史：是中华民族自己的法律秩序形成和发展的历史，是中华民族吸收外来法制文明改善自己的法律秩序的历史，是一部中华民族的民族性顽强地以显性的或隐性的法制保留下来的历史。

我们不能不关心这一部历史，不能不熟悉这一部历史。熟悉这一部历史，就是了解我们民族的特性或曰民族性。不了解这一历史，就是不了解我们自己。人之异于禽兽者，就在于人能够认识自身。

一、中华法律传统与中国法制史

中华法律传统就是我们民族过去数千年来形成的显性及隐性的法制的传承及其规律。所谓传统，就是代代相“传”之“统”，就是“一以贯之”的东西。

我们要问什么是一个民族的法制“传统”？你可能马上就会问“何为‘统’?”“何为‘传’?”“传了多长时间的东西可以叫做‘统’?”“以什么方式存在可以叫做‘传’?”等等。

我们考察中华法律传统，当然不能整天为着这类玄学式的问题去绞尽脑汁。虽然我们不能对这几个玄学式的概念下定义，但每个思考者心目中都会不由自主地形成自己对“法律传统”的认知，从这种意义上讲我们可以认识我们的法律传统。我们认为，要认识法律传统，可以从三个角度去思考：

1. 法律传统是民族的秩序个性，犹如自然人的身心个性。我们每个人从生到死，某些生理特征不会变，某些心理特征也不会变。法律传统可能就是一个民族的这种秩序个性。

2. 法律传统虽非一成不变，但变化规律本身也是传统的构成部分。一个民族的法律传统是一直在自然变化或自然进化之中的，这种变化是有“传统”属性可循的，变化是有内在规律的。这正如一个人的幼年容貌和垂暮之年容貌之间变化虽巨大，但仍有某种潜在的共性不可磨灭。除了人工整容，某种幼年的面庞只能演变为某种特定的暮年面庞，而不可能演变为另外的面庞。除非外力剧烈撞击，一个民族的法制也只能在她的内在属性许可范围内演进。

3. 在强烈外力撞击下的一个民族的法制会发生剧烈变化，好像断裂了“传统”，但是这种剧烈变化仍有规律可循，这种规律也构成传统的一部分。一个主体对于外来打击的反应，只要这种打击没有导致这个主体灭亡，那么一定是本于自身条件或自身特性去作出反应，这种反应一定与另外一个（条件或特性不同的）主体作出的反应不完全一样。这种反应的规律性、习惯性和连续性，本身就是民族个性沿袭或者传承的标志，本身就构成传统。

我们就是要在这种意义上考察和认识中华法律传统。认识中华法律传统就是认识我们自己的出身、血缘、血型、个性、体质、病史等等。

要这样地认识中华法律传统，就不能不认真考察中国法制史。中国法制的演进历程，就是中华法律传统的形成和演进历史。

什么是一个民族的法制史？法制史就是一个特定民族或特定文化政治共

同体[①]中法律制度的演进历史。

这一历史，我们认为，可以从三个角度去认识：第一，法制史就是这个文化政治共同体中不同政治势力之间斗争的历史；第二，法制史是这个文化政治共同体生活样式形成发展的历史；第三，法制史是这个文化政治共同体寻求自身解放途径的历史。

中国法制史，表面上看，就是作为地缘文化政治共同体的"中国"历代法律制度演进的历史。但是，透过外表我们可以看到，它正是这三种历史的真实展示。

我们先看表面的中国法制史。

中国法制史，是中国过去数千年法律制度进化的历史。这些法律制度，如果用近代西方传来的法制概念来描述，可以说包括关于中国国家基本政治体制的发展史，包括国家民商事法律制度、刑事法律制度、经济法律制度、行政法律制度、司法和诉讼制度的发展史。这样一种划分也许有问题，因为中国古代的政治和法律是按照中国自己的逻辑形成和发展起来的，是自己的一个特有逻辑的整体。对于这个逻辑整体强行用西方的宪法、民法、刑法、行政法、经济法、诉讼法之类的部门划分来描述，必然导致误读或者歪曲中国自己的这个体系。但是，现在我们的困境是：我们不能用中国传统法制的语言概念体系来描述中国法制史，因为它们无法与西方法制概念沟通，目前也找不到在中国法律传统和西方法律传统之上的第三套解读语言（符号体系）或概念体系。所以，我们在编写教科书时又不能不按照这样的部门法划分来组织材料、建构解释框架，否则无法谈论中国法制史。

中国传统社会有自己的社会秩序，不管是理想的秩序还是实际存在的秩序。这个社会秩序，有自己的体系，有自己的框架，有自己的构成原理。即使不用西方的法制语言符号，也可以勉强大致作出描述，只不过这种描述没有按西方部门法体系概念来描述那么简单方便明晰罢了。

中国传统的社会秩序的灵魂，就是"圣贤教化愚民"。一切法制都是本于这一精神而形成的。"天"被假定为至善至美的无上权威，"天子"是上天化民的使者，是圣贤的总代表。所有圣贤辅佐天子治国抚民，一切官吏应该是由圣贤来担任。国家的一切政治，是"为民父母行政"。为了建构这一秩序，中国的传统法制，在上注重选官治官，尽力保证官吏队伍道德合格堪为百姓表率，有资格教化人民；对下注重教民治民，德刑并用，恩威并济，文武兼施。一切暴力手段归根结

---

① 一个代代延续的法制体系的承载和运行主体是什么？不可简单地说是一个国家或一个民族。因为我们研究的中国法制史根本不是一个叫做"中国"的连续的国家政权的法制史，也不仅是传统意义上的族缘连续的华夏民族的法制史，而是我们东亚大陆这个特定地域上的比较有连续性（包括替代）的政治共同体的法制史。事实上，人类自从有了政治社会或政治共同体，就有了法制。所以可以说一个法制体系的承载和运行主体是政治共同体。但是这种政治共同体又不仅仅是一个暴力维系的共同体，而是一个由特定文化维系的共同体；也是一个在特定地域范围内长期延续（包括替代）的共同体。所以我们可以把法制承载和运行主体称做"地缘文化政治共同体"。除此之外，我们再也找不到更好的概括。

底是为教化百姓服务的。对外注重华夷之辨，注重教化施行的边界，不强行在华夏文明传统区域外“用夏变夷”，但也不允许“用夷变夏”。一切礼乐制度的最终目标是建成温良恭俭让的其乐融融的和谐社会。

本着这样的理念，中国历代法制整体中实际上包含以下几个分支体系：

一是关于巩固天子权威的制度体系；

二是关于选任优秀官吏的制度体系；

三是关于监督官吏廉政的制度体系；

四是关于国家财富资源配置的制度体系；

五是关于国家公益工程建设问题的制度体系；

六是关于人民身份管理控制的制度体系；

七是关于教化人民及治安控制的制度体系；

八是关于处理国家与四夷关系的制度体系。

这些制度体系的内容并不是各自独立的，而是互相交叉的。这样一个体系，正是一个“明君、清官、良民和谐共处构成礼乐文明社会”的秩序体系。如果按照这样的内在体系撰写一本中国法制史，也许更是中国的法制史，而不像现在的法制史教科书那样更多地是用中国素材按照西方的尺度剪裁拼接而成的一个被叫做“中国”的外国法制史。① 不过，按照中国自己的社会秩序体系或逻辑撰写中国法制史的工作是一个非常巨大而艰难的工程；只好等待来日了。

我们再看深层的中国法制史。我们认识法制史，不能不认识到中国法制史同时也是以下三者的历史：

第一，我们说中国法制史就是华夏文化政治共同体中不同政治势力之间斗争的历史，是指法制史是不同阶级或政治力量之间斗争的体现之一。

在中国过去数千年有文字记载的历史中，法制曾作为不同阶级或政治势力之间斗争的工具，这是不可否认的客观事实。虽然中国历史上的确存在过不同的生产方式和社会组织形式（“亚细亚生产方式”、“亚细亚社会”），虽然中国古代的不同阶级或政治势力之间的斗争不一定可以用奴隶与奴隶主阶级的斗争、农民与地主阶级的斗争等西方模式来概括，但不同的政治势力之间的激烈斗争的存在是无可否认的，法制曾被这一斗争所利用也是无可否认的。这一斗争，用马克思主义的观点分析，当然包括阶级斗争、阶层斗争、种族斗争、民族斗争、各类

---

① 我们教科书的编写，刻意带着西方的有色眼镜去中国历史素材中寻找相当于西方民法、商法、经济法、刑法、行政法、诉讼法和司法制度的东西，把许多这样的类似东西（有的仅仅是形似）刻意牵附为西方观念中的相应制度，或者用西方类似制度的眼光来评价中国这些制度的优劣。相反，对许多最有中国特色的法制，如皇权制度、后宫制度、宗法制度、丧服制度、分封与恩荫制度、御史和谏官制度、官营禁榷制度、均田制度、良贱制度、科举制度、士绅制度、行会和行纪制度、户等和丁口制度、乡治制度等等，在我们的法制史教科书中竟然避而不谈或者寥寥数语带过。参见范忠信：《中国“封建”法制史研究论纲》，载《中国法学》2003 年第 6 期。

集团斗争,在这一斗争中占上风的阶级或集团充分利用国家机器把自己的既得利益变成法制,正如马克思所言:“社会上占统治地位的那部分人的利益,总是要把现状作为法律加以神圣化,并且要把习惯和传统对现状造成的各种限制,用法律固定下来。”[①]这个“占统治地位的那部分人”当然不仅仅是指一个阶级,有时是一个阶级集团或松散联盟,有时是一个民族或种族群体,有时甚至只是一个宗法或宗教性质的群团。用国家法律固定下来的秩序,就是他们的既得利益存在秩序。对于这一个秩序或者体制,是否存在一个骨子里不喜欢这个体制的“被统治阶级”或者集团,我们不能肯定,但是法律是对于那些不喜欢这些秩序(或在这个秩序里利益比较少)的人们的抑制或约束是没有问题的,利益相对较少的人们对于这个法律秩序有些反感是必然的。但是,我们也要看到,在拥护秩序和反感秩序二者之间,是否真的存在我们过去所讲的强烈的“阶级斗争”,是值得怀疑的。国家法制秩序对于统治阶级或集团内部的人们的反社会性、反文明性也是有明确约束的。所以,说法律史是国家中不同政治势力或集团斗争史的写照,是仅仅就其主要情形而言的,不能作绝对理解。

第二,中国法制史是华夏文化政治共同体生活样式形成发展的历史。

华夏文化政治共同体经过近万年的自然延续,形成了自己特有的生活样式或模式,这种模式就是所谓中华文化。中国法制史就是这种文化的形成发展的历史。我们华夏共同体的生活样式,有经济生活样式、政治生活样式、社会生活样式,等等,这是我们民族引为自豪的文化传统。中国历代法制就是这个传统的体现,也是为了保障这个传统不至于瓦解而存在。比如,我们的政治生活样式,就有自己特有的传统。我们没有采取古希腊罗马的城邦制度,没有采取公民制度、选举制度,没有采取陪审制,等等,而是采取了“家国”制度,采取了“大宗率小宗、小宗率群弟”的宗法分封制度,采取了世卿世禄制、察举科举制,采取了谏官御史制度,等等,这些制度是西方没有或者大为相异的。比如,我们的经济生活样式,我们没有采取古希腊罗马的奴隶制生产模式,而是很早采取了自给自足的小农经济模式;没有采取自由贸易体制,而是采取了“工商食官”、“百工在官”的体制。比如,我们的社会生活样式,我们没有采取西方式的市民社会或公民社会组织模式,而是采取了士绅社会、乡党社会、宗法社会、江湖社会之类的社会组织模式。这些生活样式的形成和保持,正是我们民族性格的标志;中国历代法制正是这一样式的体现和保障。直到清末变法,这一生活样式传统才被真正打破,西方移植过来的法制给我们描绘了新的生活样式,就是工业社会、商业社会或市场文明的生活样式。

---

① 《马克思恩格斯全集》第 25 卷,人民出版社 1974 年版,第 894 页。

第三，中国法制史是华夏文化政治共同体寻求自身解放途径的历史。

一个国家民族的法制，一般来说，是为了这个民族共同体获得更高、更发达的生活而存在的。除了极少数极端自私的统治者的自私立法以外，绝大多数情形下的法制至少在产生之初是为“解放自己”而产生和存在的。比如我们最痛恨的奴隶制，作为一个法律制度体系，最初也许有“解放”的考虑和效果。恩格斯在《反杜林论》中说：“在当时的条件下，采用奴隶制是一个巨大的进步。”“只是在公社瓦解的地方，人民才靠自身的力量继续向前迈进，他们最初的经济进步就在于利用奴隶劳动来提高和进一步发展生产”。“甚至对奴隶来说，这也是一种进步，因为成为大批奴隶来源的战俘以前都被杀掉，而在更早的时候甚至被吃掉，现在至少能保全生命了。”“只有奴隶制才使农业和工业之间的更大规模的分工成为可能，从而为古代文化的繁荣，即为希腊文化创造了条件。没有奴隶制，就没有希腊国家，就没有希腊的艺术和科学；没有奴隶制，就没有罗马帝国。没有希腊文化和罗马帝国所奠定的基础，也就没有现代的欧洲。我们永远不应该忘记，我们的全部经济、政治和智慧的发展，是以奴隶制既为人所公认、同样又为人所必需这种状况为前提的。在这个意义上，我们有理由说：没有古代的奴隶制，就没有现代的社会主义。”①有学者认为，“法律史乃是人类自身解放的历史，解放人类乃是法律的根本功能。在此前提下，一切法律，包括中国古代法律，在调节社会矛盾、阶级矛盾、阶层矛盾、地方间矛盾、民族间矛盾等方面，在以法律手段帮助人类摆脱自然的束缚方面，具体地发挥着组织管理、惩戒或激励的功能。”②这是非常有见地的。

二、中国法制史学及其研究对象、任务和方法

法制史是历史上法律制度及其实践的客观存在以及我们对这一过程及结果认知的总和。对这种意义上的法制史进行研究的学问，就是法制史学。中国法制史学，就是研究中国法制史的学问，是中国法学的一个分支学科，是法学基础学科之一。一般说来，全部法学可以分为法理学(法哲学)、法律史学、应用法学等三大支系。在法律史学中，可以再细分为研究法律思想史、法律制度史、法律学术史等问题的分支学科。法律史学就是研究法律文化发展进化之学，因此在不太严格的意义上讲，法律史学就是法律文化史学。

中国法制史学的研究对象是中国历史上的法律制度。这里所说的“法律制度”应作最为广义的理解。“法律制度”简称“法制”，我们的理解当然不能仅仅局

---

① 《马克思恩格斯选集》第3卷，人民出版社1972年版，第220—221页。

② 倪正茂：《中国古代法律功能再审思》，载倪正茂主编：《批判与重建：中国法律史研究反拨》，法律出版社2002年版，第3—4页。

限于成文的法制。我们所要认识的法制,从概念上讲,包括成文法制和不成文法制,包括有形法制和无形法制,包括人为法制和(人群认识到的)自然法制,包括法正义、法理性、法价值和各种具体法制度,包括国家法制和社会法制。这些成对的概念是从多个角度来看法制的结果,是交叉的,不是并列的。我们就是要从这样一个最广义的视角来看法制,从这么广的角度给法制下定义。

中国法制史所要认识或探究的,就是中国历代这种最广泛意义上的法制。这种最广泛意义上的法制,其实就是法文化。所以,一部好的法制史教科书,应该就是一部法文化史纲要。不过由于中国法制史研究现状的巨大局限,我们的教材一般只能就成文法制撰写中国法制史而已。

第一,我们不仅要研究"成文法制",还要研究"不成文法制"。所谓成文法制,就是国家正式制定成法典来体现的法律制度。所谓不成文法制,就是习惯法或以法典形式以外的文字方式来表达的法律制度。成文法和不成文法的区别不在于法制是否写成了文字,而在于是否编纂成有内在体系的法典式文件。所以,近代法学大家梁启超先生认为,成文法与不成文法应当被称为"成典法"和"不成典法"[①],这是很有见地的。

第二,我们不仅要研究"有形法制",还要研究"无形法制"。所谓有形法制,就是我们大家都看到的有正式表达方式的法制,这种方式是大家通常都认其为表达法制的正常方式。比如,写成法典、命令、规章、训告等法律规范性文件,或者通过立法机关、行政机关和军队、警察、法庭等各色各样的国家机器来体现,或是通过判决书、裁定书、裁决书、调解书、决定书等法律适用性文件来表达,或是通过我们诉诸法律时不得不适用的起诉书、申请书、抗告书、异议书、声明书、答辩书等法律应用文书来表达。所谓无形法制,就是指那些根本没有这些体现方式的法制。比如,在我们通常所讲的中国当代法律渊源或法律形式(宪法、法律、行政法规、部门规章、地方性法规、地方政府规章等)之外,执政党的政策性文件、党和政府多年形成的一些政治事务惯例,乃至一些大家都习以为常、多年声称必须革除但仍难以改变的、实际支配着国家社会大小事务的许多"潜规则",都是无形法制。

第三,我们不仅要研究"人为法制",还要研究"自然法制"。所谓"人为法制",就是人类国家有意识地制定或长期社会生活中集体无意识地形成的法制。我们通常说的法制,都是此类。这反映了人类在纯自然规则之外的创造性生活,这就是文化。所谓"自然法制",我们指的是经过人类的观察揣摩而得以认识的大自然的法则。这些法则已经深入人类自己制定或认可的法制之中,或者已经被人类所自觉遵守。那些还没有为人类所认识,或者完全是不自觉遵守的自然

① 参见范忠信选编:《梁启超法学文集》,中国政法大学出版社 2003 年版。

法则，不计算在内。这种自然法制一旦作用于国家政治或公共社会生活领域，一旦受到人们公认的强制维护，就应当视为法制，就应当被我们考察法制史时关注。人类作为自然的一部分，当然要遵守自然法制。自然法制当然是人为法制的基础和灵魂。

第四，我们不仅要研究“法制度”，还要研究“法正义”。我们通常的法律史研究，只注意研究“法制度”，就是只注意那些明显的制度性规则，而不注意研究这些规则背后的更高、更大、更神圣、更抽象的法制——法正义。这种“法上之法”、“法外之法”，往往比“法制度”有更大的权威。就中国法制史的具体情形而言，中国世世代代的人们公认的应当无条件强制体现于国家政治和社会生活的“礼义”、“天理”、“天道”、“天宪”、“天则”、“道理”、“人情”，往往是更为根本的法制，往往更加起作用，我们不能无视其存在。

第五，我们不仅要研究“国家法制”，还要研究“社会法制”。我们过去的研究，只看到国家法制，就是用国家机器制定或认可的并由国家机器的强力来保障实施的法制，这是一大误区。其实，我们还应该注意到“社会法制”，就是社会生活中积累形成的带有公共强制性的法制。如果我们不再局限于“法律是阶级统治和阶级压迫的工具”、“法律是国家存在阶段的特有现象”的狭隘认识的话，我们就应该承认，即使作为阶级压迫工具的国家消亡了，法律作为社会秩序维系的强制纽带或工具，还将长期存在。法律不会随国家的消亡而消亡。基于这样的认识，我们就必须关注社会法制。文明的社会，在国家法制之外，在国家暴力之外，有社会强制性行为规范，有社会公共强制力，有社会公共执法机制，这是不可否认的。只不过有的地方和时期社会法制发达些，有的地方和时期社会法制简单些，有的地方和时期社会法制被放纵发展，有的地方和时期社会法制被刻意压抑而已。

中国法制史学科的主要任务是：尽可能清晰地还原中国历史上的法律制度，总结在中国历史上各个不同时代的法制的主要特征，总结贯穿历史各个时期的关于特定领域或事务的中国法制的主要特征，总结中国法制的时代演变或者历史进化规律，总结数千年中国法制文明发展历程中产生的经验教训，为中国未来法制建设提供资源或借鉴。

具体说来，中国法制史学科的研究任务，大致可以分为三个层次或三个方面：

第一，法律史实考证。这一研究就是对中国历代法律制度的具体内容细节、创立或变化、演进过程等进行发掘、考据、还原，这大约相当于考古家们从历史的积土中寻找陶器碎片，并将碎片尽可能按照器皿原貌拼接起来，并对其上的文字或图形加以解读。这种法律史实考证工作，需要适当的考古学、版本学、目录学、音韵学、训诂学、校雠学、金石学基础，甚至需要一定的物理学、化学等科学知识。

比如，大法学家沈家本写过《汉律摭遗》，民国学者程树德写过《汉律考》，民国学者徐定勘写过《两汉刑名考》，当代学者杨一凡写过《明初重典考》，等等。杨一凡先生还主持编辑了《中国法制史考证》15卷[①]，收集了1900年以来一百多年间中国学人及海外学者关于历代中国法制史实的考证、辨误、解读性质的文章数百篇。这是这一研究的成果的集大成。这样的考证，是我们一切法律史学研究的基础。只有先弄清最为基本的法律史实细节，才谈得上认识一个完整的法律制度，才谈得上进行法律史的文化解释。

第二，法律制度整理重述。这一研究就是对历史上的各种具体法律制度全貌作出整理或梳理，以现代法学成就为基础加以学术性重述。这里所说的制度，是指关于政治经济社会生活的某一方面事宜，国家（包括显性和隐性法制）对它加以规制或调整的全部规则。制度有大中小之别。比如，国家的民事制度为大制度，其中的婚姻制度为中制度，其下的结婚登记制度为小制度；国家的政治制度为大制度，其中的元首制度为中制度，其下的总统选举制度为小制度。当然这个划分都是相对的，也许还应当分为更多的层级。我们每个人对一个具体制度的了解，一般是盲人摸象式的——我们只看到自己感受到的那一部分，对中国历史上的法律制度的了解尤其如此。比如，中国历史上的婚姻家庭制度，我们大致只知道历史上的一夫多妻、男尊女卑、父尊子卑等简单几条，不知道具体的订婚制度、结婚制度、离婚制度、夫妻财产制度、家长权责制度、亲子关系制度等等。当关于每个完整制度的具体内容或其实施记录散见于浩如烟海的各种不同历史文献中而不为一般人所知，并常常引起一般人甚至法学界许多人误解之时，我们当然有必要通过资料的广泛发掘整理勾画出这个制度的大致内容框架来，就如我们把一栋房子的框架结构（艺术结构、材料结构、力学结构等）重新描绘出来一样。具体地说，我们要认识一个制度，只有了解这个制度的每个具体构成部分及它的整体架构后才谈得上完整。所谓具体构成部分，就是这一制度所设计的各个方面具体规范。比如，中国历史上的衙役制度，我们要发掘整理出关于衙役的征募、待遇、职责、控制、奖惩等各个方面的制度，不应仅仅满足于知道其中的一个方面或某个方面的一部分。所谓整体架构，就是这一制度的根本构成关系、原理和原则。比如，中国衙役是附属于长官的"跑堂打杂"的贱役，其征募、待遇、职责、使用、控制、奖惩制度无不与此一基本定位（原理或原则）相关。只有认识了这个整体架构，我们才能真正认识其中各个具体制度方面。我们所说的法律制度整理重述，就是这样一种研究路径——或者力争考察清楚一个制度的各个方面（各种事务、各个领域、各种不同情形的规则），或者力争阐明这个制度的内在架构（各个方面之间的关系）、原则和原理。这样完整地认识了历史上的每个具

① 杨一凡主编：《中国法制史考证》，中国社会科学出版社2003年版。

体制度，也就认识了我们今天相应制度的来龙去脉，也就为我们今天的法律制度建设提供了最好的借鉴。

第三，法律史的文化解释。法律史的文化解释，实际上就是对历史上的法律制度及其演进规律作出文化解释。就是从文化学的角度对法律遗物遗迹进行解释，或对法律遗物遗迹的文化含义进行阐释，或者说是从文化的遗物遗迹去破译一个族群的文化模式或文化构型。具体说来，可以从以下三个方面来理解：(1) 对一个民族的成员们后天习得并以集体的行为习惯方式传承的与强制性行为规范相关的一切东西进行研究，对一个民族世代累积下来的一切与法律现象相关的人为创造物(包括无形之"物")进行研究。(2) 对一个民族与法律最密切关联的生活或行为的样式或模式进行研究。要研究具有持久性的为一个民族的多数成员或一部分特定成员有意识或无意识地共享的法律生活或行动(含思维行动)特有模式。这种模式的"特有"或"特定"性，只有在与不同的文化的比较中才能阐明。"人类面临许多基本的和共同的问题，但是在不同时期不同地方，人们理解这些问题的立场，对待这些问题的态度和解决这些问题的方式并不相同。这就是所谓文化选择。""文化解释并非不注意古代文明诸多表面的相似和相近之处，它显然更关注不同人群看待和处理诸种共同问题的态度和方式，尤其是那些隐藏在共同表象之后的有意味的差异"。[①] 这种一个民族集体无意识地通过"文化整合"[②]形成的模式，实际上就是一个民族面对同样问题时的不同选择。(3) 对法律文化的核心即传统法律思想和体现在其中的民族法律价值理念进行研究。一个民族对法律问题的共同的习惯的思维活动及其结晶，一个民族对通过法律控制所意图实现的状态或意义的追求，这是我们要通过对与法律相关的具体器物、符号、设置、程序的解读所要揭示的。因此，法律性制造物的形态和各种法律性符号，不过是我们要破译的一个叫做"法律文化模式"的大系统的一串密码。总之，法律史的文化解释与前面两种法律史研究最大的不同是：前者考察中国这块土地历史上曾经生长过哪些"植物"(法制)，其形态性能如何；而后者应当是植物学家和土壤学家、气候学家的考察，其任务是分析历史土地上的特定植物的物性与生命机理，分析该植物物性与土壤气候的关系，分析今天社会土壤的有机化学构成及其与历史上原有植物(制度)之间的滋殖或排异关系。如果用生物或医学来比拟的话，这一思路的研究不是要我们去当临床医生，而是要我们当

① 梁治平：《法律的文化解释》，三联书店 1994 年版，第 37 页。

② 所谓"文化整合"，本尼迪克特说："文化行为同样是趋于整合的。一种文化就如一个人，是一种或多或少一贯的思想和行动的模式。各种文化都形成了各自的特征性目的，它们并不必然为其他类型的社会(族群)所共有。各民族的人民都遵照这些文化目的，一步步强化自己的经验，并根据这些文化的内驱力的紧迫程度，各种异质的行为也相应地愈来愈取得了融贯统一的形态。……所有各式各样的行为，诸如谋生、择偶、战争和神祇崇拜，都依据文化内部发展起来的无意识选择规范而被融会到统一模式之中。"见〔美〕鲁思·本尼迪克特：《文化模式》，张燕等译，浙江人民出版社 1987 年版，第 45、47 页。

生理学家或病理学家。

关于法律史学的研究方法，我们认为，历史学科、法学学科曾经使用过的所有方法都是法律史学应当有的研究方法。除此之外，社会学的研究方法，也应当为法律史学所汲取。

三、中国法制史课程的教学目的和任务

我们为什么要开设中国法制史课程？这一课程的教学目的和任务是什么？

中国法制史课程的教学目的是要帮助学生认识中国法制的历史演进过程，认识历史上法制的成功与失足，认识当代中国显性和隐性法制的本土渊源，认识中国法律传统的基本特征，认识在西方法制冲击下中国法制近现代化的得失利弊，认识中国传统法律文化遗产对当今法制建设的正负作用和意义。

为了达到这些目的，我们的中国法制史教学的主要任务应该是：

第一，全面介绍中国历代各个主要领域法律制度的主要内容，介绍中国当今显性和隐性法制的中国本土渊源。按目前法律史学界的一般叙述框架，我们大致按照中国历史时代的顺序，分别就每个时代的基本政治和司法体制、立法概况及法律形式（渊源）、刑事法制、民事法制、经济法制、诉讼审判制度等中的最主要内容作最简要的介绍。

第二，勾画中国法制文明发展的基本线索。中国法制文明起源于炎黄时代。自那时起至今，已经历了五千年漫长的进化。这一漫长的法制发展历程，大致可以分为几个时期，每个时期法制的主要特色是什么，这是我们的教学应该基本解决的。

第三，总结中国法律传统的基本特征和精神。我们的中国法律传统，其总体特征和基本精神是什么？具体到我们的立法传统、执法传统、司法传统、民事法传统、刑事法传统、诉讼法传统、行政和经济法制传统，其主要特征是什么？什么是这些方面的法制的代代相传之“统”，我们的课程教学必须对此有所总结阐发。

第四，总结清末以来中国法制变革的成败得失。自鸦片战争和《南京条约》以来，中国法制开始了近代化的历程，中国法律传统开始了近代转化。一百六十多年来，中国的法制，从形式上讲，已经面目全非了。这一亘古未有之变，是在西方法制的猛烈冲击下完成的。这一变化的功过是非、成败得失，我们的课程教学有责任进行最基本的总结。

四、本书的基本框架和思路

写一本可以称为“好教材”的中国法制史教材，十分不易。中国法制史教材，已经浩如烟海。如果自 1906 年日本学者浅井虎夫的《中国历代法制史》出版算起，通史类法制史专著或教材的编写出版已经有一百年历史了。即使仅仅从

1920年朝阳大学编印的《中国法制史》教材算起，也有八十七年历史了。我们无法统计在这一个世纪里国内外法学同仁到底编写出版了多少种中国法制史教材。最保守的估计，不下一百种(武树臣先生主编的《中国传统法律文化辞典》附录《中国传统法律文化研究著作目录》[①]收录了1906年至1993年的中国法制史教材七十六种，自1993年至今十四年来新增中国法制史教材应在三十种左右)。这百种教材，其内容和体系，大致有两类：一类是民国时期出版的及台湾地区出版的法制史教材，一类是新中国以来大陆地区出版的法制史教材。民国时期或台湾地区的中国法制史教材，以杨鸿烈、陈顾远、戴炎辉为代表，除了总论、后论(综论)外，一般按照制度领域、部门来分别叙述历代法制；在每一领域或部门中又按照时代顺序讲述历代本方面法制的主要内容。如陈顾远先生的《中国法制史》(商务印书馆1934年出版)，总论编之后分别是政治制度、狱讼制度、经济制度。陈顾远的《中国法制史概要》(台湾三民书局1964年版)，分为总论、各论、后论三编，在各论中分为组织法规、人事法规、刑事法规、家族制度、婚姻制度和食货制度等六章。戴炎辉先生的《中国法制史》(台湾三民书局1966年版)则分为法源史、刑事法史、诉讼法史、身份法史、财产法史等五篇。杨鸿烈先生的《中国法律发达史》(商务印书馆1930年版)，则按照时代顺序来讲述中国法制史。他把中国法律发展历程分为“胚胎时期”(上古至秦)、“成长时期”(西汉至清)、欧美法系侵入时期(清末以后)三个时期。在每一个时期，他又大致按朝代叙述法制，一般都是先概述该朝代的政治背景，而后再按法典(立法)、法院组织、诉讼法、刑法总则分则、民法总则分则、法律思想、法学家等题目分别阐述。中华人民共和国成立以后出版的中国法制史教材，似乎没有怎么借鉴民国时期和台湾地区的编写思路。1982年群众出版社出版的张晋藩先生主编的《中国法制史》教材，将整个中国法制史分为奴隶制法律制度、封建制法律制度、半封建半殖民地法律制度、新民主主义革命时期人民民主政权的法律制度等四个阶段来介绍，在每一个阶段中又按照朝代或政权的更迭顺序来叙述。1999年中国政法大学出版社出版的张晋藩先生的《中国法制史》教材则有了体例变化，直接按照朝代(时期)顺序来叙述中国法制史，在每个朝代(时期)里又大致按照立法概况、部门法制(民事、刑事、经济、行政等法制)、司法体制和诉讼制度等顺序来介绍。2000年北京大学出版社和高教出版社联合出版曾宪义先生主编的《中国法制史》教材，也基本上是这个体例。

我们编写新的中国法制史教材，在体例上讲，既要尽可能借鉴前人之成就，又要力争更加准确地勾画和展示中国数千年法制发展的基本脉络。我们认为，过去的各种叙述体例各有利弊，但总起来讲，民国时期和台湾地区的体例更为科

① 北京大学出版社1999年10月版。

学些，新中国成立以来的体例更为散漫些。本来，我们应该完全本着科学追求，勾画出更加科学的框架体例来编写这部法制史教材，但力不从心。我们只好本着我们现有的认识水平，对前人教材的体例不足略加改革。

我们的体例改革主要体现在以下九个方面：

第一，我们按照作为一个文化传统的中国法制自身发展过程的历史阶段性来划分教材各编。我们把中国法制史的五千年历程分为起源时期、争鸣时期、整合时期、定型时期、变革时期等五个时代，按照这五个时代的顺序来讲述中国法制的发展进化历程，并对每个时期中国法制发展的总体特征略加总结阐述。我们认为，作为华夏地缘文化政治共同体的生存章法，中国法律传统可以看成一个生命体。其数千年进化历程，可以按照进化的程度来划分历史阶段。我们把远古到西周时期称为起源时期，把春秋战国时期称为争鸣时期，把秦汉至隋唐初称为整合时期，把中唐以后至清中后期称为定型时期，把清末变法以后至今称为变革时期。

第二，我们特别突出强调每个朝代（时代）中国法制发展的主要特色或贡献。比如，“西周法制与中国法律传统的肇端”、“秦朝法制与中央集权君主专制制度及相关法律原则的确立”、“汉代法制对秦制的因袭及中国法律儒家化的开始”、“魏晋南北朝的法制与法律儒家化的加深”、“唐代法制与中华法系的形成”等等，试图改变从前教科书只按时代罗列使人不得要领的弊病。与此相关，我们在各章大都设有专节总结分析这一时期法制发展的主要特色和贡献，以期点明主题。

第三，我们比较注重历代的政治体制和行政、监察、司法制度的整体性，注重在每个朝代整体性地介绍作为法制的基础或最重要方面的政治制度，改变以前教科书因狭隘地理解法制而不介绍或少介绍政治制度的弊端。我们目前还不能提出一个完全新的中国传统制度叙述框架，仍只能借助“行政”、“监察”、“司法”等西来术语叙述，但是我们特别注意到这些机构和相关制度在中国古代的一体性，不用狭隘的“司法机关”眼光去曲解古代中国。

第四，我们增加了“中国法制起源的传说与事实”专章，以纠正过去教科书一开始就讲“夏商周”使人误以为夏以前完全不为人知的缺陷。事实上，通过很多历史传说，我们还是能够对夏以前的法制萌芽作一些最基本的描述，这种描述增强了我们教材的完整性。

第五，我们在第二编即春秋战国时期的法制部分作了相当大的改革。从前的中国法制史教科书，着墨最少的就是春秋战国时代。各书讲述这一时代的法制史，不外简单介绍两次公布成文法（郑国、晋国）和三大变法事件（李悝、吴起、商鞅）。似乎五百多年丰富多彩的、惊心动魄的历史中就只剩有这点“法制”内容。本书以四章的篇幅，全面展示这一时期的政治法律制度创制、变革的各个具体方面，尝试弥补过去教科书的重大缺陷。特别值得注意的是第七章，这一章系首次全面扼要介绍了这一时期各国法制在基本政治体制、刑事法制、民事法制、经济法制、行政法制、军事法制、司法审判、国际关系等具体方面的内容。

第六，我们专辟了“辽金夏法制与北方少数民族政权法制的特色”专章（第十四章），对以前的教科书在叙述少数民族政权法制方面的欠缺作了较大的补充。本章主要介绍与两宋对峙的北方少数民族政权辽、西夏、金的法制概况，突出展示其法制的保留游牧民族习惯和迅速汉化（儒家化）两大特色。这对于我们认识中华民族大家庭的各个分支的法制之间的内在联系和趋同过程是有特别意义的。

第七，我们比从前的教材更加注重以史料说话。我们尽量少以“批判者”的身份对古代法制作大篇幅的点评、批判、剪裁，少进行“定性”判断，尽量避免戴有色眼镜式的取舍，尽量对古代制度及其指导思想进行客观的归纳、分类和阐发，尽可能让读者了解其全貌，尽量避免断章取义。

第八，我们在每个时代的法制的阐述中，尽量不像过去的教科书那样简单地按照“三大块”的模式即先讲“立法概况和法律形式”，再讲“刑事民事经济行政法律制度”，最后讲“司法体制与诉讼制度”的框架体系来剪裁历代法制史事实。除在叙述少数朝代法制时迫不得已要采取这种西方法制叙述体例外，我们尽量争取按照中国法制自己的逻辑来叙述。

第九，我们在每章的“重点问题提示”中特别注意与该章的大标题（主题）相呼应，注重精炼概括地强调本章的一至三个重点问题，并强调构成本期法制特色的要害问题，以便学生从庞杂的知识中突出重点、抓住特色、领会精髓，使其不至于迷失。

第一编

起源时期的中国法制

（远古至夏商西周时期的法制）

中国法制起源于何时？由于时代久远和史料缺乏，我们已经无从知道了。大致可以猜测，大约在部落联盟时代，即神农氏、黄帝时代，中国早期的政治机构和法律制度已经开始形成。我们大致以自上古至夏商西周时期为中国法制的起源时期。

为什么把起源时期的下限定在西周时期？这是因为，中国法制进化至西周时期，已经初步具备了后世我们所见到的"中国法律传统"的某些特征。一个"中国式"的法制体系，已经通过西周的天子与后妃制、六官（六事）体制、嫡长继承制、宗法分封制、土地王有制、乡官乡绅制等法律制度和"以德配天"、"明德慎罚"、"矜老恤幼"等法律理论显现了雏形。

在这一编里，我们大致分为三章来叙述：

第一章，关于中国法制起源的传说与事实。本章主要介绍关于夏朝以前中国法制的一些传说，旨在展示中国法制最早时代的一些线索和特征。

第二章，夏商法制与天法、天罚、神判。本章主要介绍关于夏商两代法制的一些基本传说、记载以及出土文物的印证，旨在对中国历史上最初两个王朝的法制轮廓及其特征作一个最简要的勾画。

第三章，西周法制与中国法律传统的肇端。本章主要介绍西周时代的法律制度，主要通过出土文物、历史传说、先秦典籍以及间接反映了周代制度的《周礼》一书，介绍西周时代法制的主要内容和特征，旨在说明中国法律传统的主要特征在此一时期的大致肇型。

第一章　关于中国法律起源的传说与事实

内容提要

中国法制起源于何时？因史料缺乏，无法准确考证。大约自神农氏和黄帝时代，亦即中国历史上的部落联盟时代起，中国就开始有了公共暴力机关和强制性规范或习惯。本章主要叙述关于中国法制起源的传说与事实，主要介绍关于夏朝以前中国法制和政治的一些传说或追忆，旨在理清中国法制产生初期的一些事实线索，分析中国法制起源的大致特征。

关键词

神农氏之法　黄帝李法　圣人制法　皋陶制刑　苗民制五刑　兵刑同源　象刑

第一节　关于上古无法制时代的追忆

人类历史上，曾经经历过一个没有国家和法律的时代。这个时代，用马克思主义的观点视之，就是阶级社会之前的原始社会或氏族公社时代。恩格斯曾经用赞美的语言描述过人类历史上的那个时代："这种十分单纯质朴的氏族制度是一种多么美妙的制度呵！没有军队、宪兵和警察，没有贵族、国王、总督、地方官和法官，没有监狱，没有诉讼，而一切都是有条有理的。一切争端和纠纷，都由当事人的全体即氏族或部落来解决，或者由各个氏族相互解决。……丝毫没有今日这样臃肿复杂的管理机关。一切问题，都由当事人自己解决。在大多数情况下，历来的习俗就把一切调整好了。"①

这个时代，在华夏大地或中华民族的历史上也曾存在过。

古代贤哲们认为，上古时代起初是没有法制的。他们认为，上古之初，因为人们道德纯朴、智识浅陋，或者因为人们尚未区别于禽兽生活方式，所以不需要法制或者尚未有法制，也没有国家。

---

① 恩格斯：《家庭、私有制和国家的起源》，载《马克思恩格斯选集》第4卷，人民出版社1972年版，第92页。

《管子》云:“古者未有君臣上下之别,未有夫妇妃匹之合,兽处群居,以力相征。”[①]《商君书》云:“古之民朴以厚”,“黄帝之世,……官无供备之民。”“神农之世,男耕而食,妇织而衣。刑政不用而治,甲兵不起而王。”[②]《韩非子》云:“古者丈夫不耕,草木之实足食也;妇人不织,禽兽之皮足衣也。不事力而养足,人民少而财有余,故民不争。是以厚赏不行,重罚不用,而民自治。”[③]《淮南子》云:“神农无制令而民从。”[④]《孝经》云:“三皇设言而民不违。”[⑤]汉人王符《潜夫论》云:“太古之时,烝黎初载,未有上下而自顺序。天未事焉,君未设焉。”[⑥]

关于这个时代的社会生活景象,《老子》第八十章所描绘的“小国寡民”景象或许可见一斑:“使有什伯人之器而不用;使民重死而不远徙。虽有舟舆,无所乘之;虽有甲兵,无所陈之。使民复结绳而用之。甘其食,美其服,安其居,乐其俗。邻国相望,鸡犬之声相闻,民至老死,不相往来。”晋人葛洪《抱朴子》对老子的追忆作了进一步发挥:“曩古之世,无君无臣。穿井而饮,耕田而食。日出而作,日入而息,泛然不系,恢尔自得。不竞不营,无荣无辱。……干戈不用,城池不设。”[⑦]这也许正是对华夏历史上“无法无政”时代的一种道家追忆。儒家的《礼记》作过另一种追忆式描述:“大道之行也,天下为公。选贤与能,讲信修睦。故人不独亲其亲,不独子其子,使老有所终,壮有所用,幼有所长,鳏寡孤独废疾者皆有所养。男有分,女有归。货恶其弃于地也,不必藏于己;力恶其不出于身,不必为己。是故谋闭而不兴,盗窃乱贼而不作,故外户而不闭,是谓大同。”[⑧]

这些对远古无法制时代的追忆式描述,也许多少反映了历史的真实。在人类文明起源之初,或者说在人类的社会生活起源之初,由于人们智识的原始纯朴,由于社会生活的极其粗简,由于物质需求简单并易于满足,由于人们之间的生活争端相当少;靠筋骨爪牙之力的自卫,靠德高年长者的威信,靠图腾和禁忌,靠主持秩序者的强壮体力,大致能够维持人类间最简单的社会生活秩序。因为人类的智力低下,人们还没有能力创制出一套公共治理体制和规则来。这个时代,视为无法制时代是可以的。这实际上就是一个没有社会公共强制行为规则和公共强制执行机器的时代。

人类历史上这样一个无法无政的时代,在古代中国贤哲们看来,并不一定只是一个“不营不竞”的黄金时代。也有人非常睿智地认识到:那可能也是一个“兽

① 《管子·君臣下》。
② 《商君书》之《开塞》、《画策》。
③ 《韩非子·五蠹》。
④ 《淮南子·氾论训》。
⑤ 《孝经·钩命决》。
⑥ 《潜夫论·班禄》。
⑦ 《抱朴子·诘鲍》。
⑧ 《礼记·礼运》。

处群居，以力相征”[1]的恐怖时代。

第二节　关于中国法制起源的猜度和观念

中国的法制起源于何时？最早的法制是什么模样？无从考证。历代贤哲们对上古法制起源情形作过很多天才的猜测。这些猜度反映了他们关于这一问题的法律观念。

关于中国法制起源的猜度和观念，古代哲人们大多是通过谈论法律产生的紧迫必要性——“禁暴止乱”、“定分止争”——来表达的。这些说法，大致可以总结为以下的逻辑，或者说，中国古代贤哲们是从下面的逻辑思路来讨论礼乐制度或法制文明的起源的。

第一，人类早期曾有过如禽兽一般相互争斗、暴乱不已的野蛮时期。

《管子》说：“古者未有君臣上下之别，未有夫妇妃配之合，兽处群居，以力相征。于是智者诈愚，强者凌弱；老幼孤独不得其所。”[2]《商君书》说：“天地设而民生之。当此之时也，民知其母而不知其父，其道亲亲而爱私；……当此之时，民务胜而力征，务胜则争，力征则讼（争吵）；讼而无正，则莫得其性（生）也。”[3]

第二，这些争斗祸乱产生的原因无非是两个：一是人性恶，天生好利恶害，损人利己；二是生存资源不足以养活众多人口，不能不争。

《荀子》说：“礼起于何？曰：人生而有欲，欲而不得，则不能无求，求而无度量分界，则不能不争。争则乱，乱则穷。”[4]“古之圣人以人之性恶，以为偏险而不正，悖乱而不治，故为之立君上之势以临之。”[5]“夫两贵之不能相事，两贱之不能相使，是天数也。势位齐而欲恶同，物不能澹（赡）则必争。争则必乱，乱则穷矣。”[6]《韩非子》说：“今人有五子不为多。子又有五子，大父未死而有二十五孙，是以人民众而货财寡，事力劳而供养薄，故民争。虽倍赏累罚而不免于乱。”[7]汉人班固说：“故不仁爱则不能群，不能群则不胜物，不胜物则养不足。群而不足，争心将作。”[8]

第三，必须赶快创立礼乐制度或法制来确定每个人的名分和利益，制止这种暴乱，使人类不至于两败俱伤、同归于尽。或者说，只有赶快创制礼乐法制，才能

---

① 《管子・君臣下》。

② 同上。

③ 《商君书・开塞》。

④ 《荀子・礼论》。

⑤ 同上。

⑥ 《荀子・王制》。

⑦ 《韩非子・五蠹》。

⑧ 《汉书・刑法志》。

使人类得以升华至文明境界，摆脱禽兽生涯，满足尊严和幸福的追求，战胜自然。

《管子》说："故智者假众力以禁强虐，而暴人止；为民兴利除害，正民之德，而民师之。是故道术德行出于贤人……名物处违是非之分，则赏罚行矣。"[①]故"法者所以兴功惧暴也，律者所以定分止争也"。[②]《商君书》说："民众而无制，久而相出（互相争胜）为道则有乱，故圣人承之，作为土地货财男女之分。分定而无制不可，故立禁；立禁而莫之司不可，故立官；官设而莫之一不可，故立君。"[③]"古者未有君臣上下之时，民乱而不治。是以圣人列贵贱，制爵位，立名号，以制君臣上下之义。……民众而奸邪生，故立法制为度量以禁之。"[④]

《荀子》也认为："古之圣人以人之性恶，以为偏险而不正，悖乱而不治，故为之立君上之势以临之，明礼义以化之，起法政以治之，重刑罚以禁之，使天下皆出于治合于善也。"[⑤]"先王恶其乱也，故制礼义以分之，使有贫富贵贱之等，足以相兼临者，是养天下之本也。"[⑥]"先王恶其乱也，故制礼义以分之，以养人之欲，给人之求。使欲必不穷乎物，物必不屈于欲，两者相持而长，是礼之所起也。"[⑦]

汉人班固说："夫人宵天地之貌，怀五常之性，聪明精粹，有生之最灵者也。爪牙不足以供耆欲，趋走不足以避利害，无毛羽以御寒暑，必将役物以为养，用仁智而不恃力，此其所以为贵也。故不仁爱则不能群，不能群则不胜物，不胜物则养不足。"要实现"役物"、"用仁智"来战胜自然，必须依赖礼乐制度。故圣人制礼作法，"爱待敬而不败，德须威而久立，故制礼以崇敬，作刑以明威也"。[⑧]

第四，有能力来制定礼乐法制拯救人类的，只有圣人。

《商君书》说："故贤者立中正，设无私，而民说（悦）仁。当此时也，亲亲废，上（尚）贤立矣。"[⑨]汉人班固说："上圣卓然先行敬让博爱之德者，众心说而从之。从之成群，是为君矣；归而往之，是为王矣。"[⑩]唐人柳宗元《封建论》说："彼其初与万物皆生，草木榛榛，鹿豕狉狉，人不能搏噬，而且无毛羽，莫克自奉自卫，荀卿有言：必将假物以为用者也。夫假物者必争，争而不已，必就其能断曲直者而听命焉。其智而明者，所伏必众；告之以直而不改，必痛之而后畏；由是君长

---

① 《管子・君臣下》。
② 《管子・七臣七主》。
③ 《商君书・开塞》。
④ 《商君书・君臣》。
⑤ 《荀子・礼论》。
⑥ 《荀子・王制》。
⑦ 《荀子・礼论》。
⑧ 《汉书・刑法志》。
⑨ 《商君书・开塞》。
⑩ 《汉书・刑法志》。

刑政生焉。”[①]

第五，圣人是依据天地自然之暗藏法则来制定人类社会的礼乐制度的。

《尚书·皋陶谟》说：“天叙有典，勅我五典五惇哉；天秩有礼，自我五礼有庸哉。同寅协恭和衷哉。天命有德，五服五章哉；天讨有罪，五刑五用哉。”所谓“天叙”、“天秩”、“天命”就是上天的意志和法则，“五礼”、“五服”、“五刑”是人类的法制。把天法变成人法的是圣人，他们是天人之间的桥梁，上天把他的委任和法则授予圣人。《尚书·洪范》：“天乃锡禹洪范九畴，彝伦攸叙。”[②]上天授予大禹这样的圣人的“洪范九畴”，就是人间一切法制的根本大法。上天授予“天则”或“洪范”用什么方式呢？《周易·系辞上》说：“河出图，洛出书，圣人则之。”“河图洛书”就是天法的授予方式，也被视为帝王（真命天子）受命之符。传说伏羲时，龙马出黄河，背负河图；神龟出洛水，背负洛书。河图洛书上的神秘图案或文字，表达了上天的意志和法则。得之者就是得到了上天的任命，就有了为人间立法的权力。孔子晚年哀叹：“凤鸟不至，河不出图，吾已矣夫。”[③]就是自视为为人类立万世良法的“素王”，但以未得受命之符而叹。孔子曾称赞尧：“唯天为大，唯尧则之”[④]，《诗经》主张“不识不知，顺帝之则”[⑤]，墨子讲“以天志为法而顺帝之则”[⑥]，《韩非子》也说古之圣王“望天地，观江海……守成理，因自然……因道全法”[⑦]；汉人董仲舒主张君主应“法天之行”、“法天而立道”[⑧]，汉人班固说：“圣人既躬明哲之性，必通天地之心，制礼作教，立法设刑，动缘民情，而则天象地。……故圣人因天秩而制五礼，因天讨而作五刑。”[⑨]这都表达了圣人根据天法制定人法的看法，也表达人定法必须服从天法或自然法的主张。甚至表面上反对国家和法律的老子也讲“人法地，地法天，天法道、道法自然”[⑩]，庄子也讲“依乎天理，因其固然”[⑪]，就是这样的意思。

---

① 侯外庐等编：《柳宗元哲学选集》，中华书局1964年版，第7页。不过，柳宗元在另外一篇文章里似乎以“强力霸权”为国家和法制的起源：“人之初，总总而生，林林而群。……交焉而争，睽焉而斗。力大者搏，齿利者啮，爪刚者决，群众者轧，兵良者杀，披披藉藉，草野涂血。然后强有力者出而治之，往往为曹于险阻，用号令起，而君臣什伍之法立。”同书，第2页。

② 上天赐予大禹的法则具体内容是什么呢？详见第二章第三节关于《洪范》的介绍。

③ 《论语·子罕》。

④ 《论语·泰伯》。

⑤ 《诗·大雅·皇矣》。

⑥ 《墨子·明鬼中》。

⑦ 《韩非子·大体》。

⑧ 《春秋繁露·离合根》和《汉书·董仲舒传》。

⑨ 《汉书·刑法志》。

⑩ 《老子》二十五章。

⑪ 《庄子·养生主》。

第三节 关于中国法制起源的事实追忆

关于中国法制起源的事实，古人作过许多追忆。这些追忆，常常主要是追忆刑法或者刑罚的起源，常常无法追忆更重要的法制——"礼义"、"礼乐"的起源。这些追忆，大致有几类。第一类是讲谁最先创制刑法或刑罚；第二类是讲最早的刑法或刑罚与军事征战不分；第三类是讲最早的刑罚并非真的肉刑死刑，而是以服饰来象征刑罚。

第一类是讲哪个帝王最先创制刑罚或刑法。主要有几说：

黄帝制刑 《史记·五帝本纪》说："轩辕之时，神农氏世衰，诸侯相侵伐，暴虐百姓，而神农氏弗能征。于是黄帝习用干戈，以征不享。诸侯咸来宾从。""诸侯咸尊轩辕为天子，代神农氏，是为黄帝。天下有不顺者，黄帝从而征之，平者去之。"《汉书·刑法志》："黄帝以兵定天下，此刑之大者也。"《商君书·画策》："故黄帝作为君臣上下之义、夫妇妃配之合，内行刀锯、外用甲兵。"《淮南子·览冥训》："黄帝治天下，法令明而不暗。"据说，黄帝时就设置了法官曰"李官"，其刑法曰"李法"："黄帝李法曰：壁垒已定，穿窬不由路，是谓奸人。奸人者杀。"①

皋陶制刑或尧舜制刑 《尚书·尧典》载尧帝时就有刑法："象以典刑，流宥五刑。鞭作官刑，扑作教刑，金作赎刑。眚灾肆赦，怙终贼刑。"并且"流共工于幽州，放驩兜于崇山，窜三苗于三危，殛鲧于羽山。四罪而天下咸服"。元人金履祥《资治通鉴前编》说："帝尧七十有六载制五刑。"帝舜继位后，又命大臣皋陶起草法律。"帝曰：皋陶，汝作士，五刑有服，五服三就；五流有宅，五宅三居。惟明克允。"《竹书纪年》说："帝舜三年，命咎陶作刑。"汉人史游《急就篇》说："皋陶造狱，法律存也。"《后汉书·张敏传》说："孔子垂经典，皋陶造法律，原其本意皆禁民为非。"

夏禹制刑 《左传·昭公六年》："夏有乱政，而作禹刑"。《尚书大传》："夏刑三千条。"《汉书·刑法志》说："禹承尧舜之后，自以德衰，始制肉刑。"《隋书·艺文志》："夏后氏正刑有五，科条三千。"

苗民制刑 《尚书·吕刑》："蚩尤惟始作乱，延及于平民；罔不寇贼，鸱义奸宄，夺攘矫虔。苗民弗用灵，制以刑。惟作五虐之刑曰法，杀戮无辜。爰始淫为劓刵椓黥。"汉人《尚书》注解说："蚩尤作乱，当是作重刑以乱民，以峻法酷刑民。"蚩尤发明的酷刑被后世苗君继承，"习蚩尤之恶，而更制重法，惟作五虐之刑，乃言曰此得法也。"宋人蔡氏《尚书集传》注解《吕刑》谓："苗民承蚩尤之暴，不用善而制以刑。"一般认为，华夏民族在征服苗民以后，袭用了苗人的五刑，以其为华

---

① 《汉书·胡建传》引《黄帝李法》。注苏林曰：李，狱官也。

夏的刑法。蔡枢衡先生说:"苗族的刑罚制度不仅影响了夏族统治者惩罚邦民(被统治者)的刑罚,并且影响了夏族统治者镇压同类(即邦人)的刑罚。"[①]一般认为,苗人五刑影响华夏,大约发生在夏初。

第二类说法是讲最初的刑罚(法)与军事征讨不分,本质上是一回事。此即所谓"兵刑同源"、"兵刑合一"说。《周易·师卦》:"师出以律。"《易传》云:"师出以律,失律凶也。"《周易正义》云:"师出以律者,律法也。……是整师齐众者也。既齐整师众,使师出之时,当须以其法制整齐之,故云师出以律也。"军伍之律,即今人所谓军事刑法,就是最早中国刑法的起源。《国语·鲁语》说:"大刑用甲兵,其次用斧钺;中刑用刀锯,其次用钻凿;薄刑用鞭扑,以威民也。故大者陈诸原野,小者致之市朝。其所由来者上矣。"《史记·周本纪》:"先王之顺祀也,有不祭则修意,有不祀则修言,有不享则修文 ,有不贡则修名,有不王则修德,序成而有不至则修刑。于是有刑不祭,伐不祀,征不享,让不贡,告不王。于是有刑罚之辟,有攻伐之兵,有征讨之备,有威让之命,有文告之辞。"所谓"刑、伐、征、让、告",不过是五种制裁有害国家行为的手段而已;只有轻重之分,没有本质区别。《汉书·刑法志》:"黄帝以兵定天下,此刑之大者也。"所以中国早期司法官称为士师、司寇、廷尉,显然皆系军官名称之蜕变。汉人王充《论衡·儒增》说:"夫刑人用刀,罪人用法,诛人用武。武法不殊,刀兵不异。夫德劣故用兵,犯法故施刑。刑之与兵,犹足之与翼也。"

第三类说法是讲上古最初的刑法(罚)是以服饰来象征,并不是真的用肉刑死刑。《尚书·舜典》"象以典刑。"《尚书大传》:"唐虞象刑而民不敢犯。……唐虞之象刑,上刑赭(zhe)衣不纯,中刑杂屦(ju),下刑墨幪。"《汉书·刑法志》载汉文帝十三年诏书云:"盖闻有虞氏之时,画衣冠、异章服以为戮,而民弗犯,何其治之至也!"《白虎通》说上古象刑是:"犯黥者其皂衣,犯劓者丹其服,犯膑者墨其体,犯宫者锥其履,大辟之罪则布其衣裾而无领缘。"《太平御览》引《慎子》说:"有虞氏之诛,以幪巾当墨,以草缨当劓,以菲屦当刖,以艾鞸(bi)当宫,布衣无领以当大辟。"这种法律起源于"象刑"或者耻辱刑的说法,与人类早期曾经有过"画地为牢"的徒刑或徒刑执行方式的事实联系起来,也许是可信的。后世仍旧可以看到象刑的实例。如《旧唐书·吐蕃传》载吐蕃人"重兵死,以累世战殁为甲门;败懦者,垂狐尾于首示辱,不得列于人。"对于"象刑"说,也有人提出怀疑。《荀子》说:"世俗之为说者曰:治古无肉刑,而有象刑;墨黥经婴共艾鞸菲履,杀赭衣而不纯。是不然。以为治耶?则人固莫触罪,岂当无肉刑,亦不待象刑矣。以为轻刑耶?人触罪矣,而直轻其刑,是杀人者不死,伤人者不刑,罪至重而刑至轻,民无

① 蔡枢衡:《中国刑法史》,广西人民出版社 1983 年版,第 64 页。

所畏，乱莫大焉！”[①]

第四节 中国法制起源的主要特征

我们通过以上的叙述和讨论，可以发现，关于中国国家和法制的起源问题，无论是猜度、观点或事实追忆，包藏在其内容背后的是以下主要特征：

第一，法制起源与部族之间的征战有密切关系，与军事行为有密切联系。这主要体现在两个方面。一是最早记录下来的法律，几乎都是军法，是战场上的刑法。如前面所引“黄帝李法”。又如《尚书》的“甘誓”、“汤誓”、“牧誓”、“泰誓”等等所记载的军法。如《甘誓》载夏启讨伐有扈氏时阵前誓师立法：“左不攻于左，汝不恭命；右不攻于右，汝不恭命；御非其马之正，汝不恭命。用命，赏于祖，弗用命，戮于社。予则孥戮汝。”二是执行刑法（罚）与用兵讨伐，在人们心目中只有规模大小之分（使用对象多少之分），没有本质区别。此即所谓“大刑用甲兵，其次用斧钺”，“大者陈诸原野，小者致之市朝”。

第二，法制起源于人类的英明领袖人物的伟大创造，或者起源于强有力人物的强行设定并督行；他们怀着救世济民、禁暴止乱的目的创造了最早的法制。这些伟大的人物，如黄帝、尧、舜、皋陶、禹等圣人，是上天派来救民化民的；他们在上天的启示下创制的法律，就如希腊神话中的普罗米修斯为人类从天庭盗来的天火。普通人民是从来不能参与法律的创制的，他们是愚昧的大众，其本性是好逸恶劳、趋利避害，起初如野兽一样互相攻击，是圣人制礼作法，引导他们进入文明社会。或者如唐人柳宗元所言：“强有力者出而治之，往往为曹于险阻，用号令起，而君臣什伍之法立。”[②]

第三，法制起源主要体现为礼义秩序和刑罚（特别是肉刑）二者的出现，特别强调“礼”和“刑”二者同源并生、互相依赖的关系。《商君书》说：“黄帝作为君臣上下之义、夫妇妃配之合，内行刀锯、外用甲兵。”又说“圣人承之，作为土地货财男女之分”，“圣人列贵贱，制爵位，立名号，以制君臣上下之义”，承认“礼义”是构造引导社会秩序的更为根本的法制，就如我们今天讲的行政、经济和民事的法制。《荀子》说圣人为了教化人民，“明礼义以化之，起法政以治之，重刑罚以禁之”。《汉书·刑法志》说：“故制礼以崇敬，作刑以明威也”。《商君书》说：“智者作法而愚者制焉，贤者更礼而不肖者拘焉”，都是强调礼、刑并起并存、相互为用。也就是说，要理解中国古代法律起源历程的特征，不能仅仅看到刑法或刑罚的起源，还应该看到作为当时更为根本、更为重要的法制——“礼义”、“礼乐”的起源。

---

① 《荀子·正论》。

② （唐）柳宗元：《柳河东集》卷一，文渊阁四库全书本。

本章重点问题提示

一、古代中国关于国家和法律起源的主要观念

中国古代关于国家和法制起源的基本观念，可以总结为：人类生来应该有公共管理和公共生活，这是人之所以为人的关键。没有这种生活，人类就永远无法自别于禽兽。把人类带入这种文明生活的，就是作为人类文明导师的圣人。圣人是国家和法制的最早创造者，所谓圣人"制礼作乐"、"立法设刑"，都是为了引导人类进入更高层次的文明生活。最早的法制，应该是圣人对天地之间内在法则的感悟和翻译的结晶。

二、古代中国国家和法制起源的事实记述

中国古代关于国家和法制最初出现的记述或追忆，大致可以总结为三类：第一类是讲谁最先创制刑法或刑罚；第二类是讲最早的刑法或刑罚与军事征战不分；第三类是讲最早的刑罚并非真的肉刑死刑，而是以服饰来象征刑罚。第一种说法是从最早的创法人角度来讲的，第二种说法是从最早的法律产生需要来讲的，第三种说法是从最早的法制和刑罚的实施方式来讲的。这些记述或追忆，实际上都只是猜测而已，目前无法得到证实。但这些猜测本身也有着华夏民族的某些特殊性。

思考题

1. 历史上所谓无国家无法制的时代实际上是一个什么样的时代？
2. 为什么"圣人制礼作乐"说是古人关于法制起源的一种认识？
3. "象刑"说反映了一种什么样的政治法律观念？
4. "兵刑同源"的事实反映了早期中国法制的什么特征？

第二章　夏商法制与天法、天罚、神判

内容提要

关于夏朝、商朝法制，史籍留下的证据不多。就现有的资料看，夏商法制的主要特质是浓郁的"天法"、"天罚"、"神判"观念和法律实践。所谓天法，就是以为最初的法律为上天所赐，法律是上天指引人类走向文明的灯火。所谓"天罚"，就是改朝换代或战争行动，常常以奉行"天罚"即代天执行刑罚为理由。所谓"神判"就是通过企求神灵指示的方式完成审判。这三者是夏商法制的时代主题或主要特征。本章主要介绍关于夏商两代法制的一些基本传说、记载以及出土文物的印证，旨在对中国历史上最初两个王朝的法制轮廓及其特征作一个最简要的勾画。

关键词

内服　外服　天法　神判　天罚　洪范　罪疑惟轻　禹刑　汤刑

第一节　夏商政治体制与司法

关于夏商时代的政治和法制，由于时代久远，现今留下的信息非常少。我们现在大致只能根据《尚书》中的部分记载，其他先秦古籍记载的一些传说，以及20世纪初出土的殷墟甲骨文字，略加整理阐述。

夏商时代，中央的最高统治机构为王或天子，地方的统治机构为诸侯或方伯。当时的华夏地域，在诸侯国之上，还划分了九州。《国语·鲁语》："禹会诸侯于涂山，执玉帛者万国。""万国"系概称，言大小诸侯特别多。这时的诸侯，一部分是归顺中央的各地原有氏族或部族的长老、酋长，另一部分是封建诸侯，所谓"天子立国，诸侯建家，卿置侧室"[①]。就是天子把自己的子弟伯叔侄甥等分封到各地方要塞，"封邦建国，以为屏藩"，镇抚新地，拱卫王畿。不过在夏商时代可能以前者为主，周代始以后者为主。《尚书·禹贡》说当时中国分为冀州、兖州、青州、徐州、扬州、荆州、梁州、雍州、豫州等九州，"九州攸同"，这似乎只是划定九个赋税区域。《左传·襄公四年》说："芒芒禹迹，画为九州，经启九道。"《左传·宣

① 《左传·哀公七年》。

公三年》说夏禹为九州设置了长官,曰"九牧"。唐人杜佑《通典》说:"夏氏革命,又为九州;涂山之会,亦云万国。四百年递相兼并,殷汤受命,其能存者三千余国,亦为九州,分统天下,载祀六百。及乎周初,尚有千八百国,而分天下为九畿。……其后诸侯相并有千二百国。"[①]周武王率兵伐商纣,至于孟津,"不期而会者八百诸侯"。[②] 在中央之下,这种小诸侯国的大批存在,反映了当时国家的基本政治框架。

夏商时代中央(王)与地方(诸侯)的关系,主要是会盟朝贡关系。会盟就是中央召集诸侯会议,检验诸侯是否顺从。中央召集会议的方式,有"会"、"享"、"命"、"朝"、"誓"、"蒐"、"盟"等等。这些会盟,"皆所以示诸侯礼也,诸侯所由用命也"。就是通过这些"典礼"申明天子与诸侯间的君臣上下名分,明确诸侯对宗主的附属关系及朝觐、贡献、勤护义务。《左传·昭公四年》说"夏启有钧台之享,商汤有景亳之会,周武有盟津之誓,成(王)有岐阳之蒐,康(王)有酆宫之朝,穆(王)有涂山之会",讲的就是历史上最著名的会盟事件。会盟之时,诸侯贡献方物,表示忠诚,如大禹会诸侯于涂山,所谓"执玉帛者万国",就是诸侯贡献"玉帛"表示服从。《左传·宣公三年》说夏禹之时"远方图物,贡金九牧,铸鼎象物。"(杜预注:"使九州之牧贡金。")就是天下九州诸侯贡献金属,铸造九鼎,表示服从中央,宣示天下一统。从此,"九鼎"成为中央最高权力和一统天下的象征。会盟之时,对于抗命的诸侯有制裁,相传"禹朝诸侯之君于会稽之上。防风之君后至,而禹斩之。"[③]不过,当天子昏聩、王室力衰之时,诸侯"叛"盟乃是常事。"夏桀为有仍之会,有缗叛之;商纣为黎之蒐,东夷叛之;周幽为大室之盟,戎狄叛之",[④]最后叛乱扩展,导致改朝换代革命或王室式微。除这种不定期的会盟朝贡之外,诸侯们还有每年定期朝觐天子和贡献方物的义务。

夏商时代中央机构,史无完整记载。夏朝的中央机构,在王或天子之下,有"三正"[⑤]、"四辅臣"[⑥]、"四岳"[⑦]、"三老五更"[⑧],是为中央辅政机构。商朝的中央辅政机构,有尹、相、保、傅、师、奭、臣、巫等[⑨],据说"相"职还有左右相之分。商代还有三公之职,如商代著名的辅佐大臣伊尹、傅说等都曾任三公之职。三公可

---

① 《通典》卷一百七十一,《州郡一》。
② 《史记·周本纪》。
③ 《左传·成公三年》。
④ 《左传·昭公四年》。
⑤ 《尚书·甘誓》。
⑥ 《史记·夏本纪》。
⑦ 《尚书·尧典》。
⑧ 《通典》卷二十,《职官》二。
⑨ 《尚书》中提到的官员有伊尹、傅说、保衡、君奭、伊陟、巫咸等,均系族名或姓氏与官职连称。

能就是指"父师"、"少师"[①]之类职务,这些都可以看做辅佐王或天子决策的机构,不过有些是诸侯兼领的虚职。具体行政事务由中央政务机构办理。夏朝的中央政务机构有"六卿"或"六事之人"[②],有人认为此六卿即司空、司徒、士正、虞、秩宗、纳言等[③],"秩宗"是"礼于神以佐君"[④]的官员;还有掌管天文历法的"羲和"[⑤]等。商朝的中央政务机构有宰、卿事、多尹、御事、事等。"宰"后来发展为"冢宰"、"太宰",成为百官之总,被视为辅政机构之首。

夏商的政治体制,还有内服、外服之分。内服即中央和王畿机构体系,含前述辅佐机构和政务机构。外服即地方(诸侯)机构体系[⑥]。

外服体制,据说自尧帝开始即有"五服制度",夏商时代仍旧如此。根据《尚书》、《周礼》的记载,除"王畿千里"为内服之外,外服共分为五等:甸服、侯服、绥服、要服、荒服。以王畿为中心,向四周扩展,大约以每五百里为一等。地方诸侯根据与王室的关系亲疏远近,分别在五服不同地域立国,臣服和拱卫王室,并向王室纳贡。诸侯们的爵位被分为不同的等级,商代大致分为侯、伯、子、男等(有学者认为已经有公侯伯子男五等)[⑦];《尚书·酒诰》中提到的侯、甸、男、卫、邦伯等名称,大概也能反映商代的情形。商代,在诸侯之下,有基层单位曰"邑",有基层官员曰"族尹"、"里君"、"里尹"。

夏商时代比较专门司掌刑事执法的国家政务机构(所谓司法机构),史书没有正式记载。《尚书·皋陶谟》说帝舜委任皋陶"汝作士,五刑有服,五服三就",汉人郑玄注谓"士"即司刑之官,又说司刑之官"夏曰大理,殷曰司寇",不知有何凭据。有教材说夏代中央司法官为"大理",说商朝中央司法官为"司寇",大概即据郑玄之注[⑧]。关于地方或基层司法机构(官员),有人说夏朝主持地方司法的官员称"士"或"理","士"或"理"之下再设"正"、"史"等分别执行具体司法事务。又说商朝王畿之内基层司法官员曰"士"、"蒙士",外服地方基层司法官员曰"正"

---

① 《尚书·微子》。

② 《尚书·甘誓》。

③ 《通典》卷十九,《职官》一。此系据《尚书·舜典》舜帝即位后任命伯禹作司空、契作司徒、皋陶作士、益作虞、伯夷作秩宗、龙作纳言等记载而猜测。汉人郑玄注《尚书·皋陶谟》及《周礼》所谓帝舜命"皋陶作士"时说:"士,夏曰大理,殷曰司寇。"认为"司寇"乃"六卿"之一。

④ 《国语·郑语》。

⑤ 《尚书·胤征》。

⑥ 《尚书·酒诰》:"越在内服,百僚庶尹,惟亚惟服宗工。""越在外服,侯甸男卫邦伯。"韦庆远《中国政治制度史》认为:《酒诰》所记内服、外服只说是周人事,认为内外服之说源于周代,商代并无此称(中国人民大学出版社 1989 年版,第 30 页)。但从历史事实及传说看,商代只是无内服外服之名,而已经有区分内服外服的事实。

⑦ 董作宾:《五等爵在殷商》,载《"中央"研究院历史语言研究所集刊》第 6 册,1935 年。

⑧ 见张晋藩:《中华法制文明的演进》,中国政法大学出版社 1999 年版,第 25、38 页。曾宪义主编:《中国法制史》,北京大学出版社、高等教育出版社 2000 年版,第 33 页。

或"史",大概仅凭汉人郑玄注《礼记》时的臆断。①

关于作为司法设施的监狱,史有传说。传说上古有"画地为牢、刻木为吏"②之事,即在地上画圈以为牢狱,"囚禁"犯人;刻木头以为狱吏看守之。汉人史游《急就篇》说"皋陶造狱法律存",《广韵》谓:"狱,皋陶所造。"此时的"狱"不知是否即囚禁犯人之所。《周易·坎卦》爻辞有"系用徽纆,寘于丛棘,三岁不得,凶"之语,郑玄《周易正义》注谓:"丛棘谓执囚之处,以丛棘而禁之也"。"丛棘"(以荆棘设围栏)可能是监狱的最早形态之一。汉人应劭《风俗通》谓"三王始有狱",大概指夏商周时代即有监狱。具体说到夏商时代的监狱,《竹书纪年》谓"夏后芬三十六年作圜土",《墨子·尚贤》:"昔者傅说居北海之州,圜土之上。"《尔雅》谓:"狱,……又谓圜土。筑其表墙,其形圜也。"③《周礼》郑玄注谓"圜土,狱城也"④,据此可知圜土为夏商时代监狱之名。此外,《史记·夏本纪》谓夏桀王"乃召(商)汤而囚之夏台",《史记·殷本纪》谓"纣囚西伯羑里"⑤,《左传》谓"夏启有均台",据此可知"夏台"、"均台"、"羑里"分别为夏、商中央直辖监狱的名称⑥。

第二节　关于夏商法制的历史记述

关于夏商时代的具体法制,历史留下的正式记载几乎没有。我们只能通过一些传说或间接记述来蠡测那时法制的一些内容。

一、关于法律原则或刑事政策

夏商时代即开始形成了一些刑法原则或刑事政策。《尚书·皋陶谟》:"钦哉,钦哉,惟刑之恤哉!"首次提出了恤刑慎杀的刑事原则。《左传·襄公二十六年》引"《夏书》曰:与其杀不辜,宁失不经"⑦,首次提出了宁可不按照常法审判,也不可错杀无辜之人的刑事原则。《尚书·尧典》:"眚灾肆赦,怙终贼刑。"意思是对过失犯罪(眚灾)要减轻或免除处罚,对故意且惯犯(怙终)则要处以重刑。古文《尚书·大禹谟》也有"宥过无大,刑故无小"之语。这些均提出了区分故意与过失的刑事原则。

---

① 见张晋藩《中华法制文明的演进》,中国政法大学出版社 1999 年版,第 38 页。蒙士《尚书·伊训》有伊尹相商王太甲时的训词曰:"臣下不匡,其刑墨,具训于蒙士。"其他如"士"、"正"、"史"等为基层司法官员之说来自《礼记·王制》等。

② 《史记·太史公自序》。

③ 《尔雅·释名·释宫室》。

④ 《周礼·秋官·大司寇》郑注。

⑤ 羑里,在今河南汤阴县城北。

⑥ 夏台,在今河南汝县南;均台,在今河南阳翟县内。

⑦ 此语又见古文《尚书·大禹谟》。

此外，见于《古文尚书》①的还有一些似乎是夏商时代的法律原则。《大禹谟》："明于五刑，以弼五教，期于予治；刑期于无刑，民协于中"，首次提出了"明刑弼教"、"刑期无刑"即刑罚为德教服务的原则。《大禹谟》："帝德罔愆，临下以简，御众以宽"，首次提出了法制应该简约宽厚的原则。"罚弗及嗣，赏延于世"，首次提出了反对株连的刑法原则。"罪疑惟轻，功疑惟重"，这首次提出了疑罪从轻从赦的原则。《胤征》曰："歼厥渠魁，胁从罔治。"这首次提出了区分首犯和从犯并重惩首犯、胁从不问的原则。

二、关于法律规范及其形式

刑。《左传·昭公六年》说："夏有乱政，而作禹刑；商有乱政，而作汤刑。"《竹书纪年》谓"祖甲二十四年重作汤刑"。"禹刑"、"汤刑"可能是夏商时代刑事法规的总称，都以其开国先祖命名。《左传·昭公七年》谓："夏后氏之王天下也，则五刑之属三千，殷周于夏，有所损益。"《尚书大传》谓"夏刑三千条"。《扬子法言·先知篇》谓"夏后肉辟三千"。《魏书·刑罚志》谓"夏刑有大辟二百，劓辟三百，宫辟五百，膑墨各千，殷因于夏，盖有损益"。《隋书·艺文志》谓"夏后氏正刑有五，科条三千"。"三千"盖指夏代的以死刑肉刑处罚犯罪的三千个案例的汇集，不可能是有三千条刑法条文，因为那时不可能制定出复杂的罪名体系来。具体地说，大约是将处死刑的案例二百个，处劓刑的案例二百个，处宫刑的案例五百个，处刖刑墨刑的案例各一千个，收集起来以便司法用刑时比照适用。《尚书·伊训》谓商汤"制官刑，儆于有位"，盖商时有专门惩治官吏违法的法规曰《官刑》。总之，"刑"乃当时的法律形式之一。

此外，夏商法律形式还有典、训、誓、诰、告、命、礼、彝等。

关于"典"，《尚书》有《尧典》、《舜典》之名；今文《尚书·尧典》有"慎徽五典，五典克从"、"象以典刑"之语，古文《尚书·胤征》曾引《政典》②。"典"盖为行政纲纪及处罚的规定。《尚书·多方》谓"惟殷先人，有册有典"，盖言商朝制度齐备。

关于"训"，如古文《尚书》有《伊训》篇，记载伊尹训太甲期间的训令，可以视为当时法律规范的表达形式之一。其《五子之歌》篇"皇祖有训"，其《高宗肜日》篇有"高宗之训"，均表示"祖训"为当时法律形式之一。"赋事行刑，必先问遗

---

① 汉初所见《尚书》系伏生口传，后人称为"今文尚书"。汉武帝时，在孔子故宅发现尚书，孔氏后人孔安国献与朝廷，比今文多出十六篇。因用蝌蚪古文书写，故曰"古文尚书"。魏晋时藏于秘府，永嘉之乱亡佚。东晋元帝时，豫章内史梅赜献上据称是汉人孔安国所传古文尚书，又比今文多出二十五篇。后人证其为伪，称之为"伪孔传"(清人阎若璩证伪最力)。

② 《尚书》伪孔传谓："政典，夏后为政之典籍，若周官六卿之治典。"转引自沈家本：《历代刑法考》第二册，中华书局 1985 年版，第 817 页。

训”[①]可能也是夏商时的原则之一。

关于“誓”,《尚书》有《甘誓》、《汤誓》之篇。两篇中分别记载了夏启和商汤在阵前誓师时发布的军事刑法条文。“誓”盖为军事刑法的固定表达方式。

关于“诰”,古文《尚书》有《汤诰》、《仲虺之诰》篇。有“汤作诰”、“听予一人诰”、“仲虺作诰”、“微子作诰”、“伊尹申诰”等语,可以视为天子或傅相申述政治纲纪法则。

关于“告”,古文《尚书·胤征》有“汤始居亳,从先王居,作帝告”。“告”可能有时专指王发布的一种命令文体。

关于“命”,《尚书·大禹谟》有“济济有众,咸听朕命”语,《甘誓》有“恭命”、“用命”之说,可知“命”是王发布的命令,是法律的形式之一。

关于“礼”,《尚书·尧典》有“天秩有礼,自我五礼有庸哉”、“修五礼”、“典朕三礼”之说,《洛诰》有“王肇称殷礼”之说。《论语·为政》说:“殷因于夏礼,所损益可知也。周因于殷礼,所损益可知也。”“礼”为当时国家典章制度的总称,“夏礼”、“殷礼”实为夏商时代的法律规范主体。

关于“彝”,《尚书·康诰》有“罚蔽殷彝,用其义刑义杀”语。“殷彝”大概是商朝法律形式之一,或者是对商朝刑事法律的总称。

三、关于刑事法制

夏商时期的刑事法制,首先体现为军事刑法。如《尚书·甘誓》记载夏启讨伐不服中央的有扈氏时,曾阵前誓师,发布军事刑法:“王曰:嗟!六事之人,予誓告汝:有扈氏威侮五行,怠弃三正。天用剿绝其命。今予惟恭行天之罚。左不攻于左,汝不恭命;右不攻于右,汝不恭命;御非其马之正,汝不恭命。用命赏于祖,弗用命戮于社。予则孥戮汝!”这里规定了何种行为构成“不恭命”(违抗军令)之罪,规定了“赏于祖(庙)”和“戮于社(坛)”、“孥戮”的奖赏和制裁(刑罚)措施。这可能是夏朝军事刑法的遗文。《尚书·汤誓》载商汤讨伐夏桀时曾发布誓告:“尔尚辅予一人,致天之罚。予其大赉汝。尔无不信,朕不食言。尔不从誓言,予则孥戮汝,罔有攸赦。”这是商朝军事刑法的遗文。

此外还有一些关于夏商刑事法令的记载。

《左传·昭公十四年》:“己恶而掠美为昏,贪以败官为墨,杀人不忌为贼。《夏书》曰:昏墨贼杀,皋陶之刑也。”是夏朝曾有昏、墨、贼三种罪名,均规定处以死刑(杀)。《孝经》谓夏朝“五刑之属三千,而罪莫大于不孝。”[②]《吕氏春秋·孝行》引《商书》曰:“刑三百,罪莫重于不孝。”是“不孝”为夏商时代最大罪名。《尚

---

① 《国语·周语》。

② 《孝经·五刑章》。章太炎先生认为《孝经》是夏朝法制,曾作《孝经本夏法说》以述其见。

书·盘庚》载商王盘庚为迁都之事颁布法纪:“乃有不吉不迪、颠越不恭、暂遇奸宄,我乃劓殄灭之无遗育”,这也可以视为当时的刑事法规。又据《韩非子·内储说上》述“殷之法,弃灰于公道者断其手”,这似乎也是商朝的一条刑法。此外,《礼记·王制》中的“四诛”:“析言破律,乱名改作,执左道以乱政,杀。作淫声、异服、奇技、奇器以疑众,杀。行伪而坚、言伪而辨、学非而博、顺非而泽以疑众,杀。假于鬼神、时日、卜筮以疑众,杀。此四诛者,不以听。”就是说这四类罪犯不必经过正常听断程序可直接处以死刑。法史学界一般认为这反映了商代刑事法制①,大约凭据汉人郑玄注《礼记》时的臆断,其实难以据信。

四、关于行政纲纪规制

夏商时代的行政纲纪规制,虽然无法用今人的概念视之为行政法,但作为当时法制的一部分是无可怀疑的。

夏朝有《政典》,可能是行政刑法。《尚书·胤征》谓“政典曰:先时者杀无赦,不及时者杀无赦。”②所谓“先时”、“不及时”,指官员娱乐或办理公务违反阴阳时令禁忌。商朝有《官刑》。《尚书·伊训》:“制官刑,儆于有位,曰:敢有恒舞于宫、酣歌于室,时谓巫风;敢有殉于货色、恒于游畋,时谓淫风;敢有侮圣言、远耆德、比顽童,时谓乱风。惟兹三风十愆,卿士有一于身,家必丧;邦君有一于身,国必亡。臣下不匡,其刑墨。具训于蒙士。”③《墨子·非乐》:“先王之书,汤之《官刑》有之,曰:其恒舞于宫,是谓巫风。其刑,君子出丝二卫,小人否。”这大概是商朝的行政刑法遗文,主要制裁贵族官吏淫乱贪渎。

五、关于土地和赋税法制

一般认为商代已经出现了“井田制”。所有土地属于王,王复将其授予诸侯贵族,诸侯贵族复将其按照“井田制”分配给农民。所谓井田制,《孟子·滕文公上》说:“方里而井,井九百亩,其中为公田,八家皆私百亩,同养公田。公事毕,然后敢治私。”“夏后氏五十而贡,殷人七十而助,周人百亩而彻,其实皆什一也。”④《史记·夏本纪》说“自虞夏时,贡赋备矣”。宋人朱熹说:“夏时一夫授田五十亩”,“商人始为井田之制,以六百三十亩之地划为九区,区七十亩,中为公田,其

---

① 见张晋藩:《中华法制文明的演进》,中国政法大学出版社 1999 年版,第 37 页。叶孝信主编:《中国法制史》,北京大学出版社 1996 年版,第 19 页。曾宪义主编:《中国法制史》,北京大学出版社、高等教育出版社 2000 年版,第 31 页。

② 《尚书》伪孔传谓:“政典,夏后为政之典籍,若周官六卿之治典。”转引自沈家本:《历代刑法考》,中华书局 1985 年版,第二册,第 817 页。

③ 所谓“三风十愆”,这里只有三风七愆,还少三个。故疑原文有阙文。

④ 《孟子·滕文公上》。

外八家各授一区。”[①]所谓“贡”、“助”、“彻”就是夏商周时代的土地分配和赋税法制，即：国家给每户人家分配一定的国有土地供百姓耕种自养，农民向“公家”或“公田”提供收获或劳力作为赋税，税率大约是十分之一。

六、关于刑罚体系（刑名）

关于夏商的刑罚体系，《尚书·尧典》即有“流宥五刑”、“五刑有服”、“五刑五用”之说，五刑体系在当时已经形成。这个五刑，一般认为就是由墨、劓、刖（膑、剕）、宫、大辟五者组成的“五刑”。墨刑即在面部刺字或其他标记以羞辱之，劓刑就是割去鼻子，刖刑就是砍脚（膑则是去膝盖骨，剕则是去胫骨），宫刑就是男子去势、女子毁去生殖机能，大辟就是各种死刑的总称。《周礼·秋官·司刑》郑玄注：“夏刑大辟、膑辟、宫辟、劓、墨。”《汉书·刑法志》说：“禹承尧舜之后，自以德衰，而制肉刑。”《魏书·刑罚志》谓：“夏刑有大辟二百，劓辟三百，宫辟五百，膑墨各千。殷因于夏，盖有损益。”《荀子·正名》说“刑名从商”，认为商朝时刑名体系初具规模。这仅仅是法定的肉刑死刑体系。在当时，说到“刑”，人们通常仅仅指肉刑死刑而言。

在五刑体系外，《尚书·尧典》也另有一种刑罚体系说：“象以典刑，流宥五刑，鞭作官刑，扑作教刑，金作赎刑。”则“象刑”、“流刑”、“鞭刑”（官刑）、“扑刑”（教刑）、“赎刑”是为五刑，是在法定正式五刑（墨劓刖宫大辟）尚不宜用或应予赦减时的替代刑罚。

除此之外，夏商时还有“孥戮”[②]、“劓殄”[③]、“胥靡”[④]、“炮烙”[⑤]、“醢脯”[⑥]等刑罚。另外，《尚书·吕刑》：“穆王训夏赎刑，作吕刑。”《尚书大传》：“夏后氏不杀不刑，死罪罚二千馔。”[⑦]《路史·后记》：“夏后氏罪疑惟轻，死者千馔，中罪五百。”这都是对《尧典》“金作赎刑”一语的引申。据此可知夏朝已经有了赎刑制度。

---

① 朱熹《孟子集注》卷五，《滕文公上》。

② 《尚书·甘誓》“予则孥戮汝”，传曰：“孥，子也。非但止汝身，辱及汝子，言耻累也。”疏曰：“我则并杀汝子，以戮辱汝。”

③ 《尚书·盘庚》“我乃劓殄灭之无遗育”，传曰：“劓，割也；育，长也。言不吉之人当割绝灭之，无遗长其类。”疏曰：“无遗长其类，谓早杀其人，不使得子孙，有此恶类也。”

④ 《史记·殷本纪》：“是时（傅）说为胥靡。”晋灼《汉书音义》：“胥，相也；靡，随也。古者相随坐轻刑之名。”大概指连坐服徒刑。

⑤ 《史记·殷本纪》：“于是纣乃重刑辟，有炮烙之法。”其刑为，在铜柱上涂油，下燃炭使热，令囚行其上，人辄坠炭中烧死。

⑥ 《史记·殷本纪》有“醢九侯”、“脯鄂侯”记载。醢，是指将罪人置于臼中，以杵捣成肉酱。脯，盖指将人处死并晒成肉干。

⑦ 转引自沈家本：《历代刑法考》第一册，第10页。铜六两为一馔。

七、关于司法程序

关于夏商时代的司法程序，史书没有任何记载。《礼记·王制》："疑狱，汜与众共之。众疑，赦之。必察小大之比以成之。成狱辞，史以狱成告于正，正听之。正以狱成告于大司寇，大司寇听之棘木之下。大司寇以狱之成告于王，王命三公参听之。三公以狱之成告于王，王三又（宥），然后制刑。"有人认为，这是商代的司法程序[①]。这大概也是根据汉人郑玄的臆断，难以据信。

第三节 天法与神判天罚

夏商时代的法制，有一个非常重要的时代主题，就是特别突出天命、天法、神判、天罚观念，就是特别注重假借上天或天帝的名义来进行政治法律活动。

一、《洪范》，天赐"大法"

据《尚书·洪范》记载，周武王灭商以后，曾向商朝遗老箕子征询治国方略。箕子告诉武王，天帝有"洪范九畴"，是人间社会"彝伦"的最高根据。在大禹的父亲鲧主持治水时，因为"塞洪水，汩陈其五行，帝乃震怒，不畀洪范九畴，彝伦攸斁"[②]，人间政治章法大坏，灾祸降临人间。后来"鲧则殛死，禹乃嗣兴，天乃锡禹洪范九畴，彝伦攸叙"，相传大禹渡洛水，天通过神龟背负《洛书》以示夏朝的开国先祖大禹，禹得之将其分为九畴。[③] 这标志着大禹奉了上天真命来拯救人间灾祸。《尚书》记载的这九章大法，可以看成是夏商时代的主要政治方略或根本法律原则。[④]

所谓"洪范九畴"的内容是什么呢？

"初一曰五行，次二曰敬用五事，次三曰农用八政，次四曰协用五纪，次五曰建用皇极，次六曰乂用三德，次七曰明用稽疑，次八曰念用庶征，次九曰向用五福、威用六极。"这六十五个字，古人认为就是洛水龟背文书原文。这就是九章大法的标题。

---

① 曾宪义主编：《中国法制史》，北大社、高教社 2000 年联合版，第 33 页。

② 洪范九畴，意为根本大法九章。《尔雅》谓：洪者，大也；范者，法也；畴者，类也。

③ 《周易·系辞上》："天生神物，圣人则之；天地变化，圣人效之；天垂象，见吉凶，圣人象之；河出图，洛出书，圣人则之。"盖指此事。

④ 关于《洪范》的成书时代，有学者认为，虽然该篇列于《尚书》的《周书》部分，但实际上应视为《商书》的一部分，因为产生于战国时期的《左传》多次引用今本《洪范》中的语句，直云"《商书》曰"。《汉书·儒林传》还将《洪范》列于《微子》之前，亦即认为应属于《商书》之一篇，不应视为《周书》之一部分。《洪范》原书应是成于商代，战国时经人修改最后定名为《洪范》。参见张晋藩《中华法制文明的演进》，第 35 页。

具体说来，九章大法的具体内容是：

第一章是“恪遵五行”章，就是讲国家一切事务必须尊重金、木、水、火、土这“五行”（世界上五种最基本的物质元素和精神因素）相生相克的规律，不可悖逆。

第二章是“敬用五事”章，就是讲统治者办公务时必须注重“貌、言、视、听、思”五个方面的技巧或水平。只有“貌恭、言从、视明、听聪、思睿”，国家政治才能清明有效率。

第三章是“农用八政”章，就是讲国家必须注重“食、货、祀、司空、司徒、司寇、宾、师”等八个方面的事关国家命运的政事。所谓“洪范八政，食货为先”。食、货、祀，分别指农业、商业、祭祀等三大事务；司空、司徒、司寇、宾、师，实际是指工程、民政、司法、外交、教育等五个方面的事务。农，大也。“农用”就是注重的意思。

第四章是“协用五纪”章，就是讲国家必须遵守的基本历法和星相之法：“岁、月、日、星辰、历数”五者。

第五章是“建用皇极”章。“皇极”可以理解为那时的“宪法根本原则”。本章强调的国家根本宪法原则有“无虐茕独而畏高明”，“无偏无陂，遵王之义；无有作好，遵王之道；无有作恶，遵王之路；无偏无党，王道荡荡”，“无反无侧，王道正直”，“天子作民父母，以为天下王”；等等。

第六章是“乂用三德”章。就是强调国家当政者必须保持“正直、刚克、柔克”三种政治品德和谋略，强调“惟辟作福，惟辟作威，惟辟玉食，臣无有作福作威玉食”，就是说国家一切生杀、威福、享乐（即一切权力和资源）都必须掌握在王者手中，不能落入臣下之手。就是“惟名与器不可以假人”。

第七章是“明用稽疑”章。本章讲的是王者在决定国家重大或疑难政事时，如何通过征询意见或进行占卜排除疑难，作出合理决策。所谓“有大疑，谋及乃心，谋及卿士，谋及庶人，谋及卜筮”，“三人占则从二人之言”。谋及庶人，有“尊重民意”的意思；三占从二，有“少数服从多数”的意思。最理想是在“汝则从，龟从，筮从，卿士从，庶民从”的情形下作出决策，亦即君主、臣僚、百姓、神示的意见完全一致时作出决策，“是之谓大同”。这多少有点决策科学化和民主化的萌芽。

第八章是“念用庶征”章。“庶征”就是“雨、旸、燠、风、时”五者。本章是讲必须注重与农业相关的五种气候变化规律，以保证“岁月日时无易，百谷用成”。

第九章是“向用五福、威用六极”章。所谓“五福”就是“寿、富、康宁、攸好德、考终命”，“六极”就是“凶短折 、疾、忧、贫、恶、弱”。古人认为，为政以德，就会导致“五福”；为政暴虐，就会导致“六极”。为政者应该通过上天显示的“六极”来检讨自己的缺失。

这九章大法，虽然不像今天的宪法条文那样，充满我们今人熟悉的法律用语；或者说用今天的标准看好像与法律没有多大关系。但是我们必须看到这是中国夏商周时代的基本政治大法，是国家的纲纪、禁忌和追求之所在，是中国早期政治社会的基本构成章法。

二、神判天罚：以天的名义

在夏商时代，人们对大自然的认识水平很低，用于政治和司法的科学技术手段极其落后，统治者在决定国家重大事务或审判疑难案件时，常常不由自主地寻找天意启示，这是很自然的。有时，为了使人们接受决定或裁决，假借"天意"也是一种政治技巧。同时，华夏民族初期的图腾禁忌作为一个体系也必然影响政治和法律。因此，在夏商时代，普遍盛行"神判"和"天罚"。

所谓神判，就是假借神明进行裁判。汉语的古体"灋"（法）字就是神判的遗迹。汉人许慎《说文解字》："灋，刑也。平之如水，从水。廌，所以触不直者去之，从廌、去。"

所谓"廌"据说是一种神兽，许慎说："廌，解（獬）廌，兽也，似牛一角，古者决讼，令触不直者。"我们今天还能从天安门的华表顶端、古代帝王陵墓的神道旁、古戏装法官补服上看到它的形象。俗称"独角兽"。汉人王充《论衡·是应》说：廌者，"一角之羊也，性知有罪，皋陶治狱，其罪疑者，令羊触之；有罪则触，无罪则不触。斯盖天生一角圣兽，助狱为验，故皋陶敬羊，起坐事之。"

在夏商时代，神判主要体现为司法案件的定罪量刑常常通过占卜探询神意来决定。现在我们看到的殷墟甲骨文字，主要是商朝的占卜记录。"殷人尊神，率民以事神"①，现存 16 万多片殷墟甲骨文字体现了商朝的这种政治个性。如甲骨卜辞中有"兹人井（刑）不？"②的记录，就是占卜请求神示，"当不当对这个罪犯用肉刑？"又有"贞：刖宰八十人不死？"③的记录，这是在卜问神意："如果对这八十个宰（奴隶）用刖刑，他们会不会死？"还有"丁巳卜，亘贞：刖若？"的记录，就是在"丁巳"这一天进行占卜，由名叫"亘"的卜筮官（甲骨卜辞中曰贞人）占卜问神："执行刖刑是否顺利？" 还有"贞：王闻惟辟"、"贞：王闻不惟辟"④的记录，似乎是商王直接审判案件也用占卜（贞：占卜）的方式问神意。有"庚辰卜，王，朕宫羌不死"⑤？是王直接卜问如果对羌奴用宫刑是否会导致其死亡。还有"辛酉卜，㞢，贞醢"⑥的记录，是在"辛酉"日占卜，贞人㞢卜问："对某人处以醢刑可以吗？"还有"己未卜，㞢，贞乎执"⑦的记录，是在己未日由贞人㞢占卜，卜问"对某人拘

① 《礼记·表记》。
② 《殷契佚存》八五〇。
③ 《甲骨文合集》580。
④ 《殷墟文字乙编》四六〇四。
⑤ 罗振玉《殷墟书契前编》，4.38.7。
⑥ 《甲骨文合集》，6025。
⑦ 《甲骨文合集》，5966。

捕可否?”还有“壬辰卜,执于圉”[1]的记录,就是在壬辰日占卜是否可以将某人枷械入狱。

反映当时神判制度的还有《尚书·洪范》之“明用稽疑”程序。所谓“立时人作卜筮,三人占,则从二人之言。汝则有大疑,谋及乃心,谋及卿士,谋及庶人,谋及卜筮。”这种“谋及卜筮”、“三占从二”的神判制度,既用于司法裁判,也用于重大政事决策。这种判决或决策的最理想境界是“汝则从、龟从、筮从、卿士从、庶民从,是之谓大同”。如果人的意见和神示不一致,“汝则从、龟从、筮从、卿士逆、庶民逆:吉”。这就是说王者的意见只要得到了龟筮占卜的支持,即使臣僚和庶民都反对,也还可以变为决策加以施行。相应地,如果“龟筮共违于人:用静,吉;用作,凶。”就是说,如果占卜获得的“神示”是否定,那么最好是什么都不作,作了就会惹麻烦。

所谓天罚,就是假借天或帝的名义进行征讨或施以刑罚,主要就是所谓“革命”。《尚书·甘誓》中,夏王启宣布有扈氏犯下了逆天之罪,“今予惟恭行天之罚”,假借天的名义进行军事征伐。《尚书·汤誓》中,商汤王反复解释:“非台小子,敢行称乱……夏氏有罪,予畏上帝,不敢不正。……尔尚辅予一人,致天之罚。”把对夏王桀的征伐说成是在履行上帝赋予的不可推卸的责任。在古文《尚书·胤征》中,胤侯征讨羲和,也是说“今予以尔有众,奉将天罚”。在古文《尚书·汤诰》中,商汤宣布:“天道福善祸淫,降灾于夏,以彰厥罪。肆台小子,将天命明威,不敢赦。”宣称自己奉天命行事,处罚夏桀,不敢放纵暴君。

这种奉天命进行的征讨行动,导致改朝换代,被称为“革命”。所谓“天地革而四时成;汤武革命,顺乎天而应乎人”[2],就是为通过暴力进行的政权更迭制造理论根据。关于这一问题,因为在周人灭商的过程中表现得更为突出,所以留待下章(西周法制章)再合并阐释。

本章重点问题提示

本章的重点问题有两个:第一是夏商政治体制的主要特征;第二是夏商法制的天法神判天罚属性。

一、关于夏商政治体制的特征

夏商政治体制的特征,我们特别要注意两者:一是内服、外服之分;二是外服中的五服制度。内服外服之分,不能简单地视为中央和地方之分,应该看成是部落联盟向国家过渡初期的国家结构兼政权组织形式问题。内服是夏商王族(原夏商部族人)的统治区,也是中央权力集团所在;外服是其他归附(或臣属)部族

① 罗振玉《殷墟书契前编》,4.4.1。

② 《周易·系辞上》。

的统治区。所谓甸服、侯服、绥服、要服、荒服的“五服”关系，实际上标明不同部族集团与王族（中央统治部族）的亲疏远近关系，也就是标明他们对王族或中央的归附（臣属）程度。这种关系更多地是对各部族间关系现实的一种确认，这与后来统一的中央集权的国家政权是有本质区别的。

二、关于夏商时代法制的天法神判天罚属性

天法、天罚、神判，在夏商时代不仅仅是一个观念问题，更是一个法律实践问题。立法制礼活动，受制于当时人们所认识的“洪范”（天法）；司法活动表现于广泛的“神判”；战争或改朝换代行动以“奉行天罚”的面目出现。天法、天罚、神判，成为当时法制的主题或属性，反映了早期国人对法律的本质和起源的基本认识，也反映了早期法制实践受外在客观或自然支配较深，亦即人类的法制创制自主性尚未完全觉悟的特征。

思考题

1. 神判、天罚观念的社会历史基础是什么？
2. 中国法律的起源有什么最显著的特征？
3. 从《尚书·洪范》能看到中国早期法制及法观念的什么特征？
4. 夏商国家政权体制与后世中央集权君主政体的最主要差别是什么？

第三章　西周法制与中国法律传统的肇端

内容提要

西周法制是后世三千年中国特有法律传统的肇端，后世中国法律传统的关键内容和特征，在西周时代已经萌芽或初步形成。从思想观念层次讲，革命、天命、民主这些最有中国特色的政治法制基石性质的观念，在西周时代已经奠定。从治国模式来讲，礼法并用、礼刑结合的模式基本确立。从政体或制度层面讲，宗法分封制度、君主专政制度、公卿辅政制度、乡里制度、选举制度等已经基本成型。从部门法律制度和法律原则来讲，西周更是为后世的法律原则、法律制度体系奠定了初步架构。本章主要介绍西周时代的法律制度，主要通过出土文物、历史传说、先秦典籍以及间接反映了周代制度的《周礼》一书，介绍西周时代法制的主要内容和特征，旨在说明中国法律传统的主要特征在此一时期的大致肇型。

关键词

天命　革命　民主　禅让　明德慎罚　义刑义杀　宗法分封　六官　礼义　礼法　礼仪　吕刑　九刑

第一节　天命、革命、民主：西周政治观念

从尧舜禹到夏商周，国家政权的更迭或转移，经历了丰富多彩的实践模式，其扑朔迷离、血雨腥风的历程，造成了一代又一代人们的无数疑惑，因而成为必须从理论上加以解说的一个重要问题。

国家权力的转移，最初是尧舜禹之间的“禅让制度”。据说尧帝主动传位给舜，舜帝主动传位给禹，禹帝主动传位给益。他们的传授，都是“以圣授圣”。但最后禹的儿子启驱逐了益，夺取了政权。从此，“父传子，家天下”。在家天下的情形下，如果继位天子不仁，政治昏乱，那么就必须设法使政权转移到外姓英雄手中。这种转移，再也没有温文尔雅的“禅让”可言，只有武力征讨、暴力剥夺，这就是“革命”。夏朝末年，夏王桀荒淫无道，商汤王举兵造反；商朝末年，商王纣残暴昏聩，周武王举兵造反。这些造反，虽然有抗暴的道德正当性，虽然迫不得已，但毕竟是臣下“犯上作乱”，因此必须找到一种合理化的解释才能心安理得。这

种合理化的解释就是“革命理论”。《周易·系辞上》:“天地革而四时成,汤武革命,顺乎天而应乎人。”就是这一解释的高度概括。关于这一方面的思想理论,我们无法人为地把夏商与西周割裂开来,所以将夏商时代的类似观念放到本章来一起阐述。

在夏商周时代,这个以“革命”为核心的理论体系,主要是为了论证通过非常手段获得国家权力的正当性、合法性以及探讨如何保持国家政权的先进性问题。

这一理论体系有以下关键内容:

第一,要获得国家统治权,必须有天命。天命,就是上天对个人英雄作出的关于最高统治权力的委任。天命并不固定属于一家一姓,“惟命不于常”①,“帝命不时”、“天命靡常”②。此即《左传·僖公五年》所概括的“皇天无亲,惟德是辅”。

第二,失德者会丧失天命,天会剥夺暴君或腐败王朝的权力合法性。如“有扈氏威侮五行,怠弃三正,天用剿绝其命”③,“夏王率竭众力,率割夏邑,有众率怠弗协,曰时日曷丧,予及汝皆亡”,“有夏多罪,天命殛之”④;“今商王受惟妇言是用,昏弃厥肆祀弗答……暴虐予百姓,以奸宄予商邑”⑤,“(殷)惟不敬厥德,乃早坠厥命”⑥。

第三,有德者会获得新天命,被天立为新“元子”,获得国家最高权力。“我有周佑命,将天明威”⑦,“徯志(待德)以昭受上帝,天其申命用休”⑧,“昊天有成命,二后受之”⑨。“有命自天,命此文王。”⑩“天休于宁(文)王,兴我小邦周;宁王惟卜用,克绥受兹命。”⑪“皇天上帝,改厥元子兹大国殷之命。惟王受命,无疆惟休,亦无疆惟恤。”⑫

第四,天命的更替通过新受命者领导的革命战争来实现;革命是奉天命行事,是在执行上天判处的刑罚,是不得已的行动,不是个人夺权行为。《尚书·汤誓》:“非台小子,敢行称乱……夏氏有罪,予畏上帝,不敢不正……尔尚辅予一人,致天之罚。”《尚书·牧誓》:“今予发惟恭行天之罚。”《尚书·大诰》:“予惟小

① 《尚书·康诰》。
② 《诗经·大雅·文王》。
③ 《尚书·甘誓》。
④ 《尚书·汤誓》。
⑤ 《尚书·牧誓》。
⑥ 《尚书·召诰》。
⑦ 《尚书·多士》。
⑧ 《尚书·皋陶谟》。
⑨ 《诗经·周颂·昊天》。
⑩ 《诗经·大雅·大明》。
⑪ 《尚书·大诰》。
⑫ 《尚书·召诰》。

子，不敢替上帝命。"《尚书·多士》："我有周佑命，将天明威，致王罚，敕殷命终于帝。肆尔多士，非我小国敢弋殷命，惟天不畀允罔固乱，弼我；我其敢求位？惟帝不畀，惟我下民秉为，惟天明畏。……今惟我周王丕灵承帝事，有命曰：割殷，告勅上帝。……非我一人奉德不康宁，时惟天命。……我乃明致天罚。"《尚书·康诰》："天乃大命文王，殪戎殷，诞受厥命。"古文《尚书·泰誓》："商罪贯盈，天命诛之。予弗顺天，厥罪惟钧。……以尔有众，底天之罚。"《诗经》："有命自天，命此文王。……笃生武王。保右命尔，燮伐大商。"①

第五，代替前王朝的新圣人"顺天应人"地出来作"民主"，拯救人民。《尚书·多方》："天惟时求民主，乃大降显休命于成汤，刑殄有夏。……乃惟成汤，克以尔多方，简代夏作民主。……天惟五年须暇之子孙，诞作民主。"《尚书·洪范》："天子作民父母，以为天下王。"《尚书·梓材》："皇天既付中国民越厥疆土于先王。"所谓"民主"，就是人民的主人；上天把天下人民和土地托付给了真命天子，他有义务当人民的救星，救斯民出水火，像父母养育子女一样"哺乳"人民，为人民谋幸福。

第六，必须以前朝暴政亡国为教训，"敬天保民"，对天负责，爱护人民，实行仁德政治，保持政权的先进性。《尚书·召诰》："我不可不鉴于有夏，亦不可不鉴于有殷。……惟不敬厥德，乃早坠厥命。"因为"天命靡常"，所以必须"永言配命，自求多福。……克配上帝"②。新政权必须"用保乂民"、"用康保民"、"若保赤子"③，要"怀保小民，惠鲜鳏寡"，要"知稼穑之艰难"、"知小人之依"。④"天子作民父母，以为天下王"⑤。要重视民心民意，"天聪明，自我民聪明；天明畏，自我民明威"⑥，"天视自我民视，天听自我民听"⑦，"人无于水监，当于民监"⑧。具体落实到法制上，要"明德慎罚，不敢侮鳏寡"⑨，"勿以小民淫用非彝"⑩，要"惟敬五刑，以成三德"⑪。

---

① 《诗经·大雅·大明》。
② 《诗经·大雅·文王》
③ 《尚书·康诰》。
④ 《尚书·无逸》。
⑤ 《尚书·洪范》。
⑥ 《尚书·皋陶谟》。
⑦ 《孟子·万章》引《尚书·泰誓》。
⑧ 《尚书·酒诰》。
⑨ 《尚书·康诰》。
⑩ 《尚书·召诰》。
⑪ 《尚书·吕刑》。

第二节 西周的法律原则和刑事政策

与天命、革命、民主的根本政治观念相应，西周时代的政治家们提出了许多至今仍不失为真知灼见的法律原则和刑事政策。这些法律原则和刑事政策，我们可以总结为以下两大方面：

一、伦理性法律原则

刑罚服务德教。《尚书·吕刑》“士制百姓于刑之中，以教祗德”，“惟敬五刑，以成三德”；《尚书·康诰》“明德慎罚”，《尚书·酒诰》“勿庸杀之，姑惟教之”，这些主张都表明西周时代即形成了以教化为主导、刑罚辅佐德教的法律原则。

礼乐政刑综合为治。《礼记·乐记》：“礼以导其志，乐以和其声，政以一其行，刑以防其奸。礼乐刑政，其极一也，所以同民心而出治道也。”礼乐引导在前，政令督促在中，刑罚威慑在后，这就是西周时代开始形成的社会秩序综合治理原则。

原心论罪。《礼记·王制》：“凡制五刑，必即天论，邮罚丽于事。凡听五刑之讼，必原父子之亲、立君臣之义以权之，意论轻重之序、慎测浅深之量以别之，悉其聪明、致其忠爱以尽之。”《周礼·秋官·司刺》：“壹宥曰不识；再宥曰过失；三宥曰遗忘。”这些主张说明：从西周时代开始，强调依据行为人动机善恶来认定罪行有无及决定刑罚轻重，已经成为一个重要的法律原则。

遵从先王之法。《诗经·周颂·我将》：“仪式刑文王之典，日靖四方。”《诗经·大雅·假乐》：“不愆不忘，率由旧章。”遵从和沿袭先王成法，已经成为西周时代的重要法律观念。孔子强调“仍旧贯，何必改作”、“三年无改于父之道”，大概也是对周代政治法律观念的回忆。

君主独作威福。《尚书·盘庚》：“听予一人之作猷。”《康诰》：“非汝封刑人杀人，无或刑人杀人。”《洪范》：“惟辟作福，惟辟作威，惟辟玉食，臣无有作福作威玉食。”西周时代已经开始特别强调君主的专制、独裁权威。孔子主张“礼乐征伐自天子出”，也许就是对周天子的这种无上权威的追忆。

惟良折狱，选用良吏。《尚书·吕刑》：“非佞折狱，惟良折狱，罔非在中。察辞于差，非从惟从。”折狱者必须是贤良之人。这就是特别重视选用贤人为吏，强调贤人政治的观念。荀子讲“君子者，法之原也”，也体现对周代君子司法、贤人政治理念的追忆。

恤刑慎杀，列用中罚。《尚书·立政》：“庶狱庶慎，惟有司之牧夫是训用违。……兹式有慎，以列用中罚。”《尚书·吕刑》：“哀矜折狱。明启刑书胥占，咸庶中正。……故乃明于刑之中。”《尚书·召诰》：“其惟王勿以小民淫用非彝，亦敢殄戮。”《周易·豫卦》象传：“圣人以顺动，则刑罚清而民服。”《周易·旅卦》象传：“君子以明慎用刑而不留狱。”《礼记·文王世子》载周代有行刑之日“公素服不举，为之变；如其伦之丧，无服，亲哭之”的制度。《韩非子·五蠹》说周代有“司寇行刑，君为不举乐；闻死刑之报，君为流涕”的惯例。于此均可见西周时十分强调恤刑慎罚的原则。

刑罚轻重因时局而异。《尚书·吕刑》：“轻重诸罚有权。刑罚世轻世重，惟齐非齐，有伦有要。”具体做法是：“刑新国用轻典，刑平国用中典，刑乱国用重典。”①这说明西周时代已经确立了根据国家时局治乱情形实行轻重不等的刑罚的“因时制宜”原则。

“义刑义杀”，追求“祥刑”。《尚书·康诰》：“罚蔽殷彝，用其义刑义杀。”《尚书·吕刑》：“有邦有土，告尔祥刑。在今尔安百姓，何择非人？何敬非刑？”这就是主张刑罚应符合道义或伦理、人道，也就是孟子所谓“以生道杀民，虽死不怨杀者”。这样的刑罚或刑法，就是“祥刑”。国家应当追求这种吉祥或祥和的刑法。

严惩不孝不友。《尚书·康诰》：“元恶大憝，矧惟不孝不友。子弗祗服厥父事，大伤厥考心；于父不能字厥子，乃疾厥子。于弟弗念天显，乃弗克恭厥兄；兄亦不念鞠子哀，大不友于弟。惟吊兹，不于我政人得罪；天惟与我民彝大泯乱；曰乃其速由文王作罚，刑兹无赦。”父子之间的不能诉讼，特别是子不能告父，“父子将狱，是无上下也。”②这也是从当时社会最注重的“孝”道德引申出来的法律原则。周人特别重孝，相传《孝经》(出现于汉代)就是周公所制定之礼法教科书。

严惩盗贼。《周礼·秋官·朝士》：“盗贼军乡邑及家人，杀之无罪。”汉人郑玄注曰：“谓盗贼群辈若军，共攻乡邑及家人者，杀之无罪。若今时无故入室宅、庐舍，上人车船，牵引人，欲犯法者，其时格杀之，无罪。”匪盗掠杀之类犯罪对治安危害最大，周时法制即以其为重点打击的对象。此即后来法家“王者之政莫急于盗贼”思想的源头。

严惩贪官污吏。《尚书·吕刑》：“五刑不简，正于五罚；五罚不服，正于五过；五过之疵，惟官、惟反、惟内、惟货、惟来，其罪惟均，其审克之。”据汉人注释，所谓“惟官”，是指秉承上意，官官相护；所谓“惟反”，是指利用职权，打击报复；所谓“惟内”，是指内亲用事，为亲徇私；所谓“惟货”，是指贪赃受贿，敲诈勒索；所谓“惟来”，是指接受请托，枉法徇私。如果法官以此五过而枉法裁判，则与犯者同罪。

矜老恤幼。《周礼·秋官司寇》记载的“三赦之法”：“一赦曰幼弱，再赦曰老耄，三赦曰蠢愚。”《礼记·曲礼》：“八十九十曰耄，七年曰悼。悼与耄，虽有罪不

① 《周礼·秋官·大司寇》。
② 《国语·周语》。

加刑。”西周时代已经确立了对老人、幼儿犯罪减轻或免除刑罚的原则。

反对株连。《左传·昭公二十年》引《尚书·康诰》：“父子兄弟，罪不相及。”古文《尚书·大禹谟》：“罚弗及嗣。”《孟子·梁惠王下》说周时“泽梁无禁，罪人不孥”。这说明，在司法实行亲属株连的同时，西周法制也出现了追求“罪止其身”的主张与实践。

贵贱有别。《周礼·秋官·小司寇》：“以八辟丽邦法，附刑罚：一曰议亲之辟，二曰议故之辟，三曰议贤之辟，四曰议能之辟，五曰议功之辟，六曰议贵之辟，七曰议勤之辟，八曰议宾之辟。”《周礼·秋官·大司寇》：“凡诸侯之狱讼，以邦典定之；凡卿大夫之狱讼，以邦法断之；凡庶民之狱讼，以邦成蔽之。”“八辟”正是后世“八议”制度的起源。邦典、邦法、邦成是分别适用于诸侯、卿大夫、庶民不同等级的法制。这些规定体现的正是“礼不下庶人，刑不上大夫”的原则。

二、技术性法律原则

区分惯犯与偶犯、故意与过失。《尚书·康诰》：“敬明乃罚。人有小罪，非眚乃惟终，自作不典，式尔，有厥罪小，乃不可不杀。乃有大罪，非终乃惟眚灾，适尔，既道极厥辜，时乃不可杀。”《周礼·秋官·司刺》：“三宥之法：一宥曰过失，二宥曰弗知，三宥曰遗忘。”所谓眚，就是过失；非眚，就是故意。所谓非终，就是偶犯；所谓惟终，就是惯犯。这说明西周时代已经确立了区分故意与过失、惯犯与偶犯，宽宥偶犯和过失的法律原则。

疑罪从轻从赦。《礼记·王制》：“疑狱，氾（泛）与众共之。众疑，赦之。”《尚书·吕刑》：“五刑之疑有赦，五罚之疑有赦，其审克之。简孚有众，惟貌有稽；无简不听，具严天威。墨辟疑赦，其罚百锾，阅实其罪。劓辟疑赦，其罚惟倍，阅实其罪。剕辟疑赦，其罚倍差，阅实其罪。宫辟疑赦，其罚六百锾，阅实其罪。大辟疑赦，其罚千锾，阅实其罪。”五刑之罪，五罚之罪，如果有疑，应予赦免。赦免不一定是完全免刑，而是改以“罚锾”（罚金）代替。这就是西周确立的“疑罪从轻从赦”原则。

类推适用刑法。《尚书·吕刑》：“上下比罪，无僭乱辞，勿用不行；惟察惟法，其审克之。上刑适轻下服，下刑适重上服。”《礼记·王制》：“附从轻，赦从重”，“疑狱……必察小大之比以成之。”“上下比罪”、“小大之比”实际都是在讲刑法类推适用，“附”就是“入罪”，要比照情节相似但更轻却被判有罪的先例来处理。“赦”就是“出罪”，要比照情节相似但更重却被判无罪的先例来处理。此即后世所谓“入罪举轻明重”、“出罪举重明轻”原则的由来。

“议事以制，不为刑辟”。《左传·昭公六年》：“昔先王议事以制，不为刑辟，惧民之有争心也。”就是不预先公布非常明确的刑事法条，而是靠比较原则性的礼法或者先王“遗训”来约束人民，用并不与特定罪行固定相对应的各种刑罚来灵活机动地制裁犯法者，这样才能做到“刑不可知，则威不可测”①。西周时代的这一法律原则主要是为了保障统治者执法用刑灵活机动不受束缚。后来的“铸刑书”是对此一原则的部分否定。

口供与证据并重。《尚书·吕刑》：“简孚有众，惟貌有稽；无简不听，具严天威。……两造具备，师听五辞，五辞简孚，正于五刑；五刑不简，正于五罚；五罚不服，正于五过。”《礼记·王制》：“司寇正刑明辟以听狱讼……有旨无简不听。”所谓“简”，就是“实”，借指证据；所谓“辞”，就是口供；所谓“旨”，就是控告。这实际是在强调注重证据，不轻信口供。

兼听两辞。《尚书·吕刑》：“今天相民，作配在下，明清于单辞。民之乱，罔不中听狱之两辞；无或私家于狱之两辞”，“察辞于差，非从惟从”。这是强调审判案件要兼听双方言辞，不要偏听偏信。要注意听出“两辞”即双方言辞的差异，准确判断事实。

第三节 周礼及礼与法、刑的关系

我们要了解周代的法律制度，就不能不先理解周礼及其与法、刑的关系。

我们要了解周礼，应该注意其三重含义：广义的周礼，是指周代一切典章制度亦即当时的礼法整体。其内容包括我们今天所言国家政治制度、行政制度、刑事法规、民事法规和其他一切法律规则，一切图腾禁忌、礼仪习俗、宗教戒规等等。总而言之，当时的一切或多或少带有公共督促（如违反之则会受到制裁或谴责）的社会规范，统统都是周礼的一部分；中义的周礼，是指与“刑”对举的、不包括刑罚手段及刑罚规范在内的规范体系；狭义的周礼，仅仅指记录周代政治制度的典籍《周礼》，或曰《周官》。

我们在本节讲周礼，一般是从中义上讲的。

一、周公制礼

礼，作为社会规范体系，早在周朝以前就有了。古人认为，“礼”和“刑”作为中国法制的不可分割的两个方面，是同时起源的。孔子早就注意到了“夏礼”、“殷礼”作为“周礼”的来源这一事实：“殷因于夏礼，所损益可知也；周因于殷礼，所损益可知也；其或继周者，虽百世可知也。”②

关于周公制礼，历史传说很多。《左传·文公十八年》有“先君周公制《周礼》曰：‘则以观德，德以处事，事以度功，功以食民’”的追记，不仅明确认为有周公制

① 《左传·昭公六年》唐人孔颖达疏语。
② 《论语·为政》。

礼之事，还直接引用了《周礼》这一典章中的文句。《左传·昭公二年》载："晋侯使韩宣子来聘……曰：'周礼尽在鲁矣。吾今乃知周公之德与周之所以王也。'"认为"制礼"是"周公之德"或曰贡献的标志。《礼记·明堂位》曰："武王崩，成王幼弱，周公践天之子位，以治天下。六年，朝诸侯于明堂，制礼作乐，颁度量，而天下大服。七年，致政于成王。"《尚书大传》说周公摄政后"一年救乱，二年克殷，三年践奄，四年建侯卫，五年营成周，六年制礼作乐，七年致政成王"①。都是讲"周公制礼"之事。因此，所谓周公制礼，实际上是在周朝初年平定各地叛乱、政治基本稳定后，由开国傅相周公（姬旦）主持进行的一次大规模法律编纂运动。这次运动，用当时中国的政治法律语言，就叫做"制礼作乐"。这次立法活动，实际上是在整理夏礼、殷礼的基础上，结合周族原有的习惯，加以修订补充完善，编纂出了一套适用于当时社会各个方面事务的规范体系——"周礼"。

关于这次礼典编纂的结果，司马迁说："成王在丰，天下已安，周之官政未次序，于是周公作《周官》，官别其宜。作《立政》，以便百姓，百姓说（悦）。"他认为《周官》、《立政》两篇就是周公制礼的结晶。②《左传·哀公十一年》称"则周公之典在"，《国语·鲁语》称"则有周公之籍矣"，说明周公时已经整理编订成了颇具规模的成文礼制典籍。

二、周礼的具体内容

"礼"是社会生活各个方面规范的总和，具体内容无所不包。礼的起源，来自最基层社会生活的最基本需要，来自最早社会生活中的图腾、禁忌、习惯、仪式。礼字在周代钟鼎铭文中作，象征二玉在器之形，与向神灵或祖先献祭活动有关。《礼记·礼运》说："夫礼之初，始于饮食。其燔黍捭豚，汙尊而抔饮，蒉桴而土鼓，犹若可以致其敬于鬼神。"《说文解字》："礼，履也，所以事神致福也。"就是说，礼产生于献祭祖先与神灵（礼敬神灵祈求幸福）的行为方式；那些方式或仪式的相对固定，就是最早的礼。这些最早的礼，作为禁忌习惯仪式而存在，是社会生活需要中自然形成，根本谈不上"制造"，因而没有人为的规范体系。后来，氏族部落的耆老酋长们将其不断加工，才慢慢发展出体系来，才慢慢有了"制礼"事实。《汉书·礼乐志》说："人性有男女之情，妒忌之别，故为制婚姻之礼；有交接长幼之序，为制乡饮之礼；有哀死思远之志，故为之哀祭之礼；有拳拳敬上之心，为制朝觐之礼。"就是说，"礼"是因应人性、人情、人事活动需要而产生的，是对人性人情和人事活动的节制或调整；没有它，社会生活就乱套了。

① 此语又见宋人刘恕《资治通鉴外纪》卷三。

② 《史记·周本纪》。今本《尚书》有《立政》篇，不一定是司马迁所见《立政》文本；今本《周礼》（亦称《周官》）及古文《尚书》中的《周官》篇，均不是司马迁所言周公编纂的《周官》，经清代考据家们考定为伪书。

关于周礼的具体内容，我们可以从礼义、礼法、礼仪三个层次来理解。

（一）礼义

所谓礼义，就是精神原则层面上的“礼”。《左传·昭公二十五年》：“夫礼，天之经也，地之义也，民之行也。天地之经而民实则之。”《礼记大传》说：“亲亲也，尊尊也，长长也，男女有别。”《礼记·礼运》：“何谓人义：父慈子孝，兄良弟悌，夫义妇听，长惠幼顺，君仁臣忠。”《礼记·丧服四制》：“夫礼，吉凶异道，不得相干，取之阴阳也；丧有四制，变而从宜，取之四时也；有恩有理，有节有权，取之人情也。”《孟子·滕文公上》：“父子有亲，君臣有义，夫妇有别，长幼有序，朋友有信。”这种意义上的“礼”是人间一切规范背后的原则或精神准则，也是周公制礼的基本指南，是周礼的灵魂部分，是礼的最高层次。

（二）礼法

所谓礼法，就是体现礼义或者贯彻礼义，有“宪法性”规范或其他法律规则性质的“礼”。这是“礼”的中间层次。比如，《礼记·礼运》“大人世及以为礼”①，就是一条宪法性的礼法，是贯彻“亲亲”原则的权力继承法。《礼记·曲礼》“礼不下庶人，刑不上大夫”也是一条宪法性的礼法，是贯彻“尊尊”原则的身分权益待遇法。如《周礼·夏官司马》：“大司马以九罚之法正邦国：冯弱犯寡则眚之，贼贤害民则伐之，暴内凌外则坛之，野荒民散则削之，负固不服则侵之，贼杀其亲则正之，放弑其君则残之，犯令凌政则杜之，外内乱鸟兽行则灭之。”这是一条宪法性的礼法，是贯彻“封邦建国，以藩屏周”、“大宗率小宗”、“尊王攘夷”之礼义的“违礼诸侯制裁法”。眚（省，削也）、伐、坛（废君位而幽之）、削、侵、正、残、杜（封锁）、灭，都是中央对诸侯国的轻重不等的制裁方式。《尚书·康诰》：“元恶大憝矧惟不孝不友。子弗祗服厥父事，大伤厥考心……乃速由文王作罚，刑兹无赦。”这则是一条刑法性质的礼法，是贯彻“亲亲尊尊”之礼义打击“不孝不友”之恶行的礼法。又如，《左传》所记载的“两国交战，不斩来使”、“不伐丧国（不伐哀兵）”、“不伐乱国”、“师出有名（理由）”等“军礼”就是贯彻了“仁义”之礼义的国际法（战争法）性质的礼法。依照当时军礼，讨伐战争必须“大张旗鼓”，“凡师有钟鼓曰伐；无曰侵，轻曰袭”。所以，僖公三十三年秦军潜师袭郑国，王孙满批评说：“秦师轻而无礼！”②这都是礼法在当时适用的证据。

（三）礼仪

所谓礼仪，就是为了贯彻“礼义”，个人或集体行为应该遵守的具体程序手续方式等等。这是最低层次的礼。因为它仅仅就礼节仪式而规定，有时从严格的

① 世，即父死子继；及，即兄终弟及。就是以子弟继承父兄为权力继承的基本准则。

② 《左传·僖公三十三年》。

意义上讲竟不视为“礼”，仅仅视为“仪”。[①] 实际生活中，大家都视之为应当遵行的具体礼仪。礼仪，广泛涉及或规范社会生活的各个方面。《礼记·昏义》：“夫礼，始于冠，本于婚，重于丧祭，尊于朝聘，和于乡射，此礼之大体也。”

关于这样的具体礼仪，一般有“五礼”、“六礼”、“九礼”之说。相传系“周礼”一部分的《仪礼》一书，就是对周代“礼仪”的追记和汇编。

所谓“五礼”，即吉礼、凶礼、军礼、宾礼、嘉礼等五礼。《尚书·尧典》有“天秩有礼，自我五礼有庸哉”之说。《汉书·刑法志》有“圣人因天秩而作五礼”之说。《周礼·地官》有“大司徒以五礼防民之伪，而教之中”的说法。大概指此五类礼而言。

所谓吉礼，即祭祀、燕饮之礼；所谓凶礼，即丧葬之礼；所谓军礼，即征伐、战阵之礼，有出征誓师仪式、战争法规等。所谓宾礼，即朝贡、觐见、盟会、聘享、迎宾之礼；所谓嘉礼，即冠婚、选士、封赏、乡饮酒、乡射之礼。

所谓“六礼”，一般谓冠礼、婚礼、丧礼、祭礼、乡（饮、射）礼、相见礼等六种礼仪。这就把“军礼”排除在外了。当然，还有一种狭义的“六礼”，仅仅指结婚之礼。

所谓“九礼”，一般谓冠礼、婚礼、朝礼、聘礼、丧礼、祭礼、宾主礼、乡饮酒礼、军旅礼等九种礼仪。所谓朝礼，即朝觐之礼，诸侯对天子曰朝觐；所谓聘礼，即聘享之礼，诸侯平行交往曰聘享。二者实际上相当于后世中央与地方、地方与地方关系的行政规则。

这些规则，其实绝大部分实际构成了法律规范，在当时带有强制性。当然，有些诸侯国或者个人违反了这些礼，并不一定都受到了制裁（但肯定受到舆论的谴责）；但我们决不能以有人违礼未受制裁为由反过来否定这条礼规则为法律（因为直到今天违法而未受制裁的情形还经常存在）。

当然，我们也必须注意到，在“礼仪”中也有高低层次之分。重要的、高层次的礼仪，实际上是强制性的法律；次要的、低层次的礼仪，则仅仅是伦理规则或倡导而已。

这样的伦理规则性质的礼仪，《周礼》、《礼记》、《仪礼》中记载的极多。例如，有敬亲之礼：“夫为人子者，出必告，反必面，所游必有常，所习必有业，恒言不称老。”“亲有疾饮药，子先尝之。医不三世，不服其药。”有敬长之礼：“谋于长者，必操几杖以从之。长者问，不辞让而对，非礼也。”有敬师之礼：“从于先生，不越路而与人言；遭先生于道，趋而进，正立拱手。先生与之言，则对；不与之言，则趋而

---

① 《左传·昭公二十五年》：“子大叔见赵简子。简子问揖让周旋之礼焉。对曰：‘是仪也，非礼也。’简子曰：‘敢问何谓礼？’对曰：‘吉也闻诸先大夫子产曰：夫礼，天之经也，地之义也，民之行也。天地之经，而民实则之。’”

退。”有“男女授受不亲”的异性交往之礼。[①] 这些礼，即使违反了，一般只会受讥评，不会有什么正式制裁。所以，这些礼是不应该视为法律的。

三、礼的性质与作用

古人认为，礼是人与禽兽的区别之所在。《礼记·曲礼》：“是故圣人作，为礼以教人，使人以有礼，知自别于禽兽。”《礼记·礼运》说：“故礼义也者，人之大端也，所以讲信修睦而固人肌肤之会、筋骸之束也。所以养生送死事鬼神之大端也，所以达天道人情之大宝也。”礼就是人类生命形式。《左传·隐公十一年》：“礼，所以经国家，定社稷，序民人，利后嗣者也。”《左传·昭公二十五年》：“夫礼，天之经，地之义，民之行也。天地之经而民实则之。”这都是说“礼”为人类社会规定了基本的生活秩序，特别是规定了政治生活和社会交往的规则秩序。《礼记·经解》说：“礼之于正国也，犹衡之于轻重也，绳墨之于曲直也，规矩之于方圆也。”这是说“礼”就是人们社会生活的各个方面的具体的法律准则，因为当时人们总是以权衡、规矩、绳墨来比喻法律的作用。《礼记·曲礼上》说：“夫礼者，所以定亲疏，决嫌疑，别同异，明是非也。……道德仁义，非礼不成；教训正俗，非礼不备；分争辨讼，非礼不决；君臣上下父子兄弟，非礼不定；宦学事师，非礼不亲；班朝治军，莅官行法，非礼威严不行；祷祠祭祀，供给鬼神，非礼不诚不庄。”只有“礼”才能造就人类社会的良好公共秩序，没有“礼”就会罪恶横生：“故婚姻之礼废，则夫妇之道苦，而淫僻之罪多矣；乡饮酒之礼废，则长幼之序失，而争斗之狱蕃矣；丧葬之礼废，则骨肉之恩薄，而倍死忘生者众矣；朝聘之礼废，则君臣之位失，诸侯之行恶，而倍畔侵凌之败起矣。”[②]

四、礼与法、刑的关系

关于礼与法、礼与刑的关系问题，在周代可能根本不成其为问题。那时的人应该非常理解它们之间的关系，不会有什么疑问；我们很少看到古人就礼与法、礼与刑的关系问题有争论。这个问题，是近代社会以来才产生的问题，是西方法制和法律观念引进以后才产生的问题。

这个问题的产生，是因为从西方引进了与中国古代概念迥异的“法律”和“道德”的概念，引进了西方的刑法、民法、诉讼法等部门法分类及体系的概念。用西方移植来的这些东西作为标准或尺度，去判别中国古代的社会规范整体中什么是“法律”、什么是“道德”，什么是“刑法”、“民法”、“行政法”、“诉讼法”之类时，问题就产生了。因为中国古代并没有这一套思考模式，没有这一套规则分类模式，

---

① 以上均见《礼记·曲礼》。
② 《礼记·经解》。

也没有西方式的社会秩序构成。

不过，我们目前还只能根据西方式法学概念体系来分析礼与法、礼与刑的关系，因为我们还没有找到在中国和西方之上的一套解说语言体系。

（一）礼与法

在古人心目中，从较高较广的意义上讲，礼与法是同义词，礼就是法。如《礼记·礼运》："政不正则君位危，君位危则大臣倍小臣窃。刑肃而俗敝则法无常，法无常而礼无列"，"礼行于五祀而正法则焉"，"诸侯以礼相与，大夫以法相序，士以信为考"，"故天子适诸侯，必舍其祖庙。而不以礼籍入，是谓天子坏法乱纪"。"法无常"，就等于"礼无列"；"礼行"就等于"法正"，大夫间序名分的礼也叫做"法"，天子非礼就是坏法。《礼记·曾子问》："古之礼，慈母无服。今也君为之服，是逆古礼而乱国法。"这里，"古礼"等于"国法"。《荀子·修身》："好法而行，士也。……人无法则伥伥然；有法而无其义则渠渠然；依乎法而又深其类则温温然。"这个君子所应该"好"的"法"到底是什么呢？就是"礼"："礼者，所以正身也；师者，所以正礼也。……故非礼，是无法也；非师，是无礼也。"

正是从这个意义上讲，《淮南子·齐俗训》才说："礼义者，五帝三王之法籍也。"宋人李觏说："礼者，圣人之法制也。……有仁义智信，然后有法制。法制者，礼乐刑政也。"①清人蒋彤说："三千三百，无体之刑；三刺八辟，无体之礼。"②

所以，从一般的社会生活规范来讲，或者从社会生活的基本法则来讲，在古人心目中，"礼"就是中国传统社会生活中的"法制"的主体，或者说（较高较广意义上的）礼就是那时中国人心目中的真正的法，是更高意义上的、更广意义上的法。

但是，古人有时也从较低、较狭意义上来谈礼与法的关系。

从这个层次来讲，礼与法是有区别的。

较低较狭意义上的"礼"是社会规范中强制性较弱的部分，是社会规范中的绝大部分；而较低较狭意义上的"法"是社会规范中强制性较强的部分，是社会规范中较少的部分。礼是社会生活的倡导性、引导性、指导性规范，更多具有道德规范和行政规范的性质。违反了其中的一些将受到一定的强制制裁，但制裁手段只是行政性、民事性的，如讥讽、责让、诘难、赔偿、卑贬（包括拒朝、降礼秩、贬爵级、留止、执）、夺邑、免职、鞭笞、放逐等。③ 有的违反了也不一定受到行政或民事制裁，只有被道德舆论谴责。所以这种意义上的"礼"，部分是道德规范，部

---

① （宋）李觏：《直讲李先生文集》四，《礼论》四。

② （清）蒋彤：《刑论》，《国朝文汇》丁集卷三。转引自杨鸿烈：《中国法律思想史》下册，商书印书馆1936年版，第83页。"三千三百"，指《周礼》"礼仪三百，威仪三千"之类的"礼"；"三刺八辟"，指《周礼》"三刺之法"和"八辟（八议）之法"。

③ 栗劲、王占通：《奴隶制社会的礼与法》，《中国社会科学》1985年第4期。

分是法律规范——相当于今天的民事、行政性质的法律规范，是不以刑罚为后盾的法律规范。当然，作为这类礼的后盾的民事、行政制裁手段，不一定不能叫做“刑”，因为还可能有“象以典刑、鞭作官刑、扑作教刑、金作赎刑”[①]之类的“刑”。这种较低较狭意义上的“法”，大致相当于我们今天所说的“刑事法律”，但绝不相等。因为夏商周时代的人所说的这种层次或意义上的“法”，仅仅是以“五刑”（肉刑、死刑）之类的狭义的刑罚为后盾的法律，不包括我们今天看到的刑法的其他制裁手段。况且，古人说到的“刑法”一词，也不包括以“鞭作官刑、扑作教刑”之类的“刑”为制裁手段的法律规范。

正是从这样“礼法有别”的意义上讲，《荀子·富国》才讲“由士以上必以礼乐节之，众庶百姓必以法数制之”。《大戴礼记·礼察》才讲“礼者禁于将然之前，而法者禁于已然之后。是故法之用易见，而礼之所为生难知也。若夫庆赏以劝善，刑罚以惩恶，……岂顾不用哉？然如礼云礼云，贵绝恶于未萌，而起敬于微眇，使民日徙善远罪而不自知也。”从这个意义上讲，“礼”是适用于有身份的人们的行为规范，“法”是适用于庶民百姓即没有身份的人们的规范。

（二）礼与刑

礼与刑的关系，在古人那里是非常清楚的。同样，因为引进了西方的法律概念体系后，要以西方法律的概念为尺度去理解中国古代的礼刑关系，反而有些困难了。

《礼记·乐记》：“故礼以导其志，乐以和其声，政以一其行，刑以防其奸。礼乐刑政，其极一也。”这里的“礼、乐、刑、政”合起来就是古人广义上的“法”。在这种“法”（亦即广义的礼）之下，有礼、刑之分。《荀子·成相》说：“治之经，礼与刑，君子以修百姓宁。”这里的“经”，就是“法”[②]。这是明确地把“礼”、“刑”二者看做是广义的“法”的两个相互依存的部分。

正是从这个意义上讲，《后汉书·陈宠传》才说：“臣闻礼经三百，威仪三千，故《甫刑》大辟二百，五刑之属三千。礼之所去，刑之所取，失礼则入刑，相为表里者也。”《唐律疏议》才可以说“德礼为政教之本，刑罚为政教之用，犹昏晓阳秋相须而成也”。如果一定要用今天的法律概念为尺度来理解的话，我们可以说：这里的“礼”、“刑”合起来相当于今天我们所讲的法的全部，包括宪法、民法、刑法、行政法、诉讼法等等；而“礼”相当于我们今天的宪法、民法、行政法、诉讼法等等，“刑”则相当于我们今天的刑法。严重违反了“礼”，则进入“刑”（刑法规范和刑罚手段）的制裁范围，就如我们今天把严重违反宪法、民法、行政法、诉讼法规定的义务达到一定程度的行为规定到刑法中作为犯罪，以刑罚制裁一样。或者，有

① 《尚书·尧典》。

② 《左传·昭公十五年》传注云：“经，法也。”

时，在相当少的情形下，“礼”相当于今天法律规范要素中的行为模式（或假定、处理）部分；“刑”相当于今天法律规范要素中的法律后果（或制裁）部分。

五、关于“礼不下庶人，刑不上大夫”

《礼记·曲礼》的“礼不下庶人，刑不上大夫”一语，体现了周礼的一个根本原则。这是“尊尊”（尊卑有别）、“贵贵”（贵贱有别）原则的体现。关于这一原则如何理解，历来有些争议。其实，“礼不下庶人”绝不是说庶人可以不守礼，“刑不上大夫”绝不是说大夫以上贵族官僚有罪不受刑或不追究。

《礼记·曲礼》原文是：“国君抚式，大夫下之；大夫抚式，士下之。礼不下庶人，刑不上大夫，刑人不在君侧。”汉人郑玄注云：“相遇于途，国君抚式以礼大夫，则大夫下车；大夫抚式以礼士，则士下车。庶人则否。大夫或有罪，以八议定之；议所不赦，则受刑。周官掌囚凡有爵者与王之同族，奉而适甸师氏以待刑杀。而此云刑不上大夫者，言不制大夫之刑，犹不制庶人之礼也。”“礼之所制，贵者始也，故不下庶人；刑之所加，贱者使之，故不上大夫。”

所谓“礼不下庶人”，就是“不制庶人礼”，就是说“礼”（主要指“礼仪”）本来就是为“士”以上的高等人制定的，主要是用来约束“贵者”的，应该从贵者做起的；所以那些复杂繁琐费钱费时费力的“礼”，一般并不强求庶人遵守（庶人不守礼仪，一般不处罚，顶多讥笑之而已）。当然，士大夫应该为庶人做表率，引导庶人慢慢接受更多的“礼仪”，以臻于文明。

所谓“刑不上大夫”，主要是指大夫以上贵族有体面地接受司法审判和体面地适用刑罚的特权待遇。具体是指：其一，肉刑原则上不适用大夫以上贵族，尤其是宫刑不适用于贵族。《礼记·文王世子》：“公族无宫刑，不翦其类也。”其二，死刑对贵族官僚也有比较体面的执行方式。《周礼·秋官·掌囚》：“凡有爵者，与王之同族，奉而适甸师氏，以待刑杀。”《礼记·文王世子》“公族其有死罪，则磬于甸人”，旨在“刑于隐者，不与国人虑兄弟也”。其三，对有罪贵族的审判要采取体面的有特权的程序。《礼记·文王世子》“公族之罪，虽亲不以犯有司”，《左传·昭公二年》“凡命夫命妇不躬坐狱讼”，都是这个意思。

汉人贾谊的理解也许最为接近周礼的原意：“廉耻节礼以待君子，故有赐死而亡戮辱，是以黥劓之罪不及大夫，以其离主上不远也。”“故古者礼不及庶人，刑不至大夫，所以厉宠臣之节也。古者大臣有坐不廉而废者，不谓不廉，曰簠簋不饰；坐污秽淫乱男女亡别者，不曰污秽，曰帷薄不修；坐罢软不胜任者，不曰罢软，曰下官不职。故贵大臣定有其罪矣，犹未斥然正以呼之也，尚迁就而为之讳也。故在大谴大何（呵）之域者，闻何（呵）则白冠氂缨，盘水加剑，造请室而请罪耳。上不执缚系引而行也。其有中罪者，闻罪而自弛，上不使人颈盭而加也。其有大罪者，闻命则北面再拜，跪而自裁，上不使捽(zuo)抑而刑之也。”①

第四节　宗法制度与周代政治体制

一、宗法制度

要了解西周的政治体制，必须先了解西周的宗法制度。宗法制度是西周政治体制的基础和主要框架。

所谓宗法制度，就是“以宗为法”或“因宗为法”的制度，就是以“宗”的关系为纽带的政治法律体制，就是以血缘关系为纽带的家族组织与国家组织一体化，以保证血缘贵族世袭统治权力的政治制度。

中国早期的“宗”，类似于英文所谓 clan 或德文所谓 klan，就是以父系大家长(族长)为核心的、以血缘关系为纽带的人类生活共同体，就是摩尔根和恩格斯所称的“氏族”。这一血缘组织形态，在中国国家形成过程中，没有像恩格斯所断言的那样崩溃或瓦解，反而通过新的国家形态加以转化和利用，使“宗”的体制和原则成为国家政治的体制和原则。这就是周代的“宗法制度”或曰“宗法政治制度”。

这一制度是中国国家起源或形成过程的典型特征之所在。

恩格斯曾说：西方世界三个最出色的民族，其国家政权产生过程，是以氏族制度的瓦解为前提或特征的。“雅典是最纯粹、最典型的形式：在这里，国家是直接地和主要地从氏族社会本身内部发展起来的阶级对立中产生的。在罗马，氏族社会变成了封闭的贵族制，贵族的四周则是人数众多的、站在这一社会之外的、没有权利只有义务的平民；平民的胜利炸毁了旧的氏族制度，并在它的废墟上面建立了国家，而氏族贵族和平民不久便完全溶化在国家中了。最后，在战胜了罗马帝国的德意志人中间，国家是作为征服外国广大领土中的直接结果而产生的，氏族制度是不能提供任何手段来统治这样广阔的领土的。”②

中国的国家产生过程，与上述三种模式都不同。就上述三种模式而言，中国仅仅接近于德意志民族的国家形成模式，但又有典型的不同。这个不同就在于“氏族制度”在国家政治中的转化和利用。

这一转化和利用，就是所谓宗法制度的国家政治化。宗法制度，在夏商时代也许已经开始了，“夏礼”、“殷礼”也许就是宗法制度的萌芽。但宗法制度作为国

---

① 《汉书·贾谊传》。

② 恩格斯：《家庭、私有制和国家的起源》，载《马克思恩格斯选集》第4卷，人民出版社1972年版，第165—166页。

家政治体制的筋骸脉络,王国维先生认为是从周代开始的①。有人说:周公制礼的主要内容是实行政权统治和宗族统治的一体化。② 这就是说,由原有宗法制度向政治化的宗法制度的转变,是由周公制礼完成的。

周代的宗法制度,大约包含以下几个方面的内容:

第一,嫡长继承制的确立。王国维先生说:"周人之制度大异于商者,一曰立子立嫡之制,由是而生宗法及丧服之制,并由是而有封建子弟之制,君天子臣诸侯之制。"殷商的君权继承制度,主要是"兄终弟及"制。到西周初年,方以"父死子继"为常制。子继制度刚一出现就遇到一大难题:众子均有君位继承资格而难免发生剧烈争夺,于是不得不在众子中再作资格先后之分别,"故有传子之法,而嫡庶之法亦与之俱生。"③就是在立太子或世子(君位继承人)时,以正妻(嫡妻)所生之子(嫡子)优先。嫡子中,又以长幼为序。无嫡子时,则可立媵妾之子(庶子),又以长幼为序。所谓"有嫡立嫡,无嫡立庶","立嫡以长不以贤,立子以贵不以长"④。这种立子立嫡之制,上适用于天子之位的继承,中适用于诸侯之位的继承,下适用于卿大夫爵位的继承。后来甚至也适用于"士"的继承。

第二,大宗率小宗、小宗拱卫大宗的体制确立。因为有了嫡庶之辨,于是就有了大宗小宗之辨。大宗,就是嫡长子孙衍袭系列;小宗,就是嫡次子以下及庶子衍袭系列。就全国而言,天子及其嫡长子孙系列为大宗;其子弟为小宗,被分封到全国各地为诸侯。就诸侯国而言,诸侯及其嫡长子孙系列为大宗,其他众子弟又被分封到各地采邑为卿大夫,为小宗。在卿大夫采邑也是按照此原则区分大宗小宗。这种"封建",就是所谓"天子建国,诸侯立家,卿置侧室,大夫有贰宗,士有隶子弟。"⑤其目的是"封邦建国,以为屏藩"。此种"大宗率小宗,小宗率群弟"的宗法秩序,同时也是中央控制地方的政治秩序。"这样,全国范围内的各级贵族就在宗法和封建的双重约束下构成一个多层次的宗法等级和封建等级相吻合的统治集团网。这个集团网中,周王是天下的大宗,又是海内的共主。各级封建诸侯作为小宗对周王必须'君之宗之','大邦维屏,大邦维翰',尽政治上宗法上的拱卫藩屏之责。诸侯在其国内也是大宗,他们也以政治和宗法的责任约束支配大夫。如此,层层约束、层层支配,就使周王能够保证在宗族分权的情况下,通过'收族'来加强他对全国的宗族统治,同时又通过对各级贵族的约束突出王权、保障王权。"⑥把血缘性质的"宗法"关系融于中央与地方的政治关系中,就是

---

① 王国维:《殷周制度论》,载《周公摄政称王与周初史事论集》,北京图书馆出版社 1998 年版,第 4 页。

② 王冠英:《周初王位纷争与周公制礼》,第 126 页。

③ 王国维:《殷周制度论》,第 2 页。

④ 《春秋公羊传·隐公元年》。

⑤ 《左传·桓公二年》。

⑥ 王冠英:《周初王位纷争与周公制礼》,第 127 页。

周公制礼的最重要贡献之一。

第三，同姓不婚与政治联姻制。周代开始正式确立“同姓不婚”之制。此制确立之动机，固有“同姓相婚，其生不蕃”之恐惧，亦有政治联姻的考虑。出于此种政治考虑，王姓和异姓之间，以婚姻缔结政治联盟。严格地说，这虽然并不是宗法制度的内容，但确为宗法政治制度不可或缺的补充部分。王国维先生说：“(周)有同姓不婚之制，而男女之别严。且异姓之国，非宗法所能统者，以婚媾甥舅之谊通之。于是天下之国，大都王之兄弟甥舅；而诸国之间，亦皆有兄弟甥舅之亲。周人一统之策，实存于是。”①

总而言之，周公制礼所开创的宗法制度是一种血缘政治体制，是天子和各级封君的家族组织与国家政治组织重合的体制，是家国一体、亲贵一体的体制，是宗法的“敬宗收族”目标与政治的“封邦建国以为屏藩”、“尊王攘夷”目标合一的产物。这种体制，自周代确立以后，长期影响中国政治。除秦国和秦朝有过正式抵抗外，该制度一直直接或间接地存在于汉以后各代的政治中，成为政治体制的构成原则之一。②

二、封邦建国与周代中央地方关系

封邦建国，是周代政治体制的一个重要部分。我们要了解周代的政治制度，必须先知道周代的“封建”与前代的不同之处。

在殷商时代，“分封主要限于商王内服的诸妇、诸子或其他同族的大臣宿将之封，分封属地内的宗族还比较多地保留着自然形成的结构，如殷民六族、殷民七族之类。殷的外服多是服属于殷的异姓方国，殷对它们的承认并不具有‘裂土分封’的性质。周的封建则是按照殷外服的形式，通过宗族分权、分级立宗裂变新的国家来实现的。‘封建亲戚，以藩屏周’，使主要的诸侯国宗族化。这就意味着周人已经在打破传统邦族界限的基础上使他的宗族统治遍及大部分征服地区。这些宗族化了的诸侯又仿照王室分封的原则层层分封。这就使殷以来形成的封建制度无论从广度、深度上都出现了从量到质的飞跃。”③

周代的分封制度的创新，可以概括为“分封宗法化”、“外服宗法化”两点。

周初的诸侯国，大致有三种类型。第一种是原有的蛮夷戎狄部落或方国，它们与周王室的关系是时臣时叛，如犬戎、昆吾、徐、楚、吴、越等。第二种是褒封的诸侯国，是将神农、黄帝、尧帝、舜帝、大禹等古圣王之后裔分封于焦、祝、蓟、陈、杞等，以承其祀。又封商王纣子武庚于宋以承殷祀，也属于这种情形。褒封一般

---

① 王国维：《殷周制度论》，第 12 页。

② 参见范忠信：《中国“封建”法制史论纲》，载《中国法学》2003 年第 6 期。

③ 王冠英：《周初王位纷争与周公制礼》，第 130 页。

是对各该族裔世代沿袭占有的领地予以承认。第三种是新封建的亲戚功臣诸侯国，周初政治体制的变革就体现在这种新封的诸侯国上。[①]

西周初年，武王去世，成王继立，周公摄政。周公之兄弟管叔、蔡叔联合商纣王子武庚发动叛乱；周公在平定叛乱后，分封了一大批诸侯国。这批诸侯国的分封，贯彻了"亲亲"原则，"立国七十一，姬姓独居五十三人"[②]。这些同姓诸侯国有管、蔡、郕、霍、鲁、卫、毛、聃、郜、雍、曹、滕、毕、原、酆、郇、邘、晋、应、韩、凡、蒋、邢、茅、胙、祭等国。除同姓诸侯国外，还分封了姻亲、功臣之国十八个，如姜、姒、妫、任等周室姻亲亦多有受封（如姜太公的齐国）。

这些新封的诸侯国，是在新征服的广阔土地上建国的。子弟叔侄甥舅功臣们被分封到这些新征服地区，据险筑城，镇压被征服的部族，防备反叛，阻止夷狄入侵。这种分封秩序，实际上是一种宗法制的武装殖民。"封建亲戚，以蕃屏周"[③]。为了控制这些诸侯国，周王室直接任命诸侯国的主要官员。《礼记·王制》："大国三卿，皆命于天子……次国三卿，二卿命于天子，一卿命于其君。"周王室还在这些封国内设置监官[④]，负责监督诸侯。

与这种分封制的宗法（宗统）新属性相关，周代的"外服"制度也发生了质的变化。其外服的"五服"与自尧帝到殷商时的五服（侯、甸、绥、要、荒）大为不同。周代的"五服"，根据《尚书》、《周礼》所记，为侯服、甸服、男服、采服、卫服。这"五服"也是以王畿以外每扩展大约五百里为范围，分别安置子弟叔侄甥舅功臣，以与周王的亲疏远近为差等。商人的后裔和原有的部族方国等则被列为五服之外的蛮服、夷服等，几乎完全自治，只对中央保持一定的朝贡关系，中央并不对其实际控制（只要不作乱即可）。

这五服的诸侯国，从宗法上讲，主要是周王族的"小宗"，它们有义务拱卫王室这个"大宗"。起初，周王室对诸侯们控制甚严，除规定对天子应尽藩屏义务外，还规定诸侯们必须定期朝觐、述职，对王室纳贡、服役、助祭，所辖军队也要服从王室的调遣，所以诸侯兼有地方长官的性质。周王朝对诸侯国有法定控制系统，《国语·周语上》说："序成而有不至则修刑。于是乎有刑不祭，伐不祀，征不享，让不贡，告不王；于是乎有刑罚之辟，有攻伐之兵，有征讨之备，有威让之令，有文告之辞。"这大概是周初的情形。《孟子·告子下》"一不朝则贬其爵，再不朝则削其地，三不朝则六师移之"，也许反映了当时对诸侯的制裁制度。诸侯也有一定的自治权，可以仿照中央设官分职，可以拥有自己的武装，可以征收赋税和煮盐开矿等。西周末期和东周时期，王室衰微，大诸侯们纷纷僭越礼法，藐视中

① 参见郝铁川：《周代国家政权研究》，黄山书社 1990 年版，第 142—145 页。
② 《荀子·儒效》。
③ 《左传·僖公二十四年》。
④ 《周礼·天官·大宰》："乃施典于邦国而建其牧，设其监。"

央，实际上成了独立国家。

诸侯国内的政治有国、都、邑三级。国是诸侯国的“中央”城，都是卿大夫采邑之中心城，邑是居民聚居点。行政区域上有国、野之分，有都、鄙之分。“君子居国，小人居野”，贵族、平民（国人），以及为他们服务的工商人口，居于“国”或“都”；其他农业人口则居于“野”或“鄙”。所谓“都鄙有章，上下有服”，不准人民迁徙。地方实行“乡遂制度”，设乡大夫（遂大夫）、州长（县长）、党正（鄙正）、族师（酂师）、闾胥（里胥）、比长（邻长）等基层官员分别管理王畿（和外服）的乡（遂）、州（县）、党（鄙）、族（酂）、闾（里）、比（邻）等基层组织。

三、周代的中央政治机构

周代的中央政治机构，可以分为几个层次。首先是天子，天子之下有太傅、太保、太师，是为三公。中央政务机构，起初为“卿士寮”，是王室执政大臣处理军国大事的合议机构；后又出现了以史官为中心的“太史寮”。太史寮负责宗教祭祀及文书册命事务，卿士寮负责其他一般行政事务及诸侯方国事务。二者总称为“内朝”或“治朝”（相对于国人集会的“外朝”而言）。后来又形成了以“宰”或“冢宰”为首的王家事务管理系统（后来逐渐向总揽政务的相制发展）。在卿士寮内，有司土、司马、司工，号称“三右”（亦称“三事大夫”）；在太史寮内，有太史、太祝、太卜，号称“三左”。《礼记·曲礼》记载：“天子建天官，曰大宰、大史、大祝、大士、大卜，典司六典。天子之五官，曰司徒、司马、司空、司士、司寇，典司五众。”西周时的实际体制不一定完全如此。“天官”是执掌宗教和祭祀的官员，属于太史寮；“五官”是治民之官，属于卿士寮。[①]“天官”与“五官”合起来，就是“六官”。

这“六官”制度后来被《周礼》理想化为“天官冢宰”、“地官司徒”、“春官宗伯”、“夏官司马”、“秋官司寇”、“冬官司空”的“六官”制度。在《周礼》中，“天官冢宰”是协助天子的最高官员，是百官之长，“掌邦治，以佐王均邦国”。“地官司徒”主管土地、户婚、赋税、徭役等事务，“春官宗伯”主管祭祀和宗教事务，“夏官司马”主管军事，“秋官司寇”主管司法和外交，“冬官司空”主管工程营造。其实，周代的中央机构并不一定有如此标准的“天地春夏秋冬”六官体制。

四、“外朝”制度与民主制孑遗

周代的国家政治体制中特别值得注意的还有“外朝”制度。《周礼·秋官司寇》：“小司寇之职，掌外朝之政，以致万民而询焉：一曰询国危，二曰询国迁，三曰询立君。”“朝士掌建邦外朝之法。”《周礼·地官司徒》：“小司徒之职……凡国之大事致民，大故致余子。”“乡大夫之职……国大询于众庶，则各帅其乡之众寡而

---

① 杨宽：《西周中央机构剖析》，载《历史研究》1984年第一期。

致于朝。"这或许就是原始公社氏族军事民主制在周代的孑遗，即：国家有重大危机、国都迁移、君主选立等大事，都要在王宫外的广场即"外朝"召集"国人"即自由民大会来寻求公意。《孟子·梁惠王下》："国君进贤，如不得已，将使卑逾尊，疏逾戚，可不慎与？左右皆曰贤，未可也；诸大夫皆曰贤，未可也；国人皆曰贤，然后察之；见贤焉，然后用之。左右皆曰不可，勿听；诸大夫皆曰不可，勿听；国人皆曰不可，然后察之；见不可焉，然后去之。左右皆曰可杀，勿听；诸大夫皆曰可杀，勿听；国人皆曰可杀，然后察之；见可杀焉，然后杀之。故曰，国人杀之也。"孟子也可能是在追忆西周的制度，即国家高级公务员的任命、罢免，重大刑事犯罪的死刑判决，最后都要听取"国人"公意。《周礼·秋官·司刺》："司刺掌三刺之法，以赞司寇听狱讼。壹刺曰讯群臣，再刺曰，讯群吏，三刺曰，讯万民。……以此三法者求民情。"这就是说，国家重大案件要经过全民公决的方式判决。外朝的情形，有些像古希腊、古罗马的"人民大会"或"公民大会"。关于到广场出席人民大会的各类人员的席位布局，《周礼·秋官·朝士》有记载："朝士掌建邦外朝之法。左九棘，孤卿大夫位焉，群士在其后；右九棘，公侯伯子男位焉，群吏在其后；面三槐，三公位焉，州长众庶在其后。""众庶"即国人大众被安排在最高级最重要的官员三公的身后出席外朝大会。

五、公务员选举制度

西周时代的公务员制度，受"世卿世禄"制的重大影响，就是国家主要官职常由少数卿爵家族垄断。比如，周王朝的主要执政大臣往往在固定的几个有卿士爵位的家族（如周公、召公、虢公）中选拔，但并非一定是世袭特定执政官职；有学者认为"西周有世卿制而无世官制"①。关于一般公务员选拔任用，西周时代即开创了"乡举里选"制度。《礼记·王制》："命乡论秀士升之司徒，曰选士；司徒论选士之秀者而升之学，曰俊士。升于司徒者不征于乡，升于学者不征于司徒，曰造士。……大乐正论造士之秀者以告于王而升诸司马，曰进士。司马辨论官材，论进士之贤者以告于王，而定其论。论定然后官之，任官然后爵之；位定然后禄之。"这种从基层（乡）选拔人才入学培训，从秀士、选士到俊士、造士、进士，逐级向上推举的制度，正是后世为中国传统法制最重要成分的科举制度的起源。《周礼·地官·大司徒》说："三年则大比，考其德行道艺，而兴贤能者"。据唐人杜佑《通典·选举》说，周时已经有了以六德（知、仁、圣、义、中、和）六行（孝、友、睦、姻、任、恤）六艺（礼、乐、射、御、书、数）四术（诗书礼乐）考选人才的制度，不知有何根据。

---

① 郝铁川：《周代国家政权研究》，黄山书社1990年版，第81页。

第五节　法律形式和主要民刑法律制度

一、法律形式与主要法规

西周的法律规范和法律形式，首先应该注意的是“礼”。这是当时社会生活之法制的全部或至少说是主体，其他一切法律规范均从属于它。“周公制礼”曾将“礼”编纂为成文形式，所谓“礼经三百，威仪三千”。此在前面已经讨论过，不再赘述。

其次是“刑”。《左传·文公十八年》记载周公曾作《誓命》曰：“有常无赦，在九刑不忘。”《逸周书·尝麦解》说成王时有“刑书九篇”，《左传·昭公六年》谓“周有乱政，而作九刑”。所谓“九刑”，有人认为系以承继自夏商的墨、劓、刖、宫、大辟五刑加上后来增加的流、赎、鞭、扑四刑，“合为九刑，共为九篇”[①]。这就是认《九刑》为以九种刑罚为主线（以刑统罪，将各种犯罪分别附列于其应该处以的刑罚之后）的刑事法规文本。[②]《尚书·吕刑》说：周穆王时命吕侯制刑书，曰《吕刑》。其内容主要是疑罪情形下的赎刑制度；同时厘定“五刑之属三千”。《礼记·曲礼上》孔颖达疏谓周代“制五刑三千之科条”大概系据此而言。《周礼·秋官司寇》有“司刑掌五刑之法，以丽万民之罪：墨罪五百，劓罪五百，宫罪五百，刖罪五百，杀罪五百”的记载。此外，《周礼·天官冢宰》有“大宰以八法治官府……七曰官刑”的记载；有小宰“掌建邦之宫刑”的记载，《周礼·地官司徒》有“大司徒之职，以乡八刑纠万民”的记载，则“官刑”、“宫刑”、“乡八刑”等均可能为当时刑书（刑事法规）。

再次是誓、诰、命、令等。所谓“誓”，大约是阵前誓师发布的动员令或军事刑法。例如，《尚书》中记载有武王伐纣时发布的《牧誓》和伯禽伐淮夷时发布的《费誓》；《古文尚书》中还有据说是武王伐纣时发布的《泰誓》。这跟夏商时的《甘誓》、《汤誓》相似。《左传·文公十八年》载“周公作《誓命》”，大概也是这种法律文件。所谓“诰”，大约是君主对臣民发布的指示命令告谕。如《大诰》为周公东征平叛时所发；《酒诰》是周公对康叔在封国为政应注重禁酒的指示；《康诰》是周公分封康叔时作出的统治策略性指示；《洛诰》是周公营建洛邑完成后对成王的统治方略告诫。所谓“命”，也是君王对臣下的指示命令。有周平王封赏文侯时发布的《文侯之命》；古文《尚书》有穆王任命伯冏时发布的《冏命》，有成王对微子启发布指示时所作的《微子之命》。所谓“令”，是指国家中央机关发出的一般命

---

① 韦庆远：《中国政治制度史》，中国人民大学出版社1989年版，第54页。

② 叶孝信先生认为，“九刑”起初仅仅指九种刑罚；作为法规名称则形成较晚，到西周中后期才有作为刑书的《九刑》之名。见《中国法制史》，复旦大学出版社2002年版，第27页。

令。古文《尚书·周官》有:"慎出乃令,令出惟行"的记载;《周礼·春官宗伯》有"内史执国法及国令之贰","御史掌邦国都鄙及万民之治令"等记载,也许周代已经有"令"这种法律形式了[①]。《周礼·秋官·士师》说当时有几种法律形式:"一曰誓,用之于军旅;二曰诰,用之于会同;三曰禁,用诸田役;四曰纠,用诸国中;五曰宪,用诸都鄙。"不知当时是否真有如此明确的法律形式划分。

此外还有遗训、殷彝等。所谓"遗训",就是《国语·周语上》所谓"赋事行刑,必问于遗训,而咨于故实"。遗训,即先王留下的政治条纲或习惯法制。《尚书·康诰》"乃其速由(用)文王作罚,刑兹无赦",大概就是指要遵用文王的遗训遗法。所谓"殷彝",《尚书·康诰》说"罚蔽殷彝,用其义刑义杀"。"殷彝"大概指经许可沿用的殷商刑事法规。

二、周代的刑事法律制度

(一) 关于犯罪的有关规定

周代法制中关于刑事犯罪的规定,现今留下的非常少。《尚书·康诰》有"元恶大憝,矧惟不孝不友……刑兹无赦"语,这大概记载了西周关于打击"不孝"、"不友"犯罪的法条。《左传·文公十八年》载周公曾作《誓命》曰:"毁则为贼,掩贼为藏,窃贿为盗,盗器为奸,主藏之名,赖奸之用,为大凶德。有常无赦,在九刑不忘。"这大概是当时打击"贼杀"、"藏匿"、"盗窃"、"奸"等犯罪的法条。《尚书·康诰》列举"寇攘奸宄,杀越人于货"的罪名,《周礼·秋官司寇·掌戮》对于"杀越人于货"者要"踣(剖)诸市,肆之三日",这大概反映了当时关于打击盗匪罪或抢劫犯罪的法条。《尚书·酒诰》有"群饮,汝勿佚,尽拘以归周,予其杀"的记载,这说明当时以"群饮"为犯罪并处以极刑。古文《尚书·泰誓》有"无敢寇攘,窬垣墙,窃马牛,诱臣妾,汝则有常刑"的记载,这反映了当时打击抢劫、越城、盗窃马牛、诱拐奴隶等犯罪的法条。《左传·昭公七年》载"周文王之法曰:有亡荒阅",说明当时有诸侯联合搜捕逃亡人口的法律。《尚书大传》有"决关梁,窬城郭而略盗者,其刑膑;男女不以义交,其刑宫;触易君命,革舆服制度,奸宄盗攘伤人者,其刑劓;非事而事之,出入不以道义,而诵不祥之辞者,其刑墨;降畔、寇贼、劫略、夺攘挢虔者,其刑死"[②]的记载,这可能是周代刑事法条的最完整遗留,是当时打击强盗、奸淫、违制、绑架、妖言、降叛等刑事犯罪的规定。《礼记·月令》载"仲秋之月,乃劝种麦,毋或失时。其有失时者,刑罪无赦",这是以"失农时"为犯罪的刑事规定。《礼记·王制》中的所谓"四诛",有人亦为是殷商之法,其实更可能是

---

① 沈家本:《历代刑法考》第二册,中华书局 1985 年版,第 811、834 页。

② 《周礼·秋官·司刑》郑玄注引。

西周时期打击“妖言惑众”之类犯罪的刑事法规。①

（二）刑罚及其执行制度

西周的刑罚制度承继自夏商。首先是“五刑”制度，即墨刑、劓刑、刖刑、宫刑、大辟。按照《尚书・吕刑》的说法，有“墨罚之属千，劓罚之属千，剕罚之属五百，宫罚之属三百，大辟之罚其属二百。五刑之属三千”。

西周还有所谓“九刑”之说，大概是在墨、劓、刖、宫、大辟五刑加上后来增加的流、赎、鞭、扑四刑。尧帝时确定的“流宥五刑，鞭作官刑，扑作教刑，金作赎刑”的制度，在西周时代肯定还继续存在。流刑，当时主要是用于“宥”即对五刑赦减后的替代处罚，如周公曾流放作乱的管叔、蔡叔。鞭、扑是作为一般行政处罚和教育性处罚。赎刑是用于“疑罪从赦”时的替代处罚：“墨辟疑赦，其罚百锾，阅实其罪；劓辟疑赦，其罚惟倍，阅实其罪；剕辟疑赦，其罚倍差，阅实其罪；宫辟疑赦，其罚六百锾，阅实其罪；大辟疑赦，其罚千锾，阅实其罪。”②

除“九刑”之外，西周时代已经有了徒刑或拘役刑，不过都与一定的羞辱刑配套。这就是所谓的“圜土之制”、“嘉石之制”。《周礼・秋官》所谓“以圜土聚教罢民”的制度，可以视为当时的“徒刑”或“拘役”：“凡害人者，寘之圜土而施职事焉，以明刑耻之。反于中国，不齿三年。其不能改而出圜土者杀。”“弗使冠饰，而加明刑焉。……能改者，上罪三年而舍，中罪二年而舍，下罪一年而舍”。这种刑罚适用于“害人者”即犯罪不重、不够“五刑”处罚的人。其刑罚的内容除剥夺自由强迫劳役外，还有耻辱之意。所谓“加明刑”是指大书罪行于木板，著其背。“弗使冠饰”就是不能跟常人一样戴帽子。刑期为一年至三年。《周礼・秋官》：“以嘉石平罢民：凡万民之有罪过而未丽于法，而害于州里者，桎梏而坐诸嘉石，役诸司空。重罪，旬有三日坐，期役；其次九日坐，九月役；其次七日坐，七月役；其次五日坐，五月役；其下罪三日坐，三月役。使州里任之，则宥而舍之。”所谓嘉石，就是当时置于外朝门左的有纹理的美石。令轻罪人（尚不够五刑处罚者）戴桎梏坐于其上，羞辱之并使其反省，“睹石而自悔”。所谓“役诸司空”、“州里任之”，就是在“司空”所管理的工地工场作坊服劳役，或者在州里社区为公家服役。

周代的刑罚执行制度，主要有以下几点：

死刑执行。“凡杀人者，踣（剖）诸市，肆之三日；刑盗于市”，“惟王之同族与有爵者，杀之于甸师氏”③；“妇人虽有刑不在朝市”④。这是关于行刑场所的规定，也体现了对贵族和妇女的优待。《礼记・月令》：“孟秋之月……戮有罪，严断刑。仲冬之月……斩杀必当。季秋之月，乃趣刑狱，毋留有罪。”《左传》也说西周

---

① 见本书第二章第二节（三）。

② 《尚书・吕刑》。

③ 《周礼・秋官司寇》。

④ 《左传・襄公二十六年》。

时强调“顺天道肃杀之威”，主张“刑以秋冬”①，说明西周时代就基本确立了“秋冬行刑”制度。

肉刑执行。具体的肉刑“手术”如何执行，是技术问题。肉刑完成后如何使用这些“刑余之人”，则是刑罚执行制度问题。《周礼·秋官·掌戮》：“墨者使守门，劓者使守关，宫者使守内，刖者使守囿，髡者使守积。”这是说刑余之人分别强制其服劳役，这种劳役与其受刑造成的生理缺陷相关。《礼记·曲礼》“刑人不在君侧”，是讲君主不得任用刑余之人为仆役。

徒刑执行。《周礼》所言“寘之圜土”、“役诸司空”、“州里任之”，还要“耻诸嘉石”、“弗使冠饰”、“加明刑”等等，就是徒刑执行制度。

此外，“流宥五刑”即以流放替代五刑的制度，“金作赎刑”即以“金”（铜）作为赎金来替代五刑的制度，都可以视为特殊的刑罚执行制度。

（三）监狱和刑事强制

用于关押未决犯和执行徒刑的监狱，西周时一般继续称为“圜土”，“以圜土聚教罢民”②。此外还有“囹圄”的名称，《礼记·月令》：“孟秋之月，命有司修法制，缮囹圄，具桎梏。”《管子·五辅》说“善为政者，仓廪实而囹圄空”，宋人李石《续博物志》说“周（监狱）曰囹圄”。

关于西周时代的刑事强制措施，《周礼·秋官·掌囚》：“凡囚者，上罪梏拲而桎，中罪桎梏，下罪梏。王之同族拲，有爵者桎，以待蔽罪。”蔽，就是断。桎为足械，梏为手械，拲为两手合梏。这就是关于以桎梏拘束嫌犯等候审判的制度。《礼记·月令》“仲春之月，命有司省囹圄，去桎梏”，可见当时有春天须去掉犯人桎梏的制度。

三、周代的民事法律制度

西周的民事法律制度，主要应考察的是土地和其他物权制度、债或契约制度、婚姻与亲属制度、丧服与亲等制度、继承制度等等。

（一）土地及其他物权制度

西周的土地制度，主要是“井田制”下的土地公有制。“溥天之下，莫非王土；率土之滨，莫非王臣”。一切土地和人民属于周天子。天子以分封（裂土封疆）和赐予“禄田”的方式把土地和人民分配给诸侯和功臣、官吏；诸侯们也以分封采邑的方式把土地分配给大夫；大夫可以分田与士。然后所有贵族官吏们再通过“井田制”模式将土地划分为“公田”和“私田”。私田，归庶人占有使用收益；公田，归贵族官吏占有、收益。受封赐的贵族和官吏享有对土地和人口的占有、使用、收

① 《左传·襄公二十六年》。
② 《周礼·秋官·大司寇》。

益权(似乎没有土地处分权,但似乎有转让奴隶之类的人口处分权),此即“公食贡,大夫食邑,士食田”[①]。封主可以随时以罪过削夺受封者的土地人口。庶人享有土地的部分使用和收益权,并通过力役(为耕种公田贡献劳力)方式向“公家”(土地拥有者)缴纳租税。“方里而井,井九百亩,其中为公田。八家皆私百亩,同养公田。公事毕,然后敢治私。”[②]庶人获得的土地是不得买卖的,此即所谓“田里不鬻”[③]。

西周的其他物权制度,《周礼》的追忆也许反映了部分事实。“凡得获货贿、人民、六畜者,委于朝,告于士,旬而举之。大而公之,小者庶民私之。”[④]这反映了当时关于遗失物、拾得物权益的规定。小件拾得物,放在“朝”这个公众广场,并告知基层法官(士),经十天招领而无人认领,则归拾得者所有。大件拾得物,无人认领者则归国库。

（二）债或契约制度

西周的债或契约制度,《周礼》中也有追忆。所谓“听称责以傅别”、“听取予以书契”、“听卖买以质剂”可能都是指财产的法定转移手续而言。所谓“称责”,就是借贷[⑤]。所谓“傅别”,汉人郑玄的注释说:“傅,傅著约束于文书;别,别为两,两家各得一也。”大约是指一种专门用于借贷关系的契约文书形式,也许即唐人贾公彦所疏“傅别,谓为大手书于一札中字。别之者,谓于券背大作一手书字。札字中央破之为二段别之”。所谓“质剂”,“大市以质,小市以剂”。汉人郑玄注释说:“质剂,券书也。大市谓人民、马牛之属,用长券;小市为兵器、珍异之物,用短券。”因此,“质剂”是专门用于买卖关系的契约文书形式,生产资料买卖用长券,叫做“质”;其他财物买卖用短券,叫做“剂”。至于所谓“听取予以书契”,可能也与债有关。所谓“取予”,唐人贾公彦疏谓“此谓于官吏直贷,不出子者”,大约相当于今天的政府对人民救助性无息贷款;“书契”亦为此中专用的契约文书形式。

为了加强对契约文书的管理,国家还专门设立了“质人”的官职:“质人掌成市之货贿人民马牛兵器珍异,凡卖儥者质剂焉。大市以质,小市以剂。掌稽市之书契。”[⑥]还设有“司约”、“司盟”等官职,“司约掌邦国及万民之约剂。……凡大约剂,书于宗彝;小约剂,书于丹图。若有讼者,则珥而辟藏。其不信者服墨刑。”“凡民之有约剂者,其贰在司盟。”[⑦]这相当于我们今天的契约验证、公证和国家

① 《国语·晋语四》。
② 《孟子·滕文公上》。
③ 《礼记·王制》。唐人孔颖达《礼记正义》谓:“田地里邑既受之于公,民不得粥(鬻)买。”
④ 《周礼·秋官·朝士》。
⑤ 《周礼·天官·小宰》郑玄注云:“称责。谓贷子。”指有息借贷。责,通“债”;称,通“举”。
⑥ 《周礼·地官·质人》。
⑦ 《周礼·秋官司寇》。

存档，以备争讼。“凡以财狱讼者，正之以傅别、约剂”，“凡有责(债)者，有判书以治则听”[①]。

（三）婚姻与亲属制度

周代的婚姻制度，可以分别从基本原则、结婚制度、离婚制度三方面加以简要说明。

周代婚姻制度的基本原则，根据《周礼》、《礼记》等经义，可以概括为“一夫一妻有妾制”。从天子到普通国人，都只能有一个正妻或嫡妻，名分上与丈夫“平等”。所谓“妻者，齐也。与夫齐体”，“一与之齐，终身不改”[②]。其所生之子女，曰“嫡出”。在“一妻”之外，男子可以纳妾。比如，“天子有后，有夫人，有世妇，有嫔，有妻，有妾”，“公侯有夫人，有世妇，有妻，有妾”。[③] 百姓大概只有妻、妾二等。妾实为经常为男主人提供性服务的女奴隶，其所生子女曰“庶出”。“嫡出”子女的地位远远高于“庶出”子女。“妾”的来源，一是陪嫁，所谓“媵妾”；二是买，“故买妾不知其姓则卜之”[④]。

周代的结婚制度，主要有以下几点。

第一是“同姓不婚”。《礼记·曲礼》谓“取妻不取同姓”。为什么“必取异姓”呢？一是因为“男女同姓，其生不蕃”[⑤]，不符合优生之理。二是“取妻不取同姓，以厚别也。”[⑥]此即汉人郑玄注释所谓“为其近于禽兽”，认为同姓者亲属关系较近，结婚则近于禽兽同群交配。三是为了“附远”。“取于异姓，所以附远厚别也”[⑦]，就是为了通过婚姻与外姓结盟，补充宗法政治秩序。同姓不婚是为了建立和强化族内的“男女有别”、“尊卑有别”、“亲疏有别”的伦理秩序。总之，“婚礼者，将合二姓之好，上以事宗庙，而下以继后世也，故君子重之”[⑧]。

第二是“父母之命，媒妁之言”[⑨]。《诗经·齐风·南山》：“娶妻如之何？必告父母；娶妻如之何？匪媒不得。”这就是说，只有父母才能主婚，子女自己无权决定自己的婚姻。而且男女交往必须通过媒妁中介，“男女非有行媒，不相知名；非受币，不交不亲。”[⑩]“男女无媒不交，无币不相见”[⑪]。没有这两个条件，任何男女交往都被视为“淫奔”。所以，《周礼》说周代专门在地官司徒之下设有“媒氏”

① 《周礼·秋官司寇》。
② 《白虎通·嫁娶》，《礼记·郊特牲》。
③ 《礼记·曲礼》。
④ 《礼记·坊记》。
⑤ 《左传·僖公二十三年》。
⑥ 《礼记·坊记》。
⑦ 《礼记·郊特牲》。
⑧ 《礼记·昏义》。
⑨ 《孟子·滕文公下》。
⑩ 《礼记·曲礼上》。
⑪ 《礼记·坊记》。

官职，专门掌管撮合男女婚姻事宜。不过，在有的季节，似乎允许男女自由恋爱，“仲春之月，令会男女；于是时也，奔者不禁”①。

第三是“六礼俱备”。“婚礼者，将合二姓之好，上以事宗庙，而下以继后世也，故君子重之。是以婚礼纳采、问名、纳吉、纳征、请期，皆主人筵几于庙，而拜迎于门外；入，揖让而升，听命于庙，所以敬慎重正婚礼也。”②后人将此总结为结婚六礼。所谓“纳采”，就是男方家长请媒氏携礼物到女家提亲；所谓“问名”，就是在女家答应议婚后，男方家长请媒氏问明女子生辰、身份并占卜于宗庙问吉凶；所谓“纳吉”，就是在占卜得到吉兆后，男方家长带礼物到女方家定亲；所谓“纳征”，就是男方家长送财礼到女家正式缔结婚姻；所谓“请期”，就是男家派人带着礼物到女家确定结婚大礼日期；所谓“亲迎”，就是婚礼之日，新郎至女方家迎娶，或者“主人拜迎于门外”。经过了“六礼”的婚姻，即所谓“明媒正娶”，就叫做“聘”。所以彩礼又称为“聘礼”。六礼之类典礼是为了区别于“男女无媒而交”的“淫奔”和“买妾不知其姓则卜之”的纳妾，突出娶妻在宗法伦理上的重要意义。《礼记·内则》所谓“聘则为妻，奔则为妾”，正是强调这一点。

至于周代的结婚年龄，礼法有规定。《礼记·内则》：“男子二十而冠，始学礼；三十有室，始理男事；女子十有五年而笄，二十而嫁；有故（服丧也），二十三而嫁。”《周礼·地官·媒氏》：“令男三十而娶，女二十而嫁。”说法不一，但大致婚龄为男二十女十五。

周代的离婚制度。《大戴礼记·本命》所载“七去三不去”，也许反映了周代离婚制度的基本内容：“妇有七去：不顺父母去，无子去，淫去，妒去，有恶疾去，多言去，窃盗去。”所谓“去”，就是男子休妻。为什么要“去”？“不顺父母去，为其逆德也；无子，为其绝世也；淫，为其乱族也；妒，为其乱家也；有恶疾，为其不可与共粢盛也；口多言，为其离亲也；盗窃，为其反义也。”这相当于过错主义离婚制度的七大理由。但这七个理由也有限制：“妇有三不去：有所取无所归，不去；与更三年丧，不去；前贫贱后富贵，不去。”就是说，妻子为家或族尽了较重要义务或有较重要贡献者，即使犯了“七去”之条也不得休弃。这一离婚制度，自周代确立后，一直沿袭到清末。

周代的亲属制度，主要有三点。第一是“父家长制”，“天无二日，国无二君，家无二尊，以一治之也。父在为母齐衰期，见无二尊也。”③二是妇女在家庭中的永远从属地位。“妇人，伏于人也。是故无专制之义，有三从之道：在家从父，适人从夫，夫死从子，无所敢自遂也。教令不出闺门，事在馈食之闲而

① 《周礼·地官·媒氏》。

② 《礼记·昏义》。

③ 《礼记·丧服四制》。

正矣。”[1]三是为子者“父母存,不许友以死,不有私财”[2]。“父母在,不敢有其身,不敢私其财,示民有上下也。”[3]家中一切财产归家长控制,子女的个人人身亦属于家长。

(四)丧服与亲等制度

丧服制度是周代即确立的一种丧礼制度,是为“慎终追远”即哀悼追祭目的而创立,是一种规范丧礼中的服饰、言行和哀悼期限的制度。《仪礼·丧服》、《礼记·丧服小记》等篇详细说明了这一制度的含义。丧服制度,成为古代中国创造的特殊的亲等制度。

按照“周礼”,亲属去世,生者要用特定方式表示哀悼,这叫做“服丧”。服丧期间必须穿着特定的哀伤服饰,这就是丧服。丧服一般按照生者与死者之间关系的亲疏尊卑不同,分为斩衰(cuī)、齐衰(zī cuī)、大功、小功、缌麻五等,称为“五服”。

所谓“斩衰”,就是以极其粗恶的麻布为丧衣,且不辑边缘。大约适用于子女为父、妻妾为夫、臣为君服丧的情形;服丧期一般为三年。所谓“齐衰”,就是以粗恶但以针线辑边的麻布为丧衣,大约适用于为母、为子、为祖父母、为叔父母、为公婆服丧等情形。服丧期从三年到三月不等。比如,为后于父而死的母亲,以及母为长子,为祖父母,丧期为三年。而为先于父死的母亲,夫为妻,服丧一年。为曾祖父母,服丧三个月。所谓“大功”,就是以较粗的熟麻布为丧衣,且有较粗疏的针线辑边。这适用于为姑、姊妹、堂兄弟、夫之祖父母等服丧的情形,丧期大约为九个月到三个月。所谓“小功”,就是以较细的熟麻布为丧服,且加以较细致的针功辑边。这适用于为从祖父母、从祖兄弟、从父姊妹、外祖父母、姨母等服丧的情形。丧期大约为五个月。所谓“缌麻”,就是“布衣裳而麻经带”的丧服,适用于为族祖父母、族昆弟、外孙、庶孙妇等服丧的情形。丧期大约为三个月。

五服的名称、等级自周代确立后,直至清末没有改变;但是,五服之各等的服饰、丧期、适用对象范围等等,每个时代都有变化,国家经常像修订法律一样重新修定服制规范。

丧服制度,在中国法律秩序中,除了以志哀思的功能外,实际上有着类似西方民法亲等制度的功能。后世依照“五服”确认亲属关系的远近,确认特殊情形下的立嗣顺序,确认结婚禁止的范围,确认在宗族中的权利义务,确认在亲属相犯情形下的刑事罪责(晋律所确立的“准五服以制罪”),等等,都是把五服当作亲

---

① 《大戴礼记·本命》。另外,《仪礼·丧服》:“妇人有三从之义,无专用之道。故未嫁从父,既嫁从夫,夫死从子。故父者子之天,夫者妻之天也。”《礼记·郊特牲》:“妇人,从人者也,幼从父兄,嫁从夫,夫死从子。”

② 《礼记·曲礼上》。

③ 《礼记·坊记》。

等制度来使用的。从斩衰、齐衰到大功、小功、缌麻的五服，实际上是中国礼法中的从一到五的五个亲等。这种以亲属之间一方死后另一方应相互穿着什么等级的丧服哀悼为标准计算二者之间的亲属关系远近的模式，实在是中国文化中计算亲等的一种极为特殊的思路。西方人计算亲等，只考虑血缘或姻缘的远近因素；我们的五服亲等计算，除血缘和姻缘远近之外，还注重上下尊卑长幼的因素。这是很特殊的。

（五）继承制度

周代的继承制度，主要体现于礼法。有两个方面的内容必须注意。

第一是宗法权利继承，即子孙对父祖的宗法权利、政治权利以及与此相关的财产控制权的继承。关于这一继承，夏商时代主要是"兄终弟及"制，到西周初年开始确立了"父死子继"制，而且进一步确定为"嫡长继承制"。在本章第四节"宗法制度"部分我们已经介绍过作为政治制度的"嫡长继承制"。作为民事制度的"嫡长继承制"与之相通，实际上是子孙对父祖的身份权及身份财产权的继承。具体说来，这种继承，实际上是继承父祖的官爵名位和主祭权，包括对父祖的爵位、官职、封国或采邑、禄田、附属人口等的继承，包括对父祖作为宗子所拥有的主持家族事务、主持祖先祭祀活动、管理和经营家族公产、裁决族内纠纷等权力的继承。这一继承，嫡长子有排他的权利。如嫡长子先亡，则由嫡长孙继承。如无嫡孙，则由嫡长子的同母弟继承。如无嫡孙亦无嫡长子同母弟，才可以立庶子之长者为嫡子（即为宗法继承人）。即嫡长子以外其他嫡出之子和所有庶出之子只有在非常特殊情形下才能成为宗法继承人。这就是所谓"立適（嫡）以长不以贤，立子以贵不以长"①。

第二是一般财产继承，即对于父祖一般财产的继承。这种继承，在西周时代主要采取什么制度，今天几乎无从查考。因为那时的贵族官僚们生前就常通过"分家"的方式将其部分土地、马牛、农奴、仆役、房屋、钱币等等，先后分配给嫡子以外的众子，一般不会等到死后继承。后世的"诸子均分制"在西周时尚未确立。

第六节　周代的司法体制与诉讼制度

西周时代的司法体制和诉讼制度，史不足征，不易考察。我们如果用西方传入的概念为尺度去分析，一方面简直找不到什么司法体制和诉讼制度，但另一方面又觉得好像处处存在着司法体制和诉讼制度。不过，如果我们以处罚犯罪及解决纠纷的国家机制为司法体制的话，如果我们以人民感觉官员或他人侵害了自己的利益时要求官府救济的途径及与此相关的制度叫做诉讼制度的话，我们

---

①《春秋公羊传·隐公元年》。

还是可以梳理出西周时代司法体制和诉讼制度的大致脉络来。

一、西周的司法体制

西周的司法体制，是一种泛官司法体制。从某种意义上讲，一切国家机关都在司法体制中，都是司法体制的一部分。过去一般认为，西周的司法机关，从中央来讲就是周王率司寇系统，地方就是乡士、遂士系统。其实，这种认识是片面的。

(一) 西周的中央和京师司法机构

西周的中央司法机构，首先是周王。《尚书·洪范》所记“惟辟作福，惟辟作威，惟辟玉食，臣无有作福作威玉食”，就是强调只有周王才是最高司法官，一切生杀予夺、赏罚祸福都必须最后出自周王。其他一切执法机关都不过是他的差役爪牙，没有独立的审判处罚权。《周礼·秋官·掌囚》特别强调王对死刑的最后决定权：“及刑杀，告于王，奉而适朝士。”《礼记·王制》：“大司寇以狱之成告于王。”孔子强调“礼乐征伐自天子出”①，也是对西周制度的追忆。这里的礼乐是指国家一切制度，征伐是指一切强力制裁。

在周王之下，能够执行制裁罪过、解决纠纷的中央机构很多。首先是司寇系统。有大司寇，为国之六卿之一，“掌建邦之三典，以佐王刑邦国”。有小司寇，“掌外朝之政，以致万民而询焉”，“以五刑听万民之狱讼”②。其下还有许多属官。除司寇系统之外，其他机构系统也有司法功能。如天官冢宰，相当于后世的宰相，因为统领六官或整个政府，所以也有司法功能，且权力应在司寇之上。冢宰“掌建邦之六典”。其中“五曰《刑典》，以诘邦国，以刑百官，以纠万民”，就是说他对秋官司寇的刑职有领导权。他还可以“以八法治官府”，其中“七曰官刑，以纠邦治”，似有对百官犯罪的司法权。其下属的天官小宰亦有司法权③。再如地官司徒，大司徒系统的职责有“凡万民之不服教而有狱讼者，与有地治者听而断之”；小司徒之职责有“凡用众庶，则掌其政教与其戒禁，听其辞讼，施其赏罚，诛其犯命者”④。这显然都是司法职责。再如夏官司马，大司马系统的职责有“诛后至者”、“不用命者斩之”、“以行禁令，以救无辜伐有罪”等⑤，显然相当于今天的军事司法。六官中四官有司法职责，仅主持祭祀礼仪的春官宗伯系统没有司法权责。至于冬官司空系统因文献失传而无从知悉，但据《周礼·冬官考工记》所载推测，其实司空系统一定有考校监督工匠按照国家标准制作或施工并制裁

---

① 《论语·季氏》。
② 《周礼·秋官司寇》。
③ 《周礼·天官冢宰》。
④ 《周礼·地官司徒》。
⑤ 《周礼·夏官司马》。

违法等职责，这也相当于司法。

在这些涉及司法责任的国家高官之下，设有一些中下级官职具体执掌司法事务。这些官职或机构到底是中央司法机构还是京师地方司法机构，我们无法用今天的眼光来判断。这些官职主要有：司寇系统的士师，"士师之职，掌国之五禁之法，以左右刑罚，掌乡合州党族闾比之联，以施刑罚庆赏；掌官中之政令，察狱讼之辞，以诏（助）司寇断狱弊讼，致邦令。"朝士，"掌建邦外朝之法"；方士，"掌都家，听其狱讼之辞"；讶士，"四方有乱狱，则往而成之"；司刑，掌五刑的量刑工作；司刺，掌司法中征询各阶层意见的工作；司约，掌邦国及万民之约剂（契约文书）；司厉，掌收缴犯罪工具及赃物；司圜，"掌收教罢民"及监禁轻犯；掌囚，掌监禁盗贼等重犯；掌戮，掌五刑之执行①。在天官冢宰之下，有"掌治朝之法"的宰夫，协助冢宰执行"官刑"；还有"掌王宫之戒令纠禁"的宫正②。在地官司徒之下，有职掌"考其属官之治成而诛赏"的小宾客③。

（二）地方和基层司法机构

西周的基层和地方司法机构，主要是指天子京师和诸侯国都（即"朝"、"都"）之下或之外的基层地方执行司法事务的官职或机构。在王畿地区，除了作为首都的城区（京师）外，有百姓居住的基层地方；在诸侯国都之下，也有百姓居住的基层地方。所有基层地方，即"野"、"鄙"，都设有基层治民之官，这些官员基本都有直接或间接的司法职责。如秋官司寇系统，有在国中各乡"各掌其乡之民数而纠戒之，听其狱讼"的乡士，有在四郊各遂"各掌其遂之民数而纠其戒令，听其狱讼"的遂士，有在野之各县"各掌其县之民数，纠其戒令而听其狱讼"的县士。④在地官司徒系统，有乡师，"各掌其所治之乡之教而听其治"，"掌其戒令纠禁，听其狱讼"；有乡大夫，"各掌其乡之政教禁令"；有州长，"各掌其州之教治政令之法"，"掌其戒令与其赏罚"。其他如党正、族师、闾胥、比长，都有"掌其治令戒禁刑罚"或"掌其比觵挞罚之事"⑤之类的权力，今天看来都与司法有关。

二、西周的诉讼审判制度

（一）肺石、路鼓与人民申控

关于西周时代的告诉申控制度，《周礼》的追记也许反映了一些真实。首先是"肺石达穷民"的制度。"以肺石达穷民，凡远近惸独老幼之欲有复于上，而其

---

① 《周礼·秋官司寇》。
② 《周礼·天官冢宰》。
③ 《周礼·地官司徒》。
④ 《周礼·秋官司寇》。
⑤ 《周礼·地官司徒》。

长弗达者，立于肺石三日，士听其辞，以告于上而罪其长。”[①]这相当于今天的行政诉讼制度。肺石，立于外朝门之右，穷民立于肺石之上，即相当于对压制自己的官吏提出特别申诉。

此外，《周礼》的“路鼓”制度，也有方便人民告诉之意。“太仆……建路鼓于大寝之门外，而掌其政，以待达穷者与遽令”[②]，这大概是后世“登闻鼓”制度的由来。

（二）两造、狱讼与讼费

《周礼·秋官·大司寇》:“以两造禁民讼，入束矢于朝，然后听之。以两剂禁民狱，入钧金三日，乃致于朝，然后听之。”“两造”，就是诉讼双方。所谓“讼”、“狱”，汉人郑玄注云:“讼，谓以货财相告者”，“狱，谓相告以罪名者”，“争罪曰狱，争财曰讼”。束矢、钧金，都是当时的诉讼收费。束矢就是百支箭，钧金就是三十斤铜。不交费就不受理。交费三天后，正式开庭审理。当时诉讼收费要求双方都交，如果有一方不交费，就等于“自服不直”，则可以不受理其告诉，或可以直接判处其败诉。《国语·齐语》:“坐成以束矢”，唐人韦昭注谓:“讼者坐成，以束矢入于朝，乃听其讼。两人讼，一人入矢，一人不入则曲，曲则服。入两矢乃治之。”

（三）证据制度

西周时代的司法重视证据。所谓“有旨无简不听”，就是仅有控告而无证据则不受理。至于证据来源，首先是允许刑讯逼供，就是要求必须有口供。《礼记·月令》:“仲春之月，勿肆掠。”也就是说，此外的时间可以刑讯。其次，重视物证、书证。《周礼·地官·小司寇》:“凡民讼，以地比正之；地讼，以图正之。”“地比”大约是指同“比”、同“邻”之人或者“比长”、“邻长”，由他们做证人。“图”就是官府划定的田地方位四至图，如后世的“鱼鳞图”，作为土地诉讼的证据。《周礼·秋官·士师》:“凡以财狱讼者，正之以傅别、约剂。”《周礼·秋官·朝士》:“凡有责(债)者，有判书以治则听。凡属责者，以其地傅而听其辞。”这都是规定以契约文书为诉讼证据。《周礼·秋官·司厉》:“司厉掌盗贼之任器货贿……入于司兵。”这是指收缴保存犯罪工具、赃物等，也作为证据。再次，西周时代已经有了“誓证”制度。“有狱讼者，则使之盟诅。凡盟诅，各以其地域之众庶，共其牲而致焉。”[③]就是说，以当众宰牲发誓为诉讼辅佐证据。

（四）五听制度

《周礼·秋官司寇》:“以五声听狱讼，求民情。一曰辞听，二曰色听，三曰气听，四曰耳听，五曰目听。”什么叫做“五听”？按照汉人郑玄对《周礼》的注释，所

① 《周礼·秋官·大司寇》。
② 《周礼·夏官·太仆》。
③ 《周礼·秋官·司盟》。

谓“辞听”，就是“观其出言，不直则烦”；所谓“色听”，就是“观其颜色，不直则赧然”；所谓“气听”，就是“观其气息，不直则喘”；所谓“耳听”，就是“观其听聆，不直则惑”；所谓“目听”，就是“观其眸子，不直则眊然”。这是一套关于审讯嫌犯时通过察言观色考察真伪的技巧，有些符合我们后世所讲求的审判心理学。

（五）审理时限

《尚书·康诰》：“要囚，服念五六日至于旬时，丕蔽要囚。”“要囚”就是幽（禁）囚（犯），规定要收禁人犯五六天或十天以后才进行审理（丕，乃；蔽，断），这是为了尽心断狱，慎之又慎。当然也可以理解为最多拘禁十天后必须审讯。

《周礼·秋官·朝士》：“凡士之治有期日：国中一旬，郊二旬，野三旬，都三月，邦国期。期内之治听，期外不听。”这似乎是在规定乡士遂士等基层司法官与当事人期约开庭审理的期限，也似乎是规定百姓不服初审判决时的上诉申诉期限。

《周礼·秋官·大司寇》：“以两剂禁民狱，入钧金三日，乃致于朝，然后听之。”这是关于应该在两造交齐讼费三天后开庭审理的规定。

（六）季节与司法

《礼记·月令》：“仲春之月，命有司省囹圄、去桎梏、毋肆掠、止狱讼。”这似乎是后世“务限”制度即春夏不受理民事诉讼的制度的起源。“孟夏之月……断薄刑，决小罪，出轻系”和“仲夏之月……挺重囚，益其食”的记载，说明周时已经开了后世“热审”制度之先河。“孟秋之月，……戮有罪，严断刑。仲冬之月……斩杀必当。季秋之月，乃趣刑狱，毋留有罪。”这是后世“秋冬行刑”制度的起源。

（七）“三刺”与民主司法

西周时代的司法也许保留了原始民主的遗风。《礼记·王制》：“疑狱，氾与众共之。众疑，赦之。”众，就是广大国人；案件事实不清，国人共疑者，即予以赦免。《周礼·秋官·小司寇》：“以三刺断庶民狱讼之中：一曰讯群臣，二曰讯群吏，三曰讯万民。听民之所刺宥，以施上服下服之刑。”《周礼·秋官·司刺》：“司刺掌三刺三宥三赦之法，以赞司寇听狱讼。壹刺曰讯群臣，再刺曰讯群吏，三刺曰讯万民。……以此三法者求民情，断民中，而施上服下服之罪，然后刑杀。”讯万民，无疑是原始氏族民主制的遗迹，有些像古希腊罗马的公民大会或数千人陪审团审判重大案件。西周时代是否真的有这一制度，孟子的回忆也许可以作为佐证：“左右皆曰可杀，勿听；诸大夫皆曰可杀，勿听；国人皆曰可杀，然后察之；见可杀焉，然后杀之。故曰，国人杀之也。如此，然后可以为民父母。”[1]据此我们更可以认定西周时代有这类司法民主制度。至于征询民意的大会场所，大约就是王宫外广场即“外朝”。

---

① 《孟子·梁惠王下》。

（八）八议制度

《周礼·秋官·小司寇》说周代有“八辟”制度：“以八辟丽邦法，附刑罚：一曰议亲之辟，二曰议故之辟，三曰议贤之辟，四曰议能之辟，五曰议功之辟，六曰议贵之辟，七曰议勤之辟，八曰议宾之辟。”所谓“辟”，就是刑法。亲故贤能、功贵勤宾，是八种特殊的人，是王亲国戚高官显贵，周法规定他们有罪不能采取一般审理程序，必须经过“议”即朝廷特别会议商定处理办法，最后由周王定夺。这是后世“八议”制度的起源。

（九）宣读刑书制度

《周礼·秋官·小司寇》：“读书则用法。”汉人郑玄注云：“如今时读鞫已乃论之。”唐人贾公彦疏云：“谓行刑之时，当读刑书罪状，则用法刑之。”也许周时已经有向犯人宣读审讯笔录或宣读法条及罪状（然后再决定刑罚）的制度。此为汉代“读鞫”、“乞鞫”制度的起源。

（十）审判程序

关于周代的司法诉讼程序，首先值得注意的是《尚书·吕刑》“两造具备，师听五辞；五辞简孚，正于五刑；五刑不简，正于五罚；五罚不服，正于五过”的记载。这是一般审判的流程：双方当事人到齐后，士师以“五听”之法听双方口诉或口供；言辞与证据事实一致，则分别依法处以五刑。如果处以五刑尚嫌证据不足，则处以五罚（即改处罚锾）；如果当事人仍不服五罚，那么就要反过来调查执法官吏有否犯“五过”（即枉法裁判）。

其次值得注意的是死刑案件的审判程序。《周礼·秋官·乡士》：“乡士掌国中，各掌其乡之民数而纠戒之，听其狱讼，察其辞，辩其狱讼，异其死刑之罪而要之，旬而职听于朝；司寇听之，断其狱，弊其讼于朝；群士司刑皆在，各丽其法，以议狱讼。狱讼成，士师受中，协日刑杀，肆之三日。若欲免之，则王会其期。”这里记载的大概是一般死刑案件的审理程序：乡士为一审；群士司刑等协助司寇为二审（二审的场所为“朝”）；王为终审，须考虑是否赦免。王主持的赦免程序即所谓“三宥”。《礼记·王制》：“成狱辞，史以狱成告于正，正听之。正以狱成告于大司寇，大司寇听之棘木之下。大司寇以狱之成告于王，王命三公参听之。三公以狱之成告于王，王三又（宥），然后制刑。”这种“史——正——大司寇——三公——王”的审判程序，也可能只是关于贵族犯死罪时的审理程序。

这种“三宥”程序，也许仅仅适用于贵族。《礼记·文王世子》：“公族其有死罪，则磬于甸人。其刑罪，则纤剸，亦告于甸人。公族无宫刑。狱成，有司谳于公，其死罪，则曰：‘某之罪在大辟。’其刑罪，则曰：‘某之罪在小辟。’公曰：‘宥之。’有司又曰：‘在辟。’公又曰：‘宥之。’有司又曰：‘在辟。’及三宥，不对，走出，致刑于甸人。公又使人追之，曰：‘虽然，必赦之。’有司对曰：‘无及也。’反命于公。公素服不举，为之变；如其伦之丧无服，亲哭之。”魏晋以后的死刑复奏（核）

制度，特别是唐代的“三复奏”、“五复奏”制度，就是从周代“三宥”制度演变而来。

（十一）法律宣教制度

《周礼》的“悬法象魏”之制，可能是最早的法律宣教普及制度。《周礼》天官冢宰、地官司徒、夏官司马、秋官司寇，均有于“正月之吉”布治、布教、布政、布刑于“邦国都鄙”的职责或任务：他们分别要将“治象之法”、“教象之法”、“政象之法”、“刑象之法”悬于“象魏”，使万民“观治（教、政、刑）象”，“挟日而敛之”；此即西周“悬法象魏”之制度。这大概是将国家法规于王城宫门两侧墙壁悬示布告万民。至于在乡村地区普法，则有“布宪”之官，“掌邦之刑禁。正月之吉，执旌节以宣布于四方，而宪邦之刑禁，以诘四方邦国，及其都鄙，达于四海”[①]。

本章重点问题提示

本章重点问题是有三个：第一是西周国家政权相对于夏商政权所发生的根本变化，亦即西周政治体制的新特色；第二是西周的礼与法、礼与刑的关系问题；第三是西周政治法律制度特别是婚姻家庭制度的宗法伦理属性问题。

一、西周政权体制的新特色

与夏商国家政权的性质相比较，西周国家政权的最大特色在于宗法分封制，就是以周王族（姬姓）及其姻亲分封到各个被征服区域去统治，实行宗法性武装殖民。这样形成的新的国家政权，有着明显的家国一体的属性：国家是天子之家庭和王族的放大，诸侯、卿大夫的家也是国家政权的一部分。亲族内宗法原则也是国家政治的维系原则和纽带。

二、西周法制中的礼、法、刑关系问题

早期中国没有西方意义上的“法律”，西周时代的“礼”，实际上就是法制（包括国家体制、法律制度、生活规范）。在当时，“礼”和“法”实际上是同义词，不过“礼”中最能起今天法律之作用的不是礼义和礼仪，而是礼法。所谓“礼”与“刑”的关系，实际上就是法律的指导性规范和禁止性规范的关系。或者说更小一点，就是法律规范的行为模式要素和法律后果要素之间的关系。

三、西周民事刑事法制的宗法伦理属性问题

西周时期的法制，当时本无民事刑事之分；当时本无国家公共事务与家庭事务的分别。但是，西周法制的宗法伦理属性，却是它最本质的属性。如其刑法以惩处“不孝不友”为首要任务，有“刑不上大夫”、“公族无宫刑”、“不与国人虑兄弟也”之类优待本宗本族“自家人”的原则，有“六礼”的结婚制度和“七去三不去”的离婚制度保障家长或家族利益在婚姻中的决定性意义，有“三从四德”保障妇女

---

① 《周礼·秋官司寇》。

对男子的服从义务，有“家无二尊”的父家长制保障父亲在家庭中的绝对支配权。这些典型的宗法伦理性质的体制或制度，确立于西周，成为后世中国民刑法制相关制度的基本蓝本。不认识这一点，就不能真正认识中国法律传统的主要特征。

思考题

1. “周礼”是一种什么性质的规范体系？实际上起了什么作用？

2. 周代“原心论罪”原则的动机或出发点是什么？

3. “七去三不去”制度是以什么为基本的立足点或着眼点，归根结底是为了保护什么样的利益或秩序？

4. “刑不上大夫”的原则归根结底是要保护什么？

5. 什么是“礼不下庶人”，为什么“礼”可以不下庶人？

6. 西周时代政治和法制中保留的那些原始民主性因素说明了什么？

7. 嫡长继承制的确立对于中国传统政治和法律模式的形成有什么意义？

第二编

争鸣时期的中国法制

（春秋战国时期的法制）

春秋战国时期是中国历史上的一个非常重要的时期。"春秋"本是东周列国国史的通称；孔子删定鲁国国史《春秋》一书，其记事始于鲁隐公元年（前722年），终于鲁哀公十四年（前481年），其时间大致为周平王东迁（前770年）至三家分晋（前453年）之间。于是人们就把这一时期称为"春秋时期"。"战国"本来是人们对先秦末期诸侯混战局面的概括，但自汉人刘向汇编《战国策》以后，人们便习惯于把三家分晋、七雄并立局面形成之后直至秦统一中国之前这一时期称为"战国时代"。

整个春秋战国时代（前770年至前221年），其间约五百五十年之久。这一时期是早期中国史上的一个最剧烈的动荡变革时代。这一时期的中国，传统宗法政治体制和礼治秩序逐渐瓦解，"天下"（国际）和"诸侯"（各国）的秩序都发生了前所未有的变革。从制度史的角度讲，这不仅仅是一个思想争鸣时代，也是一个各种不同类型的制度试验之争鸣与竞赛时代；诸侯各国之间殚精竭虑进行的，不仅仅是兼并与反兼并战争，更是一场关系国家存亡的制度改革竞赛。

本编共以四章对此一时代的政治法律制度作一个宏观描述。此即全书的第四、五、六、七章。

第四章，诸子百家的治国主张及其在各国的实践。这主要介绍作为这一时代之灵魂的诸子百家政治法律学说及其对当时政治法律制度的主要影响，特别介绍法家、儒家学说对当时各诸侯国政治的重要影响。旨在展示这一时期丰富多彩的法制变革实践的思想根源或助因。

第五章，春秋时期的成文法公布运动。本章旨在对春秋时期各国纷纷制定和公布刑事成文法典之运动进行一个宏观描述，以展示中国治国模式的转变，展示此后二千余年中国法制的基本体制和基本风格之端倪。

第六章，战国时期诸侯各国的变法改革运动。本章旨在对战国时期诸侯各国的政治法律变革及其法制结晶作一个宏观检阅，以突出"变法"即政治法律改革、制度创新竞赛是这一时代的最高主旋律。

第七章，春秋战国时期各国法制的主要内容。本章是这一编的重心，旨在对春秋战国五百多年间的政治体制、法律制度，包括民事、刑事、经济、行政、军事、司法诉讼、国际关系等多个方面的法律制度，作一个宏观的概括叙述。

从前的中国法制史教科书，着墨最少的就是春秋战国时代。各书讲述这一时代的法制史，不外简单介绍两次公布成文法（郑国、晋国）和三大变法事件（李悝、吴起、商鞅）。似乎五百年丰富多彩的、惊心动魄的历史中就只有这点"法制"内容。本书以四章的篇幅，全面展示这一时期的政治法律制度创制、变革的各个具体方面，尝试弥补过去教科书的重大缺陷。

第四章　诸子百家的政治法律主张及其实践

内容提要

春秋时期开始，各派思想家纷纷发表自己的主张，形成了“百家争鸣”的局面，这一局面直到秦始皇统一中国才结束。诸子百家的论争，主要是儒法两家思想的交锋，是儒家的“为国以礼”、“为政以德”、“为政在人”主张与法家的“以法治国”、“务法不务德”、“独任法治”主张的斗争。诸子百家的治国主张在春秋战国时期各国有着各样的程度不同的实践。本章主要介绍作为这一时代之灵魂的诸子百家政治法律学说及其对各国政治法律的主要影响，特别介绍法家、儒家学说对当时各诸侯国政治的重要影响，旨在展示这一时期丰富多彩的法制变革实践的思想根源或助因。

关键词

百家争鸣　德治　礼治　法治　为政在人　道法自然　兼爱　尚同

第一节　诸子百家的主要政治法律主张

春秋战国时期，随着生产力的发展和生产关系的变革，政治格局也发生了变化。政治权力重心逐渐下移，中央权威日益衰弱，礼乐征伐不再操之天子，诸侯以至卿大夫的权威不断增强。“天子失官，学在四夷”[①]，宗法贵族垄断知识传播的“学在官府”的旧体制难以维系。这一时期，士阶层的兴起与私学的繁荣互相激荡，各有所宗的学说、学派在争论中逐渐形成并长期共存，形成了“百家争鸣”的局面。诸子之学“皆起于王道既微、诸侯力政”之际[②]，虽然“百家殊业”，但“皆务于治”[③]。可以说，在乱世探求治道、救亡止乱，是诸子百家的共性。诸子百家思想，其实都是就当时国家的政治法律需要而发表的主张，都对当时的政治有着或多或少的影响。其中影响甚巨者以儒、墨、道、法四家为代表。

---

① 《左传·昭公十七年》。
② 《汉书·艺文志》。
③ 《淮南子·汜论》。

一、儒家的政治法律主张

“儒”最初泛指一切沟通人神的方术之士以及操持治丧、相礼、教学之业者，后来专指“祖述尧舜，宪章文武，宗师仲尼”的学派。儒家学派的开创者是孔子，其学说的渊源据说应溯至尧舜及周文王、武王的治国之道。传说孔子死后，“儒分为八”[①]。墨家的墨子、法家的韩非曾受业于儒家，可见儒家在当时思想界的崇高地位。儒家代表人物有孔子、孟子、荀子等。其政治法律主张虽有一定差异，但存在着一以贯之、一脉相承之处，即以宗法血缘伦理为中心，以礼乐教化为根本，强调“为国以礼”的礼治、“为政以德”的德治、“为政在人”的贤人政治。

居于“礼治”、“德治”、“人治”之上的灵魂是“仁”。“仁”是儒家思想的核心范畴，在以血缘宗法为基本纽带维系的社会里，“仁”归根结底落实为讲求贵贱、长幼、亲疏、尊卑之间的差别，讲求“爱有差等”。礼治、德治、人治乃血缘宗法伦理在政治领域的延伸，这是儒家政治法律主张的内在逻辑。

（一）“为国以礼”

孔子（前551—前479年）主张“为国以礼”[②]，崇尚“正名”，实即主张恢复“礼治”秩序。他认为，“名不正则言不顺，言不顺则事不成，事不成则礼乐不兴，礼乐不兴则刑罚不中，刑罚不中则民无所措手足。”[③]孔子所说的“名”，并不是在讲逻辑学上的概念问题，而是以复兴西周礼乐制度为内涵。这种礼治秩序就是“君君、臣臣、父父、子子”[④]的理想伦理秩序，也是“礼让为国”[⑤]、“和为贵”[⑥]的秩序。

孟子（约前390—前305年）认为仁义礼智是人类先天共有的良知良能，由天赋人类的恻隐、羞恶、恭敬、是非之心发展而成，扩充这良知良能，存其心，养其性，则“人皆可以为尧舜”。[⑦] 性善论是孟子政治法律主张的思想基础。“无礼义则上下乱。”[⑧]“仁义礼智，非由外铄我也，我固有之也，弗思耳矣。”[⑨]“非礼之礼，非义之义，大人弗为。”[⑩]孟子认为礼义在根本上是心性问题，而非刻板、僵化的外在规则。

荀子（约前313—前238年）以性恶论为基础，主张礼治。荀子论“礼”，着眼

---

① 《韩非子·显学》。
② 《论语·先进》。
③ 《论语·子路》。
④ 《论语·颜渊》。
⑤ 《论语·里仁》。
⑥ 《论语·学而》。
⑦ 《孟子·告子下》。
⑧ 《孟子·尽心下》。
⑨ 《孟子·告子上》。
⑩ 《孟子·离娄下》。

于"物"的"度量分界",不同于孔子强调"克己复礼"和孟子强调"礼之端"。他认为,"明分使群"是"礼治"的根本内容。"礼者,贵贱有等,长幼有差,贫富轻重皆有称者也"[①],"礼者,法之大分,类之纲纪也"[②],"礼之所以正国也,譬之犹衡之于轻重也,犹绳墨之于曲直也,犹规矩之于方圆也,既错之而人莫之能诬也。"[③]荀子以"衡"、"绳墨"、"规矩"比喻"礼"。在荀子学说中,"礼"与"法"相近,故常以"礼义法度"合称,有"隆礼重法"的特点。

（二）"为政以德"

儒家主张"为政以德",有两个方面的含义。一方面,儒家主张以礼义道德教化人民,使人民道德升华,反对以暴力威胁为基础的政治。另一方面,所谓德教就是为政者以自己的高尚品德感化人民。孔子认为,"性相近也,习相远也"[④],人的本性合宜于崇尚教化的德政,"道之以政,齐之以刑,民免而无耻。道之以德,齐之以礼,有耻且格。"[⑤]他认为,法令刑罚是德礼教化的辅助手段。"子为政,焉用杀?子欲善而民善矣!"[⑥]他主张对人民"先富后教"[⑦],认为"不教而杀谓之虐"[⑧]。孟子发展了孔子的德政思想,完善了"仁政"理论。"人皆有不忍人之心,先王有不忍人之心,斯有不忍人之政矣。以不忍人之心行不忍人之政,治天下可运之掌上。"[⑨]"仁政"的核心还是"德教","善政不如善教之得人也"[⑩],"教以人伦:父子有亲,君臣有义,夫妇有别,长幼有序,朋友有信"[⑪]。荀子也认为,"故厚德音以先之,明礼义以道之"[⑫]才是政治之本,所以他特别反对"不教而诛"[⑬]。

（三）"为政在人"

儒家认为政治的根本在贤人。孔子说,"文武之政,布在方策。其人存,则其政举,其人亡,则其政息。……故为政在人。"[⑭]政治必须操诸贤人之手,贤人在上影响下民。"为政以德,譬如北辰,居其所而众星拱之。"[⑮]"君子之德风,小人

① 《荀子·富国》。
② 《荀子·劝学》。
③ 《荀子·王霸》。
④ 《论语·阳货》。
⑤ 《论语·为政》。
⑥ 《论语·颜渊》。
⑦ 《论语·子路》。
⑧ 《论语·尧曰》。
⑨ 《孟子·公孙丑上》
⑩ 《孟子·尽心上》。
⑪ 《孟子·滕文公上》。
⑫ 《荀子·王霸》。
⑬ 《荀子·富国》。
⑭ 《礼记·中庸》。
⑮ 《论语·为政》。

之德草，草上之风必偃。"[①]"政者，正也。子帅以正，孰敢不正？"[②]"其身正，不令而行；其身不正，虽令不从。"[③]孟子说："惟仁人宜在高位。不仁而在高位，是播其恶于众也"，"君仁莫不仁，君义莫不义，君正莫不正。一正君而国定矣。"[④]荀子认为，"有乱君，无乱国，有治人，无治法……故法不能独立，类不能自行，得其人则存，失其人则亡"[⑤]；"法者，治之端也，君子者，法之原也"[⑥]。

二、墨家的政治法律主张

墨家是战国时期的一个显赫学派，其开创者是墨子（约前478—前392年）。墨子的思想代表了墨家的基本主张。

（一）兼爱

墨子主张"兼相爱，交相利。"[⑦]他认为世间一切祸乱源于人们自私，源于不兼爱。"当（尝）察乱何自起，起不相爱。"[⑧]"然则兼相爱，交相利之法将奈何哉？子墨子言：'视人之国若视其国，视人之家若视其家，视人之身若视其身。'是故诸侯相爱则不野战，家主相爱则不相篡，人与人相爱则不相贼，君臣相爱则惠忠，父子相爱则慈孝，兄弟相爱则和调。天下之人皆相爱，强不执弱，众不劫寡，富不侮贫，贵不傲贱，诈不欺愚。"[⑨]他认为，只有树立平等地爱天下人的观念，才能消除祸乱。

（二）尚贤

墨子批判"亲亲"政治，主张"尚贤"。"今王公大人其所富、其所贵，皆王公大人骨肉之亲，无故富贵，面目美好者也。"[⑩]"为政于国家者，必尚贤使能为政"。他认为，公平的政治应该是国家职位向"农与工肆之人"开放，应是"官无常贵，而民无终贱，有能则举之，无能则下之"[⑪]。他主张"贤者富之贵之，以为官长；不肖者贫而贱之，以为徒役"[⑫]。"尚贤"意味着打破政治上的亲疏、贵贱不平等状况。

（三）尚同

墨家主张"尚同"，旨在"一同天下之义"[⑬]。他们认为，天下祸乱的根源在于

① 《论语·颜渊》。
② 同上。
③ 《论语·子路》。
④ 《孟子·离娄上》。
⑤ 《荀子·君道》。
⑥ 同上。
⑦ 《墨子·兼爱上》。
⑧ 同上。
⑨ 《墨子·兼爱中》。
⑩ 《墨子·尚贤下》。
⑪ 《墨子·尚贤上》。
⑫ 《墨子·尚贤中》。
⑬ 《墨子·尚同上》。

天下人“不同义”，因为意见和主张不同而“交相非”。因此，“尚同”是“为政之本而治之要也”[①]。建立政权、设立官长、实行政治的最根本目的就是“一同天下之义”。天下之人如果都能够做到“上之所是，必皆是之，所非，必皆非之”，则天下之乱就可以消除。[②] 天下之人，层层级级逐步“上同”，即与官长或上司保持意见一致，最后上同于天子，最后“尚同于天”[③]。最后要求所有官民服从“天志”；而“兼相爱，交相利”、“节用”、“节葬”、“非乐”、“非命”，正是所谓“天志”的具体内容。

三、道家的政治法律主张

道家的政治法律主张，以老子、庄子为代表。其学说的核心是“道法自然”、“清静无为”等。

（一）道法自然

老子提出“人法地，地法天，天法道，道法自然”[④]的命题，此为道家政治法律思想的基础。“道”是世界的终极存在形态，是世界的本源，是至善至真至美，进而可以引申为人类社会政治之理。他认为，人类社会政治应该效法自然。过去的一切灾祸都因悖逆自然而致。“故失道而后德，失德而后仁，失仁而后义，失义而后礼；夫礼者，忠信之薄而乱之首也。”[⑤]“大道废，有仁义；智慧出，有大伪。”[⑥]所以，“道法自然”落实到具体政治社会生活中，就是要“绝圣弃智，民利百倍；绝仁弃义，民复孝慈；绝巧弃利，盗贼无有”，就是要“见素抱朴，少私寡欲”[⑦]。老子认为，以圣智、仁义、巧利来教化和规范人们，如扬汤止沸，不但不能治理天下，反而祸害天下；应该戒欲、知足、不争、虚静、淡泊，返璞归真，让人民复归于少私寡欲的自然状态。庄子继承了老子的“道法自然”观念，再次强调人类的礼乐制度是祸害之源。“为之斗斛以量之，则并与斗斛而窃之。为之权衡以称之，则并与权衡而窃之。为之符玺以信之，则并与符玺而窃之。为之仁义以矫之，则并与仁义而窃之。”[⑧]因此，拯救人类之道在于返璞归真，在宥天下。“闻在宥天下，不闻治天下也”[⑨]。庄子的“在宥天下”指不扰乱万物的本性、不改变万物的质朴。

---

① 《墨子・尚同下》。
② 《墨子・尚同上》。
③ 同上。
④ 《老子》第二十五章。
⑤ 《老子》第三十八章。
⑥ 《老子》第十八章。
⑦ 《老子》第十九章。
⑧ 《庄子・胠箧》。
⑨ 《庄子・在宥》。

（二）清静无为

老子认为"道常无为而无不为"[①]。他认为，"有为"是一切灾祸的根源。"天下多忌讳，而民弥贫……法令滋彰，盗贼多有。"[②]"民之饥，以其上食税之多，是以饥；民之难治，以其上之有为，是以难治。"[③]老子主张的"无为"即"不妄为"，有放任主义的色彩。他认为，统治者应将国家强制和干预性减至最低限度，让人民不受干扰，此即"治大国若烹小鲜"[④]。道家的"无为而无不为"也可表述成"为'无为'则无不治"[⑤]。无为，并非完全无所作为，而是"清静"、"虚静"，"为而不恃"，[⑥]"为而不争"[⑦]。他认为，只有这样才能达到"我无为而民自化"的政治效果。[⑧] 最好要让老百姓不知有政府和政治存在："太上，不知有之；其次，亲而誉之；其次，畏之；其次，侮之。……攻成事遂，百姓皆谓：'我自然'。"[⑨]老子崇尚的理想政治境界是"小国寡民"："小国寡民，使有什佰之器而不用，使民重死而不远徙。虽有舟车，无所乘之；虽有甲兵，无所陈之，使民复结绳而用之。甘其食，美其服，安其居，乐其俗。邻国相望，鸡犬之声相闻，民至老死，不相往来。"[⑩]与老子强调"无妄为"、"为而不恃"的治国原则略有不同，庄子的"无为"侧重于"使人民安其性命之情"，具有更彻底的放任特征。"故君子不得已而临莅天下，莫若无为。无为也而后安其性命之情。"[⑪]他所主张的"至德之世"是"同与禽兽居，族与万物并，恶知乎君子小人哉"[⑫]的境界。

四、法家的政治法律主张

法家起源较早，一般以春秋时代的管仲为法家先驱。"法家不别亲疏，不殊贵贱，一断于法，则亲亲尊尊之恩绝矣。"[⑬]这是汉人司马谈对法家的总结评价。作为学派的法家形成较晚，大体在李悝、商鞅之时，而以战国末期的韩非为集大成者。

---

① 《老子》第三十七章。
② 《老子》第五十七章。
③ 《老子》第七十五章。
④ 《老子》第六十章。
⑤ 《老子》第三章。
⑥ 《老子》第二章。
⑦ 《老子》第八十一章。
⑧ 《老子》第五十七章。
⑨ 《老子》第十七章。
⑩ 《老子》第八十章。
⑪ 《庄子·在宥》。
⑫ 《庄子·马蹄》。
⑬ 《史记·太史公自序》。

（一）以法治国

法家主张“以法治国”，“以法治国，则举措而已矣”①。他们认为，法律就像各种度量衡标准一样，是治国的最重要工具。“尺寸也，绳墨也，规矩也，衡石也，斗斛也，角量也，谓之法。”②“法律政令者，吏民规矩绳墨也。”③“权衡，所以立公正也；书契，所以立公信也；度量，所以立公审也；法制礼籍，所以立公义也。”④“法者，国之权衡也。”⑤他们通过这些比喻强调法的客观性、公开性、稳定性、平等性、普遍性等属性。他们强调“以法治国”是为了对抗儒家的“以礼治国”的主张。他们认为“法治”比“礼治”更有用：“法者上之所以一民使天下也”⑥；“法者所以兴功惧暴也”⑦。“法者所以齐天下之动，至公大定之制也”⑧；“法令者，民之命也，为治之本也，所以备民也。”⑨“律者所以定分止争也”⑩；“法者天下之仪也，所以决疑而明是非也”。⑪ 他们还强调法律一定要公布于众，一定要明白易知：“法者，宪令著于官府，赏罚必于民心，赏存乎慎法，而罚加乎奸令者也”⑫；“法者，编著之图籍，设之于官府，而布之于百姓者也”⑬。

（二）重刑主义

法家注重法治，偏重于刑罚的作用，主张重刑轻罪。“禁奸止过，莫若重刑。”⑭“藉刑以去刑。”⑮“以刑去刑，虽重刑可也。”⑯甚至主张“刑用于将过”⑰，即处罚预备犯、思想犯。他们认为重刑是治国之法宝：“且夫重刑者，非为罪人也，明主之法揆也。……重一奸之罪而止境内之邪，此所以为治也。重罚者盗贼也，而悼惧者良民也，欲治者奚疑于重刑。”⑱他们注重重刑的吓阻违法的功效。与此相应，他们反对轻刑与赦宥，认为“今轻刑罚，民必易之。犯而不诛，是驱国而

---

① 《管子·明法》。
② 《管子·七法》。
③ 《管子·七臣七主》。
④ 《慎子·威德》。
⑤ 《商君书·修权》。
⑥ 《管子·任法》。
⑦ 《管子·七臣七主》。
⑧ （清）钱熙祚：《守山阁丛书》引《慎子佚文》。
⑨ 《商君书·定分》。
⑩ 《管子·七臣七主》。
⑪ 《管子·禁藏》。
⑫ 《韩非子·定法》。
⑬ 《韩非子·难三》。
⑭ 《商君书·赏刑》。
⑮ 《商君书·开塞》。
⑯ 《商君书·画策》。
⑰ 《商君书·开塞》。
⑱ 《韩非子·六反》。

弃之也；犯而诛之，是为民设陷也”[①]；法家强调以刑治国，以“信赏必罚”的方式推行“法治”，保证令行禁止，确立国家与君主的权威，提高国家能力与制度能力。

（三）富国强兵

以耕战为中心的富国强兵政策是法家的共同主张。“夫农，民之所苦也，而战，民之所危也。”[②]法家主张利用刑罚的恐惧力与爵禄的诱惑力使人民勇于耕战。“以刑治，民则乐用；以赏战，民则乐死。”[③]“爵禄，所以赏也，民重所以赏也，则国治。”[④]法家认为，杀戮和庆赏是君主的“二柄”；君主应该用此“二柄”将人民纳入耕战的轨道，使耕战成为人民的唯一出路。禁止一切有碍国家目标的行为，如“儒以文乱法，侠以武犯禁”[⑤]之类，如“诗、书、礼、乐、善、修、仁、廉、辨、慧”之类，都要禁止。他们的理想政治状况是：“故明主之国无书简之文，以法为教；无先王之语，以吏为师；无私剑之捍，以斩首为勇……是故无事则国富，有事则兵强，此之谓王资。”[⑥]

（四）君权至上

早期法家思想中曾包含着以法律约束君权的因素，如管子认为“君臣上下贵贱皆从法，此之谓大治”[⑦]，主张“不为君欲变其令，令尊于君”[⑧]，《商君书》主张“法者，君臣之所共操也”[⑨]。但至战国后期，韩非将君权绝对化，主张“法”、“术”、“势”相结合，维护君主的专制权力。韩非提出：“臣事君，子事父，妻事夫，三者顺则天下治，三者逆则天下乱，此天下之常道也。”[⑩]这种君父权力无限制的思想成为后世“三纲”说的渊源。甚至认为：“人主虽不肖，臣不敢侵也”，“是故主独制天下而无所制也”。认为君主不能依靠贤德或圣贤治国，必须“抱法处势”。“君执柄以处势，故令行禁止。柄者杀生之制也；势者，胜众之资也。”[⑪]

第二节 诸子百家主张在各国的实践

宗法礼治的衰败，新型国家的建立，是诸子百家思想兴起的共同背景。诸子思想是当时社会剧变的产物，也反过来对各国的政治法律实践产生了巨大的影

---

① 《韩非子·六反》。
② 《商君书·算地》。
③ 《商君书·弱民》。
④ 《韩非子·八经》。
⑤ 《韩非子·五蠹》。
⑥ 同上。
⑦ 《管子·七臣七主》。
⑧ 《管子·法法》。
⑨ 《商君书·修权》。
⑩ 《韩非子·忠孝》。
⑪ 《韩非子·八经》。

响。诸子思想既有对三代以来治国经验教训的提炼和总结，又有对理想社会的谋划设计等，他们的这一属性势必影响当时的各国政治实践。春秋战国时期的一些具体的改革措施，常常呈现出与诸子百家政治法律主张暗合的面貌。有些国家的变革实践，虽然不一定是诸子中某一家学说形成之后才影响的，但其暗合某家思想，或成为某家思想的产生土壤，也是不可忽视的。

一、春秋时期诸子百家思想在各国的实践

（一）齐国与法家、儒家

管仲（？—前645年）被视为法家先驱。战国时期法家的奖励耕战、富国强兵、“以法治国”等思想与管仲的思想皆有渊源。齐桓公（前685—前643年）任用管仲为相进行改革。管仲实行士农工商四民分乡而居、不得迁业的制度，“制国以为二十一乡，工商之乡六，士乡十五”[①]，又实行“十家为什，五家为伍，什伍皆长焉”[②]的“作内政而寄军令”[③]的制度，都开创了后世法家政治法律实践的大致方向。同时，管仲的改革还以“礼义廉耻”为“国之四维”，认为“四维不张，国乃灭亡”；又注重“仓廪实，则知礼节；衣食足，则知荣辱”[④]，这都为后世儒家的“礼治”和“先富后教”思想提供了资源，受到孔子的赞誉。

（二）鲁国、卫国与儒家

鲁国是周公的封国，或者说是周公长子伯禽的封国，被认为是周礼的最佳实践者和保存者。《左传·昭公二年》载：“晋侯使韩宣子来聘，……曰：‘周礼尽在鲁矣。吾今乃知周公之德与周之所以王也。’”孔子执政鲁国期间，实践了他的政治法律主张，如反对“不教其民而听其狱”，对父子争讼者“三月不别（问）”[⑤]，使其反省父子之义。又曾举借口“家有老父，身死莫能养也”的逃兵为“孝子”加以嘉奖[⑥]，还于夹谷之盟中，以坚持礼制折服了齐景公，辅佐鲁定公维护了鲁国的国家利益。孔子说“齐一变至于鲁，鲁一变至于道”[⑦]，就是讲鲁国在符合儒家政治主张方面是各国的榜样。卫国是周公之弟康叔的封国，政治与鲁国相近。孔子说“鲁卫之政，兄弟也”[⑧]，是说卫国在实践礼治方面卓然有成。孔子曾在卫国为政，主张以“君君臣臣父父子子”为先，实践儒家主张。又有史书记载，卫君尚

---

① 《国语·齐语》

② 《管子·立政》

③ 《管子·小匡》

④ 《管子·牧民》。

⑤ 《荀子·宥坐》。

⑥ 《韩非子·五蠹》。

⑦ 《论语·雍也》。

⑧ 《论语·子路》。

贤,故卫多君子[①]。儒士集中于卫国,说明卫国政治有儒家属性。

(三) 郑国与法家、儒家

子产(?—前522年)被视为法家先驱之一。子产执政时,其铸刑书、公布成文法等措施(详见第五章),可以说是典型的法家式改革措施。此外,子产还推行了其他一系列改革举措。"使都鄙有章,上下有服,田有封洫,庐井有伍。大人之忠俭也,因而与之;泰侈者,因而毙之。"[②]就是确定了新的土地制度,又确定了"什伍编户制"。还"作丘赋",确定了新的赋税制度。这些措施具有法家色彩,但也注意儒家式的礼乐制度和教化,认为"礼"是"天之经也,地之义也,民之行也"[③]。此外,子产还注意"养民也惠,使民也义"[④],为孔子所赞许。他不毁乡老聚集批评政府的场所——乡校,体现了儒家提倡的从善纳谏的精神。

(四) 越国与法家

公元前494年,越国败于吴国后,在范蠡、文种、计然的辅佐下,越王勾践推行"省赋敛,劝农桑"、"舍其愆令,轻其征赋"、"裕其众庶"等政策,实现了"其民殷众,以多甲兵"[⑤]及"田野开辟,府仓实"[⑥]的局面。"计然之策七,越用其五而得意"[⑦]。越国的改革,将计然的若干主张付诸实践,成效卓著。从《越绝书》的《计倪内经》来看,计然之策主要有下列五点:其一,任人唯贤,"有道者进"。计然认为国君必须"明其法术","守法度,任贤便能",才能实现"邦富兵强而不衰"。其二,赏罚分明,奖励忠谏。其三,实行"平粜"法,平衡谷价。其四,流通物资,发展贸易。其五,蓄积"食钱布帛",防备灾荒。[⑧] 越国的改革,注重经济政策的调整,法家色彩较鲜明。

(五) 晋国与法家

晋国是法家思想的发源地之一。"晋法家"的起源即法家思想在晋国的实践,应该上溯到公元前513年(鲁昭公二十九年)冬,晋国执政官赵鞅、荀寅"铸刑鼎"的行动,这是晋国第一次将正式制定的成文法以铸鼎的方式公布于众。关于晋国与法家思想的影响与实践,我们在第五章专门讨论。

总体而言,在新旧制度交替之际,各国的政治实践成为儒法等家的主要思想渊源,这些思想反过来也影响了各国的政治实践。不过,在春秋之际,各家思想似乎并未明显形成体系,所以很难说某国政治主要受了哪一家思想的影响,纯粹

---

① 《左传·襄公二十九年》。
② 《左传·襄公三十年》
③ 《左传·襄公二十五年》。
④ 《论语·公冶长》。
⑤ 《国语·吴语》。
⑥ 《国语·越语下》。
⑦ 《史记·货殖列传》。
⑧ 参见杨宽:《战国史》,上海人民出版社1980年版,第146页以下。

遵循一家之言的政治法律实践似乎不存在。

二、战国时期诸子百家思想在各国的实践

（一）魏国与法家、儒家

公元前445年，魏文侯即位。魏文侯的政治法律主张，有兼用儒法的特点。魏文侯曾先后任用魏成子、翟璜、李悝为相，吴起为西河郡守，西门豹为邺县令。其中，李悝、吴起、翟璜、西门豹为法家，儒家的卜子夏（被文侯尊为"师"）、田子方（子贡弟子）、段干木（子夏弟子）亦因与魏成子交厚而受到魏文侯的重用。魏文侯之后，魏惠王曾受邹衍、淳于髡、孟子的游说，曾用惠施为相；魏昭王曾用孟尝君田文为相。对魏国的改革，韩非评价说："当魏之方明立辟，从宪令行之时，有功者必赏，有罪者必诛，强匡天下，威行四邻；及法慢，妄予，而国日削矣。"[1]

（二）燕国与儒家

战国中期，燕国国君子哙仰慕儒家宣传的上古尧舜禹圣贤禅让之道，主动禅让君位给手下的大臣子之。这一"禅让"事件，起因于鹿毛寿进言："不如以国让相子之。人之谓尧贤者，以其让天下于许由，许由不受；有让天下之名而实不失天下。今王以国让于子之，子之必不敢受，是王与尧同行也。"[2]子之为燕相，办事果断，善于以"术"督责臣下。燕王哙"属国于子之，子之大重"[3]。又有人进言："今王言属国于子之，而吏无非太子人者，是名属子之而实太子用事也。"[4]于是燕王哙把三百石俸禄以上官的玺印全部收回，由子之另行任命。由此，子之名实兼得，国事皆由子之决断。三年后太子平与子之相攻，燕国大乱，齐国乘乱攻破燕国，杀子之。子之亡二年，燕人共立公子职为君，即燕昭王。燕昭王任用郭隗主政，"卑身厚币以招贤者"，"吊死问孤，与百姓同甘苦"[5]。二十八年后，"燕国殷富，士卒乐轶轻战"[6]。燕国的改革，表明儒家"禅让"主张在战国时期已不合时宜，而儒家的尊贤、惠民之类主张，则在燕国收到良好效果。

（三）秦国、楚国与法家

战国时期秦国、楚国的政治变革实践，受法家思想影响较大。约公元前389年，法家代表人物吴起主持了楚国的变法运动；公元前356年和公元前350年，法家代表人物商鞅在秦国主持了两次大规模的变法运动，这是法家思想的最典型实践。秦、楚两国的变法，接近战国中后期，儒家思想的影响已经微乎其微，法

---

① 《韩非子·饰邪》。
② 《史记·燕召公世家》。
③ 同上。
④ 同上。
⑤ 同上。
⑥ 同上。

家"独任法治"、"以刑威民"的主张占据了主导地位。关于其变法改革的主要内容,在本书第六章有叙述。

与春秋时期相比,战国时期社会剧变加速。"春秋时代的历史大体上好比安流的平川,上面的舟楫默运潜移,远看仿佛静止;战国时代的历史却好比奔流的湍濑,顺流的舟楫,扬帆飞驶,顷刻之间,已过了峰岭千重。论世变的剧繁,战国的十年每可抵得过春秋的一世纪。"[①]战国七雄中,赵、魏、韩及田氏之齐国,本身即政治剧变的产物。"春秋时犹尊礼重信,而七国则绝不言礼与信矣;春秋时犹宗周王,而七国则绝不言王矣;春秋时犹严祭祀,重聘享,而七国则无其事矣。……邦无定交,士无定主;此皆变于一百三十三年之间。"[②]"仲尼既没之后,田氏取齐,六卿分晋,道德大废,上下失序,至秦孝公,捐礼让而贵战争,弃仁义而用诈谲,苟以取强而已矣。"[③]战国时期,为君主提供集权主义依据和政治效率启迪之原则、制度、方法的法家思想,日益成为各国政治法律实践的主流。法家的发展,滥觞于春秋时期的成文法公布运动,集中呈现在战国时期李悝、吴起、商鞅等人主持的变法运动中。关于这些,我们将在第六章里详述。

本章重点问题提示

本章的重点问题是:第一,儒法两家治国主张及其价值追求的根本冲突;第二,春秋战国时期百家争鸣的根本原因;第三,诸子百家主张对各国政治法制实践的影响。

一、关于儒法两家的冲突

儒法两家在春秋战国时期的争鸣,表面上看来只是"礼治"、"德治"主张与"以法治国"主张的冲突,但实际上是当时社会大转型时期两种根本价值取向的冲突。儒家代表传统的家族主义、血缘主义伦理取向,法家代表新兴的国家主义、非血缘主义取向。这种冲突,有些接近古罗马的市民法取向与万民法取向的冲突。

二、百家争鸣的根本原因

百家争鸣的根本原因是传统宗法分封暨礼治政治体制的瓦解和官方思想学术垄断的崩溃。体制的瓦解迫使士大夫们寻求新的治理体制,以恢复秩序;学术垄断的崩溃使得"学术下移","学在民间",使各种思想在民间活跃起来。归根结底,社会形态和生活方式的剧烈变化,激发了民间思想的活跃,激发了改革政治

① 张荫麟:《中国史纲》,山西古籍出版社2001年版,第80页。

② 顾炎武:《日知录》卷十三。

③ (汉)刘向:《战国策·序录》。

的各家各派思考。

三、诸子百家主张在各国的实践

除秦国主要奉行法家主张外，其他国家的政治法律改革实践，是受诸子百家思想复合影响的，并非只宗奉一家一派。这些影响，都是各国执政者们“救亡图存”选择的结果，有的甚至是急病乱投医，并非他们真的完全认同某一家或几家的哲学思想及政治理想。

思考题

1. 法家“以法治国”主张的要害是什么？
2. 儒家“礼治”主张的要害是什么？
3. 儒法两家治国主张的最根本冲突是什么？
4. 法家思想对哪些诸侯国影响最大？

第五章 春秋时期的成文法公布运动

内容提要

春秋时期，各国开始了较大规模的成文法制定与公布运动。这一运动是对传统“议事以制、不为刑辟”的宗法礼治秩序的正式否定，是从法制上（而不是像以前那样仅仅从事实上）否定过去的治国手段和模式。制定公布成文法典的活动受到了保守派贵族势力的反对，其反对的理由是“贵贱不愆”的秩序即将因公布成文法而彻底打破。本章旨在对春秋时期各国纷纷制定和公布刑事成文法典之运动进行一个宏观描述，以展示这一时期中国治国模式的转变，展示此后二千余年中国法制的基本体制和基本风格之端倪。

关键词

铸刑书　铸刑鼎　竹刑　议事以制　刑不可知　子产　赵鞅　邓析

第一节 成文法公布运动的历史背景

周王朝自平王东迁（前770年）以后，政治失纲，社会失序，井田制逐渐破坏，以宗法血缘关系为基础的社会政治体系逐步瓦解，周公制礼所确定的政治理念和社会秩序（制度）——周礼逐渐失去原有的约束力，宗法价值观念及其伦理准则也逐渐衰败。“礼乐征伐”（即国家政令）不出于天子，而出自诸侯盟（霸）主。诸侯国之间的征战兼并十分酷烈，有人根据《春秋》经传记述统计，春秋初年诸侯列国共有二百零九国，但到了公元前481年时只存数十国。在各诸侯国内部，强族骄横，卿大夫专权跋扈，乃至“陪臣执国命”。这就是所谓“王纲解纽”、“礼崩乐坏”的局面。当此“社稷无常奉，君臣无常位”的危难之秋，列国为适应对外战争和稳定国内局势的需要，为了救亡图存、富国强兵，都迫切需要对本国现行的政治社会体制进行调整和变革。春秋时期诸侯各国的成文法制定公布运动，就是这一变革的重要组成部分。

所谓成文法，是指由国家特定机关制定和公布，并以规范性文件形式表现的法律，亦即制定法。与习惯法不同，它一般具有一定的逻辑结构，并达到一定立法技术水平。在春秋成文法运动之前，据说早在夏商西周时代就有“刑书”存在，如《禹刑》、《汤刑》、《九刑》和《吕刑》等等。这些刑书，大约是此前与墨、劓、刖、宫、大辟各等刑罚的适用相关的判例汇编，是“以刑统罪”的“刑名之制”，不过是司法用刑的记录而已，并不具备我们后世所说的成文法的特征。

在春秋成文法公布运动以前，法律并非完全秘不示人的。早在西周时期，似乎就有过法律公布的事实。为了使刑罚起到恐吓与震慑作用，定期向百姓公布刑书，在西周时似已成定制。《周礼》的天官冢宰、地官司徒、夏官司马、秋官司寇等各官，均有于“正月之吉”布治、布教、布政、布刑于“邦国都鄙”的职责或任务；四者分别要将他们掌管的“治象之法”、“教象之法”、“政象之法”、“刑象之法”悬于“象魏”，使万民“观治(教、政、刑)象”，“挟日而敛之”。此即“悬法象魏”之制度。一般认为，这一制度就是将国家刑书悬于王城宫门两侧而布告万民。但这时公布的并不是成文法，只是刑罚威慑文告。

第二节　郑国铸刑书

郑国是西周后期封建的诸侯国之一，其可考定的历史年代始于郑桓公元年(前806年)。郑国位于中原腹心之地，西据虎牢之险，扼华北关中两大平原之间的交通要津，介于晋、楚两大国之间。春秋中晚期以后，诸国混战，“(郑)国境之上，无岁不是晋楚两家问罪之师”，成为列强的战场；且与邻国宋国因宿怨而敌对。外交处境十分艰难，经济和军事负担沉重。郑国内部，公族势力盘根错节，他们的政治经济利益冲突，往往导致国家内乱。自昭公而后，国君相继被弑，内乱不息。内外交困的郑国迫切需要变法改革，“铸刑书”就是应运而生的改革之一。

郑简公时期，著名政治家子产(？—前522)执政。自公元前543年执政伊始，子产锐意改革以救衰乱，取得了令人瞩目的成就。他对内坚定推行“作封洫”和“作丘赋”的改革措施，改革田亩和税收制度，挖掘沟渠，整编田亩，承认土地私有，按田亩征收税赋，取消井田制；同时针对国内“族大宠多”的政治局势，采取分而制之的政策，安抚公族，打击豪强。对外，推行灵活外交，抗衡晋、楚。他的政治改革取得了显著的效果，“使都鄙有章，上下有服，田有封洫，庐井有伍”，“门不夜关，道不拾遗”[①]。其改革措施对后世影响最大者，就是“铸刑书”。

公元前536年(鲁昭公六年)，子产公布了新制订的刑书，史称“郑人铸刑书”。把正式制定的成文法性质的刑书公布出来，这在法制史上是一个石破天惊的大事。

子产的“铸刑书”行为，受到了当时著名的国际政治家、晋国大夫叔向(羊舌肸)的严厉批评。叔向认为，传统的礼乐制度和教化体制已经足以满足治国制

① 《左传·襄公三十年》。

民要求,“昔先王议事以制,不为刑辟,惧民之有争心也。犹不可禁御,是故闲之以义,纠之以政,行之以礼,守之以信,奉之以仁;制为禄位,以劝其从;严断刑罚,以威其淫。惧其未也,故诲之以忠,耸之以行,教之以务,使之以和,临之以敬,莅之以强,断之以刚。犹求圣哲之上,明察之官,忠信之长,慈惠之师。民于是乎可任使也,而不生祸乱”。他认为,只要重视礼乐和教化,国家就不会乱。“诗曰仪式刑文王之德,日靖四方;又曰仪刑文王、万邦作孚。如是何(刑)辟之有?”仿效周文王的教化政治模式,就根本不需要什么刑书。反之,铸刑书将国家成文法公布于铜鼎,则后患无穷:“民知有辟,则不忌于上,并有争心;以征于书,而徼幸以成之,弗可为矣”,“民知争端矣,将弃礼而征于书;锥刀之末,将尽争之”,老百姓会抛弃礼义,不听教化,凭借法条与官府斤斤计较,争权夺利,最终可能会导致“乱狱滋丰,贿赂并行”。如此一来,“终子之世,郑其败乎?”他断定铸刑书将导致郑国灭亡。叔向认为,制作刑书、公布刑书并借重刑书治国,都是“叔世”(即末世乱世)之事,“夏有乱政而作禹刑,商有乱政而作汤刑,周有乱政而作九刑。三辟之兴,皆叔世也”。你子产执政尽搞“作封洫、立谤政、制参辟、铸刑书”之类的末世乱世之举,想借以治国安民,这是不可能的。这些举措不但不能治国安民,反而可能导致郑国灭亡:“肸闻之:国将亡,必多制。其此之谓乎?”[①]

对于这一批评,子产并未全面反驳。他只是简短复信说:“若吾子之言。侨不才,不能及子孙,吾以救世也。既不承命,敢忘大惠?”[②]他认为,叔向所言不错,但强调铸刑书是迫不得已的“救世”即强化治安、恢复秩序之举。

在子产铸刑书之后,郑国大夫邓析于公元前501年作《竹刑》,这也可以视为郑国成文法运动的一部分。《左传·定公九年》:“郑驷歂杀邓析而用其竹刑。”晋人杜预注云:“邓析,郑大夫。欲改郑所铸旧制,不受君命而私造刑法。”所谓“竹刑”,即写在竹简上的刑书。《竹刑》的内容今无从考证,但就其欲取代子产铸刑书而言,应是基本刑事法典。这是迄今所知第一部私人起草的刑事法典。郑国执政官驷歂杀了邓析,但“用其竹刑”,即认可该草案为国家法律。

郑国铸刑书,是我国历史上第一次公布成文法。这次公布成文法的活动,是郑国政治变革的一部分,也是中国法律史上的一个里程碑。在这次公布成文法之前,虽然也有刑书的公布,但那主要是公布“刑”,而不是公布“法”。胡适之先生说,千万不可把“刑罚”和“法”混作一件事;刑罚是从古以来就有了的,“法”则不然。[③] 这次公布的成文法,虽然仍旧被称作“刑书”,但实际上与从前的刑书大不相同了:这是一种前所未有的、以特定刑法与特定罪行相对应的法律规范,是

① 《左传·昭公六年》。本段所有引文同此。

② 《左传·昭公六年》。

③ 胡适:《中国哲学史大纲》(上卷),商务印书馆1926年版,第370页。

“以罪统刑”的“罪名之制”。其“铸刑书”(即制定公布这样的刑法)的用意,旨在“救世”或“止乱”,实际上是在“礼乐教化”对于维持正常社会秩序已经无能为力的时局下,以新“刑书”取而代之作为社会控制的主要工具,这也暗含着对传统的礼乐教化政治秩序的否定之意。

第三节 晋国铸刑鼎

晋国是西周初年分封的诸侯国之一,其可考信的历史年代始于靖侯、釐侯时期(约前860—前840年),是春秋时期最重要的诸侯国之一。自公元前704年晋曲沃武公灭翼以后,历代晋君为了巩固君位,厉行削弱公族势力的政策,由此确立了一项为此后历代晋君恪守的政治原则:“晋无公族”,即严格排斥其公族子弟于国家政权之外。诸公子除了嗣子留待继承君位以外,其余都必须出居他国,史籍中不再有晋公子被分封以官爵采邑的任何记载。晋国的血缘宗法制度体系瓦解得比其他任何诸侯国都早,且更全面和彻底。最早瓦解血缘宗法政治的晋国,很早就孕育了对抗礼乐政治的倾向,所以战国时期的三晋成了法家学派的摇篮。晋国在春秋时期的一系列改革,是战国时代各国法家式变法的前奏。如晋献公时期的抑制公族之举,晋惠公时“作爰田”、“作州兵”的改革等等。至晋文公时,变法改制达到高潮,“作执秩之官,为被庐之法”,并最早实行郡县制,创造了春秋中叶首屈一指的霸业。后来,晋国霸业中衰,执掌国家军权大权的旧贵族势力经常侵夺公室的利益,动辄废立国君,使国家政治混乱,货贿公行,司法黑暗。公元前539年,晋国大夫叔向在与齐国著名政治家晏子谈话时,哀叹公室衰微,私家兴起,认定晋国已经进入“季世”即末世。在这样的背景下,晋国的执政者为了“救世”,采取了一系列政治变革行动,“铸刑鼎”就是其中最著名的行动之一。

公元前513年(鲁昭公二十九年)冬,晋国执政官赵鞅、荀寅在率军驻扎汝滨时,“遂赋晋国一鼓铁,以铸刑鼎,著范宣子所为刑书焉”。这是晋国第一次正式将正式制定的成文法以铸鼎的方式公布于众。

晋国“铸刑鼎”受到了当时最著名的国际政治家和学者孔子的严厉批评。孔子说:“晋其亡乎?失其度矣!”他认为,把范宣子所著的刑书公布于鼎,会导致晋国秩序的混乱。他认为,晋国只要谨守祖宗成法,就足以治国安邦,足以保持礼乐政治秩序:“夫晋国将守唐叔之所受法度,以经纬其民;卿大夫以序守之,民是以能尊其贵,贵是以能守其业。贵贱不愆,所谓度也。(晋)文公是以作执秩之官,为被庐之法,以为盟主。”现在晋国铸刑鼎,他认为是一个危险之举,是亡国之端:“今弃是度也,而为刑鼎。民在鼎矣,何以尊贵?贵何业之守?贵贱无序何以为国？且夫宣子之刑，夷之搜也，晋国之乱制也！若之何以为法？”[①]

晋国的铸刑鼎，是继郑国铸刑书之后又一次正式公布国家成文法的活动。孔子反对这一行动，理由不外二者：其一，他认为谨守祖宗成法即礼乐制度就可以治国，不必改弦更张倚重刑法；倚重刑法会导致亡国。其二，他认为范宣子所著的刑书是乱制，“且夫宣子之刑，夷之蒐也，晋国之乱制也”，不当作为国家法律。除孔子之外，当时的史官也对这一行动作了否定评价。“蔡史墨曰：范氏、中行氏其亡乎？中行寅为下卿而干上令，擅作刑器以为国法，是法奸也。”[②]史官的理由是，范宣子、荀寅（中行寅）是下卿，无权代国君立法，其立法行为是对国家法定权力的僭越。

第四节 成文法公布运动的历史意义

西周以来，国家一直维系着血缘宗法政治秩序，一直以礼乐和教化治国，并没有礼与法律的区分，没有独立的法存在。各种法律制度和原则其实都藏于礼之中，或者说礼义、礼法、礼仪就构成了国家全部制度。如果一定要找到法的话，那么可以说法在礼中，法是礼治的附属物，刑罚不过是实施礼治的方法和手段。[③]

到了春秋时期，周王室权威式微，礼乐政治秩序迅速瓦解。各诸侯国纷纷变乱旧章，订立刑制，于是刑书刑鼎纷然并起。刑书和刑鼎的出现，一方面固然是“救世”的需要，但也体现了对先王礼治秩序的否定。各国不再以先王的“礼治”之道为尚，公然“法其下者”，仅仅以社会强力控制为目标，以圣人所不取的野蛮血腥的刑罚为控制方式！这种在当时士大夫看来是“堕落”的选择，其实体现了一种更加务实、更加合于时宜的政治追求。

郑晋两国铸刑书于鼎，前后相距二十三年，受到当时两位最著名的贵族政治家的最严厉批评，这是值得认真分析的：叔向、孔子两人的批评，从思想到行文，非常相似。叔向说“民知有辟则不忌于上”，孔子说“民在鼎矣，何以尊贵”。二人都担心：铸刑书于鼎，让人民知道了成文法，会导致人民不尊敬长上，会导致“贵贱无序”。叔向说“民知争端矣，将弃礼而征于书”，孔子说“今弃是度也而为刑鼎”。二人都担心百姓会抛弃礼义，仅仅依据刑书，斤斤计较个人利益，向官长抗争。叔向把公布刑书说成“乱政”，认为乱政必然导致“乱狱”；孔子说晋国的刑书是“乱制”，二人都极度否定当时公布的成文法，认为它“乱”了原来的“制”或

① 《左传·昭公二十九年》。本段所有引文均同此。

② 《左传·昭公二十九年》。

③ 参见马小红：《礼与法：法的历史连接》，北京大学出版社 2004 年版，第 113—114 页。

“政”。叔向据此说郑国“国将亡”，孔子据此说“晋其亡乎”。二人都认为公布成文法会导致亡国。[①]

成文法的公布引起如此严厉的批评，正说明了这一事件对传统的秩序造成了极大的破坏，说明其在中国法制史上有着划时代的意义。这一意义，我们可以从以下几个方面去认识。

一、成文法公布是对过去宗法礼治秩序的否定

传统的政治秩序，就是叔向所言“闲之以义，纠之以政，行之以礼，守之以信，奉之以仁”、“诲之以忠，耸之以行，教之以务，使之以和，临之以敬”的秩序，就是孔子所言“民是以能尊其贵，贵是以能守其业。贵贱不愆，所谓度也”的秩序。为了保障这种秩序，国家也有强制，此即叔向所言“严断刑罚，以威其淫”、“莅之以强，断之以刚”。这种秩序，实际上就是“礼之所去，刑之所取”的血缘宗法礼治秩序。

在春秋时期，随着各国之间的征战兼并，随着宗法分封之血缘关系纽带的渐弛渐松，随着生产力的提高和经济关系的变化，这种礼乐秩序逐渐衰落瓦解；礼乐教化已经不足以维系秩序，对于业已出现的祸乱无能为力。国家迫切需要一种新的控制方式，需要建立一种新的秩序，以期与宗法血缘体制瓦解后的社会需要相适应。这就使凭借“刑书”治国的“法治”模式应运而生，铸刑书于鼎就是这一模式开始公然向旧体制“叫板”的代表。

血缘宗法礼治的社会控制模式和秩序虽然已经山穷水尽，亟待以新的社会控制模式和秩序取而代之。但当时社会上仍然存在着强烈的维护旧体制的思潮，存在着一种维护旧秩序的体制惯性，叔向、孔子就是其代表。以郑国执政官子产和晋国执政官赵鞅、荀寅为代表的政治势力，是新控制模式和新秩序的倡导者。这种以“救世”需要为借口，以“卑之无甚高论”的面貌呈现的“新政”，正满足了社会蜕变或时代变化的需要，满足了当时生产力和生产关系变化的需求，对于治理一个血缘宗法纽带松弛的社会而言，对于建立一个新的“礼法并用”或“礼治”、“法治”并行（法家甚至主张“独任法治”，但除秦以外并未真正成为现实）的秩序而言，是有重大历史意义的。

二、成文法公布是对“议事以制，不为刑辟”的贵族专擅司法体制的否定

“议事以制，不为刑辟”[②]是当时公认的先王之制，就是不预先公布非常明确

---

① 参见孔庆明：《“铸刑鼎”辩正》，载杨一凡主编：《中国法制史考证》甲编第一卷，中国社会科学出版社2003年版，第345页。

② 《左传・昭公六年》。

的罪与刑相对应的刑事法条，而是靠比较原则性的礼法或者先王“遗训”来约束人民，因时制宜地用各种刑罚来灵活机动地制裁犯法者，这就是晋人杜预注解《左传》本句所谓“临事制刑，不预设法”，其目的正如唐人孔颖达注解所谓“刑不可知，则威不可测”、“令不测其浅深，常畏威而惧罪也”[①]。这一传统体制，实质上是贵族专擅司法体制。一般说来，礼法制度对臣民的要求或规范，事先虽然也被公布出来，刑罚的种类和执行方式也是公之于众的，但是，违反了特定礼法应该受到什么样的特定制裁，却并无一一对应的规定。在贵族独掌司法权的情形下，案件发生后，因为没有明确的法律规定，所以案件的处理全凭以国君为首的贵族“随事轻重取法”、“临时观衅”[②]，由贵族根据特定时间地点和形势的需要作出最后判决，这就是“议事以制，不为刑辟”。这样一种灵活机动、随时上下其手的司法模式，极其有利于保护宗法贵族统治秩序，保护贵族集团的利益。因为罪和刑之间没有法定的对应关系，因为任何罪行最后受到的具体刑罚事先并不确定，所以贵族有着几乎没有法定限制的司法权力，百姓没有办法跟贵族计较自己所受刑罚是否恰当。这就是孔子所说的“卿大夫以序守之(晋国之旧法度)，民是以能尊其贵，贵是以能守其业。贵贱不愆，所谓度也”[③]。反过来，如果公布一种将刑罚与特定犯罪一一对应的刑法，那么贵族专擅司法的权力就大大受限制。此即叔向所谓“民知有辟，则不忌于上，并有争心；以征于书，而徼幸以成之”，“民知争端矣，将弃礼而征于书，锥刀之末，将尽争之”[④]；亦即孔子所谓“今弃是度也而为刑鼎，民在鼎矣，何以尊贵？贵何业之守？贵贱无序何以为国”[⑤]。叔向和孔子都认为，老百姓会以这种新的刑书为凭借或武器对抗贵族的权威，会只以刑书作为自己的行为规范而不再在乎礼法的要求，这就会导致贵贱有别、尊卑有等的血缘宗法礼治等级秩序瓦解。

铸刑书刑鼎(即公布成文法)正式开始打破了这一传统秩序。公布了这种罪刑相对应的新形式的“刑书”，百姓都知悉这样的刑书，贵族就再也不能像过去一样专横擅断，“刑不可知”、“威不可测”的贵族司法权受到了一定的限制。在这种有利于保护自己权益的刑法的引导下，百姓的人格意识和权利意识逐渐觉醒，就会为自己是否受到预先确定的刑罚的正当处罚而抗争，百姓与贵族之间的法律适用平等也大大前进了一步，法律的公正性、公开性、稳定性等也大大前进了一步。

① 《春秋左传注疏》卷四十三。
② 《晋书·刑法志》载晋人张斐语。
③ 《左传·昭公二十九年》。
④ 《左传·昭公六年》。
⑤ 《左传·昭公二十九年》。

三、成文法公布是对过去以礼法之网罗一切恶行的社会控制理念的否定

自周公以来，宗法礼治或礼法之治的社会控制理念，旨在网罗一切罪行、制止一切罪恶，使任何罪恶都在礼法之网的约束和制裁之下。《礼记·曲礼上》说："夫礼者，所以定亲疏，决嫌疑，别同异，明是非也。……道德仁义，非礼不成；教训正俗，非礼不备；分争辨讼，非礼不决；君臣上下父子兄弟，非礼不定；宦学事师，非礼不亲；班朝治军，莅官行法，非礼威严不行；祷祠祭祀，供给鬼神，非礼不诚不庄。"礼的规范，广泛涵盖了社会生活的每一个方面，涵盖了每一种行为，也旨在制止一切恶行。但事实上，人类社会生活中的恶行，绝对无法穷举。任何周密全面的法律都不可能把人们可能为的一切大大小小的恶行都列举完毕。所以，那种既具备原则性、纲领性，又可以任凭人们因时制宜地引申出具体行为规范和判决依据来的"礼义"、"礼法"，就成了统治者实现这一社会控制理念的好工具。他们知道，任何企图穷举犯罪的刑法，最后都只能列举一部分罪行，势必把很多罪行遗漏在法条之外；再完善的刑法规范也势必跟不上犯罪情势日新月异的变化。这样的法条适用起来，最后结果常常是，不但不能"无一漏网"地制裁犯罪，反过来还会束缚司法者的手脚，让很多罪行逍遥法外。这种对成文法或制定法的深深不信任，以及对可以包罗万象且灵活机动的礼法(习惯法)的信赖，是当时社会的主流思潮。一般认为，只有礼法的全面控制才能使"民于是乎可任使也，而不生祸乱"；而制定和公布罪刑对应的刑法就会导致"锥刀之末，将尽争之"、"乱狱滋丰，贿赂并行"，其危害甚于没有这样的法。此种观念，正如唐人孔颖达注《左传》所云："圣王虽制刑法，举其大纲，……临其时事，议其重轻"，"法之设文有限，(而)民之犯罪无穷。为法立文，不能网罗诸罪……将有实罪而获免者也"[①]。为了防止有恶行逍遥法外，为了防止法律捆住司法者的手脚，自夏商西周至春秋中期的统治者们均不愿意制定和公布罪刑相对应的刑法。

郑国、晋国制定和公布成文法，标志着宗法礼治"网罗一切犯罪"的社会控制理念开始在部分诸侯国里被统治者正式放弃。在"礼崩乐坏"的社会剧变之下，若用传统的"礼法"标准衡量人们的行为，则无人不犯罪、无人不可诛。在这样的背景下再企图株守传统礼法控制模式以恢复秩序，就迂腐可笑了。当此之时，为了"救世"，为了"禁暴止乱"，统治者只能"抓大放小"，先制定罪刑相对应的刑法去重点制止少数特别危害秩序的恶行，用特定的法条去打击部分特定的恶行，就标志着对其他许多违反传统礼法的恶行要放弃"出礼入刑"的对待了，就意味着某些违礼行为合法化了，也意味着礼法秩序的瓦解正当化了。这在叔向、孔子等传统崇礼派士大夫看来是非常可怕的事情，这就是他们为什么如此愤怒地

---

① 《春秋左传注疏》卷四十三。

声讨郑晋两国铸刑书刑鼎的缘故了。

本章重点问题提示

本章的重点或难点问题是两个。一是当时公布的成文法到底是什么属性的法典。二是这种法典的公布到底对社会有什么样的冲击或影响，到底对原有秩序有什么破坏意义。

一、郑国晋国公布的成文法是什么性质的法典？

法典公布于众，让百姓明晓禁令，这是法制的天然要求。不可能设想不让百姓知道什么是禁令但又经常以刑罚制裁百姓的治国模式。在春秋之前，法条公布的事实是存在的。但那时的法典，大约只是规定并公布何为犯罪，应该受制裁，但具体到每种犯罪应该受何种制裁，则取决于司法官“临时处置”、“因时制宜”，事先不让百姓知道。这次铸法典条文于铜鼎会引起旧派贵族势力的极大反感呢？可见这次公布的所谓成文法，不仅仅是有文字的刑法而已，而应该是一种前所未有的法律形式或新形式与新内容的统一体。这种新的法典，就是罪刑对应的、以罪统刑的刑法典，是一种几乎对族内族外人平等适用的刑法典，是一种事先把何为犯罪及应处何种刑罚规定得很清楚的法典，是一种让司法者不易上下其手的法律规范体系。这样的法典，有些让统治者“束手束脚”，使他们在灵活机动地打击“犯罪”问题上不能像过去一样得心应手，所以被旧派势力强烈反对。

二、制定公布罪刑对应的成文法典有什么历史意义？

要认识这个问题，必须首先认识到从前是宗法礼治社会，而正在痛苦中诞生的是新型的“法治”社会。社会剧变迫使执政者改变治国模式，制定公布新型的成文法典就是这种治国模式改变的重要标志。这次制定公布成文法典运动的历史意义在于结束了贵族的司法专横和擅断，结束了人民在“议事以制”、“不为刑辟”情形下的动辄得咎的恐慌，所谓“刑不可知则威不可测”的情形会大大减少，法律的平等性、公平性、公开性、稳定性得以大大弘扬，礼治主义对人民的行为“非礼勿动”的苛求被“法治”主义对人民的最低限度道德要求所代替。这是一种治国理念或法律价值观的转变，是当时社会剧变在法律上的体现。

思考题

1. 郑国晋国当时为何要制定和公布成文刑法典？

2. 叔向、孔子强烈反对两国铸刑书于鼎的根本原因是什么？

3. 此前时代也有过国家公布法律的事实，为何郑国晋国此次公布法律会引起旧派贵族的如此恐慌？

4. 此次公布的成文法典与以前公布的法典有什么根本不同？

5. 公布成文法典到底有什么特别的历史意义？

第六章 战国时期诸侯各国的变法改革运动

内容提要

战国时期，诸侯各国展开了大规模的变法改革竞赛运动。齐、楚、燕、韩、赵、魏、秦七国的变法改革，是当时诸侯各国在社会剧变、兼并战争愈演愈烈的压力之下进行的迅速富国强兵、救亡图存的手术试验。各国变法以吴起在楚国的变法、李悝在魏国的变法、商鞅在秦国的变法为典型代表。变法的要害都是削弱或取消旧贵族特权、实行新的官吏制度、推行郡县制、奖励耕战、实行与确认土地私有制有关的新赋税制度等等，这都是当时国家振兴的紧迫需要。本章旨在对战国时期诸侯各国的政治法律变革及其法制结晶作一个宏观检阅，以突出“变法”即政治法律改革、制度创新竞赛是这一时代的最高主旋律。

关键词

法经　商鞅变法　吴起变法　李悝变法　什伍制　奖励告奸　郡县制

第一节 诸国变革与立法

自《春秋》所记历史年代终止至秦统一中国（前 480—前 222 年），是中国历史上的战国时期。由于生产技术改进，经济增长发展迅速，生产关系发生变化，社会格局也发生了巨大变化。西周以来的封邦建国的宗法礼治秩序趋于解体，周王室无力控制天下，诸侯国之间争战更加激烈。战国时期的争战与春秋时期明显不同：过去旨在立威定霸，现在则是争城略地，吞并他国。自韩、赵、魏“三家分晋”成为新的三大诸侯国以后，加上秦、齐、楚、燕四个大诸侯国，成为战国时期国际政治舞台的主角，史称“战国七雄”。在这种你死我活的争战局面下，变法改革成为各国保国保种的最迫切需要，于是各国相继出现了变法运动，以求在激烈的动荡和争战中求存图强。本节以时间先后顺序大致叙述各国的变法改革运动。

一、魏国的变革与立法

魏国变法改革始于魏文侯（前 446—前 396 年在位）时期。魏文侯以平民出身的官吏取代世族政权，开创了“布衣卿相”之局，在中央设置非世袭的相将，在地方设置郡县，任免守令，初步建立了君主集权和郡县制的体制。他拜儒士为师，宣扬儒家“仁义”和“王道”，又任命著名商人白圭主管财政，同时重用法家人物李悝、吴起实行变法。由李悝推行以“行地力之教，施平粜之法”为主旨的改革，编定了我国古代第一部系统的成文法典《法经》；由吴起创立了“武卒之制”，是我国施行征兵制的肇始。魏文侯变法融会诸子各家之长，对经济、政治和军事进行了综合的改革，在诸国中率先实现了富强。公元前 408 年，魏国攻取秦西河，打破诸国间的均势；公元前 403 年，周威烈王被迫承认魏国为诸侯。

继文侯之绪，魏惠王（前 370—前 335 年在位）继续改革。他把国都迁到梁（开封），并接受商鞅建议，“先行王服，广建王宫，置天子车服，自称为王。”[①]并广纳贤士，曾任命惠施为魏相，以“治农夫”[②]为改革重心，并主持制定《国法》（未能施行）。[③] 后来，魏襄王（前 334—前 319 年在位）又曾颁布《大府之宪》[④]，亦称为《宪令》、《魏宪》，其上篇曰：“子弑父，臣弑君，有常不赦。国虽大赦，降城亡子不得与焉。”[⑤]《大府之宪》是一般国法与君令汇编。此外魏国还制定了《立辟》。[⑥]《立辟》与《宪令》相对，是指治理人民的刑事法律规范的法律部门。[⑦] 魏安釐王（前 276—前 243 年在位）时曾制定法律，1975 年湖北云梦睡虎地出土的秦简中保留了当时抄录的魏律，为魏安釐王二十五年（前 252 年）的魏《户律》和《奔命律》。[⑧] 这是现在仅见的两条魏律条文。

二、赵国的变革与立法

公元前 403 年，赵烈侯与魏文侯同时被列为诸侯。在魏国变法刺激下，赵国在相国公仲连主导下进行了一系列改革。烈侯任命主张“以仁义，约以王道”的牛畜为“师”，负责教化；任命主张“选廉举贤，任官使能”的荀欣为“中尉”，负责指挥作战，选拔官吏；任命主张“节财俭用，察度功德”的徐越为“内史”，负责征收田

---

① 《战国策·齐策》五；《战国策·秦策》四。

② 《吕氏春秋·不屈》。

③ 《淮南子·道应训》。

④ 《战国策》卷二十五，《魏》四：“吾先君成侯受诏襄王，以守此地也，手受大府之宪。”

⑤ 沈家本引用汉末高诱注《战国策》认为，“《大府之宪》的颁行者‘襄王’不是魏襄王，而是赵国的赵襄子”，并进而认为，“魏国本有法令之书，不自李悝开始”（沈家本：《历代刑法考·律令一·魏宪》，中华书局 1985 年版，第 842 页）。南宋鲍彪注《战国策》也采高诱这一观点。但沈家本没有注意到元朝胡三省《资治通鉴注》对这一观点已有辨证，确定《大府之宪》是魏襄王时期所颁。参范祥雍：《战国策笺证》，上海古籍出版社 2006 年版，第 1457 页。

⑥ 《韩非子·饰邪》：“当魏之方明《立辟》，从《宪令》之时”。

⑦ 这一观点采之于陈奇猷：《韩非子新校注》，上海古籍出版社 2000 年版，第 355 页。

⑧ 《睡虎地秦墓竹简·为吏之道》，文物出版社 1978 年版。

租，考核财务。[①] 这一改革通过任命平民官吏，冲击了贵族统治，对建立官僚体制有重大的意义。这次改革的内容既包含牛畜的儒家教化主张，也有荀欣、徐越具体的法家政策，涉及政治、经济各方面，适应了各国竞相变法的潮流。[②]

公元前386年赵敬侯把赵国都城迁到邯郸，以图积极向中原地区发展。赵武灵王(前325—前299年在位)实行"胡服骑射"，进一步推行改革。[③] 通过变法，赵国国势达到鼎盛。但这次改革主要限于军事，未涉及到政治、经济等方面。

赵国在春秋时期就有主持铸刑鼎的传统。到战国时期，赵国制定了一部成文法典《国律》。[④] 这部法律确切制定时期、具体内容已不可考。[⑤] 有史料表明，在赵惠文王(前299—前266年在位)时期，《国律》曾得到实施并取得良好效果。后来赵军破齐魏而败秦，可能与《国律》的作用有关。[⑥]

总体而言，赵国改革不够全面彻底，对农业经济发展重视不够，晚期军事补给不足，贵族势力始终强大，君主继承体制不稳定，政变不断，国家法制未得到足够的重视，以至于此后，法律渐驰，国势亦衰落。[⑦]

三、楚国的变革与立法

战国时期楚国变法改革首先从封君制改革开始。楚国封君不是因战功和事功而得爵，主要是以亲以贵而封。[⑧] 楚国封君时间早，封君人数多，一开始就对楚国的政局带来了负面影响，出现"大臣太重，封君太众，上逼主而下逼民"[⑨]的局面。

面对危机四伏于内、各国虎视眈眈于外的现实，楚悼王于公元前390年任用吴起为令尹，进行变法。吴起变法涉及诸多方面，详细叙述见后。当时衡量变法的成效的主要标准是各国实力对比、战争胜败、疆域消长，以这一标准来看，吴起变法取得了较大成效，"南收扬越，北并陈蔡"，并打败魏国。[⑩] 但由于吴起变法严厉打击封君政治、剥夺贵族特权的政策，遭到楚国贵族的反对，亦受到在楚国

---

① 《史记·赵世家》。

② 杨宽：《战国史》，上海人民出版社2003年版，第193页。

③ 《战国策》卷十九，《赵策》二。

④ (晋)张斐《律序》曰："赵制《国律》"。载《艺文类聚》卷五十四，《刑法部》。

⑤ 徐世虹大致认为是赵国公仲连改革之后一段时期发展出来的成果，见张晋藩主编：《中国法制通史》(第二卷)，法律出版社1999年版，第7页；武树臣认为其制定时间在赵惠文王时期，见《中国传统法律文化辞典》，北京大学出版社1999年版，第64页；李铁认为《国律》修定于赵武灵王时期，见张晋藩主编：《中国法制史》，群众出版社1991年版，第90页。

⑥ 沈长云等著：《赵国史稿》，中华书局2000年版，第325页。

⑦ 《韩非子·饰邪》："当赵之方明《国律》，从大军之时，人众兵强，辟地齐燕；及《国律》慢，用者弱，而国日削矣"。

⑧ 李玉洁：《楚史稿》，河南大学出版社1988年版，第201页。

⑨ 《韩非子·和氏》。

⑩ 参见《战国策·秦策》三、《战国策·齐策》五、《史记·赵世家》。

流行的道家思想的批评抵制。[①] 公元前 381 年楚悼王薨，封君动乱，杀吴起，变法中断。楚肃王即位后尽诛动乱封君七十余家，进一步打击了贵族势力。但肃王并没有完全回复吴起变法的政策，而是开始了以景、昭、屈等公族为主的“公族政治”。公族政治是一种介于贵族政治和官僚政治之间的制度性门阀政治形态。有别于贵族政治者，以其职位非世袭；有别于官僚政治者，以其出身有限制。至公元前 333 年即楚威王七年，灭越战争结束，天下出现了“非秦即楚”的态势。[②]

楚怀王时期，屈原任左徒，受命起草《宪令》，着手更定法制，“入则与王图议国事，以出号令”[③]，但由于楚怀王变法意志不强，屈原宪令未能完成，变法夭折。其后，再也没有较大的变法活动。

楚国素有制定法典的传统，春秋时曾有《仆区之法》、《茆门之法》和《鸡次之典》等成文法律。[④] 战国时期，楚国亦有相当的立法成就。1987 年湖北荆门包山一楚墓出土了一批楚简，墓主与屈原同时期，曾任楚国司法官。《包山楚简》包含有大量保存完好的楚国司法文书档案和案例。这些文献表明，战国时期，楚国的司法较重视程序，较少通过自上而下的命令；在诉讼中重视证据规则，以盟誓方式处理证据冲突，有一套正规的书面凭证制度；有便利的法庭和上诉渠道；司法部门受理案件后，要在规定的时期内审理案件，告诉人于期内享有督促司法官员审理的权力；诉讼可以调解结案；君主作为司法上诉体系的最高审级，更多的是在执行一个调停人的功能，而非终极裁判者的功能。[⑤]《包山楚简》显示楚国法制颇具特色，已经达到了相当高的水平。[⑥] 此后，1993 年在湖北荆门郭店出土的《郭店楚简》也集中体现了战国时楚国法律思想，与《包山楚简》可以相为印证，对儒家和道家法律思想研究极具价值，有助于补充乃至改写先秦法制史。[⑦]

四、韩国的变革与立法

在“三家分晋”中，韩国所得的土地较小，处于山间贫瘠地区，因而国力不如

---

① 参见《说苑·指武》、《淮南子·道应篇》。

② 《战国策·楚策》载苏秦说，当今之世，“纵合则楚王，横成则秦帝”；张仪也说：“凡天下强国，非秦而楚，非楚而秦。”

③ 《史记·屈原贾生列传》。

④ 《战国策·楚策》一：吴与楚战，吴人三战入郢，蒙谷“负鸡次之典，以浮于江，逃于云梦之中，昭王反郢，五官失法，百姓昏乱。蒙谷献典，五官得法而百姓大治。”此中言及的“鸡次之典”，即楚国的法典。有它，“百姓大治”；若无它，则“五官失法，百姓昏乱”。它在楚国历史上所起的作用是显而易见的。

⑤ 罗凤鸣（*Susan R. Weld*）：《出土文献：战国法律与哲学》，载高道蕴等编：《美国学者论中国法律传统》（增订本），清华大学出版社 2004 年版，第 148—179 页。

⑥ 彭浩：《包山楚简所反映的楚国法律与司法制度》，《包山楚墓》，附录二二，文物出版社 1991 年版，第 549 页；南玉泉：《楚国司法制度探微》，载《政法论坛》2000 年第 4 期。

⑦ 崔永东：《〈郭店楚墓竹简〉在先秦法律思想史研究上的价值》，载《法学研究》2002 年第 2 期。

赵、魏。[①] 建国后，政局长期混乱，国君贵族相互残杀，政策法令前后矛盾；在对外战争中连遭失败。在内忧外患的形势下，公元前 355 年韩昭侯任命法家人物申不害为相，实行"内修政教"的改革[②]，其改革措施主要有：

其一，明法察令，因能授官。用"法"来治理国家，在人事任用上则施行"见功而与赏，因能而授官"[③]；官员职责分明，做到"治不踰官"[④]；并考查众官的行为是否合于法度[⑤]，用"法"的标准来检验官吏的行为，"循名责实"。

其二，巩固君主集权，提倡用"术"驾御臣下。主张国君"独视"、"独听"、"独断"，主张"君操其柄"，即独操"生杀之柄"。[⑥] 一切权力集于国君之手，建立中央集权的君主制国家。同时就要讲究用"术"考验臣下、驾御臣下。

申不害在韩昭侯时期为相达十五年，他的改革应该取得了一定的效果。[⑦] 但申不害改革以统治之"术"为首要，改革并不全面。申不害任期结束后，其变法成果逐渐被弃，韩国逐步衰落。[⑧]

韩国立法成就有《刑符》，传为申不害所作《三符》之一部。其内容有"一罪谓之犯，二罪谓之干，三罪大逆曰凶人"[⑨]等；其篇章结构或许受春秋时期郑国子产的刑书影响。[⑩]

五、齐国的变革与立法

齐国从桓公时代（前 374—前 357 年）开始改革并迅速强大。齐桓公设立了稷下学宫，招致贤达游士，依靠新兴的士阶层统治国家。齐威王（前 356—前 319 年）继续了桓公的改革事业，任命邹忌为相，进行改革。其主要改革措施，其一，广开言路，听取国内各阶层人民的意见[⑪]；其二，听取淳于髡的谏言，改进吏治，"谨择君子，谨修法律而督奸吏"，赏赐有功官员，严惩吹捧贿赂求誉的官员[⑫]；其

---

① 《史记·张仪列传》："韩地险恶山居，五谷所生，非菽即麦，民之食大抵饭菽藿羹。一岁不收，民不餍糟糠。地不过九百里，无二岁之食。"

② 《战国策·韩策二》。

③ 《韩非子·外储说左上》。

④ 《韩非子·二柄》。

⑤ 《申子·大体》。

⑥ 《韩非子·外储说右上》。

⑦ 《史记·韩世家》："申不害相韩，修术行道，国内以治，诸侯不来侵伐。"《战国策·韩策三》对韩昭侯、申不害的评价也颇高："昭侯，一世之明君也；申不害，一世之贤士也。"

⑧ （汉）王充《论衡》："韩用申不害，行其三符，兵不犯境，盖十五年。其后不能用之，又不察其书，兵挫军败，国并于秦。"

⑨ 董说：《七国考·韩刑法》，中华书局 1956 年版，第 371 页。

⑩ 武树臣主编：《中国传统法律文化辞典》，北京大学出版社 1999 年版，第 63 页。

⑪ 《战国策·齐策一》："群臣吏民能面刺寡人之过者受上赏；上书谏寡人者受中赏；能谤议于市朝，闻寡人之耳者受下赏。令初下，群臣进谏，门庭若市；数月之后，时时而渐进；期年之后，虽欲进谏，无可得者。"

⑫ 《史记·田世家》："齐国震惧，人人不敢饰非，务尽其诚，齐国大治。"

三，重视发展农业，通过奖赏的方式积极干预农业生产，出现“田野辟，民人给，官无留事，东方以宁”的局面；其四，扩大稷下学宫，招致贤士，集思广益推动国家富强；其五，军事上任用名将田忌、田婴和军事家孙膑，公元前341年在马陵给予“天下莫强焉”的魏国以致命打击，从而成为诸侯的霸主。

齐国在春秋时即已成霸业，战国时一直为东方强国，工商业犹盛，学术思想活跃，百家争鸣，稷下学宫使得诸子思想得以融合、成熟。尤其重要的是，在稷下学宫，形成了不同于晋秦法家的“齐法家”流派。齐法家以民为本，重农不抑商，据法出令，兼顾礼法，更适合和平年代的国家治理需要，为后世治国提供了借鉴。[①]

齐国的立法成就，首先有《七法》。据传它是邹忌根据《管子》的“七法”思想制定的成文法。[②] 1972年山东临沂银雀山汉墓出土的简牍包含有一批法律文献，它主要记述了战国时齐国的“法”和“令”。其中，《守法》、《守令》是关于城池修筑规格、防御设施、人员配备和作战纪律的规定；《库法》是关于兵器和农具制造、储藏、保管的规定；《市法》是关于市的设置、肆列划位和赋税征收等市场管理的规定；《李法》是关于惩治官吏的规定；《田法》是关于田地授受、年代计算和赋税征收的规定。此外还有文书和论著，如《要言》是治国格言的汇编；《王兵》是治军征战的军事论著；《王法》是某大臣谏齐王的治国方略；《兵令》论述了治军之道，另有三篇已难辨认。[③] 这批简牍被定名为《〈守法〉〈守令〉等十三篇》，它使我们有机会了解到战国时齐国的法律面貌。

六、燕国的变革与立法

燕国地处北方，是周王室同姓封国，为召公之后。春秋以来，因恪守旧制，故“凡天下战国七，燕处弱焉”。在列强竞争之局中，燕国也进行过一些自强变法。

燕王哙爱民行仁[④]，模仿古制，实行禅让，却引起叛乱。内战既起，齐国乘机伐燕，燕国被“毁其宗庙，迁其重器”，几乎亡国。[⑤] 燕昭王（前311—前279年在位）为振兴燕国，报仇雪耻实行了一系列改革。其一，关注民生，祭奠死者，慰问孤寡，与百姓同其甘苦。其二，卑身厚币，以招贤者。燕昭王“千金买骨”，尊郭隗为师，面向各国招贤，使邹衍、乐毅、剧辛等名士争相趋燕。其三，起用乐毅主持

---

① 徐祥民：《法家的法律思想研究》，中国政法大学博士学位论文，2000年；范玉峰：《齐法家研究》，山东师范大学硕士学位论文，2006年。

② 李铁：《中国法制史》，群众出版社1991年版，第91页。

③ 吴九龙：《银雀山汉简齐国法律考析》，载杨一凡主编：《中国法制史考证》甲编第二卷，中国社会科学出版社2003年版；刘海年：《战国法律制度中的若干问题》，载《中国法学》1988年第2期，第62页。

④ 《韩非子·说疑》：“燕君子哙，不安子女之乐，不听钟石之声，内不湮污池台谢，外不罼弋田猎，又亲操耒耜以修畎亩。子哙之苦身忧民如此其甚也，虽古之所谓圣王明君者，其勤身而忧世，不甚于此矣。”

⑤ 《淮南子·人间》：“燕子哙行仁而亡。”

改革，确定“察能而授官”的用人原则，只将官爵、禄位授于有功、有能的人，以克服“亲亲”、“贵贵”的用人传统；“循法令，顺庶孽者，施及萌隶”，对于遵法守纪的顺民，包括贫民和奴隶，都依制度给予奖励，以促使燕民自觉守法，安定社会秩序；在军事上着重进行战法和纪律训练，以便提高燕军的军纪和战斗力。① 这些改革措施有鲜明的法家特色。经过二十八年的艰苦努力，国家富强，民气高涨。燕国终于以乐毅为将军，率五国之师破齐，报仇雪耻。

燕国的立法成就，有成文刑书《奉法》。“当燕之方明奉法、审官断之时，东县齐国，南尽中山之地；及奉法已亡，官断不用，左右交争，论从其下，则兵弱而地削，国制于邻敌矣。”②“明奉法”、“审官断”，就是制定法律，严明执法，依法裁判。当燕国能够重视法制之时，国家强大；及至乐毅等人才被排挤，法制不被重视，国家也就随之衰亡。③

七、秦国的变革与立法

秦国在春秋时代和战国前期社会发展是比较落后的。直到公元前 408 年，魏取秦河西地后，直接威胁秦国，秦简公为摆脱被动局面，开始改革，实行实物地租“初租禾”。这比类似的改革——鲁国初税亩（前 594 年）竟晚了一百八十多年。④

秦献公（前 385 年即位）当政后即着手进行了一系列政治改革：宣布“止从死”，废除了用人殉葬制度；前 378 年“初为市”，实行官办市场制度；实行“为户籍相伍”⑤，“编户齐民”，取消原来的国野区分制。又将都城向东迁至栎阳，建立县制，派专人治理，以加强控制和巩固边防。

秦孝公（前 361—前 338 年在位）初即位伊始，下诏求贤。⑥ 商鞅应召而来，说孝公变法改制。孝公三年（前 359 年），以商鞅为左庶长，定变法之令。商鞅变法是先秦最彻底的一场变革，它取消世袭的特权，规定按军功给予爵位和田宅奴隶。秦孝公十二年（前 350 年）把国都迁到咸阳，进一步实行变法。从此秦国日

---

① 《战国策·燕策》二。

② 《韩非子·饰邪》。

③ 陈奇猷：《韩非子新校注》，上海古籍出版社 2000 年版，第 357 页。“奉法”一解为“人人皆当奉行之法”之意；也可能“奉”为“泰”之衍误，通“太”、“大”之意。如敦煌《春秋后语》残篇所记：“大府”作“奉苻”，当是“泰府”之形误，泰同大（读如太）。参见范祥雍：《战国策笺证》，上海古籍出版社 2006 年版，第 1457 页。

④ 《史记·六国年表》。

⑤ 《史记·秦始皇本纪》。

⑥ 《史记·秦本纪》：“昔我缪公自岐雍之间，修德行武，东平晋乱，以河为界，西霸戎翟，广地千里，天子致伯，诸侯毕贺，为后世开业，甚光美。会往者厉、躁、简公、出子之不宁，国家内忧，未遑外事，三晋攻夺我先君河西地，诸侯卑秦，丑莫大焉。献公即位，镇抚边境，徙治栎阳，且欲东伐，复缪公之故地，修缪公之政令。寡人思念先君之意，常痛于心。宾客群臣有能出奇计强秦者，吾且尊官，与之分土。”

益富强，为后来的统一六国开辟道路。

在出土文献中有大量秦国法律。1975年湖北云梦出土的《睡虎地秦墓竹简》保存了许多秦律条文，可见秦立法成就。主要有《编年记》、《南郡守腾文书》、《秦律十八种》、《效律》、《秦律杂抄》、《法律答问》、《封诊式》、《为吏之道》、《日书》甲种和乙种等十种。① 此外，1979年四川青川出土的《青川木牍》记载了秦《为田律》，它补充了云梦秦简的不足，反映了秦土地制度，印证了商鞅变法的史实。②

第二节 战国时期三大著名变法运动

一、李悝在魏国的变法

魏文侯（前446—前396年在位）时期，李悝（约前455—前395年）主持了魏国的变法运动。李悝曾做过魏国的上地郡守。上地郡西与秦为邻，是魏国的边防要地，常与秦国发生军事冲突。为使上地郡军民提高军事技术，他下令以射箭来决断诉讼案的曲直，"中之者胜，不中者负"。令下后，人们都争相练习射技，日夜不停。后与秦国人作战，由于魏军射技精良，因而大败秦军。③ 李悝的改革措施主要集中于经济和刑法两方面。这些措施是：

1. 尽地力之教。由于魏国地少人多，只有提高单位面积产量，充分利用空闲地，才能增加收入，保障国家租税，支撑对外战争。李悝向魏文侯提出发展农业生产的具体措施，劝诫农民"治田勤谨"，"尽地力之教"。即"必杂五种，以备灾害"，同时间种、套种多种作物，充分利用地力；住宅旁种桑树、瓜果、蔬菜，以补充不足；勤奋耕作，充分利用空闲地，以扩大副业收入。④

2. 平籴法。李悝认为，粮价太贱则伤农，太贵则伤民（城市居民），都不利于国家统治。于是他实施"平籴法"。其做法是：把好年成分为上中下三等，坏年成也分为上中下三等。丰收年按年成的丰收情况，国家收购多余的粮食；歉收年则按歉收的程度，国家拿出收购的粮食平价卖出。这样，"虽遇饥馑水旱，籴不贵而民不散"⑤。

3. 制定《法经》。作为变法的一部分，李悝"撰次诸国法，著法经六篇"。此六篇即《盗法》、《贼法》、《囚法》、《捕法》、《杂法》、《具法》。《法经》以《盗法》、《贼

---

① 《睡虎地秦墓竹简》，文物出版社1978年版。

② 关于云梦秦简等出土文献反映的是战国时期秦国还是秦始皇统一后秦朝的法制状况，学界有不同看法。刘海年主张前者，认为应该将其内容在教材的战国部分详加介绍；赵昆坡主编的教材做了这样的编排。见刘海年：《战国法律制度研究中的若干问题》，载《中国法学》1988年第2期；赵昆坡编著：《中国法制史》，北京大学出版社2002年版。本书仍采取学界一般通说，将秦简内容放在秦朝部分介绍。

③ 《韩非子·内储说上》。

④ 《通典·食货》二。

⑤ 《汉书·食货志》。

法》列于首，他认为，“王者之政莫急于盗贼，故其律始于《盗》、《贼》。”[1]“盗”是指窃取财货，“贼”是指对人身的侵犯，也包括犯上作乱。“盗贼需劾捕，故著《网》、《捕》二篇。”[2]《网法》即《囚法》，是为了囚捕盗贼而设的。其中亦有“断狱”即关于审断罪案的法律。《捕法》是有关“捕亡”，即追捕逃亡的法律。[3]《杂法》是惩罚各种其他犯罪的法律，包括对“轻狡、越城、博戏、借假不廉、淫侈逾制”等五种违法行为的惩罚。[4]“轻狡”是指轻狂狡诈行为；“越城”是指不从城门进入而翻越城墙的行为；“博戏”即是聚众赌博；“借假不廉”指贪财受贿、借贷中非法得利等行为；“淫侈逾制”指荒淫奢侈超越礼制的行为。《具法》是“以其律具为加减”，即是根据犯罪情节和年龄情况，实行加重或减轻刑罚的有关规定。李悝的《法经》是现今确知的我国第一部系统的成文法典，基本具备了现代刑法体系（总则统率分则）的雏形。后来“商君受之以相秦”，即以《法经》为蓝本制定了《秦律》。汉《九章律》及以后历代法典，都受到了《法经》的极大影响，《法经》成为历代法典的基本蓝本。

关于《法经》的更详细内容，今已经无从考证。明人董说所著《七国考》卷十二曾引汉人桓谭《新论》中关于《法经》内容的记述：

“魏文侯师李悝著《法经》……卫鞅受之入相于秦，是以秦、魏二国深文峻法相近。正律略曰：杀人者诛，籍其家及其妻氏。杀二人，及其母氏。大盗戍为守卒，重则诛。窥宫者膑，拾遗者刖，曰为盗心焉。其杂律略曰：夫有一妻二妾，其刑聝；夫有二妻则诛，妻有外夫则宫，曰淫禁。盗符者诛，籍其家；盗玺者诛，议国法令者诛，籍其家及其妻氏，曰狡禁。越城一人则诛，自十人以上夷其乡及族，曰城禁。博戏罚金三市（币），太子博戏则笞，笞不止则特笞，不止则更立，曰嬉禁。群相居一日以上则问，三日四日五日则诛，曰徒禁。丞相受金，左右伏诛。犀首以下受金则诛。金自镒以下罚，不诛也，曰金禁。大夫之家有侯物自一以上者族。其减律略曰：罪人年十五以下，罪高三减，罪卑一减。年六十以上，小罪情减，大罪理减。武侯以下守为□（国?）法矣。”

关于这段引文的真伪，史学界及法学界均有争论。法律史学者张警、何勤华教授经周密考证认为，这段引文不是董说伪撰，而确系桓谭《新论》原文，也是李悝《法经》内容的真实记载。[5]

---

① 《晋书·刑法志》。

② 同上。

③ 《唐律疏议·名例律》。

④ 《晋书·刑法志》。

⑤ 张警：《〈七国考〉法经引文真伪考析》；何勤华：《〈法经〉论考》。载杨一凡主编：《中国法制史考证》甲编第二卷，第15—48页。

二、吴起在楚国的变法

吴起，卫国人。年轻时在外游学求仕不遂，却耗尽家产，为同乡邻人所讥笑。吴起怒而杀讥笑者三十多人，逃出了卫国，来到了鲁国，拜孔子弟子曾参为师，学习儒学。几年后其母病逝，吴起拒不回乡奔丧，曾参不悦，与其断绝了师生关系。吴起于是改学兵法，为鲁国大夫。齐人伐鲁，吴起为求得鲁君的信任，“杀妻求将”（其妻为齐国人），领兵打败了齐国，初露锋芒。后因鲁君仍不信任他，他便来到了魏国。

到魏国后，吴起受到魏文侯的器重，“立为大将，守西河”[①]，又与李悝等人一道，进行政治、经济、军事改革。“内修文德，外治武备”，使秦不敢东向，韩、赵“宾从”，对魏国的富强作出了贡献。约在公元前390年（魏武侯六年，楚悼王十二年）左右，吴起受到魏国一些大臣的排挤，被迫奔楚，受到楚悼王的重用。先任为宛守，防御韩、魏。一年以后，为令尹（相），主持变法。吴起在楚国的变法主要内容如下：

1. “明法审令”，实行法治。吴起注重在变法中制定法令，“明法审令”，并将法律公布于众，还通过“倚车辕”（类似于商鞅“徙木立信”）的办法确立法令的威信。为保证法律的权威性，他禁止纵横家游说，“破横散纵，使驰说之士无所开其口”。[②] 这些“废其故而易其常”的举措，是大规模变法的前奏。

2. 减贵族爵禄，废除世卿世禄制。对没有功勋军公族及其后裔，实行“均其爵、平其禄”的政策；将爵禄作为奖励军功的工具，提高将士的积极性。[③] 这就是所谓“废公族疏远者以抚养战斗之士”；进而废除贵族世卿世禄制，“使封君子孙三世而收爵禄”[④]，以解决楚国“封君太众”的历史问题。[⑤] 此外还徙贵族于边境，以实广虚之地。[⑥]

3. 整顿吏治。在废除贵族特权的同时，吴起又采取措施削弱大臣威权，“禁朋党以励百姓”[⑦]，禁止大吏结党营私；奖励百官尽忠守职，不超越权力，以解决“大臣太重”的历史问题。在此同时，吴起还着手整顿吏治。一是“塞私门之请，一楚国之俗”，杜绝权门请托之风，廓清吏治。二是“使私不害公，谗不蔽忠，言不

---

① 《吴子·图国》。

② 《战国策·秦策》。

③ 《淮南子·泰族训》：“吴起为楚减爵禄之令”；《说苑·指武》：“（吴起）均楚国之爵，而平其禄，损其有余，而继其不足”。

④ 《韩非子·和氏》。

⑤ 《史记·吴起列传》。

⑥ 《吕氏春秋·贵卒》：“荆所有余者地也，所不足者民也。今君王以所不足益所余，臣不得而为也。”

⑦ 《史记·蔡泽列传》：“卑减大臣之威重”。

取苟合，行不取苟容，行义不固毁誉"，要求官吏公私分明，言行端正，不计较个人得失，立志为新兴政权效力。三是"罢无能，废无用，损不急之官"，裁减冗官，选贤任能，罢除无能无用之辈。[①]

4. 加强军事训练，提高军队战斗力。变法宗旨，"要在强兵，破驰说之言从横者"[②]，"禁游客之民，精耕战之士"[③]。注意耕战并重，亦兵亦农，编练精兵以"争利于天下"[④]；禁止人民游手好闲，不务耕作。同时收减百官和封君子孙的俸禄，以保证军队有充分给养。

5. 改"两版垣"为四版筑城法[⑤]，提高了筑城工程的质量，加强了郢都的建设。

吴起变法采取均爵平禄等抑制旧贵族的措施，沉重地打击了旧贵族，加速了楚国向中央集权体制发展的进程。同时，变法中也注重奖励耕战，组织移民垦殖，促进了边地的开垦和生产力的发展，促进了楚国新兴地主阶层和自耕农阶层的成长，促进了社会关系和阶级关系的深刻变革。吴起变法对于后来楚国社会的发展，特别是宣王威王时期的强盛，奠定了基础。这一系列国内变法也使楚国国力迅速强大起来，使其在对外关系中变被动挨打为主动进攻，声威大振。"于是南平百越；北并陈、蔡，却三晋；西伐秦。诸侯患楚之强"[⑥]。然而，正当变法顺利进行、楚国又朝气蓬勃地活跃在国际舞台上时，公元前 381 年（楚悼王二十一年），楚悼王病逝。悼王死，旧贵族势力乘机作乱，围诛吴起。吴起死，楚国的改革运动也随之夭折。此后，楚国虽一度出现过宣威盛世，但总的趋势是在走下坡路，直至灭亡。"楚不用吴起而削弱，秦行商君而富强"[⑦]。

三、商鞅在秦国的变法

商鞅（约前 390—前 338 年）从小喜爱"刑名之学"，受到法家人物李悝、吴起等人的影响；曾在魏国国相公叔痤家当过家臣。公叔痤死后，商鞅西入秦国，求见秦孝公，以霸道说孝公，两人"数日语不厌"，十分投机。孝公任命商鞅为"左庶长"，主持变法。

商鞅第一次变法在秦孝公六年（公元前 356 年）。这次变法的主要内容有：

1. 实行"什伍连坐"，奖励告奸。商鞅把李悝制定的《法经》带到秦国，加以公布实行。并"改法为律"，强调法律的公平性、一致性。"令民为什伍而相牧司

① 参见《战国策・秦策》。
② 《史记・吴起列传》。
③ 《史记・蔡泽列传》。
④ 《说苑・指武》。
⑤ 《吕氏春秋・义赏》。
⑥ 《史记・吴起列传》。
⑦ 《韩非子・问田》。

连坐”[①],将秦献公时即实行的民户什伍编制变成相互监督纠举的什伍连坐制。同什同伍的百姓相互负有“告奸”的义务。商鞅规定:不检举揭发奸人者腰斩,检举揭发者与斩敌人首级一样受到赏赐,窝藏有罪的人与投降敌人同罪。

2. 奖励军功。商鞅制二十等军功爵,规定爵位按将士在战场上斩获敌人首级的多少来计授。斩获敌方甲士首级一颗的,赏爵一级。愿做官的,任以年俸五十石的官职。官爵的提升与斩首级数相称。爵位愈高,特权待遇愈优厚。爵位晋升到第十级“五大夫”时,则食租税三百户。有爵位的人犯了法,还可以减免,“爵自二级以上,有刑罪则贬,爵自一级以下,有刑罪则已”[②]。“贬”是指降低爵位,“已”是取消爵位。官爵和待遇的获得一律取决于军功,“有功者显荣,无功者虽富贵无所芬华;宗室非有军功论,不得为属籍”[③],打击了旧贵族的势力。

3. 重农抑商,发展农业生产。根据秦国地广人稀、荒地多的特点,商鞅制定《垦令》鼓励开垦荒地,扩大耕地面积,发展农业生产。他规定:“僇力本业耕织致粟帛多者复其身;事末利及怠而贫者,举以为收孥”[④]。“本业”就是男耕女织的农桑业;“复其身”就是免除徭役;“末利”就是从事奢侈品贸易的手工业和商业。商鞅还招徕地少人多的“三晋”之民来秦国垦荒,为此他制定了“徕民”政策:三晋(韩、赵、魏)民众来秦国定居,赐予土地房屋,三代免除徭役,不用参加战争。来垦荒者特别优待,十年不交纳赋税。“令故秦兵,新民给刍食”[⑤],让秦国人当兵打仗,新来的人种田解决粮食问题,从而使秦国的兵源和粮食问题都得到解决。

4. 实行“分户令”。商鞅规定:凡是一家有两个以上的成年男子,必须分家,各立户头,否则就要加倍缴纳赋税。此举旨在增加国家户税,同时也是为了破坏宗法家族体制。

商鞅在秦国的初次变法,触犯了旧贵族的利益,引起他们的强烈反对,国都中“言初令之不便者以千数”[⑥]。但是在秦孝公的有力支持下,新法得到推行。由于变法的成功,秦国在对外战争中不断取得胜利。秦孝公十年,商鞅由左庶长升为大良造,这相当于中原国家的相兼将军之职。

秦孝公十二年(前350年),秦国国都从栎阳迁到咸阳,商鞅又主持进行第二次变法。按《史记·商君列传》等记载,这次变法的内容主要有:

1. “为田开阡陌封疆”,废除井田制。“阡陌封疆”是指井田之间的疆界。商鞅“开阡陌封疆”,就是破除井田制的田界,按照新的土地制设立新的田界。商鞅

① 《史记·商君列传》。
② 《商君书·境内》。
③ 《史记·商君列传》。
④ 同上。
⑤ 《商君书·徕民》。
⑥ 《史记·商君列传》。

对人民重新授田，重新设立田界；规定此次授田不再收回，使土地权益打上了私有的烙印，封建土地关系在秦国逐渐确立起来。

2. 普遍推行县制。商鞅“集小乡、邑、聚为县，置令、丞，凡三十一县”。县令是一县之长，县丞掌管民政，县尉掌管军事和治安。县一级的令、丞、尉直接由中央任免。于是，县级的行政权、兵权集中于朝廷，中央集权的封建政治体制，正式建立了起来。我国县一级的地方政权，大约是此时正式确立的。

3. 统一度量衡，“平斗桶权衡丈尺”。这一措施是在秦孝公十八年进行的。这一年，商鞅向全国颁发了统一的量器标准，即传世的“商鞅铜方升”。实行统一度量衡器，其目的是便于征收赋税、给官吏发俸禄，同时也有利于商业的发展。铜方升现藏于上海博物馆，根据器上铭文“积十六尊（寸）五分尊（寸）壹为升”的记载，测得秦时一升的容积为 202.15 立方厘米，秦一寸长为 2.32 厘米，一尺合 23.2 厘米。

4. 按户及丁口征收军赋。秦孝公十四年，“初为赋”。《史记·集解》说这是“制贡赋之法也。”《索隐》引谯周说“初为军赋也。”赋是指军赋，按户及丁口征收。湖北云梦秦简中《法律答问》有“令出户赋”，即按户出赋。据说，这是一种“舍地而税人”的措施，目的是限制游食之民。商贾游侠说士之类的游民，也要缴纳军赋。同时也有限制官宦豪富之家豢养食客，防止其积蓄对抗国家的力量之意。

5. 革除戎狄落后风俗，“令民父子兄弟同室内息者为禁”。秦国居于我国西部，长期与戎狄后进部族杂居，故保留了不少的落后习俗。商鞅是卫国公族之后，认识到这些落后的习俗，对统一中原极为不利，于是按照中原的风俗，将秦国落后的习俗，如全家人不分男女老幼同居一室等落后习俗革除，提高家庭内部男女老幼尊卑之间伦理水准。

6. 焚烧儒家经典，禁止游说之士。据《韩非子·和氏》载，商鞅曾教秦孝公“燔诗书而明法令”，孝公接受了这一主张。是商鞅时秦国已实行焚书，焚书不自秦始皇帝始。商鞅认为，儒家“法先王”等复古思想学说妨碍“法治”推行，故严厉禁止儒家典籍传习，采取了焚烧的非常手段。游说之士以自己的主张动摇法治，故也被商鞅禁止。韩非子说商鞅“禁游宦之民而显耕战之士”，《商君书·壹言》说要“贱游学之人”，即要把人们的思想用法制统一起来，以达到“国俗可化而民从制”的目的。

在秦孝公的支持下，商鞅两次变法，推行新法达十八年，取得了巨大成功，使秦国由一个落后的、被东方各国看不起的国家，变成七雄中最强的国家。司马迁说，商鞅变法后，“秦人富强，天子致胙于孝公，诸侯毕贺”。因商鞅的变法有功于秦，秦孝公乃“封之于商十五邑，号为商君”。

商鞅在秦孝公的支持下，雷厉风行地推行新法，把反对变法的旧贵族“尽迁之于边城”，甚至连太子触犯新法也不宽饶，先对太子师傅公孙贾和公子虔处以黥刑，后对公子虔处以劓刑，由此引起太子的不满。秦孝公二十四年孝公死，太子驷即位，是为秦惠文君。一批反对变法的旧贵族乘机攻击商鞅，诬陷他谋反。商鞅逃跑未成，遭车裂而死，“遂灭商君之家”，妻妾子女亦不得幸免。

商鞅虽被车裂而死，其改革的成果并未丧失。韩非说：“及孝公、商君死，惠王即位，秦法未败也。”秦昭王时，荀子到秦国后，对范雎说，秦“四世（指秦孝公、惠王、武王、昭王）有胜，非幸也，数也”。这个“数”就是指商鞅变法所建立起来的一套法制制度所导致的必然结果。

第三节 战国变法运动的历史意义

按照历史唯物主义观点，战国时期各国变法运动实质上是春秋战国之际生产力发展亟待冲破落后生产关系的表现。生产力的发展，客观上需要新的生产关系与之相适应。与新产生的生产关系的相应，上层建筑的变革势在必行。战国时期的变法运动就是上层建筑领域对经济基础变革的适应。变法图强，富国强兵，成为当时各国政治生活的主旋律，各国必须尽早变法应付危局。在具体的变革实践中，各国本于自己特有的社会条件和历史文化基础，借助当时盛行的各家学派思想指导，展开了一场精彩纷呈的制度创新和制度竞争，其外在表现就是各国的变法运动。当时有许多广泛包含各种价值取向和治道追求的变革，并非只有李悝、吴起、商鞅的法家式变法。各个国家面对时代危机都进行了改革尝试，然而其成败得失各不相同。如果仅以变法改革的强国效果和对后世政治的影响为标准的话，我们不能不承认：战国时期的变法运动以商鞅变法最切合时代需要，是这些变法改革中最成功的一次变法。这次变法使秦国由一个西陲小国而为最强国，进而统一六国，进而奠定后来中国国家政治的基本架构。这种起源于魏国、完成于秦国的这样一种“法家变法模式”似乎成为历史发展的方向，不过，我们不能因此简单否定其他旨趣的改革。其他旨趣或形式的变法改革，即使因为种种原因被否定或其成就湮没不闻，甚至有些被政治话语斥责为逆历史潮流而动，也不可简单否定，因为其因应时局、改革政治、富国图强的努力都是难能可贵的。

然而，这样一种“法家变法模式”，归根结底是一种高度集权式的国家动员、全民战争模式，其直接宗旨并非经济民生，其直接目标并非制度完善，而是集中全国一切可能力量，增加赋税来源，增加国家财政收入，增加兵源和役丁，以增强综合国力，投入到整体的军事战备竞争中去。[①] 在这种体制之下，发动战争、削

① 赵鼎新：《东周战争与儒法国家的诞生》，夏江旗译，华东师范大学出版社、上海三联书店 2006 年版。

弱他国、扩充版图成为首要目的。这种竞争最后必然走向国内全民参与战争、国际整体参与战争，赢家通吃，直至最后由一国统一天下。秦国顺应这一模式取得成功，这是“法家变法模式”的成绩。但是，这一体制并非长治久安之计，所以秦国迅速灭亡了。华夏大地的国家治平模式或真正的长治久安之道还有待未来政治实践的进一步探索。

战国时期的变法改革运动，我们过去只注意把它们作为政治或经济改革来看待，这样的评价其实不全面。我们更应该把这一系列变法运动看成是法律变革运动，他是从法律形式到内容、从法律程序到实体的巨大变革。这一变革可以从以下三个方面去看待：

第一，这是从“礼乐教化”的治国模式到“以法治国”的治国模式的变革。战国时期的各国变法几乎都有颁布新的刑书或法典的运动，都有借助法典恢复秩序的尝试。魏国的《宪令》和《法经》，赵国的《国律》、韩国的《刑符》、齐国的《七法》、燕国的《奉法》、秦国的“商君之法”，这一切都上承春秋时期成文法公布运动之绪，试图在礼崩乐坏的新时局下恢复秩序、整齐人民。这一变革是国家根本治国理念或法律理念的变革，是从不承认以刑事法制为主体的制定法体系的作用，到十分重视制定法在治国中的作用的转变。

第二，这是法律内容或部门的全面扩张，是法律对社会生活干预或规范范围的全面扩张。这个时期的变法，是改变旧的习惯或制度，用新设计的制度全面规范社会生活的各个方面，包括从前法律所不干预的社会生活方面。就各国变法的情形看，各国的制定法，除了一般意义上的刑法外，普遍涉及地方体制、官吏职责、军纪军法、备战备荒、鼓励开垦、奖励军功、奖励告奸、司法审判、赋税徭役、抑制商业、工程兴造、户口制度、度量衡制、移风易俗等许多方面，这些是法律控制范围的扩张，是部门法制观念和事实的萌芽，为汉唐时代的各种单行的“令”开了先河。

第三，这些变革特别是法家式的变革开创了后世中国政治法律的基本模式框架。后世中国的皇权制度、中央集权体制、郡县体制、官僚政治体制、军事管理制度、土地和户籍制度、保甲什伍制、司法行政合体制、思想控制模式、审判模式、株连制度、刑罚制度、赋税徭役模式、国家标准制度、备战备荒制度等等，几乎都是由这一时期的变法改革中探索和开创的。可以说，这一时期的变法改革是后世中国特色的封建国家体制和法律制度的全面试验或创始运动。

本章重点问题提示

本章重点问题有二：一是各国变法改革的法制意义，二是这些变法改革对中国法律传统形成的影响。

一、各国变法改革的法治意义

我们不可仅仅把各国变法改革看成是经济改革或政治改革，而应该同时看成法律改革运动。这是因为：这些改革必然以新法令推动，如商鞅奖励耕战，就要颁布实行“垦令”，颁布实行“抑商”的法令；要取消旧贵族特权，就要废黜旧的官职任用制度，代之以新的官吏制度和人事任用法。要奖励军功，就要实行新的爵位法制或军事奖惩法律制度。要实行郡县制，实际上是改革国家基本政治体制和中央地方关系法制。我们不可简单地仅仅以制定或修改民法、刑法、诉讼法的活动为法制改革。

二、战国时期的法律改革对中国法律传统形成的意义

战国时期各国的这个年制法律改革，对中国政治法律传统的形成有重要的意义。这些意义和影响主要体现在官僚制、郡县制、什伍制、株连制、监察制、赋税制、军事制、爵禄制、土地制、备荒制等一系列基本制度上面。后世中国中央集权的专制主义法制的基本内容，在这一时期的变法改革中大多已经有了尝试或出现了萌芽。

思考题

1.《法经》为什么反西周以来的法律传统（“元恶大憝矧惟不孝不友”）地提出“王者之政莫急于盗贼”的指导思想？

2. 各国变法的共性是什么？为什么当时各国出现了如此迫切的大规模的变法图强运动？

3. 从各国变法运动看“礼乐教化”治国模式到“以法治国”模式的转变。

第七章　春秋战国时期各国法制的主要内容

内容提要

春秋战国时期各诸侯国进行了广泛的政治法律变革，有着大规模的民事、刑事、经济、行政、军事立法，其法律制度内容丰富多彩。本章旨在对春秋战国五百多年间的政治体制、法律制度，包括民事、刑事、经济、行政、军事、司法诉讼、国际关系等多个方面的法律制度，作一个宏观的概括叙述，以弥补过去教材在这一部分着墨最少的缺陷。

关键词

封君制度　爵命制度　夷三族　除井田　官山海　平准制度　军功爵制　会盟　师出有名　誓证制度　狴犴

春秋战国时期，是中国古代史上最大的社会变革时期。这一时期，中国的生产力以前所未有的速度发展，土地制度、赋税制度等随之发生了重大变化。与这些变化相联系，传统的礼乐教化治国模式已经不足以控制社会，传统的血缘宗法分封等级秩序逐渐瓦解，出现了"礼崩乐坏"即传统价值观念和制度崩溃的局面。这一局面在政治上的最主要表现，就是周王室权威的衰落，各诸侯国之间相互征战兼并。在这样的背景下，为了救亡图存，各国都采取了政治、经济、军事改革，进行了前所未有的制度创新探索和富国强兵竞赛。这一试验和竞赛过程，促使各国形成了自己的政治法律制度体系。各国政治法律制度，因同属华夏地缘政治共同体范畴，故有着相当明显的共同特色。本章仅以先秦史籍关于各国法制的零星记述为依据，从政治与行政体制、刑事法制、民事法制、经济法制、国际关系法制等几个方面大致介绍当时各国法制的最主要的内容和特色。

第一节　各国政治体制和行政制度

一、各国基本政治体制

（一）国君制度

国君，掌握一国的政治、经济、军事、司法、祭祀大权，为国家一切权力之宗，所谓"赏庆刑威曰君"。春秋初期,各诸侯国国君,仍根据周王封授的爵位系列,分别称公、侯、伯、子、男等,有较严格的等级差别,不得僭越。约公元前706年,楚国国君熊通请尊号于周王,未获许可。后来自号为"武王",此乃"礼崩乐坏"的开始。此后,吴国国君寿梦于前585年自称吴王,越国国君勾践于前497年自称越王。不过,整个春秋时期,自号为王,敢于与周天子齐号的仍然只是被中原视为南蛮东夷的楚、吴、越等国。而且,楚君称王,被国际公认为"非礼"、"僭越",受到齐国为首的联军讨伐。到了战国,情形大为不同,较强大的诸侯国的国君纷纷自封为王:魏国(前369年,惠王)、秦国(前337年,惠文王)、齐国(前356,威王)、韩国(前332,宣王)、赵国(前325,武灵王)、燕国(前332,易王)等先后称王。国际间再不以擅自称王为非礼。公元前288年,秦、齐两国的国君又相继称帝:秦昭王称西帝,齐缗王称东帝,这是连周天子都不曾享有的称号。国君称号的改变,不但反映了各诸侯国不再居于周王室的附庸地位,反映了宗法分封体制的瓦解,而且也反映了各诸侯国内部国君权力的加强或中央集权体制的确立。

(二)中央行政机构

春秋战国时期各国的中央行政机构,主要是相、将军、司徒、司空、司寇等。各国同类官职名目及其权力大致相近,但不完全一致。

1. 相。相是"百官之长"[①],也称相国、丞相、冢宰,为直接上承国君之命,总领百官,辅佐国君治国的最高职位。本来,早期的"相"是诸侯朝聘时辅导行礼的官,"宰"或"冢宰"是君主的家臣,总管君家后勤事务,邑宰掌管一邑的政务。由礼仪官和君主管家到行政上的傅相,这有一个历史演变过程。在春秋时代的某些国家里,已有总领百官的太宰或相,到了战国时期各国普遍设立相职,以协助国君处理全国行政事务。当时各国的相职,名号不一,有称执政、为政、相、相国、令尹(楚国)、丞相(秦国)等。相职不能世袭,由国君随时任免。这一时期的相制,开创了秦汉以后丞相制度的基本架构。

2. 将军。将军是一国武官之长。其名号,各国一般称将、将军、上将军、大将军,楚国亦称柱国或上柱国。其地位略次于丞相,是为军队的总指挥,非世袭官职,国君可随时任免。任命时由国君亲自授印,举行隆重的仪式。明人董说《七国考》引《未学篇》云:"魏制,立大将,君自布席,夫人奉觞,亲醮于庙,乃授斧钺,自立吴起始也。"[②]

3. 司徒。司徒的职掌范围很广,不仅掌管人民户口徒役,有时还带兵出征。《左传·襄公二十五年》记载郑国有大役,使"司徒致民"。就是命令司徒动员人民。《国语·周语上》又记载:"司徒协旅。"说明司徒亦有召集兵员或带兵出征的

---

① 《荀子·王霸》。

② (明)董说《七国考》卷十一,《魏兵制》。

职责。

4. 司马。司马是掌管军事的武官。《左传·昭公二十二年》:“宋公使公孙忌为大司马。”其他各国也设司马。司马属官有校正、工正,为具体掌管车马之官。

5. 司空。春秋时期各诸侯国皆有司空官职,主管工程建筑。《左传·襄公二十五年》:“司空致地”,指在大祭祀仪式前,司空负责平整场地。又《左传·襄公三十一年》:“司空以时平易道路”。可见修整道路为其职掌之一。

6. 司寇或廷尉。司寇为主刑事的最高官职。春秋时期鲁、宋等国称大司寇和少司寇,楚国、陈国等国称司败。《左传·襄公三年》:晋侯之弟扬干有罪,“请归死于司寇”,司寇负责审判罪案。又《左传·昭公十八年》:郑子产“使司寇出新客,禁旧客勿出于宫”。可见司寇也负责治安。到战国时期,各国一般不再称司寇,而改为“廷尉”(秦国)或“大理”(齐国)、“廷理”(楚国)等。

另外,春秋战国时期各国中央重要官职还有尉(次于将军的武官)、御史(协助国君处理日常事务的秘书性质的官职)、尚书(或称“掌书”、“主书”,是掌管文书章奏的官职)、郎中(国君的侍从武官,统率保卫国君的军队)、仆(掌管国君的舆马和国家的马政)、太史(史官之长)、内史(掌管有关财政经济事务)、行人(掌管外交事务)等。

(三) 地方行政管理体制

县和郡机构的出现及其逐步取代封邑制,是春秋战国时期地方行政管理体制的重大变化之一。

1. 郡县组织与职官

(1) 县和郡的设置。随着官僚制取代世卿制,各国开始在地方设立县和郡。春秋前期,各诸侯国对其所辖地方仍沿用世袭采邑制度。到了中后期,由于土地私有制的发展和按田亩征收赋税制度的执行,有的国家开始在新征服地区设立由国君直接管辖的县、郡。最早的县出现于楚国。约公元前680年,楚文王以彭仲爽为令尹,“实县申、息”[①]。申、息二国被楚所灭,楚国最早在此二地置县。到了春秋中期,楚国通过兼并战争,新设的县逐渐多起来,有所谓九县(“九”是多数的意思)。晋国在春秋时设县较早。《左传·僖公三十三年》载:晋襄公以“先茅之县赏胥臣”。这是晋国见于记载的设县之始,晋平公时已有四十九县。晋国县的规模比较大,故常在旧县中划分出部分土地,设为别县。楚、晋等国所设立的县大都在边地,设县的目的在于巩固边防。秦、齐等国也先后设县。春秋中后期,晋国把大“都”改置为县或别县,县的大小约万户左右。[②] 到了战国时期,县

① 《左传·哀公十七年》。
② 《战国策·赵策一》:“破赵则封二子者万家之县一。”

成了一种普遍设立的地方行政组织，直属国君。

郡大约出现于春秋后期。较早出现郡的是吴国和晋国。南方的吴国有设郡的记载。《史记·仲尼弟子列传》载吴王夫差“发九郡兵伐齐”，但郡具体设置情况不明确。记载较为明确的是晋国。公元前493年，晋国执政赵鞅在同邯郸赵氏、范氏、中行氏作战时，在前线誓师大会上宣布：“克敌者，上大夫受县，下大夫受郡。”①可见在晋国，郡起初大抵设于边境新克地区，面积虽远较县为大，但地位比县低。到战国时期，边地逐渐繁荣，郡的地位逐渐高于县了。为了便于管理，又在郡下划分若干县，于是产生了郡、县两级制的地方组织。这种县统于郡的制度，最初行于三晋。例如，魏的上郡有十五县②，赵的代郡有三十六县，韩的上党郡有十七县③。除了齐国之外，秦、燕、楚等国纷纷效仿三晋的郡县制度。春秋战国时期，各国的郡主要设置于边境地区，但县则普遍设置于内地和边郡。

(2) 郡县组织与职权。郡，原意是君之邑，为国君所有，起初仅设在战争新占地区，且多在人烟稀少的边远地区，以军事作用为主。春秋时期，郡的组织机构还不完备。到了战国时期，郡的组织逐渐完善起来，其下一般领数县。郡的长官由武官充任，所以一郡之长叫“守”，也尊称“太守”④。郡守直接由国君任命，不能世袭。郡守不仅负责军事，还负责司法工作，实际上成为一级行政机构。郡守之下设有属官，辅助郡守管理本郡。县，悬也，起初有悬于边远地区之意，多为征服占领的新地域。国君要直接在这个地区行使权力，就要派去官吏代表他悬示命令，要人们遵守。春秋时，县的长官叫县大夫；战国时，大都称县令，也有的叫县尹（楚国称为县尹，其地位仅次于令尹和司马，可直接升为司马）、县公或县君。县令是受国君之命，管理县内事务的最高官员，不仅拥有征兵、征税权和司法权，在战时还可以直接出任本县军队主帅。县令下设丞、尉等属官，丞管民政，尉管军事。魏国等还设有御史，具有秘书兼监察的性质。韩还设有司寇，主管刑法。秦更设有县啬夫、县司空、县司马及治狱、令史等属官。县以下的基层组织一般有乡、里、聚（村落）或连、闾、卒、邑⑤等。乡的官吏有三老、廷掾⑥等，里有里正⑦。在县城和乡、里中实行什伍编制，五家为伍，十家为什。在什伍编制下，居民（主要是农民）不许随便迁徙。

---

① 《左传·哀公二年》。

② 《史记·秦本纪》。

③ 《战国策·秦策一》。

④ 齐国没有设郡，但设有类似于郡的都，共设有五都。都的长官称都大夫，既是都的行政长官，又是本都兵马的主将。

⑤ 齐国在县下设乡、卒、邑等组织，三十家为邑，十邑为卒，十卒为乡，三乡为县。

⑥ 《史记·滑稽列传》。

⑦ 《韩非子·外储说右下》。

2. 封君体制

封君是国王把县或邑赏赐给有功的文武功臣或王室亲贵，受封者即以受封地名称为“某君”或“某侯”(也有不以地名而另为名号者)。商鞅封于商，称为“商君”；白起封于武安，称为“武安君”；齐田单封于安平，称为“安平君”；燕昭王封乐毅于昌国，称为“昌国君”；秦国的魏冉食邑于穰，称“穰侯”；吕不韦称为“文信侯”；等等。战国时期的著名的四大公子——孟尝君、平原君、信陵君、春申君，都是这样的封君。各国均有封君，他们在封邑内只收租税，没有行政、司法权；行政权一般由国君派任的相掌握，封邑之内必须奉行国家统一法令。当时封君理论上可以世袭，但事实上一般不世袭。这一点与春秋时期及此前世袭封邑制不同，它只是给予某些高官显贵俸禄的一种形式。封君作为一种地方形式，是地方政权的一个补充。

二、户籍管理制度

春秋时期各诸侯国对户籍管理更为重视。《左传》记载，鲁国在宣公十五年(公元前594年)实施“初税亩”；成公元年(公元前590年)“作丘甲“；哀公十二年(公元前483年)“用田赋”。这些法令只有在国家准确掌握了户口数的基础上才能实施。《左传》成公二年(前589年)记载：楚共王时，有“乃大户”(挨户调查核实户口)的措施。“户籍”一词，最早出现于《管子》。《管子·禁藏》：“户籍、田结者，所以知贫富之不訾也。故善者必先知其田，乃知其人，田备然后民可足也。”《管子·度地》：“常以秋岁末之时阅其民，案家人比地，定什伍口数，别男女大小。其不为用者，辄免之；有锢疾不可作者，疾之；可省作者，半事之。并行以定甲士，当被兵之数，上其都。”《管子》所述可能是齐国的户籍管理制度。编制户籍的目的是为了分配土地，征发徭役和统计能充当兵丁之人数。

各国户籍登记的内容主要包括人口数、成年男子的姓名和年龄等。起初只有一般居民要进行户籍登记，如三晋对寄居的商贾和工匠不要求登记。① 自商鞅变法始，时秦国甚至要求商人、奴隶必须上报登记。② 百姓到达成年，就要登记名籍，叫做“傅”(同“附”，即附着姓名于户籍上)或“傅籍”。根据云梦秦简《编年记》载，男子满十五岁就要登记名籍。户籍登记按照“生者着，死者削”③的办法，统计人口数目。户籍一旦编定，民户不得随意迁徙，迁徙必须报告官吏，重新登记户口(“更籍”)，否则就成为“阑亡”，就要受到耐(髡)或黥并为城旦舂的刑

---

① 《商君书·徕民篇》说：韩魏“其寡萌贾息民，上无通民，下无田宅，而恃奸末作以处。”其中，“上无通民”就是说在户籍上未登记。

② 《商君书·垦令篇》说：“以商之口数使商，令之厮、舆、徒、重(通‘童’)者必当名，则农逸而商劳。”

③ 《商君书·去强篇》：“举民众口数，生者著，死者削。”

罚。户口数字必须准确无误，某个地区倘若“大误”[①]，当地官吏就要受到处罚。户籍由所在乡、里的官吏掌握，如果隐匿壮年不报，或报告残病状态不实，乡官都要受到处罚；如果百姓作伪欺诈，乡官知情不上告，也要受处罚。

三、官吏管理制度

（一）任官制度

春秋时期，贵族世官制度虽然受到很大冲击，但是仍然占着主要地位；各诸侯国的一些重要官职，还是由少数贵族家族所把持，即所谓“官有世功则有官族”[②]，“弃官则族无所庇”[③]。这些贵族是从两个途径形成的：一是国君的子弟。像鲁国的“三桓”，是鲁桓公的三个儿子之后。郑国的“七穆”，是郑穆公七个儿子之后。宋国的“六族”，是宋戴公、庄公、桓公、文公、武公、穆公之后；其中华氏、乐氏是宋戴公的后代，鱼氏、向氏是宋桓公的后代。卫国的宁氏“七世卿族”，是卫武公的后代。二是功臣之后。如齐国的管氏是管仲之后，鲍氏是鲍叔之后。晋国的赵氏、魏氏、范氏、狐氏等，皆出自功臣之后。[④] 这些贵族们，不但他们自己身居要职，他们的亲戚子弟也担任重要官职。

不过，在新设的郡、县里，其长官多由国君任命。例如，魏国任用县大夫，就是“以贤举也”[⑤]。当然在选任县大夫中还是卿族“各令其子为大夫”[⑥]。春秋中后期，世官制度进一步瓦解，一些出身卑微的贤能之人逐渐被选任担任重要官职。如商人出身的管仲在齐国为相，出身卑贱的百里奚主持秦国国政就是明显例证。晋国自文公始，以狐偃、赵衰辅政，遂成霸业。襄公时赵盾在晋国“始为国政”便提出“出滞淹”问题，即推举贤能者为官。在选任贤能的过程中，各国往往打破国籍限制，招揽其他诸侯国的人才。《左传·襄公二十六年》记载：楚国大夫椒举投奔晋国，“晋人将与之县，以比叔向”。可见当时晋国对外来人才的重视。所以当时楚人感叹：“虽楚有材，晋实用之”[⑦]。五霸之一的齐桓公在葵丘邀集鲁、宋、卫、郑、许、曹等国相会结盟，于盟约中规定“尊贤育才，以彰有德”的条款。可见，否定世官制度，主张选贤任能，成为国际性的规定。到了战国时期，贵族的特权被剥夺，世官制度被废除，建立了以“选贤任能”为选拔方式的任官制度。

当时官吏选拔的办法主要有以下几种：

---

① 《云梦秦简·效律》：“可（何）如为大误？人户、马牛及者货才（财）直（值）过六百六十钱为大误，其他为小。”“人户、牛马一以上为大误。”处罚是：“人户、牛马一，赀一盾；自二以上，赀一甲。”

② 《左传·隐公八年》。

③ 《左传·文公十六年》。

④ 陈厚耀：《春秋世族谱》，光绪丙戌徐干刊本。

⑤ 《左传·昭公二十八年》。

⑥ 《史记·晋世家》。

⑦ 《左传·襄公二十六年》。

1. 臣下向国君举荐。举荐是非贵族出身的士人进入仕途的一条道路，所谓“选贤举能”就是这种任官途径。举荐有两种方式：一是在职官员知他人有才能，直接向国君推荐；国君采纳，即任命以要职。像齐国鲍叔牙向齐桓公推荐管仲，齐桓公任管仲为相治国。百里奚向秦穆公推荐蹇叔，穆公任蹇叔为卿参与国政，都是著名的例证。二是地方政权向上级推荐辖区内的贤才。这种方式可以管仲在齐国推行的“三选”制为代表。[①] 这种“三选”制的程序是：各乡官将本乡好学、有才德和有武功的人，推荐出来上报给国家，是为一选，称为“乡选”。乡选出的人才经过国家的有关部门一段时间的考核试用，将优秀者选出推荐给国君，这是二选。国君亲自对二选出的人才审核、面试，交给一定的事做，合格者由国君任命为上卿的助手，是为三选。这样选出的人才，好多是出身低微或虽富而无政治地位者。他们进入政权中，就扩大了统治基础。管仲在齐国推行的“三选”制，在其他国家大概也实行过。

2. 直接上书或游说。当时有许多人直接上书于国君或进行游说，阐述自己的政治主张，一旦获得国君的赏识，就可获得任职机会。战国时游士很多，他们奔走于各国间向国王推销自己的主张。游说在当时甚至成为一种专门学问，韩非子曾加以总结，写成《说难》一文。像商鞅、张仪、邹忌、苏秦、范睢、蔡泽等人，都是通过游说而至卿相地位的。

3. 根据军功提拔。各国所起用的将领，其中许多是根据军功直接从军队里提拔的。从下级中选拔有才能、有实际经验的人才，以充实官吏队伍。像商鞅在秦国制定二十等军功爵制，士兵在作战中斩获敌人一个甲士的首级就授给一级爵位。凭这份功劳，若要做官，可以授给年俸 50 石的小官。做官有治绩者，再擢升提拔。李悝在魏国、吴起在楚国都是先担任了一段时间的地方官职，然后才被提拔到相位上的。

4. 学校培养。学校培养是当时一般国人进入仕途的主要途径。所谓“庶人之在官者”[②]，此处“庶人”即指官员中出身普通国人者。春秋时期学校有“国学”和“乡学”之分。国学在国都，是国君和贵族子弟所进的学校。乡学是国人子弟所进的学校。在学校学习认字以外，主要是各种礼节和射箭、驾车的技术。学校每年要定期进行射箭比赛，既是娱乐，也是考核。其中优秀者即补为相应的官职，“古者以射选诸侯、卿、大夫、士”[③]。这国学和乡学，都是官府办的，称为官学，所谓“学在官府”。春秋以前所有的学校都是官学，私学的出现是在春秋晚期。第一个以办私学显名后世的是鲁国的孔丘。孔丘适应形势的要求，创办了

---

① 《国语·齐语》。
② 《礼记·王制》。
③ 《礼记·射仪》。

私学。相传到孔子门下就读的先后有三千人,“受业身通者七十有七人,皆异能之士”[①]。孔子的办学方针很明确,就是培养官员,即“学而优则仕”。他说:“三年学,不至于谷,不易得也。”[②]所谓“谷”就是做官吃谷物俸禄。他的一批高材生都到各国做了官。

在特殊情况下,有的国君实行公开招贤。如燕昭王就公开招揽天下贤才,像乐毅、剧辛、邹衍等皆“争趋燕”[③]。燕昭王依靠他们振兴国政、向齐国报了仇。

(二)玺符制度

玺、符是国君在任命文武官吏或特别授权时颁发的一种凭证,以示授予的一定权力,所以玺、符是官职和权力的凭证。玺、符二者作用有一定差别。

玺印(官印)是君主颁发给文武官吏的印信,是君主授权的凭证,也是官吏行使权力的依据。春秋后期已有“玺书”(加盖玺印的文书,或以玺印加封的文书)。到了战国时,来往的公文必须加盖玺印封泥,作为凭信才能生效。后来玺成为官吏任职的凭据。战国时各国普遍实行了玺印制度。凡丞相、郡守、县令等官,任职时由国君发给玺印,免职或辞职时须收回或归还。如《战国策·秦策三》载:“应侯因谢病,请归相印。”不同级别的官吏,其玺印在大小、形状、质地上也应有差别。一般官吏的玺印是铜制的,丞相的玺印则是黄金制的。[④] 因此。对于丢失官印或私刻、盗用官印等行为,都要给予法律制裁。云梦秦简《法律答问》中记载,对于丢失“公玺”的要治罪;即使丢失以后自行找回,也不能免除处罚。

符即兵符,其状一般为虎形,所以又称虎符。符上刻有文字,分为两半。右半由国君掌握,左半由将帅掌握。除授以玺印任命外,国君对于将帅的调遣、命令和发兵都是以符为凭的。将帅当权在职,玺、符带在身边,免职或辞退时则要把玺符归还国君。当时,对于军队的调动,则必须有存于国王处的右半个虎符来勘合,作为国君调兵之凭信,否则便不能调动。战国时魏国公子信陵君窃符救赵的故事就反映了当时魏国虎符制度的适用情形。

(三)爵命制度

爵位是官吏身份等级的标志。春秋时官吏的爵位,是沿袭西周时的制度。孟子说周时颁爵的情况是:“君一位,卿一位,大夫一位,上士一位,中士一位,下士一位,凡六等。”[⑤]此“君”指诸侯国君。对周天子来说,诸侯国君是臣,故孟子列为官爵的一个等级。春秋时期,各诸侯国皆独立成国,“君”这一位就不计在爵位中,应从卿算起。大体来讲,春秋时爵分为三大等第,即卿、大夫、士。卿爵是

① 《史记》卷六十七《仲尼弟子列传》。
② 《论语·泰伯》。
③ 《史记·燕召公世家》。
④ 《史记·蔡泽列传》:“怀黄金之印,结紫绶于要(腰),揖让于主之前。”
⑤ 《孟子·万章下》。

高等，国家的高级官吏如相、司马、司徒、司寇、司空、将军等，一般由卿担任。大夫是中级爵位，国家的中层官吏一般由他们充任。士是低等爵位，一般充任基层官吏。卿有上、中、下三级；大夫有上、下两个级别。鲁成公三年（公元前588年），晋国的荀庚（中行伯）与卫国的孙良夫同到鲁国签订盟约。鲁成公问臧宣叔：荀庚在晋国位次第三，孙良夫在卫国为上卿，位第一，签盟时，谁在先？臧宣叔回答说："次国之上卿，当大国之中，中当其下，下当其上大夫。小国之上卿，当大国之下卿，中当其上大夫，下当其下大夫。上下如是，古之制也。"[①]可见大小国家之间的卿大夫等级还有换算标准。授爵位和任命职务不同，一般是有爵位以后再"受命"。"受命"就是被君主任命以官职。一是周天子"命"，一是国君命。获周天子"命"者，是得到周王室承认的，在名义上就为周王的臣。这是西周时，周王控制诸侯国的手段，所以他们称为"天子之守"。而受国君"命"的人，与天子没有直接关系，周王未予承认。

（四）俸禄制度

俸禄制度，就是封建国家根据官吏职位的高低付给其一定数量的粮食作为任职工资的制度。春秋初期，各诸侯国的中央和地方官吏，主要还是沿用西周以来的食邑制度，仍是以土地为俸禄。到了春秋晚期，各国的国君为了调动官吏的积极性，于是"制为禄位，以劝其从"[②]，对官吏"委以常秩"。即按照官位的高低，由政府发给薪俸，以勉励官吏为国君效劳。这时的俸禄，开始用谷米支付。但不同官职，给禄多少，还没有明确的规定，给付的量具[③]也不一致。到了战国时期，俸禄制度逐渐发展起来，各国对官吏的任用，一般都已采用俸禄制度。由于当时各诸侯国度量衡不统一，所以秩禄的单位也不相同。卫国用"盆"来计算，有千盆、五百盆等等级。秦国以"石"为单位，秦国有五十石、一百石以至五百石、六百石以上，大体每五十石为一级。楚国以"担"为单位，齐、魏等国以"钟"为单位。最高的秩禄有千盆、万担、万钟、万石，最低的有斗食小吏。与此相应，处罚违法失职的官吏，往往也使用减除俸禄的办法。

（五）考核制度

为对官吏加以控制，掌握他们的治绩，还普遍建立了考核和监察制度，以作为官吏升迁的依据。荀子说："岁终奉其成以效于君，当则可，不当则废"[④]，就是指这种制度。

考核的主要方式是上计。计，指统计的簿册。所谓上计，就是中央要求地方

① 《左传·成公三年》。

② 《左传·昭公六年》。

③ 量具（器）主要有釜、庾、秉。釜，容当时的六斗四升，约含近代的一斗二升八合。庾，容当时的二斗四升。秉，容约十六斛。古代以十斗为斛。

④ 《荀子·王霸》。

行政长官每年年终将施政情况编为簿籍，呈送朝廷。朝廷根据汇报情况决定对地方官吏的奖惩、任免。战国时，各诸侯国大多已实行上计制度。上计内容很广泛，包括农地的垦辟、收获量、仓中粮食的数字、手工业制品的优劣、牲畜的繁殖数、肥瘦情况，户口数以及治安等。上计方式是直接上计于中央。如秦实行的上计制度，是由县直接上计于朝廷。如云梦秦简《仓律》中有"县上食者籍及它费大（太）仓，与计偕……"就是县直接将"食者籍"上报太仓，太仓是中央内史的属官。每年中央的重要官吏和地方的行政长官，都必须把一年各种预算数字写在木"券"上，送到国君那里去，国君把"券"分为两半，臣子执左券，国君执右券。年终时，国王根据手中的"券"对官吏进行考核，如果成绩不佳，往往当场收玺免职；成绩优异则能升迁。

同时，高级官吏对于所属下级官吏也有一定的考核权，并形成了一套管理制度。《史记·春申君列传》说："李园求事春申君为舍人，已而谒归，故失期还谒，春申君问之状。"这是说，当时实行官吏请假审批制度，下级不能任意超过假期，否则要说明理由。

（六）监察制度

监察制度是为国君监督官吏而设。战国时期为保障中央及时监控官吏，保障国家法令的执行，初步形成了监察制度。秦国设有国监及御史担当监察职责，《商君书·境内篇》载，在军队攻城时，国监和御史登上特设的高台瞭望，以了解将士的作战情况，战争结束后据以进行奖惩。起初，御史本是国君身边负责记录言行，保管文书、档案等的近侍官，相当于现今的秘书。由于他对文武官吏的情况比较了解，自然就成了国君的耳目，而带有监察的性质。齐国淳于髡在齐威王的宴会上说："执法在旁，御史在后"[①]，因此他不敢多饮酒。说明御史是在国王身边监视臣下行动的。除中央外，各国派有"监御史"之类到各地方巡回监察地方官员。云梦秦简中有《传食律》，其中记有御史的部属出使各地时的伙食供给标准规定。齐威王上台之初，听到身边的人不断向他吹捧阿邑大夫（县令）如何好，攻击即墨大夫如何不好。他派人前往了解，情况正好相反。[②] 他派出检查两县情况的人员，当为监察官员。

（七）致仕制度

古代官吏退休称为"告老"或"致仕"。所谓致事（仕），即辞官，还禄位于君主。春秋时的职官，年老就自动退休。据古书记载，年七十为退休的年限，所谓"七十致仕"[③]。到了年龄一般应自动请求退休，称"请老"、"告老"或"老"。如晋

① 《史记·滑稽列传》。
② 《史记·田敬仲完世家》。
③ 《礼记·王制》。

国的士会、祁奚、韩厥都是自动“请老”。古时人的寿命比今日短，生活艰难，贵族做官虽是“肉食者”，也是老得很快的。到七十岁已是高龄了，当时的官，除国君外，无论地位高低都得退休，像士会、韩厥都是晋国的中军元帅，位居宰相位，也主动“请老”。

第二节 主要刑事法制

一、各国刑事立法

春秋战国时期，各诸侯国展开刑事立法活动，制定了许多刑事法规。春秋时期，各国的主要刑事立法有：郑国有子产“铸刑书”、邓析作《竹刑》，晋国有文公的“被庐之法”、赵宣子的《常法》、范宣子的《刑书》、夷搜之法、赵鞅“铸刑鼎”等。楚国有《仆区之法》、《茅(茆)门之法》等。战国时期，秦国制定了什伍告奸之法、燔诗书之法等。楚国制定了《鸡次之典》等。魏国制定了《法经》、《大府之宪》(《宪令》)、《立辟》等。齐国有《七法》、《守法》、《守令》、《李法》等。赵国制定了国律，韩国制定了《刑符》，燕国有《奉法》。①

二、主要刑事罪名

春秋战国时期的刑事罪名，有周王室礼法或国际法上的罪名、诸侯国国内法的罪名及二者兼为罪名三类情形，其情形十分复杂。这里仅仅就每类情形各选几种，简要介绍一下当时的主要罪名。

(一) 不道(无道)罪。“不道”是春秋战国时代经常使用的一个很宽泛、模糊的罪名，其主要含义大致是严重违反天道伦常和公认的文明准则。春秋中期，晋国讨伐冀国和虢国，就是以“冀为不道”、“虢为不道”为罪名而出师的。②

(二) 不祭不祀罪。春秋时代，“国之大事，在祀与戎”。③ 因此主政者不适时举办祭祀活动，就构成犯罪，构成讨伐或处罚的理由。“于是有刑不祭、伐不祀”④，构成当时国际刑事犯罪，霸主之国率领各国军队讨伐之。

(三) 侵害君主罪。这一方面的罪名主要有“弑君”罪，如《左传·文公十七年》载，宋国权臣弑君，晋、卫、陈、郑等四国联合出兵讨伐宋国的“弑君”罪行，并为之立新君。还有加兵于王尸罪，如楚悼王死后，贵族群起围杀伏于王尸哭灵的吴起。按照楚国的法律，“丽兵于王尸者，尽加重罪，逮三族”，因此贵族们“坐射

① 参见本书第六章、第七章有关部分。
② 《左传·僖公二年》。
③ 《左传·成公十三年》。
④ 《史记·周本纪》。

(吴)起而夷宗者七十余家”。[1] 此外还有殿上犯禁罪。“秦法,群臣侍殿上者,不得持尺兵。”[2]也是为了防止伤害君王之企图。

(四)以妾为妻罪。正妻无礼法上的过错而擅自废黜,将地位卑贱妾改立为妻,当时认为是犯罪行为。齐桓公主持的葵丘之盟订立的国际条约中专门有“毋以妾为妻”[3]的条款,说明当时以此种行为为国际罪行,可以讨伐制裁。

(五)废嫡立庶罪。春秋战国时期已经确立了嫡长继承制。诸侯、卿大夫在应该以自己的嫡妻所生之子继承爵位和身份。如果有“废嫡立庶”即以妾生子为宗法继承人,就构成犯罪,成为讨伐或刑惩的理由。鲁昭公八年(前 534 年),楚国灭陈国,就是以“废嫡立庶”为其罪名的。[4] 齐桓公主持的葵丘之盟,订立的国际条约即有“无易树子”的内容。[5]

(六)奸非罪。春秋时期,各国公卿大夫淫乱之事相当普遍,战国时李悝试图加以禁止。《法经》的“杂律”中有关于此类行为的禁令,曰“淫禁”。还规定,“夫有一妻一妾,其刑聝,夫有二妻则诛;妻有外夫则宫”。

(七)窃取国家印信罪。据《法经》规定,“盗符者诛,籍其家,盗玺者诛”。

(八)私议法令罪。据《法经》规定,“议国法令者诛,籍其家及其妻氏”。

(九)博戏(赌博)罪。据《法经》规定,“博戏罚金三币;太子博戏则笞;不止,则特笞;不止,则更立”。

(十)非法集处罪。据《法经》规定,“群相居一日则问;三日、四日、五日则诛”。

(十一)贪赃枉法罪。据《法经》规定,“丞相受金,左右伏诛;犀首(将军)以下受金,则诛”[6]。春秋时晋国邢侯与雍子争田,叔鱼受财枉法裁判。最后叔鱼被其兄叔向判决犯了贪污枉法之罪,罪当死。

(十二)违命或不用命罪。在军事活动中,不服从或者违背誓命便构成此罪。如《左传·文公十二年》载:公元前 615 年,晋、秦河曲之役,晋下军佐胥甲拒绝追击秦兵,犯“不用命”罪。晋侯追究责任,放胥甲于卫。

(十三)杀人罪。如鲁昭公十四年(前 528 年),晋邢侯与雍子争田,法官叔鱼受贿枉法裁判,邢侯愤而杀死叔鱼。叔向认为邢侯犯杀人罪当死。于是宣子杀邢侯,陈尸于市。[7]

---

① 《史记·吴起列传》,《吕氏春秋·贵卒》。

② 《战国策·燕策三》。

③ 《孟子·告子下》。

④ 《左传·昭公八年》。

⑤ 《春秋谷梁传·僖公九年》。

⑥ 以上《法经》引文均出自(明)董说《七国考》引汉桓谭《新论》所述《法经》。参见本书第六章第二节。

⑦ 《左传·昭公十四年》。

（十四）降敌罪。《淮南子》记载“楚有兵相战而将遁者诛”之法，旨在打击怯战降敌行为。《史记·商君列传》载：“匿奸者与降敌同罚”。《索隐》：“案律降敌者，诛其身，没其家。”《法经》“杂律”中有“城禁”，规定“越城，一人则诛，自十人以上，夷其乡及族”。大约也是为了打击降敌。

（十五）私斗罪。私斗，就是百姓好勇斗狠、相互杀伤的行为。法家治国，特别注重禁止“私斗”。商鞅变法，曾规定：“为私斗者，各以轻重被刑大小。”[1]

（十六）舍人无验罪。“商君之法，舍人无验者坐之”[2]。舍人无验，就是容留没有通行证的旅客住宿。商鞅逃亡时，欲住客栈，因为没有通行证，店主人就是以这一法律拒绝商鞅入住的。所谓“坐之”，就是要处刑。

（十七）生活奢侈罪。“齐威王时，国中大靡，民不衣布。于是威王造锦绣之禁，罪若诽谤王矣”[3]。《礼记·王制》：“作淫声、异服、奇技、奇器以疑众，杀。”这可能也是春秋时的刑法。

（十八）禁苑猎杀罪。《孟子·梁惠王下》曾记载齐国的一条刑法：“臣始至于境，问国之大禁，然后敢入。臣闻郊关之内有囿方四十里，杀其麋鹿者如杀人之罪，则是方四十里为阱于国中。”说明当时齐国有禁止猎杀禁苑麋鹿罪，其罪责等于杀人。

（十九）藏匿逃亡罪。《左传·昭公七年》：“先君（楚）文王作仆区之法。”明人董说以为“仆，隐也；区，匿也。作为隐匿亡人之法”[4]。不过，《左传》记载的该法原文有“盗所隐器，与盗同罪”的内容，说明该法中有关于盗窃罪的规定。

（二十）僭越或违礼罪。《论语·季氏》：“八佾舞于庭，是可忍，孰不可忍”，说明在孔子时代，僭越是公认的违反礼法的大罪。李悝之《法经》也规定：“大夫之家有侯物，自一以上者族。”[5]这也是打击僭越罪的刑法规范。

（二十一）言论惑众罪。《礼记·王制》：“析言破律，乱名改作，执左道以乱政，杀。……行伪而坚、言伪而辨、学非而博、顺非而泽以疑众，杀。假于鬼神、时日、卜筮以疑众，杀。”这可能反映的是春秋时期打击危险思想言论的刑法。据《荀子·宥坐》记载：孔子为鲁摄相，朝七日而诛少正卯，门人进问曰：“夫少正卯，鲁之闻人也，夫子为政而始诛之，得无失乎？孔子曰：“居！吾语女其故。人有恶者五而盗窃不与焉：一曰心达而险，二曰行辟而坚，三曰言伪而辩，四曰记丑而博，五曰顺非而泽。此五者，有一于人，则不得免于君子之诛，而少正卯兼有之。故居处足以聚徒成群，言谈足以饰邪营众，强足以反是独立，此小人之杰雄也，不

---

① 《史记·商君列传》。

② 同上。

③ （明）董说《七国考》卷十二，《田齐刑法》引《锁语》。

④ （明）董说《七国考》卷十二，《楚刑法》。

⑤ （明）董说《七国考》卷十二，《魏刑法》引汉人桓谭《新论》。

可不诛也。"孔子所执行的也许正是当时鲁国的刑法。

(二十二) 弃灰罪。"故商君之法,刑弃灰于道者。夫弃灰,薄罪也,而被刑,重罚也。彼唯明主为能深督轻罪。夫罪轻且督深,而况有重罪乎? 故民不敢犯也。"①《韩非子》又说是商朝的法律:"殷之法,弃灰于道者断其手"②。

(二十三) 任人不善罪。"秦之法,任人不善者,各以其罪罪之。"③

三、主要刑罚

春秋战国初期,各国大都沿袭了周代的五刑。随着社会的大变革,刑法急速发展,刑罚的种类也不断增加。现将散见于史籍和出土文献中的主要刑名分别作一简单介绍。

(一) 死刑

春秋战国时死刑的种类繁多,异常残酷。主要有以下几种:

1. 夷族。夷族是最重的死刑,主要有灭族、灭宗、夷三族(或七族、十族)等。春秋时期,夷宗灭族之刑罚流行。鲁宣公四年(前 605 年)楚国族灭若敖氏,襄公二十三年(前 550 年)"尽杀栾氏之族党"④等均是。战国时期,族诛、夷三族等刑罚也很常见。秦文公二十年(746 年),秦"法初有三族之罪"⑤。商鞅在秦国主持变法时,族刑株连是其重刑政策的一个主要方面。《汉书·刑法志》说:"秦用商鞅连坐之法,造三夷之诛"。

2. 戮尸。即将罪犯处死后陈尸示众。《国语·晋语》注:"陈尸为戮"。此刑多适用于反叛罪。此外,还有一种称为"生戮"的死刑。云梦秦简《法律答问》:"誉敌以恐众心者,戮。戮者何如? 生戮,戮之已乃斩之之谓也。"⑥即刑辱示众,然后再处死。

3. 烹、镬烹。即将罪人扔到鼎中煮杀。《左传》所载春秋时烹煮罪人事例相当多,如襄公二十六年、哀公十六年均有烹人之刑。

4. 焚。就是将罪人烧死。据《左传》记载,鲁昭公二十二年(前 520 年),周王室发生王位争夺战,叛将鄩肸攻打周悼王驻跸处皇(地名),被俘获,后被"焚诸王城之市"。《周礼·秋官·掌戮》"凡杀其亲者,焚之"。这种非常用之刑,系周刑遗留至春秋战国者。

5. 轘。又称车裂,俗称"五马分尸"。在齐襄公四年(前 694 年)"齐人杀子

---

① 《史记·李斯列传》。
② 《韩非子·内储说上》。
③ 《史记·范雎蔡泽列传》。
④ 《左传·襄公二十三年》。
⑤ 《史记·秦本纪》。
⑥ 《睡虎地秦墓竹简》,文物出版社 1978 年版,第 173 页。

轘而轘高渠弥"。杜预注说:"车裂曰轘"。即将人的头和四肢分别拴在五辆车或五匹马上,驱马向五个方向撕裂肢体。陈国的夏征舒,楚国的观起都是受这种酷刑而死。[①]

6. 沈。又称沉河。《左传·成十一年》载施氏将被晋国郄氏放回的弃妇"逆诸河,沈其二子",据杜注"沈(沉)之于河"。《史记·伍子胥传》载吴王将伍子胥的尸体"盛以鸱夷革,浮之于江"。

7. 截。又称腰斩。即用斧钺将犯人拦腰斩断以毙其命的刑罚。《史记·商君列传》:"不告奸者腰斩"。

8. 弃市。即在集市将犯人当众处死。《资治通鉴》胡三省注:"秦法,论死于市,谓之弃市。"云梦秦简中《法律答问》:"同母异父相为奸,弃市。"

9. 绞。即用绳将犯人勒死的刑罚。据《左传·哀公二年》,此为"下卿之罚","绞缢以戮"。但《左传》其他记载的"缢"为自杀。而《战国策·秦策五》:"应侯欲伐赵,武安君难之,去咸阳七里,绞而死之",这是作为国家刑罚使用。

此外,春秋战国时期的死刑还有:体解(肢解)、磔、剖腹、枭首、定杀、生埋、凿颠、抽肋、囊扑、赐死等,总称仍曰大辟。

(二) 肉刑

肉刑是残害犯人肢体和肌肤的刑罚,春秋战国时期主要有:

1. 黥刑。即在脸上刺字的刑罚。战国时黥刑的适用仍很普遍。如商鞅变法时,太子犯法,黥其师公孙贾。[②] 在云梦秦简中,也有许多关于适用黥刑的记载。

2. 劓刑。即削掉鼻子的刑罚。战国时广泛适用。商鞅变法时,太子师公子虔因犯法而被处劓刑。[③] 在云梦出土的秦简中,也有关于劓刑的记载。

3. 贯耳。也是用于军队的刑罚,以箭穿人耳以示众。《左传·僖公二十七年》载子玉治兵,"终日而毕,鞭七人,贯三人耳"。

4. 刖,膑。刖刑即断足;膑刑是去掉犯人的膝盖骨。刖刑较膑刑为轻。施膑刑后,膝盖骨丧失,人不能行;受刖刑,则脚虽失去,但安上踊仍可行走。故《左传·昭公三年》载齐国晏子言:"国之诸市,屦贱踊贵",踊即受刖刑者所用的鞋子。可见当时受刖刑者之多。刖刑适用的罪名也很多,如据说"卫国之法,窃驾君车者罪刖"[④]。楚国诳君之罪处刖刑,赵国翻越城墙亦处刖刑[⑤],魏国"窥宫者

---

① 《左传》宣公十一年、襄公二十二年。
② 《史记·商君列传》。
③ 同上。
④ 《说苑·杂言》。
⑤ 《韩非子·外储说左下》。

膑,拾遗者刖"[1]。春秋战国时期著名军事家孙膑曾受膑刑[2]。后来,刖刑又分为刖单足和刖双足。战国时楚国著名的"和氏璧"故事:和氏献璧,曾被以诳君之罪刖左足;以后再献,又被刖右足。战国时期,有的国家称之为"斩左趾"。

5. 宫刑。又称腐刑,也称为"隐宫",即破坏男女生殖工具和机能的刑罚,春秋战国时期使用较普遍。

（三）连坐刑

春秋战国时期,一人犯罪,连坐其家属或有其他连带关系者,这种刑罚较为普遍。尤其是秦国在商鞅变法后广泛使用。主要有以下几种:

1. 全家连坐。即一人有罪,其家人要牵连受罚,或罚为官奴,或处以其他刑罚。一般也称"收孥"。《史记·孝文本纪》集解:"秦法,一人有罪,并坐其家室"。商鞅变法时曾下令规定,凡不努力耕作或弃农从商的人,全家罚为官奴。[3]

2. 什伍连坐。即邻里连坐,这是将居民按五家为伍,十家为什的编制组织起来,相互监视,一家有罪,同什伍组织的邻居都有义务告发,否则就要连坐。商鞅变法时,"令民为什伍,而相牧司连坐,不告奸者腰斩"[4]。

3. 职务连坐。即官吏犯罪时,对有相关责任的其他官吏实行连坐;上下级官吏之间、监察与被监察者之间,保举与被保举者之间,都可能连坐。如"秦之法,任人而所任不善者,各以其罪罪之"[5],此即保任连坐。

4. 同伍连坐。这是军队中实行的连坐法,每五人编为一"伍","一人逃则刭其四人"[6]。《云梦秦简》载有一条秦律,如果士兵在战场上被认为已战死,其子可得到其军功爵位;但以后发现该士兵未死,不仅夺其子爵位,同"伍"士兵也要处罚。

（四）耻辱刑

春秋战国时期的耻辱刑主要有髡刑(耐刑)。髡刑(耐刑),即剃去犯人头发和鬓须的刑罚。古人认为,"身体发肤,受之父母,不敢毁伤,孝之始也"[7]。不过,髡刑(耐刑)一般是作为其他刑罚的附加刑。有人认为耐刑即髡刑,有人认为耐刑就是"完刑"(去鬓须而完其发)。

此外,魏国有所谓"丹巾漆领"之刑。班固《答人书》云:"昔者战国之时,大梁之法:'得罪小者别以丹巾漆其领,有画衣冠之心。'"[8]

---

① (明)董说《七国考》卷十二,《魏刑法》引汉人桓谭《新论》。

② 《史记·孙子吴起列传》。

③ 《史记·商君列传》。

④ 同上。

⑤ 《史记·范雎蔡泽列传》。

⑥ 《商君书·境内》。

⑦ 《孝经·开宗明义》。

⑧ (明)董说《七国考》卷十二,《魏刑法》转引。

（五）徒刑

春秋战国时期的徒刑以秦国为代表，主要有：城旦、城旦舂、鬼薪白粲、隶臣妾、司寇、戍、候。徒刑在春秋战国时代大量增加，各国都有不同等级的徒刑处罚，据载赵国曾在太原三角城专门筑城以监管徒人，故该城又称徒人城。这些徒刑后来都为秦汉律所继承，具体内容在秦汉部分详述。

（六）流刑

春秋战国时代有流刑，主要有迁、流、徙、放、窜等名称。如魏国有"不孝弟者，流亡东荒"的法令。

（七）身份刑

在身份社会中剥夺一个人的社会地位及身份就是一种重大的处罚方式。散见于史籍的这类刑罚主要有：

1. 锢，后世多称禁锢。即剥夺罪犯出任官职的资格。如《左传・成公二年》周朝的大夫屈巫投奔晋国，子反请周王以"重币"要求晋国"锢"屈巫不得为大夫，被周王否决。《左传・襄公三年》载晋国曾锢栾氏一族。

2. 夺爵。秦国建立二十等爵位制，规定有罪逐级夺爵。如《史记・秦本纪》载武安君有罪，夺爵为士伍。

（八）赀刑、赎刑

赀刑相当于今天所说的罚金；赎刑是指法律规定可以用财产或劳役替代原判处的刑罚。春秋战国时期主要有罚赋、赀甲盾、赎死赎耐等名目。《国语・齐语》：管仲"制重罪赎以犀甲一戟，轻罪赎以鞼盾一戟，小罪谪以分金，宥闲罪。"意即重罪、轻罪和小罪分别以犀甲、鞼盾及铜、铁赎罪，罪疑从赦。汉人桓谭《新论》说"齐宣王行金刀之法"①，讲的都是齐国的赎刑之法。

第三节　主要民事法制

一、民事主体资格

春秋时期，天子、诸侯、公卿、大夫、士、庶人（士农工商）、奴隶等作为民事主体，其权利能力或资格是不一样的。等级越高，权利能力越完整；等级越低，权利能力越小。庶人依附于采邑，具有不完全权利能力。工商业者一般服务于官府，也具有不完全权利能力。奴隶（臣、皂、隶、牧等）完全是工具，没有任何权利能力，但是可以通过解放或赎免而获得庶人身份。《国语・晋语》："公食贡，大夫食邑，士食田，庶人食力，工商食官，皂隶食职。"《国语・周语》："庶人工商各守其业

---

①　（明）董说《七国考》卷十二，《魏刑法》引汉人桓谭《新论》。

以共其上。"战国时期，经过社会的大变动，一般平民也逐渐具有独立的民事主体身分。《商君书·境内》："四境之内，丈夫女子皆有名于上，生者著，死者削。"境内之人一律入国家统一的人口名籍，承担义务，同时也实际享有民事权利。庶人中的士、农、工、商等阶层，一般拥有民事权利能力，但仍然不平等。有的国家实行"贱商贾"的政策，如在魏国，商人、客旅、赘婿等属于限制权利能力人。《秦简》中抄录了一条《魏户律》，律文规定：商人、旅居外地的人，给人作赘婿的人，皆不准立户籍，不分田地和住处。[①] 奴隶仍无权利能力，但主人不能随便杀死或刑伤之。在整个春秋战国时期，平等和人格完全独立的民事主体概念，是不存在的，因为贵族官僚有超于常人的政治权利和民事权益，士农工商四民的法律地位也不平等。即使在贱民之中，也分有等级，其民事身份不同。《左传·昭公七年》"天有十日，人有十等；下所以事上，上所以共神也。故王臣公，公臣大夫，大夫臣士，士臣皂，皂臣舆，舆臣隶，隶臣僚，僚臣仆，仆臣台"，就是当时身份等级的描述。皂、隶、僚、仆、台等都是贱民，但也有等级差异。

在秦国还出现特殊的民事主体——"户"。商鞅进行变法，推行分户政策，规定："民有二男以上不分异者，倍其赋。"[②]自此，"户"成为独立的民事主体，具有民事权利。

二、土地所有权

西周时期，土地的所有权归周天子独自拥有，诸侯王只拥有土地的使用权。春秋战国时期，随着周王朝的衰败，土地的所有权不再由周天子所独有，国君、卿大夫甚至卿大夫的家臣们拥有了一定的土地所有权。公元前770年，周王室东迁，因秦襄公护送有功，周王封他为诸侯，并将岐山以西的土地封给他，宣布只要秦国能攻逐入侵的西戎，"即有其地"，并与襄公盟誓。这首次正式承认了诸侯对于封国土地的所有权。诸侯国的国君对各国内部的土地有实际所有权，他们可以把国内土地分赐给臣下。《左传·襄公二十七年》载："宋左师（向戌）请赏，曰请免死之邑，（宋平）公与之邑六十。"西周灭亡后，周天子失去了对全国土地的控制权，周王朝对全国土地的礼法上的所有权实际上已经落空。到了战国时期，各诸侯国已经完全拥有了土地的所有权，冲破了"溥天之下，莫非王土"的格局。

关于私人所有土地权问题，春秋以前基本不存在。西周实行"井田制"，百姓在助耕"公田"的同时有所谓"私田"，但这不是后世意义上的私田，农民只拥有使用权而已，不得买卖转让，此即所谓"田里不鬻"[③]；甚至也不得继承，"民年二十

---

① 转引自孔庆明、胡留元、孙季平编：《中国民法史》，吉林人民出版社1996年版，第76页。
② 《史记·商君列传》。
③ 《礼记·王制》。

受田，六十归田”[①]。自春秋时期开始，“井田制”逐渐通过暴君污吏“漫经界”而开始瓦解，与此同时私人即可通过开垦或通过军功而实际获得私有土地。于是各国逐渐通过改革，承认这一现实，承认土地的私有权。如前685年齐国的“相地而衰征”，前645年晋国“作爰田”，前594年鲁国的“初税亩”，前590年鲁国“作丘甲”，前408年秦国的“初租禾”等，前548年楚国“书土田”，前538年郑国“作丘赋”，等等。表面上看都只是税制改革，实际上都是正式承认土地的私有权。战国中期以后，土地已可自由买卖，土地私有权已得到了法律的确认与保护，商鞅变法“为田开阡陌封疆”[②]，“除井田，民得买卖”[③]，就是这一变革的典型代表。

三、契约制度

春秋战国时期，契约的主要形式包括：借贷契约、雇佣契约、行政契约和买卖契约。

（一）借贷契约

随着社会商品经济的发展，春秋时期，已经出现了赊贷业，贵族们多以放高利贷剥削他人。《国语·晋语八》说栾书的儿子桓子“假贷行贿”，孟尝君田文放贷一次收息竟达十万钱。[④] 如《管子·轻重》下：“凡称贷之家，出泉三千万，出粟三数千万钟，受息子民三万家。”《管子·问》中有“邑之贫人责（债）而食者”、“人之贷粟米者”之记载，这是讲当时的私人借贷关系情形。此外，《管子·国蓄》有“春赋（贷）以敛缯帛，夏贷以收秋实。是故民无废事，而国无失利也”之记述，这是讲公家借贷，就是在青黄不接之时贷谷米给贫民以维持生活，及至夏收、秋收之后，再还本付息。这样既能帮助农民维持生产，国家也有一定的利息收入。管子在齐国曾实行“四务”[⑤]，即把春、夏、秋、冬四时劳动者所需用的东西都储存在国家的仓库中，待劳动者需要时假贷给劳动者。这些东西中包括械器、衣服等等。到用完后，再还给官府，并把借贷时的契券销毁。

（二）雇佣契约

春秋战国时期雇佣关系相当普遍，一般称之为“庸”。庸工称“庸夫”、“庸客”。如齐愍王被杀，太子法章变姓名逃到太史家做“灌园的庸夫”[⑥]。《韩非

① 《汉书·食货志》。

② 同上。

③ 《史记·商君列传》。

④ 《史记·孟尝君列传》。

⑤ 《管子·山国轨》：桓公曰：“何谓四务？”管子对曰：“泰春，民之且所用者，君已廪之矣。泰夏，民之且所用者，君已廪之矣。泰秋，民之且所用者，君已廪之矣。泰冬，民之且所用者，君已廪之矣。……无赀之家皆假之械器胜籯屑公衣。功已而归公衣，折券，故力出于民而用出于上。”

⑥ 《左传·昭公六年》。

子·外储说左上》载有“卖庸而播耕”的“庸客”：主人给他“美羹”、“钱布”（铜钱）是为了换得他干活卖力。《管子·轻重》载齐国有“聚庸而煮盐”的大规模雇佣劳动。《商君书·垦令》载商鞅曾在秦国下令“无得取庸”，即限制雇佣劳动；目的是使“庸民无所于食，是必农”，使流浪打工人员回归本里种田。这说明当时秦国雇佣劳动比较普遍。此外，还有充当“市佣”[①]和“庸保”[②]的，这是雇用性质的市场佣工和家务佣工。

（三）行政契约

春秋时已经出现了诸侯国君与商人签订合同招商引资并承诺保护商业环境的事。据《左传·昭公十六年》载，郑国国君郑桓公因得到商人帮助共同开发了新郑国国土，因而与商人“世有盟誓，以相信也，曰：‘尔无我叛，我无强贾；毋或匄夺；尔有利市宝贿，我勿与知’。”这是互相约定：商人不得背叛郑国，郑国政府也不得强迫商人买卖，不得强夺商人货物，保护商人的财产权和商业秘密。

（四）买卖契约

当时的商业活动十分发达，买卖活动十分普遍。但关于大宗财物的买卖，需要订立正式契约文书为凭证者，大约仍遵守周朝的“听取予以书契”、“听卖买以质剂”的制度。

四、婚姻家庭与继承制度

春秋战国时期的婚姻制度，仍继承西周的一夫一妻制、同姓不婚等。关于继承制度，在身份继承方面，春秋时期，兄终弟及现象仍屡见不鲜；但进入战国后，父死子继终于取代了兄终弟及制，宗法的父死子继、嫡庶有别原则得以确立，广泛的适用于自国君至庶人。例如，《左传·襄公三十一年》载，鲁穆叔曰：“太子死，有母弟则立之，无则立长。年钧择贤，义钧则卜，古之道也。非嫡嗣，何必娣之子。”又《左传·昭公二十六年》载：“昔先王之命曰：王后无嫡，则立长。”《公羊传》“立嫡以长不以贤，立子以贵不以长”，正是当时身份继承或宗法继承的一般原则。在财产继承方面，大约实行诸子平分制。

关于家庭制度，与户制的形成相关，法律上的“家长”职务正式形成。“家长”一词，较早出现在《墨子》一书中，“恶有处家而得罪于家长，而可为也”[③]。在《管子》中，家长叫做“长家”[④]，与什伍之长、里尉、州长等相联系。家长一般由男性长者担任，在家庭中处于核心地位，“父者家之隆也，隆一而治，二而乱，自古及今

① 《左传·哀公二十六年》。
② 《国语·齐语》。
③ 《墨子·天志上》。
④ 《管子·立政篇》。

未有二隆争重而能长久者”[①]，家属从属与家长。家长不但有权处分家庭公共财产，而且对子女也具有支配权和惩戒权。

第四节　主要经济法制

一、生产与资源管理制度

在春秋战国时期，各国为了富国强兵，非常重视自然资源的开发和管理。如管仲相齐国时，就提出的“尽地利，官山海，正盐策”[②]等主张，利用齐国的自然资源的有利条件，进行经济改革，取得了很好的效果。

（一）农业管理制度

土地为“万物之本原，诸生之根苑”[③]，因此春秋战国时期，各诸侯国首先重视土地的开发和管理，发展农业。管仲提出的“尽地利”，“无夺民时”[④]，充分发挥土地的潜力，发展生产。管仲认为，欲“王天下”，必须“国富而粟多”[⑤]。土地管理的效果好坏，农业收成的丰歉，被看作是治国安邦的大事。商鞅在秦国时，因秦国地广人寡，特提出“制辕田，开阡陌”的措施，并制定《垦令》，鼓励百姓开垦荒地，积极进行农业生产。李悝在魏国变法时实行“尽地力之教”，保护和发展农业。

各诸侯国还制定专门的农业法规，保障农业生产。主要措施有：(1) 督促农耕。如1972年山东临沂出土的“银雀山汉简”所存齐国《田法》规定，农民受田，一年收获粮食少入百斗、二百斗、三百斗者，分别处以罚为公人一岁、二岁、黥以为公人的刑罚；家中没有一定数量余粮、余布帛，亲属死不得啥，不得以衾复尸。[⑥] 据《七国考》载，“魏(国)三月上祀，农官读法，法曰：‘耒无十其羽，锄无泥其涂’。……上上之田收下下，女(汝)则有罚”[⑦]。《吕氏春秋·仲秋纪》：“仲秋之月，……乃命有司，趣民收敛，务蓄菜，多积聚，乃劝种麦，毋或失时，行罪无疑”，说不定也是战国时期农业法制的记载。(2) 提供生产资料。国家提供籽种、耕牛、农具等生产资料，支持农民。《云梦秦简》中有律文规定，县仓库专门存放作物籽种，仓库管理人员必须掌握各种作物的亩用种量[⑧]，国家借贷种子与农民。秦简中还能见到定期评比耕牛并行赏罚的律文，以及出借铁制农具因破旧而损

---

① 《荀子·致仕》。
② 《国语·齐语》。
③ 《管子·水地篇》。
④ 《国语·齐语》。
⑤ 《管子·治国篇》。
⑥ 银雀山汉墓竹简整理小组：《银雀山竹书〈守法〉、〈守令〉等十三篇》，载《文物》1985年第4期。
⑦ 董说：《七国考》卷二，《魏食货》引桓谭《新论》。
⑧ 《睡虎地秦墓竹简》，文物出版社1978年版，第43、44页。

坏者准予报销的律文，说明秦国曾有国家借耕牛、铁制农具予农民的制度。

（二）林业渔业管理制度

春秋战国时期，各国重视对山林池泽的管理。不仅设置了专职管理机构，而且规定了山林池泽管理的具体规定。管仲曾在齐国制定了山林池泽之禁令，并在一次盟会上宣布。“苟山之见荣者，谨封而为禁。有动封山者，罪死而不赦。有犯令者，左足入，左足断，右足入，右足断。”①《左传·哀公十四年》载，“宣公夏滥于泗渊。里革曰：古者大寒降，土蛰发，水虞于是乎讲罛罶，取名鱼，登川禽而尝之寝朝，行诸国人，助宣气也；鸟兽孕，水虫成，兽虞于是乎禁罝罗……鸟兽成，水虫孕，水虞于是禁罝罜”。可见，鲁国设有专门管理渔业的官吏叫水虞，也叫渔师，“掌川泽之禁令”；专门管理山林鸟兽的官吏叫兽虞，“掌鸟兽之禁令”。对于违反禁令者给予处罚。有一次，鲁宣公不顾节令，在鱼孕期捕鱼，被一位叫里革的主管官吏发现后，“断其罟而弃之”②，并引用古训对国君进行批评；宣公虚心纳谏，赞扬里革匡正了自己的过失，并令有司保存断网，以示不忘告诫。

（三）盐铁官营制度

春秋时期，盐铁官营政策以齐国为代表。齐国为了有效地利用境内的自然资源，根据具体情况，制定“官山海”政策，就是把山中的矿藏和海里的鱼盐，作为国有财产，由国家派官吏管理，只有国家才能开采捕捉。（1）食盐专营。国家鼓励人们煮盐，但其运输、销售由国家专营。为使人们煮盐，国家为其提供物质条件。允许国人砍伐枯草干柴，用以煮海水为盐；国家征购，贮存起来，然后再卖给老百姓。为保证不误农事，规定每年十月至来年正月为煮盐时间，从而使农事与煮盐两不误。（2）在冶铁方面，从《管子·地数》篇记载来看，当时人们已经掌握了矿产资源情况。据统计，“出铜之山，四百六十七山；出铁之山，三千六百九山”。齐国允许私人采矿冶炼，出铁后官私分成。铁的制成品，由官府统一收购，由官商向人民销售。

二、赋税制度

（一）田赋制度

春秋时期，由于井田制破坏，原来的劳役地租和纳贡制度遭到破坏，各诸侯国相继实行新的田赋制度，以促进农业生产的发展和保证国家的财政来源。最早推行新的田赋制的是齐国，公元前685年管仲实行“相地而衰征”的田赋制度，即根据土地的优劣肥瘠，分成不同等级，按等级征收田赋。鲁国在宣公十五年（公元前594年）宣布“初税亩”，承认土地私有，实行按私田的亩数收税。楚国在

① 《管子·地数》。

② 《国语·鲁语上》。

康王十二年(公元前548年),“书土田”,“量入修赋”,进行土地登记,“量公私一切收获数而修定赋税之法”。[1] 此外,晋国“作爰田”,郑国“作丘赋”等,都说明春秋时期,各诸侯国进行田赋改革,是当时社会发展的趋势。这时田赋的税率也有规定。如《谷梁传》在谈到初税亩时,曾说:“初税亩者,非公之去公田而履亩,十取一也。”[2]即不论耕种公田和私田,都要按收成的十分之一交纳田赋。李悝在魏国实行的田税税率为十分之一,即大致平均每亩一斗五升。[3] 又如《左传·昭公三年》记载,到齐景公时已是“民叁其力,二入于公,而衣食其一”了。农民把收获的三分之二作为田税上交国家,这种税率已超过十分之六了。除了依法征税外,对于逃税的行为,给予处罚。如《史记》载赵国贵族平原君家不肯出田税,赵奢为赵田部吏,“以法治之,杀平原君用事者九人”[4]。

(二) 市税与关税制度

关税是商人的货物通过关津时的征税,市税是货物在市上出售时所征营业税。春秋时期关税、市税一般由国家设官征收,国家也可以把征收权赏给臣下,由臣下去征收。《左传·文公十一年》载,“宋公于是以门赏耏班,使食其征,谓之耏门”。注家谓:“门,关门;征,以门赏耏班,故以班姓名门”。宋国国君以关门赏给臣下耏班,关门的税收归他所有,因此这个关门就被称为耏门。战国时,随着商业的发展,关、市税的收入成了政府收入的重要来源。《国策·魏策三》载,朱巳说魏王勿与秦共伐韩,曰:“通韩之上党于共莫(地名),使道已通,因而关之,出入者赋之,……共有其赋,足以富国,韩必德魏。”朱巳是以魏国分享韩魏边境上的关税来“利诱”魏国放弃进攻韩国的计划。

关于春秋战国时关税、市税的税率,大致可以考察。《管子·幼官》载,齐桓公“三会诸侯,令曰:田租百取五,市赋百取二,关赋百取一”。说明当时市税税率为货物价值的百分之二,关税为百分之一;两种税的总征收额不能超过百分之三。这个会盟法令,不仅是针对齐国的,也是参加会盟的各诸侯国共同签署的国际税收条约。不过,这也说明当时各诸侯国市税关税率已经超过了百分之一和二,所以才有必要通过国际条约来限制。《管子·大匡》载,“桓公践位十九年,弛关市之征,五十而取一”。这说明桓公十九年将关税市税率降为百分之二,比此前的百分之三还少。战国时期,关税市税的税率都大大增加。《孟子·滕文公下》载,有个叫戴盈之的官员问孟子:“什一,去关市之征,今兹未能,请轻之,以待来年,然后已,何如?”就是说,马上以什一税率取代过去的高额“关市之征”,目前还做不到;只好稍微减轻一点,来年再彻底实行什一制。这说明孟子生活的时代

① 《左传·襄公二十五年》。
② 《春秋谷梁传·宣公十五年》。
③ 《汉书·食货志》。
④ 《史记·廉颇蔺相如列传》。

关市税率早已经超过了十分之一。

三、平准制度

春秋战国时期,为了控制物价特别是粮价,维持正常的经济秩序,形成了平粜平籴或平准制度。春秋末期赵国大夫计然①就曾对越王勾践提出建立"平粜齐物"制度:"夫粜,二十病农,九十病末。末病则财不出,农病则草不辟矣。上不过八十,下不减三十,则农末俱利,关市不乏,治国之道也。积著之理,务完物,无息币。以物相贸易,腐败而食之货勿留,无敢居贵。论其有余不足,则知贵贱。贵上极则反贱,贱下极则反贵。贵出如粪土,贱取如珠玉。财币欲其行如流水。"②战国时期李悝在魏国主持变法时,推行"平籴"法。"籴甚贵伤民,甚贱伤农。民伤则离散,农伤则国贫,故甚贵与甚贱,其伤一也。善为国者,使民毋伤而农益劝。今一夫挟五口,治田百亩,岁收亩一石半,为粟百五十石,除十一之税十五石,余百三十五石。食,人月一石半,五人终岁为粟九十石,余有四十五石。石三十,为钱千三百五十,除社闾尝新、春秋之祠,用钱三百,余千五十。衣,人率用钱三百,五人终岁用千五百,不足四百五十。不幸疾病死丧之费,及上赋敛,又未与此。此农夫所以常困,有不劝耕之心,而令籴至于甚贵者也。是故善平籴者,必谨观岁有上、中、下孰(熟)。上孰其收自四,余四百石;中孰自三,余三百石;下孰自倍,余百石。小饥则收百石,中饥七十石,大饥三十石,故大孰则上籴三而舍一,中孰则籴二,下孰则籴一,使民适足,贾平则止。小饥则发小孰之所敛、中饥则发中孰之所敛、大饥则发大孰之所敛而粜之。故虽遇饥馑、水旱,籴不贵而民不散,取有余以补不足也。行之魏国,国以富强。"③李悝的办法就是,丰年由国家出资平价收购农户的余粮,确保粮价不致惨跌;荒年由国家平价出售丰年平价收购的粮食,防止粮价大涨。丰年平价肯定高于荒年平价,其差价作为管理费用。

四、手工业管理制度

春秋时期,各诸侯国沿袭周制,手工业仍以官府手工业为主。《国语·晋语四》:"工商食官"。《国语·齐语》:"令夫工群萃而州处……处工就官府"。手工业者由官府供养,由官府直接控制。各国都设有专门管理手工业生产的机构,名称不尽一致。各国管理手工业的官吏有工正、工师、匠师、尹。据《左传》记载,齐、鲁、宋等国称工正,楚国设有工尹。《荀子·王制》说:"论百工,审时事,辨功

---

① 计然,相传为范蠡之师;又传即越大夫文种。

② 《史记·货殖列传》。

③ 《汉书·食货志》。

苦，尚完利，便备用，使雕琢文彩不敢专造于家，工师之事也。”这大致反映了春秋战国时期各国手工业管理官吏的一般职责。官府手工业者是世袭的，一般世代为官府工匠，不能任意迁移和改变职业。《国语·齐语》：“工之子恒为工”，《左传·昭公二十六年》载：“在礼，家施不及国，人民不迁，农不移，工贾不变。”《礼记·王制》所谓“凡执技以事上者，不贰事，不移官，出乡不与士齿”，也可能反映了春秋战国时期的手工业者制度。春秋后期，随着手工业和商业的发展，职业世袭的“工商食官”制度被打破，出现了独立的私人手工作坊和手工业者。当时著名的工匠公输班（鲁班）就是私人手工业者。大约从战国开始，手工业私人经营有了发展，不少民间矿山主和手工业经营者崛起，成为“素封”之家，出现了诸如卓氏、孔氏等冶铁致富僮仆数千人的大户。尽管如此，官府手工业仍占主要地位，特别是关键部门仍由官府把持。当时对手工业生产管理的立法，也主要是从生产纪律、产品质量和数量方面加以管理，西周以来“物勒工名，以考其诚”的生产责任制仍继续沿用。

五、商业管理制度

春秋时期，各诸侯国为了加强商业和市场管理，大多设有专门商业或市场管理机构。《左传·昭公二十六年》载鲁国设有“贾正”。杜预注：“贾正，掌货物，使有常价，若市吏。”孔颖达疏：“贾正，如《周礼》之贾师也。”可知贾正是专门掌管市场物价及货物准入等事宜。又《左传·昭公二年》记载，郑国有“褚师”，杜预注：“褚师，市官。”宋、卫也有此官。《史记·孙叔敖列传》载楚有“市令”。《史记·田单列传》载齐有“市掾”。吴国管理市的官称“市正”[①]。齐国有“市啬夫”和“市吏”。齐《市法》：“市啬夫使不能独利市”，“欲利市，吏必力事焉”。市啬夫是市场管理专职官吏，吏是市啬夫的属员。[②]。

当时法律对市场和商业管理有明确的规定。如关于市的设置位置及规模，齐国的《市法》规定：“市必居邑之中”，市场规模一般为“国市之法，外营方四百步”，“乃为市之广陕（狭）小之度，令必称邑，便利其入出之门，百化（货）财物利之。”[③]。甚至商贾店铺的排列亦特别有规定：“市二分也。为肆邪分列疏数”。“市化（货）□贵者，受（授）肆毋过……毋过七尺。下化（货）贱者受（授）肆毋过十尺。此肆邪市列之数也。”[④]

春秋时期，为了发展经济、壮大国力，各诸侯国对商业贸易都实行优惠政策。如齐国的管仲“设轻重九府”便利商业，“通齐国之鱼盐于东莱，使关税几而不征，

---

① 《越绝书·越绝荆平王内传》。

② 孔庆明、胡留元、孙季平编：《中国民法史》，吉林人民出版社 1996 年版，第 39 页。

③ 银雀山汉墓竹简整理小组：《银雀山汉墓竹简》，文物出版社 1985 年版，第 147 页。

④ 孔庆明、胡留元、孙季平编：《中国民法史》，吉林人民出版社 1996 年版，第 39 页。

以为诸侯利，诸侯称广焉。”[①]如郑国与商人盟誓保护公平交易[②]就是一例。晋文公在位时，在商业贸易方面提出“轻关易道，通商宽农”[③]的政策。《左传·闵公二年》载卫国有“务材顺农，通商惠工”之政策。为了保证贸易正常进行，各国进而签订了类似今天所谓的“关贸协定”的有关国际盟约，约定各国互相负担“无障谷，勿贮粟”[④]、“勿讫籴”[⑤]、“无遏籴”[⑥]、“勿蕴年，无雍利”[⑦]的义务，保证国际商业贸易畅通。

战国时期，各国商业迅速发展起来，涌现了大批富商，商人的地位大大提高。如孔子弟子、大商人子贡甚至“连驷接骑，束帛之币以聘享诸侯，所至，国君无不分庭与之抗礼”[⑧]，“郑商人弦高将市于周”[⑨]，能跟东周王室作生意。著名的郑国弦高“犒秦师，退秦兵”[⑩]的故事，也正说明了商人在当时国内舞台和国际舞台上的作用。

第五节 主要军事法制

一、军事行政法制

（一）军队的编制

春秋时期各国军队编制不尽相同，但大都以“军”为最高编制单位。一般，诸侯国有三军。据《国语·齐语》载，管仲在齐国“作内政而寄军令”：“五家为轨，故五人为伍，轨长帅之；十轨为里，故五十人为小戎，里有司帅之；四里为连，故二百人为卒，连长帅之；十连为乡，故二千人为旅，乡良人帅之；五乡一帅，故万人为一军，五乡之帅帅之。”因此，齐国的军制为：五人为一伍，十伍（50人）为一小戎，四小戎（200人）为一卒，十卒（2000人）为一旅，五旅（1万人）为一军。国家设左中右三军，以中军为主；中军之将一般称为帅。在晋国，晋文公作三军以御狄，“荀林父将中军，屠击将右军，先蔑将左军”[⑪]。其他诸侯国，如鲁国也设有三军，以适应日益频繁的战争。

---

① 《国语·齐语》。
② 《左传·昭公十六年》。
③ 《国语·晋语》。
④ 《公羊传·僖公三年》。
⑤ 《谷梁传·僖公九年》。
⑥ 《孟子·告子下》。
⑦ 《左传·襄公十一年》。
⑧ 《史记·货殖列传》。
⑨ 《左传·僖公二十二年》。
⑩ 《左传·僖公三十三年》。
⑪ 《左传·僖公二十八年》。

春秋时战国时期的兵种主要有车兵、骑兵、步兵和水兵。车兵以战车为作战工具。史书记载，当时鲁有"公车千乘"。战国时最强的国家是"万乘之国"。诸侯国在车兵之外，还有骑兵和步兵。《韩非子·十过》云：秦穆公"革车五百乘，畴骑二千，步卒五万"。除此之外，在南方的楚、吴、越诸国，还出现了以舟师作战的水兵。

（二）兵役制度

到了春秋时期，日益频繁的战争使兵源需求不断增加，过去的"国人当兵，野人不当兵"的制度已经不能适应新形势的需要。所以，打破国、野界限，把兵役扩大到野，便成为军事制度改革的重要内容。在齐国，管仲"作内政而寄军令"，以五家为轨，十轨为里；每家出兵员一人，五人为伍，十伍为戎，直至万人为军。公元前645年，晋国在韩原之战中败于秦，军队损失惨重。为了重建军队对付强秦，"于是乎作州兵"①。所谓"作州兵"，就是突破国人当兵的限制，允许野人即广大农村的百姓服兵役。"作州兵"首次突破了国野的限制，为完成世袭兵制向征兵制的过渡创造了条件，晋国也因此而走向强大。

战国时期兵役制度有了很大的变化，主要体现在以下几个方面：(1)郡县征兵制的形成。此时各诸侯国一律按郡、县、乡、里等行政体系征集兵员，这就是郡县征兵制。为了征兵制的实施，各国相应建立了"傅籍"制度，凡是达到兵役徭役年龄的男子，必须到行政部门登记。每户所出兵役人数，传统是一户一人。(2)募兵制的创设。所谓募兵制是指国家以出钱雇佣的形式募集兵员的制度，又称雇佣兵制。形式上，从役者自愿应募，役期以合同为据。在当时应募者通常是失地或无业的流民，一经应募，往往终身为兵，唯不及子孙。

（三）训练校阅制度

各诸侯国法制在军队的训练校阅方面也作了规定。

首先，关于训练和校阅的时间规定。如齐国规定：一年之中，"三时务农，而一时讲武"②，即军人春夏秋三季务农，冬季农闲季节讲武。但是《国语·齐语》载："春以蒐(sōu)振旅，秋以狝(xiǎn)治兵，是故卒伍整于里，军旅整于郊"③，《司马法·仁本》载"天子大恺，春蒐秋狝。诸侯春振旅、秋治兵，所以不忘战也"，说明春季亦可以讲武。战国时期，由于常备军的出现，经常化的军事训练已被列为军队建设的首要问题，不再有"三时务农而一时讲武"的限制。

其次，关于训练校阅方式的规定。各国军事训练方式，除平常训练外，主要有"搜狝"，即通过大规模狩猎的方式进行。《左传》所记春秋时期的搜狝活动，多

① 《左传·僖公十五年》。

② 《国语·周语》。

③ 《国语·齐语》。

是军事活动。如《左传·僖公二十七年》载，晋国“搜于被庐，作三军，谋元帅”；《左传·僖公三十一年》载，“秋、晋搜于清原，作五军以御狄”。战国时期，各国多采逐级训练考核方式。“伍长教成，合之什长。什长教成，合之卒长。卒长教成，合之佰长。佰长教成，合之兵尉。兵尉教成，合之裨将。裨将教成，合之大将。”[①]“合之大将”，亦即进行全军训练，陈三军于“中野”，从事实战演习检阅，称为“教成试之以阅”[②]。

（四）军功爵制度

春秋战国时期的军功爵制度，是对“世卿世禄”制的否定。以秦国为例，秦国设军功爵二十级，分别为：一公士，二上造，三簪袅，四不更，五大夫，六官大夫，七公大夫，八公乘，九五大夫，十左庶长，十一右庶长，十二左更，十三中更，十四右更，十五少上造，十六大上造，十七驷车庶长，十八大庶长，十九关内侯，二十彻侯。秦的军功爵制主要包括两项内容：其一，“有军功者，各以率受上爵”。这就是说凡立有军功者，不问出身门第、阶级和阶层，都可以享受爵禄。军功是接受爵禄赏赐的最必要条件。其二，“宗室非有军功论，不得为属籍”[③]。这是取消宗室贵族所享有的世袭特权，他们不能再像过去那样仅凭血缘关系（即“属籍”）获得高官厚禄和爵位封邑。此后“宰相必起于州部，将帅必发于卒伍”[④]成为公认的规律。军功爵还与土地私有制联系在一起，对有军功者赏赐以土地，是私有土地的主要来源之一。

二、军事刑法

（一）法律形式：“誓”仍是春秋战国时期军事法律的重要形式，是军队集结进行演习或作战时公布的法纪。如战国时曾有《韩之誓》曰：“失次犯令，死；将止不面夷，死；伪言误众，死。”[⑤]当时各国公布的法规，大多包含军事刑法。如齐国有《司马法》、《军法》、《守法》、《守令》等，晋国的“被庐之法”、“夷搜之法”等，楚国的“仆区之法”、“茅（茆）门之法”等。如《尉缭子》中的《重刑令》、《将令》、《经卒令》、《勒卒令》、《束伍令》等等，都可能是当时军事刑法的间接记载。

（二）军事司法人员。春秋战国时期领兵出征的卿大夫、将帅在军中都有军事刑罚的审判权和执行权。据《尉缭子·束伍令》记载当时的“战诛之法”：“什长得诛十人，伯长得诛什长，千人之将得诛百人之长，万人之将得诛千人之将，左右将军得诛万人之将，大将军无不得诛。”另外，各诸侯国军队已相继设立专门的军

① 《尉缭子·兵教》。
② 《尉缭子·勒卒令》。
③ 《史记·商君列传》。
④ 《韩非子·显学篇》。
⑤ 《国语·晋语》。

事司法人员。如齐国、楚国有军正，吴国、晋国有司马、司空，掌管军令军法。演习中违纪者也要处罚，如楚国令尹子玉率兵攻打宋国前的一次演习中就曾“鞭七人，贯三人耳”①；如晋国“祁瞒奸命，司马杀之，以徇于诸侯”②；晋悼公之弟杨干乱军行，军司马魏绛杀杨干之仆以示惩戒③。可见司马是专主军事法司法人员。

（三）军事刑罚体系。春秋战国时期军事刑罚的刑种，与一般刑罚体系大致相同。有生命刑，包括戮、斩、杀、枭、车裂等；有身体刑，包括笞、缚、贯（刺穿）等；有自由刑，包括逮、收等；有财产刑，如没收充公等；有身份刑，如夺爵、免官等；有羞辱刑，如徇（示众）等。此外还有“连坐”的刑罚，如夷三族；有连质（以亲属为人质）等。对军事犯罪的处罚，常常比寻常犯罪加重。如作战失败、防守投降、弃众而逃的，不仅本人处死，而且全家没官为奴，甚至挖祖坟，暴骸骨。春秋战国时出现了专门惩治“败军之（法）条”。《尉缭子·重刑令》：“夫将自千人以上，有战而北，守而降，离地逃众，命曰国贼。身戮家残，去其籍，发其坟墓，暴其骨于市，男女公于官。自百人以上，有战而北，守而降，离地逃众命曰军贼。身死家残，男女公于官。”据说这是战国魏惠王时的军法。

第六节　列国关系法制

一、列国关系原则

春秋战国时期，各国在频繁的交往过程中形成了一系列共同遵守的外交关系原则，这可以说是当时国际公法的基本原则。这主要包括：

（一）国家之间地位平等

春秋战国时期，各国虽有大小强弱不同，爵位级别不同，理论上讲，他们在国际法上地位是平等的。诸侯国大都源于西周时期的分封制，直接臣属于周天子，周天子享有最高政治权威。但是，春秋以后，王权没落，周天子“天下共主”地位逐渐虚化。虽然在法理上周天子仍有权讨伐诸侯，但是在春秋战国的现实生活中周天子早已无力了。周天子的政治地位已为接连兴起的霸主所取代。霸主就是“诸侯长”，它与诸侯之间的地位理论上讲还是平等的，但是事实上已经形成了霸主、与国、属国、附庸的尊卑等级关系。不过，即使是霸主欺凌小国，也必须找出适当的理由，不能无缘无故。如以齐国灭纪，也要找个复九世以前的旧仇的“大复仇”借口④，这反过来证明了大小国家之间国际法上的地位平等。

---

① 《左传·僖公二十七年》。
② 《左传·僖公二十八年》。
③ 《左传·襄公三年》。
④ 《春秋公羊传·庄公四年》。

（二）互不干涉内政

各国的内外事务由本国自己独立处理，其他国无权干涉。据《国语·周语》记载，周天子曾立鲁武公小儿子为鲁国新君，遭到鲁国人的强烈反对，新君被鲁国人杀了，结果导致周鲁二国之间的战争。贵为名义上"天下共主"的周天子为名义上臣属的诸侯国立君，是符合"周礼"的，但仍然被认为是干涉鲁国的内政；不仅遭到了鲁国人的反对，而且引起了诸侯各国的不满。又如，鲁僖公十八年（前642年）春，宋襄公率诸侯伐齐国，欲为之立君（孝公）。两国大战，"夏五月，宋败齐帅于甗，立孝公而还。"[①]此处宋襄公干涉齐国立君之事，引起齐国的不满，导致两国兵戎相交。当然，一旦在国际会盟中通过盟约确认系国际问题，就不能再完全视为内政了。如齐桓公的"葵丘之盟"所干涉的"以妾为妻"、"易树子"、用贤、封爵之事，本为内政，但转而为国家法干涉对象。

（三）互不侵犯领土

各国对其领土拥有最高权力，其他国家不能随意侵犯别国领土。春秋时期，"我疆我理"[②]的观念已经深入人心。如公元前627年秦晋淆之战就体现了强烈的领土不许侵犯的观念：秦穆公进攻郑国，大军必经过晋国南境之淆关；但秦国没有向晋国借道。晋即以此为借口，在淆设伏，致使秦全军覆没。[③] 不过，不侵犯仅仅是从当时的国际法理而言，就是说即使大国攻打一个非常弱小且无过错的国家，也必须制造一个"师出有名"的借口。至于实质上是否遵守此一原则，就是另外一回事了。

（四）盟约必须信守

在春秋战国时期，诸侯国之间经常会盟，缔结盟约。因此，信守盟约成为必要的国际关系原则。如果一定要背盟，一定要找到充足的借口。如襄公九年（前564年）楚国进攻晋国的盟国郑国，郑国执政子驷打算与楚国讲和结盟。大夫子孔、子蟜反对："与大国盟，口血未干而背之，可乎？"大夫子驷、子展认为可以背弃与晋国的结盟而服从楚国，理由是："吾盟固云：唯强是徒。今楚师至，晋不我救，则楚强矣。盟誓之言，岂敢背之？且要盟无质，神弗临也，所临唯信。信者，言之瑞也，善之主也，是故临之。明神不蠲要盟，背之可也。"郑国终于背晋而与楚盟。[④] 总体而言，各诸侯国大致是信守盟约的。

---

① 《左传·僖公十八年》。
② 《诗经·小雅·信南山》。
③ 《左传·僖公三十三年》。
④ 《左传·襄公九年》。

二、列国交往关系法

（一）列国外交机关

1. 君主。春秋战国时期君主是国家的最高机关，因而也是国家对外关系的唯一代表。国即君之国，君即国之君，国与君是一体的。所以国家的外交就是君主的外交，君主的外交就是国家的外交。凡是一国与他国会盟或订立盟约，都需要由君主亲自前往，否则视之为“非礼”。如鲁庄公十六年冬，鲁国“会齐侯、宋公、陈侯、卫侯、郑伯、许男、滑伯、滕子同盟于幽”①。当一国国君即位时，需要他国国君亲自前往祝贺。如鲁文公十一年，“曹文公来朝，礼也”②。当然，作为外交最高代表的君主享有最高的尊礼以及外交特权、豁免权等。

2. 外交代表。春秋战国时期各国有专门掌管外交事务的部门，有专门负责外交的官员。其中最重要是行人。各国一般延续《周礼·秋官》大小行人的设置，掌诸侯朝聘之礼仪和奉命出使各国。其他有关外交的官员还有司盟、司仪、掌节、掌客、大宗伯、小宗伯、司市、幕人等。

各国国君也经常派遣临时外交使节出使外国。这些临时的外交使节名目繁多，主要有修好聘问之使、吊灾庆贺之使、告请报拜之使、参与会盟之使等。至于国君亲自参加国际会议，则他自己就是国家的外交代表了。修好聘问使节、参与盟会之使节等一般须派遣卿、大夫，爵位低了不行。外交使节对所从事的专门的外交事务享有全权办理之权，但未经授权不可兼办。使节的责任是“使于四方，不辱君命”。使节的任职期限，一般来说，“使节之产生，完全系于事务；故事务完毕，使节职任也告终了”③。

（二）列国间会盟

春秋时代，王室衰微，各诸侯国从各自的利益出发，通过会盟结成不稳固的军事集团，以与其他诸侯国或军事集团对抗。随着战争的频繁和规模的不断扩大，诸侯国间不断地分分合合，不断地会盟。因此，频繁地会盟成为春秋时期邦交中特有的现象，仅《春秋》、《左传》所记载的会盟就达二百四十六次。④ 在此过程中不仅形成了国际性组织（如北盟会、南盟会和总盟会等），而且形成了一整套规则。

1. 会盟组织。春秋时期的盟会大体可分为北盟会、南盟会以及总盟会三种

---

① 《春秋·庄公十六年》。

② 《左传·文公十一年》。

③ 洪钧培：《春秋国际公法》，中华书局 1939 年第 1 版，第 206 页。

④ 姚彦渠《春秋会要》统计《春秋》一书共记会、盟、遇、胥命 188 次；刘伯骥《春秋会盟政治》据《春秋大事表》及《通志》统计，《春秋》记会 101 次，盟 89 次，同盟 16 次，共 206 次。笔者据《春秋》、《左传》统计，二书共记邦国之间的盟 108 次，会 85 次，会盟 45 次，遇 6 次，胥命 2 次，共计 246 次。

类型。前者由北部和中部国家组成，中者由南部中部国家组成，后者则由南北盟会组成。

(1) 北盟会。北盟会分为前后两个阶段，一是以齐国为首的北杏之盟，于鲁庄公十五年(前 679 年)成立；一是以晋国为首的践土之盟，于鲁僖公二十八年(前 624 年)成立。但是它们的宗旨是相同的，都是合作、互助、抗楚。

(2) 南盟会。北杏盟会的成立，迫使实行扩张主义的楚国也不得不改变其对外策略，以免孤军作战，暂时与南部、中部诸侯国达成协议，在鲁宣公十一年(前 598 年)于辰陵组成了一个国际组织，会员国主要有楚、陈、郑等国。因为楚国是这一国际组织的中坚力量，自始至终，楚国一直担任盟主，其宗旨是为了对抗北杏盟会与践土盟会。

(3) 总盟会。由于以齐为首的"北杏盟会"和以晋为首的"践土盟会"与以楚国为首的"辰陵盟会"长期互相抗衡，战火连年，使得各诸侯国长期处于水深火热之中。为了消除各诸侯国之间的战争，维持长久和平，楚、晋、宋、齐等国在鲁襄公十七年(前 556 年)召开的国际"弥兵"会议上成立了一个国际组织。因为这个国际组织包括了春秋时期几乎所有的诸侯国，成员遍布北中南各路诸侯国，因此称为总盟会，楚国为总会长。总盟会的宗旨是消除南北盟会之间的隔阂与敌视，使二者融为一体。但楚国并没有因为总盟会的成立而消除其吞并列国的野心。不久，楚国公然违背总盟会的宗旨，侵略陈国，将其吞并。其后，楚国又攻打蔡国，晋国立即召集北盟会成员救蔡。至此，总盟会宣告解体。

2. 盟会职能。春秋时期的盟会的主要职能有政治、经济、军事、司法等几个方面。盟会的重要政治职能之一，即召集会议、缔结盟约。盟会均有盟主，盟主为诸侯长，是会议的主持者，享有类似周天子的特权，由它选定时期、地点召集诸侯会议，宣读盟约，主持缔结同盟，并歃血为誓。盟主有权召集同盟者，也有权禁止某些国家参加会议。同盟的义务是互相救助，凡是会员国发生水旱灾荒时，盟会就召集会员国大会，讨论对其进行救助。如果会员国被侵略，或处于危险境地，盟会往往要派军队前去救护。还有，北盟会召开会议时，对于迟到的会员，盟会要予以惩罚；同盟国之间如果发生纠纷，争议的任何一方都可以将纷争诉诸盟会，由盟会对其进行调节、裁判，甚至一国之内的君臣纠纷，也可由霸主解决。

(三) 列国间盟誓(约)

盟誓是春秋战国时期各诸侯国或卿大夫之间为了某些重大事件或在某些重大活动中制订公约、"对天盟誓"时所记录的文辞，有些像今天的国际公约。

1. 盟誓的形式。盟书是春秋战国时期国际盟约的主要形式。《左传》称之为"载书"，是会盟中最主要的内容。盟书由四部分组成：第一部分，为盟誓的日期；第二部分，为同盟者的顺序排列；第三部分为盟誓的盟辞，是同盟各国诸侯对某些事项的具体约定，是盟誓的规范部分，具体由司盟起草；第四部分为盟誓的诅辞。诅辞即对违反盟约者的诅咒，具体由诅祝负责起草。

2. 盟誓的内容。什么可以成为当时国际盟誓的内容？也就是说，当时的国际盟约会干预或规范哪些事宜？鲁僖公九年（前 651 年）齐桓公主持的葵丘之盟，其盟约是典型代表。“葵丘之会，诸侯束牲载书而不歃血。初命曰，诛不孝，无易树子，无以妾为妻。再命曰，尊贤育才，以彰有德。三命曰，敬老慈幼，无忘宾旅。四命曰，士无世官，官事无摄，取士必得，无专杀大夫。五命曰，无曲防，无遏籴，无有封而不告。曰：凡我同盟之人，既盟之后，言归于好。”[①]鲁成公十二年（前 579 年）晋楚两国会盟于宋西门之外，盟约曰：“凡晋楚无相加戎，好恶同之，同恤灾危，备救凶患。若有害楚，则晋伐之；在晋，楚亦如之。交贽往来，道路无雍；谋其不协，而讨不庭。有渝此盟，神明殛之！俾队（坠）其师，无克胙国！”[②]鲁襄公十一年（前 562 年），鲁国会晋侯、宋公、卫侯、曹伯、齐世子、莒子、滕子、薛伯、杞伯、小邾子于亳城，载书曰：“凡我同盟，毋蕴年，毋壅利，毋保奸，毋留慝；救灾患，恤祸乱，同好恶，奖王室。或间兹命，司慎司盟；名山名川，群神群祀，先王先公，七姓十二国之祖，明神殛之！俾失其民，队（坠）命亡氏，踣其国家！”[③]

3. 盟誓的制定程序。盟誓的制定程序是一套特定的礼仪程序。春秋时期，盟誓一般在专门的场所进行，称之为“坛”和“舍”。《左传》中记载，子产认为“大适小则为坛，小适大苟舍而已”。因此，子产如楚，“舍不为坛”。《礼记·曲礼》说“诸侯相见于卻地曰会，约信曰誓，莅牲曰盟”。孔颖达疏曰：“盟之为法，先凿地为方坎，杀牲于坎上，割牲左耳，盛以珠盘；又取血，盛以玉敦，用血为盟书，成乃歃血而读书”。这就是盟誓程序。缔结盟约的主要仪式程序是：会坛、杀牲、执耳、歃血、载书、告神。

4. 盟誓的遵守。盟誓由各国通过严格的仪式缔结，对当事各方具有拘束力；当事各方必须善意履行，这就是当时必须遵守的原则。盟约背后的诅咒，也是为了借天或神保障遵守执行。当时各国很重信义，大多数条约也都能遵守。为了防止各国违反盟誓，在订立条约时举行庄重的仪式，并且在条约缔结后还要告神明。另外还实行人质（主要是质子，即以国君的儿子作为人质侨居于与盟国）制度用来保障盟誓的遵守。

5. 违反盟誓的惩罚。违反盟誓的惩罚，文字表达上看主要是借助神灵诅咒，诅咒违犯盟约者将亡国灭家，灾祸临头。但实际上，真正的惩罚是其他与盟国的武力讨伐。

① 《孟子·告子下》。
② 《左传·成公十二年》。
③ 《左传·襄公十一年》。

三、列国间争端解决机制

春秋时期解决列国间争端的方法主要有两种：强制解决（包括战争）与非强制解决。

（一）强制解决方式

春秋战国时期，对于诸侯国之间的争端，强制解决方法主要有反报、报复。

1. 反报。反报就是一国以同样或类似的行为回答另一国的不礼貌、不友好、不公平的行为。[①] 鲁襄公九年（前486年），晋人要（邀）盟于郑国，曰："自今日既盟之后，郑国而不唯晋命是听，而或有异志者，有如此盟。"[②]郑国无法接受这一怀有欺凌之意的要盟，乃回报曰："天祸郑国，使介居二大国之间。大国不加德音，而乱以要之，使其鬼神不获歆其湮祀，其民人不获享其土利，夫妇辛苦垫隘无所底告。自今日既盟之后，郑国而不唯有礼与强可以庇民者是从，而敢有异志者，亦如之。"[③]这就是郑国为促使晋国反省而采取的一种反报行为。

2. 报复。是一国针对另一国的国际不法行为而采取的相应强制措施，以迫使对方同意接受己方提出的争端解决方案。春秋战国时期这样的例子很多，主要指讨伐战争和其他强制制裁等。

（二）和平解决方式

1. 谈判和协商。谈判和协商一般指两个或两个以上国家为有关问题获致谅解或求得解决而进行直接交涉的一种方式。早在春秋战国时期，就已广泛运用。

2. 斡旋和调停。斡旋和调停是指当事国不愿意直接谈判或虽经谈判而未能解决争端时，第三国可以协助当事国解决的方法。"春秋善解纷，贵远怨，而恶以兵戎相接"[④]。因此春秋时期斡旋与调停的例子很多。《左传·成公十二年》载晋士燮会楚公子罢、许偃盟于宋西门之外，"郑伯如晋听成"，就是郑国充当斡旋调停者。

3. 仲裁。当事人双方把争端交给自己选任的仲裁人来裁判并承诺服从其裁决的一种解决争端的法律方法。鲁成公四年，郑、许二国发生纠纷，郑、许二国同意把争端交给楚臣子反来仲裁。《左传·成公五年》："许灵公诉郑伯于楚"，郑伯也向楚国提起仲裁。最后，仲裁的结果是郑国"讼不胜；楚人执（郑）皇成子国，而归郑伯"。仲裁人可以由争端当事国自己任选，充当仲裁者的往往是盟会会长国的国君，这是因为会长国的权威大于其他小国。

---

① 王铁崖：《国际法》，法律出版社1981年第1版，第454页。

② 《左传·襄公九年》。

③ 同上。

④ 《左传·成公二年》。

4. 司法解决。春秋时期没有由独立法官组成的国际法院或国际法庭，行使此项权力的是南盟会、北盟会和总盟会。如，鲁昭公元年，“季武子伐莒取郓，莒人告于会”①。那么纷争的任何一方都可以将纷争提交到盟会，请求判决，裁判官由会长国担任。判决结果对纷争双方都有拘束力。鲁襄公十七年，曹、卫二国发生纠纷，由于二国都属北盟会会员国，因此“曹人诉于晋”（晋为盟主）②，这一争端只能由北盟会作出裁决。无论是仲裁裁决，还是司法判决，纷争双方都必须执行和服从，对争端当事国都有拘束力。

四、战争规则

春秋时代的战争频繁是最令人瞩目的现象之一。在春秋时期二百四十二年间发生的战争，见于《左传》等书记载的就有四百八十余次。③ 如齐桓公“并国三十五”，秦穆公“益国十二”，楚庄王“并国二十六”，晋献公“并国十七，服国三十八”，可见当时战争之频繁。

（一）出师之名④

战争的开始，意味着各交战国之间的关系由和平关系转入战争关系，也意味着各交战国之间开始适用有关战争的原则、规则，并因此而产生一系列的法律后果。在交战国双方战争正式爆发以前，首先要“师出有名”。就是在出征前要遍告诸侯以出师的理由，而受征伐的国家则往往派使者询问对方出师的理由。如果对方师出无名，使者就会据理力争，以“有辞’，迫使来师退兵。鲁襄公三十一年（前542年），齐国派闾丘婴帅师伐鲁，鲁派使者询问其理由（师故）。齐人理屈退兵，并“杀闾丘婴以说（悦）于我”⑤。据《左传》所记，春秋时期开战的出师之名有以下几类：

1. 逆天渎神类。即以奉行天命，实行天讨天罚为战争理由。如《左传》载，鲁隐公十一年（前712年）秋，郑国率齐鲁等诸侯联军进攻小国许国，其出师理由就是“天祸许国，鬼神实不逞于许君，而假手于我寡人（来讨伐）”⑥。

2. 宗法政治类。即以违反宗法政治秩序准则为战争理由。鲁隐公十年（前713年），郑国出兵攻宋，其出师之名之一就是“宋公不王”或“不庭”，自称是“以王命讨不庭”。就是讨伐其对周天子或周王室的不恭敬行为。又如鲁僖公十二年（前648年），楚国攻灭黄国，其出兵理由就是“不共”，亦即对宗主国（霸主国）

---

① 《左传·昭公元年》。

② 《左传·襄公十七年》。

③ 郭宝钧：《中国青铜器时代》，三联书店1963第1版，第173页。

④ 本节参考了中南财经政法大学2007届法律史专业硕士毕业生张锋同学的毕业论文《先秦征战“出师之名”的法理初探》一文。

⑤ 《左传·襄公三十一年》。

⑥ 《左传·隐公十一年》。

不恭敬、不敬贡。[①]《史记·周本纪》说，周代有“征不享、让不贡、告不王”的制度，就是要以战争等强制手段制裁不参加周室祭祀、不朝贡、不恭顺的行为。讨伐他国政变或弑君行为，也构成各国出兵他国的理由。

3. 礼义伦常类。诸侯国君或其家族废嫡立庶、以妾为妻、亲属乱伦、婚姻失礼等行径，构成别的诸侯国出兵讨伐的理由。如鲁隐公二年（前 721 年），莒国出兵攻打向国。因为莒国国君的妻子是向国国君之女，因夫妻关系不好擅自跑回向国，被向国庇护起来。莒国出兵的理由就是向国“失（两国）婚姻之义”[②]。前 651 年齐桓公主持葵丘之盟，盟约即约定“诛不孝，无易树子，无以妾为妻”[③]；若有国家违反了，同盟国可以出兵讨伐。《史记·周本纪》载周有“外内乱、禽兽行则灭之”之法制，则如果有某诸侯国国君或公族有乱伦行径，各国可以出兵讨伐。

4. 外交失礼类。如鲁桓公二年（前 710 年），杞国国君朝见鲁君时礼仪失敬，于是鲁国出兵讨伐之，理由是“讨不敬也”。又如鲁庄公十九年（前 675 年），齐、宋、陈三国共伐鲁，理由是鲁国外交失礼：在四国盟会于幽地时，鲁国派去的使节身分级别太低，其他三国认为是对自己的失礼或不尊重。又如鲁文公十四年（前 613 年），邾国伐鲁国，理由是鲁国在邾文公葬礼时派去的使节行为“不敬”。[④]

5. 同盟关系类。就是因为同盟关系的缘故而出兵，要么是出兵攻打敌国的盟国，要么是攻打背叛同盟之国，要么是出兵救援盟国，要么是进攻盟友国的敌国。这都是当时正当的出兵理由。如鲁僖公十五年（前 645 年），楚国伐诸夏联盟的盟国徐国，作为报复，齐国随即率领曹国等国进攻楚国的盟国厉国。这一进攻，就是“伐敌与国”，目的是“救与国”。鲁僖公二十六年（前 634 年），齐国进攻鲁国，鲁国的盟国卫国就派兵进攻齐国，这就是以“救与国”为出师之名。鲁文公五年（前 622 年），楚国的“与国”（盟友）六国（今安徽六安）背叛楚国与东夷结盟，楚国于是出兵攻灭了六国，这是以讨“与国叛”为出师之名。[⑤]

（二）战争开始

军队出征要履行一整套礼仪。首先，在出师前都要举行隆重的礼仪，即卜战和告庙。向上天和先祖享告出征的理由，并祈求佑护。其次，在祖庙中向士卒分发武器，并杀牲飨士卒。“将战，华元杀羊食士”[⑥]。再次，在战争开始之前，还要派遣使节到交战方去挑战，这也就是春秋时期风行的“致师”，即说明战争理由。

---

① 《左传》隐公十年、僖公十二年。
② 《左传·隐公二年》。
③ 《孟子·告子下》。
④ 《左传》桓公二年、庄公十九年、文公十四年。
⑤ 《左传》僖公十五年、僖公二十六年、文公五年。
⑥ 《左传·宣公二年》。

最后，整师出发或到达接战区域之际，还要“誓师”，即宣明理由、鼓舞士气、申明军纪。

（三）战时的规则

春秋时期的战争有一些具体的法规，规定了国家在战争时应履行的基本义务。这些法规主要有：

1. 大张旗鼓。即应有明确的旗帜标明军队所属，以钟鼓为开战的信号，即所谓“大张旗鼓”。“凡师有钟鼓曰伐；无曰侵，轻曰袭”。所以，鲁僖公三十三年（前627年）秦军潜师袭郑国，王孙满批评说：“秦师轻而无礼！”①。又如鲁隐公十一年（前712年），鲁国会齐、郑二国伐许国。郑国将军颖考叔、瑕叔盈举郑国国君之旗先登城。郑国军士以为国君已经登城，大受鼓舞，一鼓作气率先攻占了许国国都。②

2. 丧乱不伐。春秋时期的战争重视人道主义。两国交战中，若一国国君亡故或者国内发生内乱，另一国必须停止战争，不能乘人之危，否则将被视为不仁义之举。如鲁襄公四年（前569年）二月，“陈成公卒。楚人将伐陈，闻丧乃止”③。

3. 不灭同姓国。不灭同姓国家是春秋国际法的一条特有原则。同姓国再小，大国也不能找借口灭掉，否则被认为“非礼”。故《礼记·曲礼下》云：“诸侯失地，名；灭同姓，名。”就是点出灭人国者之名字，以示贬低。僖公二十五年（前635年），卫侯毁（毁为卫侯之名）灭同姓的邢国。《春秋公羊传》云：“卫侯毁何以名？绝。曷为绝之？灭同姓也。”但是春秋时期，这条禁令也屡遭破坏，齐、晋、楚都有灭同姓之国的行为，犹以齐国之灭纪国最为明显。

4. 礼遇敌君。在春秋时期，交战中一国将士如果遇到敌国国君，不仅不能将其伤害，反而要以礼相待。如鲁成公十六年（前575年）晋楚交战，晋国大夫郤至每次碰到敌军主帅楚共王及其卫队时，都要脱掉头盔、跳下战车，向楚王致敬。④

5. 不重伤、不禽二毛。所谓不重伤，就是不能两次伤害敌方同一人。鲁宣公二年（前607年），郑宋两国交战，宋国大夫狂狡的战车将一名敌人掀入井中；他看到那人困在井中，便倒持武器，连忙去营救。不料敌人出井后把他打倒在地，并俘虏了他。狂狡的做法多少反映了他仍在固守“不重伤”的原则。⑤ 所谓

---

① 《左传·僖公三十三年》。
② 《左传·隐公十一年》。
③ 《左传·襄公四年》。
④ 《左传·成公十六年》。
⑤ 《左传·宣公二年》。

“不禽二毛”，大约是不俘获头发花白的老兵的意思，也是一种人道主义考虑。[①]

6. 不以阻隘、不鼓不成列。所谓“不以阻隘”，就是不凭借险阻障碍之地形与敌人决战；所谓“不鼓不成列”，就是不能在敌人尚未列好阵式时擂鼓进攻。鲁僖公二十二年(前638年)，冬，宋楚两国战于泓。“宋人既成列，楚人未既济。司马曰：‘彼众我寡，及其未既济也，请击之。’(宋襄)公曰：‘不可。’既济而未成列，又以告。公曰：‘未可。’既陈而后击之，宋师败绩。公伤股，门官歼焉，国人皆咎公。公曰：‘君子不重伤，不禽二毛；古之为军也，不以阻隘也。寡人虽亡国之余，不鼓不成列。”[②]宋襄公不愿意乘楚军正在渡河、上岸而未及列阵之际袭击敌人，这里所遵循的是更古的时代的战争道德或礼法，在春秋时只剩下一点残余了。鲁成公十六年(前575年)，晋楚两国交战于鄢陵。楚军早已列好阵式。但由于楚国军阵距离晋军太近，致使晋军无法出营列阵。于是晋军不得不填平营内井灶以腾出列阵空间。在晋军填灶埋井、卜问祷告、祭祀祖先、誓师动员之际，楚均主帅楚共王却登上指挥车，静静地观看晋军完成这一切程序，等待敌方列阵完毕，然后再下令开始进攻。[③] 这里遵循的都是当时尚被国际舆论视为正当的战争道德或战争习惯法。

(四) 战争的结束

春秋时期关于战争的结束也有习惯的法制。战争胜负已分或者一国向敌国投降，即宣布战争状态结束。这时战胜国应该对战败国以礼相待。如果一国将敌国完全占领，也视为战争结束，这时战胜国应该保存战败国之祀，即保持国君宗族的宗庙祭祀香火和爵禄传承；若战败国国君或者夫人丧亡，战胜国也应该为其料理丧葬事宜。

第七节　司法和诉讼制度

一、司法机关

春秋时期，周天子作为最高司法官，主要处理有关诸侯之间的争讼，或者授权诸侯长即霸主处理诸侯之间的争讼，或授权其制裁对周王室不尽朝贡义务的诸侯。随着周天子势力逐渐衰败，周天子的地位被齐、晋、楚等几个诸侯霸主所取代[④]，霸主们代天子行使司法权。如鲁襄公十年(前563年)，“晋侯使士匄平王室”。士匄听审了楚王叔陈生与大夫伯舆的争讼。[⑤] 晋侯派官员主持周王室

① 《左传·僖公二十二年》：“君子不重伤，不禽二毛。”
② 《左传·僖公二十二年》。
③ 《左传·成公十六年》。
④ 《左传·僖公二十八年》，又见《左传纪事本末》(三)。
⑤ 《左传·襄公十年》。

法庭，审理本应由周王或王室司法官审理的案件。当然，更多时候是霸主们“挟天子以令诸侯”、“奉王命以讨不庭”，借天子的“天下共主”之权威，通过把持诸侯国之间案件的司法审判扩张势力，压迫其他国家。

在各诸侯国内部，国君掌握最高司法权，形成了自己的中央司法体系。国君有时设立特别最高法庭审理重大案件。据明人董说《七国考》转述，战国时韩国国君曾修建了专门的特别审判庭——韩王听讼观。[①] 各诸侯国对中央最高司法官员的称谓有所不同，鲁国称为“司寇”，齐国称“士”，晋国称“士”或“理”，楚国称为“廷理”或“大司败”，陈国称“司败”，秦国则称“廷尉”。在地方，郡县制确立以后，郡县的行政长官兼理司法事务。如鲁国的“宰”、晋国有“大夫”、楚国有“县公”和“县尹”等；并且分别设有主管司法事务的属员或掾吏，如韩国的县司寇、秦国的治狱令史等。各国已经初步形成一套从中央到地方的司法行政合一体系。郡县以下则实行乡遂制度（如齐国分为二十一乡，鲁国分为三郊、五遂等），分别设立乡士、遂士、县士、里公等专理司法的官员或乡官。如楚国在县下设有里，由里公负责受理里人的诉讼。

二、诉讼制度

（一）起诉

春秋的起诉方式，没有严格的自诉与公诉之分。起诉是司法机关受理案件的理由，也是诉讼的开始。春秋战国的起诉形式，有控告式、纠举式和自控式。

1．控告式。控告式是先由原告人向官府或朝廷控告，然后提起诉讼。因此，控告是提起诉讼的主要依据。秦商鞅变法，奖励告奸：“今民什伍而相牧司连坐；不告奸者腰斩，告奸者与斩首同赏，匿奸者与降敌同罚。”[②]又规定：“守法守职之吏有不行王法者，罪死不赦，刑及三族。周（同）官之人，知而讦之上者，自免于罪。无贵贱，尸袭其官长之官爵田禄。”[③]例如，所谓商鞅谋反案[④]，就是由原告、太子师傅公子虔之徒控告商鞅谋反，然后导致商鞅被追捕，直至被杀。《墨子·号令》有“诸吏卒民有谋杀伤其将长者，与谋反同罪，有能捕告，赐黄金二十斤”之记载，也许反映了当时的鼓励控告制度。

2．纠劾式。是指负有监督职责的官吏直接指控罪犯，拘捕被告，定罪判刑。据说“孔丘诛少正卯案”就是采用纠举的起诉形式。时任鲁国司寇的孔丘上任七天就提起纠劾，列出少正卯的“五条罪状”[⑤]，并诛杀之。卫侯与元咺争讼败诉后

---

① （明）董说《七国考》卷四，《韩宫室》。

② 《史记·商君列传》。

③ 《商君书·赏刑》。

④ 《史记·商君列传》。

⑤ 《荀子·宥坐》记孔子所列少正卯五大罪状是：心达而险、行辟而坚、言伪而辩、记丑而博、顺非而泽。

杀人案[①]，就是晋文公直接向周王纠举卫侯。周王以王命传呼之，卫侯穿囚服到庭，接受由周王派遣的法官的审判。这种纠劾，既包括对官员的违法犯罪行为的纠劾，也包括对普通百姓的纠劾。

3. 自告式。所谓自告、自拘、自系，相当于现在的自首。“李离过听杀人案”[②]、“石奢纵父案”[③]中的李离、石奢都属于自控。李离是晋文公的法官，因误听了别人的意见，错杀了人，他就“自拘当死”。晋文公赦免其罪，李离却“辞不受令”。晋文公以自责开导他，李离说：“理有法，失刑则刑，失死则死。”意思是当法官的应当为自己的错判承担责任：用刑错，自己就应受刑；杀人错了，自己就应偿命。最后终于伏剑而死。石奢之父犯下杀人罪，石奢“纵其父而还自系焉”，最终奉法自刎而亡。

（二）受理

以秦国为例，按照《云梦秦简》的记载，凡重大案件起诉要到郡守处才能立案受理。所谓“辞者辞(于)廷”，“辞”就是诉讼。什么是“廷”，《法律答问》说：“今郡守为廷不为？为也。”只有郡守处得称“廷”。诉讼要到郡的长官处去才能受理，而不得先到县、都控告。县一级官员，似乎没有受理诉讼案的立案权，只能由郡守把所立案移到案发县具体审理。县中设有“治狱”这一职官；也设有“狱史”，是办案官吏。案子当主要由他们经办。有疑难不能判决的，则要上报郡，直至中央朝廷，由上级层层复审判决。

受理控告必须进行审核。控告不实者，《云梦秦简》中有所谓“州告”。《法律答问》说：“州告”的意思是，控告他人的罪已不属实，又以别的罪状再控告此人，官府不予受理，还要以其所控告不属实的那个罪名的刑罚惩罚控告者。诬告者反坐所诬之罪的规定在当时似乎已经形成，区别对待诬告和“告不审”似乎也是当时的一个原则。

（三）审理

春秋战国时期的案件审理制度，主要有下列几个方面值得注意：

1. 受期。受期，是受理各种诉讼的时间。据1987年湖北荆门《包山楚简》中的《受期》简文可知，楚国具体规定了诉讼的具体时间，即某月某日，某地官员某受期，某月某日将弊断某人之狱讼。楚国的诉讼案当先由司士规定日期，告知双方当事人，然后按期审理；如审理未完，可再规定日期审理。

2. 强制措施。春秋战国时期对刑事案件的强制措施有追捕、拘系等。

(1) 追捕。追捕罪犯，是保证诉讼正常进行的必要手段，因此，官府要尽力

---

① 《左传·僖公二十八年》。
② 《史记·循吏列传》。
③ 同上。

追捕，将罪犯擒拿归案。战国李悝的《法经》和商鞅之法中都有捕法。秦简中存《捕盗律》，以后历代法典都有《捕亡律》，对逮捕罪人作了规定。在商鞅案中，商鞅就受到了官府的追捕。诸侯之间根据盟约相互承担协助逮捕的义务，相当于今日所谓“司法协助”。“春秋诸国并立，犯罪人常逃至他国，所以在襄公十一年晋会诸侯伐郑，同盟于亳城北的盟词里就有说：毋保奸（藏罪人），毋留慝（速去恶），就是诸侯缔结条约不许容纳罪犯并须从速交出”[①]。如卫国大臣州吁弑国君（卫桓公）自立，遭国人反对而逃至陈国；陈国依约定逮捕之，交给卫国自己审理。[②]

（2）拘系和自拘。拘系就是对人犯进行强制拘束，如以绳索、枷锁、桎梏、铁链等约束人犯。春秋时，齐桓公自鲁国引渡管仲回齐国，管仲就是戴桎梏被押送至齐境的。[③] 孔子弟子公冶长被人诬陷入狱，孔子说：“（公冶）长虽在缧绁中，非其罪也。”[④]缧绁就是拘系犯人的绳索。此外还有自拘，又叫自系，这是案犯自首所经常采用的形式。也可以在自系以后，派人代替自己去自首。如石奢“纵其父而还自系焉，使人言之王”[⑤]，就是这种形式。

3. 出庭。春秋战国时期审理案件要求原告和被告都到庭。法官只有在原告、被告双方当事人俱到的情况下才可以开庭审判，但《周礼》“命夫命妇不躬坐狱讼”的原则还继续坚持，他们可以由代理人出庭。《左传》中记载了两个诉讼代理的案例。公元前 632 年，卫侯和元咺争讼于晋（晋是霸主）。由于卫侯是国君，元咺是他的臣子，因此，卫侯派了大臣针庄子代理出庭，又派宁武子协助之。只宽免了宁武子。[⑥] 公元前 563 年，楚王叔陈生和伯舆争讼。王叔派其家宰代理，伯舆派其大夫瑕禽代理，“坐狱于王庭”，双方进行了激烈的争辩。[⑦] 最后楚王叔败诉。

4. 辩论。春秋战国时期即有法庭辩论。“卫侯与元咺争讼案”中，晋文公让针庄子代替卫侯与元咺对质辩论，让士荣摄执法之官。[⑧] 三人经过长时间的辩论后，结果卫侯败诉，怒而杀审判官（大士）士荣，刖针庄子。晋文公最后审理卫侯杀人之罪，“执卫侯，归之于京师，置诸深室”[⑨]。鲁襄公十年（前 563 年）楚王

---

① 杨鸿烈著：《中国法律发达史》上海书店 1990 年版，第 54 页。

② 《左传·隐公四年》。

③ 《史记·齐太公世家》。

④ 《论语·公冶长》。

⑤ 《史记·循吏列传》。

⑥ 《左传·僖公二十八年》。

⑦ 《左传·襄公十年》。

⑧ 杨鸿烈先生认为，士荣在本案中是律师，不是法官。参见杨鸿烈：《中国法律发达史》，上海书店 1990 年影印版，第 55 页。

⑨ 《左传·僖公二十八年》。

叔陈生与伯舆争讼案中也有激烈的法庭辩论。

5. 证据。春秋战国时期,证据一般包括物证、书证、人证、口供。如秦国的刑事诉讼,就是以口供和证人证言作为重要证据的。商鞅谋反案就是以公子虔之徒告发之词作为主要证据,发吏追捕商鞅,直到车裂商鞅时还宣告道:“莫如商鞅反者!”似乎只要有告发之词就足以认定犯罪。在春秋战国时期,神判也可以看成是一种证据采信制度。齐庄公时期,有王里国、中里徼两个大臣争讼,因证据不足,三年未决。最后齐君“乃使二人共一羊,盟齐之神社”。羊触中里徼,最后据此判决中里徼败诉。[①] 各国还实行盟誓证据制度。不仅案犯招供前要盟誓,证人作证也要盟誓,并且要纪录在案。[②] 另外,据韩非子讲,李悝在魏国为郡守时,还实行过一种特殊的证据制度——以射决讼制度。“民之有狐疑之讼者。令人射的。中之者胜,不中者不胜。令下,而民皆疾习射,日夜不休。”[③]

6. 判决。案件是非确定,作出判决或当事人达成妥协,就叫做“成”。《左传·昭公十四年》:“晋邢侯与雍子争田,久而无成。”就是久而不能结案。判决之后要宣读判决书,即所谓“读鞫”或“读”。各级地方官员只有审案拟罪的权力,定罪则要视犯罪轻重和犯人的身份等级,逐级上报上级长官直至君主裁定,才能终判执行。判决之前,也注重调解。《荀子·宥坐》载孔子为鲁国司寇时,“有父子讼者,孔子拘之,三月不别。其父请止,孔子舍之”,这实际上是在进行调解。

7. 执行。春秋战国时期,徒刑的执行一般采取劳役方式。隶臣妾、城旦舂、鬼薪白粲、司寇等,既是刑罚,又是刑罚执行方式。当时的“狱”主要不是执行场所,而是未决犯临时关禁场所。“(齐)景公籍重而狱多,拘者满圄,怨者满朝”[④]。关于死刑执行,当时有所谓“莅杀”制度值得注意。卫国大臣州吁、石厚弑君。值二人出访陈国之际,卫国请求陈国逮捕二人。“陈人执之,而请莅于卫”。卫国派右宰丑莅杀州吁于濮,派獳羊肩莅杀石厚于陈。[⑤] 这里的“莅杀”可以说是一种在“国际司法协助”的情形下的死刑执行监督制度。

(四) 法官责任

春秋战国时期的法官责任制有所发展。如晋文公时,法官李离因下属办了错案,错杀无辜,按“理有法,失刑则刑,失死则死”的规定,负责官员李离罪当死。尽管国君准备赦免他,但李离还是自杀谢罪。[⑥] 这时的法官责任法似乎比西周

① 《墨子·明鬼下》。
② 张晋藩总主编:《中国法制通史》(第二卷),法律出版社 1999 年版,第 53 页。
③ 《韩非子·内储说上》。
④ 《晏子春秋·内篇》。
⑤ 《左传·隐公四年》。
⑥ 《史记·循吏列传》。

时更为严酷。

三、监狱制度

春秋战国时期的监狱继续称囹圄[①]、圜土[②]，亦称“狴”[③]、“狴犴”[④]。据有关史料记载，春秋战国时期各国监狱，数量多，规模大。春秋时“(齐)景公籍重而狱多，拘者满圄，怨者满朝”[⑤]；尉缭子讲他所在国家“小圄不下十数，中圄不下百数，大圄不下千数”[⑥]。楚相春申君黄歇在其封地吴地(今江苏苏州)造狱“周三里”[⑦]。

监狱的形式多样，春秋时期出现了所谓“深室”、“高丘”、“楼台”、“石室”等。《左传·僖公二十八年》载：“执卫侯归之于京师，置诸深室”，以深室为囚禁所。哀公六年：“囚王豹子句窦之丘”，这是以险阻高丘为监狱。哀公八年：“邾子又无道，吴子使大宰子余讨之，囚诸楼台，栫之以棘”，囚于高楼，围以荆棘，这也是狱的形式之一。《吴越春秋》中还记载了吴王将越王、范蠡君臣囚于石室，则以石室为狱。又“范雎乃得见于离宫，佯为不知永巷而入其中。”所谓“永巷”，就是宫中之狱。[⑧]

监狱设置了专门的狱官。狱官的名称各诸侯国也多有不同。如鲁国称司寇，如孔子为鲁司寇而执狴牢；晋国称士弱，据《左传·襄公二十六年》：“卫侯如晋。晋人执而囚之于士弱氏”，杜预注：“士弱晋主狱之官”。

战国时，各国虽沿用西周五刑，但逐渐用劳役刑和财产刑代替肉刑。被判为劳役刑的刑徒名目繁多，在秦国称为“徒隶”，东方诸国称刑徒为“胥靡”。刑徒被限制自由，绳索捆绑，或“髡首戴钳”，强制其修城、筑路、冶铜冶铁等劳役。随着刑徒制的兴起，劳役监也随之发展起来。“三角城，太原县治西北，一名‘徒人城’。旧志云：赵襄子所筑，以处刑徒。其城三面，故名三角城”[⑨]。赵国的“徒人城”，可能代表战国时期诸侯国内大型劳役型监狱的一般情形。

---

① 《管子·五辅篇》：“仓廪实而囹圄空”。

② 《墨子·尚贤下》：“圜土之下”。

③ 《孔子家语·始诛》：“孔子为鲁司寇，有父子讼者，夫子同狴执之”。

④ 《荀子·宥坐篇》。狴，狴犴也。俗传龙生九子不成龙，四曰狴犴，形似虎，有威力，立于狱门，故称监狱为狴犴。

⑤ 《晏子春秋·内篇》。

⑥ 《尉缭子·将理》。

⑦ 《越绝书》：“吴狱庭周三里，春申君时造。”

⑧ 《史记·范雎列传》。

⑨ (明)董说《七国考》卷十二，《赵刑法》。

本章重点问题提示

从前的中国法制史教科书，着墨最少的就是春秋战国时代。各书讲述这一时代的法制史，不外简单介绍两次公布成文法（郑国、晋国）和三大变法事件（李悝、吴起、商鞅）。似乎此期五百年丰富多彩、惊心动魄的历史中就只有这点“法制”内容。本章大致梳理了春秋战国时期各国民事、刑事、经济、军事、行政和外交关系法制的基本内容，弥补了过去教科书的严重不足。

本章的重点在于：

一、各国刑事法制与经济法制

当时各国为了救亡图存、富国强兵，最注重的法制建设就是刑事法制和经济法制的建设。前者旨在强化君主权力、强化治安、逼民耕战，打击游食之民，打击各种危害君权和国家利益的犯罪；后者旨在管制国家一切经济资源，如管仲在齐国的“官山海”即盐铁官营制度，商鞅在秦国的管制经济、打击私人工商业的实践，都是为了增强国家的综合竞争力。

二、各国之间的外交或合作制度

春秋战国时期的中国是一个国家林立时代，是一个华夏民族的国际时代。当时的频繁国际交往，形成了许多国际交往的法制或惯例；国家之间的主动结盟，也制定了许多国际盟约。这些无疑已经构成当时国际社会的国际法，既有国际公法（包括战争法）、也有国际刑法、国际经济法。其内容的丰富和原则的成熟性，都是我们今天许多人想象不到的。

思考题

1. 春秋战国时期的国君制度与后来的皇帝制度有什么不同？
2. 春秋战国时期的封君制度与以前的分封制度有什么不同？
3. 这一时期的刑事法制为何特别注重打击侵害君主的犯罪？
4. 这一时期的经济法制为何特别注意国家管制经济？
5. 这一时期的国际法与后世的国际法之最大区别何在？
6. 葵丘之盟所订立的条约是否是一个多边国际条约，其五条约定包含今日国家法领域的哪些内容？

第三编

整合时期的中国法制

（秦汉魏晋南北朝时期的法制）

自秦始皇统一中国开始，中国的思想领域就开始了综合不同思想流派、确立一种新的统治性政治法律思想体系的努力。与此相应，中国的法制也开始了综合各种旨趣各异的法制体系、确立一种新的支配性法制体系的整合运动。这一整合运动，始自秦朝企图以法家主张和法家式法制取代过去一切法制的努力，进而在汉代“独尊儒术”的法律儒家化运动中得到推进，继而在魏晋南北朝引礼入律、礼法合流中发扬光大。可以说，自秦至南北朝时期，一直在这样的思想和制度整合过程中，礼法合一的任务并未真正完成。直到隋朝《开皇律》和唐初“一准乎礼”的《唐律疏议》出现，这一整合过程才算最后完成或终结。

本编拟以三章篇幅简要叙述这一时期(前221年至公元581年)的中国法制发展历程。这就是全书的第八、九、十等三章。

第八章，秦朝法制与中央集权君主专制法律制度的确立。本章主要讲述秦朝法制及其在中国法制史上的地位，特别介绍其法制创制对于后世中国中央集权的君主专制制度及其相关原则的奠基作用。

第九章，汉代法制对秦制的因袭及中国法律儒家化的开始。本章主要介绍汉代法制的主要内容及其承前启后、继往开来的历史地位，特别突出其在开始法律儒家化历程方面的贡献。

第十章，魏晋南北朝法制与法律儒家化的加深。本章主要介绍魏晋南北朝350年间中国法制儒家化进一步加深的种种表现及其历史影响，特别展示八议、准五服以制罪、十恶、官当、存留养亲等制度的入律过程及其影响。

第八章　秦朝法制与中央集权君主专制法律制度的确立

内容提要

秦朝崇尚法家的“法治”即严刑峻法治国的主张，其法制以繁琐苛刻著称。秦代法制，虽然没有留下完整的法典，但从史籍的记述和出土文物的印证可知，秦代法制是中国法律传统形成的关键环节之一。秦代法制所创造或完善的皇帝制度、三公九卿制度、官吏选任制度、监察制度、郡县制度、什伍制度、律令制度、审判制度等等，与后世中国中央集权君主专制的法制体系的确立有极大的关系。本章主要讲述秦朝法制及其在中国法制史上的地位，特别介绍其法制创制对于后世中国中央集权的君主专制制度及其相关原则的奠基作用。

关键词

皇帝　三公九卿　云梦秦简　法律答问　廷行事　鬼薪白粲　公室告　非公室告　州告

自秦孝公启用商鞅实行变法以来，奉行法家“以法治国”主张的秦国国力迅速扩张，在诸侯列国兼并战争中连连胜利。公元前221年，秦统一六国，建立了中国历史上第一个统一的、中央集权制的君主专制帝国。秦王朝建立之后，始皇帝嬴政继续沿用法家“法治”理论，在将秦国的法制实践推广到全国各地的同时，结合华夏一统的国家政治新形势，进行了若干卓有成效的政治与法制改革，完善与强化了以皇帝为核心的封建君主专制政治体制；在全国范围内适用统一的文字、车轨、货币、度量衡，加强各地之间的经济、政治与文化联系；“明法度，定律令”，全面修订与补充原有法律；等等。这些措施巩固了专制主义中央集权，促进了社会经济发展与民族整合，对于后世各王朝的专制政治与法制产生了重要而深远的影响。由于秦统治者过分好大喜功、迷信刑威，在天下甫定、人心思安的大环境下继续滥用民力，尚法任刑，以刑杀为威，严重激化了社会矛盾，最后陷入“一夫振臂，天下土崩”的危局。貌似强大的秦王朝仅仅存在十余年后即在农民战争的熊熊烈火中土崩瓦解。

第一节　秦朝的基本政治制度

秦国兼并六国之后，建立了一个“地东至海暨朝鲜，西至临洮、羌中，南至北向户，北据河为塞，并阴山至辽东”的庞大帝国。[①] 为了统治这个人口众多、幅员辽阔的国家，秦朝统治者以秦国旧制为基础，创立了包括皇帝制度、三公九卿制与郡县制在内的一整套以皇权专制为本质特征的中央集权的政治制度，形成了一个自上而下、组织严密、结构完整的行政管理体系，为此后两千余年的封建社会奠定了基本政治体制、基本政治原则、基本行政运行模式，也深刻影响了朝鲜、越南以及日本等周边国家封建政权的组织建设与行政管理体制。

一、皇帝制度

秦朝政治制度的一项重大变化是确立了君主的皇帝名号以及皇帝集权专制体制。

夏商周时代中央王朝的最高统治者是“王”或“天子”。在统一六国，结束自东周以来数百年诸侯林立、政出多门、纷争不已的混乱局面之后，秦王嬴政认为“王”的称号已经无法表示他的威严与事功，因此令丞相御史等议制新的名号：“寡人以眇眇之身，兴兵诛暴乱，赖宗庙之灵，六王咸伏其辜，天下大定。今名号不更，无以称成功，传后世，其议帝号。”丞相王绾、御史大夫冯劫、廷尉李斯等大臣经过一番商议后上书建言：“昔者五帝地方千里，其外侯服夷服诸侯或朝或否，天子不能制。今陛下兴义兵，诛残贼，平定天下，海内为郡县，法令由一统，自上古以来未尝有，五帝所不及。臣等谨与博士议曰：‘古有天皇，有地皇，有泰皇，泰皇最贵。’臣等昧死上尊号，王为‘泰皇’。命为‘制’，令为‘诏’，天子自称曰‘朕’。”嬴政在斟酌大臣们的建议后决定去“泰”，著“皇”，采上古“帝”位号，将自己的名号定为“皇帝。”[②]从此，“皇帝”作为国家最高统治者的名号成为定制，历代封建王朝无一例外，一直沿用了两千余年。

秦朝创立的皇帝制度，除了皇帝的名号外，还包括诏令制度、皇位继承、后宫制度、宗庙陵寝等一系列制度，它涉及朝仪、礼制、宫室、封禅、祭祀、舆服、陵寝等方面的内容，借以强化皇权专制的政治统治。为了突出皇帝至高无上的神圣地位，确保其绝对权威，秦朝还规定：皇帝“命为制，令为诏；天子自称曰朕”，皇帝使用的词汇以及乘舆器物称谓都要赋予其独占的专用名词，任何人不得僭越，否则将受到严厉的制裁。

---

① 《史记·秦始皇本纪》。

② 同上。本段引文均同此。

秦始皇自以为“德兼三皇、功包五帝”，遂于二十八年（前 219 年）登临泰山，举行了中国历史上第一次有文献记载的封禅大典，并“刻石颂秦德”。

作为国家最高统治者，皇帝“乾纲独揽”，一人独制天下。立法、行政、司法、军事、监察、祭祀等国家一切大权，最终无不由皇帝主宰，“天下之事无小大皆决于上”[①]。国家虽然设官分职、建立了规模庞大的官僚机构，但所有这些机构与官员都通过自下而上、层层负责的体制最后操之于皇帝之手。丞相、御史大夫等朝廷重臣虽参与决策，“预知机密”，但他们都没有处断之权，一切大事均须听命于皇帝，忠实地执行皇帝的意志。为了防止大权旁落，秦始皇“昼断狱，夜理书”，“以衡石量书，日夜有呈（程），不中呈不得休息”。《泰山刻石》对于秦始皇的专权及其功绩有过这样的记载：“皇帝临位，作制明法，臣下修饬。……皇帝躬圣，既平天下，不懈于治。夙兴夜寐，建设长利，专隆教诲。训经宣达，远近毕理，咸承圣志。贵贱分明，男女礼顺，慎遵职事。昭隔内外，靡不清净，施于后嗣。化及无穷，遵奉遗诏，永承重戒。”[②]

二、三公九卿制

秦朝在统一中国之后，建立了一套以三公九卿制为基础的中央行政体制，加强了中央集权的君主专制统治，使封建国家管理制度趋于系统化和严密化。

所谓“三公”，即辅佐皇帝的三个最高职位。丞相，“掌丞天子，助理万机”，辅佐皇帝处理全国政务；太尉，协助皇帝统领全国军事；御史大夫，作为丞相之副，掌监察并协助丞相处理全国政务。

相职，最早出现于西周和春秋时期，但正式称“丞相”，作为一人之下万人之上的“百官之长”，却是战国后期的事。《史记·秦本纪》记载：“（武王）二年（前 309 年），初置丞相，樗里疾、甘茂为左右丞相。”秦朝建立之后，正式在中央政府确立了丞相制度。丞相制度的确立，完成了战国以来政治制度的重要创建。它标志着“世卿世禄”制度的彻底废除，也标志着权力进一步向君主集中，成为专制主义中央集权行政体制发展过程的重要一环。[③]

太尉一职，《汉书·百官公卿表》认为始于秦：“太尉，秦官，金印紫绶，掌武事”。不过也有学者认为：秦朝似乎还没有太尉这一职务，当时没有设立专管军队的最高武官，太尉之制直到西汉时期才得以确立。而且即便到西汉时期，太尉也不过是皇帝的军事顾问，他本身没有领兵发兵之权，军令之权完全操于皇帝之手。[④]

---

① 《史记·秦始皇本纪》。

② 同上。本段引文均同此。

③ 参见孟祥才：《中国政治制度通史》（秦汉卷），人民出版社 1996 年版，第 156 页。

④ 同上书，第 163—164 页。

御史大夫是秦始皇统治时期设立的官职。《汉书·百官公卿表》:"御史大夫,秦官,位上卿,银印青绶,掌副丞相。"由于御史大夫有按章举劾之责,秦时皇帝经常派遣其查处诏狱(钦定重案),如秦始皇追查卢生、侯生潜逃案,秦二世处理蒙毅"不忠"案,都是交由御史大夫前往办理的。

在三公之下设有九卿,分别执掌行政、司法、财政、经济、礼仪、文化、军事等具体事务。它们依次是:(1) 奉常,为九卿之首,掌管宗庙礼仪;(2) 郎中令,掌宫殿掖庭门户,负责宫殿门户守卫和传达事务;(3) 卫尉,掌宫门卫屯兵,负责统领卫士护卫宫阙;(4) 太仆,掌舆马,负责管理皇帝的车马乘舆;(5) 廷尉,掌刑辟,是秦时中央司法机构;(6) 典客,掌蛮夷属国,即边疆少数民族事务和诸侯朝聘之事;(7) 宗正,负责皇室宗族事务;(8) 治粟内史,掌谷货,负责国家财政收入与支出;(9) 少府,掌山海池泽之税,以供给皇室的花销。除上述九卿之外,秦时中央还设有中尉(掌徼循京师)、将作少府(掌治宫室)、詹事(掌皇后、太子家)、典属国(掌蛮夷降者)等机构。

三、郡县制

在地方管理体制上,秦朝延续战国时期开创的"郡县制",彻底废除了"分封制"。在全国范围内全面推行郡、县两级制的地方行政管理体制,以加强中央对地方的控制以及专制皇权。

秦兼并六国、一统天下之初,围绕实行单一郡县制还是实行郡县、分封并行制的问题,朝廷重臣间曾有过激烈的争论。丞相王绾等人认为,天下初定,而原燕、齐、楚地非常偏远,如果不委派诸侯王来治理这些地方,将无法把这些地方治理得很好。因此,他请求秦始皇立诸子为王,在上述地方建立若干诸侯国。秦始皇下令群臣进行讨论,群臣都以为可行。唯有廷尉李斯反驳道:"周文武所封子弟同姓甚众,然后属疏远,相攻击如仇雠,诸侯更相诛伐,周天子弗能禁止。今海内赖陛下神灵一统,皆为郡县,诸子功臣以公赋税重赏赐之,甚足易制。天下无异意,则安宁之术也。置诸侯不便。"[①]秦始皇最终采纳了李斯的建议,不复立国,分天下以为三十六郡。郡县制由此得以在全国确立,成为此后中国两千多年地方制度的基本模式。

郡作为地方最高行政机构,设郡守,为一郡最高行政长官,执掌全郡事务。为防止郡守职权过大,秦时在各郡还设有监御史"掌监郡"、郡尉"掌佐守典武职甲卒"。郡守、郡监、郡尉三者各不统辖,直接受中央政府节制。对此,后人评述道:"秦变封建为郡县,恐其权重,故每郡但设一监一守一尉,以上别无统治之

① 《史记·秦始皇本纪》。

者"[①]

在郡之下,设立若干县。万户以上的县,置县令一名;不足万户则置县长,以统属其民。令、长之下皆设有丞、尉等属吏,"丞署文书","尉主盗贼"。

县下设乡、亭、里等基层组织。乡有三老、有秩、啬夫、游徼。其中三老掌教化;有秩啬夫职听讼,收赋税[②];游徼掌徼循禁贼盗。乡下有亭(有人认为亭是县派出的治安机构),置亭长以缉拿盗贼。乡亭下有里,各里设有里正或里典。里之下的居民被编入什伍组织中,相互督查,实行什伍连坐之法。

第二节　秦朝立法概况与云梦、里耶秦简

一、立法活动

秦朝法制可溯源至春秋时期。根据《史记·秦本纪》的记载:早在秦文公二十年(前746年),"法初有三族之罪"。秦简公七年(前408年),颁布了承认土地私有的"初租禾"法令。秦国大规模法制建设始于商鞅变法。自公元前359年秦孝公任命商鞅在秦国主持变法开始,以李悝《法经》为基础,改"法"为"律",制定了通行于全国的《秦律》。同时,又制定了《垦草令》、《开阡陌封疆令》、《分户令》等法令,进一步充实了秦国法制的内容。

统一的秦王朝建立之后,为了改变春秋时期以来诸侯国各自为政、法令不一的局面,巩固中央集权制的国家政权,秦始皇针对原有的法律进行了大规模的增删与修订,并将修订后的法律施行于全国,以做到"法令由一统"。《史记》中数次记载秦始皇与大臣们商议如何通过删修法律来确立君主的绝对权威,推行思想文化专制,并得出"明法度,定律令,皆以始皇起"的结论。[③] 秦二世胡亥继位后,在赵高的建议下,"更为法律",这次修订法律活动使秦法更为苛严,因此不仅没有缓和日益尖锐的社会矛盾,反而加速了秦王朝的灭亡。秦朝的这些立法活动及其成果,史籍留下的记载很少,无从详细考察。我们只能根据《史记》、《汉书》的零星记载和1975年出土的《云梦秦简》来作最粗略的考察。

二、法律形式

根据史籍与简牍等出土文物上的记载,秦朝的法律形式主要包括律、令、式、程、课、廷行事等。

(一)律。律是经过正式立法程序制定并颁布实施的综合刑事法典性质的

---

① 《汉书》卷十九上《百官公卿表》,清人王鸣盛补注。

② 按汉制,大乡设有秩,小乡设啬夫,职责一样。

③ 《史记·李斯列传》。

法律形式，是秦朝主要的、较为稳定的法律形式。商鞅改“法”为“律”，确立了这一法律形式的专有名称。秦朝“律”的数量繁多，内容规定上也较为庞杂，除了源自《法经》的《盗律》、《贼律》、《囚律》、《捕律》、《杂律》、《具律》等律以外，还有关于各类具体行政事务管理的法律也被冠以“律”名，如《田律》、《仓律》、《金布律》等，这与后世以“正刑定罪”为主要功能、结构合理、逻辑谨严的成文律典明显有所不同。

（二）令。令是君主针对某一特定事项而发布的法律文件。与律一样，是秦时一种主要法律形式。由于专制皇权的确立，皇帝针对一时之事所发布的令甚至具有比律更高的法律效力。秦初并天下时，更定皇帝名号，规定皇帝的命令拥有专门称谓，“命为‘制’，令为‘诏’”①，以突出皇权的至上性以及皇帝命令的无上权威。不过这时的令，应该包括皇帝就特定事件发布的处置命令和就某类政治事务发布的一般规范性法令两种情形。

（三）式。式是有关国家机构办事程序、公文程式的法律文件。式作为封建社会常用的一种法律形式最早见于秦时。《云梦秦简》中的《封诊式》就是有关现场勘验、法医检验以及诉讼程序方面的文书程式与法律规范。

（四）程、课。程与课是秦朝法律中确定劳动者生产额度以及如何加以考核、督责的法律文件。如《云梦秦简》中的《工人程》规定了官营工场工匠的劳动定额及其计算方法，《牛羊课》则涉及官营畜牧业中对管理官吏的考核依据及其处罚标准。

（五）法律答问。《云梦秦简》中的《法律答问》是秦朝官方针对律令在适用过程中可能遇到的问题所作的权威性解释，这些解释进一步阐明了法律条文的具体含义，使之更易于操作。它们是对律令条文的重要补充，与条文本身具有同等的法律效力。

（六）廷行事。即断案成例。秦朝司法官员在审理案件过程中除了直接援用律、令等成文法律形式之外，也常常参照此前已决判例，以之作为判案依据。

三、云梦秦简、里耶秦简与秦朝法制

以法家思想为指南的秦朝法制因其格外苛严而为后世诟病。因此，在其政权二世而亡之后，在汉初“悉除秦苛法”之后，曾经显赫一时的秦朝法律悄然隐身于历史的长河中，后世典籍文献很少有记述。20 世纪 70 年代以来，随着《云梦秦简》、《里耶秦简》等文物的陆续出土，极大地再现与复原了统一前后秦朝灿烂辉煌的法律制度与司法实践，为我们了解这一时期的法制状况提供了弥足珍贵的第一手资料。

---

① 《史记·秦始皇本纪》。

1975 年 12 月，我国考古工作者在湖北省云梦县睡虎地发掘了十二座战国末年至秦统一时期的墓葬，从其中的十一号墓中出土了一千一百余支竹简，简文系墨书秦隶，共四万余字。这些竹简中除了《编年纪》等私人杂记以及类似于后世农历、卜筮之类的《日书》之外，大部分内容是关于秦朝法律制度的，其中包括从商鞅变法到秦始皇三十年（公元前 217 年）这段法制建设高峰期内秦国法制的主要内容。

云梦秦简中有关法律的部分，主要包括《秦律十八种》、《秦律杂抄》、《效律》、《法律答问》、《封诊式》、《为吏之道》以及《语书》等。① 关于云梦秦简等出土文献反映的是战国时期秦国还是秦始皇统一后秦朝的法制状况，学界有不同看法。有人主张前者，认为应该将其内容在教材的战国部分详加介绍②；有的法律史教材已经做了这样的编排③。但法学界一般认为，云梦秦简所记法律内容虽是统一前夕秦国的法制，但必为秦统一后的秦王朝所沿用，可以反映秦朝法制的概况。本书仍采取法学界一般通说，将云梦秦简内容放在秦朝部分加以介绍。

云梦秦简中收录的秦律律文，包括《秦律十八种》、《效律》、《秦律杂抄》三种，散见于三种律文中的律名有：《田律》、《厩苑律》、《仓律》、《金布律》、《关市律》、《工律》、《工人程》、《均工律》、《徭律》、《司空律》、《军爵律》、《置吏律》、《效律》、《传食律》、《行书律》、《内史杂律》、《尉杂律》、《属邦律》、《除吏律》、《游士律》、《除弟子律》、《中劳律》、《藏律》、《公车司马猎律》、《牛羊课》、《傅律》、《屯表律》、《捕盗律》、《戍律》等二十九种。

云梦秦简中没有"令"命名的法律文件，也不见商鞅"改法为律"后所形成的秦律六篇（盗、贼、囚、捕、杂、具），这是令人费解的。对此，日本学者大庭脩的解释是：云梦秦简中收录的各"律"是"秦对商鞅六律的补充法，在秦代也有把补充法称之为律的可能性"。大庭脩认为，这些补充法相当于汉代的"令"，只是"把补充法称为'令'的称呼制度在秦不存在"。因此，在秦代，将正文的"法"改称为"律"，补充法也还叫做"律"。④

《法律答问》是有关秦律的官方解释，它以问答形式对秦律中的某些条文、术语以及法律适用中经常遇到的一些具体问题所作的解释和说明。《封诊式》中的"治狱"、"讯狱"两篇是对官吏审理案件提出的原则要求，其余各篇则是对案件进行调查、检验、审讯等程序的文书程式，其中也有若干具体案例。《为吏之道》是各级官吏在为官为人上所应遵守的一些道德戒律与行为准则。《语书》是地方政府为贯彻实施朝廷制定的法律法规而发布的某些法令、文告。

---

① 睡虎地秦墓竹简整理小组：《睡虎地秦墓竹简》，文物出版社 1978 年版。

② 刘海年：《战国法律制度研究中的若干问题》，载《中国法学》1988 年第 2 期；

③ 赵昆坡编著：《中国法制史》，北京大学出版社 2002 年版。

④ 〔日〕大庭脩：《秦汉法制史研究》，林剑鸣等译，上海人民出版社 1991 年版，第 9—10 页。

继云梦秦简之后，我国考古工作者又先后在四川青川郝家坪、湖北云梦龙岗、湖北沙市关沮等地的战国及秦代墓葬中挖掘出土了数量不等的竹简、木牍，其中有一些记载有统一前后秦朝法制的某些内容。如1979年四川青川郝家坪出土的《青川木牍》记载了秦武王时修订的一条《田律》，它补充了云梦秦简的不足，反映了秦土地制度，印证了商鞅变法的史实。

尤其值得一提的是，2002年6月，湖南龙山县里耶古城出土了三万六千多枚秦代简牍。据学者考证，其内容属于秦王嬴政二十五年（前221年）至秦二世元年（前209年）秦时县一级政府的部分官署档案，其中包括政府法令、各级政府之间的往来公文、司法文书、吏员簿、物资登记和转运、里程书，等等。目前有关里耶秦简的整理与研究工作正在进行当中，随着研究的深入，必将大大加深我们对于秦代法制的认识。

透过《云梦秦简》、《里耶秦简》等出土文物，我们可以发现，秦朝法律相当完备，社会生活的方方面面都被纳入法制化的轨道之中，由此可见秦始皇在泰山刻石中所自夸的“治道运行，诸产得宜，皆有法式”并非虚言。

第三节 秦朝的刑事法制

刑事法律在秦律中处于主体地位。在法家重刑思想的指导下，秦朝刑事法制在犯罪种类、刑罚制度以及定罪量刑的基本原则等方面均较前代有所发展。

一、罪名

秦朝法律规定的犯罪种类较为繁杂，仅见于史籍的就有数十种之多。按照现代刑事法律理论，秦律中的罪名大致可被归纳为以下几类：

（一）危害皇权罪

1. 谋反罪。谋反是一种直接危及封建皇权的最严重罪行，因此秦律对谋反者处刑极重，除本人一律处死外，还要株连亲属。秦王政九年（前238年），长信侯嫪毐谋反，“将欲攻蕲年宫为乱”，后来遭到严厉镇压，首恶嫪毐“车裂示众，灭其宗”，主犯卫尉竭等二十人“皆枭首，车裂以徇，灭其宗”。[①]

2. 不敬国君罪。为突出皇权的至上性，秦律规定任何有损于君主权威与尊严的行为均构成犯罪。根据云梦秦简中的记载，秦朝官员聆听国君命书时须避席站立以示恭敬，否则即为“不敬”，除撤职永不叙用之外还要处以赀刑。

3. 诅咒诽谤罪。《史记·秦始皇本纪》记载，公元前210年，有陨石坠于东郡，有人在陨石上刻“始皇帝死而地分”等字，秦始皇获悉此事后，派遣御史严加

---

① 《史记·秦始皇本纪》。

查问，并以诅咒诽谤朝廷的罪名将附近居民尽行处死。

4. 以古非今罪。即以前世之事讽喻非议本朝政治的行为。公元前213年，鉴于儒生以古非今、讪谤朝政，秦始皇下令焚毁诗书及诸子百家的著述，并规定："有偶语《诗》、《书》者弃市，以古非今者族。吏见知不举者与同罪。"①

5. 妄言与非所宜言罪。妄言是指发布反对朝廷的煽动性言论。秦律规定，妄言者处以族刑。非所宜言罪始见于秦二世时。秦二世曾向诸博士儒生咨询他们对陈胜、吴广起义之事的看法及对策，"诸生或言反，或言盗。于是二世令御史案诸生言反者下吏，非所宜言"②。

6. 降敌罪。为加强军队战斗力，防止军人叛变投降，秦朝对主动降敌者实施严厉的刑罚制裁。秦律规定，降敌者"诛其身，没其家"。即使是在战争中被俘者，在回国后也会受到"隶臣"的处罚。③

此外，属于这类犯罪的还有泄漏皇帝行止、"操国事不道"等罪名。

（二）侵犯人身安全罪

1. 杀人罪。秦律将杀人分为贼杀、谋杀、盗杀、斗杀、捕杀、擅杀等，并根据杀人的具体情节给予不同的刑事处罚。《法律答问》中记载一盗杀案件：甲唆使未成年人乙盗杀人，受分十钱，问甲何论？回答是甲应以磔刑处死。而同书记载另一条秦律规定：对于擅杀子女的父母，仅仅处以"黥为城旦舂"的刑罚。④

2. 斗殴伤害罪。秦律中对斗殴伤害罪作了相当具体的规定，如将伤人分为贼伤、斗伤，其中，贼伤社会危害性较大，对其处刑亦重于斗伤。无论贼伤、斗伤，持械伤人处刑均较徒手为重。官吏斗殴伤人，也要加重处罚。

应当看到，秦时不仅处罚杀人、伤害者本人，而且还强调救援者的法律责任。《法律答问》中记载，如果有盗贼在大道上杀、伤他人而无人施救，则应当追究距离在百步以内的旁观者的刑事责任，对其处以"赀二甲"的刑罚。《法律答问》中记载的另一贼伤人案例则说明，四邻及典、老等基层官员应负的救援责任："贼入甲室，贼伤甲，甲号寇，其四邻、典、老皆出不存，不闻号寇，问当论不当？审不存，不当论；典、老虽不存，当论。"⑤

（三）侵犯财产罪

1. 强盗罪。秦简中并未出现强盗罪的明确罪名，不过从其中多次出现的群盗案例来看，有些群盗无疑构成强盗罪。如《封诊式》的"群盗爰书"中记载了一

① 《史记·秦始皇本纪》。

② 《史记·刘敬叔孙通列传》。

③ 《史记·商君列传》索隐云："案律，降敌者诛其身，没其家"。《睡虎地秦墓竹简》："寇降，以为隶臣"，参见《睡虎地秦墓竹简》，文物出版社1978年版，第146页。

④ 《法律答问》原文为："甲谋遣乙盗杀人，受分十钱，问乙高未盈六尺，甲何论？当磔。……擅杀子，黥为城旦舂。"参见《睡虎地秦墓竹简》，文物出版社1978年版，第180—181页。

⑤ 《睡虎地秦墓竹简》，文物出版社1978年版，第193页。

起案例:五人“强攻群盗”某一拥有公士爵位的人家,获得赃物万钱,其中两人逃到山林后用弓弩等武器对抗前来抓捕他们的政府官吏。[①] 显然这群盗贼不是一般的窃盗,而是后世所说的强盗。

2. 窃盗罪。为了保护公、私财产所有权,秦律对窃盗罪的惩治相当严厉,无论情节轻重,既遂、未遂,一律从重处罚。《法律答问》记载:“盗采桑叶,赃不盈一钱,何论?赀徭三旬。”凡以盗窃为目的而“抉钥”(即撬门键者),只要实施犯罪,即使未能撬开门键,也要处以“赎黥”的刑罚。秦律还严厉打击五人以上的群盗行为,“五人盗,赃一钱以上,斩左趾,又黥以为城旦”[②]。负责缉捕盗贼的“害盗”、“求盗”等官员如进行盗窃,须从重处罚。

3. 盗徙封罪。即通过私自移动田界的方法来盗取他人土地。秦律规定,“盗徙封,赎耐”。

(四)官员职务犯罪

1. 贪赃枉法罪。秦律中有“通钱”的罪名。所谓通钱,即收受贿赂,秦朝为保证吏治的清明,对“通钱”者处刑极严,“通一钱黥城旦”[③],远较盗罪为重。为防止官员假公济私,秦律禁止官吏非法经商,如果佐、史以上的官吏利用官府为其配备的马匹和差役进行贸易牟利活动,会被处以迁刑。

2. 犯令、废令罪。所谓“犯令”,是指“令曰勿为而为之”;所谓“废令”是指“令曰为之而弗为”。秦朝强调官吏必须“明法律令”,凡“犯令”、“废令”的官吏,均须受到刑事处罚,即使他们已被免职或调离,也要追究其法律责任。[④]

3. 渎职罪。秦律对于包括玩忽职守在内的各种渎职犯罪行为均作了较为全面的规定。在秦代,渎职犯罪包括国家经济管理官员的渎职、军人违反职责以及司法官员的渎职犯罪。其中,司法官员的渎职犯罪至少包括“见知不举”、“失刑”、“不直”、“纵囚”等具体罪名。《法律答问》记载一则案例,士伍甲盗,捕获时论赃值过六百六十钱,但官吏审讯认定赃值仅一百一十钱,并据此判处士伍甲耐刑,问甲及官吏该如何论处?回答是甲应当黥为城旦,审讯甲的官吏如系过失将构成“失刑”罪;如果系故意为之,则构成“不直”罪。[⑤]

此外,秦时有关官员职务犯罪的罪名还有“任人不善”、“任废官为吏”、“伪听命书”、“诅伪”、“亡玺符”、“不以官为事”等。

---

① 《睡虎地秦墓竹简》,文物出版社 1978 年版,第 255 页。

② 同上书,第 150 页。

③ 同上书,第 230 页。

④ 同上书,第 211—212 页。

⑤ 原文为:“士伍甲盗,以得时值赃,赃值过六百六十钱,吏弗值,其狱鞫乃值赃,赃值百一十,以论耐,问甲及吏何论?甲当黥为城旦;吏为失刑罪;或端为,为不直。”参见《睡虎地秦墓竹简》,文物出版社 1978 年版,第 165 页。

（五）妨害社会管理秩序罪

1. 逃避登记罪。秦时封建国家征收的赋税主要有田赋、户赋、口赋等。为保证赋税收入、维持封建国家机构正常运转，秦律规定了“匿田”、“匿户”等具体罪名来打击各种逃避正常户籍和丁口登记以逃避赋税徭役的行为。《傅律》规定，隐匿即将傅籍（徭役义务登记）的未成年男子以及申报废疾不确实的，基层官员里典、伍老应当处以赎耐的刑罚。百姓不应当免老，或已应免老而不加申报、敢弄虚作假的，处以赀二甲的刑罚，里典、伍老不加告发的，各处以赀一甲的刑罚，同伍之人每家罚一盾，并处迁刑。[①]

2. 逃避徭役罪。秦律规定，十五岁以上六十岁以下的成年男子必须为国家服一定期限的徭役，没有法定事由随意逃避徭役的行为即构成刑事犯罪。《法律答问》中多次出现“不会”、“乏徭”、“逋事”等逃避徭役的具体罪名。“不会”是指征发徭役不按时报到；“乏徭”指应服徭役者收到服役命令后逃亡不赴；“逋事”则是已经报到并赶赴服役地点后再逃亡。《徭律》还针对基层官员拖延征发徭役以及征发徭役失期行为以及相关处罚措施作了明确规定，“御中发征，乏弗行，赀二甲。失期三日到五日，谇；六日到旬，赀一盾；过旬，赀一甲。”[②]但《陈涉世家》说“失期，法皆斩”，显然到秦末时对逃避徭役的处罚更重了。

3. 投书罪。投书指投递匿名信。秦朝虽然立法奖励告奸，但为防止匿名诬告扰乱社会秩序，严禁匿名投书，违者治罪。《法律答问》中引秦律规定：“有投书，勿发，见辄燔之，能捕者购臣妾二人，系投书者鞫审谳之。”[③]

（六）妨害婚姻家庭罪

1. 非法婚姻罪。秦律规定，婚姻关系的成立与解除应依法进行，妻子私逃、娶人逃亡妻等行为要受到法律的惩罚。《法律答问》记载：“弃妻不书，赀二甲”，即休弃妻子不在官府登记者要处以“赀二甲”的刑罚。[④]《会稽刻石》有“妻为逃嫁，子不得母”[⑤]之语，其旨亦为打击妻妾背夫逃亡的行为。

2. 不孝罪。秦时延续前代传统，以严法惩治不孝行为。《法律答问》记载：“免老告人以为不孝，谒杀，当三环之不？不当环，亟执毋失。”[⑥]这是关于父母可以以“不孝”罪名送惩子女的规定。不过秦朝针对以卑犯尊案中卑幼的处刑，则相对较轻，如秦律规定殴打祖父母，仅处以“黥为城旦舂”的刑罚，而后世各朝代对此类犯罪一般处死刑。

---

① 《睡虎地秦墓竹简》，文物出版社 1978 年版，第 143—144 页。所谓免老，根据秦制，男子年六十免老，毋须再服徭役及兵役。

② 同上书，第 76 页。

③ 同上书，第 174 页。

④ 同上书，第 224 页。

⑤ 《史记·秦始皇本纪》。

⑥ 环，读作原，宽宥从轻，“三环”即“三宥”之意。

3. 通奸罪。为维护合法婚姻关系，秦时将男女之间的通奸行为确定为一种严重罪行。《封诊式·奸》爰书中记载一则案件，有人发现一男一女白昼在某处通奸，遂用木械将他们捕获并交由官府处置。至于亲属之间的通奸、乱伦行为，则处刑更重。《法律答问》记载："同母异父相与奸，何论？弃市。"①《会稽刻石》有"夫为寄豭，杀之无罪"语，一般认为是指，丈夫与他人通奸，妻子杀之无罪。但也有人认为"寄豭"是指丈夫逃出家庭去别人家作赘婿的行为。②

二、刑罚制度

秦朝的刑罚种类颇为繁杂，主要刑种有死刑、肉刑、徒刑、财产刑等，每一刑种中又包括众多不同的行刑方式。一般认为，秦朝的刑事处罚方法野蛮、残酷，整个刑罚体系呈现出明显的过渡性特征。

(一) 死刑

为突出刑罚的威吓作用，达到"杀一儆百"的目的，秦律中设定了为数众多、手段残忍的死刑执行方法。

1. 戮。即先刑辱示众，然后斩首的一种刑罚。《法律答问》记载："誉敌以恐众心，戮。"③也有死后陈尸示辱的，称为"戮尸"。④

2. 磔。即裂其肢体而杀之，一说"刳其胸而杀之"，可见磔是一种通过碎裂肢体而致死的刑罚。《法律答问》中记载唆使未成年人盗杀他人当处磔刑。

3. 弃市。意为"弃绝于市"，即在人口聚集的市场公开执行死刑的一种刑罚。秦始皇颁布"焚书令"时曾规定"有敢偶语《诗》、《书》者弃市"，《法律答问》中也有两则关于弃市刑的记载。⑤

4. 腰斩。即斩腰处死。秦自商鞅变法开始，就将腰斩确定为一种法定死刑。《史记·李斯列传》记载：公元前208年，丞相李斯被诬谋反，秦二世"具斯五刑，论腰斩咸阳市"。

5. 枭首。即砍下人犯头颅，并将其悬于木杆上示众的刑罚。《秦会要订补》引南朝梁人顾野王语："悬首于木上竿头，以肆大罪，秦刑也。"⑥《史记·秦始皇本纪》记载，公元前238年，在处理嫪毐谋反案时，其党羽卫尉竭等二十人皆"枭

---

① 《睡虎地秦墓竹简》，文物出版社1978年版，第225页。

② 范忠信：《刑法中的亲情：中西法伦理的冲突与融合》，中国人民大学博士学位论文，序论注二。

③ 《睡虎地秦墓竹简》，文物出版社1978年版，第173页。

④ 《史记·秦始皇本纪》记载："八年，王弟长安君成蟜将军击赵，反，死屯留，军吏皆斩死，迁其民于临洮。将军壁死，卒屯留、蒲鶮反，戮其尸。"

⑤ 一则涉及擅杀嗣子："士伍甲无子，其弟子以为后，与同居，而擅杀之，当弃市"；另一则涉及兄妹乱伦："同母异父相与奸，何论？弃市。"参见《睡虎地秦墓竹简》，文物出版社1978年版，第182、225页。

⑥ （清）孙楷：《秦会要订补》，转引自张晋藩：《中华法制文明的演进》，中国政法大学出版社1999年版，第127页。

首”。

除此之外，秦朝的死刑见于简牍与史籍的还有夷三族、具五刑、车裂、囊扑、镬烹、抽胁、凿颠、剖腹、定杀、生埋、绞等。

（二）肉刑

秦朝继续沿用先秦时代广泛采用的肉刑，不过与前代有所不同，秦朝的肉刑大多与徒刑结合使用，使肉刑逐渐丧失原有的独立地位而成为徒刑的附属刑种。秦朝肉刑的这一变化反映出秦朝刑罚制度的过渡性特征，预示了先秦时期以肉刑为主的刑罚体系向两汉以来以劳役刑为主的刑罚体系的转变。

秦朝的肉刑主要有黥、劓、刖（斩趾）、宫四种。为加重对于违法者的惩罚力度，秦时不仅将肉刑与徒刑连用，甚至也允许两种肉刑连用，或两种肉刑与徒刑一起连用。如《法律答问》记载：“五人盗，赃一钱以上，斩左趾，又黥以为城旦；不盈五人，盗过六百六十钱，黥劓以为城旦。”为此，日本学者谷富至指出，黥刑（由于秦的刑罚与劳役刑组合，又称黥城旦刑）是秦朝肉刑的正刑，刖和劓只是黥刑的附加刑，不能被单独执行。[①]

（三）徒刑

亦称“作刑”，是指剥夺罪犯人身自由，并强迫其服劳役的刑罚。秦时徒刑使用较为广泛，主要刑种包括城旦舂、鬼薪白粲、隶臣妾、司寇、候等，各刑种内部，又按附加肉刑和髡、耐等耻辱刑的不同而分为不同的等级。

1. 城旦、舂。秦时最重的徒刑，服刑者主要从事筑城、舂米等苦役，《汉旧仪》载：“城旦者，治城也；女为舂，舂者，治米也。”秦律中的城旦刑、舂刑一般附加耻辱刑或肉刑一起使用，如完为城旦，黥为城旦，黥劓为城旦，斩左趾、黥以为城旦等。

秦律规定，被判处城旦舂的刑徒须身着特定服饰，带刑具，必要时须由专人加以监管，外出服役时不得经过特定地点。《司空律》记载：“城旦舂衣赤衣，冒赤氈，拘椟欙杕之。仗城旦勿将司；其名将司者，将司之。舂城旦出繇者，毋敢之市及留舍阓外；当行市中者，回，勿行。”[②]

2. 鬼薪、白粲。这是较城旦舂为轻的另一种徒刑，最初得名于为宗庙采薪、择米。《汉旧仪》载：“鬼薪者，男当为祠祀鬼神，伐山之薪蒸也；女为白粲者，以为祠祀择米也。”[③]服刑者除了从事上述两种苦役之外，后来也参加其他苦役劳作。被判处鬼薪、白粲的刑徒须穿囚衣、带刑具，并交由专人监管。《司空律》记载：“鬼薪白粲……皆赤其衣，枸椟欙杕，将司之。”[④]因附加刑的不同，鬼薪分为耐以

① 〔日〕富谷至：《秦汉刑罚制度研究》，柴生芳、朱恒晔译，法律出版社 1988 年版，第 21 页。
② 《睡虎地秦墓竹简》，文物出版社 1978 年版，第 89—90 页。
③ 《汉官六种》，《汉旧仪》卷下。
④ 《睡虎地秦墓竹简》，文物出版社 1978 年版，第 84 页。

为鬼薪、耐以为鬼薪鋈足、刑以为鬼薪等多种。

3. 隶臣、隶妾。这是强制犯罪人从事各种杂役的一种刑罚。《汉书·刑法志》颜师古注云："男子为隶臣，女子为隶妾。"隶臣、隶妾轻于鬼薪、白粲。秦时隶臣也有刑为隶臣、耐为隶臣等不同等级。

4. 司寇。意为"伺察寇盗"，男犯须到边地服劳役，兼备防御，女犯则从事与司寇相当的役务劳作。《汉旧仪》载："司寇男备守，女为作如司寇。"司寇轻于隶臣、隶妾。

5. 候。意为"伺望"，秦代徒刑之一。通常认为是一种将人犯发往边地以伺望敌情的刑罚。《秦律杂抄》记载："伪听命书，废弗行，耐为候。"候是秦时最轻的徒刑。

秦朝的徒刑有两点值得注意：第一，刑名与刑役的关系，秦朝徒刑的名称与内容并不完全一致，用日本学者堀毅的话来说就是"刑名和刑役之间，没有确切的对应关系"。[①] 有时不同刑名的刑徒从事完全相同的劳役工作。第二，徒刑的刑期，国内学者大多引用东汉卫宏在《汉旧仪》中的记载，认为秦律中各种徒刑有具体刑期[②]，也有学者认为秦的徒刑均无明确的期刑[③]。

（四）耻辱刑

秦时的耻辱刑主要有两种：髡与耐。髡即剃光头发，耐轻于髡，仅剃去鬓须而完其发。《说文》段玉裁注："按耐之罪轻于髡。髡者，剃发也。不剃其发，仅去须鬓，是曰耐，亦曰完。谓之完者，完其发也。"[④]与前代有所不同，秦时耻辱刑不再作为贵族犯罪的替代刑，而适用于普通百姓的一般犯罪之中。髡刑、耐刑通常作为附加刑与徒刑结合使用，但有时作为主刑独立使用，如《秦律杂抄》有："分甲以为二甲蒐者，耐。"[⑤]

（五）流放刑

秦时的流放刑包括迁与谪，都是强制罪犯迁徙到边远地区落户服役的刑罚。两者的区别主要体现在迁刑是秦律规定的法定刑名，而谪刑除了作为一种刑事处罚措施之外，还有因为政治形势需要而"谪"者；秦时甚至允许自愿受"谪"以豁

---

① 〔日〕堀毅：《秦汉法制史论考》，法律出版社1988年版，第177页。

② 刘海年先生认为，秦时各类徒刑有具体刑期，其中，城旦舂五至六年，鬼薪白粲四年，隶臣妾三年，司寇两年，候一年。参见刘海年：《战国秦代法制管窥》，法律出版社2006年版，第109—110页。

③ 栗劲先生认为，秦的徒刑都是无期的，只是由于大赦等缘故，使秦的无期刑在事实上变为不定期刑。栗劲：《秦律通论》，山东人民出版社1985年版，第277—283页。

④ 关于髡、耐、完刑的关系及性质，学界存在较大争议。学界一般沿用段氏的说法，认为耐与完是一种刑罚的两种称呼。不过也有人认为髡就是完，如郑司农在《周礼》注中云："髡当为完。"还有人认为完既非耐，亦非髡，而是秦汉徒刑的一种形式，而耐与髡刑则属于肉刑的范围。参见张晋藩：《中国法制通史》（战国·秦汉卷），法律出版社1999年版，第155—157页。

⑤ 大意为：在大蒐时以一支军队分充两支，应加耐刑。蒐是一种以检阅军事力量为目的的田猎活动。参见《睡虎地秦墓竹简》，文物出版社1978年版，第131页。

免亲属之罪。[①] 另外,受迁之人"终身毋得去迁所",而有些被处以谪刑者在完成某种劳役之后可以返回原籍。秦时流放刑较徒刑中的"黥城旦"刑为轻。《法律答问》记载,负有缉捕盗贼职责的"害盗"为盗,不盈六百六十钱至二百廿钱,黥为城旦,不盈二百廿以下到一钱,处以迁刑。

(六) 笞刑

笞刑是用竹、木板责打罪犯身体的刑罚。秦时笞刑一般适用于较为轻微的犯罪,有时也被用来拷讯囚徒。笞刑根据击打数量的不同分为不同的等级,云梦秦简中记载的笞数有"笞十"、"笞三十"、"笞五十"、"笞百",甚至无具体数量限制的"熟笞之"(重笞之意)。

(七) 赀刑

赀刑是强制罪犯缴纳数额不等的财物或从事一定期限的力役的刑罚。《说文》中的解释是:"赀,小罚以财自赎也。"尽管如此,赀刑与赎刑明显不同。秦时赀刑的使用范围相当广泛,无论是军人官吏的违法失职行为,还是普通百姓的轻微过犯,均可一体适用。秦朝赀刑的种类有赀甲、赀盾、赀徭、赀戍等。

(八) 赎刑

赎刑不是一个独立的刑种,而是强制罪犯以一定数量的财物或力役赎免刑罚的方法。秦时赎刑以所赎本刑来确定不同等级,具体种类有赎耐、赎迁、赎鬼薪鋈足、赎黥、赎宫、赎死等。

秦朝的刑事处罚措施还有废、免、谇、收等。废指废除官吏职位,永不叙用;免指免除官吏现有职务;谇指训诫、责罚犯罪官吏;收指将犯有严重罪行的人犯的妻、子等亲属籍没为官奴婢。

三、定罪量刑原则

为更好地运用刑罚手段打击犯罪,秦朝统治者以法家重刑理论为指导,通过长期司法实践,确立了一套颇具时代特色的刑法适用原则。

(一) 关于刑事责任年龄。秦律以刑事责任年龄作为定罪量刑的重要依据之一,未成年人犯罪不负刑事责任,或者减轻刑事处罚。秦时以身高来确定刑事责任年龄,男子身高不满六尺,即使犯罪也不承担刑事责任。《法律答问》记载:"甲小未盈六尺,有马一匹自牧之,今马为人败,食人稼一石,问当论不当?不当论及偿稼。"按《周礼》贾公彦疏所云"七尺谓年二十,六尺谓年十五",秦时男子身高六尺,相当于十五周岁。

(二) 注重考查有无犯意。秦律重视考查行为人的主观意识,在某些罪行的

---

① 《司空律》记载:"百姓有母及同生为隶妾,非谪罪也而欲为冗边五岁,毋偿兴日,以免一人为庶人,许之。"参见《睡虎地秦墓竹简》,文物出版社1978年版,第91页。

认定上将有无犯罪意识作为是否构成犯罪的重要依据。《法律答问》记载的一则案例为："甲盗，赃值千钱，乙知其盗，受分赃不盈一钱，问乙何论？同论。"相反，在同书记载的另一则案例中，"甲盗钱以买丝，寄乙；乙受，弗知盗，乙何论也？毋论"①。

（三）区分故意与过失。秦律注意区分故意与过失，行为人所持心理状态的不同，成为此罪与彼罪、罪行轻重的直接依据。故意在秦律中称"端"，过失称"不端"。一般而言，故意从重，过失从轻。《法律答问》记载："甲告乙盗牛若贼伤人，今乙不盗牛、不伤人，问甲何论？端为，为诬人；不端，为告不审。"在此案中，如果甲故意为之，则构成诬告罪，诬告须反坐其罪，"以所辟罪罪之"。如果过失为之，则构成"告不审"。两罪相较，前罪处刑明显重于后罪。

（四）区分尊卑贵贱。为维护贵族官僚等级特权，秦律基于犯罪人不同的身份、地位适用不同的刑事处罚措施，有爵位者和官吏可以享受减免刑罚的优待。《汉旧仪》记载，"（秦制）男子赐爵一级以上，有罪以减。"这一原则在《云梦秦简》中得到体现与印证。《游士律》规定："有为故秦人出、削籍，上造以上为鬼薪，公士以下刑为城旦"。根据秦朝爵位等级，"上造"与"公士"爵秩仅差一级，两者罪行相同，但对前者处刑较后者为轻。秦律对于尊亲属犯罪也特殊处理，以维护尊长与主人的特权地位。《法律答问》记载，"擅杀子，黥为城旦舂"；如果小儿出生时身上长有异物以及肢体不全，杀之无罪。与常人之间的杀人罪相比，父杀子处刑显然要轻得多。

（五）教唆犯罪加重处罚。秦律规定，主使、教唆他人犯罪，与犯罪行为具体实施者同罪。如《法律答问》记载："甲谋遣乙盗，一日，乙且往盗，未到，得，皆赎黥。"至于主使、教唆未成年人实施犯罪则加重处罚。如《法律答问》记载："甲谋遣乙杀人受钱十分，问乙高未盈六尺，甲可(何)论？当磔。"因乙为身高未盈六尺的未成年人，因此甲谋遣乙杀人虽仅得十钱，但情节恶劣，按律当处较一般杀人罪为重的磔刑。

（六）累犯加重处罚。秦律注重区别对待初犯与累犯。如果罪犯有前科，一般会从重或加重处罚。《法律答问》记载："当耐为隶臣，以司寇诬人，何论？当耐为隶臣，又系城旦六岁。"一般而言，诬告者反坐其罪，但这起案件中，由于行为人在"以司寇诬人"之前因他罪"当耐为隶臣"，构成累犯，被加重处以"城旦六岁"的刑罚。

（七）重惩共同犯罪和集团犯罪。秦律加重对于共同犯罪的处罚力度，如系集团犯罪，则处刑更为严厉。《法律答问》记载："甲乙雅不相知，甲往盗丙，才到，乙亦往盗丙，与甲言，即各盗，其赃值各四百，已去而偕得。其前谋，当并赃以论，

① 《睡虎地秦墓竹简》，文物出版社 1978 年版，第 154、155 页。

不谋，各坐赃。”另外，根据《法律答问》的记载，不满五人犯盗罪，如果赃数在一钱以上不满二百二十钱，处以迁刑。但如果五人共同行盗，赃数在一钱以上，即处以“斩左趾，又黥以为城旦”的刑罚。

（八）自首及自纠过误者减免刑罚。秦律规定，自首及犯罪后能主动消除犯罪后果者可以从轻、减轻或免除处罚。自首在秦律中称“自出”。《法律答问》记载的一则案例为，携带所借官物逃亡，后被捕获或自首，问应否作为盗窃罪论处？回答是如系自首，就以逃亡论罪，如系捕获，则以盗窃罪按赃数追究其刑事责任。对自首者的处罚显较被捕获者为轻。《法律答问》记载的另一则案例是，负有监管职责的官吏因工作失职导致人犯逃脱，如能自行捕获或由亲友代为捕获，可以免罪。

（九）实行多重连坐。连坐，指本人并未实施犯罪，但因他人的罪行而连同受罚。秦自商鞅变法起便在全国范围内广泛推行连坐制度。按照各自适用范围的不同，秦律中的连坐主要包括：

1. 同居连坐。《法律答问》记载：“盗及诸它罪，同居所当坐，何谓同居？户为同居。”由于同居之人犯罪而受牵连者并无责任年龄的限制，即使是未成年人也不能免于受罚，《云梦秦简》中载有“子小未可别，令从母为收”的语句，这反映出秦时刑罚的残酷性。

2. 什伍连坐。商鞅变法的重要内容之一即是“令民为什伍，而相收司连坐”。《法律答问》中记载，凡律文中所说的“与盗同法”、“与同罪”中的犯罪，除罪犯的同居之人以外，包括里典在内的基层官员以及同伍之人都应连坐。①

3. 职务连坐。《史记·范雎蔡泽列传》记载：“秦之法，任人而所任不善者，各以其罪罪之。”《效律》记载：“尉计及尉官吏即有劾，其令、丞坐之，如它官然。”

此外，连坐原则也适用于军队内部士卒之间特定的犯罪行为。

第四节　秦朝的行政法律制度

为强化国家管理、提高行政效率，秦朝统治者制定了许多关于行政事务的法律、法规，其中见于《云梦秦简》的就有二十余种。秦朝行政法制的内容相当具体、全面，几乎涉及行政活动的各个方面，行政立法的技术水平也在前代的基础上有了进一步的发展，基本适应了统一的、中央集权的、君主专制的封建大帝国的现实需要。关于行政法律制度，由于行政机构设置和权责已经在第一节里作过介绍，这里仅仅介绍秦朝的官吏管理制度和监察制度。

---

① 原文为：“律曰‘与盗同法’，又曰‘与同罪’，此二物其同居、典、伍当坐之。”参见《睡虎地秦墓竹简》，文物出版社 1978 年版，第 159 页。

一、官吏管理制度

秦朝统治者接受法家“明主治吏”而后治民、“循名责实”等理念，十分重视吏治与职官管理，严格以法治吏。为此，秦律对官吏的等级、爵秩、职责、任免、迁调、考课、奖惩等制度都做了具体而明确的规定。秦简中《置吏律》、《除吏律》、《为吏之道》等大量与吏治有关的行政法规、官箴戒律的存在，表明了秦时的职官管理制度已经走上规范化、法制化的道路。

（一）任官的标准与限制

1. 任官的标准。秦朝任用官吏重“能”而不重出身。《为吏之道》强调“审民能以任吏”。具体而言，“凡为吏之道，必精洁正直，慎谨坚固，审悉无私，微密纤察，安静毋苛，审当赏罚。……吏有五善：一曰忠信敬上，二曰清廉毋谤，三曰举事审当，四曰喜为善行，五曰恭敬多让。”《语书》中谈到官吏必须明悉法律，廉洁奉公，忠厚诚实，不独断擅行，有公正之心，能知错就改，有合作精神。①

2. 任官的限制。秦律中对于任用官吏的限制性规定包括：(1) 不准任用已被撤职且永不叙用的废官以及正在服役的刑徒为吏。《秦律杂抄》规定：“任用废官为吏，赀二甲”；《秦律十八种·内史杂》规定：“候、司寇及群下吏毋敢为官府佐、史及禁苑宪盗”。(2) 所用佐吏须为壮年。《秦律十八种·内史杂》规定：“除佐必当壮以上，毋除士伍新傅”。根据《礼记·曲礼》的解释，“三十曰壮，有室”。(3) 官吏调任以后不得带走原有佐吏。《秦律十八种·置吏律》规定：“啬夫之送见它官者，不得除其故官佐、吏以之新官。”

（二）选任的方式与程序

1. 选任的方式。秦朝官吏选任方式主要有以下几种：(1) 察举。秦时现职官吏可以向朝廷保举推荐一定数量的有才能者，由朝廷或主管官吏经过考察后直接授予官职。察举制度是秦朝官吏选任的常见方式之一。《史记》记载，吕不韦曾保举李斯为郎，范雎保举过郑安平为将军、王稽为郡守。(2) 征召。察举之外，秦时还征召地方上有名望之士到朝廷为官。《史记》记载，叔孙通在秦时曾“以文学征，待诏博士”。(3) 任子。秦时高级官吏的子弟如果符合任官条件可以以“葆子”的身份到官府任职。

2. 任官的程序。秦律规定，官吏只有经过朝廷的正式任命后才能到职任官。《置吏律》记载，任命任用吏、尉等官员，在正式任命后才能令其到职视事，如果不应任命而敢先行使职权，以及未经批准、私相谋划而遣官就任的，须依法

---

① 原文为：“凡良吏明法律令，事无不能也，又廉洁敦慤而好佐上，以一曹事不足独治也，故有公心，又能自端也。”参见《睡虎地秦墓竹简》，文物出版社 1978 年版，第 19 页。

论处。[1]

《置吏律》中还对任官时限做了明确规定，县、都官和十二个郡任免吏、佐和各官府属员的截止日期为十二月初一到三月底。如果遇到属员死亡或因故出缺的，则可不受上述时间限制。《秦律十八种·内史杂》记载，官府的啬夫免职后，令、丞应当在两个月内任命新人履职，否则即属于违反法令的行为。

（三）官吏的职责义务

秦时官吏的职责因其担任官职的不同而有所不同。一般而言，无论官吏担任何种职务，对封建政权都应尽以下责任与义务：(1) 忠君敬上。《为吏之道》强调的"吏有五善"中，第一条就是官吏应当"忠信敬上"。同书另一处指出："君鬼(怀)臣忠，父慈子孝"是为政之"本"。因此，在为人君者应礼待臣下的同时，为人臣者须以忠事君。(2) 恪尽职守。《为吏之道》将"受令不偻"作为官吏的"五失"之一，所谓"受令不偻"，根据栗劲先生的解释，就是接受任官而不立即执行职务。[2]《法律答问》记载，啬夫之类官员"不以官为事"，不是尽职尽责，而是"以奸为事"，以权谋私，问应当如何处置？回答是应当处以迁刑。(3) 奉公守法。作为官吏必须"审悉无私"，做到"有公心"、"谒(遏)私图"。奉公的具体体现之一就是守法。秦时要求官吏必须通晓法律政令，并严格执法。官吏"犯令"、"废令"、"不从令"均须受到法律的制裁。(4) 廉洁自律。官吏的"五善"之一就是"清廉毋谤"。秦时对官员贪污贿赂犯罪处刑极严，受贿一钱以上即处以"黥城旦"的重刑。

与官吏的职责义务相适应，秦律规定官吏享有一系列法定权利与特权，如按照品级高低领取数量不等的俸禄、减免租税徭役、保举弟子为官、犯罪时可减免刑罚等。

（四）官吏的考课与奖惩

秦朝强化吏治的重要举措之一是在各类官署中全面推行官吏的考课制度。通过考课以及与之相联系的奖惩措施，加强对官吏的检查与督促，以更好地调动其积极性。秦时对官吏的考课分为两类：一类是地方长官每年定期向中央报告政绩、接受朝廷考核的"上计"制度，即所谓"岁终奉其成功以效于君。当则可，不当则废"[3]。另一类是上级机关或主管官吏根据下级官吏的具体职掌对其工作所进行的定期、不定期的检查与考核。考课结果实行"最"、"殿"制，"最"者为优，给予记"劳"奖励或依法擢升；"殿"者为劣，不仅被考课者本人会受到法律制裁，其直接领导也须承担连带责任。《云梦秦简》中记载了大量针对县、都官以及官

---

① 原文为："除吏、尉，已除之，乃令视事及遣之；所不当除而敢先见事，及相听以遣之，以律论之。"参见《睡虎地秦墓竹简》，文物出版社 1978 年版，第 94—95 页。

② 栗劲：《秦律通论》，山东人民出版社 1985 年版，第 367 页。

③ 《荀子·王霸》。

营畜牧业、手工业、工矿业等行业管理官吏如何进行考课的法律规定,如《厩苑律》记载,每年在四月、七月、十月、正月根据耕牛饲养情况来考核田啬夫的业绩。满一年,在正月举行大课。被评为"最"者,赏赐田啬夫酒一壶、干肉十条,免除饲牛者一次更役,赏赐牛长免劳役三十天。被评为"殿"者,申斥田啬夫,罚饲牛者们劳役两个月。又在乡里举行考课,被评为"最"者,赏赐里典免劳役十天;被评为"殿"者,处以笞三十的刑罚。①

二、监察制度

秦朝建立后,为监督百官、察举非法,秦始皇设立了专门的监察机关,制定了相关的监察规范。

秦时在中央设御史大夫,"位上卿,掌副丞相",具体职责有三:一是掌管包括法律政令在内的图籍文书;二是执掌监察之权,弹劾官吏的违法失职行为;三是参与重大案件的司法审判。御史大夫之下设御史丞及御史中丞等属官。同时设有监御史,"掌监郡",对郡守及其下属官吏行使监察之权。

秦时还制定了专门的监察法律法规。一般认为,云梦秦简中的《语书》,就是秦统一前夕具有监察法令性质的重要文献。《语书》中谈到为保证业已公布的国家法律政令得到贯彻实施,郡守将派人到各地巡察、检举不守法令的吏民,并依法予以论处。如果各县官吏多有犯令而令、丞没有察觉并依法处置的,要将令、丞上报处理。《语书》中还列出察举官吏的具体标准。

秦的御史监察制度尚处于初创阶段,当时的御史不是专职的监察官员,他们还身兼诸如书记文书之类的职务,《秦律十八种·尉杂》中就有"岁雠辟律于御史"的记载。② 尽管如此,它开创了中国古代监察制度的历史先河,并深刻影响了后世各朝代的行政监察法制建设。

第五节　秦朝的民事和经济法制

秦朝的民事法律并不发达,民事规范不仅数量较少,且分布上相当零散;一些民事规范混杂在刑事、行政以及其他法律政令之中。与此相反,秦朝的经济法律规范数量众多,内容庞杂,调整范围相当广泛,反映出秦朝统治者十分重视运用法律手段来规制、调整社会经济关系,确保国家各项经济活动的正常发展。

---

① 《睡虎地秦墓竹简》,文物出版社 1978 年版,第 30 页。

② 大意是:廷尉每年都要到御史处核对刑律。参见《睡虎地秦墓竹简》,文物出版社 1978 年版,第 110 页。

一、民事法律

（一）关于民事主体

秦时实行非常严格的户籍制度。境内之人，除官、私奴婢之外，一律著入民籍之中，成为国家管理之下的"编户齐民"，即民事主体。《商君书·境内》所记"四境之内，丈夫女子皆有名于上，生者著，死者削"的主张在秦朝得到完全实施。

在秦朝，民事主体出于身份、地位的不同，享有不同的民事权利，承担不同的民事义务。

封建国家的最高统治者皇帝，是最完全的民事权利主体，拥有包括土地、山林、河川在内的绝大多数社会基本生产资料与国家财富。各级官吏及有爵位者依法享有一系列等级特权，享有完全的民事权利能力与行为能力。普通士伍或百姓，也是完全的民事权利主体，拥有较为充分的人身权利及财产权利。

秦时的商贾、作务、赘婿、后父等虽然具有一定的财产权利，但社会地位比较低下，民事权利受到相当程度的限制，是有限制（或不完全）的民事权利主体。据收录于云梦秦简中的《魏户律》记载："赘婿后父，勿令为户，勿予田宇。三世之后，欲仕仕之，仍署其籍曰：故某虑赘婿某叟之仍孙。"[①]

此外，被称为"人奴妾"的私人奴隶以及官奴婢没有任何人身自由与财产权利，可以被随意买卖或赠与他人，甚至连他们的子孙后代也保留奴隶身份，归属主人或官府所有。因此，他们事实上处于权利客体地位，而不具有民事权利主体资格。

秦时民事主体要享有完全民事行为能力，还需达到成年年龄。与刑事责任年龄规定一致，秦时以身高作为成年的主要依据，身高六尺，即为成年人，享有相应的民事行为能力。

在秦朝，"户"作为一种社会单位在民事关系中享有独特的权利与义务，户主或家长享有家庭共有财产的处置权以及对同居卑幼的主婚权、管教权等权利。

（二）关于物及物权

1. 物

秦朝法律及法家理论中没有关于民事上的"物"的明确概念，但已经注意到法律上的物的基本属性及其与自然之物的根本区别。如商鞅曾经就物的"名分"问题指出："一兔走，百人逐之，非以兔可分以为百也，由名分未定也。夫卖（兔）者满市，而盗不敢取，由名分已定也。"[②]"百人逐走兔"时，兔是自然物；盗贼不敢取市场上挂着卖的兔子，那是因为它是法律上确定了权属的物。

---

① 《睡虎地秦墓竹简》，文物出版社 1978 年版，第 293 页。
② 《商君书·定分》。

奴隶是物。秦时法律虽然对公、私奴隶的人身权利给予一定的保护，如禁止主人擅自将其杀死，但奴隶本质上不是权利主体，而是一种法律上的物，可以被随意买卖、交换或赠与。《封诊式》中记载有一则奴隶买卖的事例，某人以自己的奴隶"骄悍、不事农务且不听命令"为由而将其转卖给官府。

2. 物权及所有权

秦时物权主要表现为权利人对物所享有的所有权。所有权的形式有两种：国家所有权和私人所有权。

国家所有权的客体十分广泛，绝大多数自然资源如土地、山林、河川、矿藏等均归国家所有。此外，国家还直接经营农庄、牧场以及专门从事矿冶、铸钱、制盐、器具及兵器制造等工作的手工业作坊。国家所有权的取得方式主要有：收归国有、征战掠夺、田赋与工商赋税、籍没罚款与赎金以及经营收入等。

私人所有权的客体包括土地、房宅、牲畜、奴隶、生产用具、日常必需品等生产及生活资料。公元前216年，为保证封建国家的赋税收入，秦始皇下令"使黔首自实田"，要求百姓向官府报告自己占有土地的实际数额，从而以法律形式确定私人土地所有权。私人所有权可以通过先占、赏赐、买卖、继承等方式取得。"一兔走，百人逐之"，就是先占取得。

无论何种所有权，其变更与消灭的方式主要包括所有权人转让、放弃所有物，所有物的毁损或灭失，奴隶的逃亡等。

3. 物权的保护

秦时保护公、私财产的所有权，侵权行为人不仅须以返还原物、赔偿损失等方式承担民事责任，而且还会受到严厉的刑事制裁。如随意搬动土地界标、侵犯他人土地所有权，须受到"赎耐"的处罚。

秦律规定所有权人享有物上追及权，盗赃应当物归原主。《法律答问》记载，"盗盗人，卖所盗，以买它物，皆畀其主。"不过，如果权利人是善意取得的，则不必返还原物。"今盗盗甲衣，卖，以买布而得，当以衣及布畀不当？当以布及其他所买畀甲，衣不当。"

（三）关于债和债权

1. 债的发生

秦时契约之债是债权产生的主要形式之一。《法律答问》记载："何谓'亡券而害'？亡校券右为害。"券即契券、契约，如果债权人丢失了作为凭证的右券会造成契约失效的危害。秦朝的契约种类主要有买卖契约、借贷契约、租佃契约、雇佣契约等。

关于侵权行为之债。在秦朝，加害人因非法行为给他人人身或财产造成损失的，需承担相应的民事责任；即使加害人受到刑事处罚，其民事侵权之责也不能免除。如《法律答问》中记载，盗窃犯行窃之后，将所窃之物卖掉，又另买他物，除其本人须受罚之外，其所窃之物及另买之物均应归还原主。

秦律中还规定了不当得利人与利益所有人之间的债权债务关系。《除吏律》记载，驾驶战车的军士可以免除徭戍，如果某位军士经过四年训练仍然没有掌握驾车技能，除了给予教练"赀一盾"、本人免职的处罚以外，还要其补服四年内应服的徭戍。[①] 其原因在于免除徭戍的前提是为军队驾驶战车，但军士经过较长时间的训练都无法履行职责，构成"不当得利"，国家有权依法追回。

2. 债的担保

为保障债权人的利益，秦律中规定了债务担保制度。秦时债的担保既有以物担保，也有以人担保，其中后者较为常见。如《工律》规定，在都邑服徭役和因公事居于官舍，如借用公物，借者死亡而公物尚未偿还，应令服徭役的徒众或其舍人负责代为偿还。在此，一起服徭役的徒众或舍人作为借者的担保人对其所借公物承担连带偿还责任。

3. 债的履行、变更与消灭

秦《金布律》规定，债务人必须履行自己所欠公、私债务；如果债务人"有债于公"而无力履行时，官府可以强制其"居作"，以劳役折抵债务。不过，如果现任官吏欠负公债而无力偿还，可以"稍减其秩、月食以偿之"，但不得强令其以劳役抵偿。

秦律禁止债权人以扣押债务人人身的办法强行索债。《法律答问》记载："百姓有债，勿敢擅强质，擅强质及和受质者，皆赀二甲。"

秦时规定，与官府发生债权债务关系的普通百姓如果迁往其他地方，可将另一方当事人变更为迁入地官府，须直接向新迁入地官府偿还债务或接受其还债。《金布律》规定："有债于公及赀、赎者居它县，辄移居县责之。公有债百姓未偿，亦移其县，县偿。"

在某些情况下，债务人死亡会导致所欠债务归于消灭的法律后果。如《金布律》规定，官吏因罪责所欠官府债务，以及为官府经营手工业而负债，或放养牲畜的官员杀死、丢失牲畜应当赔偿，上述人等尚未偿还所欠官债及居作未完而死亡，其所欠债务都可免除，不必责令其妻或同居者赔偿。

（四）婚姻、家庭与继承

1. 婚姻

秦律规定男女成年方可结婚，结婚必须经过官府登记、认可，否则不受法律保护。禁止与他人逃亡之妻缔结婚姻关系，违者依律治罪。

秦时允许男女双方解除婚姻关系。不过，合法婚姻的解除同样须经过官府

---

① 原文为："驾驺除四岁，不能驾御，赀教者一盾；免，偿四岁徭戍"。参见《睡虎地秦墓竹简》，文物出版社1978年版，第128页。

的登记、认可，否则即构成"弃妻不书"罪。不仅随意休妻的男方会受到法律的惩罚，而且被休弃的女方也不能免责。

在夫妻间的权利义务关系上，秦时也存在男尊女卑、夫妻地位不平等的现象。不过由于受儒家思想影响较少，夫权特征尚不十分突出。根据秦律：丈夫犯罪妻子须连坐，但如果妻子主动向官府告发丈夫的罪行则可免受牵连。夫妻间有互守忠贞的义务，"禁止淫佚"，女子"去夫亡"另与他人"相夫妻"，须受到"黥为城旦"的处罚；而"夫为寄豭"，妻"杀之无罪"。[①] 丈夫不得伤害妻子，如因妻子凶悍而"殴治之"，不慎"夬其耳，若折支指、胅体"，要被处以耐刑。

2. 家庭

在家庭关系上，秦律确认父权与家长权的存在，维护家庭成员间的不平等关系。为此，秦时严惩卑幼的"不孝"行为，父亲或家长有权请求官府依法惩治不孝子女。在《封诊式·迁子》爰书记载的案例中，官府应某人的请求直接将其子处以"鋈足刑，迁蜀边县，令终身毋得去迁所"。不过，秦律对父权也作了一定限制，禁止父亲或其他尊长随意杀害伤害子女。擅杀子女，要处以"黥城旦"刑，如擅杀养子，则当"弃市"。

3. 继承

秦时继承主要有爵位继承与财产继承两种形式。《军爵律》规定，立有军功应当受爵但未拜而死者，除非其后嗣犯有废、耐、迁以上罪，否则可以依法继承死者的爵位。《法律答问》将"后子"解释为经官方认可作为其爵位继承人的儿子或臣邦国家君长立为后嗣的太子，这在一定程度上也说明秦朝存在爵位继承制度。在财产继承中，同居之子可以继承其父的遗产，不过其继承范围不仅包括土地、房屋、树木、衣器、牲畜、奴隶等财产，而且包括相应的债务。

二、经济法律

（一）农牧业管理法

秦自商鞅变法以来一直奉行以农为本的基本政策。为了鼓励、促进农业生产的正常发展，秦朝统治者通过立法对于农业生产活动的各个环节都作了非常细致的规定，并加强各级涉农官员对于农业生产的督促与管理。如《仓律》规定了谷物与种子的保管办法以及每亩地播种的具体数量。《田律》要求地方官员在下了及时雨和谷物抽穗时，应向上级书面报告受雨、抽穗的顷数和已开垦而没有耕种的田地的顷数；如果是禾稼生长后下的雨，也要立即报告雨量多少，和受益田地的顷数，如有旱灾、暴风雨、涝灾、蝗虫及其他害虫等灾害损伤了禾稼，也要

① 《史记·秦始皇本纪》。"夫为寄豭"一般认为指丈夫与他人通奸。但也可以认为是指丈夫逃离家庭而去当别人的赘婿。

报告受灾顷数。《司空律》允许以劳役抵偿赀赎处罚的人在播种和管理禾苗的时节各回家二十天从事农作，以保证农业生产中有足够的人力供应。

农业之外，畜牧业的生产活动也受到官府的高度重视。为刺激畜牧业官员的生产积极性，《厩苑律》规定，负责耕牛饲养的田啬夫等官员须定期进行评比考核，成绩优异者有奖，成绩低下者受罚。《秦律杂抄》记载，在进行乘马的评比时，如马服役的劳绩被评为下等，厩啬夫、令、丞、佐、史等官员均须受罚。《牛羊课》中以所饲养牲畜的繁殖率为依据，对啬夫、佐等畜牧业官员的失职行为作了明确的处罚规定。

为保护与合理利用各种自然资源，《田律》规定，春二月，不准到山林砍伐木材，不准堵塞水道。不到夏季，不准烧草作肥料，不准采摘刚发芽的植物，或捉取幼兽、鸟蛋和幼鸟，不准毒杀鱼鳖，不准设置捕捉鸟兽的陷阱和网罟，到七月才解除禁令。

（二）官营手工业管理法

为加强官营手工业作坊的经营管理，秦时制定了《工律》、《均工律》、《工人程》、《效律》、《司空律》等一批法律法规，从原料用量、生产规格、产品质量、生产人员的劳动定额、管理人员的考核奖惩等方面对手工业生产活动作了明确规定。《司空律》规定，为车辆加油和对其进行修缮，平均每辆车用胶一两、脂三分之二两，这反映出秦时在制造、维修手工业产品过程中的原料用量上存在相当严格的定量管理。《工律》规定，制作同一种器物，其大小、长短和宽度必须相同，通过统一的产品标准来规范手工业产品的生产，保证产品的质量。根据《工人程》的规定，“隶臣、下吏、城旦与工”冬天从事手工业生产，其劳动定额可以适当放宽，三天收取相当夏天两天的产品即可。《均工律》中也有类似规定：新工匠开始工作时，第一年要求达到规定定额的一半，第二年所收产品数额应与过去做过工的人相等。关于手工业管理人员的考核奖惩，根据《秦律杂抄》的记载，如果不是本年度应当生产的产品，又没有朝廷的命书，而擅敢制作其他器物的，工师和丞各罚二甲。各县工官新上交的产品，评为下等的，该工官的啬夫罚一甲，县啬夫、丞、吏、曹长各罚一盾。所造大车评为下等的，司空啬夫罚一盾。

（三）市场贸易与货币管理法

秦时虽然推行重农抑商的政策，但并未限制正常的商业贸易活动，而是积极利用法律手段对其加以规范与调整，以促进商业与市场贸易的有序发展、活跃城乡经济。秦朝的市场贸易法包括市场管理、度量衡器管理、对外贸易管理等内容。在市场管理方面，《金布律》规定，凡在市场上进行商品交易，除价值不到一钱的小商品外，均须系签标明价格。为打击非法酒类贸易，《田律》规定，居住在农村的百姓不准卖酒，田啬夫及部佐应严加禁止，违反法令者有罪。在度量衡器管理方面，《工律》规定，用作衡器的权、斗桶和升至少每年应校正一次。《效律》

则明确规定了各种度量衡的误差标准以及主管官员的法律责任。在对外贸易管理方面,秦律禁止本国商人将商品私运出境或同尚未将通行凭证送交官府审查核实的外商进行交易。

此外,秦时还通过《金布律》等货币金融法规对钱、布等流通货币的种类、规格、比价作了严格规定。

(四) 赋税徭役管理法

秦朝的赋税以土地和人口税为主,分别按土地面积和人口数目来征收。《田律》规定,无论土地是否垦种,都应按每顷"刍三石、藁二石"的标准向封建官府缴纳田租。除田租外,秦时还以"户"为单位收取户赋。凡达到一定年龄的男子都应当向官府登记立户,并缴纳户赋。为保证国家户赋收入,早在商鞅变法时期就明确规定:"民有二男以上不分异者,倍其赋"。此外,成年男子还须为国家服一定期限的徭役。《徭律》对徭役的服役地点、兴修工程的工程量计算及质量担保要求、徭役征发过程中违反法令的处罚措施等都作了具体规定。

第六节 秦朝的司法与诉讼制度

一、司法机关

秦朝最高司法权掌握在封建专制君主——皇帝手中。除其本人亲自审理判决的案件以外,皇帝还拥有国家一切重大案件的最终决定权,"天下之事无小大皆决于上"①。皇帝之下,建立了一套由中央与地方司法机关共同组成的统一的司法体系。

(一) 中央司法机关

秦朝的中央司法机关是廷尉,其长官亦称廷尉,位列九卿之中。据《汉书·百官公卿表》记载:"廷尉,秦官,掌刑辟"。廷尉之下设有正、左右监等属吏。廷尉的职责主要有二:一是审理皇帝交办的诏狱,"之廷尉者皆诏狱,廷尉乃得治之";二是受理地方上报的疑难案件,"凡郡国谳疑狱,皆处当以报"②。

此外,丞相与御史大夫等官员也参与司法审判活动,掌握一定的司法权。

(二) 地方司法机关

秦朝实行司法、行政合一的地方管理体制,郡、县既是行政机关,也是司法机关。郡守、县令长分别负责本辖区内的普通民事、刑事诉讼案件。如遇重大、疑难案件,则须报送上一级司法机关审理解决。郡守之下设有决曹掾史,县令之下设有县丞等属吏,分别协助郡、县长官处理司法事务。县以下设有乡、亭、里等基

① 《史记·秦始皇本纪》。
② 《沈寄簃遗书·历代刑官考》。

层组织，所属有秩、啬夫、游徼、亭长等乡官也有一定的司法权，可以调处民事纠纷，或协助郡县长吏缉捕人犯。

二、诉讼制度

（一）诉讼的提出

秦时提起诉讼的方式主要有两种：一是由官吏依据职权代表国家纠举犯罪；二是由当事人或其亲属直接向郡县官府提出呈诉。

对于普通百姓的私人呈诉或控告，秦律又进一步将其区分为“公室告”与“非公室告”。根据《法律答问》的记载，凡“贼杀伤、盗他人”为“公室告”。对于公室告的案件，官府必须受理。凡“子盗父母，父母擅杀、刑、髡子及奴妾”，以及“子告父母，臣妾告主”，都为“非公室告”。对于非公室告，官府不予受理。如果当事人坚持控告，官府还要追究控告者的罪责。控告者已经论罪后又有其他人接替控告，官府也不应受理。应当注意，“非公室告”案件并非完全不准告发并不予受理，因为《法律答问》中有“擅杀子，黥为城旦舂”的规定，有禁止主人刑杀奴妾的规定，又有“士五(伍)甲毋(无)子，其弟子以为后，与同居，而擅杀之，当弃市”的解答，说明列为“非公室告”的行为仍然构成犯罪。我们认为，所谓“非公室告，勿听；而行告，告者罪”是仅仅针对子女、奴妾而言的，是出于相当于“亲亲相隐”的需要而作出的规定。可以推论，对于这些行为，子女、奴妾以外的知情人是可以告发的。

除“非公室告”之外，秦律规定官府不得受理涉及“家罪”的案件。《法律答问》记载：“何谓‘家罪’？父子同居，杀伤父臣妾、畜产及盗之，父已死，或告，勿听，是谓‘家罪’。”什么是“家罪”？大约是家庭成员之间的财产侵损行为，一般也不受理。“非公室告”与“家罪”的存在，反映出秦律对于封建宗法家庭内部尊卑等级关系的维护。

秦朝实行奖励告奸的政策，鼓励普通百姓积极向官府告发各类违法犯罪行为，并以严刑惩处匿奸不报者。但同时，秦律禁止诬告、匿名投书以及“州告”等滥用诉权的行为。关于“州告”，《法律答问》记载：“‘州告’者，告罪人，其所告且不审，又以它事告之。勿听，而论其不审。”所谓“州告”，就是反复寻找罪名控告别人的行为。

（二）案件的审理

秦时司法机关受理案件后，首先会核实案件当事人，调查案件事实，收集相关证据。在核实被告身份时，应当查明其姓名、身份、籍贯，曾犯有何罪，判过什么刑罚或经赦免，然后再查问与案件有关的其他问题。如果发现案发现场，司法机关须立即派专人赶往该地，进行现场的勘验与调查，并将整个勘验与调查过程及结果详细地记录下来，制作成各种“爰书”。如《封诊式》所收录的“贼死爰书”

中就详细记录了一起凶杀案件的案发地点、方位，尸体、现场其他物件的摆放位置，尸体上刀伤的部位、深度、长度、流血情况，受害人的性别、大致年龄、肤色、身高、衣着、旧有伤口的部位，以及提取物证、讯问报案人及证人等内容。

为方便案件的处理，司法机关在调查、勘验过程中可以使用“封守”之类的强制措施，控制被告的财产与家属。如《封诊式・封守爰书》中记载有某乡官根据县丞的命令，查封、扣押被审讯人的房屋、妻子、子女、奴婢、衣物、牲畜等家属与财产的具体情况。

秦朝司法机关在作出判决以前，须经过审讯程序获取口供，并将其与其他证据互相佐证，以此作为定案的依据。秦律对审讯的方法与步骤作了明确规定，“凡讯狱，必先尽听其言而书之，各展其辞，虽知其訑，毋庸辄诘”①，即先听完口供并加以记录，使受讯者各自陈述，而且即使明知受讯者说假话也不要马上加以诘问。等到供辞已记录完毕而问题还没有交代清楚，接着对应加诘问的问题进行诘问。诘问的时候，又要将其辩解的话记录下来，再将其无法解释清楚的问题“复诘之”。反复数次诘问之后，当诘问到受讯者理屈词穷、多次改变口供且拒不服罪时，最后依律对其实施刑讯，并以“爰书”形式记录下整个刑讯过程。

秦时虽然允许司法机关在审讯过程中使用刑讯，但并不鼓励提倡刑讯，只是将其作为一种不得已而为之的方法，当被告反复翻供或拒不认罪时方可加以适用。《封诊式・治狱》将案件审理的不同效果总结为三类：“能以书从迹其言，毋笞掠而得人情为上；笞掠为下；有恐为败”。即能根据记录的口供进行追查，不用刑讯而查清案情是最好的，通过刑讯弄清案情是下策，恐吓犯人以至案情无法弄清是失败的做法。

（三）读鞫与乞鞫

案件审讯完毕后，法官依法作出判决，须当面向当事人宣读判决书，是为“读鞫”。判决宣读后，如果当事人不服，可以依法请求重审案件，即“乞鞫”。《法律答问》记载：“以乞鞫及为人乞鞫者，狱已断乃听，且未断犹听也？狱断乃听之。”②可见，秦时当事人可以自己提出重审案件的请求，也可以委托他人代为提出，但上级司法机关只有在一审“狱断”后方会受理。

上一级司法机关在接受当事人的重审请求之后，可以重新查明案件事实，并在此基础上作出复审判决。

三、监狱管理制度

在法家重刑理论的作用与影响下，秦朝服役刑徒的数量十分惊人，监狱林

① 《睡虎地秦墓竹简》，文物出版社 1978 年版，第 246 页。
② 同上书，第 201 页。

立，史书记载秦始皇在位时“赭衣塞路，囹圄成市”。[①] 为此，秦朝制定了一大批有关刑徒管理的狱政法规，建立了一套内容较为完备、规范严格的监狱管理制度。

秦时除中央设有系属廷尉的咸阳狱以外，各郡县也已普遍设立监狱，用以关押当地官府负责管辖的普通罪犯，并在郡守、县令之下设有断狱都尉、治狱掾吏、令史等官员专管狱案治理及牢狱管理。为防止囚犯越狱逃跑，秦律确定了十分严密的看管措施。《司空律》规定，除公士、葆子等官僚贵族犯罪以外，普通囚犯应穿红色的囚衣，戴木械、黑索和胫钳等狱具，并由专人加以监管。囚犯外出服役时，不准前往市场和在市场门外停留休息，如路经市场时，应当绕行，不得径行通过。同时，为有效解决囚犯过多所导致的监管人手不够的问题，秦时还形成了一种以轻罪刑徒来监率重罪刑徒的监管办法。《司空律》规定，可以用罪行较轻的“城旦司寇”来监率罪行较重的“城旦舂”，一名“城旦司寇”可以监率二十名“城旦舂”及其他囚犯；如果“城旦司寇”人手不足，可以令“隶臣妾”来代替。此外，秦时还制定了囚犯的衣食供应标准，完善了囚犯的生活管理制度。如《仓律》规定，凡为官府服役的隶臣每月发粮二石，隶妾一石半，小隶臣、小隶妾依次递减。《金布律》规定，夏季囚衣的发放时间为每年的四月到六月，冬季囚衣的发放时间为每年的九月到十一月，过期不领的不再发给。

第七节 秦制与中国法律传统主要特质的形成

秦朝法制在中国法制史上有着非常重要的地位，秦制的基本理念构成后世历代法制的灵魂的一部分，秦代开创的国家政治体制成为后世中国的基本体制，渊源于《法经》的秦律是后世各朝成文律典的基础与蓝本。以法家“法治”理论为指南的秦朝法制虽历时不长，但累积了十分丰富的经验教训，深刻影响了此后历朝历代的法律实践活动，初步形成了中国法律传统的若干基本特质。清末维新志士谭嗣同曾说：“（中国）两千年之政，秦政也。”[②]这是就秦制对中国封建专制政治与法制巨大影响的最好总结。

一、秦制与古代中国以皇权为核心的君主专制传统的形成

中国君主专制的政治与法制起源甚早，但以世袭皇帝为绝对主宰，以绝对皇权为核心，以绝对“家天下”的一整套专制政治机构为骨架，以皇帝旨意为灵魂的一整套专制法制体系为社会控制手段的新型君主专制传统，却最早奠基于秦朝。

① 《汉书·刑法志》。
② 谭嗣同：《仁学》第二十七。

秦始皇统一全国之后，首次建立了皇帝制度：确立了皇帝名号，确立了皇帝诏命体制，确定了与皇权相关的称谓，全面确认了皇帝的权力及其世袭体制，使君主专制的政治进一步制度化、法律化。在此后两千多年的封建社会中，皇帝君临天下，掌握一切立法、行政、司法、军事、监察、祭祀大权，“独制天下而无所制也”[①]。作为最高立法者，君主“口含天宪”，可以随时将自己的意志上升为国家法律，也可以随时废止法律的实施。作为最高司法官，一切生杀予夺最后操诸皇帝；他可以法外施恩，也可以法外处刑。法律只不过是君主治国的“衔辔”，皇权凌驾于法律之上，法律维护并巩固专制皇权。西方封建社会中诸如“国王在万民之上，但在上帝与法律之下”之类的事实和观念，在中国古代皇权专制的法律传统中是绝对不可想象的。

二、秦制与古代中国地方体制及法制框架的形成

秦朝首次在全国范围内确立了郡县两级地方制度，并且使其成为全国范围内占支配地位的地方制度，这确立了中国二千多年的封建地方政治体制。秦朝确立的郡县地方体制、中央对郡县控制模式、上计和考绩制度、御史巡行郡县制度、郡县长官兼理司法的制度、郡县守尉令丞直接对上级负责并互相牵制的制度、乡以下以无秩乡官治理的制度，都为后世中国的地方体制奠定了基础。后世中国二千年地方政治体制，除了汉朝一度实行郡县、封国并行制之外，其他各朝代几乎都实现了完全郡县化。虽然有时也有所谓分封，但那只是“食租税”而已，即“分封而不锡土，列爵而不临民，食禄而不治事”[②]。所有封户人民及其耕地都在郡县制的管辖之下。

三、秦制与古代中国严法治吏传统及监察制度的形成

秦朝奉行“明主治吏不治民”的法家思想，坚持任法而治，从严治吏。首先，秦时较为科学地设定了各种官职，明确其具体职责，“循名以责实”，并建立了较为完备的考课奖惩制度，使有功者受赏，有过者受罚，充分调动各级官吏的积极性。这种设官分职、明确职责、循名责实、互相配合制约的基本构思，正是后世中国官僚政治的基本构思。其次，秦律对官吏规定了相当严密的防范措施，对违法官吏规定了相当严厉的惩罚，以确保吏治的清明，这对后世中国政治影响巨大。后世历代“从严治吏”的根深蒂固传统形成（仅北宋公然标榜“宽待士大夫”例外），多半是法家思想和秦制影响的产物。再次，秦朝全面确立的御史监察制度，特别是监察御史监郡以查劾官吏违法的制度，监察御史直接向皇帝奏事的制度，

---

① 《史记·李斯列传》。

② 《清史稿·诸王一》。

御史参与官吏违法失职案件审判的制度，都为后世中国的监察制度确定了基调。秦朝强化吏治的各种措施大多为后世所沿袭，成为汉以后各朝代行政法制的重要渊源之一。

四、正确认识秦朝法制中的儒家影响

一般认为，秦统治者仅仅服膺法家学说，“独任法治”；其法律仅为李斯之类法家人物所拟定，浸润法家“法治”精神，而排斥儒家礼教原则；法律儒家化始于西汉时代。这一看法，今天看来是值得商榷的。随着《云梦秦简》等出土文献资料的发现以及秦律研究的逐渐深入，这一观点逐渐得到某种修正。在云梦秦简中我们可以发现许多维护封建等级特权的法律内容，也可以发现许多儒家“亲亲尊尊”伦理的因素，并非完全“刑无等级”，并非完全“刻薄寡恩”。子女“殴大父母，黥为城旦舂”，父母可以“不孝”罪名将子女送官府惩处，子女告父母为“非公室告”、不得受理，等等，都可见儒家伦理的影响。《为吏之道》中也强调“君鬼(怀)臣忠，父慈子孝，政之本也”，直接以儒家的道德伦理为官吏的为政伦理要求。由此可见，建立在中国传统文化基础上的秦朝法制虽然主张“以法治国”，但并非一味排斥儒家礼教。学者梁治平曾指出：“秦汉之法即使‘纯本于法家精神’，内中亦有许多基本上合乎儒家信条的内容。这不但表明儒法两家实际所具有的共同文化背景，而且也表明了它们在早期法律实践中的融会贯通，特别表明了汉民族于秦汉两朝数百年间，为完成历史转变，共同建构新价值体系所作之努力的统一性和连续性。”①

本章重点问题提示

秦代法制对于中国法律传统的形成有重要的意义。有人说“百代皆行秦政制”，就是说后世中国的政治法律几乎都没有超出秦朝的框架。基于这一认识可知，秦代法制的重点问题有二：第一是秦朝法制到底体现了法家思想的哪些影响；第二是秦代法制开创的对后世中国影响巨大的基本制度和基本原则是哪些。

一、关于秦代法制与法家思想的关系

秦朝法制多方面体现了法家的主张，第一是秦开创的皇帝制度，体现了法家关于人主“独视、独听、独断”的主张。第二是严密的监察制度或吏治制度，体现了法家“因任而授官，循名而责实”的主张；其严密的思想控制或文化专制，体现了法家“燔诗书而明法令”的主张。其广泛实行族诛连坐，实行奖励告奸制度，实行什伍制度，实行重刑制度，都体现了法家思想的影响。秦始皇、秦二世、李斯、

---

① 梁治平：《寻求自然秩序的和谐——中国传统法律文化研究》，中国政法大学出版社 1991 年版，第 258 页。

赵高等等，都是法家思想的信奉者，韩非子曾经是秦始皇的精神导师，因此秦代法制受到法家思想的深重影响是很正常的。

二、秦代法制为后世中国的法制奠定了框架

一般认为法家思想自汉代“独尊儒术”以后不再在中国政治中有太大的影响，其实这是误解。汉武帝“罢黜百家，独尊儒术”只是一个政治策略的概括，并不说明真的罢黜了百家，特别是真的放弃了法家。汉代以后的中国法制，一直是阳儒阴法、外儒内法，就是汉朝统治者自己讲的“汉家自有制度，本以霸王道杂之”，就是儒家的“王道”和法家的“霸道”并重。其实，后世中国一直是儒法并用、王霸并用。中国古代的法典，除了引礼入律所体现的一些儒家主张之外，几乎全部是法家主张的体现。秦代法制对后世中国基本法制的贡献关键在于“中央集权”、“君主专制”八个字，就是奠定了“天下事无小大皆决于上”的体制，奠定了地方一切权力都来自中央授予的体制。

思考题

1. 秦代的法律思想和法律制度比前代发生了哪些根本的变化？变化的根本原因何在？

2. 秦代统一的中央集权的国家体制与前代相比最根本的变化何在？

3. 从《云梦秦简》可以看出秦代法制的哪些特色？

4. 皇帝制度作为中国古代最基本的制度有哪些关键内容？

第九章　汉代法制对秦制的因袭及中国法律儒家化的开始

内容提要

汉代法制的两个最大特征是：既继承秦代法制的基本框架，又开启了中国法制儒家化的历程。汉代在基本律典、皇帝制度、监察制度、郡县制度、御史制度、官吏选任制度、赋税制度等方面都继承了秦代的基本制度或原则。同时，汉代法制也是中国法律儒家化的开始，这主要体现在儒生参与司法、引经注律（法律章句）、春秋决狱等方面。本章主要介绍汉代法制的主要内容及其承前启后、继往开来的历史地位，特别突出其在开始法律儒家化历程方面的贡献。

关键词

汉承秦制　郡国并行　汉文帝除肉刑　张家山汉简　秋冬论刑　左官　阿党附益　见知故纵　亲亲得相首匿　原心论罪　保辜　先令　官营禁榷　斋居决事　读鞫　乞鞫　春秋决狱　法律章句

公元前209年，阳城人陈胜和阳夏人吴广在蕲县大泽乡揭竿而起，反抗秦王朝暴政。公元前206年，沛人刘邦率领的起义军攻入秦首都咸阳，楚人项羽率领的起义军亦接连击溃秦军主力攻入关中，强大的秦王朝在各路抗暴起义的夹击下宣告灭亡。随后，项羽自称"西楚霸王"，封刘邦为"汉王"。经历了四年的"楚汉相争"，公元前202年，刘邦最后战胜项羽，在汜水之阳即皇帝位，建立汉王朝，先都洛阳，公元前200年定都长安，史称西汉。公元9年，汉外戚王莽夺取政权，即皇帝位，国号"新"，西汉王朝灭亡。公元23年，新莽政权被绿林赤眉起义军推翻。公元25年，汉室宗亲刘秀击破各路义军，重新建立汉朝，定都洛阳，史称东汉。公元184年，黄巾军起义，东汉王朝开始瓦解。公元220年，东汉末代丞相曹操之子曹丕夺取汉家政权，曹魏王朝正式建立，汉王朝正式宣告终结。

两汉王朝前后存在共达四百余年，是中国中央集权的封建专制制度正式确立后的第一个相对长期稳定发展的王朝；两汉时代是近五千年中国历史上的第一个文化鼎盛时代。"汉族"、"汉人"、"汉语"、"汉字"、"好汉"等词语的由来均与汉朝的强盛有关。汉朝继承和发展了秦朝开创的统一中央集权的政治法律制度，继续保持中央集权制国家政治体制和官僚政治制度；纠正了秦王朝"独任法治”、严刑峻法的弊端，以儒家思想为指导思想对政治法律制度作了“柔化”改造，创造了宏大辉煌的典章制度体系，写就了中国政治法律制度史的辉煌篇章。

第一节 治国思想、立法概况与法律形式

一、汉代的治国思想

汉王朝是在推翻秦朝暴政的基础上建立起来的。建国伊始，汉统治者就十分注意总结秦王朝短命而亡的教训，实行新政。其治国和立法的指导思想，大约经历了两个阶段的变化。第一阶段，自汉朝建立到西汉中前期，包括高祖、惠帝、吕后、文帝、景帝时代，大约七十年时间里，主要宗奉“黄老思想”。第二阶段，自武帝亲政以后，实行“罢黜百家，独尊儒术”，以儒家思想为治国和立法指导思想。

（一）汉初以“黄老思想”为治国指导思想

经秦末长期战乱，西汉建国之初，天下破败至极，民不堪命。在这样的背景下，统治者不能不采取“清静无为”的治国指导思想，这就是所谓“黄老思想”。所谓“黄老思想”，就是黄帝、老子的治国思想。战国中期，兴起了一个以黄帝为祖、以老子为宗的学派，人称“黄老学派”，其言论被人们称为“黄老之言”。该学派认为，“道莫大于无为，行莫大于谨敬”①，主张以道统法、虚静无为、无为而治，反对统治者多欲；主张爱民恤民，与民休息，主张国家统治应当“块然若无事，寂然若无声”②；认为“法令滋彰，盗贼多有”③，主张“设刑者不厌轻，为德者不厌重，行罚者不患薄，布赏者不患厚”，反对苛政暴政，反对严刑峻法；主张治国治民“不言而信，不怒而威”④。这一学派的思想言论，在汉初占支配地位。汉高祖、萧何、吕后、曹参、惠帝、陈平、文帝、景帝、窦太后等数代君臣均受这一思想学说的深刻影响。

在这样一种思想指导下，汉初统治者实行轻徭薄赋、约法省刑、保障百姓休养生息的国策，其立法和施政都贯彻了这种思想。刘邦入关与关中父老约法三章，“尽除秦苛法”，革除暴政；又“弛商贾律”，即放松对商人和商业的禁锢；萧何定律“除参夷连坐之罪”，吕后时“除三族罪妖言令”，又“复弛商贾之律”；惠帝时又废除秦“挟书律”即废除私藏儒家经典之禁令；“萧曹为相，填以无为，从民之欲而不扰乱”；文帝时又先后“除收孥相坐律”、“除诽谤律”；文帝、景帝时先后采取一系列措施废除黥、劓、刖等肉刑，减轻笞刑，减少死刑适用，等等，都体现了“黄

① （汉）陆贾：《新语·无为》。
② （汉）陆贾：《新语·至德》。
③ 《老子》第五十七章。
④ （汉）陆贾：《新语·至德》。

老思想”的影响。

（二）汉武帝以后“罢黜百家，独尊儒术”

经过七十年的和平发展，至汉武帝时，汉王朝的经济实力已经相当雄厚，人民生活比较稳定富足，中央政权日益巩固。在基本国力已经相当强大的情形下，汉朝统治者不再满足于奉行“黄老思想”实行“清静无为”的消极政治，而亟盼一种积极进取的“有为”政治学说作为治国指导思想，儒学大师董仲舒及其学说则应运而生。董仲舒向汉武帝建言：“诸不在六艺之科、孔子之术者，皆绝其道，勿使并进；邪僻之说灭息，然后纪统可一，而法度可明。”[①]此即所谓“罢黜百家，独尊儒术”。汉武帝接受了他的建议，从此儒学成为朝廷官学，成为国家指导思想。董仲舒倡导并为朝廷尊崇的儒学，其实已非孔孟原始儒学，而是经过改造加工的新儒学。

新儒学的政治法律主张主要有以下几端：(1) 王权天授，王权至尊。董仲舒认为，“受命之君，天意所予也”，“人主立于生杀之位，与天共持变化之势”，“天地人主一也”，因而主张“以人随君”，“屈民而伸君”。[②] (2)“天人感应”，“王者法天”。所谓“道之大原出于天”、“仁义制度之数，尽取之于天”，所以必须“王者法天”，“王者承天意以从事”，“圣人副天之所行以为政”。比如，“天之志”是“春气爱，秋气严，夏气乐，冬气哀”，所以人君施政应当“以庆副暖而当春，以赏副暑而当夏，以罚副凉而当秋，以刑副寒而当冬”，这就是“王道配天”。[③] (3) 大德小刑、德主刑辅、先教后刑。所谓“天道之大者在阴阳，阳为德，阴为刑；阴主杀而阳主生。……王者承天意以从事，故任德教而不任刑。……为政而任刑，不顺于天”[④]，“刑者德之辅，阴者阳之助”，“教，政之本也，狱，政之末也”[⑤]。(4)“三纲五常”为国本。所谓“王道之三纲，可求于天”、“君臣父子夫妇之义，皆取诸阴阳之道”[⑥]，认为“君为臣纲，父为子纲，夫为妻纲”的“三纲”和“仁义礼智信”的“五常”是“天道”：“天不变，道亦不变”[⑦]。

这些政治法律主张深深地影响了汉代中后期的立法和司法。武帝以后刑罚的进一步减轻、经常性大赦特赦制度的确立、秋冬行刑制度的确立、以儒家经义注释法律之风兴起、以儒家经义决狱即春秋决狱之风的兴起……总之自汉代开始的中国法律儒家化运动，都与儒学成为官学、新儒学思想占据统治地位有关。[⑧]

---

① 《汉书·董仲舒传》。
② 《春秋繁露》之《深察名号》、《王道通三》、《玉杯》篇。
③ 《春秋繁露》之《四时之副》、《基义》、《王道通三》、《玉杯》篇。
④ 《汉书·董仲舒传》。
⑤ 《春秋繁露》之《天辨在人》、《精华》篇。
⑥ 《春秋繁露·基义》。
⑦ 《汉书·董仲舒传》。
⑧ 参见瞿同祖：《中国法律之儒家化》，《中国法律与中国社会》，中华书局1981年版，附录。

二、两汉立法概况

（一）“约法三章”

汉高祖刘邦领导的义军攻入关中时，曾“与关中父老约法三章曰：杀人者死，伤人及盗抵罪。蠲削烦苛，兆民大说”[①]“余悉除去秦法”，“吏民皆按堵如故”。[②]这是汉初的第一次立法活动，所谓“约法三章”，实际是制定了关于杀人罪、伤害罪、盗罪等三个最常见的犯罪的刑法，规定杀人者处死刑，伤人罪、盗罪各按其情节轻重处以适当刑罚（抵罪，谓罪罚相当）。与此同时，还宣告废除秦朝的“苛法”，就是废除“诽谤者族，耦语者弃市”之类的残酷刑法。还规定官吏照常履行职责，百姓照常生活，暂不改变。

此外，刘邦率军攻入咸阳之时，萧何独先入，收秦丞相、御史律令图书藏之。随后，刘邦被项羽封为“汉王”，“汉二年，汉王与诸侯击楚，何守关中，侍太子，治栎阳。为法令约束，立宗庙社稷宫室县邑”[③]。这可以视为汉朝正式立法的准备工作。

（二）九章律、傍章、军法、章程

《汉书·刑法志》说：“其后四夷未附，兵革未息，三章之法不足以御奸，于是相国萧何攈摭秦法，取其宜于时者，作律九章。”《晋书·刑法志》说：战国时魏文侯师李悝著《法经》，该法典有《盗》、《贼》、《囚》、《捕》、《杂》、《具》六篇；“商君（鞅）受之以相秦。汉承秦制，萧何定律，除参夷连坐之罪，增部主见知之条，益事律《兴》、《厩》、《户》三篇，合为九篇”。这就是《九章律》的由来。《九章律》是汉初最基本的法典。此外，高祖还“命韩信申军法，张苍定章程，叔孙通制礼仪”[④]。叔孙通所制《傍章》，今人常称为《傍章律》，其实不妥，因为史书并未称其为“律”。关于其具体内容，《史记》说惠帝曾命叔孙通制定宗庙仪法及汉诸仪法，故后人多认为“傍章即汉仪也”[⑤]，是关于朝觐、参拜、祭祀、仪仗等事宜的礼仪规章。所谓《军法》，实为汉初制定的军事刑法。所谓《章程》，大约是张苍参考秦制制定的关于历法、音乐、术数、度量衡、工程规格等方面的国家标准。

（三）越宫律、朝律等

汉武帝时期，进行了大规模的修律活动，使法律日渐繁苛。“及至孝武即位，外事四夷之功，内盛耳目之好，征发烦数，百姓贫耗，穷民犯法，酷吏系断，奸轨不胜。御史招进张汤赵禹之属条定法令，作见知故纵监临部主之法，缓深故之罪，

---

① 《汉书·刑法志》。
② 《汉书·高帝纪》。
③ 《史记·萧相国世家》。
④ 《汉书·高帝纪》。
⑤ 《晋书·刑法志》注。

急纵出之诛。其后奸猾巧法，转相比况，禁网浸密，律令凡三百五十九章，大辟四百九条，千八百八十二事，死罪决事比万三千四百七十二事。文书盈于几阁，典者不能遍睹。"[①]这次修律的结果，使律令达到三百五十九章，其中死罪条款有四百零九条，一千八百八十二种行为可以判处死刑；整理出死罪判例一万三千四百七十二个。至于张汤、赵禹等制定的法律，《晋书·刑法志》说"叔孙通益律所不及，傍章十八篇，张汤《越宫律》二十七篇，赵禹《朝律》六篇，合六十篇。"张汤所制"越宫律"，大约是关于宫廷警卫事务的法律；赵禹所制"朝律"，又称"朝仪"，是"朝会正见律"，即关于王侯大臣觐见朝贺奏事制度之法律。

西汉末期，朝廷对法律进行了一些改革。史书记载，"元帝初元五年，轻殊刑三十四事，哀帝建平元年四年，轻殊死者刑八十一事，其四十二事，手杀人皆减死罪一等，著为常法"[②]。

（四）张家山汉墓竹简中的汉律

关于汉律，历史上的一般说法是包括九章律、傍章律、越宫律、朝律四者在内的全部称为"律"的规范，总共有六十篇。其实并非如此，在史家所记六十篇之外，还有不少汉律篇目。据1983年以来在湖北江陵张家山汉墓出土的汉律竹简可知，在现已经整理出的二十八种律令篇名中，与《云梦秦简》所载秦律篇名相同的有《盗律》、《贼律》、《捕律》、《具律》、《户律》、《杂律》、《金布律》、《徭律》、《置吏律》、《效律》、《传食律》、《行书律》、《田律》等十三种；在秦律之外新增的律名有《均输律》、《亡律》、《史律》、《告律》、《钱律》、《赐律》、《爵律》、《□(关)市律》等八种。[③] 张家山汉墓律令竹简之一的背面有"二年律令"字样，经考证为吕后二年(前186年)律令。因此，大致可知此批竹简律文系西汉初年的律文。这一考古结果，对照1975年出土的《云梦秦简》，可以说明汉律对秦律的继承，情形非常复杂：秦律传至汉者，不仅仅是萧何沿用了商鞅所传《法经》六篇。此外，萧何所制新律也不仅仅是户、兴、厩三律。

（五）东汉时期的《汉律》

东汉时期基本上沿袭了西汉时期的全部《汉律》，但进行了一定的改革。为了蠲除王莽时期的繁刑苛法，光武帝、明帝、章帝时期曾多次下诏赦减死刑。如建武二十二年(46年)，光武帝下诏天下死罪系囚"减死罪一等"；二十九年(53年)又下诏"令天下系囚自殊死已下及徒各减本罪一等"。[④] 明帝、章帝时也发布了减死诏令。这似乎只是执行上的减刑，不是立法上减少死罪条款。在东汉时期，死罪不但没有减少，反而比汉武帝时有明显增加。如和帝时，"律令死刑六百

① 《汉书·刑法志》。
② 《晋书·刑法志》。
③ 陈耀军、阎频：《江陵张家山汉墓的年代及其相关问题》，《考古》1985年第12期。
④ 《后汉书·光武帝纪》下。

一十，耐罪千六百九十八，赎罪以下二千六百八十一”[①]。死罪条款达到六百一十条，较汉武帝时增加三分之一；徒刑条款达到一千六百九十八条，可以赎免的轻罪条款达到二千六百八十一条。汉律由简入繁，至东汉末期而极。此外，献帝时，应劭曾奉命“删定律令为汉仪”[②]，似乎也是一次修法活动。

三、两汉时期的法律形式

两汉时期的法律形式相当复杂，一般认为有“律、令、科、比”四种，但其实远不止此四者。

(一) 律

律是关于厘定犯罪和规定相应刑罚的法典。在汉代，最初是《九章律》，后来有《傍章律》、《越宫律》、《朝律》。史书提到的还有《尉律》、《酎金律》、《上计律》、《左官律》、《大乐律》、《田租税律》、《尚方律》等律名。张家山汉简所见有《金布律》、《徭律》、《置吏律》、《效律》、《传食律》、《行书律》、《田律》、《均输律》、《亡律》、《史律》、《告律》、《钱律》、《赐律》、《爵律》、《□(关)市律》等。所谓“汉律六十篇”，也许就是这类律名有六十个，相当于六十个子刑法共同构成一个松散意义上的大刑法典。汉代律名繁多，说明还没有像后世那样形成一个统一的刑典或律典。《九章律》大约是基本刑律，其他律都是特别或单行刑事法典。

(二) 令

令是关于国家行政的各类事宜的一般规制。史载汉有《学令》、《功令》、《田令》、《选举令》、《金布令》、《宫卫令》、《祠令》、《祀令》、《斋令》、《狱令》、《秩禄令》、《公令》、《卖爵令》、《箠令》、《水令》、《津关令》等名，这是关于各该类政务的一般性法令；但《缗钱令》、《马复令》、《推恩令》、《养老令》、《任子令》、《相保令》等，则略有不同，是皇帝发布的关于推行新政治举措或改革的命令。要把对某事的某种处理办法确定为一般法令，常曰“著为令”、“定著令”、“具为令”等。为了便于查阅，曾将令编为“令甲”、“令乙”、“令丙”。廷尉官署常以木板书录皇帝关于重大疑难案件的判决诏令，谓之“廷尉挈令”[③]或“絜令”。这是另外一种意义上的“令”。

关于“律”、“令”二者的关系，汉人杜周说，“前主所是著为律，后主所是疏为令”[④]，认为律是先皇确定的基本法典，令是当世皇帝对律的补充。晋人杜预说“律以正罪名，令以存事制”，认为律是用来规定何为犯罪及如何处罚的，令是用来规定国家各种政事当如何作为的制度的。

---

① 《后汉书·陈宠传》。
② 《后汉书·应劭传》。
③ 东汉献帝时，应劭曾编定《廷尉板令》等七书共250篇奏上。事见《后汉书·应劭传》。
④ 《汉书·杜周传》。

（三）科

科是关于特别犯罪的刑事处罚规定。科的产生，有学者认为系“比傅律令上闻而可之者，依之断罪课刑，是即科，以补充律令”[①]。就是说，对于法律无明文规定的案件，法官比附律典中最相近似的条文拟出判决意见并上报皇帝审批；皇帝批准判决后常同时确定这种处理也适用于后来的一切同类案件，形成对刑律的补充和扩展，这就是科的由来。《后汉书》说萧何曾协助高祖作“宁告之科”，武帝时“重首匿之科”，说“汉兴以来，三百二年，宪令稍增，科条无限”。《晋书》说汉代有异子之科、投书弃市之科，还说汉科有持质、登闻道辞、考事报谳等。汉人刘熙《释名》说：“科者，课也，课其不如法者罪责之也。”这是从“科”的语义由来说明科这种规范的刑事属性。20 世纪 70 年代出土的居延汉简中有《捕斩匈奴反羌购尝别科》，提供了“科”的实物资料。不过也有人认为，“科”不过是寓于律、令、比中的事条项目，不是独立的法律形式；真正作为独立法律形式的科始于曹魏时期。[②]

（四）比

比就是“决事比”，就是可以引据断罪的判例。汉人郑玄注《礼记》谓“已行故事曰比”；又注《周礼》谓：“若今律，其有断事，皆依旧事断之；其无条，取比类以决之，故云决事比。”就是说，对于某种恶行，若律无正条，法官就可以比照律条中最相近似的条文定罪判刑；这种比照近似律条断罪的结果，就形成了一些特定判例，被后人引据为判例法。汉武帝时，决事比繁多，有所谓“腹诽之法比”；董仲舒曾编撰《春秋决狱》二百三十二事，皆为决事比；死罪决事比多达一万三千四百七十二事，“奸吏因缘为市：所欲活则傅生议，所欲陷则予死比”。[③] 后汉明帝时，陈宠曾撰《辞讼比》七卷，鲍昱曾编《决事都目》八卷，又编集《嫁娶辞讼决》、《法比都目》凡九百零六卷奏上。章帝时，陈忠曾奏上二十三条决事比，以省请谳之弊。献帝时，应劭曾编《司徒都目》、《春秋断狱》、《决事比例》等七书凡二百五十篇奏上。这说明当时汇编决事比上奏皇帝认可，是法律修订的重要形式。

关于“科”、“比”二者的关系，《后汉书·桓谭传》有“请明令通义理明习法律者校定科比，一其法度”语，唐人李贤注谓“科谓事条，比谓类例”。就是说，科是关于特定犯罪的单行刑罚规定，比是供类比的判例法。

（五）法律章句

汉代儒生开始以儒家注释经典的方式注释律令，形成了“法律章句”。也就是像注释儒经一样，分章分句地以儒家伦理学说注解律令。这种注释的结果，起

---

① 陈顾远：《汉之决事比及其源流》，载范忠信等编：《中国文化与中国法系——陈顾远法律史论集》，中国政法大学出版社 2006 年版，第 470 页。

② 张建国：《中华法系的形成与发达》，北京大学出版社 1997 年版，第 146—147 页。

③ 《汉书·刑法志》。

初并没有明确的法律效力，只是学者创作、法官参考而已。到东汉时，律令繁多，错杂无常，“后人遂各为章句：叔孙宣、郭令卿、马融、郑玄诸儒章句十有余家，家数十万言。凡断罪所当由用者，合二万六千二百七十二条，七百七十三万二千二百余言，言数益烦。于是天子下诏，但用郑氏章句，不得杂用余家。”[①]这是对私人法律注释正式予以国家认可，赋予法律效力。西汉时，杜周、杜延年父子注释法律有名，其注本被称作“大杜律”、“小杜律”。后汉明帝时，陈宠谓“律有三家，其说各异”，即指当时流传的三家法律章句。献帝时，应劭曾撰《律本章句》一书。

(六) 故事

故事就是前人留下的关于特定政事的先例或惯例，经后人认可为法则者。汉人郑玄注《礼记》谓“已行故事曰比”，是“故事”与“比”有同等功用。关于“故事”的内容，如西汉成帝时，“二千石赐告得归有故事”[②]，即有二千石高官告假回故乡养病的惯例。东汉时对于骆越（岭南）地区的抚剿，一直奉行马援与越人申明的“约束”，称“马将军故事”[③]。又如在东汉章帝时，鲁恭上书建言“其立春在十二月中者，勿以报囚如故事”。[④] 这些故事，有时加以编纂，成为习惯法汇编。西汉时有《汉武帝故事》二卷，东汉时代有《建武故事》三卷、《永平故事》二卷，《建武永平律令故事》三卷。应劭曾编辑了《尚书旧事》，盖为尚书台所存“故事”汇编。后汉时似乎已经兴起了一种新的法规汇编体例，曰“律令故事”体：“决事科条，皆以事类相从”[⑤]，就是将以律令科条为主干，将决事比、故事等分门别类附在相关律条正文之后，以便查用。

(七) 章程

章程应视为汉代的一种独立法律形式。汉高祖时曾命张苍定《章程》。《汉书·张苍传》谓张苍“吹律调乐，入之音声，及以比定律令。若百工，天下作程品。……故汉家言律历者本张苍。”三国魏人如淳注《汉书》曰：“章，历数之章术也；程者，权衡丈尺斗斛之平法也。”因此，《章程》应是关于历法、音乐、术数、度量衡、工程规格等方面的国家标准。

(八) 汉仪

又称“礼仪”、“仪品”、“仪法”、“傍章”，大概也应视为一种独立法律形式。《史记》说惠帝时命叔孙通定宗庙仪法的汉诸仪法，《汉书》说汉初高祖命叔孙通制“礼仪”（又谓其制作“仪品”），《后汉书》说叔孙通曾制“汉仪”十二篇，《晋书》说

---

① 《晋书·刑法志》。

② 《汉书·冯野王传》。

③ 《后汉书·马援传》：“（马援）条奏越律与汉律驳者十余事，与越人申明旧制以约束之，自后骆越奉行马将军故事。”

④ 《后汉书·鲁恭传》。

⑤ 《后汉书·陈宠传》。

叔孙通"益律所不及傍章十八篇",说法不一,大概都指叔孙通奉命制定汉朝礼仪一事,即国家正式编定"礼仪"以为法制,可以视为一种特殊的法典编纂。所以,"汉仪"是关于朝觐、参拜、祭祀、仪仗等事宜的礼仪规章,有后世行政规章或规程之类的法律效力。

（九）经义

在汉代,儒家经义也可能被法官直接作为"法理"引用,以断决疑难案件特别是法律无明文规定的案件,这就叫"经义决狱"。经义,实即儒家纲常伦理,在当时也有"法理"效力。大儒董仲舒是这一做法的首倡者,被引用最多的经典是《春秋》,所以又称为"春秋决狱"。

第二节　汉承秦制与汉基本政治制度

一、关于"汉承秦制"

关于汉朝法制与秦朝的关系,后世喜用"汉承秦制"[①]一语来概括。一般认为,汉代典章制度,主体是从秦制继承而来的。汉承秦制主要体现在以下几个方面:

第一是基本法典的继承。《晋书・刑法志》说,汉相萧何制定《九章律》是承自秦律的。而商鞅奠基的秦律又承自李悝的《法经》六篇。"商君受之以相秦。汉承秦制,萧何定律……益事律兴、厩、户三篇,合为九篇。"《九章律》是汉代的刑事基本法典,是汉律的主体。其以秦律为蓝本,大致无疑。现代出土的文物也证明了这一点。将1975年出土的《云梦秦简》中的秦律与1983年出土的《张家山汉简》中的汉律加以比较,发现汉律中有《盗律》、《贼律》、《捕律》、《具律》、《户律》、《杂律》、《金布律》、《徭律》、《置吏律》、《效律》、《传食律》、《行书律》、《田律》、《□(关)市律》等与秦律篇名相同,这远远超出六篇的范围。

第二是皇帝制度或专制主义中央集权制度的继承。秦朝确立的至高无上的皇权制度,皇帝"命曰制,令曰诏,天子自称曰朕","天下之事无小大皆决于上"[②],从中央的丞相到地方上的郡守、县令,都由皇帝直接任免。汉朝建立后,承袭此制,未有所改,皇帝至高无上控制一切,包括皇储制度、后宫制度、宦官制度等等均仍秦旧。与皇权相关,汉还承袭了秦朝以丞相为核心的中央官制,即三公九卿制度,以保障以皇权为中心的专制主义中央集权制度得以落实。

第三是郡县制度的继承。秦统一后,在全国普遍推行郡县制。"海内为郡县,法令由一统"。汉朝建立后,起初实行"郡国并行制",分封过异姓和同姓诸侯

---

① 《晋书・刑法志》。

② 《史记・秦始皇本纪》。

王。后来不断进行"削藩"、"强干弱枝"的努力，到景帝平定七国之乱后，诸侯封地改由中央派官员全盘管理，王侯只食租税，不再治民理事。封国虽然名义上仍然存在，但与郡县已基本相同。基本恢复了秦代的单一郡县制模式。

第四是御史监察制度的继承。秦中央有御史府，设御史大夫、御史中丞等官，在各地还设有监郡御史或称监御史，"典正法度"，"举劾非法"，确立了以御史制度为主体的监察制度。汉兴，中央监察机构仍袭秦制，地方初未设监御史，致使地方吏治日趋腐败。不久又恢复了监御史设置，武帝时改为十三部刺史。

第五是官吏选任制度的继承。秦官吏选任制度主要是察举与征辟制。就是中央与郡国长官定期或不定期地向皇帝推荐各种人才由朝廷考试任用，或者皇帝、中央或郡国长官直接聘任有才能的人。《史记》说叔孙通"秦时以文学征，待诏博士"，说明秦时已经有察举征辟制度。汉继承这一制度，并发扬光大，形成了"分科察举"（贤良方正、茂才异等、文学、孝廉、明经术、通政事等科）的制度。

此外，汉朝还承袭了秦朝的军功爵制度、军事制度、财政与赋税制度、官吏管理制度等等。不过，所谓"汉承秦制"也是从最初形态和大致架构而言，并不是说汉代没有发展变化。其实，汉代在承袭秦制后，也作了相当大的改变或改进。如在汉武帝时，中央官制出现了内朝与外朝的划分，如郡县制中加入了分封制的因素，监御史制度加入了地方执政的因素等等；这种变化之最大者莫过于"独尊儒术"引起的对秦制"独任法治"的全面否定。

二、汉代的基本政治制度

汉代的基本政治制度，我们应特别注意的是两者：第一是中央以"三公九卿"制为主干，第二是地方实行"郡国并行制"。

（一）三公九卿制

所谓三公，就是丞相、太尉、御史大夫。丞相，又称相国，"掌承天子，助理万机"；太尉，为最高武官，掌全国军事，地位与丞相等同；御史大夫，"掌副丞相"，为丞相副贰，主典正法度，位仅次于丞相，居九卿之上。从史书看，自秦至汉朝中后期，似无正式的"三公"之名。直到汉成帝、哀帝时才接受何武的建言，"则天三光，备三公官"①，改太尉为大司马，改御史大夫为大司空，改丞相为大司徒，正式称为"三公"。此后"三公"还"分职授政"，即除基本职责外还分管九卿。如司马除主管军事外，分管太常、卫尉、光禄三卿；司徒除主管民事即赋税、教化、户婚田土、官吏管理等外，还分管太仆、鸿胪、廷尉三卿；司空除主管工程外，还分管宗正、少府、司农三卿。

所谓"九卿"，是三公之下的九个中央职能部门首长。汉初承秦制，设奉常、

① 《汉书·朱博传》。

郎中令、卫尉、太仆、廷尉、典客、宗正、治粟内史、少府等九卿，后更奉常为太常，更郎中令为光禄勋，更典客为大鸿胪，更治粟内史为大司农等。奉常（太常）掌宗庙祭祀和国家礼仪以及文化教育；郎中令（光禄勋）掌宫廷内部及皇帝侍从保卫；卫尉掌宫城外围警卫；太仆本是皇帝车夫，亦主管皇帝车马事务和国家马政；廷尉掌管刑狱，负责中央审判事务；典客（大鸿胪）掌管王侯及蛮夷首领朝觐事宜；宗正掌管皇族名籍的登记管理；治粟内史（大司农）主管财政赋税事务；少府掌山海池泽之税以供皇帝私家之用度。

（二）郡国并行制

汉朝的地方制度，起初似乎是以封国制为主，以郡县制为辅。

诸侯封国有王国、侯国二等。在楚汉战争中，为了结盟战胜项羽，高祖就分封了八个异姓诸侯王：韩王信、楚王韩信、长沙王吴芮、淮南王英布、赵王张耳、燕王臧荼（后为卢绾）、梁王彭越。后来，为巩固刘姓家天下，这些诸侯王先后被翦灭。与此同时，高祖也大封同姓诸侯王，如楚王刘交、代王刘喜、齐王刘肥、荆王刘贾、淮南王刘长等，建国十余（裂分后有数十王国）。为了防止异姓篡夺刘汉政权，高祖曾与臣下誓约“非刘氏不得王”、“不如约，天下共击之”①。汉初全国四十余郡，诸侯王封国占有约三十郡，最大的王国如齐国拥有六郡七十三县。刘邦的“汉”（中央）直辖地区甚小，仅“自有十五郡”。在诸侯王封国里，“有太傅辅王，内史治国民，中尉掌武职，丞相统众官，群卿大夫都官如汉朝”②，有一个完整的小朝廷。太傅、内史、中尉、丞相大约相当于中央的三公，其下的“群卿大夫”有御史大夫、郎中令、卫尉、廷尉、宗正、太仆、私府等。除太傅、丞相由皇帝任命外，其他官员皆由国王自置，秩皆二千石。王国还拥有自己的军队，设将军统领之。王国的地位，起初一直在郡之上，西汉后期方与郡平级。在王国之内的郡县，可能与汉郡县一样设官治理。除王国外，还有低一等的侯国，级别大约与县平级，管辖三四万户到千户左右不等。大约分为王子侯、功臣侯两种。侯国内也有小朝廷，设相、家丞、门大夫、庶子、行人、洗马等官（不满千户的则只设相和庶子）。还有更小的乡侯、亭侯，级别等于乡、亭，不设官吏，仅食租税。

诸侯国之设本为“藩屏汉室”，但不久即有拥兵割据威胁中央之势，于是有文帝、景帝、武帝祖孙三代推行的“削藩”运动，有分国之计，有省官贬秩之计，有“推恩”之令，有左官之律和附益之法，有平定七国叛乱之举。到汉朝中后期，“诸侯惟得衣食租税，不与政事”③。封国外形（政权）依旧，但本质已经与郡县差别不大。其官员均由中央派任，王侯不得自置官吏。王侯再也没有实际的治民理事

①《汉书·周勃传》。

②《汉书·百官公卿表》。

③《汉书·诸侯王表》。

之权，一切都由中央委派的官员办理。这些官员只听命于中央，还负责监视王侯。王侯仅“衣食”(享用)封国内百姓缴纳的租税，不再是封国的最高行政官(但仍有此名义)。

在汉(中央)直辖的十五郡里，则实行郡县制，由中央任命各级官吏管理。

汉初沿袭秦行政区，有四十余郡。后逐渐裂大郡分设新郡，或于新获国土增设新郡，到西汉末期达到八十多郡。各郡设太守为最高行政官，秩二千石，相当于中央九卿。郡守下设佐官和属吏。佐官有郡丞、郡尉，由中央直接任命。属吏有诸曹掾史、功曹史、五官掾、部督邮、正门亭长、主记室史、书佐等，由郡守自置，一般千人左右。郡下为县，与县同级的单位有道、国、邑(道主治蛮夷，国即侯国，邑即皇后公主的食邑)，设县令(万户以上)或县长(万户以下)，秩千石至三百石不等。县令长下设县丞、县尉等佐官，设令史、主吏、列曹、乡有秩、狱史、啬夫、书佐等属吏。在县之下，设乡亭里三级乡治体制(也有人认为亭不是乡下的一级地方单位，只是县派出的治安机构)。乡设三老、有秩、啬夫、游徼等，亭设亭长(校长)、亭候、求盗，里有里魁(正)，最下还有什伍，设什典、伍长。三老自乡民中选任，无秩无俸，但常有赏赐为酬劳。王国、侯国中的郡县或乡亭里设置，大致与汉郡县乡亭里相似。

第三节 文景刑罚改革与汉刑事法制

一、文景刑罚改革

汉代法制进步，最值得注意的是汉文帝、汉景帝时期进行的刑罚改革。

汉立国初就很注意反省秦朝暴政速亡的教训，早在高祖、惠帝、吕后时就采取了一些法律改革举措。如“尽除秦苛法”，“弛(禁抑)商贾律”，“除参夷连坐之罪”，“除三族罪妖言令”，除“挟书律”。文帝即位后“除收孥相坐律”、“除诽谤律”。这些都是汉文帝、汉景帝大规模刑罚改革的前奏。

这次大规模刑罚改革的兴起，根本动因是彻底消除秦暴政、实行司法仁政、顺应社会发展和人道主义的需要，但直接导因是一个少女的上书泣请。汉文帝十三年(前 167 年)，齐国太仓令淳于公犯了罪，“诏狱逮系长安”，依法当处肉刑。其小女缇萦随父至长安，上书文帝：“妾父为吏，齐中称其廉平。今坐法当刑。妾伤夫死者不可复生，刑者不可复属，虽后欲改过自新而其道亡繇(由)也。妾愿没入为官婢，以赎父刑罪，使得自新。”文帝被打动，遂下令曰：“制诏御史：盖闻有虞氏之时，画衣冠、异章服以为戮，而民弗犯，何治之至也！今法有肉刑三，而奸不止，其咎安在？非乃朕德之薄而教不明与？吾甚自愧。故夫训道不纯而愚民陷焉，《诗》曰：‘恺弟君子，民之父母。’今人有过，教未施而刑已加焉，或欲改行为善，而道亡繇至，朕甚怜之。夫刑至断支体，刻肌肤，终身不息，何其刑之痛而不德也！岂为民父母之意哉！其除肉刑，有以易之；及令罪人各以轻重，不亡逃，有年而免。具为令。”文帝提到的“肉刑三”，就是指黥（墨）、劓、斩左右趾（刖）三种肉刑。

根据文帝的诏令，丞相张苍、御史大夫冯敬等拟定刑罚改革办法：“臣谨议请定律曰：诸当完者，完为城旦舂；当黥者，髡钳为城旦舂；当劓者，笞三百；当斩左止者，笞五百；当斩右止，及杀人先自告，及吏坐受赇枉法，守县官财物而即盗之，已论命复有笞罪者，皆弃市。”文帝全盘同意了这一建议。

按照上述历史记载，这次改革的内容可以总结为：

(1) 废除了三种肉刑，即墨刑、劓刑、刖刑。

(2) 以“髡钳为城旦舂”即以徒刑取代黥（墨）刑；以笞刑（三百）取代劓刑。

(3) 斩左右趾（刖刑）的废除比较特殊。以笞刑（五百）取代斩左趾，以弃市（死刑）取代斩右趾。

这次改革，本意是从重刑改为轻刑，但是“斩左止者笞五百，当劓者笞三百，率多死”，“加笞与重罪（死刑）无异。幸而不死，不可为人”，“斩右止者又当死”，因而“外有轻刑之名，内实杀人”，效果不好。

有鉴于这一弊端，汉景帝即位后，继续深化文帝的改革。景帝的改革是两次，第一次是下令改笞五百为笞三百，改笞三百为笞二百。因为仍常发生“或至死而笞未毕”的情形，于是紧接着进行第二次改革，“减笞三百曰二百，笞二百曰一百”。为了防止笞刑实际上成为死刑，景帝还下令制定了《箠令》。①

关于文景帝刑罚改革，人们最多疑问的是：既然是轻刑改革，为何“斩右趾”反而改为更重的死刑？汉人崔寔，近人沈家本、程树德都提出了疑问②，但都未能解释。至今我们也没有更多的证据去破解。我们猜测，斩右趾原本就是减死一等之刑。对于某些犯罪，法律原本规定的是死刑；后来出于宽宥的考虑改为斩右趾。依法应该处以减死刑（斩右趾）的犯罪，若在刑法改革后仅仅处以笞刑，显然太过轻纵，于是只好恢复原刑罚（死刑）。③ 这样理解，就好解释三国魏人钟繇的说法“孝景之令，当弃市欲斩右趾者许之”④。这就是说，在文帝改斩右趾为弃

---

① 参见《汉书·刑法志》。本节以上引文均同此。

② 沈家本认为：“惟当斩右趾至复有笞罪一节，颇难解释。……斩右趾者本不当死，若但因除肉刑而加入于死，与文帝轻刑之本旨不甚相符。”他问到，是不是“斩左趾者当以笞，而当斩右趾者竟弃市，殆以其再犯刖软！”这一问题一直没有很好地说明，以致人们一般都认为：“斩右趾改为弃市，扩大了死刑范围。”可见“斩右趾”罪弃市的问题的确影响到了对文帝宽刑的评价。沈家本：《汉律摭遗·具律一》卷九，《历代刑法考》第三册，中华书局 1985 年版，第 1541—1543 页。程树德也有同样的疑惑。见程树德：《九朝律考·汉律考二》卷一，中华书局 1963 年版，第 38—39 页。

③ 关于这一问题的讨论，近年有张建国：《汉文帝除肉刑再评价》（《中外法学》1998 年第 3 期）、王纪潮：《张家山汉简具律的流变及斩右趾的弃市问题》（《东南文化》2004 年第 4 期），均未能以可靠的证据解除人们的疑问。

④ 《三国志·魏志·钟繇传》。

市之后，景帝时又出于宽宥的考虑，允许犯人自己选择改回来，继续把斩右趾作为减死一等之刑使用。

这次改革似乎还废除了宫刑。《汉书》两次间接提到文帝“除去阴刑”、“除宫刑，出美人”[①]，但是在《文帝纪》中却没有直接记载。有人认为，这种说法不过是在赞颂文帝的文章中夸大溢美而已，因为文帝废肉刑诏书中明指“肉刑三”而不是“肉刑四”。二十年以后即景帝中四年（前146年）又下诏“死罪欲腐者，许之”，如果文帝正式废除宫刑，景帝就不应该再复“许之”了。[②] 但是，联系到景帝也曾恢复斩右趾刑，我们也可以认为文帝的确废除了宫刑，不过不是在废除“肉刑三”那一次或同时，而在另外的时间。后来，景帝时出于保全性命的宽宥考虑，又重新允许罪犯自选宫刑代替死刑。

此次刑法改革，虽仍有“死刑既重，而生刑又轻”[③]的局限，但毕竟首次打破了自夏朝以来沿袭了二千多年的旧五刑（墨、劓、刖、宫、大辟）体系，基本废除了沿用数千年之久的残忍不仁的墨刑、劓刑、刖刑，从此犯罪者除死刑外基本得以自全其身，犯罪人的人身人格得到了前所未有的尊重和保障，这是中国刑法史上第一次大规模的人道主义改革，是儒家仁政主张对刑法的一次重大改造，同时也标志着新五刑（笞、杖、徒、流、死）体系开始形成（后世以笞杖为刑自此始）。

二、汉代刑罚体系

汉初的刑罚体系，从重到轻，依次由族刑、死刑、宫刑、肉刑（斩右趾、斩左趾、劓刑、黥刑）、徒刑、罚金刑等六者组成。[④] 文帝除肉刑后，肉刑发生了变化，但斩右趾刑还部分适用；又增加笞刑为法定刑。此后刑罚体系由重到轻为：族刑、死刑、宫刑、斩右趾、笞刑、徒刑、罚金刑。此外，还有非正式的迁徙刑，仅对有爵者、官吏、士人适用的夺爵、免官、禁锢刑等。

（一）族刑

又称族诛[⑤]，主要指“夷三族”，即家人集体死刑。这是所有刑罚中最严重的情形。秦有“夷三族”之刑，汉初于高后元年（前187年）曾宣布“除三族罪、妖言

---

① 《汉书》之《晁错传》、《景帝纪》。

② 王泽武：《汉文帝易刑考辨》，载《湖北大学学报》2003年第3期。

③ 《汉书·刑法志》。

④ 关于汉代各种刑罚之间的轻重次序，从前很少有人讨论。《张家山汉简》有一段话可以反映当时轻重次序的一个侧面：“有罪当黥，故黥者劓之，故劓者斩左止（趾），斩左止（趾）者斩右止（趾），斩右止（趾）者府（腐）之。女子当磔若要（腰）斩者，弃市。当斩为城旦者黥为舂，当赎斩者赎黥，当耐者赎耐。”这说明当时以黥、劓、斩左趾、斩右趾、宫刑、死刑为轻重次序。见张家山二四七号汉墓竹简整理小组编著：《张家山汉墓竹简（二四七号墓）》（释文修订本），文物出版社2006年版，第21页。

⑤ 族诛，一般仅指“夷三族”之类的家族集体处死刑（灭门）而言。但有时也可能包括罪犯受死刑、其亲属株连受其他流徒笞杖没官为奴之刑罚等情形。本章仅从家族死刑这一严格意义上使用“族诛”一词。

令”。文帝时新垣平谋反,复行三族之诛。武帝时,王温舒有罪,被夷三族。元帝成帝时,有“大逆无道,父母妻子同产无少长皆弃市”之令。所谓夷三族,是指一人犯“大逆无道”之类的最严重的国事罪,不仅犯者本人处死刑,还连带处死其父母、妻妾子女、兄弟姐妹。族刑的具体执行手段,与个人死刑一样。

(二) 死刑

仅指个人死刑。死刑在汉代有斩首、腰斩、枭首、弃市、磔刑等名目。斩首、腰斩为基本刑,枭首、弃市、磔刑实为基本刑之上附加一些残酷项目而已。

两种基本死刑是斩首和腰斩。斩首,又称“殊死”。《汉书·高帝纪》说高祖六年(前 199 年)“赦天下殊死以下”,汉人韦昭注曰:“殊死,斩刑也”,唐人颜师古注曰:“殊,绝也,异也,言其身首离绝而异处也”[①]。腰斩,在汉代又称为“伏斧质”,指令犯人伏于“质”(砧板),以斧钺斩其腰。

其他三种死刑,实为斩首或腰斩后附加了羞辱项目。枭首,“谓斩其首而悬之也”[②];弃市,谓“杀之于市也。谓之弃市者,取刑人于市与众共弃也”[③]。磔刑,汉史多见磔刑之记载,唐人颜师古注曰:“磔谓张其尸”,唐人司马贞注曰:“裂其支体而杀之”。前释实为死刑加辱尸示众,后释则可能相当于商鞅所受的车裂。景帝时一度除磔刑,改为弃市,但平帝时复用磔刑。

(三) 宫刑

宫刑在汉代一般是作为减死之刑,用于宽宥依法本当处死刑者。汉人的观念中,宫刑不视为肉刑。汉文帝除肉刑诏书曰“今法有肉刑三”,仅指黥(墨)、劓、斩左右趾(刖),而不及宫刑。《汉书·晁错传》有晁错向文帝进颂,将“肉刑不用”与“除去阴刑”并列为文帝的功绩。《汉书·景帝纪》中载景帝诏书又将“除诽谤,去肉刑”与“除宫刑,出美人”并列为文帝的功绩。可见当时宫刑不被列入“肉刑”。据此记载,宫刑在文帝时可能正式宣布废除了。但是,后来不久又恢复使用宫刑。武帝时,司马迁被处宫刑即是例证。景帝中四年(前 146 年)秋“赦徒作阳陵者;死罪欲腐者许之”[④]。昭帝时亦有宫刑之用,张贺[⑤]、石显、弘恭均坐法受宫刑[⑥]。后汉光武帝时曾诏“死罪系囚皆一切募下蚕室”[⑦]。在文帝废除宫刑后,宫刑仍然被作为一种特殊变通刑罚——即在打算赦宥死刑犯的死罪时,供其自愿选择(募)的一种减死替代刑。东汉安帝时,陈忠上书“请除蚕室刑”,被朝廷

---

① 也可以认为“殊死”系所有死刑的统称。见戴逸总主编:《二十六史大辞典·典章制度卷》,吉林人民出版社 1990 年版,第 648 页,“殊死”条。

② 《汉书·陈汤传》韦昭注。

③ 《周礼·秋官·掌戮》郑玄注。

④ 《汉书·景帝纪》。

⑤ 《汉书·张汤传》。

⑥ 《汉书·佞幸传》。

⑦ 《后汉书·光武帝纪》。

接受。[1] 此后宫刑使用更少或更趋于实际废除。

（四）肉刑

肉刑在汉代的情形，以文帝除肉刑为界，可以分为两个时期来看。

汉文帝除肉刑前，作为正式法定刑的肉刑有三种，即墨刑、劓刑、刖刑，此即文帝诏书所谓“今法有肉刑三”。墨刑，在汉代称作黥刑；劓刑，在汉代大约与前代无异。汉代的刖刑继承秦制，区分斩左右趾。为何区分斩左趾、斩右趾？近人沈家本猜测，大约是先犯刖罪斩左趾，再犯刖罪斩右趾。[2] 但无有证据可资。我们可以猜测，在秦汉以前，刖刑仅仅是斩左趾；后来有依法应处死刑而被恩典赦死者，需改处一种减死或代死之刑，于是开创了“斩右趾”之刑，盖以右趾于人更重于左趾也。

文帝十三年除肉刑后，这三种肉刑都发生了变化。黥刑，作为最轻的肉刑，被“髡钳为城旦舂”即徒刑代替；劓刑，作为较重的肉刑，被笞三百（后减为笞二百或笞一百）代替；斩左趾刑，作为更重的肉刑，被笞五百（后减为笞三百或笞二百）；斩右趾，作为最重的肉刑，改为死刑（弃市）。

在文帝除肉刑后，“斩右趾”之刑作为减死之刑实际上一直存在，不过使用的场合少于从前而已。汉景帝时曾令“当弃市欲斩右趾者许之”[3]；后汉明帝、章帝曾数次“赦（当）斩右趾系囚（输）赎及戍边”[4]。景帝以后，为了赦宥（减轻）某些死罪，为了重惩某些笞二百不足惩的罪犯，汉王朝不时以“斩右趾”为临时变通刑罚。[5] 东汉人班固曾主张“于古当生，今触死（罪）者，皆可募行肉刑”[6]，也是从这一逻辑出发的。

（五）笞刑

笞刑由来已久，《尚书》有“鞭作官刑，扑作教刑”，鞭扑即是笞刑的起源。汉以前，杖笞或板笞，作为刑讯手段经常使用；但作为正式法定刑罚大概自汉文帝时开始。今人视为肉刑的笞刑，因为没有“断肢体刻肌肤”，所谓在汉时并不当成肉刑。汉笞刑作为替代劓刑、刖刑的新刑种，大致分为笞五百（后改为笞三百或笞二百）、笞三百（后改为笞二百或笞一百）两等，最后大概定型于笞二百、笞一百两等。关于笞刑的执行，景帝时曾以“箠令”确定了制度：“笞者，所以教之也，其定箠令：笞者，箠长五尺，其本大一寸，其竹也，末薄半寸，皆平其节。当笞者，笞

① 《后汉书·陈忠传》。

② 沈家本：《汉律摭遗·具律一》，《历代刑法考》第三册，中华书局 1985 年版，第 1541 页。

③ 《三国志·魏志·钟繇传》。

④ 《后汉书》之《明帝纪》和《章帝纪》。

⑤ 宫刑、斩右趾，两者都被用为减死一等之刑，在《史记》、《汉书》、《后汉书》中经常被作为赦死后的代用刑。二者之间孰轻孰重，当时如何看待，今难以考查。

⑥ 《汉书·刑法志》。

臀。毋得更人，毕一罪乃更人。”[①]这里作为刑罚执行制度的“箠制”，肯定也是作为刑讯逼供手段的拷笞必须遵循的规定。

除笞刑外，汉代也有非正式的杖刑。后汉明帝时政事严峻，常怒杖大臣，时称鞭杖。献帝时侯汶有罪，帝不忍致之于法司，令杖五十。杖刑在当时为特殊场合偶行。[②]

后世“笞”“杖”二刑，以及明代廷杖之刑，盖由汉代上述刑罚而来。

（六）徒刑

汉承秦制，徒刑有城旦舂、鬼薪白粲、司寇、罚作复作、隶臣妾等名。秦时徒刑一般无固定刑期，大约只有赦免才返归。汉初徒刑仍无刑期，文帝十三年（前167年）下诏除肉刑同时下令建立相对稳定的刑期制度：“其除肉刑，有以易之；及令罪人各以轻重、不亡逃，有年而免，具为令。”根据这一诏令，张苍、冯敬等人拟定了刑期制度，并得到了文帝的同意：“罪人狱已决，完为城旦舂，满三岁为鬼薪、白粲。鬼薪、白粲一岁，为隶臣妾。隶臣妾一岁，免为庶人。隶臣妾满二岁，为司寇。司寇一岁，及作如司寇二岁，皆免为庶人。其亡逃及有罪耐以上，不用此令。前令之刑城旦舂岁而非禁锢者，完为城旦舂岁数以免。”[③]汉景帝时进一步完善了刑期制度：“有罪各尽其罪。凡有罪，男髡钳为城旦。城旦者，治城也；女为舂，舂者治米也。皆作五岁。完（城旦舂）四岁。鬼薪三岁。鬼薪者，男当为祠祀鬼神伐山之薪蒸也，女为白粲者，以为祠祀择米也，皆作三岁。罪为司寇，司寇男备戍，女为作如司寇，皆作二岁。男为戍罚作，女为复作，皆一岁到三月。”[④]

据上述记载大致可以理清汉代的徒刑轻重等级及各自刑期。

1. 髡钳城旦舂。汉徒刑之最重者，刑期五年。髡即剃发，钳即钳锁颈或足。男髡钳为城旦，女髡钳为舂。城旦即筑城墙或守城，舂即为服劳役之人舂米做饭。髡钳城旦舂有时作为减死一等时的适用刑罚。

2. 完城旦舂。汉徒刑之次重者，刑期四年。所谓完，是指不髡不钳、保持其“完”态而言，又称“耐”。有人说“完”是指“去其鬓而完其发”，“完而不髡曰耐”，但我们认为更可能是指保留头发的完整。

3. 鬼薪白粲。汉之徒刑，刑期三年。男为鬼薪，即为祠祀鬼神的公共神社宗庙等砍柴供灶；女为白粲，即为宗庙神社祠祀需要拣择白米（应包括舂米）。

4. 司寇、作如司寇。有时称“司寇作”。汉徒刑中较轻者，刑期二年。对男子而言，司寇即伺察边寇，就是戍边服苦役。对女子而言，“作如司寇”，就是不到边关，比照“司寇”的劳役时间和强度，在附近官府或工场作苦役。又有“居作二

① 《汉书·刑法志》。

② 《后汉书》之《献帝纪》和《董卓传》。

③ 《汉书·刑法志》。本段引文均同此。

④ 《汉官六种·汉旧仪》卷下。

岁”刑[①]，实为司寇作。

5. 罚作复作。汉徒刑中最轻者，刑期一年。男曰罚作，即守边一岁；女曰复作，“女子软弱不任守(边)，复令作于官。”有时统称“输作”，有“输司寇作”、“输若庐作”、“输作军营”、“输作左校”等名目，皆谓输官府作役也。

6. 隶臣妾。汉徒刑之最轻者，刑期一年。男为隶臣，女为隶妾。秦时，隶臣妾兼有刑徒与官奴婢的属性，汉文帝时方成为完全意义上的刑徒。但汉武帝以后，以罚作复作代替隶臣妾，隶臣妾之刑名不复见于史籍。

我们还应该注意到，秦时有“黥劓以为城旦舂”之刑，汉代继承之，有黥、劓、刖等肉刑和城旦舂之刑合并适用。汉文帝十三年(前167年)废肉刑时，张苍、冯敬的建议中有“前令之刑城旦舂岁而非禁锢者，完为城旦舂岁数以免”语，即建议正在服刑的“刑城旦舂”(肉刑后复为城旦舂)之刑徒，服刑满一年(而未同时附加禁锢刑)者，服刑到“完城旦舂”的年数(四年)，就可以释放还家。“刑城旦舂”可视为最重徒刑(髡钳城旦舂)之上的刑罚。不过，在文景帝除肉刑之后，似再无此刑。

(七) 罚金刑

汉代的罚金刑，承自秦朝。文帝时，有人犯跸，文帝欲族诛之，廷尉张释之依法判处其罚金。[②] 景帝前元元年(前156年)诏令官吏受贿者免官并罚金二斤。[③]《张家山汉简》中也有罚金刑的规定，如《二年律令》中的《告律》有罚金四两、罚金二两、罚金一两之说，《贼律》中有“其失火延燔之，罚金四两”的规定。[④]

(八) 其他刑罚

1. 资格荣誉刑

在上述一般性的刑罚体系之外，汉代还有仅对有官有爵有任官资格者适用的刑罚——免官(贬官)、夺爵(贬爵)、禁锢等。这些处罚，今日视为行政处分，在古代实为刑罚。

免官(贬官)，就是以免除或贬降官职作为刑罚。这里的官职，当然包括所有官员(长官、佐官)和属吏。武帝时，绛侯周平坐为太常卿不修缮园陵免官。[⑤] 贬官，汉时称左迁。如汉成帝时，丞相司直平当因罪左迁朔方刺史。[⑥]

夺爵(贬爵)，就是以剥夺或贬低爵位为刑罚。景帝时，淮南王刘安谋反事

① 《后汉书·顺帝纪》。
② 《史记·张释之列传》。
③ 《汉书·景帝纪》。
④ 《张家山汉墓竹简(二四七号墓)》(释文修订本)，文物出版社2006年版，第8页。以下简称《张家山汉墓竹简》并径注页码。
⑤ 《汉书·百官公卿表》。
⑥ 《汉书·平当传》。

发，其属官不知情者均夺爵为士伍。[①] 高后元年（前 187 年），龚颉侯刘信有罪，贬爵一级为关内侯。[②] 夺爵，也包括夺百姓的军功爵或纳粟购买之爵。如《张家山汉简·二年律令》之《杂律》规定："博戏相夺钱财，若为平者，夺爵各一级。"[③] 这显然包括对百姓之惩罚。

禁锢，就是剥夺出任官吏的资格。分有期禁锢和终身禁锢。东汉安帝初，尚有"赃吏三世禁锢"之令，尚书陈忠奏请除之，安帝纳其言。[④] 桓帝灵帝时，党锢之祸炽烈，党人固（锢）及五族。[⑤]

还有一些仅仅适用于王侯贵族的刑罚或行政处分，如削户（减少封邑户口数）、减租（减少可向封邑民户征收的租税额）、徙封（从大或富饶的封邑迁徙到小而穷的封邑）、除国（取消封国）、免为庶人（取消一切官爵复为平民）等等。

2. 迁徙刑

汉代的迁徙刑，有谪戍、七科谪、迁徙、徙边、诣边戍等名目。

谪戍是一种刑罚。秦有七科谪，汉承其制。武帝天汉四年（前 97 年）发天下七科谪北击匈奴。[⑥] 所谓七科，指吏有罪、亡命、赘壻、贾人、曾有市籍者、父母有市籍者、祖父母有市籍者等七种人，直接视其为罪犯遣至边疆戍边或服军中苦役。谪戍之人，不限于七科，也包括其他罪人。后汉章帝时，曾诏令天下死罪系囚减死一等，勿笞，诣边戍。[⑦] 这种发遣罪人至边疆戍边的刑罚，又称"谪遣戍"。

迁徙或徙边，在汉代也作为刑罚。汉高帝时，梁王彭越以谋反罪徙蜀青衣（后被杀）。[⑧] 汉文帝时，淮南王刘长因罪废迁蜀严道，死于雍。[⑨] 汉哀帝时，鲍宣犯死罪，后减死一等，髡钳徙边郡上党长子县。[⑩] 与谪戍不同，一般迁徙或徙边可能仅仅是流放至边郡或远恶之地，没有戍边或军中服苦役的任务。

所有这类迁徙刑，都可以实为古代和后世的流刑在汉代的表现形式，但汉代似乎没有正式的流刑之名，迁徙刑似乎不是正式法定刑。

3. 株连刑

在汉代，株连刑除族诛（夷三族等）外，还有连坐、随坐、相坐、籍没、收孥（帑）、孥（帑）戮、收族、收三族等名目。

---

① 《史记·淮南衡山列传》。
② 《史记·高祖功臣侯者年表》。
③ 《张家山汉墓竹简》，第 33 页。
④ 《后汉书·郭陈列传》。
⑤ 《后汉书·灵帝纪》。
⑥ 《汉书·武帝纪》。
⑦ 《后汉书·章帝纪》。
⑧ 《汉书·彭越传》。
⑨ 《汉书·文帝纪》。
⑩ 《汉书·鲍宣传》。

除连坐死刑(族诛、夷三族等)外,汉代还有其他刑罚株连形式。那些特定的刑罚的株连方式,似乎也可以看做单独的刑罚种类。死刑以外刑罚的连坐,包括亲属连坐和其他(邻伍、师生、僚属等)连坐。秦至汉初有"父母妻子同产相坐及收"之法,汉文帝二年(前178年)尽除收孥相坐诸律令。[①] 然至武帝时仍有收孥即亲属连坐之刑,如武帝建元元年(前140年)赦吴楚七国帑输在官作役者。[②] 孥(帑),就是子孙家人;收孥(帑)就是将子孙家人收官为奴,以此为对犯者及家人的羞辱,曰"孥戮"(戮,或作僇,辱也);有时称为"籍没",拘收家属入官为奴曰"籍"(取消其户籍),没收家财入官为"没",王莽时常籍没私铸钱之家[③]。武帝时,张汤赵禹作"见知故纵监临部主"之法,下属捕盗不力,监临部主即上司要连坐受罚[④],这是僚属连坐。汉代因为废除了秦什伍连坐法,故基本不见邻伍连坐之记载。

三、汉代的刑罚执行制度

关于汉代刑罚的执行制度或方式,除一般刑罚的正常实际执行外,尚有以下几个方面值得注意。

(一) 赎刑

赎刑,是指缴纳一定数量的财产抵代刑罚。汉惠帝时,令民得买爵三十级以免死罪[⑤],即许可百姓以购买三十级爵位的钱财赎免死刑。汉武帝时,令死罪者入赎钱五十万,减死一等为髡钳城旦舂。[⑥]《张家山汉墓竹简》有赎刑规定,其《二年律令》之《具律》规定:"赎死,金二斤八两;赎城旦舂、鬼薪白粲,金一斤八两;赎斩、府(腐),金一斤四两;赎黥、劓,金一斤;赎耐,金十二两;赎迁,金八两。"[⑦]其《贼律》规定:"父母殴笞子及奴婢,子及奴婢以殴笞辜死,令赎死。"[⑧]赎刑一般用于过失犯罪,或官僚贵族、老人、妇女、儿童、残疾人犯罪的情形。

(二) 输作

输作为汉代刑罚执行方式之一。后汉光武帝时曾下诏"天下系囚减罪一等,其余赎罪输作各有差",即普遍减刑后剩下的刑罚允许以"赎"或"输作"两种方式折抵。输作就是到官府或官府的工场、作坊或工地或军事场所劳作。后汉章帝

---

① 《汉书·刑法志》。
② 《汉书·武帝纪》。
③ 《汉书·王莽传》。
④ 《汉书·刑法志》。
⑤ 《汉书·惠帝纪》。
⑥ 《汉书·武帝纪》。
⑦ 《张家山汉墓竹简》,第25页。
⑧ 同上书,第14页。

时，曾两次诏令“天下系囚鬼薪白粲以上各减本罪一等，输司寇作”[①]，和帝时曾令郡国弛刑输作军营。此外有输作左校、输作若庐、输作织室等名。

（三）雇山

雇山，又曰顾山。汉平帝元始元年（公元1年）诏“天下女徒已论，归家，顾山钱月三百”[②]。后汉光武帝建武三年（公元27年）亦诏令天下女徒雇山归家。[③]按汉人应劭和唐人颜师古的注释，就是对于女徒刑犯“听使入钱顾（雇）功直”，“并放归家，不亲役之”。就是允许女犯出钱雇人代自己完成城旦舂、鬼薪白粲之类的徒刑劳役，抵代自己受刑；雇钱按照一个月三百钱计算。

（四）以爵当罪

以爵当罪，《云梦秦简》中即有“归爵二级免隶臣妾”之记载；汉承秦制有二十级军功爵制度，并分出官爵、民爵两者。百姓可以通过军功和普赐（类似于大赦）获得爵位，如惠帝、文帝、景帝、武帝时均曾全国大赐民爵，普赐（或升）一级。一般来说，八级以下为民爵，九级以上为官爵。[④]《汉旧仪》谓男子有爵一级以上有罪以减。惠帝时，令民得买爵三十级以免死罪。汉史还常有“归（还）爵为士伍”以免除自己或亲属的刑罚之记载。

（五）亲属代刑

代行，就是允许罪犯家属替代受刑。汉文帝时，齐女子缇萦请求没入官府为奴，以赎其父淳于公之肉刑。这说明当时有特定情形下允许亲属代受刑的制度。后汉明帝时，数次下诏令死罪囚减死戍边，父母同产欲相代者，恣听之。[⑤] 后汉安帝时，尚书陈忠上书请求“母子兄弟相代死，听，赦所代者，事皆施行”[⑥]。

（六）募刑

募刑，就是允许犯人在几种刑罚中自己选择。有允许在死刑和宫刑之间选择，有允许在死刑和髡钳戍边刑之间选择，有允许在死刑和斩右趾之间选择，有允许在宫刑、斩右趾刑和髡钳戍边刑之间选择。募，即招募，听人自愿。汉景帝时曾令“死罪欲腐者许之”，又曾令“当弃市欲斩右趾者许之”[⑦]。汉武帝时，曾募天下死罪囚击朝鲜。[⑧] 后汉光武帝时曾诏“天下死罪系囚一切募下蚕室”[⑨]，明帝

---

① 《后汉书·光武帝纪》。
② 《汉书·平帝纪》。
③ 《后汉书·光武帝纪》。
④ 苏俊良：《汉朝典章制度》，吉林文史出版社2001年版，第114页。
⑤ 《后汉书·明帝记》。
⑥ 《后汉书·陈忠传》。
⑦ 《汉书·景帝纪》。
⑧ 《汉书·武帝纪》。
⑨ 《后汉书·光武帝纪》。

时诏，“募郡国中都官死罪系囚减罪一等，勿笞，诣度辽将军营，屯朔方五原等边县。”[①]有时，犯罪人可以主动请求立功赎罪，如后汉和帝时，窦宪犯死罪，乃自请击匈奴以赎死，帝许之。[②] 东汉人班固曾主张凡犯死罪“于古当生，今触死者，皆可募行肉刑”[③]，以为仁政之施。

（七）秋冬论刑和夏至断薄刑

汉初反省秦朝短命而亡的教训，即以秦“四时行刑”为“暴虐”的典型标志。汉初萧何定律，季秋论囚，俱避立春之月。汉宣帝时，定“季秋后请谳”重罪（死罪）之制。[④] 后汉章帝时，令无以十一月十二月报囚；罪非殊死，须立秋案验；又严令禁止夏季断重罪。和帝时再申律令，十一月十二月立春不许报囚，其一切囚徒于法疑者勿决，以奉秋令。[⑤] 与此相关，依据《礼记·月令》孟夏“断薄刑，决小罪，出轻系”的设想，汉代开始形成了“夏至断薄刑、出轻系”的惯例。[⑥]

（八）赦罪制度

逢新皇登基、改元、立储、立后，或帝冠、大丧、郊祀、封禅、年丰、祥瑞、灾异之时，汉代经常赦免罪人以示庆祝或以图禳灾。汉高帝在位十二年，就大赦或特赦九次。“践祚改元、立皇后太子，赦天下。每赦，自殊死以下及谋反大逆不道诸不当得赦者，皆赦除之。命下，丞相御史复奏，可，分遣丞相御史，乘传驾，行郡国，解囚徒，布诏书。郡国各分遣吏，传厩车马，行属县，解囚徒”[⑦]。这就是汉代的赦免实施程序。汉代大赦，有时不及“大逆不道”等国事重罪，有时仅许天下囚犯“减罪一等”，有时仅许死罪囚犯“减死一等”。如后汉章帝时五次下诏“天下死罪系囚减死罪一等诣边戍”，就是改服“髡钳城旦（戍边）”之类的次死之刑。汉代赦罪同时，皇帝有时甚至直接附带赦免民事债务。如武帝元朔元年（前128年）三月大赦天下，与民更始，“令诸逋贷及辞讼在景帝后三年以前者，皆勿听治”[⑧]。这等于宣布赦免民事债务，规定超过十二年的债务和其他纠纷超过追诉时效。

（九）其他

关于汉代刑罚执行制度，还有几点值得注意。

1. 囚犯赭衣书背。秦时罪人之囚衣色赤，故曰赭衣。《汉书·刑法志》谓秦时“赭衣塞路，囹圄成市”，“赭衣”指代囚犯。汉文帝时，囚犯衣赭而书其背。[⑨]

---

① 《后汉书·明帝纪》。
② 《后汉书·窦宪传》。
③ 《汉书·刑法志》。
④ 同上。
⑤ 《后汉书》之《章帝纪》、《和帝纪》。
⑥ 《后汉书·和帝纪》。
⑦ （汉）应劭《初学记》卷二十引《汉旧仪》。
⑧ 《汉书·武帝纪》。
⑨ 《汉书·贾山传》。

书其背，盖如后世书“囚”或“犯”字。

2. 弛刑。汉经常下令郡国弛刑。作为弛刑，就是解除在押罪犯的全部枷锁刑具。后汉光武帝时曾下令囚徒皆弛解钳，衣丝絮[①]，以表矜恤。有时，弛刑是为了便于输作，后汉和帝时曾令郡国在押囚犯弛刑输作军营。[②] 如此相关的是作为刑事强制措施的“颂系”，即对于老幼妇女嫌犯不加绳索桎梏的押解制度。

3. 妻子随迁。指迁徙或徙边之刑，妻妾子女可以随迁。后汉章帝建初七年(82 年)，诏天下死罪系囚减死罪一等，勿笞，诣边戍；妻子自随，占著所在；父母同产欲相从者，恣听之。元和元年(84 年)又诏申此令。[③]

四、汉代罪名体系

汉代的罪名体系，因汉律律文无存，只能根据历代学者自各类史书中辑录[④]的汉律遗文大致考查。汉代的罪名甚多。主要可以分为以下几类。

(一) 关于侵犯皇权的犯罪

侵犯皇权的犯罪，被视为最严重的犯罪。在汉史记载中，常常用“大逆不道”、“大逆无道”、“不道”、“不敬”等语来概括所有危害皇帝、侵犯皇权的行径；有时与特定行为连称“某某不道”、“某某不敬”，如“罔上不道”、“奉诏不敬”等。

这类罪名主要有谋反、大逆、矫制、矫诏、废格诏书、漏泄(泄)省中语、非所宜言、直言、妄言、欺谩、罔上、行驰道中、阑入、犯跸、奉诏不敬、挟诏书、盗宗庙服御物、盗御物、擅议宗庙、殴辱王杖主、上书触讳等。

谋反、大逆，都是指企图发动政变或另立政权、推翻朝廷、危害皇帝人身的行为。

矫制、矫诏、废格诏书，都是指伪称奉皇帝诏书或伪造变造皇帝制书诏书的行为，以及拒不执行或拖延执行皇帝诏令的行为。

漏泄省中语，是指泄漏皇帝与大臣在“省中”密商之言语的行为。

非所宜言、直言、妄言，是指以“不当”言语触犯或触怒皇帝的行为。

欺谩、罔上，是指臣下奏对时对皇帝欺瞒蒙骗之类的行为。

行驰道中、阑入、不下公门、犯跸，是指擅行皇帝专用道路、擅入宫城、公门不下马、冲撞皇帝仪仗的行为。

奉诏不敬、挟诏书，是指对皇帝诏书的不恭敬行为，如不跪聆宣诏、不双手捧

---

① 《后汉书·光武帝纪》。

② 《后汉书·和帝纪》。

③ 《后汉书·章帝纪》。

④ 参见程树德：《九朝律考·汉律考》，中华书局 2003 年版，第 94—140 页；沈家本：《历代刑法考·汉律摭遗》，中华书局 1985 年版，第 1365—1691 页；戴逸等：《二十六史大辞典·典章制度卷》，吉林人民出版社 1990 年版，第 667—675 页。本节内容系据三者综合而成。

奉诏书,或腋下夹持诏书等。

盗宗庙服御物、盗御物,是指盗窃皇家宗庙供奉物品和皇帝本人使用物品的行为。

擅议宗庙,就是臣下擅自议论(非议)先皇宗庙陵寝建设修缮事宜的行为。

殴辱王杖主,就是殴辱被皇帝赐予"王杖"的耆老的行为。1959年在甘肃武威出土的《王杖十简》,1981年出土的《王杖诏书令册》,都规定王杖主比六百石官员待遇,凡对其擅自征召、殴辱者,视同大逆不道,弃市。①

上书触讳,就是臣下上书时触犯皇帝或太上皇、皇太后名讳的行为。

(二) 关于威胁中央集权的犯罪

为了防止诸侯坐大,加强中央集权,汉王朝施行了一系列削藩政策。与此相应,汉律设有一系列制裁违法诸侯及其同党的罪名。这类罪名主要有出界、事国人过律、不朝、不请、酎金不如法、阿附藩王、阿党、附益、左官、僭越、逾制、非正等。

出界,是指诸侯、官吏擅自超越封国或辖区边界的行为。

事国人过律,是指诸侯役使封国内百姓超过法律许可的数量的行为。

不朝、不请、酎金不如法,是指诸侯不按规定时间朝觐皇帝,或向皇帝进贡劣质贡品的行为。酎即醇酒,金即金银铜等贵金属,重量不足、成色不够者,是为"不如法"。

阿附藩王、阿党、附益、左官等,都是指诸侯与官吏之间的结党营私行为。朝中官员为诸侯王通风报信为阿附藩王;诸侯有罪,傅相不举奏为阿党;中央官吏欲增益(有利)诸侯为附益;擅自仕于诸侯为左官(诸侯国主要官吏需中央任命)。

僭越、逾制、非正等,都旨在把诸侯控制在"礼制"范围内。诸侯擅拟天子衣服、车马、宫室、仆役、葬仪、礼乐等,均为僭越、逾制。非正,就是诸侯确立继承人时违反嫡长继承之法制。

当然,僭越、逾制罪名也可以适用于诸侯以外的所有官吏。

(三) 关于官吏贪污渎职违制的犯罪

这类罪名主要有鞫狱不实(直)、故纵、故不直、故失、失出入人罪、受赇枉法、受金漏言、贪污(赃、臧)、奸利、受所监临、受所行、受故官送、受所监临饮食、受所将、主守盗、沈命、见知故纵、知犯不举、选举不实、度田不实、擅兴徭赋(擅赋敛)、所察过诏条、专擅、残贼、软弱不胜任、除吏不次、放散官钱、僭越、逾制、丧葬过制、失礼、更相荐誉、泄秘书、钩党、交通、诬罔、腹诽、不合众心、诈疾等。

鞫狱不实(直)、故纵、故不直、故失、失出入人罪、受赇枉法等,都是指官吏在

① 参见〔日〕富谷至:《王杖十简》,杨一凡主编:《中国法制史考证》丙编第一卷,中国社会科学出版社2003年版,第503页。

司法中的违法渎职行为。

受金漏言、贪污(赃、臧)、奸利、受所监临、受所行(巡)、受故官送、受所将、主守盗等,都是指官吏非法接受部下或百姓财物馈赠或非法侵占公私财物的行为。

沈命、见知故纵、知犯不举,都是指官吏在检举镇压奸贼、盗匪方面的消极怠责行为。沈(沉)命,即废格皇帝或中央关于打击群盗的命令。

选举不实、度田不实、擅兴徭赋、所察过诏条、专擅、残贼、软弱不胜任、除吏不次、放散官钱,都是指官吏在执行公务过程中违反法律和政策的行为。所察过诏条,主要指刺史监察地方超越《六条诏书》规定的监察范围的苛察行为;专擅,指官吏处理政事不依法奏请上级独断专行;残贼指官吏执政过于残酷贼害百姓。

僭越、逾制、丧葬过制、失礼,指官吏或贵族违反礼制超标使用衣服车马宫室葬仪等,以及言行失礼不敬的行为等。

更相荐誉、钩党、交通、泄秘书,指官吏贵族相互结党营私、互为奥援、泄漏机密的行为。

腹诽、诬罔、不合众心、诈疾,属官吏的几种特别犯罪。腹诽,是指身为高官依法对国家政策有建言义务却"不入言而腹诽";诬罔指官吏诬告他人或欺蒙上司;不合众心,指官吏为政举措繁苛令众人不安。

（四）关于侵犯宗法伦理的犯罪

关于这一方面犯罪的主要罪名有不孝、居丧奸、居丧作乐、居丧嫁娶、内乱、禽兽行、通奸、乱妻妾位、非正、兄弟争财等。

不孝是指对父母祖父母的伤害、忤逆和遗弃行为;居丧奸、作乐、嫁娶,也被认为是不孝的表现;内乱、禽兽行,是指亲属之间的乱伦行为;乱妻妾位是指"以妻为妾,以妾为妻"之类行为;非正是指立嫡子(宗法继承人)违法的行为;兄弟争财是指兄弟为财产而过分争讼的行为。

（五）关于侵害公务及治安的犯罪

关于这一方面的犯罪的主要罪名有乏军兴、畏懦、行留、逗留、失期、后期、群盗、群饮、通行饮食、为囚解脱、篡囚、首匿、舍匿、嘱托、行赇、请赇、诬告、知犯不举、怨望、诽谤、执左道、造作妖书妖言、妖言、妖恶、博戏、刺探尚书事、不当得为等。

乏军兴、畏懦、行留、逗留、失期、后期等,都是关于军事和徭役方面的犯罪,是指不依命令完成军事人力物力征集、拖延进军、拖延到达指定地点等行为。

群盗、群饮、通行饮食,是指盗匪集团犯罪和有盗匪团伙嫌疑的集体饮酒行为,以及为罪犯提供通行便利和饮食帮助的行为。

为囚解脱、篡囚、首匿、舍匿、嘱托、行赇、请求、诬告、知犯不举等,都是指妨碍司法和其他公务的行为。为囚解脱是指给囚禁中的罪犯提供脱逃方便;篡囚是指暴力劫夺在押囚犯;首匿、舍匿都是指藏匿犯罪人;嘱托、行求、请赇(求)都是指赠以财物,许以利益,请托官员非法办事实现自己特定目的行为;诬告是指捏造他人犯罪事实以控告之的行为;知犯不举是指违反告发重罪义务的行为。

怨望、诽谤、执左道、造作妖书妖言、妖言、妖恶,都是以特定言论构成犯罪。怨望、诽谤是指对皇帝或国家法令心怀怨愤或加以批评非议的行为;执左道,是指宣传邪教或异端思想的行为;妖书妖言妖恶,都是指异端邪说的种种形式。

刺探尚书事,即刺探尚书台所涉国家机密的行为;博戏,即赌博行为。

不当得为,是一个包揽一切法无明文规定的恶行的罪名,包括一切据礼判断不应当作的不良行为。这是后世"不应得为"律的来源。

(六) 关于侵害人身的犯罪

关于这一方面犯罪的主要罪名有略人、卖人、巫蛊、祝诅、教唆、劫质、持质、谋杀、斗杀、贼杀、斗伤、贼伤、狂易杀人、强奸等。

这些罪名的内容大致等同于我们今天的同类概念。略人,就是强行抢掠人口;巫蛊、祝诅,都是以巫术邪道企求神力加害于他人。劫质、持质,就是绑架勒索;贼杀、贼伤是指故意杀人伤害,贼即残害之意。狂易杀人,就是精神病人发病时杀人,东汉章帝时开始减轻处罚。

(七) 关于侵害财政及财产的犯罪

关于这一方面的犯罪,主要罪名有盗铸钱、铸伪金、私盐、私铁、奸利、贱买贵卖、取息过律、借物不归、不偿债、诈取、恐吓取财等。

盗铸钱、铸伪金,即私铸钱币或铸造劣质钱币的行为;私盐、私铁,是指违反国家盐铁官营政策私自煮盐铸铁的行为;奸利,主要指地方豪富以非法勾当聚敛财富的行为;贱买贵卖、取息过律,主要是指不公平买卖及放高利贷的行为;借物不归、不偿债,是指民事上的赖账行为;诈取、恐吓取财,是指诈骗钱财和敲诈勒索行为。

在汉代,这类民事上的违法行为,一般与其他犯罪同样受刑罚制裁。

五、汉代的刑法原则和刑事政策

汉代的刑法原则,从汉律遗文和汉代法律事案中可以大致看出以下原则。

(一) 君亲无将,将而必诛

这是格外注重保障君权、父权,注重尊君、孝亲的原则。《春秋公羊传》"君亲无将,将而诛焉"的原则,贯穿于汉律和汉代司法。关于加重打击侵犯皇权的犯罪,《张家山汉简·二年律令》之《贼律》规定:"谋反者,皆腰斩;其父母妻子同产,无少长皆弃市。"又规定:"伪写皇帝信玺、皇帝行玺,要(腰)斩以匀(徇)。"关于加重打击侵犯父权的犯罪,《二年律令》之《贼律》规定:"子牧杀父母,殴詈泰(大)父母、父母、叚(假)大母、主母、后母,及父母告子不孝,皆弃市。”[①]汉武帝时审判淮南王刘安、广陵王刘荆谋反案件时引据了这一原则,对于二位诸侯王的谋反行为绝不宽恕。

（二）矜恤老幼妇孺

这是在刑事上矜恤老幼妇孺、保护弱势群体、体现尊老爱幼的法律原则。汉惠帝时曾诏令“民年七十以上若不满十岁,有罪当刑者,皆完之”[②],“年八十以上,八岁以下,及孕妇未乳,师、侏儒当鞫系者,颂系之”[③]。宣帝时规定,“诸年八十以上,非诬告、杀伤人,它皆勿坐”[④]。成帝时规定,“年未满七岁,贼斗杀人及犯殊死者,上请廷尉以闻,得减死”[⑤]。平帝时曾诏令“妇女非身犯法,及男子年八十以上七岁以下,家非坐不道诏所名捕,它皆无得系”[⑥]。东汉光武帝时曾诏:“年八十以上,十岁以下,及妇人从坐者,自非不道,诏所名捕,皆不得系。当验问者,即就验”[⑦]。汉人郑玄注《周礼·秋官·司刺》时曾引汉律“年未满八岁,八十以上,非手杀人,他皆不坐”。

（三）亲亲得相首匿

孔子的“子为父隐,父为子隐,直在其中”[⑧]的伦理思想,在汉代法制中得到了具体体现。汉宣帝地节四年(前 66 年)下诏曰:“父子之亲,夫妇之道,天性也。虽有祸患,犹蒙死而存之。诚爱结于心,仁厚之至也,岂能违之哉?!自今子首匿父母、妻匿夫、孙匿大父母,皆勿坐。其父母匿子、夫匿妻、大父母匿孙,罪殊死,皆上请廷尉以闻。”[⑨]自这一诏令开始,“亲亲得相首匿”变成了国家正式的法律原则,其立法本意在于尊重人们的伦理亲情,弘扬“亲亲尊尊”之道,宽宥人们出于自然亲情而情不自禁地包庇藏匿犯罪亲属的行为。

（四）原心论罪

“原心论罪”是汉代司法的重要原则之一,也贯穿在立法之中。《礼记·王制》“凡听五刑之讼,必原父子之亲立君臣之义以权之”的原则,在汉代得到了进一步发扬。这主要体现在当时蔚然成风的“春秋决狱”之中。董仲舒说:“春秋之治狱也,必本其事而原其志。志邪者不待成,首恶者罪特重,本直者其论轻。”[⑩]

---

① 《张家山汉墓竹简》,第 13 页。
② 《汉书·惠帝纪》。
③ 《汉书·刑法志》。
④ 《汉书·宣帝纪》。
⑤ 《汉书·刑法志》。
⑥ 《汉书·平帝纪》。
⑦ 《后汉书·光武帝纪》。
⑧ 《论语·子路》。
⑨ 《汉书·宣帝纪》。
⑩ 《汉书·董仲舒传》。

《盐铁论·刑德》说:“春秋之治狱,论心定罪:志善而违于法者免,志恶而合于法者诛。”时人总结以儒家经义断决案件的要害是“春秋之义,原心定罪”[①]。所谓“原心”,或称“原本”、“原情”,都是指特别考查(原)行为人动机的伦理性质。合于纲常伦理则为善,悖于纲常伦理则为恶。出于善的动机的行为即使违法也不应追究,出于恶动机的行为即使合法也要追究。

(五) 官僚贵族有罪先请

汉代法制与秦朝宗奉法家“不别亲疏、不殊贵贱,一断以法”原则相反,强调官僚贵族在法律上应享有一些法定特权,强调贵贱有别、官民有别。这一特权最为显著者就是“先请”或“上请”制度。早在高祖时就曾下诏,“令郎中有罪耐以上,请之”[②]。宣帝时曾下诏“吏六百石位大夫,有罪先请”[③]。平帝时曾下诏“公、列侯嗣子有罪,耐以上先请”[④]。后汉光武帝时诏“吏不满六百石,下至墨绶长相,有罪先请”[⑤]。据上述规定,在汉代,大约年俸三百石以上的官员(县令长、侯国相、郎中以上)、列侯以上贵族及其嗣子等犯罪时,法司不得直接审判,必须先上请皇帝定夺。

(六) 从严治吏

汉律继承秦律,以法家“明主治吏不治民”主张为宗旨。《张家山汉简·二年律令》即规定严厉制裁官吏枉法裁判行为:“鞫狱故纵、不直,及诊、报、辟故弗穷审者,死罪,斩左止(趾)为城旦,它各以其罪论之。”又规定,“擅赋敛者,罚金四两,责所赋敛偿主。”还规定:“吏六百石以上及宦皇帝,而敢字贷钱财者,免之。”“受赇以枉法,及行赇者,皆坐其臧(赃)为盗。罪重于盗者,以重者论之。”[⑥]汉律中关于官吏贪污渎职违制的罪名最多,除前者外,还有贪污(赃、臧)、奸利、主守盗、沈命、见知故纵、知犯不举、选举不实、度田不实、专擅、残贼、软弱不胜任等百余罪名,都贯彻了“从严治吏”的原则。

(七) 罪无正法不合致纠

汉成帝时,琅邪太守冯野王请假回故乡养病,有司举劾冯野王“赐告养病而私自便,持虎符出界归家,奉诏不敬”。大臣杜钦上书为冯野王辩解:“二千石病赐告得归有故事,不得去郡亡(无)著令。……(即使)将以制刑为后法者,则野王之罪在未制令前也。刑赏大信,不可不慎。”[⑦]杜钦认为,当时法令并无二千石不得离开典守之郡的规定(相反可以有告假回家养病的惯例),所以冯野王的“去

---

① 《汉书·王嘉传》。
② 《史记·高祖本纪》。
③ 《汉书·宣帝纪》。
④ 《汉书·平帝纪》。
⑤ 《后汉书·光武帝纪》。
⑥ 《张家山汉墓竹简》,具律、杂律、盗律,第 22、33、16 页。
⑦ 《汉书·冯野王传》。

郡”行为不应视为犯罪；即使朝廷准备就此事制定一个新的禁令，那也不应适用于冯野王的“去郡”行为，因为那是在法令公布之前的行为。杜钦之论，既有法令无明文规定不为罪之意，也有法令不应溯及既往之意。东汉桓帝时，将军冯緄率兵南下伐武陵蛮，有人举劾冯緄将傅婢（小妾）二人戎服随军，又辄于江陵刻石纪功。案下法司，尚书令黄儁奏议以为“罪无正法，不合致纠”，主张对冯緄的行为不予追究[①]。二人的意见虽然最后都没有被正式接受，但当时的司法实践中已经正式提出这一法律原则是无可怀疑的。

（八）法不溯及既往

在汉代法制中，已经形成了法令不追溯既往的原则。据《汉书·孔光传》转述“汉令”有“犯法者，各以法（发）时律令论之，明有所讫也”之规定。所谓“法时”，就是犯罪发生之时，或法令生效之时，此前之罪不适用新律。成帝时有一个叫淳于长的诸侯犯了谋反罪，丞相翟方进等依据“犯法者各依法时律令论之”的法令欲株连其已休小妾乃始等以弃市之刑（理由是在淳于长犯罪时她们与其尚为夫妻关系）。但尚书令孔光认为不妥，认为她们既已在犯罪发觉前被休弃，“义已绝”，不能再视为夫妻关系而株连之。最后皇帝采纳了孔光的意见。本案中，双方实际上都是在依据类似“法不溯及既往”的原则来发表意见，只不过在将此一原则应用于本案后的具体处理意见上有差别而已。前引汉成帝时琅邪太守冯野王被劾、杜钦为其辩解“（即使）将以制刑为后法者，则野王之罪在未制令前也”的故事[②]，也反映了法令不应溯及既往的主张。

（九）已赦之罪不再究

汉律强调不得追究赦令发布前的犯罪，亦即不得追究已被正式赦免的犯罪。这一原则，虽与法不溯及既往有关，实际是主张一罪不两论（审）。汉成帝时，王尊被举劾犯“诋欺诽谤赦前事”之罪而左迁。而哀帝时曾“诏有司无得举赦前事”[③]；平帝时再次下诏：“自今以来，有司无得陈赦前事置奏上。有不如诏书，为亏恩，以不道论。定著令，布告天下，使明知之”[④]。哀帝朝，丞相朱博以赦前事奏劾大司马傅喜，被移送廷尉审判。[⑤] 从法理看，一道赦令实为关于犯罪追究事宜的特别法令，其颁布之前的犯罪正是赦免的对象；既已赦免，若再举劾审判，是一罪二审，是再究已免究之罪。这些诏书表明，汉代已经正式提出或实践了“一罪不两论（审）”的法律原则。

---

① 《后汉书·冯緄传》。
② 《汉书·冯野王传》。
③ 《汉书·哀帝纪》。
④ 《汉书·平帝纪》。
⑤ 《汉书·朱博传》。

（十）自首者减免其罪

汉代称自首为自告、自出。汉律鼓励自首，规定自首者可以减轻或免除处罚。汉武帝时，淮南王、衡山王谋反，衡山王太子刘孝与谋后出而自告。依律"先自告反，除其罪"，刘孝的谋反罪行被免于追究；但又"坐与（衡山）王御婢奸，弃市"[①]。后汉明帝、章帝时，曾数次下诏，令有罪未发觉并在赦罪诏书下达之前先自告者，半入赎。[②] 这是规定对自告之罪减轻处罚，以平常赎金的一半赎罪即可。所谓"除其罪"，一般是指在犯罪未正式实施的情形下，如已经实施并有危害结果，不会全部"除罪"。杀人（既遂）者虽先自告亦不除罪，如汉文帝十三年诏书令"杀人先自告者皆弃市"[③]。首恶或造意者先自告亦不除罪。犯数罪，只除自告之罪；未自告者不除。《张家山汉简》的《二年律令》中亦有"其自出者，死罪，黥为城旦舂"、"诸亡自出，减之；毋名者，皆减其罪一等"、"诸舍匿罪人，罪人自出，若先自告，罪减，亦减舍匿者罪"、"告不审及有罪先自告，各减其罪一等"等规定。[④] 又规定："杀伤大父母、父母，及奴婢杀伤主、主父母妻子，自告者皆不得减"[⑤]。

（十一）保辜论定罪责

汉代似乎已经确立了保辜论罪的原则或制度，如《张家山汉简·二年律令》中有"斗伤人，而以伤辜二旬中死，为杀人"的规定。汉人史游《急就篇》有"疻痏保辜謕呼号"语[⑥]，清人王先谦注曰："保辜者，各随其状轻重，令殴者以日数保之。限内至死，则坐重辜也。"《春秋公羊传》三国魏人何晏注曰："古者保辜，汉律有其事。"是汉代即确立了保辜论罪制度：确定"保限"即一定时限，若伤者在保限内死亡，则殴者须为其死负刑责；若限外死亡或限内因他故死亡，则殴者只需负伤害之刑责。如武帝元朔三年（前 126 年）昌武侯单德坐伤人二旬内死，弃市，国除。[⑦]

（十二）诬告反坐

汉律打击诬告，确立了诬告反坐的原则。《张家山汉简·二年律令》规定："诬告人以死罪，黥为城旦舂，它各反其罪。"[⑧]后汉灵帝时，傅相师迁诬告其王（陈王刘宠），罔以不道之罪，后下狱死。[⑨]

---

① 《汉书·衡山王传》。

② 《后汉书》之《明帝纪》、《章帝纪》。

③ 《汉书·刑法志》。

④ 《张家山汉墓竹简》，具律、亡律、告律，第 22、31、26 页。

⑤ 《张家山汉墓竹简》，第 26 页。

⑥ 疻痏，音 zhiwei，即疮创等。謕，音 ti，同"啼"。

⑦ 《汉书·功臣表》。

⑧ 《张家山汉墓竹简》，"告律"，第 26 页。

⑨ 《后汉书·灵帝纪》。

第四节　汉代的民事和经济法制

一、身份与主体问题

汉代没有今人所认识的民事主体制度，但有关于人们的身份等级和有关主体资格的制度。首先须注意的是等级制度，这虽然不是今日所言民事主体概念，但的确与民事权益的享有和义务的承担相关。汉代的身份等级有贵族官僚阶层、平民阶层、贱民阶层三等。

贵族官僚阶层包括皇帝后妃以及皇亲国戚、诸侯王列侯及王侯亲戚、其他贵族及其亲戚、官僚集团及其亲戚。汉代实行普遍爵位制度，民众亦可以通过军功和普赐获得爵位，所以有爵位并不一定可以视为官僚贵族集团的成员，汉代爵位有二十等[①]，五级以上或者可以视为贵族（有人认为八级以下为民爵，九级以上才可视为贵族）[②]。汉初，七级（公大夫）爵以上有食邑，六级爵以下可以免徭役。食邑权利和免役权利，都可以视为特殊的民事身分权利。

平民阶层包括传统的士农工商四民。士，就是平民上层有一定爵位、文化、社会地位的人群（一至四级爵位者均可视为士）。士可以到各级衙门出任幕职，可以通过察举途径获得做官的机会。农就是自耕农和佃农雇农等，是平民阶层的主体。工就是手工业者，即各种在官工匠和民间工匠。商就是商贾，包括参与矿山、盐场开发经营的大企业主。四民中，士虽无徭役义务，但有赋税义务；农工商则都有赋税、徭役义务。农民可以通过读书应举获得做官机会，但工商则否。汉律抑制工商的社会地位，尽管有的大商贾“富比封君”，但朝廷还是严令禁止其出任官职、占有土地，禁止其衣着丝绸锦绣、骑马乘车、携带武器等。[③]

贱民阶层，主要指各种官私奴婢。官奴婢的主要来源是罪犯及其家属没入官府者，非经放免，则子孙仍为官奴婢。私人奴隶，曰“奴婢”、“田僮”、“僮仆”等，一般来自买卖或抵债，也有非法劫掠为奴“压良为贱”者，其子孙一般非经放免也世代为奴。他们的地位有时等于家畜财产，但国家也曾多次明令禁止虐待、杀伤奴婢。奴婢在民事上不是完全的民事主体，他们与主人有强烈的人身依附性。除了最简单的生活用品以外，他们一般没有自己的财产，不能单独进行民事

---

① 汉二十等爵位是：(1) 公士，(2) 上造，(3) 簪袅，(4) 不更，(5) 大夫，(6) 官大夫，(7) 公大夫，(8) 公乘，(9) 五大夫，(10) 左庶长，(11) 右庶长，(12) 左更，(13) 中更，(14) 右更，(15) 少上造，(16) 大上造（大良造），(17) 驷车庶长，(18) 大庶长，(19) 关内侯，(20) 彻侯（通侯、列侯）。四级以下相当于“士”，五至九级相当于“大夫”；十至十八级相当于“卿”，十九、二十级相当于“诸侯”。

② 苏俊良：《汉朝典章制度》，吉林文史出版社 2001 年版，第 114 页。

③ 范忠信：《中国古代法的“重农抑商”传统及其成因》，载《中国法律传统的基本精神》，山东人民出版社 2000 年版，第 299 页。

活动。

汉代的“傅官”制度，也可以视为民事主体资格认定制度。汉初沿袭秦制，民十五岁傅官，六十免役。汉景帝时改革，“令天下男子年二十始傅”[①]。汉昭帝时进一步改革，令“二十三始傅，五十六而免”[②]。这种傅官制度，实即徭役人身分登记制度。“傅官”，颜师古注曰：“傅，著也。言著名籍，给公家徭役也”。傅官者则开始有服徭役义务，免役者则不再有徭役义务。因此，二十岁或二十三岁也可以视为汉代的完全民事行为能力开始年龄。

二、物权制度

汉代的物权制度，首先值得注意的是土地制度。除了皇帝经常向贵族、官僚、功臣赏赐土地之外，国家也通过募民屯垦、徙贫民屯垦、赐授公田、借耕公田等方式“制民恒产”即解决农民土地问题。如高帝时“故秦苑囿、园池，令民得田之”[③]，昭帝时曾“罢中牟苑以赋贫民”[④]，元帝时“以三辅、太常、郡国公田及苑可省者，振业贫民”[⑤]。这可能都是无偿授田百姓，因为百姓有买卖权：“贫民虽赐之田，犹贱卖以贾”[⑥]。后汉章帝时，曾下诏“令郡国募人无田欲徙宅界就肥饶者恣听之，到在所赐给公田”[⑦]。农民得到授田以后，可以占有、使用、收益，有时还可以处分（仅仅借耕者则不得处分）。为了保证农民有田可耕，国家限制官僚贵族占田面积，打击土地兼并，也限制农民出卖土地。武帝时，曾令：“贾人有市籍及家属，皆无得名田，以便农。敢犯令，没入田僮。”[⑧]哀帝时接受师丹、孔光等人建议，下诏限田：列侯以下至吏民占田均不得过三十顷，但很快“遂寝不行”[⑨]。汉代有《田律》、《田令》、《田租税律》对土地问题加以规范。

汉代的拾得物之法制也值得注意。据《周礼·秋官·朝士》郑玄注引汉律：“得遗丢物及放丢六畜，持诣乡亭、县廷。大者公之，大物没入公家也；小者私之，小者自畀也。”据说当时还有拾得物须于公共场所招领十日之规定。

三、债与契约制度

汉代法律要求人民凡进行大宗财物买卖、赠与、出租（佃）、继承等事宜时订

① 《汉书·景帝纪》。
② 《盐铁论·未通》。
③ 《汉书·高帝纪》。
④ 《汉书·昭帝纪》。
⑤ 《汉书·元帝纪》。
⑥ 《汉书·贡禹传》。
⑦ 《后汉书·章帝纪》。
⑧ 《史记·平准书》。
⑨ 《汉书·食货志》上。

立文契,以便保障权利。这些文契,有以石、砖、铅、木、铁等刻制或铸成,以示金石久远。

汉代的买卖契约。买卖契约在汉代称为“券”或“市券”、“券书”。汉人郑玄注《周礼·秋官·士师》“听买卖以质剂”曰:“若今时市买,为券书以别之,各得其一,讼则按券以证之。”居延汉简中的武孟子男靡婴与马起、朱少卿之间的买卖“冢田”的“卖田契”就是文契的形式之一。[①] 在这些契约文书中,除写明买卖标的物、价格、付价方式等外,一般都设有中证人,曰“(时)旁人”、“(时)知券约”、“知券”,有时还设有“任者”即担保人等。为了保障公平交易,国家打击显失公平的买卖行径。景帝时著令:“吏买故贱、卖故贵,皆坐臧为盗,臧没入县官”[②]。武帝时,梁侯任当千“坐马一匹价钱十五万过平,赃五百以上,免”。武帝时,列侯黄遂“坐卖宅县官故贵,国除”[③]。

汉代的有息借贷,称为“贷子钱”。借贷在汉代较为盛行,主要是官僚贵族商贾放贷,“至为人起责(债),分利受谢”[④],唐人颜师古注曰“言富贾有钱,假托其名,代之为主,放与他人,以取利息而共分之;或受报谢,别取财物。”著名孝子董永卖身葬父的故事实为一个抵押借贷关系:“前汉董永,千乘人。少失母,独养父。父亡,无以葬,乃从人贷钱一万。(董)永谓钱主曰:‘后若无钱还君,当以身作奴。’”[⑤]为防止高利贷敲剥贫民,汉律规定:“欲贷以治产业者,均受之;除其废,计其所得受息,毋得过什一。”[⑥]对于“取息过律”的行为,追究法律责任。武帝时,旁光侯刘殷“坐贷子钱不占租,取息过律,会赦,免”;成帝时,陵乡侯刘䜣“坐贷谷息过律免”[⑦]。债务人如过期不还钱,也要受法律追究,如河阳侯陈信“坐不偿人责(债)过六月,夺侯,国除”[⑧]。此外,房屋租借也属于此类情形,武帝时,周阳侯田祖坐借轵侯宅不归还,免爵。[⑨] 汉人郑玄注《周礼》谓汉代有“加贵取息坐臧”之律。

四、婚姻家庭与继承制度

汉代的婚姻缔结制度,一般而言仍以周代以来的“六礼”为基本制度,即结婚

① 《居延汉简释文合校》,二六之一。券文是:“建初六年十一月十六日乙酉,武孟子男靡婴买马起宥宜、朱大弟少卿家冢田,南广九十步、西长八十六步、北广六十步、东长七十九步,为田廿三亩奇百六十四步,直钱十万二千。东,陈田比分,北西南,朱少比分。时知券约赵满、何非。沽酒各二千。”

② 《汉书·景帝纪》。

③ 《汉书·功臣表》。

④ 《汉书·谷永传》。

⑤ 《太平御览》卷四一一引刘向《孝子图》。

⑥ 《汉书·食货志》。

⑦ 《汉书·王子侯表》。

⑧ 《史记·高祖功臣侯者年表》。

⑨ 《汉书·外戚恩泽侯表》。

必须经过纳采、问名、纳吉、纳征、请期、亲迎等六个阶段或六道程序[①]，同时还坚持“父母之命、媒妁之言”的主婚程序和中介程序，否则就不算“明媒正娶”。关于结婚年龄，汉代大致坚持周礼“男三十而娶，女二十而嫁”的原则。为了鼓励人口增殖，惠帝曾下诏：“女子年十五以上至三十不嫁，五算。”[②]一度将女子结婚年龄降至十五岁。规定女子如果到了三十岁还不出嫁，就要缴纳“五算”的人头税，即缴纳常人五倍的人头税。这是国家为了鼓励人口生育而强迫人民早婚。同时，法律也禁止同姓结婚、近亲结婚、远亲尊卑不相当者结婚，还禁止“娶亡人为妻”。娶妻之外，男子还可以纳妾。但妻妾的尊卑关系不得改变，“乱妻妾位”者构成犯罪。除女子出嫁外，男子也可以“出赘”：“家贫子壮则出赘”。不过赘婿的地位极低，文帝时“贵廉洁，贱贪污，贾人、赘婿及吏坐臧者皆禁锢不得为吏”[③]。有时甚至直接视赘婿为罪犯。汉武帝时曾发“七科谪”，即谪遣七科（类）坏人到边疆戍边，其中就有“赘婿”一科。

汉代的离婚制度，仍以周礼“七去三不去”为主体[④]。这实际上只是规定了丈夫休妻的法定理由，并不是现代意义上的离婚制度。如果丈夫休妻，允许妻子带走嫁妆，“弃妻畀其赍”[⑤]。丈夫可以休妻，妻子不可以主张离婚，“夫有再娶之义，妇无二适之文”[⑥]。当时的礼教甚至主张“夫有恶行，妻不得去”，因为“地无去天之义也”[⑦]。妻子私自改嫁，或夫死未葬时私自改嫁，要处死刑（弃市）[⑧]。

汉代的继承制度，大致分为两者。一是宗法继承（或身份继承），二是财产继承。宗法继承实行嫡长继承制，即原则上以嫡妻所生的长子为继承人，继承父亲的宗法权位和利益。所谓“有嫡立嫡，无嫡立长”，“立嫡以长不以贤，立子以贵不以长”。若宗法继承出现“非正”（非嫡子）、“非子”（非亲子）的情形，国法则加以制裁。财产继承基本上实行诸子均分制。《汉书·陆贾传》载：陆贾出使南越获其国王馈赠千金（汉时一金合一万钱），年老后分给每个儿子二百金用以购置田产；又与五子约定：自己轮流在每个儿子家里生活十天；如果在哪个儿子家里去世，就由此子负责丧事，并可以得到自己的随身动产——驷马安车、十个歌舞伎、价值百金的宝剑等。这个“陆贾分金”的故事说明，汉代的财产继承一般采取“诸子均分制”；同时以父亲生前分配家财给诸子的方式实现财产继承。

汉代也出现了遗嘱继承。当时称遗嘱为“先令”。张家山汉简《二年律令·

---

① 见本书第三章第五节之三。
② 《汉书·惠帝纪》。
③ 《汉书·贡禹传》。
④ 见本书第三章第五节之三。
⑤ 《礼记·杂记下》汉人郑玄注。
⑥ 《后汉书·列女传》。
⑦ （汉）班固：《白虎通·嫁娶》。
⑧ 《太平御览》卷六百四十引董仲舒《春秋决狱》：“夫死未葬，法无许嫁。以私为人妻，当弃市。”

户律》:“民欲先令相分田宅、奴婢、财物,乡部啬夫身听其令,皆叁辨券书之,辄上如户籍。有争者,以券书从事;毋券书,毋听。所分田宅,不为户,得有之。至八月书户,留难先令,弗为券书,罚金一两。”①先令即遗嘱的订立,必须由国家官吏“乡部啬夫”见证或监督,还必须上报官府备案。②

五、汉代的经济管理法制

汉代的经济管理法制,最值得注意的是:一是赋税制度,二是官营禁榷制度,三是平准均输制度。

关于赋税,汉高祖时即改变秦朝什一而税的田税制度,实行“什五而税一”③。文帝十三年(前 167 年),下诏“其除田之租税”④,即废除土地税;直到景帝前元二年(前 155 年)才恢复征收,税率降低为“三十税一”。此一低税率一直保持到东汉末年(光武帝初年因军费不足一度复行什一之税,但旋即下诏“田租三十税一如旧制”⑤)。除土地税外,国家还征收人头税,称为“口赋”、“算赋”。口赋,是对十四岁以下未成年人征收的人头税;算赋是对十五岁以上五十六岁以下成年人征收的人头税。

关于官营禁榷制度,全面的盐铁酒官营始于汉代。汉武帝接受东郭咸阳、孔仅二人“山海天地之藏宜属少府”之建议,下诏禁止私人铸铁煮盐,“敢私铸铁器鬻盐者,钛左趾,没入其器物”⑥;在全国各地置盐官、铁官,实行盐铁官营。具体做法是:煮盐,官给工具,民煮成后以官定价格统一卖给盐官专售;铸铁,以罪徒和夫役为劳力⑦,由铁官指挥监督其从事采矿冶铁铸器,铁器一律由官府直接售与百姓使用。汉武帝时还首创酒专卖之制,“县官自酤榷卖酒,小民不得复酤也。”⑧此即“榷酒酤”,民间酿酒一律交售给官府,由官府专卖。

均输平准制度是汉武帝时为平抑物价、控制市场而采取的制度。这一制度始于桑弘羊的建议。“弘羊以诸官各自市相争,物以故腾跃,而天下赋输或不偿其僦费(运转费),乃请置大农部丞数十人,分部主郡国,各往往置均输盐铁官;令远方各以其物如异时⑨商贾所转贩者为赋,而相灌输。置平准于京师,都受天下

---

① 《张家山汉墓竹简》,“告律”,第 54 页。

② 参见罗鸿瑛、胡仁智:《从简牍文书看中国传统财产继承制度》,载《中西法律传统》第五卷,中国政法大学出版社 2006 年版,第 140—141 页。

③ 《汉书·食货志》。

④ 《汉书·文帝纪》。

⑤ 《后汉书·光武帝纪》。

⑥ 《史记·平准书》。

⑦ 《汉书·贡禹传》:铁官“置卒徒攻山取铜铁”。

⑧ 《汉书·武帝纪》。

⑨ 《史记·平准书》作“贵时”。

委输。……大农诸官尽笼天下之货物，贵则卖之，贱则买之。如此，则富商大贾亡所牟大利，则反本，而万物不得腾跃。故抑天下之物，名曰平准。”①所谓均输，就是大农丞赴各郡国征收贡物赋税后，将收得的物品像商人转贩那样易地出售，最后购得京师所需物品输送至京师。所谓平准，就是中央大农令下设平准官，以其接受的各地输来的租赋或其在各地的属官掌管的货物，在京师物价贵时平价出售、物价贱时大量采购，以平抑物价，防止商人囤积居奇。

第五节 汉代的司法诉讼制度

一、汉代的司法机关

汉代参与司法的机关或官员甚多，不存在现代意义上的专职司法机关，也不存在现今意义上的单纯司法权。

汉代的中央司法机关首先是皇帝。皇帝对一切司法活动有最后支配权，还常常亲自断决重大案件。如汉高祖曾下令“县道官狱疑者，各谳所属二千石，二千石以其罪名当报之；所不能决，皆移廷尉，廷尉亦当报之。廷尉所不能决，谨具为奏，傅所当比律令以闻”②。宣帝时，“上常幸宣室，斋居而决事”③。光武帝时，“上常临朝听讼，躬决疑事”④。丞相也有一定的司法权，可以参与议决重大疑难案件，即与太尉、御史大夫“杂治”大案要案，还有直接处罚官员。

廷尉是在皇帝之下专掌审判的最高官员，为九卿之一。其办公衙门称为廷尉府或廷尉寺。景帝、哀帝时两度更名大理，武帝、光武帝时复名廷尉。廷尉的主要职责是审理皇帝交办的诏狱，审理各地上报的疑难案件。其属官有左右正(主决疑狱)、左右监(主逮捕)、左右平(掌诏狱)、史、奏谳掾、奏曹掾、文学卒史、从史、书佐、行冤狱、治狱使者等。其最主要的职责是“谳”(复审)天下疑狱。《张家山汉简·奏谳书》就是当时地方官员将疑难案件上报“议罪”并获廷尉批复的记录。廷尉府设有监狱，称为廷尉狱。

御史大夫是最高监察官，“掌副丞相”，为丞相副贰。有御史中丞为副长官，下设侍御史、持书御史、绣衣直指等监察官。御史大夫主典正法度，监督百官违失，举劾犯法官员。御史大夫可以与丞相、太尉等“杂治”重大疑难案件，御史中丞等亦经常与丞相长史、廷尉、郡守(二千石)等“杂治”重大疑难案件。

尚书台本为皇帝的文秘档案官衙，但自汉武帝时始，为了限制相权而赋予尚

① 《汉书·食货志》。
② 《汉书·高帝纪》。
③ 《汉书·刑法志》。
④ 《晋书·刑法志》。

书台以部分司法权。成帝时，尚书台设五曹，其中“三公曹”主断狱。东汉时尚书台成为国家中枢机关，其下增设“二千石曹”，主辞讼。尚书台参与司法，使廷尉的司法权被分割。

中央其他机构或官员有时也参加司法活动，如大鸿胪本是掌管朝觐礼仪事务的长官，但也参与司法，如宣帝时曾“遣大鸿胪、丞相长史、御史丞、廷尉正杂治巨鹿诏狱”①。郎中令（光禄勋）本是掌宫廷内部及皇帝侍从保卫的长官，光禄大夫本是光禄勋之下的闲散议官，哀帝时曾命光禄勋平当、光禄大夫毛莫与御史中丞、廷尉杂治待诏贺良等诬罔案。②

汉代地方司法机关，主要是郡县守令。在郡和王国，司法权属于郡太守（二千石）或王国相。与郡守同时分担一定司法职责的还有郡丞、郡尉等官员，其下还有具体办理案件的郡属法吏如都吏、卒史、督邮、书佐、辞曹掾、决曹掾、贼曹掾、仁恕掾、督盗贼史等，其中决曹掾是专职的司法佐吏。王国的设官情形大约与郡同。在县道邑和侯国，司法权属于县令长、邑道尹、侯国相等长官，与其同担部分司法职责的还有县丞、县尉等官员。其下有令史、狱史、官啬夫、牢监、尉史、贼捕掾、盗曹掾、狱掾等，均为县属法吏，其中狱掾、狱史可能是最主要的专职司法佐吏。邑道侯国的情形大致与县同。县下有乡，设三老、乡啬夫、有秩、乡佐、亭长（校长）、游徼（求盗）等。三老掌教化和调处民间纠纷；鄉有三老、有秩、啬夫、游徼。“三老掌教化；啬夫职听讼，收赋税；游徼徼循禁贼盗”③。除三老外，其他均称为乡吏、亭吏，为县属法吏。

二、汉代的告劾制度

汉代的诉讼案件之提起，统称为“告劾”。具体有两条途径：“告”和“劾”。所有由国民个人提起的诉讼均称为“告”或“告诉”，包含自诉、告发、告举、自告（自首）等情形；所有由官吏以其职务职责提起的诉讼均称为“劾”或“举劾”（“劾”的对象包括官和民），包含今日所谓公诉、弹劾、纠举等情形。④

除“告劾”外，汉代还有所谓“自讼”、“自告”、“自劾”。所谓“自讼”，就是被告劾之人主动向官府作出正式申辩（自辩）；“自告”其实就是自首；“自劾”就是以一定的罪名弹劾自己，表示原意对自己做过的某事承担违法责任，其实亦为自首。

为了保障民情上达，汉代还有“诣阙告诉（申诉、上书）”制度。所谓“诣阙告

---

① 《汉书·景十三王传》。

② 《汉书·李寻传》。

③ 《汉书·百官公卿表》。

④ 从前法制史教科书一般把汉代的起诉分为“告劾”和“举劾”两种，以为二者分别相当于现代的自诉和公诉。这是错误的。在传统中国侦查、检察、审判、执行合一的情形下，“告”和“劾”有着十分复杂的内涵。两汉的“告”制，并不等于现代的自诉，而兼具自诉、报案、举告、纠举和自首的性质。两汉的“劾”制，则兼具现代的弹劾和公诉两重意义。

诉”，就是直接到京师向皇帝上书申诉或者控告。

关于人民的告诉之权，汉代法制也有一些限制。首先是禁止卑幼告发尊长（谋反大逆除外）。《张家山汉简·二年律令》之《告律》规定：“子告父母，妇告威公，奴婢告主、主父母妻子，勿听而弃告者市。”[①]告父母、公婆及主人者要处死刑。这体现了儒家“亲亲相隐”原则。其次是未成年人、在押犯人，无告诉权。“年未盈十岁及系者、城旦舂、鬼薪白粲告人，皆勿听”[②]。再次是禁止越级告诉，强调逐级告劾。

三、汉代的审判制度

汉代的审判制度，是司法和行政不分体制下的审判制度。

首先值得注意的是“先请”或“上请”制度。就是规定对某些特殊身份的犯罪人，法司不能擅自审理判决，必须先奏请皇帝裁定如何处理，得旨后再正式审理（或不审理）。这里包括官僚贵族犯罪的情形，也包括“父母匿子，夫匿妻，大父母匿孙”的情形、幼童或高龄老人犯罪的情形。

其次是请谳制度，就是刑事疑难案件逐级上报复审或再审的制度。汉高帝七年曾下诏，令县道官狱疑者各谳所属二千石（郡守），二千石以其罪名当报之；二千石所不能决者皆移送廷尉，廷尉亦以其罪名当报之；廷尉所不能决，谨具为奏，傅（附）所当比律令以闻。[③] 这一诏书确立了汉代的请谳制度。“谳”就是“请”，就是“平议其罪而上之”。依汉制，“官有上下，狱疑者，谳有司。有司所不能决，移廷尉；有令谳而后不当，谳者不为失”[④]。

第三是“斋居决事”制度。汉家法周，继承了周代“斋居决事”的惯例。如汉宣帝伤狱讼之冤惨，“常幸宣室，斋居而决事，狱刑号为平”[⑤]。盖以狱讼事关人命，故斋戒以决之，以示极端慎重和哀伤。

第四是“读鞫”和“乞鞫”制度。汉人郑玄注《周礼·秋官·小司寇》“读书则用法”一语时说：“如今时读鞫已乃论之。”所谓“读鞫”，就是在判决前须向被告或其家属宣读审讯结果，即宣布法庭认定的罪状罪名的制度。所谓“乞鞫”，就是被告人或其家属不服罪名或判决时可要求重审的制度。《张家山汉简·二年律令》之《具律》规定：“罪人狱已决，自以罪不当，欲气（乞）者，许之。气鞫不审，驾（加）罪一等；其欲复气鞫，当刑者，刑乃听之。死罪不得自气鞫。其父母兄姊弟夫妻子欲为气者，许之。其不审，黥为城旦舂。年未盈十岁为气鞫，勿听。狱已决盈

① 《张家山汉墓竹简》，告律，第27页。
② 同上。
③ 《汉书·高帝纪》。
④ 《汉书·景帝纪》。
⑤ 《汉书·刑法志》。

一岁，不得气鞫。气鞫者，各辞所在县道。县道官令长丞谨听，书其气鞫，上狱属所二千石；二千石官令都吏覆之。都吏所覆治，廷及郡各移旁郡，御史丞相所覆治移廷。”据此可知，“乞鞫”必须逐级向上报批，“乞鞫”过程与“请谳”紧密联系在一起；乞鞫须在案件判决后一年内提出。①

第五是“结”或“当报”制度。所谓“结”，就是案件事实审查完毕，论定罪名及应处刑罚。东汉灵帝时党锢之祸起，全国掀起举劾“钩党”的狂潮，法司将“天下豪杰及儒学行义者一切结为党人”②，即诬以“钩党”罪对士人进行迫害。对罪犯作出刑事判决，在汉代称为“当”，执行判决则称为“报”。汉高帝曾令县道官狱疑者各谳所属二千石，二千石以其罪名当报之。《后汉书·百官志》谓“廷尉平刑罚，奏当所应。郡国谳疑罪，皆处当以报之”。所谓“当报”，就是作出判决并执行刑罚。

第六是录囚制度。汉代司法还有“录囚”之制，即定期不定期对在监服刑的犯人进行重新讯问考查，以期发现冤假错案并及时纠正的制度。录，即省录、查录之意；录囚有时又被称为“虑囚”、“洗囚徒”、“休囚”等，皆取重新考虑其罪状，洗清冤狱，使其得以休脱之意。汉武帝始设十三州部刺史，每年八月“巡行所部郡国，录囚徒”③。每逢大灾荒之年，朝廷一般会派官员巡回各地监狱录囚，平冤狱，出轻系。有时，皇帝、皇太后、皇太子等会亲自在京师开庭审录囚徒，显示“仁政”。录囚之制，除司法仁政考虑外，还有监督司法、督察狱政的意义。

第七是“即讯验”制度。对被告发的人犯不实行逮捕，而直接派官员前往其住所进行调查审讯，这在汉代叫做“即讯验”、“即就验”或“即验问”，有时简称“即讯”。这一般是对于高官或贵族的待遇，但也给予老幼和妇女。汉平帝时定著令：“妇女非身犯法及男子年八十以上七岁以下，家非坐不道诏所名捕，他皆无得系；其当验问者，即验问。”④

第六节　春秋决狱、法律章句与法律的儒家化

一、春秋决狱

经义决狱或春秋决狱是汉代士大夫创造的一种司法模式。在遇到法律无明文规定的疑难案件或依成文法律判处则有悖常理的案件时，司法官直接依据儒

① 但汉人郑玄注《周礼·秋官·朝士》说：“在期内者听，期外者不听，若今时徒论决满三月，不得乞鞫。”郑玄在这里所说的乞鞫期限则只有三个月。此外，《晋书·刑法志》有“二岁刑以上除家人乞鞫之制，省所烦狱也”语，说明汉代曾有二岁刑以上才允许家人乞鞫的规定。

② 《后汉书·儒林传》。

③ 《后汉书·百官志》。

④ 《汉书·平帝纪》。

家经典中的伦常大义来决断，故称“经义决狱”。因为最常引用的经典是相传为孔子编定的最能体现儒家微言大义的《春秋》一书，所以又称为“春秋决狱”。“春秋决狱”使儒家经义有凌驾于成文法之上的权威，使其直接成为国家法律渊源，这是中国法律开始儒家化的典型体现。

春秋决狱的首倡者是汉初大儒董仲舒。董仲舒经常以“春秋大义”应答皇帝咨询或廷尉问疑，“胶东相董仲舒老病致仕，朝廷每有政议，数遣廷尉张汤亲至陋巷，问其得失，于是作《春秋决狱》二百三十二事，动以经对”①。《汉书·艺文志》有《公羊董仲舒治狱》十六篇，盖即次数。传至宋初尚有董仲舒《春秋决事比》十卷，此后即失传。该书内容，后人从《太平御览》、《通典》中辑录出五事；通过此五案，可见“春秋决狱”之一斑。

“时有疑狱曰：甲无子，拾道旁弃儿乙养之以为子。及乙长，有罪杀人，以状语甲。甲藏匿乙，甲当何论？仲舒断曰：甲无子，振（赈）活养乙；虽非所生，谁与易之？诗云：螟蛉有子蜾蠃负之；《春秋》之义：父为子隐，子为父隐。甲宜匿乙而不当坐。”②

这是一个关于养父与养子之间可否适用“亲亲得相首匿”之法免除包庇藏匿罪责的疑难案件，董仲舒引用《诗经》的“螟蛉养子”之义和《春秋》的“父子相隐”之义作出了断决。

“甲有子乙以乞丙。乙后长大，而丙成所育。甲因酒色谓乙曰：汝是吾子。乙怒杖甲二十。甲以乙本是其子，不胜其忿，自告县官。仲舒断之曰：甲生乙，不能长育，以乞丙，于义已绝矣。虽杖甲，不应坐。”③

这是一个关于出养之子在不知情时殴打生父应否视为“不孝”罪加以惩处的疑难案件，董仲舒本于春秋之义认为，出养之时恩义已绝，不可再比同寻常父子关系。故某乙打生父的行为不应当视为“不孝”，反可视为对外人侮辱其母的适当自卫。

“甲父乙与丙争言相斗。丙以佩刀刺乙，甲即以杖击丙，误伤乙。甲当何论？或曰殴父也，当枭首。论曰：臣愚以父子至亲也，闻其斗，莫不有怵怅之心；扶杖而救之，非所以欲诟父也。《春秋》之义，许止父病，进药于其父而卒。君子原心，赦而不诛。甲非律所谓殴父，不当坐。”④

这是一个关于儿子为援救父亲而误伤父亲应否视同殴打父亲的“不孝”罪行加以重惩的疑难案件，董仲舒援引《春秋》之义认为某甲没有殴父之心，故不应追究。

① 《后汉书·应劭传》。
② 《通典》卷六十九引。
③ 同上。
④ 《太平御览》卷六百四十引。

“甲夫乙将船，会海风盛，船没溺流死亡，不得葬。四月，甲母丙即嫁甲，欲皆何论？或曰：甲夫死未葬，法无许嫁；以私为人妻，当弃市。议曰：臣愚以为《春秋》之义，言夫人归于齐；言夫死无男，有更嫁之道也。妇人无专制擅恣之行，听从为顺，嫁之者归也。甲又尊者所嫁，无淫行之心，非私为人妻也。明于决事，皆无罪名，不当坐。”①

这是一个关于妻子于夫死未葬时被家长主持改嫁，应否依照“夫死未葬、私自改嫁”的罪名惩处的疑难案件。董仲舒以《春秋》之义作出了“顺从尊者所嫁则无罪”的断决。

董仲舒作出的这些特殊断决，表面上超出了当时法律的规定，但实际上更体现了情理或法律精神，体现了儒家的伦理思想。董仲舒认为：“春秋之断狱也，必本其事而原其志：志邪者不待成，首恶者罪特重，本直者其论轻。”②这一做法，被称为“原心论罪”或“论心定罪”。所谓“原心”、“论心”，有时又称为“原本”、“原情”，就是要特别考察行为人的“志”，也就是行为人的动机；以儒家伦理为标准评价动机的善恶，并根据动机的善恶认定行为人有罪无罪或罪轻罪重。“春秋之治狱，论心定罪：志善而违于法者免，志恶而合于法者诛。故其治狱时有出于律之外者。”③这种司法取向，实为法官造法，汉代的很多“决事比”（即判例法）就是这样产生出来的。

二、法律章句与汉代律学

法律注释之学在汉代开始发达。汉朝一改秦朝“以法为教、以吏为师”之弊，允许民间注释法律和进行法律教学。当时的硕学大儒纷纷本于儒家经义，聚徒讲授并注释汉律；因为这些注释多以儒生注解古代经典的标准形式——“章句体”（分章断句、逐章逐句、句读）进行，故曰“法律章句”。法律章句是汉代律学的主要表现形式，是法律儒家化的重要表现。

诸儒章句的代表有叔孙宣、郭令卿、郑玄、马融。因为汉律“错糅无常”，于是“后人生意，各为章句”，“叔孙宣、郭令卿、马融、郑玄诸儒章句十有余家，家数十万言。凡断罪所当由用者，合二万六千二百七十二条，七百七十三万二千二百余言，言数益繁，览者益难。天子于是下诏，但用郑氏章句，不得杂用余家”④。这大概讲的是东汉和曹魏时的情形，因为多家法律章句同时在影响司法，最后皇帝不得不下诏确认仅郑玄一家的章句有法律效力，其他章句不得援引。据说马融

① 《太平御览》卷六百四十引。
② 《春秋繁露·精华》。
③ 《盐铁论·刑德》。
④ 《晋书·刑法志》。

有门徒数百人，郑玄有门徒上千人。东汉人陈宠曾谓当时“律有三家，其说各异”[①]，就是指有三个门派的法律注释而言。但具体指哪三家，并不清楚。

汉代的法律注释除“诸儒章句”外，还有法吏世家注释法律的情形。法吏注释以著名的法律世家南阳杜氏、东海于氏、颍川郭氏、沛国陈氏、河南吴氏为代表。

南阳杜氏，始自汉武帝时为廷尉、御史大夫的杜周。其所注释传习的汉律，人称“大杜律”。其子杜延年，曾为西河太守、御史大夫，亦注释和传授法律，人称“小杜律”。

东海于氏，始自曾为县狱史、郡决曹掾的于公（名失传），以“决狱平法，未有冤狱”著称于世，人称“东海于公”。其子于定国“少学法于父”，后一直为法吏，累迁至御史中丞、廷尉。[②]“曾集诸法律，凡九百六十卷”[③]。

颍川郭氏，始自西汉时曾任郡决曹掾的郭弘。郭弘“习小杜律”，断狱三十年无冤狱，“郡内比之东海于公”。其子郭躬，“少传父业，讲授徒众，常数百人”，后迁廷尉。郭躬之子郭晊、侄郭镇、侄孙郭僖等均以明法为太守廷尉等高官[④]，“家世掌法，凡郭氏为廷尉者七人”[⑤]。

沛国陈氏，始自西汉末年以“明习律令为尚书”的陈咸。王莽专政，陈咸避祸回里，“收敛其家律令书文，皆壁藏之”。其曾孙陈宠，“明习家业，少为州郡吏”，曾为郡辞曹掾，后为太守、廷尉。曾为司徒鲍昱撰《辞讼比》七卷，“决事科条皆以类相从。奏上之，其后公府奉以为法”。陈宠之子陈忠，“明习法律，宜备机密，于是擢拜尚书，使居三公曹。忠自以世典刑法，用心务在宽详”。陈忠曾续其父之事，“略依宠意，奏上二十三条，为决事比，以省请谳之弊”[⑥]。

河南吴氏，始自东汉顺帝或桓帝时曾为廷尉、司徒的吴雄（字季高），以“明法律，断狱平”著称。其子吴䜣，其孙吴恭，皆位至廷尉。“三世廷尉，为法名家”[⑦]。

本章重点问题提示

汉代法制是中国法制史最重要的一环。后世中国的主要制度大多开创于汉代法制，法律儒家化基本上开始于汉代。汉代法制的重点问题是：第一，汉代法制如何继承了秦制。第二，中国法律儒家化到底表现在汉代法制的哪些方面。

---

① 《后汉书·陈宠传》。
② 《汉书·于定国传》。
③ 《魏书·刑罚志》。
④ 《后汉书·郭躬传》。
⑤ 《艺文类聚》四十九引华峤《后汉书》。
⑥ 《后汉书·陈宠传》。
⑦ 《后汉书·郭躬传》。

一、关于汉代法制对秦制的继承

汉代法制对秦制的继承，主要体现在基本律典的框架结构、皇帝制度或君主专制制度、中央集权制度、御史监察制度和从严治吏制度、察举选官制度等等。这些继承，有时体现在骨子里，不能仅仅看外观。比如，汉人路温舒说："秦有十失，其一尚存，治狱之吏是也。"就是说汉朝沿袭秦代的法制严苛、酷吏横行的传统。不过，汉代中期以后，因为崇尚儒家思想，开始讲求宽仁政治，这一情况略有改变。

二、法律儒家化在汉代的主要体现

法律儒家化在汉代的主要体现是：第一，儒生纷纷参与法律活动，不再故作清高、远离刑狱之事。第二，诸儒开始用注释儒家经典的方式来注释法典，同时用儒家伦理来解说法典条文，对法典的法家内容进行儒家式改造，形成了"法律章句"。第三，当时参与司法的人们引用儒家经义特别是《春秋》之义断决疑难案件已经蔚然成风，这一过程实际上是用儒家思想抵消法典规定的某些僵化内容，弥补法典的某些缺陷。除此之外，汉代法制已经开始了官僚贵族有罪先请、亲亲相隐、重惩不孝不友等一系列制度建设，开始特别注意打击违反儒家伦理的犯罪，开始特别注意用刑罚维护礼义纲常，这都是法律儒家化的表现。

思考题

1. 试述律令科比四种法律形式之间的互补关系。
2. 从汉代的刑法原则和刑事政策（包括春秋决狱和秋冬行刑）看法律儒家化。
3. 汉初刑罚改革的原因及其历史意义。
4. "独尊儒术"对汉代法制的影响。
5. "法律章句"的出现有何重大意义？

第十章 魏晋南北朝法制与法律儒家化的加深

内容提要

魏晋南北朝时期，中国法制进化的最大特征就是法律儒家化程度的进一步加深。所谓法律儒家化程度的加深，主要指原来纯属儒家礼义、礼教的东西逐渐通过儒生参与立法，“引礼入律”，将其变成了国家基本律典的规定。本章主要介绍魏晋南北朝三百五十年间中国法制儒家化进一步加深的种种表现及其历史影响，特别展示“八议”、“准五服以制罪”、“重罪十条”、“官当”、“存留养亲”等制度的入律过程及其影响。

关键词

八议　官当　准五服以制罪　丧服制　重罪十条　以官当徒　存留养亲　律博士　九品中正制　三省制　张杜律

魏晋南北朝时期，是中国春秋战国之后中国历史上又一次社会大动荡、大变革暨民族大迁徙、大融合的时期。东汉末，朝廷昏乱，外戚宦官专权，豪强割据，农民起义纷起。经剧烈的社会动荡后，公元220年、221年、229年，权臣曹丕、刘备、孙权相继称帝，形成了魏、蜀、吴三国鼎立的局面。公元263年，魏灭蜀汉；265年司马氏代魏，建立了西晋王朝。280年晋灭吴，再次恢复了中国的统一。公元301年，晋发生“八王之乱”，北方鲜卑等少数民族政权乘机大举入侵，西晋王朝随即灭亡。此后晋皇室流徙于江淮之间，直到317年定都于建康(今南京)，建立了偏安的东晋王朝。420年，东晋权臣刘裕废晋帝自立，国号宋。其后宋、齐、梁、陈四代政权的相继更迭，史称南朝。与此同时，中国北方统一于北魏，后分裂为东魏、西魏，二者不久又分别为北齐、北周取代，史称北朝。魏晋南北朝经历了近四百年的分裂与对峙，在社会陷入极大动荡的同时，也使进入中原的少数民族与汉民族之间获得了空前的文化交流与融合的机会。

魏晋南北朝时期是中国古代法制发展中上承秦汉下启隋唐的一个重要时期。在频繁的政权更迭中，一些较有远见的统治者十分重视法律的作用，立法活动频繁且成就斐然；法典编纂技术不断发展，篇章体例日趋合理，法律形式日渐完善；律学于此一时期也大为兴盛。法律制度的内容更是继承了西汉中期以来的法律儒家化传统，从“引经注律”发展到“引礼入律”，逐渐形成了“八议”、“官当”、“准五服以制罪”、“存留养亲”、“重罪十条”等最体现儒家伦理特色的重要原则和制度。这一时期，是继汉代之后进一步推进法律儒家化进程的时期，是法律儒家化成就最为显著的时期，也是北方少数民族政权接受儒家政治法律文化最为显著的时期。

第一节　三国法制及“八议”制度的形成

一、三国法制概况

三国时期国家分裂，战乱频仍，然仍有法制。统治者为镇压人民反抗，约束统治集团内部，在进行军事斗争的同时，也比较重视法制建设。三国之中，立法成就最大者首推曹魏，其《新律》首开中国封建立法“引礼入律”的历程，在行政法制方面也颇有建树。执法情况最好者为蜀汉；唯东吴统治者既在立法方面无所作为，又在执法方面表现得残暴野蛮。在半个多世纪的三国鼎立时代，其立法活动先后经历了两个阶段。

（一）三国法制发展的两个阶段

1. 沿用汉律阶段。三国初期，三个政权的统治者都在争夺“汉室”的正统地位，因而主观上没有彻底废除汉律的打算。客观上，残酷的军事斗争使社会形势很不稳定，因而各国也尚不具备制定新法的条件。因而，汉律为三国初期直接沿用或为各国立法所宗。

曹魏政权自命为汉朝的当然继承者，在魏朝建立前后一直沿用汉律。公元196年，曹操迁汉献帝都许昌，“奉天子以令不臣”，使汉室中央政权实际上落到了他的手中，他名为汉相实为汉主，明确提出了治国的主导思想：“定治之化，以礼为首；拨乱反正，以刑为先。”[①]曹操一生南征北战，目的是为恢复和维持业已遭到破坏的封建统治秩序，实现国家的统一。尽管他也提倡礼仪教化，不过，因陷于战争，“以刑为先”的“拨乱反正”之策，使他在统治期间，除用军事手段讨伐“不从王命者”外，还特别重视法制的威慑和镇压作用。在曹操统治期间，虽然已经认识到汉律繁杂苛碎不便继续沿用，已经认识到制定新律很有必要，但是长期的戎马生活，使其没有时间和精力考虑全面修律的问题，因而只好沿用汉律。不过，沿用汉律更主要的原因是：当时魏朝尚未建立，徒有虚名的汉天子仍是天下共主，曹操不能以藩国之名改汉朝之制，而只能从权处理。在这种背景下，曹操制定了《甲子科》，颁下州郡，与汉律并行。《甲子科》的主要内容，从《晋书·刑法

① 《三国志·魏书·高柔传》。

志》中可知其大略。主要有两项：第一项是犯罪应处钛刑者，易以木械。钛为刑具的一种，亦称脚镣，《甲子科》把铁镣改为了木镣。第二项是所有依法审理的案件，一律可以减去一半的刑罚。这两项改革，与汉律相比贯彻了“约法省刑”的原则。从其将汉律的量刑标准减半实施等规定可以看出，《甲子科》实际上基本是在沿用汉律。参与魏初立法的刘劭曾著《律略论》云：“删旧科，采汉律为魏律，悬之象魏。”①这是对当时沿用汉律情形的最好说明。

蜀汉政权及其开创者刘备，以“汉室后裔”自居，以光复汉家政权自命，因此注重保存汉律在蜀汉的适用。诸葛亮作为其国政的实施者，始终以恢复和沿用汉律为己任。政权建立初期，诸葛亮、法正、伊籍、刘巴、李严等五人就曾共同制定《蜀科》。《蜀科》作为蜀汉政权的基本法律，与汉律并行，也是对汉律的变通和补充，这一点与曹魏的《甲子科》用意基本相同。在随后诸葛亮执政期间，又陆续制定了大量“法检”、“军令”“科令”等特别法规。

孙吴政权的开创者孙权，在称帝前曾为汉臣，又一度受曹魏的册封。作为汉朝的地方，在其统治区内继续遵循汉旧律理所当然。作为魏的臣属，是否在魏代汉以后实行过魏法，也无法考证。229 年孙权称帝后，孙吴政权仍未制定新律，只是在黄武五年(226 年)和嘉禾三年(234 年)制定过“科条”、“科令”等，但它们并没有对法律作较大的修改，以继续沿用汉律为主。我们可以大致推测，终孙吴政权之世，基本上沿用汉律。另外，孙吴政权用刑残酷，上下怨恨，是三国之中刑政最为错乱者。

2. 制定新律阶段。公元 220 年曹操死，其子曹丕废汉献帝自立为帝(魏文帝)，正式建立魏朝。曹丕代汉称帝后，因忙于对付蜀吴的进攻，未进行修律的工作。及至明帝曹睿即位以后，三国各方势均力敌，曹魏统治区内部也比较稳定，制定魏律的任务提到了议事日程。太和三年(229 年)魏明帝下诏改定刑制，命司空陈群、散骑常侍刘劭等人制成《新律》十八篇，《州郡令》四十五篇，及《尚书官令》、《军中令》等共一百八十余篇。

曹魏《新律》是在汉《九章律》的基础上增删而成的，所谓“新律”显然是相对于汉旧律而言。“凡所定增十三篇，就故五篇，合十八篇”②。即《新律》沿用了汉《九章律》的五篇旧目：《盗律》、《贼律》、《捕律》、《杂律》、《户律》；新增了十三篇：《刑名》、《劫略》、《诈律》、《毁亡》、《告劾》、《系讯》、《断狱》、《请赇》、《兴擅》、《留律》、《惊事》、《偿赃》、《免坐》。此次修律，是秦汉以来的又一次大规模的法典编纂活动。作为曹魏政权的基本律典，《新律》是在秦汉律由简到繁以后，中国封建法律由繁到简的又一个转折点，取得了较大的立法成就。

---

① 《太平御览》卷六百三十八。
② 《晋书·刑法志》。

关于蜀汉、孙吴政权的正式法典编纂活动，史书没有正式记述。沈家本《历代刑法考》、程树德先生《九朝律考》中均无考述。大约两国除了初期的《蜀科》、《吴科》之外，再也没有任何正式的立法活动。

（二）曹魏《新律》的立法成就

《新律》在傍采汉律、删约旧科的同时，还吸收了曹魏前期的立法经验，体现出一定的开创性，特别在律典的篇章体例与逻辑结构上体现得尤为突出。

1. 改《具律》为《刑名》，置于律首

《具法》为李悝《法经》之所创，总括各篇罪刑加减事例和原则，相当于法典的总则。在《法经》中，《具律》被置于最后一篇。汉萧何作《九章律》，于《法经》六篇之后增加《户律》、《兴律》、《厩律》三篇，而《具律》篇位置未变，仍排在第六。这样一来，《具律》作为总则的位置尴尬，既不在篇首，也不在篇尾，这显然不符合总则篇为全典纲领之义。曹魏《新律》首次将《具律》的位置提到第一，并改称《刑名》，突出了律典总则的性质与地位，是我国古代律典篇章体例的重大创新。

2. 调整律典篇目，删繁就简

汉律自《九章律》以后，逐渐纷繁，到武帝时期已经扩张至六十篇。此后又有各种单行的律、令、科、比的产生，再加上诸儒纷起作"法律章句"影响司法；其纷繁杂乱至汉末为极。这种情形，不仅影响了律典作为国家基本法律的主导地位，而且使律典体系不科学，不同法律形式之间内容错杂重叠，适用起来也极为不便。曹魏政权对所有律目篇章重新归纳整理、分类合并后，正式删定为《新律》十八篇，而将那些不宜入律，但仍为治国所需要的规范另行分门别类编纂，编成《州郡令》、《尚书官令》、《军中令》、《邮驿令》、《变事令》等。《新律》经过这样结构调整、删繁就简的改革，"于正律九篇为增，于旁章科令为省"①，使篇目的分类更为科学、合理。这既克服了旧律"篇少则文荒，文荒则事寡，事寡则罪漏"②的缺陷，又扩充了正律的内容，突出了律典的主导地位，使其简明扼要而又丰富全面，在立法技术上较汉律有重大进步。

3. 消除不同篇章内容之间的重复或抵触

由于汉律内容不断增加，又从未进行过整理编纂，因而许多条文迭出互见，前后矛盾。为了处理这些问题，曹魏《新律》对律典各篇或单行令、科的内容作了重大的调整，该合并的合并，该删除的删除，该统一的统一，基本上消除了这些不同篇章或不同法律形式之间的内容重叠或矛盾。例如，《盗律》中有"受所监临财物"及"受财枉法"的罪条，《杂律》中有"假借不廉"之罪条，《令乙》有"呵人受财"之罪条，"科"中又有"使者验赂"的规定，因为以上各篇章或形式中所涉事项相

① 《晋书·刑法志》。

② 同上。

类，《新律》将其总合为一章，消除其间的矛盾，定为《请赇律》。又如，《盗律》有“勃辱强贼”罪条，《兴律》有“擅兴徭役”罪条，《具律》有“出卖呈”罪条，“科”有“擅作修舍”事条，四者互相重叠矛盾，《新律》将其合并划一、消除矛盾，定名为《兴擅律》。像这样对不同篇目内容所作的校异划一整合，《新律》中共有十一项。[①] 这基本上解决了不同法律文件中互相重复抵触所造成的事类虽同、处罚轻重不一的问题。

4. 改革刑罚，重新确定五刑

在刑制上，曹魏《新律》根据当时的需要，“改汉旧律不行于魏者皆除之，更依古义制为五刑”[②]。这首次在汉文帝景帝除肉刑之后，提出了与墨、劓、剕、宫、大辟不同的新五刑概念，并把它规定于律首的《刑名》篇中，这是从夏商周五刑制向隋唐五刑制过渡的一个重要里程碑。据《晋书》所记，魏刑种有：死刑三等（枭首、腰斩、弃市）、髡刑四等（即髡钳城旦舂五岁、四岁、三岁、二岁）、完刑三等（完城旦舂四岁、三岁、二岁），与作刑三等（三岁鬼薪白粲、二岁司寇作、一岁罚作复作）、赎刑十一等、罚金六等、杂抵罪（大约是以免官、除名、夺爵之类抵刑）七等，共包括了七种刑名共三十七等。《晋书》所列魏“五刑”，实际上是死、髡、完、作、赎、罚金、杂抵罪“七刑”，且不见汉文景帝改革所定的“笞刑”。应该说，笞刑一定在魏五刑之中，而赎刑、罚金、杂抵罪，在古代中国一般不视为正式刑名，而是刑罚的替代执行方式或附加刑。因此，可以大致认定，曹魏的所谓“五刑”，应该是死刑、髡钳城旦舂刑、完城旦舂刑、作刑、笞刑。[③]

此外，《新律》没有将汉文景帝除肉刑后时复时弃的宫刑、斩右趾刑规定在内，这说明此二者自文景帝之后只是作为备用替代性的刑罚方式，不复为正式法定刑。

5. 缩小族诛连坐的范围

曹魏《新律》的刑罚改革还体现为族诛连坐刑罚范围的缩小。其一是规定，凡大逆无道等重罪，本人腰斩，家属从坐仅及于父母子女，不诛及祖父母与孙子女等。其二是，《新律》颁布之后又根据程咸的建议，修改律令，大大限制了妇女连坐的范围，即：在室之女从父母之诛，已嫁之妇从夫家之罚。改变了以往“父母有罪，追刑已出之女；夫党见诛，又有随姓之戮。一人之身，内外受辟”[④]的状况，开连坐不及出嫁女之先例，表现出曹魏《新律》在刑罚制度上的进步。

---

① 《晋书·刑法志》。

② 同上。

③ 参见戴逸总主编：《二十六史大辞典·典章制度卷》，吉林人民出版社 1991 年版，第 687 页。

④ 《晋书·刑法志》。

6. 其他制度的儒家化

曹魏《新律》还规定："贼斗杀人，以劾而亡，许依古义，听子弟得追杀之。会赦及过误相杀，不得报仇，所以止杀害也。"这是根据周礼的"复仇"之义作出的"有限允许复仇"的规定。又规定"正杀继母，与亲母同，防继假之隙也"，此即规定，子女杀死继母与杀死亲母同罪；改变了以前不同罪的做法，旨在防止继子女与继母之间的嫌隙合法化，加强家庭内部的和睦。与此相关，还规定"欧(殴)兄姊加至五岁刑"，加重了殴伤兄姊的罪责，"以明教化也"。曹魏《新律》还规定"除异子之科，使父子无异财也"[1]，大概是废除分家后父子相盗追究刑责的规定，强调父子之间财产一体化，保障家庭和谐。

(三) 律学进步和律博士设置

曹魏政权时期，律学即法律注释之学，继承汉代律学传统，并有了重大进步。东汉末年，法律错杂无常，诸儒自为"章句"注释、法吏亦各自聚徒注解，"叔孙宣、郭令卿、马融、郑玄诸儒章句十有余家，家数十万言。……言数益繁，览者益难。天子于是下诏，但用郑氏章句，不得杂用余家"[2]。这里的"天子"指魏明帝曹叡。太和三年(229 年)十月，明帝接受大臣卫觊的建议，正式下令法司只许引用郑玄及其门人的法律注解。[3] 这相当于古罗马皇帝颁布的关于引用法学家解释的"引证法"。曹魏时期，著名的律学家有刘劭(参与制定《新律》，著有《律略论》)、钟会(曾著《道论》二十篇言刑名事)、丁仪(曾著《刑礼论》)等，在律学方面颇有贡献。此外，鉴于"刑法者，国家之所贵重，而私议之所轻贱；狱吏者，百姓之所悬命，而选用者之所卑下"的弊端，卫觊又建议"请置律博士，转相教授"[4]。这一建议被明帝接受，亦于同年正式设置专门讲授法律、训练法律人才的"律博士"。这是中国历史上第一次设置中央专职法律教授官员，负责教授法律，培养司法人员，并取得了与教授儒家经典的诗书礼易春秋博士一样的头衔或地位；法律教育首次进入官方教育体系，并取得与经学教育一样的地位，这在当时贱视法律的儒家思潮笼罩的大背景下，是非常不容易的，属破天荒之举。律博士制度为西晋以后所继承，北齐时律博士设于大理寺，编制增至四人。

二、行政体制与九品中正制

三国时期，虽国家分裂，战争不断，但中央集权的专制政治体制仍得以进一步完善。三国以曹魏政权为代表，在行政法律制度方面创造了九品中正制等一系列新的制度，为完善中央集权的专制政治体制提供了更多的支持，为后世中国

---

① 《晋书·刑法志》。
② 同上。
③ 翦伯赞主编：《中外历史年表》，中华书局 1961 年版，第 164 页。
④ 《晋书·刑法志》。

行政法律制度的不断完善打下了基础。

（一）三省制度的初步确立

尚书台原为少府之下的文秘机构，专掌皇帝的文书图籍和草拟诏书等。东汉时期，尚书台已实际成为国家最重要的行政机关，开始脱离少府而独立。曹魏初期，尚书台正式成为最高行政机关，后称尚书省。尚书省由皇帝指定亲信重臣"录尚书事"兼领。但"录尚书事"并非常设，而常常由大将军兼领。尚书省常设的长官是尚书令、尚书仆射。尚书省下设吏部尚书、左民尚书、度支尚书、客曹尚书、五兵尚书等，分别掌管各种政务。九卿官职和衙门虽然设置如故，但其主管的行政事务都逐渐转入尚书省各曹手中。尚书省成为了国家各项政务的总汇机关，随着其地位的提高和组织机构不断扩充，尚书令和尚书仆射成为中央最高行政长官。中书省设立后，尚书省逐渐缩小权力，仅仅为中央执行机关。

中书省始自汉朝的中书谒者，后改为秘书监，魏文帝时改为中书监，亦称中书省。魏文帝令其参与机密大事，以牵制不断扩大的尚书省和已向实际宰相职位转化的尚书令的权力，于是尚书省的行政权逐渐向中书省转移。为协调二省，曹魏政权规定：中书省负责起草诏令，为决策、立法机构；尚书省为执行机构。中书省设中书监、令，下设中书侍郎、中书舍人和主书、主事等属官。

门下省的前身是秦时的丞相史和汉代的侍中，本为侍从皇帝并备皇帝顾问有关天象、文学、礼仪等事项的小官。因担心权势日盛的中书省妨害自己的权力，曹魏皇帝们便逐渐让原侍中参与国政，以钳制中书省。其办事衙门逐渐成为门下省，以备皇帝的顾问应对，并掌管诏书和章奏之事，逐渐成为中央行政机关之一。

曹魏时期中央三省制度的初步形成，表明其正处于由三公九卿向三省六部的过渡时期。虽然尚不完善，也还没有制度化，但却是国家政治体制完善的一个里程碑，对以后历代封建王朝的官僚机构体制有着重要的影响。

（二）九品中正制的形成

九品中正制是一项选拔官吏的行政法律制度，创立于曹魏时期，长期沿用于魏晋南北朝。

九品中正制正式确立于魏文帝黄初元年（220年）。这一制度规定，各州、郡选择有声望的人士出任大小中正官，由中正官考查当地的士人家世（"世"）、才能（"状"）、品行（"品"）等因素，把人才分为上上、上中、上下、中上、中中、中下、下上、下中、下下九等，是为"乡品"，提供给尚书吏部以作为选拔任用之参考。各郡小中正考查定品为初评，然后报州大中正审核；州大中正上报司徒，由司徒复核后，再交付吏部尚书选用。选用时大致根据"乡品"决定相应的"官品"。关于九品中正制选拔人才的标准，魏咸熙二年（265年）颁布的《诸郡中正六条举淹滞令》中规定："一曰忠恪匪躬，二曰孝敬尽礼，三曰友于兄弟，四曰洁身劳谦，五曰信义可复，六曰学以为己。"[①]可见主要是根据儒家忠孝节义来考查选拔人才。

九品中正制在其实行的初期，确曾为选拔人才起过积极的作用。但由于选官基本上由豪门世族把持（中正官基本上由士族担任），这一制度因而成为保护门阀士族特权的工具。鉴于其在选拔人才时有重门第、不重真才实学的弊端，魏相国华歆曾提出了一个补救办法——五经课试法，即以《诗》、《书》、《礼》、《易》、《春秋》五经为内容来考选人才。该法作为曹魏的另一种选官办法，虽然不能完全补救九品中正制的弊端，但却为隋唐以后的科举考试制度奠定了基础。

三、八议制度的形成

"八议"制度源于《周礼·秋官·小司寇》之"八辟丽邦法"。汉朝虽有对官僚贵族犯罪奏请皇帝或朝臣集议判决的事例，但尚未进入法典成为正式制度。曹魏制定《新律》时，开引礼入律之首，将"八议"制度直接写进律典。这不仅标志着曹魏时期贵族官僚的特权走向法律化、制度化，也标志着礼制与刑法的进一步融合，标志着法律儒家化的加深。

所谓"八议"，就是对八种特殊人物犯罪的上奏请议制度。此八种人即亲（皇亲国戚）、故（皇帝故旧）、贤（有大德行者）、能（才能卓越者）、功（功勋卓著者）、贵（高官和贵族）、勤（勤于国事者）、宾（前两朝皇族后裔）等。所谓"议"，就是这八种特殊身份的人违法犯罪时，不适用普通诉讼审判程序，一般司法官员也无权直接审理，必须将其所犯罪行及应适用法条上奏皇帝，由皇帝圣裁或令朝臣集议处理方案，其结果一般是减轻或免除处罚，从而减罪或免罪。

"八议"载入《新律》，是儒家"亲亲"、"尊尊"、"贵贵"思想在法律上的具体体现。体现了法律对封建贵族官僚等级特权的进一步维护，反映了儒家伦理思想在曹魏法制中的影响更加深入。曹魏政权自曹操开始即对儒家礼治思想较为认同，曹丕即位后又大举尊孔尚礼；明帝继位后正式昭告天下："尊儒贵学，王教之本也。"[②]因此在制定《新律》时，为体现儒家礼治原则，为笼络以豪门士族为核心的贵族官僚集团，遂将"八议"正式载入国家基本法典。因"八议"入律符合引礼入律、礼法融合的法制发展趋势，所以得到此后历代统治者的肯定。但是，因为这一制度也有纵容官僚贵族犯罪、削弱封建法制的权威、影响国家与社会稳定的副作用，故北齐政权通过"重罪十条"对这一制度作了修正，明确规定犯有十种重罪者"不在八议论赎之限"。"八议"之制自曹魏首次入律后，一直沿用至清末，历时一千六百余年，其间具体规定虽有变化，但始终列于律典之首。

---

① 《晋书·武帝纪》。

② 《三国志·魏书·明帝记》。

第二节 两晋法制及“准五服以制罪”原则的形成

一、两晋法制概况

曹魏后期，国家大权落入司马氏集团手中。公元265年，权臣司马炎废黜魏帝，即皇帝位，建立西晋政权。西晋政权的建立不同于一般的改朝换代，是司马氏集团在地方豪门和世家大族的支持拥戴下，通过宫廷政变的方式篡取政权的。这个政权的存在不得不仰赖于豪门势族的力量，因此通过礼与律的进一步结合，巩固统治集团或同盟，维护世家大族的等级特权，成为这个时代法制发展的中心，法律儒家化的程度进一步加深。同时，律学在秦汉律学基础上得到了进一步发展，并趋于兴盛。西晋《泰始律》就是这一时期律典和律学进步的代表：它是中国历史上第一部儒家化程度较深的法典，也是第一部由官方正式作注释的法典。该法典亦为南渡建康、偏安东南的东晋王朝所沿用。

（一）《泰始律》及其立法成就

曹魏末年，司马昭受命辅佐幼主，控制了朝政大权。在被封为晋王之后，他即着手制礼仪、修律令、定官制，为以晋代魏做准备。魏元帝咸熙元年（264年），司马昭即以魏律烦杂、混乱为由，命贾充、杜预等名儒重臣“参酌旧律，因时变法，务从简约”，制定新律。新律于晋武帝泰始三年（267年）完成，次年颁行天下，史称《泰始律》或《晋律》。《泰始律》吸收了《法经》以来的立法经验，无论在篇章结构体例还是具体内容方面，都取得了前所未有的成就。

1. 篇章结构体例的改革

《泰始律》以汉律为基础，遵循“蠲其苛秽，存其清约，事从中典，归于益时”[①]的原则，参考魏律篇目结构体例，最终定为二十篇，六百二十条。其中，保留《九章律》篇目者七，即《盗律》、《贼律》、《捕律》、《杂律》、《户律》、《厩律》、《擅兴》；改定篇目者八，即将原《具律》改为《刑名》、《法例》两篇，将《囚律》分为《告劾》、《系讯》、《断狱》三篇，从《盗律》中分出《请赇》、《诈伪》、《毁亡》三篇；另外新增《卫宫》、《违制》、《诸侯》、《关市》、《水火》五篇。

从篇目上看，《泰始律》虽然比曹魏《新律》十八篇增加了两篇，但篇章设置更为合理，体例更加完善，内容也更为充实。尤其是，除沿袭魏律将《刑名》置于律首外，还新增《法例》篇紧随其后，扩大了律典总则的内容，进一步发挥了总纲全典的作用。又针对社会关系的变化，增设关市、水火、诸侯等新篇，使篇章体例更加合理，调整的社会关系更加广泛，于立法技术上又前进了一步。

---

① 《晋书·刑法志》。

2. 律令分修,简化律令

针对汉魏以来法令日趋繁杂错乱之弊,《泰始律》贯彻“务从简约”的立法思想,对旧律进行删繁就简的改革。在修律时,注意区分律、令二者各自的调整范围,除关于犯罪事宜或较为重大的事宜入律以外,将其他一切不宜入律但又不能废弃的法律规范,都著以为令,以“令”的形式定为制度,编纂为《晋令》四十卷,二千三百零六条,与《晋律》同时颁行。[①]

这一工作使律典大为简约。《泰始律》虽然比汉律 9 篇增加了 11 篇,但其条目只是汉律的十分之一,仅六百二十条。经过这次改革,律、令二者共仅留六十卷,共两千九百二十六条。晋律令条文数比汉魏律令条文总数四千九百八十九条[②]大约省减了两千条,可见其条文简约。[③] 正因为如此,新律令颁行天下后,“百姓便之”,在唐律之前有刑宽禁简之誉。

3. 进一步改革刑制

首先,《泰始律》对曹魏《新律》的七种刑名三十七等刑罚进行了进一步简化,确定为五种刑名十七等,即死刑三等、髡刑四等、赎刑五等、杂抵罪罚金五等。经过这一次简化,原魏律中的“完刑”与“作刑”名目现已不见,形成了死刑、髡刑、赎刑、罚金刑、杂抵罪等五种刑名。但是,笞刑继续存在,赎刑、罚金可能是完刑、作刑的执行方式之一或是附加刑,因此晋律所谓五刑,可能仍是死刑、髡刑、完刑、作刑、笞刑五者。[④]

其次,《泰始律》继续缩小族诛连坐范围。不仅“减枭斩族诛从坐之条”(即减少株连条款),而且进一步缩小株连亲属范围,规定:除谋反大罪之外,被休出的嫡母、生母不再受子女犯罪之株连;出嫁妇女,不再受生父母犯罪之株连。[⑤] 晋怀帝永嘉元年(307 年),明确废除夷三族刑。东晋明帝太宁三年(325 年),虽又

---

① 《隋书·经籍志》有“《晋令》四十卷。晋贾充等撰”之记载。今人张鹏一著有《晋令辑存》(三秦出版社 1989 年版),收录了晋《户令》、《学令》、《贡士令》、《官品令》、《州郡令》等共数百条。

② 关于汉魏律令条文数,东汉和帝时人陈宠说:“今律令死刑六百一十,耐罪千六百九十八,赎罪以下二千六百八十一。”说明当时律、令二者中的死罪、徒罪条款共达 2308 条之多,可纳资赎罪的罪条达到 2681 条。二者总计达到 4989 条。

③ 总主编杨一凡、本卷主编高旭晨:《中国法制史考证》甲编第 3 卷,中国社会科学出版社,第 370 页。

④ 《唐六典》注谓《晋律》有死刑三等(枭、斩、弃市)、髡刑四等(一曰髡钳五岁刑,笞二百;二曰四岁刑,三曰三岁刑,四曰二岁刑)、赎刑五等(赎死,金二斤;赎五岁刑,金一斤十二两;赎四岁刑,金一斤八两;赎三岁刑,金一斤四两;赎二岁刑,金一斤)、杂抵罪罚金五等(十二两、八两、四两、二两、一两)。此即《晋书·刑法志》引张斐《注律表》所谓“生罪不过十四等,死刑不过三”。“罚金”与“杂抵罪”在晋律中似乎是一回事。

⑤ 《晋书·刑法志》:“除谋反,嫡养母出女嫁皆不复还坐父母弃市”。关于这一句话的解释,有人以为是指养子女、出嫁女不受生父母犯罪株连。但《中国法制史考证》甲编第三卷收录的祝总斌《晋律考论》一文认为,此句应解释为:如儿子谋反,早已被父亲迫令离婚的嫡母(父之正妻)、养母(生母,即亲母),不得和未离弃的母亲一样从坐弃市;若父亲谋反,已出嫁的女儿不得和未出嫁的女儿一样从坐弃市。本书采用祝先生的说法。

恢复该刑，但规定不再株连妇女。

再次，进一步减轻刑罚，如对犯轻微之罪的或过失误犯之老少、妇女当处罚金、杖罚时，皆折半处之，以从轻发落。刑罚制度继续朝着相对减轻、宽缓和文明的方向发展。

4. 官定律疏注释

《泰始律》制定以后，因律文简约，易生歧义，著名经学家、律学家张斐、杜预等分别对其进行了律疏注释，以阐明礼法结合的立法精神，解释法律概念，以便法律准确适用。这种做法统一了人们对律条的理解，为法律的适用提供了一致的标准，使法律解释规范化，使过去“诸儒章句”互异而导致法吏无所适从的情形得以消除，同时也弥补了律文内容的缺陷和不足。张、杜的法律注释完成后，经晋武帝审查批准，正式下诏颁行全国，成为与《泰始律》具有同等法律效力的官方法律解释。后世把张斐、杜预二人的注释与西晋《泰始律》律文合体刊行，称为“张杜律”。

《泰始律》是中国历史上第一部儒家化程度较深的法典。它吸取了此前各代的立法经验，推进了立法和法律解释技术的进步，取得了较高的立法成就。作为魏晋南北朝时期唯一一部曾通行于全国的成文法典，它不仅是两晋政权适用了一百五十余年的国家基本法典，而且被南朝宋、齐、梁、陈四个朝代长期沿用了一百七十年之久，对后世的立法产生了重大影响。

（二）两晋法律形式

西晋一改过去汉魏律令形式混杂的状况，将法律形式明确厘定为律、令、故事三者。

“律以正罪名，令以存事制”[①]。律、令作为主要的法律形式，晋人杜预对二者作了区分：“律”是用以确定罪名和刑罚的稳定法律形式，而“令”是关于一些具体事务的临时之制，可随时宜而修改。令一般只是禁令性规范，没有刑事处罚的规定，违令者则入律，依律治罪。西晋在制定《泰始律》时对律令二者的界限范围进一步予以明确区分，在制成《晋律》二十卷的同时，编成《晋令》四十卷，与律同时颁行。晋令主要有《户令》、《学令》、《贡士令》、《官品令》、《吏员令》等四十种。

《晋书·刑法志》又载，在制定晋律、晋令的同时，“其常事品式章程，各还其府，为故事”。“故事”为当时一种法律形式，属于官府办事的品式章程之类，由各主管官府自行掌握。《隋书·经籍志》著有“晋故事四十三卷，晋建武故事一卷，晋咸和咸康故事四卷”等；《唐六典》注谓“晋贾充等撰律令，兼删定当时制诏之条，为故事三十卷，与律令并行”。

除律、令、故事三者之外，还有“诏条”。《隋书·经籍志》有《晋刺史六条制》

---

① 《太平御览》卷六三八引杜预《注律表》。

一卷,《班五条诏》十卷。

二、律学的兴盛

(一) 律学的传承

中国古代律学是在传统儒家学说指导下,以成文法典的编纂、解释及法之伦理为研究对象,以注解法典为主要表现形式,为保证封建国家的法典得以贯彻实施而形成的一门学问。律学是法学在中国古代的一种特殊表现形态,最早缘起于战国时期法家学派对刑、法、律三者的理论认识。商鞅"改法为律",为律学产生之契机。秦朝"以吏为师",《云梦秦简·法律答问》中官吏对法律的解释,是律学开始的显著标识,反映了古代注释律学依附于官府的状况。这一时期律学的指导思想是法家学说。汉承秦制,汉律学亦传自秦律学,不过指导思想发生了一些变化。汉武帝时期,儒家思想确立为封建正统思想,这对律学的发展产生了深刻的影响。汉代的"引经注律"及法律章句的形成,是律学正式形成的标志。通过引经注律,为其后魏晋南北朝的"引礼入律"开辟了捷径。

魏晋时期是中国传统律学的重要发展阶段。尤其是西晋时期,虽然它在中国历史上是一个实现了统一但又短命的王朝,但在律学家眼里却是一个光辉的时代。正是在这个时期律学进入了昌盛阶段。从表现形式上看,律学从单纯的以经注律,发展到在立法的同时,编纂律疏与之并行,形成了系统的法律解释方法。从内容上看,法律术语、原理、释义等逐渐走向成熟、规范。从指导思想上看,此时玄学兴起,经学式微,佛学昌盛,虽然在多元文化的激荡下,律学摆脱了对经学的附属,但是仍然遵循着礼与法相统一的原则。如杜预主张立法严格区分尊卑贵贱身份,张斐主张把"礼乐"精神贯穿于晋律各篇之中便是明证。律学作为以礼入律的方法论,其成熟运用的结果,加速了两晋法律的儒家化。

(二) 此期律学发展的特色

此期律学得到空前的发展,且具有以下几个鲜明的特点:

1. 法律注解官方化并与立法同步进行

从律典篇目的增删、体例的逐渐完善到条目内容的精简,都表明了这一时期立法技术的提高。制定晋律者多是通经明律的一代大儒和律学家,如贾充、杜预等,他们既是国家的重臣、法律的制定者、执行者,同时又都直接参与了法律的注释活动,使律学研究与立法活动同步进行。如贾充、杜预合著《刑法律本》二十一卷,张斐著有《汉晋律序注》一卷、《律解》二十卷等。由他们来注释法律,不仅洞悉渊源、深得要领,而且针对实际,具有可操作性,其中张、杜的注释文本,被国家正式公布为权威文本,颁行全国,号称"张杜律",以往由私家注律为主的律学转变为官方解释为主的律学。

2. 注律注重“名分”和“法意”。

当主持律典修订完成之后，作为立法大臣，杜预率先为晋律作注。他在《律本》中指出，注释法律要“纲罗法意，格之以名分”，就是以儒家“名分”为法理概念标准，用以解释律条的含义。他说：“法者，盖绳墨之断例，非穷理尽性之书也。故文约而例直，听省而禁简。例直易见，禁简难犯；易见则人知所避，难犯则几于刑厝。刑之本在于简直，故必审名分。审名分者，必忍小理。使用之者执名例以审趣舍，伸绳墨之直，去析薪之理也。”。[①] 指出立法之本在于简而直，只有法条简单明了，才能使百姓知所避就，易于避就才能减少刑狱，天下太平。所以法律注释的关键就是要“网罗法意”、“伸绳墨之直，去析薪之理”，就是要掌握儒家伦理精神，从“名例”的原则出发去简明解说法条之意，不能如“析薪”一般在字词逻辑上玩文字游戏。杜预注律后不久，明法掾张斐又对晋律进一步作注释。《晋书·刑法志》录有他注《泰始律》后所上的《注律表》，反映了其在律学方面的杰出成就。今张杜二人的注释，与晋律原文一起，皆已失传，但二人的“注律表”仍不失为现存古代律学的最优秀作品，对两晋法律的统一适用及后世立法的科学化产生了深远的影响。

3. 律典结构的科学化解释

关于律典篇目结构顺位的解释，张斐在《注律表》中首次作了阐发：“律始于《刑名》者，所以定罪制也；终于《诸侯》者，所以毕其政也。”这样的编排，体现了“王政布于上，诸侯奉于下，礼乐抚于中”的立法精神，即以礼率律，所有的律条都折中于“礼乐”，与礼乐相符。关于《刑名》篇的作用和意义，张斐亦首次作了阐发：“《刑名》，所以经略罪法之轻重，正加减之等差，明发众篇之多义，补其章条之不足，较举上下纲领。”[②]他认为，将刑名列为第一篇，主要是从总的方面规定罪名、刑名及定罪量刑标准。具体包括：统一罪名、刑名的轻重体系，确定定罪量刑的加减等第，阐发分则各篇的不同含义，补充篇章的遗漏不足，总括全律各篇的纲领原则。这种解释表明，两晋律学对于法典科学化的认识达到了一个前所未有的水平。

4. 系列法律概念的阐明和辨析

晋代律学的进步还体现在一系列法律概念（“名”）的阐明和辨析上。张斐在《注律表》中简明扼要地厘定了一系列基本法律概念，对各种罪名或法律概念的基本要素、含义以及近似罪名、概念之间的区别，首次作出了比较清晰的界定：“其知而犯之谓之故，意以为然谓之失，违忠欺上谓之谩，背信藏巧谓之诈，亏礼废节谓之不敬，两讼相趣谓之斗，两和相害谓之戏，无变斩击谓之贼，不意误犯谓

---

① 《晋书·杜预传》。

② 张斐《注律表》引文均出自《晋书·刑法志》。

之过失，逆节绝理谓之不道，陵上僭贵谓之恶逆，将害未发谓之戕，唱首先言谓之造意，二人对议谓之谋，制众建计谓之率，不和谓之强，攻恶谓之略，三人谓之群，取非其物谓之盗，货财之利谓之赃。凡二十者，律义之较名也。”[①]张斐对晋律中二十个罪名或概念的解释，体现了很高的刑法理论成就，这些概念厘定为后世注律者长期沿用。

5. 定罪量刑理论发展及罪刑法定倾向

晋代律学的进步还体现在定罪量刑理论的科学化上。张斐用“无常之格”来概括了所有定罪量刑应依据法理“通权达变”的情形：“夫律者，当慎其变，审其理。若不承用诏书，无故失之刑，当从赎。谋反之同伍，实不知情，当从刑。此故失之变也。卑与尊斗，皆为贼。斗之加兵刃水火中，不得为戏，戏之重也。向人室庐道径射，不得为过，失之禁也。都城人众中走马杀人，当为贼，贼之似也。过失似贼，戏似斗，斗而杀伤傍人，又似误，盗伤缚守似强盗，呵人取财似受赇，囚辞所连似告劾，诸勿听理似故纵，持质似恐猲。如此之比，皆为无常之格也。”[②]这就是所谓“随事轻重取法，以例求其名也”。这里通权达变所依据的法理，有事理、情理、伦理、逻辑、道理等多重含义。

另一律学家刘颂则直接提出了按照成文法律定罪量刑的主张：“律法断罪，皆当以法律令正文；若无正文，依附名例断之；其正文名例所不及，皆勿论。”[③]这是中国古代最为彻底的罪刑法定主张。刘颂认为，审判案件首先要依据律令正文的明文规定；如果法条无明文规定，则可以参照“名例律”中关于定罪量刑的一般原则处理；如果律令正文无规定，且名例律中也无相应原则，则即使是罪恶之事也不要论处。这实际上是主张不得在法律规定之外治罪用刑。这一原则正是后世所谓“罪刑法定主义”。刘颂的这一著名论断还表明，晋代律学已经注意到了法律规范的层次和援引顺序问题，此与后世法学所谓“有法律依法律，无法律依法理，无法理依习惯”之类主张相近。

总之，以《泰始律》的制定为标志，律学的重心不再只是引经解律，而是礼律结合，引礼入律，着重研究立法技术、法律运用、刑名原理、定罪量刑原则以及法律概念术语逻辑解释辨析。律学逐渐摆脱了对经学的附庸，发展成相对独立的学科。

三、“准五服以制罪”原则的形成

《泰始律》集汉以来礼律融合之大成，将律条与儒家倡导的礼有机地结合成

---

① 《晋书·刘颂传》。
② 《晋书·刑法志》。
③ 同上。

一体。“礼乐抚于中”，“峻礼教之防”，为强化礼教即宗法伦理的堤防，捍卫宗法秩序，“引礼入律”，把周礼中用以“别亲疏”的丧服制度直接纳入律中，确立了“准五服以制罪”[①]的原则。

所谓“五服”制度，是西周时期形成的宗法伦理下的丧服制度。按照西周丧礼的规定，每个人要为上自高祖下至玄孙九代直系亲属和一定范围内的旁系血亲与姻亲之死服丧，这个范围的亲属即“有服亲属”。根据亲属关系的远近亲疏尊卑不同，服丧所穿戴的服饰不同，服丧的期限也不等。因为“爱有差等”，所以服丧时表现哀痛也应当有差等。根据服丧者与死者之间关系的亲疏远近，丧服的材料与制作精粗程度，也依次分为五等。

五等丧服一般是：(1) 斩衰三年，用极粗生麻布为丧服，衣服不缝边。儿子及未嫁之女为父母、妻为夫等服此。(2) 齐衰，用次等粗生麻布为丧服，衣服缝边，服一年(期年)或一年以下。孙为祖父母、夫为妻等服此。(3) 大功九个月，用粗熟麻布为丧服。女子为堂兄弟、出嫁女为伯叔父及兄弟等服此。(4) 小功五个月，用稍粗熟麻布为丧服。为曾祖父母、伯叔祖父母、堂伯叔祖父母等服此。(5) 缌麻三个月，用细熟麻布为丧服。为曾祖的兄弟、祖父的堂兄弟、父之共曾祖的堂兄弟、本人之共高祖的堂兄弟等亲属服此。[②]

这种丧服制度，以丧服为标志计算亲属间的亲疏远近，认定亲属间身份关系，明确厘定了家族内部的尊卑贵贱关系。这种服制，实际上是中国古代的民事“亲等制度”，有法律意义，服制常常是决定赡养扶养和立嗣继承等的依据。《晋律》首次将其法律意义延伸于刑事领域，就是“准五服以制罪”。

作为一项刑事立法和司法原则，“准五服以制罪”是指对于亲属之间相互侵害行为，根据服制所表示的尊卑贵贱远近亲疏，来决定罪与非罪及刑责轻重。具体说来有三种情形：一是人身伤害情形中，亲属间的尊卑亲疏关系不同则罪责轻重也不同。即：以尊犯卑，服制愈近(亲属关系越近)，罪责愈轻；服制愈远，罪责愈重。反过来，以卑犯尊，服制愈近，罪责愈重；服制愈远，罪责愈轻。二是在亲属相奸情形中，不论尊卑，唯论亲属关系远近，服制越近者罪责越重。三是在亲属相盗情形中，则正好与亲属相奸情形相反，亲属关系越近则罪责越轻。只要是亲属之间的讼案，依律先要讲求尊卑亲疏名分，弄清伦理上的名分义务，然后才适用法律。即“亲亲尊尊”的宗法伦理大于案件事实上的是非曲直。

“准五服以制罪”是晋律儒家化的最明显标志。《晋书·刑法志》认为，晋律比前代刑律有重大改进的地方之一即是“峻礼教之防，准五服以制罪”。这实际

---

① 《晋书·刑法志》。

② 五服的等级和名称历代未变，但每等丧服适用于什么亲属、每等服丧期应该多长、每等丧服应该以何种衣饰，历代均有变革，此即所谓“修礼”，如修订法律一般。这里说的只是当时的大致情形。

上把儒家"亲亲尊尊"、"爱有差等"的礼制原则引入到刑事法律之中，以法律的方式维护了"三纲五常"。

这一做法为后世历代法典所宗。唐代关于侵犯五服内不同亲等的亲属之不同罪责的规定周密而细致；宋代曾将皇帝关于断决亲属相犯的诏敕合编为《五服敕》；元代则开始将所有亲属关系的服制等级示意图表（五服图）附于《元典章·礼部》，以方便官员司法时参照查核；明清两代为在法律中强调礼的突出地位，更将《本宗九族五服正图》、《妻为夫族服图》、《妾为家长族服图》、《出嫁女为本宗降服图》、《外亲服图》、《妻亲服图》、《三父八母服图》等七个关于五服的示意图，列于律典之前，以解释五服的范围及"准五服以制罪"的原则，以便司法官查验。

第三节　南北朝法制与法律儒家化的深入

一、南北朝法制概况

南北朝时期（公元 420 年至公元 589 年），虽群雄割据，战乱不断，社会动荡，但各王朝为图生存与发展，仍比较重视立法建制。由于民族、文化以及社会环境等各方面的不同，北方少数民族统治者入主中原后，锐意求治，使北朝立法上的成就明显优于南朝。突出表现为其律典结构、篇目进一步精简，十二篇体例形成。另外，在魏晋律的基础上，南北朝诸国礼律进一步融合，在沿用"八议"、"准五服以制罪"的同时，形成了"官当"、"重罪十条"、"存留养亲"等制度，法律儒家化进一步深入，刑罚制度也随之发生了很大的变化。

（一）南朝立法

南朝统治者偏安江左，历经宋、齐、梁、陈四个王朝，立法上大抵多沿晋制，少有建树。宋齐两代统治阶层因崇尚玄、佛之学，以清谈为高雅，视法理为俗物，疏于律令，故皆沿用晋律。其中刘宋五十多年未立新制；萧齐曾作《永明律》二十卷，一千五百三十二条，目的在于整理张、杜二人的注释，将其统一集为一书，故而并未改动晋《泰始律》的正文内容。制成以后，因争议颇大，而未及付诸实施。梁武帝天监元年（502 年），命蔡法度、沈约等制定《梁律》二十篇、《梁令》三十卷、《梁科》四十卷[①]，于次年修成，这是南朝最大的一次立法活动。但《梁律》因以齐《永明律》为基础，故其内容仍与晋《泰始律》基本相同，篇目次第依旧，只是个别名称略有变化。陈代梁后，武帝于永定元年（557 年），也曾命范泉、徐陵等人修

---

① 《梁科》卷数其说不一：《梁书·武帝记》作 40 卷；《隋书·刑法志》、《隋书·经籍志》、《唐六典注》作 30 卷；《旧唐书·经籍志》、《新唐书·艺文志》作 20 卷。盖经过前后修订之故。今佚。此处采 40 卷说。

订律令，制成律、令、科各三十卷，但因仍是参酌前代法律编修而成，“篇目条纲，轻重简繁，一用梁法”[①]，故其实际也与晋律大同小异。

（二）北朝立法

北朝立法优于南朝。北朝的北魏、东魏、西魏、北齐、北周五个政权，属少数民族立国中原。为了巩固统治，他们都很重视立法，频繁制定律典法令，以兼收并蓄的态度对待前期的法律成果，吸收儒家文化，取得了立法上的巨大成就，其中尤以北魏律、北齐律为代表。

1. 北魏的立法

北朝立法始于北魏。北魏统治者进入中原以前，“礼俗纯朴，刑禁疏简。……决辞讼，以言语约束，刻契记事，无囹圄考讯之法，诸犯罪者，皆临时决遣”[②]。入主中原后，他们为了稳定局势，控制住留在北方的汉族士族势力，十分注意学习汉族先进的法律文化，并逐渐摒弃本民族的一些落后、野蛮的习惯法。北魏历代君臣都比较重视修律求治，早在道武帝拓跋珪建立北魏政权初期，就命王德等人“约定科令，大崇简易”[③]，决定制定成文法律。此后，历经太武帝、文成帝、孝文帝、宣武帝四代，一百多年间先后进行多次重大立法活动，终于编成北魏一代重要成文法典《北魏律》，也有称《后魏律》。该律共有二十篇，现篇目可考者十五篇：《刑名》、《法例》、《宫卫》、《违制》、《户律》、《厩牧》、《擅兴》、《贼律》、《盗律》、《斗律》、《系讯》、《诈伪》、《杂律》、《捕亡》、《断狱》。

《北魏律》制定时间较长，加之参与制律的崔皓、高允、游雅等人均是当时汉族中著名的律学家，他们以汉律为主要依据，同时参考借鉴了魏晋法律，取得了令人称道的立法成就。著名史学家陈寅恪曾评价说：“北魏前后定律能综合比较，取精用宏，所以成此伟业者，实有广收博取之功。”[④]近代法律史学家程树德也指出《北魏律》对后世的重要影响：“唐宋以来相沿之律，皆属北系，而寻流溯源，又当以元魏之律为北系诸律之嚆矢”。[⑤]

2. 西魏、东魏的立法

北魏分裂为东、西之后，西魏于大统元年（535 年）起开始着手制定新律，至十年（544 年）先后制定出三十六条新制，损益为五卷，颁于天下，定名为《大统式》。它的颁布实施，标志着“式”自此成为一种独立的法律形式。

东魏于孝静帝兴和三年（541 年），命群臣议定新制。在魏晋之科的基础上，以格代科，因在麟趾殿删定，故名为《麟趾格》，它的颁布实施，标志着“格”开始成

① 《隋书·刑法志》，中华书局 1973 年 8 月版。后所引《隋书·刑法志》均出自同一版本，不再赘注。
② 《魏书·刑罚志》，中华书局 1974 年 6 月版。后所引《魏书》均出自同一版本，不再赘注。
③ 《魏书·刑罚志》。
④ 陈寅恪：《隋唐制度渊源略论稿》，中华书局 1963 年版，第 111—112 页。
⑤ 程树德：《九朝律考》卷 5。

为一种独立的法律形式。

3. 北齐、北周的立法

(1) 北周的立法。西魏权臣宇文觉于公元557年废魏恭帝自立,取国号为周,史称北周。北周初用制诏,至武帝保定三年(563年)修成《大律》,共25篇,1537条,又称《北周律》。北周在立法上刻意仿古,模仿《尚书·大诰》及《周礼》,杂采魏晋律,篇章条目繁多,"其大略滋章,条流苛密,比于齐法,烦而不要"。[①]正因如此,隋朝虽承北周建国,却舍《北周律》而以《北齐律》为蓝本。

(2) 北齐的立法。东魏权臣高洋自立为帝,改东魏为北齐。起初沿用《麟趾格》。文宣帝天保元年(550年),以东魏《麟趾格》尚未精细为由,命群官议造齐律。至武成帝河清三年(564年),在封述等人主持下,以《北魏律》为蓝本,省并篇名,刻求清约,锐意创新,正式编定成《北齐律》。《北齐律》的编纂前后历时十余年,在律典体例、篇章结构、律文内容等各方面都有所创新,在中国古代立法史上占有重要地位。其立法成就表现在以下三个方面:

第一,开创十二篇的律典体例。立法者认真总结自《法经》以来律典篇目不断增多的利弊,经过对部分篇名删并,最终将其精简合并为《名例》、《禁卫》、《婚户》、《擅兴》、《违制》、《诈伪》、《斗讼》、《贼盗》、《捕断》、《毁损》、《厩牧》、《杂律》,计12篇,949条。这一篇目结构,是律典体例日趋成熟完善的结果,代表了当时律典编纂技术的最高水平。

第二,首创《名例》篇目作为总则整体。《北齐律》将魏晋以来创立和沿用的《刑名》和《法例》两篇合为《名例》一篇,丰富其内容,规定了刑罚制度、刑罚加减的一系列原则及统纲,进一步突出了律典总则的性质和地位,也使律典的体例结构更加严谨。

第三,科条简要。《北齐律》在魏晋以来不断精简律条的基础上,再度合并加工,将全部律文缩减到九百四十九条,表现出"法令明审,科条简要"[②]的特点。此外,概括总结了历代十种严重犯罪,称为"重罪十条"置于《名例律》中,标示法律的旨趣。

在三国两晋南北朝各代的立法中,《北齐律》上承汉魏律之精神,下启隋唐律之先河,成为隋唐法典的蓝本。其立法水平最高,立法成就最大。就律典的修纂而言,正如程树德所评价的那样:"南北朝诸律,北优于南,而北朝尤以齐律为最。"[③]

(三) 南北朝刑罚制度的发展变化

南北朝时期刑罚制度的发展变化主要表现为,在魏晋的基础上肉刑逐渐废

---

① 《隋书·刑法志》。

② 同上。

③ 程树德:《九朝律考》卷六。

止，族诛连坐范围不断缩小，以劳役刑为中心的封建五刑制度初步形成。

1. 宫刑的废止

自汉文帝刑制改革以来，宫刑兴废无常。北魏和东魏时仍有施用宫刑的记载。西魏文帝大统十三年(547 年)诏："自今应宫刑者，直没官，勿刑。"①北齐后主天统五年(569 年)，亦诏令："应宫刑者普免刑为官口"②。至此，宫刑正式从法律上被废止，不再为一种法定刑。

2. 连坐范围的变化

南朝在魏晋的基础上进一步限制刑法株连范围。较有建树的是在《梁律》中进一步缩小了连坐的范围。规定：凡谋反、叛降、大逆以上重罪，本人处斩，父子及同胞兄弟一律弃市；虽连坐妇人，但母、妻妾、姐妹等妇女则免死，籍没为奴。这创造了连坐妇女免处死刑的先例，为后世所遵循。另梁武帝大同元年(公元546 年)又下诏规定：自今犯罪，非大逆，父母、祖父母勿坐。不过《陈律》又恢复了父母连坐之刑。

北朝在北魏前期连坐范围较广泛，曾存有门房之诛③的制度，凡大逆罪犯的亲属，不分男女老少一律处斩。太武帝时改为：大逆不道，本人腰斩，同籍处死；但十四岁以下男子改处宫刑，女子籍没为奴婢。孝文帝时有所缩小，延兴四年(474 年)下诏："非大逆干纪者，皆止其身，罢门房之诛。"④太和五年(481 年)又规定，凡诛及五族者，降止同祖；夷三族者，只刑及本人一门；门诛者，仅处罚罪犯本人。⑤ 太和十一年(487 年)再次下诏："门房之诛犹在律策，违失《周书》父子异罪。推古求情，意甚无取，可更议之，删除繁酷"。⑥ 不过司法实践中往往有滥用株连的趋势。

总之，族刑连坐在该时期虽未彻底废除，但株连的范围在法律规定上却在不断缩小，基本从法律上改变了"族刑"者之家人全部处死的制度，刑罚向轻缓方向转变。

3. 新五刑体例初步形成

在刑制上，曹魏《新律》首次提出了五刑的概念，但实为七种；其中到底哪五者构成五刑，并不明确。《晋律》，将魏律中的七种刑名简化为五种，不再有完刑、作刑之名，更接近五刑体系，但同样不能明确五刑体系的具体构成。

南北朝时期在魏晋的基础上继续发展，初步形成新的封建制五刑体例。《北

① 《北史·西魏文帝纪》。

② 《北齐书·后主纪》。

③ 即诛灭满门亲族，北魏吸收中原地区的族诛所建立起来的刑罚制度，又称"门诛"。

④ 《魏书·刑罚志》。

⑤ 《魏书·高祖纪》。

⑥ 《魏书·刑罚志》。

魏律》定刑为六：死、流、宫、徒、鞭、杖。其具体贡献是将髡刑正式定名为徒刑；并把流刑规定为法定刑，使流重于徒刑而轻于死刑。这解决了自汉文帝改革刑罚以来，死、徒二刑间缺乏过渡刑而常常造成"死刑太重，而生刑又轻"的问题。《北齐律》中的刑罚体系已相当明晰，共五刑十八等：死、流、耐（徒）、鞭、杖。北周进一步改革，正式将五刑规定为：(1) 杖刑五等，由十至五十；(2) 鞭刑五等，由六十至一百；(3) 徒刑五等，徒一年至五年，并按等附加鞭、笞；(4) 流刑五等，以五百里为单位，流二千五百里至四千五百里，按等施加鞭、笞；(5) 死刑五等，分为磬、绞、斩、枭首、裂。以上五刑共计二十五等，均可以赎。至此，五刑体例初步形成，为隋唐笞、杖、徒、流、死的封建五刑制奠定了基础。

二、"官当"制度正式形成

所谓"官当"，是指贵族官僚犯罪后，允许其以爵位或官职抵罪的一种制度。这是继"八议"之后对贵族官僚犯罪的又一法定优待。南北朝时期的北魏和南陈在法律上相继正式规定了"官当"制度。

"官当"制的形成有一个过程。为了保障官僚贵族集团的司法特权，汉代已有用削爵或免官来抵罪的做法，但未成定制。西晋虽无"官当"之名，但已有"官当"之实。《晋律》在沿用"八议"的同时，又有所谓"杂抵罪"，包括以官职抵罪或折抵劳役刑的规定。例如，"除名比三岁刑"，"免官比三岁刑"①，即允许以削除官籍或免除官职来折抵 3 年的劳役刑。这实为后世"官当"之制的滥觞。

北魏时期进一步扩大"官当"制度适用的对象范围，首创以爵位抵罪并折当劳役刑的制度。太武帝时明确规定："王官阶九品，得以官爵除刑"；《北魏律》在法例篇中规定："五等列爵及在官品令从第五，以阶当刑二岁；免官者，三载以后听仕，降先阶一等。"②即五等爵位或从五品以上官职，均可以爵或官折当两年劳役刑。北魏末期，享有"官当"特权的主体大为扩展，将无官品或无俸禄的诸州中正官纳入允许官当的范围。③

南朝《陈律》正式使用"官当"一词，且相关制度规定得更为系统完备。《陈律》规定："五岁、四岁刑，若有官，准当二年，余并居作。其三岁刑，若有官，准当二年，余一年赎。若公坐过误，罚金。其二岁刑，有官者，赎论。"④按照此规定，每位官员的官职可以折当两年劳役刑。如判处五至四年刑者，以官爵折当余出部分须服刑；但三年刑者，官当余出的一年刑可以赎免；若属因公过失犯罪，则可缴纳罚金折抵刑罚。此时的官当制度规定得较具体，且已初步区分公罪、私罪，

---

① 《太平御览》卷六百五十一。
② 《魏书·刑罚志》。
③ 同上。
④ 《隋书·刑法志》。

以调动官吏行使职权的主动性。

“官当”制度是典型的官僚贵族特权法，它在南北朝时期的正式确立，与士族政治及“九品中正制”的实行密切相关。当其时，朝廷用人以家世门第为标准，为保证士族地主在国家政权中的地位，进一步扩大官僚的法律特权，“官当”制度应运而生，其受益者首先是垄断官场的士族地主官僚。作为“八议”制度的延伸和扩大，“官当”制度体现了儒家的“贵贱有等”、“官民有别”的封建等级观念，维护了整个地主官僚阶级的法定特权。自其形成以后，一直为隋、唐、宋各代所继承沿袭，并且发展得非常具体。但由于与专制君主对官僚集团的控制有一定的矛盾，因而在元、明、清三代法律中被抛弃。

三、“重罪十条”之首创

“重罪十条”首创于《北齐律》。它是对封建统治者认为直接危害其根本利益的十类严重犯罪的统称，此“重罪十条”即后世封建法典中“十恶”之源头。北齐政权为强调对严重危害封建专制统治和严重违反封建伦理纲常行为进行重点打击，为明确封建刑罚的锋芒所指亦即强调国家刑法的根本任务，把当时认为最严重危害国家根本利益的十种犯罪列于律首，首次形成了“重罪十条”。所谓“重罪十条”包括：反逆、大逆、叛、降、恶逆、不道、不敬、不孝、不义、内乱。根据法律规定，凡犯有其中之一者，一律从重严惩，“常赦所不原”、“不在八议论赎之限”①，亦即通常大赦不得赦免此十类犯罪，也不得享有“八议”、“例减”、“赎刑”等待遇。

关于严重侵犯国家政治和社会伦理的行为，历代皆规定了特别的罪名，并强调加重打击。秦律有“不道”、“不敬”等罪名，汉律又有“大逆无道”、“大不敬”、“不义”、“禽兽行”、“降叛”等罪名。至于“不孝”罪，其源可追溯至《尚书·康诰》；曹魏律以“不孝”为百罪之首；晋律规定不孝弃市；北魏和南朝宋皆严惩不孝罪。南北朝时期各国进一步罗列一些公认严重的罪名，以强调加强刑事打击。如《北魏律》规定：“大逆不道”腰斩，且诛其同籍；将害其亲者视为大逆之重者，处圜刑；将作蛊毒者视为“不道”，男女皆斩，而焚其家。南梁律则规定谋反、降、叛、大逆以上，皆斩。不过，其中不少罪名的界定比较抽象笼统，没有对罪名作准确的归类。

《北齐律》在总结历代立法经验的基础之上，首创“重罪十条”之目，在更广泛的意义上明确了刑罚重点打击的对象，并且对十种罪名的法律含义进行了明确的界定，通过总结性的表述使之更为条理化。十种严重犯罪之中，除了“不道”是针对严重侵犯他人生命安全的行为而设定的之外，其余九种基本上都是针对严

① 《隋书·刑法志》。关于“重罪十条”的具体内容，《隋书·刑法志》未记载。我们在《唐律》“十恶”的内容介绍中再详述。透过《唐律》“十恶”的内容，我们大致可知北齐“重罪十条”的具体所指。

重危害封建君主专制制度和严重违背封建纲常伦理的行为而设定的，把侵犯君权与亲权的行为予以分类归纳，将其作为最严重的犯罪，予以最严厉的法律制裁。如反逆、大逆、叛、降、不敬等犯罪是专指直接危害君权及其专制统治的行为；恶逆、不孝、内乱等犯罪是专指严重危害家庭伦常关系的行为。

"重罪十条"强化了对君权、父权、夫权的维护，进一步将儒家的礼制内容引入刑律中，促进了礼法二者的融合，加深了法律的儒家化程度。隋唐在此基础上发展为"十恶"定制，并为宋、元、明、清历代所承袭。

四、"存留养亲"制度的确立

"存留养亲"亦称"留养"，即当死罪或流罪犯人的直系尊亲属因年老或疾病而致生活不能自理，而家中别又无成年男丁侍养之时，国家允许罪犯申请暂缓刑罚执行，留家赡养老人，待老人去世后再考虑原判刑罚执行的制度。该制度是儒家宗法伦理与国家法制相结合的典型体现。

"存留养亲"制度正式确立于北魏。早在北魏前，从注重孝悌伦常出发，让罪囚暂缓服刑以奉养父母的做法已不乏其例，但从未写入律典。北魏在入主中原之初，就注意网罗汉族豪族和士人，帮助其按儒家伦理制定政治法律制度和礼仪。尤其是孝文帝在位期间，通过迁都、禁鲜卑语、改姓氏等手段，大力推行汉化，加速了北魏社会的封建化。魏孝文帝虽为北方游牧民族君主，但也继承在汉以来的法律儒家化传统，强调"齐之以法，示之以礼"，强调将儒家礼制或伦理纳入法律。

北魏太和十二年(488 年)孝文帝下诏："犯死罪，若父母、祖父母年老，更无成人子孙，又无期亲者，仰案后列奏以待报，著之令格。"[①]"案后列奏"的结果是把父母年老无侍的死罪囚犯免死留家。这一恩典后来被纳入《北魏律》中："诸犯死罪，若祖父母、父母年七十已上，无成人子孙，旁无期亲者，具状上请。流者鞭笞，留养其亲，终则从流。不在原赦之例。"[②]此即规定，死罪上请皇帝，由皇帝决定免死留养其父母祖父母；流罪直接在鞭笞后留家养亲。这种待遇，其着眼点不在对罪犯本人的人道主义宽恕，而是为了保障"孝养"双亲义务的履行，帮助犯罪人完成其孝养长辈的责任，以巩固亲伦关系，强化人们的忠孝价值观念。这典型体现了儒家孝道伦理特色。这是礼与法结合的高度体现，是法律儒家化进一步加深的标志。这一制度为后代法律所沿袭，一直到清末。

---

① 《魏书·刑罚志》。

② 同上。

第四节 司法制度的发展变化

魏晋南北朝时期各个政权亦重视司法机关和制度的建设。在承袭东汉体制的基础上，魏晋南北朝在司法组织、诉讼审判制度方面，也出现了一些新的变化。

一、司法机关

这一时期，各政权的中央最高审判机构大多仍称廷尉。不过，也有一些新的变化。如三国时孙吴政权称“大理”，北周改称“秋官大司寇”。最值得注意的是北齐时代。北齐的中央法司亦称“大理”，其官署称“大理寺”，设卿、少卿、丞各一人为主官，其下设正、监、平各一人，律博士四人等，使中央司法机关趋于完备化。

魏晋时三省制度逐渐形成，尚书台逐渐脱离少府而独立，这一变化对“刑部”这一司法机构的产生有深刻的影响。魏晋南北朝时期虽尚无刑部，但尚书台之下均设置有负责司法行政与兼理刑狱的机构。曹魏时承汉制，继续以三公曹、二千石曹掌中央司法行政并兼理刑狱，又增设“比部郎”以司刑狱；晋初以“三公尚书”掌刑狱，武帝太康年间废三公尚书，由吏部尚书取代；南朝宋时“都官尚书”管理京师的违法犯罪案件，并兼理刑狱；北齐时尚书省由六尚书分别统领各曹，其中“殿中尚书”统领的“三公曹”，“都官尚书”统领的“比部曹”，都具有司法行政的职能。尚书台(省)下的这些司法机构，都是隋唐尚书刑部(主案件复核)的前身。

此期，御史台作为中央监察机构，进一步成为皇帝直接掌控的耳目机关。其长官沿袭汉制仍为御史中丞(北魏为御史中尉，南陈为南司)，其职权广泛且地位渐高，下设名目繁多的御史，并发展出了御史巡行监察制度。此期御史台除司法监察职能外，审判的职能亦有明显加强，为隋唐三大司法机关体制(三法司)的形成打下了基础。

地方司法机关仍如从前，分为州、郡、县三级，行政与司法不分。此期有两大倾向值得一提：一是随着中央司法权的增强，曹魏时期将重大疑难案件和死刑案件的审理权收归中央；二是由于长期战乱，地方州郡长官往往集地方行政、军事、司法权于一身，因而魏晋南北朝时期地方司法组织军事化的倾向比较明显。

二、诉讼审判制度

审判制度在该时期有较大的变化和发展，主要体现为皇帝对司法控制的加强、刑讯制度人道进化、伦理亲情在司法中进一步受尊重等。

(一) 皇帝亲审大案或亲自录囚

魏晋南北朝时期，皇帝直接干预或亲自参加司法审判活动的现象非常普遍。

魏明帝常言:"狱者,天下之性命也。"[①]他对司法审判活动十分重视,曾于太和三年(229 年)特意把京师的"平望观"改为"听讼观",将其变成凌驾于廷尉之上的临时最高法庭,"每断大狱,常幸观临听之"[②]。经常在此录洛阳诸狱囚徒。晋武帝亦常亲临听讼观录囚。南朝宋武帝也经常在华林园、延贤堂等处听讼决狱,其后的宋文帝、宋孝武帝等也继承了这一传统。大明三年(459 年),宋孝武帝还下诏重申:今后凡重要案件,一律立即上奏,由皇帝亲自裁断,不得拖延。[③] 北周武帝也常在正武殿听讼决狱,以至燃灯秉烛,夜以继日。

为了加强对各级司法机关审判活动的监督,这一时期还更为普遍推行录囚制度,许多皇帝亲自参与审讯录囚活动。如南朝宋大明七年(463 年),宋孝武帝曾专门前往建康秣陵县、南豫州及江宁、溧阳、永世、丹阳等县讯狱囚。不仅如此,皇帝也常派司法官员或亲近大臣前往各地审录囚徒。如梁武帝天监五年(506 年)诏定:钦差大臣前往各地牢狱录囚,遇有疑情或延滞要随时奏报。[④]

南北朝时期,皇帝还通过案验制度监督检查各地的司法审判活动。根据刘宋以前的规定,县级机关做出的判决,由郡一级派"督邮"进行案验审核后即可执行。刘宋以后,因嫌督邮职位太低,改为由郡太守复核后方可执行。倘若郡太守难以裁断,还要逐级移送州刺史直至廷尉。因此,逐渐形成了一套自上而下的逐级司法案验监督制度。

通过皇帝亲决大案、经常性的录囚以及逐级案验等制度,加强了皇帝对司法的控制以及上级对下级、中央对地方司法审判工作的监督与控制。

(二) 刑讯制度的人道变化

魏晋南北朝时期的司法审判仍沿古制,有限采用刑讯逼供的方法。鉴于过去刑讯手段残酷给封建统治带来不利后果,各政权统治者逐渐接受了"拷讯以法"的主张,通过立法律对刑具、刑讯方式、刑讯限制等作了一些具体规定,使刑讯制度规范化、制度化。其中影响较大的是南梁的"测罚"和南陈的"立测法"。

南朝梁武帝时,创立了"测罚"之法。据《隋书·刑法志》载:"凡系狱者,不即答款,应加测罚,不得以人士为隔。"凡在审人犯,不自招供者,命其着枷锁、受鞭杖、禁饮食,长时间站立于小土垛,以逼其供述,士人也可以测罚。关于这种"测罚"的具体办法,南陈时人范泉记述:"梁代旧律测囚之法,日一上,起自哺鼓(申时,下午 3—5 时),尽于二更","其问事诸罚,皆用熟靼鞭、小杖"。若士人犯罪,讯问时抵触不答,"宜测罚者,先参议牒启(奏报朝廷),然后科行。断食三日,听

---

① 《三国志·魏书·明帝纪》。

② 同上。

③ 《宋书·孝武帝纪》。

④ 《梁书·武帝纪》。

家人进粥二升。女及老小,一百五十刻乃与粥,满千刻而止”①。这种测罚,显然比从前简单的杖笞拷讯要文明得多。

南朝陈武帝时,有“测立”之制,实即在“测罚”的基础上略微改进。对证据确凿而不招供的囚犯,先分别鞭打二十,笞捶三十,再强迫其身负械具,站立于顶部尖圆仅容两足的一尺高小土垛上,以逼取口供。根据具体情节,每次“测立”时间为七刻,每天上垛两次,每逢第三天、第七天反复上垛,每七天再度鞭打一次。若鞭杖数满一百五十仍不招供,可免死。据《陈书·沈洙传》记载,“比部郎范泉删定律令,以旧法测立时久,非人所堪。分其刻数,日再上”。即南陈“测立”在南梁“测罚”的基础上略有变化,改进可能主要体现在时间上。南梁测立时间长达七小时,南陈将其改为一日两次,每次七刻,两次合起来不到三个半小时(古时一日为一百刻,七刻约合今一小时四十分四十八秒,若每天上垛两次约合三小时二十一分三十六秒),时间减少了一半,比南梁确实宽大。南陈许多官员认为这种改动过轻,为此还引起了一场争论。在“测罚”基础之上的“测立”之制,使司法刑讯走向了制度化。隋以后基本废止,但明清时仿之创设了立枷、站笼等制度。

清人沈家本认为:“测罚之法,惟梁陈用之,上测有时,行鞭有数,以视惨酷之无度者,实为胜之。”②

（三）制止亲属出庭作证

儒家的“亲亲相隐”原则在魏晋南北朝司法诉讼中进一步得到贯彻。南朝宋、梁都曾明确禁止强迫子孙出庭为父祖有罪作证,也打击子孙证父祖有罪或告发父祖的行为。

南朝宋明确禁止子孙出庭作证使父祖受到不利判决。据《宋书·蔡廓传》载,宋武帝初年,侍中蔡廓建议:“鞫狱不宜令子孙下辞明言父祖之罪,亏教伤情,莫此为大。”对于这一建议“朝议咸以为允”,被朝廷接受,定为制度。

南朝梁甚至对于出庭作证使父母陷重罪的人处以重刑。《隋书·刑法志》载,武帝天监三年(公元504年),建康女子任提女因犯拐卖人口罪当死,其子景慈在法庭上证实母亲确实犯有此罪。法官虞僧虬目睹此景大为愤怒,乃上书皇帝:“案,子之事亲,有隐无犯;直躬证父,仲尼为非。景慈素无防闲之道,死有明目之据,陷亲极刑;伤和损俗。凡乞鞫不审,降罪一等,岂得避五岁之刑,忽死母之命!景慈宜加罪辟”。武帝同意他的建议,下诏对景慈判处流刑,流放于交州。③ 依当时法律,家人可以“乞鞫”即为亲属要求重审;即使“乞鞫不审”即乞鞫错了,乞鞫者不过应该受比罪犯“降罪一等”的处罚,为死罪“乞鞫”最大的风险不

① 《隋书·刑法志》。
② 沈家本:《历代刑法考·刑法分考》,中华书局1988年版,第508页。
③ 《隋书·刑法志》。

过就是“髡钳五岁刑”。作儿子的，为了避免自己受五年徒刑的风险，竟然把母亲的生命都不当一回事，这是法官不能容忍的。武帝的这一判决，实际上等于确立了一个“子女证实父母死罪则应处流刑”的判例法。

（四）上诉和直诉制度的改进

魏晋南北朝时期上诉制度不断改革。曹魏时期为简化诉讼审判程序，减少讼累，曾经一度改变汉乞鞫制度，规定两年徒刑以上的案件，不得以家人乞鞫，只能罪犯自己乞鞫。[①] 晋代亦只允许罪犯自己乞鞫，“狱结竟，呼囚鞫语罪状，囚若称枉欲乞鞫者，许之也”[②]。北魏律则明确规定，对案件判决有疑问或喊冤的，应重新审理：“狱已成及决竟，经所绾，而疑有奸欺，不直于法，及诉冤枉者，得摄讯复治之。”[③]

直诉制度在这一时期也开始制度化。所谓直诉，即不依诉讼级别管辖的限制，而直接诉于皇帝或钦差大臣。它是在案情较重，冤抑无处申诉时采用的一种特别申诉方式，俗称“告御状”。据说周代已有类似直诉的路鼓、肺石之制；西汉初少女缇萦上书汉文帝，乞以己身赎父罪，也是一种直诉方式，但均未成定制。直诉作为制度成于西晋。晋武帝时设登闻鼓，悬于朝堂外或都城内，允许百姓有重大枉屈者击鼓鸣冤，有司闻声录状上奏。此做法历代相传，如北魏太武帝也在京城宫门外悬设登闻鼓，允许击鼓鸣冤直诉朝廷。南朝也有类似的制度。登闻鼓的设立，有利于掌握狱情，及时发现或纠正冤假错案，有利于上级对下级司法进行监督。但同时，这一制度也加强了司法的集权化。自此以后，登闻鼓制度一直沿用到清朝，成为直诉的途径之一。

（五）完善死刑复奏制度

死刑复奏，是指死刑执行前必须再次奏请皇帝核准。这是此期在死刑执行制度方面的一大进步。秦汉时期，地方守令均享有专杀之权。魏晋北朝时期，在儒家思想的影响下，为了慎重对待和处理死刑案件，也为了使皇帝直接控制大案要案的处理权，逐步完善了死刑复奏制度。青龙四年（236年），曹魏明帝下令廷尉及各级狱官，对要求恩赦的死罪重囚，及时奏闻朝廷。南宋孝武帝大明七年（463年）规定，凡死刑重犯须上报朝廷。北魏太武帝也明确规定，各地死刑案件一律上报奏谳，由皇帝亲自过问，必须查明全无疑问或冤屈时方可执行死刑。不过，这一时期死刑案件的复核和死刑执行前的复奏尚无明确的界限；且因战乱，中央也很难控制地方的擅杀之权。但这些复奏规定却为隋唐的死刑复核和死刑三复奏制度奠定了基础。

---

① 《晋书·刑法志》。

② 《史记·樊郦滕灌列传》关于夏侯婴事唐人司马贞《索隐》引《晋令》。

③ 《魏书·刑罚志》。

本章重点问题提示

这一时期中国法制发展进步的一大特点就是法律儒家化的进一步加深。与此相关，本章的重点问题有两个：一是法律儒家化加深的五个重要标志；二是北方少数民族入主中原的政权在法律儒家化方面的重要作用。

一、关于法律儒家化加深的主要标志

法律儒家化在这一时期程度加深的主要标志，一般认为就是曹魏将"八议"制度正式入律；西晋律典"准五服以制罪"；北魏和南陈法律首创"以官爵当罪"的制度；北魏法律首次规定"存留养亲"制度；北齐法典首次总结"重罪十条"列于法典显要位置表示重点打击。其实，除这些以外，还有其他许多方面体现了法律的儒家化加深，比如禁止强迫亲属作证、连坐范围的缩小、取消妇女受两家（婆家、娘家）株连、刑讯逼供手段的柔化、死刑复奏制度的形成等等，都是法律儒家化加深的表现。

二、北方少数民族政权在法律儒家化进程中的特殊贡献

此一时期法律儒家化加深的五大重要标志中，"官当"、"重罪十条"、"存留养亲"三者出自北方少数民族政权。就是说在法律儒家化方面，北方少数民族政权当仁不让。这是值得注意的现象。这些民族入主中原的过程，就是他们法制汉化的过程，也就是他们推进法律儒家化的过程。此后的辽、金、西夏、元、清几个北方少数民族入主中原的政权的法制中也有同样的情形。

思考题

1. 这一时期法律儒家化程度进一步加深的标志是什么？
2. 律学是一种什么性质的法学，它在此时出现的历史原因是什么？
3. 各民族政权法律儒家化的共同趋势说明了什么？

第四编

定型时期的中国法制

（隋唐至明清时期的法制）

从隋朝统一中国到清末变法前夕，是中国法制史上的一个非常沉闷的时期。这一时期中国法制发展的最主要特征，就是法律思想体系和政治法律制度体系自《唐律疏议》之后似乎逐渐僵化，长期没有根本变化，再也见不到过去那种较大法制变革运动。或者说，《唐律疏议》是一个法制顶峰，此后法制在渐渐走下坡路。虽然各个朝代的具体民刑法制内容还在随社会生活的日益发展而不断完善进步，但总体政治法律思维基本定型、国家政治体制基本定型、国家法律制度模式基本定型，政治法律的基本取向或格局就是“仍旧贯”，不复有突破“正统”法制框架的思维和改作。这一时期，我们称之为“定型时期”。

本编我们拟以七章的篇幅大致概述自公元 581 年至公元 1840 年大约一千二百六十年间的中国法制发展历程。这就是全书的第十一、十二、十三、十四、十五、十六、十七各章。

第十一章，隋朝法制因袭北朝及其启后意义。本章主要介绍隋朝法制因袭北朝法制并加以创新的相关成就，以及对唐朝法制的开启或奠基意义。

第十二章，唐朝法制与中华法系的形成。本章主要介绍唐代法制的总体框架及各个方面具体成就，介绍其对后世中国法制体系框架形成的关键作用，介绍其对日本、朝鲜、安南（今天的越南）等东亚国家的影响，介绍唐律的成就及特征与中华法系形成之关系。

第十三章，宋代法制与传统人文精神的发展。本章主要介绍近代以前较大一次社会转型时期宋代的法制基本概况。主要突出介绍这一时期商品经济的进步、人文精神的发展与宋代政治法律制度改进之间的互动关系。

第十四章，辽金夏法制与北方少数民族政权法制的特色。本章主要介绍与两宋对峙的北方少数民族政权辽、西夏、金的法制概况，突出展示其法制的保留游牧习惯和迅速汉化两大特色。

第十五章，元代法制与民族歧视和法制汉化。本章主要介绍中国历史上第一个完全统一了整个中国的少数民族政权蒙元政权的法制概况，突出介绍其法制的民族歧视与迅速汉化两大特色。

第十六章，明代法制与君主专制集权政体的加强。本章主要概述汉民族最后一个全国性封建政权明王朝的法律制度。主要展示明代法制在加强中央集权的君主专制主义极权政体方面的有关改革及其影响。

第十七章，清代法制与中华法系的衰微。本章主要介绍中国最后一个封建王朝清朝的法制概况。主要展示在西方法制传入之前，清王朝的法制无论在指导思想进步还是在具体制度创新方面都已经“山穷水尽”了，传统的中华法系只有通过外部强加的“革命”才能再生。

第十一章　隋朝法制因袭北朝及其启后意义

内容提要

隋朝在历史上存续的时间很短。隋朝的短命而亡，与秦朝的短命而亡极为相似。但是隋朝的法制与秦朝的情形不同。隋朝法制是中国法制儒家化历程的一个环节，他上承北朝法制儒家化的成就，下启唐代法制"礼法合一"之门。本章主要介绍隋朝法制因袭北朝法制并加以创新的相关成就，以及对唐朝法制的开启或奠基意义。

关键词

开皇律　大业律　开皇令　十恶　新五刑　例减　三复奏

隋唐时代，是中国文化发展的一个辉煌时代。随着魏晋南北朝三百多年的分裂、战争、民族迁徙与融合，中国南北不同地域、不同民族的文化亦在冲突和交流中实现了大融合。随着国家的空前统一和经济的空前发展，中国的法制也进入了一个崭新的发展时期。隋唐两代的法律体系正是这一时期政治经济高度发展和民族文化大融合的结晶。

公元581年，北周外戚杨坚(隋文帝)夺取政权，改国号为隋，改元开皇。公元589年，隋灭南朝的陈，南北朝分裂局面正式结束。公元604年，杨坚次子杨广(隋炀帝)夺取帝位，改元大业。公元618年，隋外戚李渊(唐高祖)夺取政权，改国号为唐，隋朝灭亡。有隋一代，历史仅仅三十七年，其法制的存在历史虽然短暂，但是其上承秦汉魏晋南北朝法制融合与发展之绪，特别是继承了北朝法制的发展成就，下启唐以后"礼法合一"的典型法制之端，建构了中国新时期法制体系的基本框架，为唐代法制的全盛奠定了基础。不可否认，隋朝法制有着重要的成就。

第一节　立法概况及主要法律形式

据《隋书·刑法志》记载，有隋一代，正式进行的修律活动主要有三次。

开皇元年(581年)隋文帝即位之初，即命大臣高颎、郑译、杨素等七人制定新律。律成奏上，诏颁天下，是为《开皇律》。开皇三年(583年)，文帝"以为律尚严密，故人多陷罪"，又命大臣苏威、牛弘等人更定新律，凡十二篇，是为《开皇律》之修定版。[①]

大业元年(605年)，炀帝"以高祖禁网深刻，又敕修律令"。大业三年(607年)，新律成，颁行天下，凡十八篇，五百条，是为《大业律》。[②]"一曰名例，二曰卫宫，三曰违制，四曰请求，五曰户，六曰婚，七曰擅兴，八曰告劾，九曰贼，十曰盗，十一曰斗，十二曰捕亡，十三曰仓库，十四曰厩牧，十五曰关市，十六曰杂，十七曰诈伪，十八曰断狱。"[③]《隋书·经籍志》记载《大业律》有十一卷，两唐书《经籍志》则曰有十八卷。今均不存。

以上为隋代首要法律形式——"律"之制定经过情形。

隋代的其他法律形式有"令"、"格"、"式"，还有"礼"。《隋书·经籍志》谓"隋则律令格式并存"。这说明隋朝已经确立了"律、令、格、式"四者并存的法律规范体系，此为唐代所继承。

关于"令"。开皇二年(582年)，文帝颁行《开皇令》。唐人杜佑之《通典》说隋文帝"开皇二年秋七月甲午，行新令"。令分为三十篇，系承袭晋令，再增加数篇而成。"一官品上，二官品下，三诸省台职员，四诸寺职员，五诸卫职员，六东宫职员，七诸行台职员，八诸州县镇戍职员，九命妇品员，十祠，十一户，十二学，十三选举，十四封爵俸廪，十五考课，十六宫卫军防，十七衣服，十八卤簿上，十九卤簿下，二十仪制，二十一公式上，二十二公式下，二十三田，二十四赋役，二十五仓库厩牧，二十六关市，二十七假宁，二十八狱官，二十九丧葬，三十杂。"[④]大业三年(607年)，炀帝命将隋令编纂为三十卷[⑤]，其篇名、条数不得而知。唐人杜佑所著《通典》仅记载了大业"官品令"相对于开皇令的修改。

关于"格"。《隋书·经籍志》说隋律、令、格、式并存，《北史·苏威传》、《隋书·李德林传》都记载二人参与修订"格令章程"的事。《隋书·刘炫传》载："高祖之世，以刀笔吏多小人，年久长奸，又以风俗凌迟，妇人无节。于是立格：州县佐史三年而代；九品妻无得再醮。"这里记载了隋文帝时颁布的州县佐史任期不得过三年和九品以上官员死后其妻不得再嫁等两条具体的格文。

关于"式"。《隋书·炀帝纪》载：大业二年(606年)，炀帝令"有司量为条式"，规范保护先贤坟茔及为其修祠宇祭祀等事宜。大业四年(608年)，又颁新式于天下。可惜"式"的条文至今不存一条。

---

① 《隋书·文帝纪》，《唐六典》注。
② 《隋书·炀帝纪》，《玉海》卷六十五。
③ 《隋书·刑法志》，《唐六典》注。
④ 《唐六典》注谓"隋开皇令，高颎等撰，三十卷。"并列出此三十卷之各卷名目。
⑤ 《隋书·经籍志》。

关于"礼"。《新唐书·李百药传》说牛弘、李百药等人曾"奉诏定五礼律令"。可见隋代曾专门进行过"修礼"的立法活动。

第二节　对北朝法制的因袭及其启后意义

隋代的律，并没有直接承袭北周之律，而是以北齐之律为蓝本，适当参酌北周律。"开皇定律，源出北齐"。[①] 隋律上承秦汉至北齐近八百年法制发展成就，合南北法制之长，体现了重大的法制进步。这些进步主要体现在以下几个方面。

（一）律典十二篇体例的最后确定

据《隋书·刑法志》载，北齐清河三年（564 年），武成帝颁布新律，是为《北齐律》。其律由名例、卫禁、婚户、擅兴、违制、诈伪、斗讼、贼盗、捕断、毁损、厩牧、杂律等十二篇构成。《开皇律》继承了北齐律的基本体例，稍作变更，定为名例、卫禁、职制、户婚、厩库、擅兴、盗贼、斗讼、诈伪、杂律、捕亡、断狱等十二篇。[②] 这一律典编纂体例，为《唐律》、《宋刑统》所承袭，奠定了中国此后近七百年律典的基本框架或体例。

不仅如此，从法典条文数量规模看，隋律也有奠基性。开皇元年的《开皇律》汇集南北朝各国法典，内容庞杂，条文多达一千八百条左右。开皇三年修律，删除一千二百余条，"定留唯五百条"，十二卷。此一"五百条左右"的体系也为唐以后律典所继承，唐宋律典一直基本保持五百条左右的体制。[③]

（二）新五刑体例的最后确定

对于国家的正式法定刑罚体系，历代王朝大多喜欢标榜为"五刑"。夏商周时代以墨、劓、刖、宫、大辟为五刑。秦汉两代律典并无"五刑"体系之称。三国曹魏《新律》"更依古义制为五刑"，大约有死、髡、完、作、笞五等，《北魏律》、《北齐律》、《北周律》定死、流、徒、鞭、杖为五刑。《开皇律》承继北朝"五刑"体制，确定为笞、杖、徒、流、死五刑。这一体系，为《唐律》所继承，奠定了自隋初至清末近 14 个世纪中国刑罚的基本体系框架。

《开皇律》所确定的五刑是：一曰死刑，分为绞、斩二等；二曰流刑，有流一千里、一千五百里、二千里，共三等；三曰徒刑，有徒一年、一年半、二年、二年半、三年，共五等；四曰杖刑，有杖六十、七十、八十、九十、一百，共五等；五曰笞刑，有笞十、二十、三十、四十、五十，共五等。五刑总计为二十等之数。这一"五刑二十

① 程树德：《隋律考序》，见氏著：《九朝律考》，中华书局 1963 年版，第 424 页。

② 《大业律》一度改《开皇律》12 篇体制，分为 18 篇，但不为《唐律》所取。《唐律》沿袭《开皇律》12 篇体制。

③ 唐《贞观律》为 500 条；《永徽律》为 502 条；宋《宋刑统》为 502 条；明《大明律》为 460 条；清《大清律》为 459 条。条文数差别不大。

等”体例几乎为《唐律》完全继承，一直延续到清末变法之前。

（三）“十恶”制度的最后确定

《周礼》把国家应重点惩治的犯罪归纳为八种，即所谓“乡八刑”①。从秦汉时代开始，就有“谋反”、“大不敬”、“不孝”、“内乱”、“不道”、“大逆无道”等表示国家应加重制裁的重大罪名。至北齐时代，《北齐律》正式归纳为“重罪十条”②。《开皇律》承袭了“重罪十条”，略加修改，正式定名为“十恶”。《隋书·刑法志》说，《开皇律》“又置十恶之条，多采后齐之制，而颇有损益。一曰谋反，二曰谋叛，三曰谋大逆，四曰恶逆，五曰不道，六曰大不敬，七曰不孝，八曰不睦，九曰不义，十曰内乱。犯十恶及故杀人，狱成者，虽会赦，犹除名。”《唐律疏议》“十恶”条疏议曰：“周齐虽具十条之名，而无十恶之目。开皇创制，始备此科，酌于旧章，数存于十。”炀帝时“又敕修律令，除十恶之条”，或“更删除十条之内惟存其八”，就是不别立“十恶”之目，而是以十恶之罪行分列各条中，并删其二。③ 但唐初又恢复《开皇律》的做法，律首列举十恶。“自武德以来，仍遵开皇，无所损益”。于律首列举“十恶”并强调加重打击的制度，自隋至清末变法前一直是中国传统律典的最基本制度之一。

隋《开皇律》的“十恶”承继了《北齐律》“重罪十条”，但也有一些变化。

第一，从“重罪十条”改称“十恶”。中国自古对于重大犯罪一般称“罪”，很少称“恶”。隋律改称“十恶”，可能与隋文帝杨坚重视佛教有关，或者说是受了佛教“十恶”之说的影响。④ 同时，称“恶”有一种更为强烈的道德判断含义，与“礼法合一”的潮流相适应。

第二，删除“降”，增列“不睦”。这一变化实为降低“十恶”的国家利益评价含量，加重家庭伦理评价含量。唐律沿袭了此一改变。

第三，在北齐的“反逆”、“大逆”、“叛”三罪名之前增加“谋”字，意在加大对于危害国家和皇权之行为的防范力度。从此以后，对于这类行为，不仅仅惩罚“已行者”，而且要“惩及于谋”，即对谋划犯罪、准备犯罪，甚至仅仅意欲犯罪者也加

---

① 《周礼·秋官司寇》之“乡八刑”为：“一曰不孝之刑，二曰不睦之刑，三曰不姻之刑，四曰不弟之刑，五曰不任之刑，六曰不恤之刑，七曰造言之刑，八曰乱民之刑。”

② 《隋书·刑法志》：“（北齐律）又列重罪十条，一曰反逆，二曰大逆，三曰叛，四曰降，五曰恶逆，六曰不道，七曰不敬，八曰不孝，九曰不义，十曰内乱。凡犯此十者，不在八议论赎之限。”

③ 《隋书·刑法志》，《唐律疏议》“十恶”条疏议。

④ 佛教的《菩萨璎珞本业经》有谓：“由此十恶之报，致此殃灾。是故比丘当离十恶。”佛教所谓“十恶”为“身业三”（杀生、偷盗、淫邪）、“口业四”（妄语、两舌、恶口、绮语）；“意业三”（贪欲、瞋恚、邪见）。不犯十恶则为“十善”。此据厦门大学周东平教授考证，见氏著：《隋〈开皇律〉十恶渊源新探》，载《法学研究》2005年第四期，第135页。

以制裁。这一变化,也有佛教影响的痕迹。[①]

（四）减少酷刑,降低刑罚

《开皇律》"蠲除前代鞭刑及枭首轘裂之法,其流徒之罪皆减从轻"。隋文帝在颁律诏书中称:"帝王作法,沿革不同,取适于时,故有损益。夫绞以致毙,斩则殊刑,除恶之体,于斯已极。枭首轘身,义无所取。不益惩肃之理,徒表安忍之怀。鞭之为用,残剥肤体,彻骨侵肌,酷均脔切。虽云远古之式,事乖仁者之刑。枭轘及鞭,并令去也。……其余以轻代重、化死为生条目甚多,备于简策。宜班诸海内,为时轨范;杂格严科,并宜除削。"[②]《开皇律》废除了北朝刑法中长期存在的枭首、轘身等酷刑,也废除了时人认为比较残酷的鞭刑,代之以较为人道的笞刑。隋朝还有废除肉刑之举,唐人孔颖达《尚书正义》记载"大隋开皇之初,始除男子宫刑。妇人犹幽闭于宫",其《周礼注疏》又谓"宫刑至隋乃赦",说明宫刑在汉文帝景帝废除后又曾复行,而隋朝正式再次废除。此外,隋文帝时"又诏免尉迟迥、王谦、司马消难三道逆人家口之配没者,悉官酬赎,因除孥戮相坐之法"[③]。

开皇三年(583 年),隋文帝"以为律尚严密,故人多陷罪",又命苏威、牛弘等更定新律,"除死罪八十一条,流罪一百五十四条,徒杖等千余条。定留唯五百条。自是刑网简要,疏而不失。"

炀帝继位后,又以"高祖禁网深刻"为由删修律典,标榜"推心待物,每从宽政"。"其五刑之内降从轻典者二百余条,其枷杖决罚讯囚之制,并轻于旧。"[④]

（五）确定流刑和徒刑的服刑期限

开皇元年颁布的《开皇律》,据文帝颁律诏书所述,"流役六年,改为五载;刑徒五岁,变从三祀",这就是把北朝特别是北周法律的流刑六年改为五年,把徒刑从北朝的最长五年改为最长三年。这亦为唐以后的流刑、徒刑时限奠定了基础。

（六）重定"八议"、"官当"、"例减"、"赎刑"等特权制度

据《隋书·刑法志》记载,《开皇律》规定了"八议"和"例减"制度,"其在八议之科,及官品第七已上犯罪,皆例减一等"。又规定了"赎刑"制度,"其品第九已上犯者,听赎"。官员犯死罪亦可赎,"二死(绞斩)皆赎铜百二十斤"。还规定了"官当"制度,"犯私罪以官当徒者,五品已上一官当徒二年;九品已上一官当徒一年。当流者,三流同比徒三年。若犯公罪者,(以官当)徒各加一年,当流者各加

---

① 佛教以为,十恶系由贪、瞋、痴三不善根之一的"加行"而起。所谓"加行",意为"预备"、"起意"。佛教特别重视从"加行"处消除恶的萌动。此意显为《开皇律》所取。参见《隋〈开皇律〉十恶渊源新探》,载《法学研究》2005 年第四期,第 135 页。

② 《隋书·刑法志》。

③ 同上。

④ 同上。

一等。其累徒过九年者,流二千里”。这些在魏晋南北朝各国先后确立的官僚贵族特权制度,包括罪分公私而宽待公罪的制度,为隋律所全面继承,奠定了唐以后封建特权法制的基本框架。

(七)确定了刑讯的法定限制

《隋书·刑法志》说,隋初及此前,“自前代相承,有司讯考,皆以法外。或有用大棒束杖,车辐鞖底,压踝杖桄之属,楚毒备至,多所诬伏。虽文致于法,而每有冤滥,莫能自理”。《开皇律》惩于此类弊端,作了重大矫正,“至是尽除苛惨之法”。又明确规定:“讯囚不得过二百;枷杖大小,咸为之程品;行杖者不得易人。”唐代在此基础上又有所发展。

(八)确定了三复奏及直诉制度

《隋书·刑法志》载:文帝开皇十六年(596年)下诏:死罪者三奏而后行刑。此后遂形成了三复奏的定制,为唐朝三复奏制度之所本。隋代法制禁止越级上诉,但为了保障人民控诉官吏之权利,又规定:“有枉屈,县不理者,令以次经郡及州;至(中央三)省仍不理,乃许诣阙申诉。”此为唐代直诉制度之来源。

第三节 隋律的地位及隋代法制的教训

隋朝虽只有短短三十七年历史,法律创制却取得了惊人的成就。《开皇律》虽自宋以后即已亡佚,但我们通过《唐律》可以知道其大概。《唐会要》说唐武德七年修律成,“大略以开皇为准,正五十三条,凡五百条,格入于新律,他无所改正”[①]。《唐六典》注说武德年间命裴寂、殷开山等定律令,其篇目一准开皇之旧。因此可以说《开皇律》实为《唐律》原型。其所开创或重新厘定的十二篇、五百条体制以及“五刑”、“十恶”、“八议”、“官当”、“赎刑”等制度,对后世律典基本架构影响甚巨。近人程树德先生说:“今所传唐律,即隋开皇律旧本,犹之南齐永明律全用晋律张杜旧本也。……盖唐初修律诸臣,如裴寂、刘文静、殷开山等本非律家,开皇定律源出北齐,而齐律之美备,又载在史册,人无异词,执笔者不敢率为更改。故《旧唐书·刑法志》一则曰以开皇为准,再则曰余无所改,纪其实也。……余尝谓北齐律、隋律、唐律之三者,大体同符,今齐律隋律均佚,而唐律尚存,虽谓之齐律隋律不亡可也。”[②]今人倪正茂《隋律研究》谓《开皇律》为“中国古代法制史上的里程碑”[③],均有一定道理,其删除繁苛刑律,废止枭首轘裂等惨酷死刑,降从轻典,对后世影响更是重大。

---

① (宋)王溥:《唐会要》卷三十九,《定格令》。
② 程树德:《隋律考序》,见氏著:《九朝律考》,中华书局1963年版,第425页。
③ 倪正茂:《隋律研究》,法律出版社1987年版,第25页。

隋文帝杨坚在法制问题上的态度和行为非常自相矛盾。一方面，他主张约法省刑、反对酷刑，认为酷刑“义无所取。不益惩肃之理，徒表安忍之怀”①，有时也能维护法制。其子秦王杨俊犯法，有人求情，要求免罪，文帝说，“法不可违”，如果皇子犯法可恕，“何不别制天子儿律？”②，坚决制止法外开恩。但是，另一方面，文帝又是破坏法制的罪魁。他“天性沉猜”，性情暴戾，“因以文法自矜，明察临下。恒令左右觇视内外，有小过失，则加以重罪；又患令史赃污，因私使人以钱帛遗之，犯得立斩。每于殿廷打人，一日之中，或至数四。尝怒问事，挥楚不甚，即命斩之”③。这大概是后世“廷杖”制度的起源。到了晚年，文帝“用法益峻”，“喜怒不恒，不复依准科律”，“持法尤峻，过于杀戮”④。有人谏言文帝宠高颎过甚，文帝大怒，“遂以马鞭笞杀之”。文帝尝发怒，六月棒杀人。大理少卿赵绰固争曰：“季夏之月，天地成长庶类。不可以此时诛杀。”文帝回答曰：“六月虽曰生长，此时必有雷霆。天道既于炎阳之时震其威怒，我则天而行，有何不可！”遂杀之。这种做法，既废了法典的常刑，也废弃了西周以来“秋杀冬藏，则天行刑”的基本原则。在他的影响下，朝廷官员们竞相苛酷，“承顺帝旨”，“候帝所不快，则案以重抵，无殊罪而死者，不可胜原。”“其临终赴市者，莫不途中呼枉，仰天而哭。”“其诸司属官若有愆犯，听于律外斟酌决杖，于是上下相驱，迭行捶楚。以残暴为干能，以守法为懦弱。”⑤

至于炀帝，其修律和省刑之举，徒为装饰。因炀帝“外征四夷，内穷嗜欲，兵革岁动，赋敛滋繁”，民心怨背，“穷人无告，聚为盗贼”。于是，他又撕去轻刑面纱，“更立严刑，敕天下窃盗已上，罪无轻重，不待闻奏，皆斩。”后来，他又恢复酷刑，对谋反者“罪及九族”，“其尤重者，行轘裂枭首之刑。或磔而射之，命公卿已下脔啖其肉。”如此一来，“百姓怨嗟，天下大溃”⑥。

本章重点问题提示

隋朝法制的要害问题在于：一是隋律选择承继北朝律系而不是南朝律系。二是隋律对于唐律的奠基或启后意义。

一、关于隋律沿袭北系的问题

隋律选择了沿袭北朝律系而不是南朝律系，以北齐律为蓝本而不是以北周律为蓝本。自魏晋之后，中国的律典发展线索，分为南北两系。北系上承汉魏

① 《隋书·刑法志》。
② 《隋书·秦王杨俊传》。
③ 《隋书·刑法志》。
④ 《隋书·高祖纪》。
⑤ 《隋书·刑法志》。
⑥ 同上。

律，经北魏、东魏、西魏，到北齐、北周，南系经东晋，经宋、齐、梁而至陈。隋朝在完成中国的再次统一之后，没有选择作为汉族法制文明正宗的南朝律系为蓝本，而是以北朝律系为蓝本，直接选择上承北齐律典的传统，这是很有意思的。事实上，隋朝这一选择是有道理的，因为北朝法律无论从体制、结构还是从儒家化程度上来讲，似乎都比南朝法律更加先进。北方少数民族文化与汉族文化的交融结出了更好的法制之果，相形之下，南朝的法律似乎更显缺乏简洁科学的体例，制度上似乎也不完善。还有，隋朝本来就是夺取北周政权而建立，隋皇室有着北方少数民族的血统，这也是他们选择承袭北朝律系的重要原因。

二、关于隋律的奠基或启后意义问题

隋律对唐律以后的开创意义或者启后意义，主要体现在确定律典十二篇体制，确定新五刑体系，确定首列“十恶”的制度，确定流刑和徒刑的期限，重新确定八议、官当、准五服以制罪、例减等制度等等方面。隋律虽然没有保存下来，但是它的框架内容从唐律可以见到。所以有人认为唐初贞观、永徽年间的唐律实际上就是隋律，仅仅有少量变动而已。而唐律对后世的影响，一直持续到清末。

思考题

1. 隋律为何承袭北齐律而不承袭北周律？
2. 隋律在体例上对唐律有哪些奠基或开启意义？
3. 隋律在内容上对唐律有哪些奠基或开启意义？

第十二章　唐代法制与中华法系的形成

内容提要

唐朝法制是中国法制史上最辉煌的一页。与唐朝的文治武功相应，唐代法制上承隋律，代代相因并不断创造、不断完善，蔚成中华法系“礼法合一”法制之大观。唐律的完善及对周边国家发生的巨大影响，标志着中华法系的形成。本章主要介绍唐代法制的总体框架及各个方面具体成就，介绍其对后世中国法制体系框架形成的关键作用，介绍其对日本、朝鲜、安南(今天的越南)等东亚国家的影响，介绍唐律成就及特征与中华法系形成之关系。

关键词

永徽律疏　唐律疏议　律令格式　刑法统类　唐六典　十恶　八议　上请例减　五刑　举重明轻　举轻明重　六杀　六赃　亲亲相隐　公罪私罪　化外人犯罪　开元礼　义绝　三省六部　三法司　三司推事

公元618年，隋太原留守李渊(唐高祖)趁隋末大乱攻入长安，夺取政权，改国号为唐，隋亡。此后，李渊、李世民父子经过七八年征战，先后荡平隋末起兵造反的窦建德、王世充、刘武周、李密、梁师都、刘黑闼等各路群雄，重新统一了中国。公元626年，李世民(唐太宗)发动“玄武门政变”，杀太子李建成，逼李渊退位，夺取皇位，次年改元贞观。太宗文韬武略，从善如流，讲求法制，与魏征、房玄龄等贤臣一起造就了著名的“贞观之治”。自高祖至太宗，上承隋《开皇律》，因时损益，法制已趋完备。其后，自高宗、武后，至于玄宗，法制代代相因并不断完善，蔚成中华法系礼法合一法制之大观。其后直至唐末，随着政治衰微，法制逐渐废弛，但大致沿袭基本框架，无大更改。盛唐法制并为其后的后梁、后唐、后晋、后汉、后周五个朝代大致沿袭，以迄于宋。

第一节　唐初治国理念与立法指导思想

唐初君臣非常注重总结隋朝短命而亡的历史教训，励精图治，其立法设制，总的指导思想是：以隋为鉴，安人宁国。他们“动静必思隋氏，意为殷鉴”，经常省思“亡隋之辙，殷鉴不远”①。他们认为，隋朝短命而亡的主要原因在于“宪章遐弃”，“益肆淫刑”，“因怒而滥刑”②。他们认为法制破坏是隋亡的主要原因。因此，他们强调：

一、德刑并用

唐初君臣特别强调德刑并用、礼法结合。唐高祖李渊就曾主张礼教与刑罚并用，“禁暴惩奸，弘风阐化，安民立政，莫此为先”③。太宗即位初，“有劝以威刑肃天下者，魏征以为不可，因为上言王政本于仁恩，所以爱民厚俗之意，太宗欣然纳之，遂以宽仁治天下，而于刑法尤慎”④。魏征主张：“圣哲君临，移风易俗，不资严刑峻法，在仁义而已。……仁义，理之本也，刑罚，理之末也。……圣人尊德礼而卑刑罚，故舜先敕契以敬敷五教，而后任咎繇以五刑也。凡立法者，非以司民短而诛过误也，乃以防奸恶而救祸患，检淫邪而内正道。……是以圣帝明王皆敦德化而薄威刑也。”⑤长孙无忌在《唐律疏议》序中所言“德礼为政教之本，刑罚为政教之用”一语，概括了唐初君臣的礼刑并用、刑以辅礼的基本主张。在此指导思想下，《唐律》因而“一准乎礼而得古今之平”⑥。

二、立法宽简

高祖即位颁令修律，即强调立法“务在宽简，取便于时”⑦。太宗亦主张：“国家法令，惟须简约，不可一罪作数种条。”他认为法制繁杂则有危险：“格式既多，官人不能尽记，更生奸诈。若欲出罪则引轻条，若欲入罪则引重条。”因此他要求立法“宜令审细，勿使互文”。他还“常问法官刑罚轻重，每称法网宽于往代，仍恐主狱之司利在杀人，危人自达。……深宜禁止，务在宽平”⑧。

三、法须稳定

唐太宗认为，“法令不可数变，数变则烦”⑨；“数变法者，实不益道理”⑩。太宗曾谓侍臣：“诏令格式若不常定，则人心多惑，奸诈益生。周易称涣汗其大号，

---

① 《贞观政要》卷八，《刑法》。
② 《旧唐书·刑法志》。
③ 同上。
④ 《新唐书·刑法志》。
⑤ 《贞观政要》卷五，《公平》。
⑥ 《四库全书总目·政书类》，清人纪昀语。
⑦ 《旧唐书·刑法志》。
⑧ 《贞观政要》卷八，《刑法》。
⑨ 《资治通鉴》卷一百九十四。
⑩ 《贞观政要》卷八，《刑法》。

言发号施令若汗出于体，一出而不复也。书曰慎出乃令，令出惟行，弗为反。且汉祖日不暇给，萧何起于小吏，制法之后，犹称画一。今宜详思此义，不可轻出诏令。必须审定，意为永式。”①立法应“永垂宪则，贻范后昆”②。据此种指导思想，《唐律》规定“诸制敕断罪，临时处分不为永格者，不得引以为后比。若辄引致罪有出入者，以故失论”③。

四、法贵公平

唐太宗曾反省隋朝“官人百姓造罪不一”的教训，认为：“古称至公者，盖谓平恕无私。……故知君人者，以天下为公，不私于物”，他经常强调“法者非朕一人之法，乃天下之法”，特别赞成诸葛亮“开诚心，布公道，尽忠于时者虽雠必赏，犯法怠慢者虽亲必罚”的法制方针，起初尚能自觉反对对皇亲国戚和功臣故旧法外开恩。所以魏征总结道：“贞观之初，志存公道。人有所犯，一一于法。”④

第二节　立法概况、法律形式和体例

一、唐律制定修改的四个阶段

有唐一代的立法，大致经历了四个发展阶段。

（一）武德开篇

高祖即位，即命纳言刘文静等损益律令，武德二年（619 年），颁新格 53 条。武德四年（621 年），高祖命尚书左仆射裴寂等人因隋《开皇律》更定律令，“凡律五百，丽以五十三条”，是为《武德律》。⑤

（二）贞观定律

贞观元年（627 年）太宗即位初即命长孙无忌、房玄龄等删修律令⑥。大约前后耗时 11 年，对《武德律》进行了较大修订，成《贞观律》。至贞观十一年（637 年）颁布天下，“凡律五百条，分为十二卷。”⑦

贞观时期修定律令格式，大约主要作了以下几个方面的工作：

第一，关于减死之刑的创设。贞观初，戴胄、魏征等人因旧律刑罚过重，议改绞刑之罪五十条，免其死罪，改为“断其右趾”。太宗从其议，自此“应死者多蒙全

---

① 《贞观政要》卷八，《刑法》。

② 《旧唐书·刑法志》。

③ 《唐律疏议·断狱》。

④ 《贞观政要》卷五，《公平》。

⑤ 《新唐书·刑法志》。

⑥ 《旧唐书·刑法志》。

⑦ 《唐会要》卷三十九，《定格令》。

活”。太宗本意是以断趾(刖)刑为减死之刑,旨在全活可恕之犯人。但这一改革又等于恢复了废除已久的刖刑,“今复设刖足,是为六刑。减死在于宽弘,加刑又加烦峻”,此举显然逆历史潮流,受到明哲之士的反对。于是,太宗又与大臣们议定“除断趾法,改为加役流三千里,居作二年”①。自此以加役流为减死刑,直至唐末。

第二,减轻兄弟连坐之刑。据旧律,兄弟分家后,恩荫不相及,但反逆之罪则“连坐俱死”,而祖孙则仅仅连坐配没(没官为奴或流放)。太宗认为此法非理,令百官详议修正。房玄龄等议以为:“祖孙亲重而兄弟属轻”,亲重的连坐流放,属轻的连坐处死,“据礼论情,深为未惬”。于是议定新律:“祖孙兄弟缘坐,俱配没”。从此以后,死刑的适用大大减少。②

第三,确定比附类推适用刑法的基本原则。为了防止官吏任意出入人罪,《贞观律》明确规定了类推适用刑法的限制性原则:“诸断罪而无正条,其应出罪者,则举重以明轻;其应入罪者,则举轻以明重”③。这是现今所存律文中首次正式确立类推适用原则。

第四,减轻刑罚,削去繁苛。“比隋代旧律,减大辟者九十二条,减流入徒者七十一条。其(以官)当徒之法,唯夺一官;除名之人,仍同士伍。凡削繁去蠹,变重为轻者,不可胜纪。”④

《贞观律》为唐律确定了蓝本,此后很少变动。近人沈家本说,“唐律以贞观所修为定本”⑤,很有道理。

（三）永徽注疏

高宗永徽元年(650 年),长孙无忌等奉敕修订贞观律令格式。永徽三年(652 年)完成,称《永徽律》,十二篇,五百零二条,绝大部分沿袭《贞观律》。所改动者,寥寥几处,如因为土地兼并加剧,增加了禁止买卖口分田的规定。⑥又将原律“十恶”之“大不敬”条的“言理切害”改为“情理切害”,旨在强调“原其本情,广思慎罚”⑦。

此次修律的最重要工作在于撰定《律疏》。永徽三年(652 年),高宗诏曰:“律学未有定疏,每年所举明法,遂无凭准。宜广召解律人条义疏奏闻,仍使中书门下监定。”于是太尉长孙无忌、司空李勣等人奉命参撰《律疏》,成三十卷,永徽四年(653 年)颁行天下,并附于律文之后颁行,曰《永徽律疏》。“自是断狱者皆

① 《旧唐书·刑法志》。
② 同上。
③ 同上。
④ 同上。
⑤ 沈家本:《沈寄簃先生遗书》甲编,《历代刑法考·律令考三·唐》。
⑥ 《新唐书·食货志》。
⑦ 《唐律疏议·名例》“十恶”条疏议。

引疏分析之。"[①]这是我国历史上首次颁布由官方正式撰定、附于律典正文行用的法律注解。这种律、疏合编体例对后世影响甚大。

（四）开元刊定

开元六年(718年)，唐玄宗命大臣宋璟等人删定律令格式。开元二十二年(734年)又命李林甫等人修改格令。开元二十五年(737年)，李林甫等删定旧律令格式敕，并刊定《律疏》三十卷，是为《开元律疏》。其后，玄宗"敕于尚书都省写五十本，发使散于天下"。这次对《永徽律疏》的修定，主要是在注解用语上，如将"十恶"之"大不敬"条的"盗及伪造御玺"改为"盗及伪造御宝"，以便包括皇后皇太后等印信。

经开元年间的刊定，唐律及其疏议更为完备。其后经唐末、五代、两宋，直至元朝，最终定名为《唐律疏议》，流传至今。是为我国至今尚存的最早的完整古代法典文本。

二、唐代的其他法律形式

唐代的法律形式，除了上文的"律"即国家正式律典外，还有令、格、式、敕、礼、六典，等等。但通常所说的唐代的法律形式主要指律、令、格、式四种。

（一）唐令

唐代最早的定令活动，据《旧唐书·刑法志》记载，是太宗即位初，蜀王法曹参军裴弘献"驳律令不便于时者四十余事，太宗令参掌删改之"。后来，房玄龄等奉旨"定令一千五百九十条，为三十卷，贞观十一年颁下之"[②]。高宗时又命长孙无忌等"共撰定律令格式"。睿宗时，又命岑羲、陆象光等人"删定格式律令"。开元初，玄宗又命卢怀慎等"删定格式令"；开元六年(718年)又命宋璟等"删定律令格式"。开元二十二年(734年)命李林甫等"修改格令"，"共加删缉旧格式律令及敕，总七千二十六条，其一千三百二十四条于事非要，并删之；二千一百八十条随文损益，三千五百九十四条仍旧不改，总成律十二卷，律疏三十卷，令三十卷。"

由此可知，唐代所谓"令"，大多系从皇帝关于国家行政管理的单行诏令而来。凡经整理删修编纂而定为国家长期行政制度者，则为"令"[③]。

关于唐代的"令"，按编纂时间分，有《武德令》、《贞观令》、《开元令》等。按其内容分，有官品令、三师三公台省职员令、寺监职员令、卫府职员令、东宫王府职员令、州县镇戍岳渎关津职员令、内外命妇职员令、祠令、户令、学令、选举令、封

---

① 《旧唐书·刑法志》。

② 《旧唐书·刑法志》。另据《新唐书·刑法志》，谓太宗时，房玄龄等"遂与法司增损隋律，……定令一千五百四十六条，以为令"。

③ 汉代，就具体事宜确定制度，常称之为"著为令"、"定为令"。

爵令、禄令、考课令、宫卫令、军防令、衣服令、仪制令、卤簿令、乐令、公式令、田令、赋役令、仓库令、厩牧令、关市令、医疾令、捕亡令、假宁令、狱官令、营缮令、丧葬令、杂令等三十三篇。[①]

（二）唐格与敕

唐代的定格活动，最初大约是唐高祖“约法十二条”以及武德二年（619 年）“制格五十三条”。武德七年（624 年）又“惟正五十三条格入于新律”。太宗贞观十一年（637 年），房玄龄等“删武德、贞观已来敕格三千余件，定留七百条，以为格十八卷”。此即《贞观格》。其格有散颁、留司之分：“其曹之常务，但留本司者，别为留司格一卷。盖编录当时制敕，永为法则，以为故事。”大约关于中央官府经常事务者为留司格，其颁行州县官府使用者曰散颁格。同时有长孙无忌等人删定的《永徽留司格》十八卷。此后有《（永徽）散颁格》七卷。后来刘仁轨等人删定《永徽留司格后本》，裴居道等人删定《垂拱留司格》六卷，《（垂拱）散颁格》三卷，岑羲等人删定《太极格》十卷，姚崇等人删定《开元前格》十卷，宋璟等人删定《开元后格》十卷，李林甫等撰《开元新格》十卷。凡格之编纂，大约“以尚书省诸曹为之目”，或“尚书省二十四司为篇目”[②]。也有按照所规范事务分目者，如开成四年（839 年）中书、门下两省详定的《刑法格》。

由上可知，所谓“格”，实为皇帝以制敕断决罪案或处分特别公事[③]，其决定经过删修整理编纂程序作为长久普遍规范的，曰“以为永格”、“永为定格”，简称曰“格”。《唐六典》说：格“盖编录当时制敕，永为法则以为故事”。作为刑事法特别规范的“格”，其效力高于“律”。

将“临时处分”的制敕编定为长用的“格”，作为法典编纂活动，手续复杂。于是自开元十九年（731 年）起，侍中裴光廷等人“以格后制敕行用之后，颇与格文相违，于事非便，乃奏令所司删撰《格后长行敕》六卷，颁行天下”。宪宗元和三年（808 年），郑余庆等人又详定《格后敕》三十卷；文宗大和年间谢登等人又有《新编格后敕》六十卷。宣宗大中年间，又有《大中刑法总要格后敕》，将自贞观至大中二百二十四年间的杂敕统编为六百四十六门，二千一百六十五条（一说二千八百六十五条）[④]。“格后敕”介于寻常的制敕和经编纂的“永格”之间，系由敕到格的过渡形态，此种“编敕”使很多制敕不经编定为格即直接有了长久普遍法律效力。

① 〔日〕仁井田陞：《唐令拾遗》，栗劲、霍存福等译，长春出版社 1989 年版。

② 《旧唐书·刑法志》。

③ 皇帝制敕一般就特别的人或事而发，仅仅适用于特定人和事，一般不具有普遍适用的法律效力。

④ 《旧唐书·刑法志》。但《唐会要》卷三十九《定格令》则云“至大中五年四月刑部侍郎刘瑑等奉敕修《大中刑法统类》六十卷，起贞观二年六月二十八日至大中五年四月十三日，凡二百二十四年杂敕，都计六百四十门，二千一百六十五条。”两者说法不一。

（三）唐式

贞观十一年(637 年)，房玄龄等奉敕删定《式》三十三篇，“以尚书省列曹及秘书、太常、司农、光禄、太仆、太府、少府及监门、宿卫、记账名其篇目，为二十卷。”是为《贞观式》。后来又有《永徽式》、《垂拱式》、《神龙式》、《开元式》各二十卷。其中，武则天垂拱年间，命裴居道等“删改格式”，“加记账及勾账式，通(连同)旧式成二十卷”[①]，此即《垂拱式》。

式系国家各级政权的办事规则及公文程式。式具有相当的强制力，违反者不仅要受到行政处罚，也可能构成“违式罪”受到“律”中笞四十的制裁。[②]

唐代的式，每每随律令修订。但开元以后就再未修订了。唐《开元式》共有三十三篇。先按照尚书省六部二十四司分篇，有吏部式、司封式、司勋式、考功式、户部式、度支式、金部式、仓部式、礼部式、祠部式、膳部式、主客式、兵部式、职方式、驾部式、库部式、刑部式、都官式、比部式、司门式、工部式、屯田式、虞部式、水部式。此外有关于其他机关的秘书式、太常式、司农式、光禄式、太仆式、监门式、宿卫式、记账式等，共三十三篇。

（四）唐例

有唐一代，除了律令格式以外，还有其他法律形式存在。“比附条例”是重要形式之一。永徽六年(655 年)，高宗谓侍臣曰：“律通比附，条例太多。”要求对“比附条例”进行删修整理。左仆射于志宁等对曰：“旧律多比附断事，乃稍难解。科条极众，数至三千。隋日再定，惟留五百。以事类相似者，比附科断。近日所停，即是参取隋律修易，条章既少，极成省便。”[③]据此可知，在高宗时期，曾经有过修定“比附条例”的活动，对隋代留下的五百个比附条例进行了“修易”，决定其中一些停止使用，最后使“条章既少，极成省便”。高宗仪凤年间，详刑少卿赵仁本撰《法例》三卷，“引以断狱，时议亦为折衷”。此《法例》，就是“比附条例”，一度被法司采用。但是后来高宗“以为烦文不便”，认为有律令格式在，“何为更须作例，致使触绪多疑”，乃下令废止《法例》使用。但是，《唐律疏议》中还有用“例”的痕迹，如《唐律疏议・名例二》“皇太子妃”条疏议有“又例云：称期亲者，曾高同”语；《名例四》“老小及疾有犯”条疏议有“例云：杀一家三人为不道”语，《名例六》“本条别有制”条疏议有“例云：共犯罪以造意为首，随从者减一等。……例云：九品以上，犯流以下听赎”等语，说明在实际司法中“例”的使用并未停止。宋代以后，“以例破律”成为一大弊端。

（五）刑法统类

“刑法统类”或“刑律统类”是唐末出现的法典编纂形式。这种编纂形式的起

---

① 《旧唐书・刑法志》。

② 《唐律疏议・杂律》“违令”条：“诸违令者，笞五十；别式，减一等。”

③ 《旧唐书・刑法志》。

源,大概要算玄宗开元二十五年(737 年)李林甫、牛仙客等人奉诏撰定的《律令格式事类》四十卷。该书“以类相从,便于省览”。[①] 大中五年(851 年),唐宣宗命刑部侍郎刘瑑等人修成《大中刑法统类》六十卷(《旧唐书・刑法志》说是《大中刑法总要格后敕》六十卷),六百四十六门,二千一百六十五条。大中七年(853 年)左卫率府仓曹参军张戣等人“编集律令格式条件相类者”一千二百五十条,分为一百二十一门,号曰《刑法统类》。[②] 该书“以刑律分类为门,而附以格敕”,将有关刑事的律令格式以及敕条,按照事类分类,以便官员们掌握和适用。此种编纂,开“宋刑统”编纂之先河。

(六) 编礼

唐代曾有国家正式编“礼”的活动。开元二十年(732 年),玄宗命编纂《开元礼》一百五十卷,除“序礼”外,有“吉礼”、“嘉礼”“宾礼”、“军礼”、“凶礼”五大部分,是为“五礼”。这些礼,内容包括祭祀法规、仪仗法规、巡狩法规、册封法规、朝会法规、加冕法规、外事法规、出征与检阅法规、宗教法规、丧葬法规以及谥法等一系列重要的行政法规。这些法规涉及内宫、朝廷、州县,涉及帝王、后妃、将相、普通官吏乃至百姓。违反礼在许多情况下是要负刑事责任的,《唐律》中以违礼(如匿父母及夫丧、府号官称犯父祖名讳、冒哀求仕、冒荣居仕、居父母丧嫁娶、父母被囚嫁娶、居父母丧主婚、以妾为妻、妻无七出而出之,等等)而构成犯罪的情形不少。[③] 所以,礼在唐代必须视为法律形式之一。甚至没有编辑成文的“礼”有时也具有法律效力。

三、唐六典

《唐六典》是唐玄宗开元二十七年(739 年)编成的国家典章汇编。开元十六年(728 年),“玄宗诏书院撰《六典》以进”,命令集贤殿书院(国家图书编撰机构)按照儒家经典《周礼》的六官体制编撰《唐六典》,“以今朝六典象周官之制”。为指导编纂,玄宗钦定了“理、教、礼、政、刑、事典”等六典的编纂体例[④],其具体办法是“以令式分入六司,象周礼六官之制,其沿革并入注”。具体编撰者是大臣徐坚、韦述等人。

《唐六典》是什么?有人说是“行政法典”,其实有误。今人钱大群教授认为:《唐六典》是以周礼为体例,以国家机关与职官为纲目,以抄摘在行(现行)令式中有关国家机关组织编制的规定为内容,以显示有唐一代制度盛况为目的的一部

① 《旧唐书・刑法志》。

② 《唐会要》卷三十九《定律令》,《旧唐书・刑法志》。

③ 参见钱大群:《唐律与唐代法律体系研究》,南京大学出版社 1996 年版,第 132 页。

④ (唐)刘肃《大唐新语・著述》:“上(玄宗)手写白麻纸,凡六条,曰理、教、礼、政、刑、事典,令以类相从,撰录以进。”

官修官制典籍。[1] 简言之,《唐六典》是官制典籍,不是行政法典。不过,它毕竟是有关国家组织机构及职责权限的法制文献编纂。

《唐六典》由正文和注文两者组成。正文三十卷。分别是:卷一"三师、三公、尚书省",卷二"尚书吏部",卷三"尚书户部",卷四"尚书礼部",卷五"尚书兵部",卷六"尚书刑部",卷七"尚书工部",卷八"门下省",卷九"中书省、集贤院、史馆、匦使院",卷十"秘书省",卷十一"殿中省",卷十二"内官、宫官、内侍省",卷十三"御史台",卷十四"太常寺",卷十五"光禄寺",卷十六"卫尉、宗正寺",卷十七"太仆寺",卷十八"大理、鸿胪寺",卷十九"司农寺",卷二十"太府寺",卷二十一"国子监",卷二十二"少府、军器监",卷二十三"将作、都水监",卷二十四"诸卫",卷二十五"诸卫府",卷二十六"太子三师、三少、詹事府、左右春坊、内官",卷二十七"太子家令、卒吏、仆寺",卷二十八"太子左右卫及诸率府",卷二十九"诸王府、公主邑司",卷三十"三府、都督、都护、州县官吏"。

四、唐代法律的基本体系

唐代法律的基本体系,可以分别从广义和狭义来理解。广义上讲,是指唐代所有法律形式(律、令、格、式、敕、例、礼、六典)之间形成的有机体系。狭义上讲,仅仅指唐律内部的构成体系。

首先,我们从广义上看。

关于律令格式四者各自概念及相互关系,唐人编纂的《唐六典》序言说:"凡律所以正刑定罪,令以设范立制,格以禁违止邪,式以轨物程事。"宋人编撰的《新唐书·刑法志》说:"唐之刑书有四,曰律令格式。令者,尊卑贵贱之等数,国家之制度也;格者,百官有司所常行之事也;式者,其所常守之法也。凡邦国之政,必从事于此三者。其有所违及人之为恶而入于罪戾者,一断以律。"

这两种解说,唐人的说法较为清楚,宋人的说法反而不清楚,尤其是格、式二者的概念反而不明。其实,这四者的概念和关系,根据四类现存规范遗文观察,大致可以这样定义:

律是国家的基本刑事法典;令是国家的各类部门行政管理法;格是国家的刑事特别法(补充法)以及关于重大公事的特别规制;式是国家各级政权的办事规则及公文程式。违反"令"、"式"者,都依"律"制裁。[2] 违反"格"者,依格自身规

---

① 钱大群:《唐律与唐代法律体系研究》,南京大学出版社 1996 年版,第 134 页。

② 如《唐律疏议·杂律》:"诸违令者,笞五十。(违)别式,减一等。"所谓"违令",在此仅仅指"令有禁制而律无罪名者"。据此可知,严重违令、违式者,律有罪条加以处罚;一般或轻微违令式者,即使律无正条,也要处罚。但此时所予处罚,可以视为行政处罚,不一定要视为刑事处罚。参见郑秦:《中国法制史纲要》,法律出版社 2001 年版,第 132 页。

定(不同于律)的特别处罚制裁。[1]

其次,我们从狭义上看。

唐律的基本体系,即律典十二篇体系,是一个由“名例”(总则)统率分则各篇(关于各类犯罪的规定)的体系。这一律典体系由十二篇构成。

(一)唐律总则——《名例律》。

名例,就是刑名、法例的合称。名例律,就是关于刑名和法例的一般规定。唐律的这一篇,是关于五刑、十恶、八议、上请、官当、例减、赎刑的一般规定,是关于累犯、共犯、老小废疾犯罪、自首、数罪并罚、类推、同居相隐、化外人犯罪、诬告反坐、公罪与私罪等问题的一般法律规定,大约相当于现代刑法典的总则。

(二)唐律分则——《卫禁律》、《职制律》、《户婚律》、《厩库律》、《擅兴律》、《贼盗律》、《斗讼律》、《诈伪律》、《杂律》、《捕亡律》、《断狱律》。

这十一篇,是关于违反国家卫禁、职制、户婚等各方面管理秩序的犯罪的处罚规定,相当于今日刑法典之分则。

《卫禁律》,是关于违反宫殿、宗庙、禁苑、车驾、关津、城垣、边镇警卫秩序的犯罪的法律。

《职制律》,是关于官吏违反职责和礼制方面犯罪的法律,主要包括违反国家编制和公务规纪、贪赃、渎职、违礼等犯罪的处罚规定。其中的处罚,在今天看来,大多只能算是行政制裁。

《户婚律》,是关于违反户籍、土地、赋税、婚姻、家庭、继承等方面管理制度的犯罪的法律。其中的很多处罚,在今天看来,只能算是民事制裁。

《厩库律》,是关于违反官私牲口牧养及征用、官府仓库管理等方面制度的犯罪的法律,也包括家畜毁伤他人人身和财物时的处罚或赔偿的有关规定。

《擅兴律》,是关于违反徭役兴发、公共设施兴造修缮、军需供应、兵员调遣、城郭防守、兵器储用等方面管理秩序的犯罪的法律。

《贼盗律》,是关于危害国家安全、危害君主和皇室成员、盗用御物、侵害人身、侵害财产、抢掠和诱拐人口、侵害坟墓尸体、绑架勒索和劫囚等方面犯罪的法律。

《斗讼律》,是关于斗殴、争讼、诉告等方面犯罪的规定。在“斗殴”方面主要

---

[1] 至于违反“格”者应否受“律”制裁,这是一个值得探讨的问题。按照《新唐书·刑法志》的说法,违反“格”者要受到“律”的制裁。但是,唐律中只有违反“某某令”、“某某式”的制裁规定,在无所不包的“口袋式”处罚条款“违令”条(第449条)中,也只提到违反“令”和“别式”,没有提到“违格”。所以,可以认为,“格”本身即包含刑事特别处罚,这些处罚常常高于正律规定的处罚。(参见叶孝信主编:《中国法制史》,复旦大学出版社2002年版,第155—156页。)我们可以说,“格”一般是刑事特别法,特别法高于普通法。关于“格”的性质和地位以及演变史,参见陈顾远《汉之决事比及其源流》、《中国法制史上之法与令》两文,载《中国文化与中国法系——陈顾远法律史论集》,中国政法大学出版社2006年版。

包括斗殴杀伤、故杀伤、误杀伤、过失杀伤、戏杀伤人等犯罪，包括尊卑长幼之间、夫妻之间、官民之间斗殴的处罚法律；在“诉讼”方面主要包括越诉、诬告、匿名文书、控告尊长（后世称“干名犯义”）等方面的犯罪以及子孙违反教令、同居相隐、保辜等问题的法律规定。

《诈伪律》，是关于伪造、诈骗等方面犯罪的法律。主要包括伪造皇帝御宝和制书、伪造官文书、伪造宫殿门符和兵符、诈骗财物、妄认良人为奴、教唆犯罪、伪证等方面的犯罪的处罚规定。

《杂律》，是关于上述八大类犯罪以外的其他杂项犯罪的法律规定。主要包括违反买卖、借贷、市场交易、度量衡、债权债务、埋藏物遗失物等方面的管理秩序，以及犯奸、赌博、纵火失火、坐赃等等方面犯罪的处罚规定。还包括“违令”、“不应为”等两个最大的“口袋式”包罗所有违法行为处罚的条款。

《捕亡律》，是关于捕捉逃亡罪犯、逃役人和其他逃亡者以及举告犯罪、救助受害人等事宜的规定以及相关犯罪的处罚法律。

《断狱律》，是关于司法审判和狱政方面犯罪的法律。主要包括审判程序和原则、法官责任、考讯囚犯、证据制度、刑罚执行、死刑复奏、监狱管理等方面的管理和违法责任的法律规定。

第三节　唐代主要刑事法律制度

唐代的刑事法律制度，即关于犯罪和刑罚的基本制度，内容极多，范围极广，不限于《唐律疏议》之规定。本节主要从唐律的有关规定出发大致介绍唐代的主要刑事法律制度。

一、基本刑罚制度：五刑体系及刑罚执行制度

（一）唐律的五刑体系

《唐律·名例律》继承隋律，规定了笞杖徒流死五刑和五刑内再分为二十个刑罚等级的刑罚体系。五刑及其等级分别是：

笞刑五等：笞十、笞二十、笞三十、笞四十、笞五十；

杖刑五等：杖六十、杖七十、杖八十、杖九十、杖一百；

徒刑五等：徒一年、徒一年半、徒二年、徒二年半、徒三年；

流刑三等：流二千里、流二千五百里、流三千里；

死刑二等：绞、斩。

除五刑二十等之外，唐初一度恢复“斩右趾”为减死之刑。太宗时改为加役流（流三千里，居作二年）。这是赦免死刑后的替代刑。后来《唐律疏议》正式确定为流三千里，居作三年。

（二）唐代的刑罚执行制度

1．笞杖刑的执行

唐《狱官令》规定："诸杖皆去节目，长三尺五寸。……笞杖，大头二分，小头一分半。其决笞者，腿臀分受；决杖者。背腿臀分受，须数等。"同时还规定："其拷囚及决罚者，皆不得中易人。"①据此可知，唐代刑事法律对于笞杖刑具的长短粗细、笞击的部位、持杖行刑人等均作出了明确的规定。此外，"杖罪以下县决之"，如"犯罪在市，杖以下市决之，应合荫赎及徒以上，送县"②。

2．徒刑的执行

唐《狱官令》规定："诸犯罪者，杖以下县决之；徒以上，县断定，送州；（州）复审迄，徒罪及流，应决杖，若应赎者，即决配征赎。""诸犯徒应配居作者，在京送将作监，妇人送少府监缝作；在外州者，供当处官役。当处无官作者，听留当州修理城隍、仓库及公廨杂使。"③

3．流刑的执行

流刑的执行分为"居作"和"发配"两种情形。犯流罪应居作者，其执行与徒刑居作略同，就是在当州供官役，妇女"留当州缝作及配舂"。此外，"诸流徒罪居作者，皆着钳。"就是要戴脚钳劳作。犯流罪应发配者，一般按照两千里至三千里的距离发配远方。但距离并非严格标准，大致地理遥远和环境恶劣双重标准确定流放等级，"诸流人应配者，各依所配里数；无要重城镇之处，仍逐要配之。惟得就远，不得就近。""配西州、伊州者，送凉府；江北人配岭南者，送桂广府；非剑南人配姚、巂州者，送付益府。"大约是配往远地官府服役，或到边塞、戍镇驻军中服劳役。流配者，可以携带妻妾同往，不得"私放妻妾"（借故休弃）④。在该地服役满一年后，即可在该地定居落户。若为"加役流"则为流三千里、服役三年。

4．死刑的执行

唐代的死刑分为绞、斩二等。古人认为绞可全尸、斩则身首异处，故以绞轻于斩。其执行制度非常复杂。主要有以下各方面：

（1）死刑复奏制度

唐《狱官令》规定："诸决大辟罪，在京者，行决之司五复奏；在外者，刑部三复奏。在京者，决前一日二复奏，决日三复奏。在外者，初日一复奏，后日再复奏。纵临时有敕不许复奏，亦准此复奏。若犯恶逆以上及部曲奴婢杀主者，唯一复奏。"⑤

---

① 〔日〕仁井田陞：《唐令拾遗》，第727、714页。

② 同上书，第689—690页。

③ 同上书，第689、706页。

④ 同上书，第706、707、703、702页。

⑤ 同上书，第693页。

(2) 撤膳减乐制度

唐《狱官令》规定："其京城及驾所在，决囚日，尚食进蔬食，内教坊及太常寺，并停音乐。"①

(3) 押送制度

《狱官令》规定："诸决大辟罪，皆防援至刑所。囚一人防援二十人，每一囚加五人。五品以上听乘车……犯恶逆以上不在乘车之限。"②

(4) 官给酒食及亲故辞决制度

《狱官令》规定："诸决大辟罪……并官给酒食，听亲故辞决。"③这就是我们后世所熟知的"送行酒"及与亲人狱中诀别的由来。

(5) 未时行刑制度

《狱官令》规定："诸决大辟罪……宣告犯状，仍日未后行刑。"④所谓"未时"，就是干支纪时中以每昼夜为十二个时辰(子丑寅卯辰巳午未申酉戌亥)中的"未"时，大约相当于西制二十四小时中的下午一点、二点这两小时。历史剧中常有监刑官宣布"午时三刻到"即下令行刑之事，盖以"午"时一过即为"未"时故也。

(6) 关于处决场所

《狱官令》规定："诸决大辟罪，皆于市。五品已上，犯非恶逆以上，听自尽于家。七品已上及皇族若妇人，犯非斩者，皆绞于隐处。"⑤这继承了古代"刑人于市，与众弃之"和"刑不上大夫"的传统。

(7) 关于死刑禁决时日

《狱官令》规定："从立春至秋分，不得决死刑。其大祭祀及致斋、朔望、上下、二十四气、雨未晴、夜未明、断屠日月及假日，并不得奏决死刑。"⑥所谓"断屠月"，指正月、五月、九月。此外还有"禁杀日"(谓每月十直日：一、八、十四、十五、十八、二十三、二十四、二十八、二十九、三十)不得决死之制。又规定，若犯恶逆以上及部曲奴婢杀主者，不拘此令⑦。

(8) 关于"待时"和"不待时"

唐代死刑执行，有待时决死、决不待时两种情形。待时决死，即无论何时作出的死刑判决，一定要避开"死刑禁决时日"，待到可以决死的时间(一般在秋后)执行。决不待时，大致是不受死刑禁决时日的限制。但是，即使是"决不待时"，

---

① 〔日〕仁井田陞：《唐令拾遗》，第 693 页。
② 同上书，第 694 页。
③ 同上。
④ 同上。
⑤ 同上书，第 696 页。
⑥ 同上书，第 697—698 页。
⑦ 《唐律疏议·断狱》"立春后决死罪"条疏议；〔日〕仁井田陞：《唐令拾遗》，第 698 页。

也不得在断屠月(正、五、九月)、禁杀日(十直日)执行死刑。[①]

(9) 关于监决制度

《狱官令》规定:"诸决大辟罪,官爵五品以上,在京者,大理正监决;在外者,上佐监决;余并判官监决。……在京决死囚,皆令御史、金吾监决。若囚有冤枉灼然者,停决奏闻。"[②]

(10) 死刑收赎制度

《唐律疏议·名例》明确规定死刑(绞、斩)的收赎价均为"铜一百二十斤"[③]。但具体哪些情况下可以赎死罪,不清楚。大约除犯"十恶"之"恶逆"以上重罪等外,一定范围的官僚贵族杂犯死罪时可以收赎;死刑案为"疑罪"时大概也可以收赎。这绝对不是只交赎金就免除一切刑罚,一般是交纳赎金后改判为减死之刑即"加役流"。

5. 赦免制度

《狱官令》规定:"诸有赦之日,武库令设金鸡及鼓于宫门外之右,勒集囚徒于阙前,挝鼓千声讫,宣诏而释之。其赦书颁诸州,用绢写行下。"[④]这仅仅是关于国家大赦时宣布仪式的规定。具体关于赦免范围、赦免效力、赦免形式、赦免事由等的规定十分复杂,兹不赘述。

二、官僚贵族刑法特权制度

唐代的官僚贵族刑法特权制度十分发达。主要有以下特权规定:

(一) 八议制度

"八议"制度,溯源于《周礼》"八辟"之制;曹魏《新律》正式定入法典。唐代的"八议"承袭了曹魏以来的基本规定,其用意在于贯彻"刑不上大夫"的原则。所谓"八议",就是规定对"亲故贤能、功贵勤宾"八种人犯死罪时特殊对待。

"一曰议亲:谓皇帝袒免以上亲及太皇太后、皇太后缌麻以上亲,皇后小功以上亲。"简言之,就是皇帝及后妃的较近亲属们。

"二曰议故:谓故旧。疏议曰:谓宿得侍见,特蒙接遇历久者。"简言之,就是皇帝的故人旧友,私人关系历久而甚深者。

"三曰议贤:谓有大德行。疏议曰:谓贤人君子,言行可为法则者。"

"四曰议能:谓有大才艺。疏议曰:谓能整军旅,莅政事,盐梅帝道,师范人伦者。"简言之,曾显示出众才能的官员。

"五曰议功:谓有大功勋。疏议曰:谓能斩将搴旗,摧锋万里;或率众归化,宁

---

① 《唐律疏议·断狱》"立春后决死罪"条疏议。

② 〔日〕仁井田陞:《唐令拾遗》,第698页。

③ 《唐律疏议·名例一》。

④ 〔日〕仁井田陞:《唐令拾遗》,第732页。

济一时，匡救艰难，功铭太常者。”简言之，就是为国家建立过显赫功勋而在太常寺有记录的人。

“六曰议贵：谓职事官三品以上，散官二品以上及爵一品者。”简言之，就是国家高官或有国公以上爵位者。

“七曰议勤：谓有大勤劳。疏议曰：谓大将吏恪居官次，夙夜在公；若远使绝域，经涉险难者。”简言之，勤于公务、久有“苦劳”之人。

“八曰议宾：谓承先代之后为国宾者。”简言之，就是前两个王朝皇帝的嫡系传爵后裔，所谓“天子不臣”而视为国家宾客者。

“八议”之人获得什么样的特殊对待呢？《唐律疏议》说：“礼云刑不上大夫，犯法则在八议，轻重不在刑书也。其应议之人，……若犯死罪，议定奏裁，皆须取决宸衷，曹司不敢与夺。此所谓重亲贤，敦故旧，尊宾贵，尚功能也。以此八议之人犯死罪，皆先奏请，议其所犯，故曰八议。”这些特殊待遇，大概是以下几项：

(1) 八议之人犯罪，法司不得直接审判，只能将其罪状、身份等奏报朝廷议处，这就叫做“条陈所坐及应议之状，先奏请议”①。

(2) 尚书令在办公大厅主持会议商定处理方案，奏皇帝圣裁，这叫做“都堂集议，议定奏裁”。《唐律疏议》说：“议者，原情议罪，称定刑之律而不正决之。”《狱官令》规定：“诸狱囚应入议请者，皆申刑部，集诸司七品以上于都座议之。”②

(3) 皇帝一般会下旨减轻处罚（赦死刑为流刑）。即使仍为死刑，一般赐死于家。流罪以下则例减一等。

(4) “犯十恶者不用此（八议）律之罪。”③这是从北齐律“重罪十条”的“不在八议论赎之限”④而来。

总之，“八议”之制，作为官僚贵族特权制度，重在“议”和“减”二字。前者是程序特权，后者是实体特权。

（二）上请制度

所谓上请制度，就是一定范围的官僚贵族犯死罪时，法司进行审理后，列举罪状，拟出判决，并开列其应该享受“奏请”特权的理由，不通过宰相，直接奏请皇帝裁决。

《唐律·名例律》规定：“诸皇太子妃大功以上亲、应议者期以上亲及孙、若官爵五品以上，犯死罪者，上请。”《疏议》说：所谓上请，就是“条其所犯及应请之状，正其罪名，别奏请。”所谓“别奏”就是“不缘门下，别录奏请，听敕”。简言之，对于皇太子妃、八议之人的近亲属及五品以上高官，在其犯死罪时，可以依法审判，初

① 《唐律疏议·名例二》。
② 《唐六典》卷六，“刑部郎中员外郎”条引《狱官令》。
③ 《唐律疏议·名例二》。
④ 《隋书·刑法志》言北齐“重罪十条”有“犯此十者，不在八议论赎之限”的规定。

拟判决后，报皇帝圣裁。这种奏请，不须像平常奏请一样经过门下省（中枢行政机构），可以越过宰相机构直接上奏皇帝；最后"听敕"即以皇帝的敕令为真正判决。

"上请"特权适用者的范围要大于"八议"，其身份也低于"八议"。因此，当"上请"者的实际特权比"八议"者小，只是"上请圣裁"，没有"都堂集议"的程序。可以说，广义上的"上请"包括"八议"之人，"八议"之人当然有"上请"特权；但狭义的"上请"之人只是皇太子妃大功以上亲到五品以上官这一部分人，他们没有被"议"之特权。

除"上请"特权之外，应"请"之人犯流刑以下罪，当然减刑一等，这也是一个显著特权。但是，如果他们犯的是"反逆缘坐"（因亲属犯谋反、谋叛、谋大逆之罪而应连坐者）、杀人，监守内奸、盗、略人、受财枉法等罪者，不适用"上请"。

（三）例减制度

"例减"制度，狭义上讲，就是对于一定范围的官僚贵族犯流刑以下之罪，照例减刑一等。这个范围，大约是两种人：一是七品以上官员，二是应"上请"之人的近亲属（祖父母、父母、兄弟姊妹、妻、子孙）。所谓例减一等，就是流刑减为徒刑，徒刑则可以从徒三年减为徒二年半之类。

不过，广义的"例减"制度还应该包括：(1) 应"八议"之人流罪以下例减一等；(2) 应"上请"之人流罪以下例减一等。

法律规定有些情形不得减刑：应减之人若犯应处加役流之罪、反逆缘坐应处流刑之罪、过失杀伤父母祖父母之罪应流、犯不孝罪应流，及依法逢大赦仍应流放之人，"各不得减赎，除名配流如法"。对于期亲尊长、外祖父母、夫、夫之祖父母父母犯过失杀伤罪应处徒刑者，故意殴伤他人致残应流放者，男人犯盗罪应处徒刑以上者，妇女犯奸罪者，均不得减刑或收赎。

法律还规定：一人兼有议、请、减三特权者，唯得以一高者减之，不得累减。但是若系从坐应减、自首应减、故失应减、公坐相承应减，同时又有议请减待遇者，可以累减。

（四）赎刑制度

《唐律》规定的赎刑制度，是指一定范围的官僚贵族犯流刑以下罪时，依法可以用缴纳资财代刑。这些官僚贵族主要指三种人：一是应该"八议"、"上请"、"官当"之人，二是九品以上官员，三是应"例减"之官员的近亲属。此外还包括"五品以上妾犯非十恶者，流罪以下听以赎论"。

赎刑的金额标准，法律有明文规定，如流刑是铜八十斤到一百斤，徒刑是铜二十斤到六十斤，杖刑是铜六斤到十斤，笞刑是铜一斤到五斤。死刑在皇帝特旨赦免时也可以赎，赎金是铜一百二十斤。

《唐律》也规定有些情形不得赎刑：加役流、反逆缘坐流、子孙犯过失流、不孝流、会赦犹流等五种情形不得赎刑；对于期亲尊长、外祖父母、夫、夫之祖父母父母犯过失杀伤之罪应处徒刑者不得赎刑；故意殴伤他人致残应流刑者不得赎刑；男人犯盗罪应处徒刑以上、妇女犯奸罪者，不得用赎刑。

除作为特权的赎刑外，还有"疑罪从赎"的赎刑。

(五) 官当制度

所谓官当，是指一定范围的官员和有爵者犯罪，依法可以用官或爵抵当徒刑。

《唐律》规定：官员以官爵当徒刑时，若系私罪，五品以上官可以抵当二年徒刑，九品以上官可以抵当一年徒刑；若系公罪，可以各加当一年，即五品以上官当三年徒刑，九品以上官当二年徒刑。

流刑也可以官当，三等流刑都视同徒刑四年，用官爵当之。

如果官爵和刑罚之间有"差额"怎么办，唐律规定："罪轻不尽其官，留官收赎；官少不尽其罪，余罪收赎。"[①]官当者并非永远丢官，而是"期年以后，降先品一等叙"。

《唐律》还规定，有职事官(含散官、卫官)、勋官两种官职者，先以职事官职中的高品级职务来当，然后再以勋官来当。"若有余罪及更犯者，听以历任之官当"，就是用两种官职当完以后还有罪没有当尽，或者官职当完以后又犯新罪，还可以用过去"历任之官"来抵当。[②]

(六) 关于免官、免所居官、除名

从前人们一般把免官、免所居官、除名也视为唐律中独立的特权制度，其实不妥。

这几个制度，实际上只是对享受议、请、减、赎、当等特权者的"配套处罚"。就是说，在受到议、请、减、赎、当优待后的替代处罚的同时，还是要配套有一些行政处分，免掉官职或者除名。

所谓"免官"，大概是以下三重含义：(1) 对象：凡官员，犯奸盗略人及受财而不枉法之罪，犯流徒之罪狱成(已判决)逃走者，祖父母父母犯死罪被囚禁而作乐及婚娶者。(2) 内容：二官并免，即既免除职事官(含散官、卫官)，又免除勋官。(3) 附加待遇："三载之后，降先品二等叙"。简言之，这些犯罪不可能仅以"免官"来抵刑(如《唐律・职制律》规定，"祖父母、父母及夫犯死罪被囚禁，而作乐者，徒一年半")，只能是在依法处其他刑罚之后再配套"免官"。这样规定，大概是为了显示对公务员犯上述几类罪行(在依法应予特权同时)加以行政处分以肃

---

① 《唐律疏议・名例三》。

② 《唐律疏议・名例二》"以官当徒"条注"历任之官"云："历任，谓降所不至者"，疏议曰："听以历任降所不至告身，以次当之"。唐律中的"降"有二义，一指与赦类似的普遍减刑，二指官员"降级"。"降所不至告身"，大约指官员们早已拥有的、谓尚未经过"降"的职务身份。

官纪之意。

所谓“免所居官”，大概是三重含义：(1) 对象：凡为官员，其府号官称犯父祖名而冒荣居之者，其祖父母父母老疾无侍委亲之官者，在父母丧期生子及娶妾者，兄弟别籍异财者，冒哀求仕者，奸淫监临(管辖)所属杂户、官户、部曲及婢者。(2) 内容：“免所居之一官”，就是免除其实际任事的官职；若兼带勋官者，免其职事官。简言之，就是免除其最有实际权力的官职。这一处罚比“二官并免”的“免官”要轻。免所居官，也是一种配套处分。如《唐律·职制律》规定府号官称犯父祖名讳、委亲之官等行为，徒一年半。那么这里的“免所居官”显然是与“徒一年半”配套的处分。(3) 附加待遇：“期年以后，降先品一等叙”。一年以后可以降一级叙用。

所谓“除名”，大概是三重含义：(1) 对象：凡官员，犯十恶、故杀人之罪，或因亲属犯谋反谋大逆而应缘坐，已判决而逢大赦者；监守内奸、盗、略人、受财枉法者；杂犯死罪者；犯死罪在禁身死者；免死别配者；背死罪逃亡者。(2) 内容：“除名者，官爵悉除，课役从本色”，就是彻底免除官和爵，贬为庶民，依法承担赋税徭役义务。这也是在依法应受其他刑罚的同时作出的配套行政处分。(3) 附加待遇：“六载之后听叙，依出身法”。就是六年之后可以比照秀才、明经之类出身的标准重新作官，如“三品以上，奏闻听敕；正四品，于从七品下叙；从四品，于正八品上叙……”[①]，等等。

这三者作为对官员们的配套行政处分，是有轻重等级之分的。除名最重，免官次之，免所居官最轻。

如果考虑到这三者是与其他特权制度配套适用，考虑到这三者有“重新叙用”等附加待遇，则将三者视为配套特权也未尝不可。至于如“免所居官比徒一年，除名者比徒三年，免官者比徒二年”之类规定，是为“诬告反坐”而设，并非以免官、除名抵当徒刑。[②]

(七) 关于官僚贵族的其他优遇

唐代律令规定的官僚贵族法律特权远远不止以上几条。除此之外，其他法律优遇尚有：(1) 不得擅自拘禁和审问。《狱官令》规定：“诸职事官五品以上、散官二品以上，犯罪合禁，在京者皆先奏；若犯死罪及在外者，先禁后奏。其职事官及散官三品以上，敕令(收)禁推(问)者，所推之司皆复奏，然后禁推。”[③]即使是皇帝下旨特令收禁审讯的官员，承审官还须“复奏”即再次向皇帝奏报后才可以拘审。(2) 允许“责保参对”：《狱官令》规定：“诸应议请减者，犯……公坐流、私

---

① 《唐律疏议·名例三》。

② 《唐律疏议·名例三》“除名比徒”条。

③ 〔日〕仁井田陞：《唐令拾遗》，第718页。

坐徒，责保参对。其九品以上及无官应赎者，犯徒以上……款定，皆听在外参对。”[①]所谓“责保参对”，大约相当于今日取保候审。（3）不得拷讯。《断狱律》规定：“诸应议、请、减者……并不合拷讯。”（4）散禁、锁禁而不必戴枷杻。《狱官令》规定，“诸应议、请、减者，犯流罪以上，若除、免、官当者，并锁禁。……其九品以上即无官应赎者，犯徒以上，若除、免、官当者枷禁，公罪徒并散禁，不脱巾带。”

三、技术性刑法原则及相关制度

唐律作为中国古代最有代表性的刑法典，包含了非常丰富的刑法原则和制度。从刑法技术或刑法科学的角度来看，唐律几乎包含了现代刑法所具备的全部原则和制度，只不过程度上稍有差距而已。

（一）累犯加重处罚

《唐律·名例律》：“诸犯罪已发及已配，而更为罪者，各重其事。”什么是“各重其事”？《疏议》说“各重其后犯之事而累科之”。《唐律·贼盗律》：“诸盗经断后，仍更行盗，前后三犯徒者，流二千里。三犯流者，绞。”这也是累犯加重处罚的典型规定。不过，这里没有规定前后罪之间的距离期限。

（二）自首减轻处罚

《唐律·名例律》：“诸犯罪未发而自首者，原其罪。”所谓“未发”，就是未被官府察觉或未被告发。《疏议》说：“若有文牒言告官司……虽欲自新，不得成（自）首。假有已被推鞫，因问乃更别言余事，亦得免其余罪”。就是说，唐律中的自首，一般在两种情况下构成：一是犯罪未被发觉时；二是在交代此罪时主动带出彼罪。此外，唐律还有以下多种“视同自首”的规定：（1）代首：遣人代首与本人自首同。（2）容隐者告：得相容隐者告发与本人自首同。（3）归首：“知人欲告及亡叛而自首者，减罪二等坐之；即亡叛者虽不自首，能返归本所者亦同”。知人欲告发即自首，已亡叛而归来自首，或亡叛者仅仅返回居所地，亦视同半自首，减罪二等。（4）捕首：犯罪共亡，轻罪能捕重罪者，皆除其罪。就是共同逃亡的同案犯，轻犯能捕回重犯者，视同自首，免除其罪。（5）盗贼于财主处首露或悔过将财物还主者，亦同自首。（6）官吏公事失错，自觉举者，视同自首，原其罪。上述七种自首情形，在现今刑法中，多无类似明文规定，顶多视为酌定从轻或减轻情节。

唐律也规定，有些情形不适用自首，也就是说即使罪犯自动向官府归案交代，也不视同自首。比如，“于人损伤、于物不可备偿”时，就是杀人伤人之罪已经造成了实际损伤、侵害财产罪已经造成了无法挽回的毁损时，不适用自首原其罪的规定。

---

① 〔日〕仁井田陞：《唐令拾遗》，第716—717页。

(三) 区分故意和过失

在《唐律》中,谋杀人、故杀人、斗殴以刃杀人,皆处绞刑或斩刑;但过失杀伤人,一般处罚较轻,且听赎。这显然贯彻了区分故意与过失的刑法原则。

《唐律·名例律》规定:"其本应重而犯时不知者,依凡论;本应轻者,听从本。"这是什么意思?《疏议》说:"假有叔侄别处生长,素不相识,侄打伤叔,官司推问始知,听依凡人斗法。"就是侄儿不识叔叔而殴伤叔叔时,依凡人之间的斗殴罪处罚,而不应按照侄儿殴伤伯叔的重罪论处。"又如别处行盗,盗得大祀神御之物,如此之类,并是犯时不知,得依凡论,悉同常盗断。"就是在别处盗窃得到宗庙或宫殿之宝物而仅仅以为是凡人之物时,就不能按照"大不敬"的重罪处罚,只能按照一般盗窃罪处罚。这就是"本应重而犯时不知者依凡论"。"其本应轻者,或有父不识子,主不识奴,殴打之后然始知,悉须依打子及奴本法,不可以凡斗而论。是名本应轻者听从本。"这就是说,父打子,主打奴,如果打时不知,事后乃知,就不能依照凡人之间斗殴之罪处理,而应该"准五服以制罪"即按照尊长殴打卑幼的情形处理。因为尊长打伤卑幼处罚轻,凡人之间殴伤处罚重。这就是"本应轻者听从本"。这些规定都贯彻了区分故意和过失的原则。

(四) 共犯者重惩首犯

《唐律·名例律》规定:"诸共犯罪者,以造意为首,随从者减一等。""若家人共犯,止坐尊长。""即与监临主守(共同)为犯,虽造意,仍以监主为首,凡人以常从论。"这就是唐律关于共犯中重惩首犯的基本规定。《唐律》又规定"若本条言'皆'者,罪无首从"。首犯一般加重处罚,如谋叛(而未行)罪,"首处绞,从者流"。

(五) 数罪并罚从一重

《唐律·名例律》:"诸二罪以上俱发,以重者论。(二罪)等者,从一。"这就是数罪并罚。又规定"若一罪先发,已经论决,余罪后发,其轻若等(轻于或等于前罪),勿论;重者更论之,通计前罪,以充后数"。这就是判决后发现新罪的数罪并罚原则。"即以赃致罪,频犯者并累科",这是一种特殊的数罪并罚,即屡犯贪赃之类犯罪,则累计其多次赃物数额定罪。

(六) 有限罪刑法定

《唐律·名例律》:"诸断罪皆须具引律令格式正文,违者笞三十。"《唐律·断狱律》:"诸制敕断罪,临时处分,不为永格者,不得引为后比。若辄引致罪有出入者,以故失论。""诸鞫狱者,皆须依告状鞫之。若于本状之外,别求他罪者,以故入人罪论。"这些都是唐律关于刑事审判须受成文法限制的规定。这些规定,近于今日所谓罪刑法定原则。

这些规定,比起晋人刘颂的"律法断罪,皆当以律令正文;若无正文,依附名例断之；其正文名例所不及，皆勿论”[1]的主张还有距离，但已经难能可贵。

不过，这种近似罪刑法定主义的规定，被另一些规定所冲淡。《唐律·杂律》规定：“诸不应得为而为之者，笞四十；事理重者，杖八十。”所谓“不应得为”，“谓律令无条，理不可为者。临时处断，量情为罪，庶补阙遗，故立此条。”就是说给予法官在法定罪行之外的一定的临时制罪权。同时，《唐律·断狱律》规定：“事有时宜，故人主权断制敕，量情处分。”就是说，皇帝的审判权永远不受法定罪刑的限制。所以我们只可以说唐代曾有“有限的罪刑法定”。

（七）刑法类推适用

《唐律·名例律》规定：“诸断罪而无正条，其应出罪者，则举重以明轻；其应入罪者，则举轻以明重。”这相当于当今有些国家刑法仍保留的“类推适用”原则。这一原则与罪刑法定显然相反。《唐律·贼盗律》疏议说：“金科虽无节制，亦须比附论刑。岂为在律无条，遂使独为侥幸。”意思是即使刑律无相应定罪条文，也不能使有些恶行逍遥法外，一定要“比附论刑”。

所谓“举重明轻”，是指比照从前（被免予处罚的）更重恶行判决先例来决定眼下正待判决（较轻）的恶行不加处罚（“出罪”）；所谓“举轻明重”，是指比照从前（被给予处罚的）更轻的恶行判决先例来决定对眼下正待判决的（较重）的恶行加以处罚（“入罪”）。

（八）从旧兼从轻

《唐律·断狱律》引《狱官令》云：“诸犯罪未发及已发未断决，逢格改者，若格重，听依犯时格；若格轻，听从轻法。”[2]这相当于今日刑法的“从旧兼从轻”原则。《断狱律》还规定：“诸赦前断罪不当者，若处轻为重，宜改从轻；（若）处重为轻，即依轻法。”这是指大赦后重新复审时贯彻“从旧兼从轻”原则，即如赦前把轻罪判成重罪，那么赦后可以改处轻刑；如果赦前把重罪判成了轻罪，那就保持原判。

（九）疑罪从赦从赎

《唐律·断狱律》：“诸疑罪，各依所犯，以赎论。即疑狱，法官执见不同，得为异议，议不得过三。”这就是“疑罪从赦”。罪有疑问，难以定谳，则允许赎刑，在古人看来就是一种赦免。什么是疑罪？《疏议》说：“疑，谓虚实之证等，是非之理均；或事涉疑似，旁无证见；或旁有闻证，事非疑似之类。”所谓“议不得过三”，就是参与审判的法官的不同判决意见不得超过三种。这正是《尚书·吕刑》“五刑之疑有赦，五罚之疑有赦”、“其罚百锾”、“其罚惟倍”之原则的继承。

（十）“保辜”论罪

《唐律·贼盗律》规定：在斗殴伤人、伤势不明因而罪刑难定的情形下，实行

---

① 《晋书·刑法志》。

② 〔日〕仁井田陞：《唐令拾遗》，第709页。

“保辜”制度：“诸保辜者，手足殴伤人限十日，以他物殴伤人者限二十日，以刃及汤火伤人者三十日，折跌支体及破谷者五十日。限内死者，各依杀人论；其在限外及虽在限内以他故死者，各依本殴伤法。”这就是说，法律对于这类情形规定十至五十天的期限，受害人在期限内死亡，加害人则以杀人罪（斗杀）论罪定刑；受害人在期限外死亡，或在期限内因别的缘故死亡，加害人则以殴伤罪定罪量刑。“保辜”限内康复可以减轻处罚，“诸斗殴折跌人支体及瞎其一目者，徒三年；辜内平复者，各减二等。”这一技术处理原则，至今西方国家刑法还有使用者。①

（十一）区分“六杀”

为了区分人命罪案的动机、情节和结果轻重，《唐律》把人命罪从技术上区分为“六杀”，以便更好实现罪刑相适应。所谓六杀，系指（1）谋杀，即有预谋的杀人，一般处绞或斩刑。（2）故杀，即无预谋的故意杀人，伤重者绞，已死者斩。（3）斗杀，即在斗殴中致人身死，处绞刑。（4）误杀，斗殴时误杀旁人身死，按斗杀罪处理。（5）戏杀，在游戏中造成他人死亡，减斗杀罪二等（徒三年）。但使用刀刃，或在悬崖、急水之地嬉戏致人死亡，减斗杀一等（流三千里）。（6）过失杀，过失致人死亡，一般在判处刑罚后听任赎刑。这类区分，今天看来或不无交叉重叠，但在当时反映了刑事立法的技术高度。

（十二）区分“六赃”

为了区分财产犯罪的动机、情节和结果轻重，《唐律》将其分类为“六赃”，以便实现罪刑相适应。这“六赃”分别是：（1）强盗，即“以威若力”取财。即抢劫。不得财徒二年，得财一尺徒三年。得财十疋以上及伤人者绞，杀人者斩。（2）窃盗，即“潜形隐面”取财。不得财笞五十，得财一尺杖六十，五疋徒一年，五十疋加役流。（3）受财枉法，即官吏受贿且违法处理公事，受财一尺杖一百，一疋加一等，十五疋绞。（4）受财不枉法。即官吏受贿但没有违法办事。受财一尺杖九十，二疋加一等，三十疋加役流。（5）受所监临，专指不因公事而收受部下百姓钱财（若因公则入受财枉法之类）。受财一尺笞四十，一疋加一等，五十疋流二千里。（6）坐赃，泛指五者以外的一切非法所得。如官吏非法科敛，官吏向部下百姓借贷，官吏与百姓不公平交易，借钱物过契约期限不还，擅自役使百姓，私自经营公产得利，受部下酒肉供馈者，都坐赃论。具体处理差别很大。

四、伦理性刑法原则及相关制度

《唐律》的刑事规范贯穿了儒家为主、儒法合流后的中国正统法律思想，体现了中国正统伦理精神。如此之类，我们可以将其称之为伦理性刑法原则及相关

---

① 参见1810年《法国刑法典》第309条，1975年《法国刑法典》第316条，1994年《法国刑法典》第222-11条。

制度。

（一）重惩“十恶”

《唐律》继承隋《开皇律》，首重“十恶”之罪，列于律首，加重打击。《唐律·名例律》规定国家必须重惩的“十恶”是：“一曰谋反：谓谋危社稷。”即阴谋推翻君主和政权。“二曰谋大逆：谓谋毁宗庙、山陵及宫阙。”即阴谋破坏皇家建筑设施。“三曰谋叛：谓谋背国从伪。”即阴谋叛国投敌。“四曰恶逆：谓殴及谋杀祖父母父母，杀伯叔父母、姑、兄姊、外祖父母、夫、夫之祖父母父母。”就是最严重的忤逆杀伤尊亲属。“五曰不道：谓杀一家非死罪三人，支解人，造畜蛊毒、厌魅。”就是最残忍的杀人行径。“六曰大不敬：谓盗大祀神御之物、乘舆服御物；盗及伪造御宝；合和御药，误不如本方及封题误；若造御膳，误犯食禁；御幸舟船，误不牢固；指斥乘舆，情理切害，及捍对制使而无人臣之礼。”就是对皇帝的不敬。“七曰不孝：谓告言、诅詈祖父母父母。及祖父母父母在，别籍异财，若供养有阙。居父母丧身自嫁娶，若作乐，释服从吉；闻祖父母父母丧，匿不举哀。诈称祖父母父母死。”就是对父母祖父母有悖孝道。“八曰不睦：谓谋杀及卖缌麻以上亲，殴告夫及大功以上尊长、小功尊属。”就是对同族尊长有伤害或告发行为。“九曰不义：谓杀本属府主、刺史、县令、见受业师，吏卒杀本部五品以上官长；及闻夫丧匿不举哀，若作乐，释服从吉，及改嫁。”就是在下位的人严重违反尊卑之义。“十曰内乱：谓奸小功以上亲、父祖妾，及与和者。”就是亲属内乱伦行为。

关于“十恶”，作为国家的法制，特别强调打击危害君权和国家的行为（如重惩谋反、谋叛、谋大逆、大不敬），特别强调打击危害父权及家庭伦常秩序的行为（如恶逆、不孝、不睦、内乱），特别强调打击严重违反传统道义（如不义、不道）的行为。这三者，正体现了封建国家法制的基本精神。

重惩“十恶”，作为刑事制度，所谓“重惩”，主要包含以下内容：(1) 惩及于“谋”（如谋反、谋叛、谋大逆、谋杀祖父母父母、谋杀缌麻以上亲），即惩罚预备犯乃至思想犯。(2) 犯“十恶”的罪犯本人处以比一般罪行显重的刑罚（多为死刑）。(3) 株连亲属（如“诸谋反大逆者，皆斩；父子年十六以上皆绞，十五以下及母女、妻妾（子妻妾亦同）、祖孙、兄弟姊妹，若部曲、资财、田宅并没官，伯叔父、兄弟之子皆流三千里，不限籍之同异。”），株连邻伍、官司（知情不告或不即时追捕者）。(4) 常赦所不原（宥），即一般大赦时不得赦免“十恶”。(5) 决不待时，即“十恶”中的死刑犯处决一般不必受“断屠月”、“禁刑日”之类限制（但特殊情形下还有限制）。(6) 不适用“八议”请减优待，即犯“十恶”者死罪不得上请，流罪不得例减。

（二）“君亲无将、将而必诛”

唐律特别注重打击侵犯君权的犯罪。列于律首特别强调加重打击的“十恶”之中，侵犯君权的置于首位，并占“四恶”（谋反、谋叛、谋大逆、大不敬）。《唐律·贼盗律》规定:"诸谋反大逆者,皆斩;父子年十六以上皆绞,十五以下及母女、妻妾(子妻妾亦同)、祖孙、兄弟姊妹,若部曲、资财、田宅并没官,伯叔父、兄弟之子皆流三千里,不限籍之同异。"这是唐律中规定的处刑最重、株连最广的一个罪名,可见国家之特别用意。

《唐律·名例》"十恶"条《疏议》云:"案公羊传云'君亲无将,将而必诛',谓将有逆心,而害于君父者,则必诛之。……王者居宸极之至尊,奉上天之宝命,同二仪之覆载,作兆庶之父母,为子为臣,惟忠惟孝。乃敢包藏凶慝,规反天常,悖逆人理,故曰谋反。"《贼盗律》"谋反"条疏议云:"人君者,与天地合德,与日月齐明,上祇宝命,下临率土,而有狡竖凶徒,谋危社稷,始兴狂计,其事未行,将而必诛,即同真反。"把君主抬高到神的地位,把君主的权威神化到登峰造极。这就解释了"君亲无将,将而必诛"的意图:对于侵害君主权威之罪,绝对加重打击,绝对不可以宽待。

(三)"王者之政莫急于盗贼"

《唐律》特别注重贯彻战国时李悝《法经》所谓"王者之政莫急于盗贼"的主张。主要体现在:(1)打击政治性盗贼:严惩谋反、谋叛、谋大逆、大不敬、不义等犯罪。(2)打击一般性盗贼。唐律中《贼盗律》占四卷,为分则中罪条最多者,共五十四条(其次为《名例律》共六卷五十二条)。(3)《贼盗律》中死罪条款近二十条,是《唐律》十二篇中死罪最多的一篇。(4)虽曰"谋反",词理不能动众,威力不足以率人者,亦皆斩。父子、母女、妻妾并流三千里。(5)诸有所规避而执持人为质,皆斩。部司及邻伍知见,避质不格者,徒二年。这是特别加重打击"绑匪"之类盗贼。(6)诸造妖书及妖言者绞。传用以惑众者亦如之。这是特别强调打击"妖言惑众"之类的盗贼。(7)夜无故入人家,笞四十。主人登时格杀者,勿论。这是授权百姓自己制裁盗贼。(8)窃盗,一尺杖六十,五十疋加役流。这是对最轻的盗贼"窃盗"也不轻饶。

(四)"准五服以制罪"——亲疏有别、尊卑有别

《唐律》继承了自《晋律》正式入律的"准五服以制罪"原则,亦即在亲属相犯案件处理时秉持"亲疏有别、尊卑有别"的原则。主要体现在:(1)谋杀常人(未成伤者)徒三年;而谋杀期亲尊长、外祖父母、夫、夫之祖父母父母者(不问既遂未遂、已伤未伤)皆斩。谋杀缌麻以上尊长,流二千里,已伤者绞。但尊长谋杀卑幼,各依故杀罪减二等;已伤者减故杀罪一等。(2)常人斗殴未伤者笞四十;而殴祖父母父母、夫、夫之祖父母父母者,不论已伤未伤,皆斩或绞。尊长殴卑幼,折伤者,缌麻亲减凡人一等,小功大功亲递减一等。子孙违反教令而祖父母父母殴杀者,徒一年半;以刃杀者,徒二年;故杀者各加一等。(3)子孙告祖父母父母者绞;告发期亲尊长,外祖父母、夫、夫之祖父母父母者虽得实,徒二年。父祖告子孙、外孙、子孙之妇妾及己之妾者,虽诬告亦无罪。《唐律》的《贼盗》、《斗讼》律

的这些规定，典型贯彻了儒家“亲亲尊尊”、“亲疏有别”、“尊卑有别”的伦理原则。

（五）“亲亲相隐”

《唐律》继承了汉律以来“亲亲得相首匿”的制度，贯彻了儒家“亲亲相隐”的法律原则。《唐律·名例律》规定：“诸同居，若大功以上亲及外祖父母外孙，若孙之妇，夫之兄弟及兄弟妻，有罪相为隐。部曲奴婢为主隐，皆勿论；即漏露其事及擿语消息，亦不坐。其小功以下相隐，减凡人三等。若谋叛以上，不用此律。”这一条，可以视为《唐律》“亲属容隐”制度的总则。其含义是：所有同居亲属（不论服制）均可相隐，不同居的大功以上亲属亦可相隐，不同居的小功以下亲属相隐也可减轻处罚。

在这一“总则”之下有十方面的“分则”规定。(1) 不仅藏匿犯罪亲属不罚，“及匿得相容隐者之侣（即亲属的同案犯）亦不坐。”(2) 泄露通报捕摄消息令亲属脱逃者不罚。(3) 审问官不得逼亲属作证，违者罪之。(4) 不得告发尊亲属。告祖父母父母为不孝，处绞；告其他有服尊亲属亦有罪。被告发的尊亲属视同自首减免处罚（期亲以下尊卑“相侵犯”者可以告发）。(5) 不得告发一定范围的卑亲属。“告缌麻小功卑幼，虽得实，杖八十，大功以上递减一等。”但父祖告子孙即使诬告亦不坐。(6) 帮助父祖逃脱囚禁后不得因惧罚复捕得送官。(7) 不得捕缚与自己共同犯罪的亲属赴官自首。(8) 在审讯中不得已附带吐露亲属之犯罪者，不视为告发。(9) 捉奸时因捕捉与亲属行奸的外人而牵露亲属之奸罪者不视为告发。(10) 谋叛以上国事重罪不得相隐，必须告发。

（六）矜恤老幼妇孺

《唐律》特别注重哀怜老幼妇孺。《唐律·名例律》：“诸年七十以上十五以下及废疾，犯流罪以下，收赎；八十以上十岁以下及笃疾，犯反逆杀人应死者，上请；盗及伤人者，亦收赎。余皆勿论。九十以上七岁以下，虽有死罪，不加刑。即有人教令（唆），坐其教令者。”在“老幼”的认定上亦特别注意有利被告：“诸犯罪时虽未老疾，而事发时老疾者，依老疾论。若在徒年限内老疾亦如之。犯罪时幼小，事发时长大，依幼小论。”《唐律》还规定：“年七十以上十五以下及废疾者，并不合拷讯，皆据众证定罪。……不得令其为证。”就是对于老幼，既不能考讯，也不能迫令其作证。对于妇女，《唐律》规定：“诸妇人犯死罪，怀孕，当决者，听产后一百日乃行刑。诸妇人怀孕，犯罪应拷及决杖笞，若未产而拷决者，杖一百；产后未满百日而决者，减一等。”此外，妇女除犯奸罪外，一般可以赎刑；妇女处死刑，一般绞于隐处。《狱官令》规定：“诸禁囚，死罪枷杻。妇人及流罪以下去杻，其杖罪散禁。年八十及十岁，并废疾、怀孕、侏儒之类，虽犯死罪，亦散禁。”①

① 〔日〕仁井田陞：《唐令拾遗》，第715页。

（七）重株连以禁累人心

《唐律》继承了先秦法家"令民为什伍而相牧司连坐"、"重刑连其罪"的主张，作出了许多加重株连以禁累人心的处罚规定。如《唐律·贼盗律》规定："诸谋反大逆者，皆斩；父子年十六以上皆绞，十五以下及母女、妻妾（子妻妾亦同）、祖孙、兄弟姊妹，若部曲、资财、田宅并没官，伯叔父、兄弟之子皆流三千里，不限籍之同异。诸谋叛者绞，已上道者皆斩，妻子流二千里。"这是唐律中最惨烈的亲属连坐。此外有"伍保连坐"即邻里连坐，"即同伍保内，在家有犯，知而不纠者，死罪徒一年，流罪杖一百，徒罪杖七十。其家唯有妇女及男年十五以下者，皆勿论。"有"保任连坐"，《诈伪律》规定："诸保任不如所任，减所任（者）罪二等。"还有"监临连坐"，《斗讼律》规定："诸监临主司知有犯法不举劾者，减罪人罪三等。纠弹之官减二等。"

（八）贵贱有别（官民有别）

《唐律》贯彻了儒家"尊卑有等、贵贱有别"的"礼治"原则，强调官僚贵族的等级特权，强调百姓与官贵之间的身份差别。具体体现在"八议"、"上请"、"例减"、"官当"、"赎刑"等制度上。除上节"官僚贵族法律特权"所述之外，典型的规定还有：(1) 应议请减之人不合拷讯。(2) 犯五流（加役流、反逆缘坐流、子孙犯过失流、不孝流、会赦犹流）之人，有官爵者，除名，配流，免居作。(3) 五品以上，犯非恶逆以上，听于家自尽。七品以上及皇族若妇人，犯非斩者，皆绞于隐处。(4) 无官犯罪，有官事发，流罪以下以赎论；其有官犯罪，无官事发；有荫犯罪，无荫事发；无荫犯罪，有荫事发，并从官荫之法。此外，在"十恶"中专设"不义"一条，加重处罚百姓、部下杀官长的行为。

（九）良贱有别（主奴有别）

《唐律》还贯彻了儒家"良贱有别"的原则。在《唐律》中，良贱之分得到了法律的固定。唐代的贱民有"官贱"（官奴婢、官户、工户、乐户、杂户、太常音声人）和"私贱"（奴婢、部曲、客女）二类。《唐律疏议》公然称"奴婢贱人，律比畜产"，"不同人例"。《唐律·斗讼律》规定："官户、部曲殴良人，加凡人一等；奴婢殴良人，加官户部曲一等。良人殴他人部曲，减凡人一等，殴他人奴婢，再减一等。"又规定："主人殴部曲身死，徒一年；主人故杀部曲，徒一年半；部曲有过，主人处罚致死者，各勿论。""奴婢有罪，主人擅杀者，杖一百。无罪而杀之，徒一年。"我们与《唐律》中保护马牛的法条比较，就可知奴婢的地位还不如马牛。① 此外，唐律还规定良贱之间不得通婚，违者处徒刑。

（十）区分公罪与私罪（公私有别）

《唐律》还有意区分公罪与私罪。对公罪处罚较轻，对私罪处罚较重。如《断

① 《唐律·厩库律》："诸故杀官私马牛者，徒一年半。"

狱律》规定:"诸监临之官因公事,自以杖捶人致死及迫人致死者,各从过失杀人法;若以大杖及手足殴击,折伤以上,减斗杀伤罪二等。"又规定"诸决罚不如法,……以故致死者,徒一年。"这些因公致死人命的罪责,都远比因私故杀、斗杀、斗伤之罪责要轻。《唐律·名例律》还规定:"五品以上官,私罪当徒二年,公罪当徒三年;九品以上官,私罪当徒一年,公罪当徒二年。"何为私罪公罪?《疏议》说:"公罪谓缘公事致罪而无私曲者。私罪谓不缘公事私自犯者。虽缘公事,意涉阿曲,亦同私罪。"就是说,以官当罪,公罪可以多当,私罪只能少当。此外,《狱官令》规定,官员犯(私罪)徒罪以上,枷禁;但(犯)"公罪徒以上散禁,不脱巾带"①。对犯公罪者的待遇高于犯私罪者,此乃轻公罪而重私罪之意。

(十一)从严治吏、整肃官纪

《唐律》在保护官僚贵族特权的同时,特别注意从严治吏、整肃官纪。这主要体现在以下四个方面:(1) 重惩官吏犯赃。窃盗(监守盗):监临主守自盗及盗所监临财物者,加凡盗二等,三十疋绞。(一般人窃盗一尺笞五十,五十疋加役流。)受财枉法:一尺杖一百,一疋加一等,十五疋绞。受财不枉法:一尺杖九十,二疋加一等,三十疋加役流。受所监临:一尺笞四十,一疋加一等,八疋徒一年;五十疋流二千里。坐赃:贷(借)所监临财物者,坐赃论。百日不还,以受所监临财物论。强者,加二等。若买卖有剩利者,计利,以乞取监临财物论。强市者,笞五十;有剩利者,计利准枉法论。(2) 州县官不得与百姓通婚。"诸州县官人,在任之日,不得共部下百姓交婚。违者,虽会赦,仍离之。其州上佐以上,及县官于所统属官亦同。其定婚在前任官居后,及三辅内官门阀相当情愿者,并不在禁限。""诸监临之官,娶所监临女为妾者,杖一百;若为亲属娶者,亦如之。其在官非监临者,减一等,女家不坐。"(3) 严惩"性贿赂"。"诸监临之官……枉法娶人妻女者,以奸论加二等。为亲属娶者亦同。行求者,各减二等。各离之。"这里特别注意打击以"妻女"为利益"行求"之人,即今之所谓"性贿赂"。《疏议》曰:"有事之人,或妻若妾,而求监临官司曲法判事,娶其妻妾及女者,以奸论加二等。其娶者有亲属应加罪者,各依本法,仍加监临奸罪二等。为亲属娶者亦同,皆同自娶之坐。行求者各减二等,(谓)其以妻妾及女行求,嫁与监临官,得罪减监临二等。亲属知行求枉法,而娶人妻妾及女者,自依本法为从坐。"(4) 禁止自导歌功颂德。《唐律》规定:"诸在官长吏,实无政迹,辄立碑者,徒一年;若遣人妄称己善,申请于上者,杖一百。有赃重者,坐赃论。虽有政迹,而自遣者,亦同。"

(十二)"华夷有别"

《唐律》还贯彻了儒家的"华夷有别"主张,对四方少数民族、蕃夷属国不强求适用儒家化的唐律,允许他们自依本地本族风俗和习惯法处理事务,还进而允许

① 〔日〕仁井田陞:《唐令拾遗》,第717页。

在"中国"(儒家文化开化区域)对于夷人自己的事务适用其自己民族的习惯法。《唐律·名例律》:"诸化外人,同类自相犯者,各依本俗法;异类相犯者,以法律论。"《疏议》说:"化外人,谓蕃夷之国,别立君长,各有风俗,制法不同。其有同类自相犯者,须问本国之制,依其俗法断之。异类相犯者,若高丽之与百济相犯之类,皆以国家法律论定刑名。"这里区分"同类相犯"、"异类相犯"两种情形,同类即同一个少数民族藩属国的人民,异类即不同的民族藩属国民。前者依"本俗法"即该藩属国自己的法律,后者"以法律论"即以大唐的法律。前者体现了中国文化的恢弘大度,不强加于别的民族。这一制度,在特别强调刑法排他适用和刑事司法排他管辖权的现代各国都难以达到。

第四节 唐代的主要民事法制

唐代的民事法律制度,有多种载体或曰多种表现形式。我们不可以简单地说唐代没有民事法,也不可以简单地说民事法都包含在刑事法之中,也不可以说唐代的民事法都由不成文的"礼"构成。关于唐代民事法制的认识,实际上就是对中国传统民事法制的基本框架和内容的认识。

一、唐代民事法的渊源(形式)

唐代的民事法制,其主要渊源或形式有四:

(一) 礼

唐代曾有"礼"的正式编纂,如《开元礼》。在祭祀之礼、人伦之礼、婚姻之礼、丧葬之礼、服饰之礼等法定礼仪中,实际就有大量的民事权利义务的规定。即使是没有正式编纂的礼,也可能成为民事法源。所谓"失礼之禁,著在刑书"[1],就是说礼可以直接构成日常生活的民事法律规范,严重违反民事规范者构成刑事犯罪。《唐律疏议·职制》"匿父母及夫丧"条疏议说:"问曰:居期丧作乐及遣人作乐,律无条文,合得何罪?答曰:《礼》云:'大功将至,辟琴瑟。'……况乎身服期功,心忘宁戚,或遣人作乐,或自奏管弦,须加惩戒。律虽无文,不合无罪。从不应为之坐:期丧从重,杖八十。"这就是把"礼"直接作为民事义务规范来引用的。《礼记》中的许多规则实际上被视为民事规则。

(二) 律令格式

唐律作为民事法源,指其中有直接民事规范。如《户婚律》中关于收养的规定:"诸养子,所养父母无子而舍去者,徒二年。若自生子及本生无子,欲还者,听之。即养异姓男者,徒一年,与者笞五十。其遗弃小儿三岁以下,虽异姓,听收

---

① 《全唐文·薄葬诏》。

养，即从其姓。”这一条，除了徒刑、笞刑两句以外，就主要是关于解除收养关系、收养异姓小儿的民事规范。另外，关于立嫡问题，规定“诸立嫡违法者，徒一年。即嫡妻年五十以上无子者，得立嫡以长，不以长者亦如之”。这一条中包含“立嫡以贵”和特殊条件下“立嫡以长”的民事规范。其他类似的情形很多。同时，律文后所附大量的《疏议》文字，其中包含很多民事法律规范，也可视为律的一部分。

唐令作为民事法律规范，主要指直接调整户婚、田土、钱债、市易等民事关系而又没有直接规定制裁（制裁在律中）的《户令》、《田令》、《封爵令》、《衣服令》、《仪制令》、《赋役令》、《关市令》、《丧葬令》、《杂令》等等。如《户令》规定：“无子者，听养同宗于昭穆相当者。”

唐格中也有民事法律规范。如《唐大诏令集》中天复元年（公元901年）改元敕文：“旧格：买卖奴婢，皆须两市署出公券，仍经本县长吏验明正身，谓之‘过贱’。及问父母见在处分，明立文券，并牒太府寺。”[①]这里出现的就是关于买卖奴婢手续的民事格文。

唐式中也有民事法律规范。如《唐会要》载：“准《户部式》节文：诸食封人身殁以后，所得封物，随其男数为分，承嫡者加一分，至元孙即不在分限。”[②]这就是关于食封继承的民事规定。

（三）习惯

唐代存在着大量的民事习惯。特别是关于收养、契约、交易等方面，民间自有一些约定俗成的惯例，官方对此默认。如唐《杂令》规定：“诸公私以财物出举者，任依私契，官不为理。”“诸以粟麦出举，还为粟麦者，任依私契，官不为理。”[③]这就是承认民间的借贷契约习惯。又如《唐律疏议・杂律》规定：“诸失火及非时烧田野者，笞五十。非时，谓二月一日以后，十月二十三日以前。若乡土异宜者，依乡法。”所谓“乡法”即不同地域的风俗，此乃习惯的一部分。

（四）法理

法理作为民事法源，主要指两种情形。一是运用比附类推而适用的“理”，如“其应出罪者则举重以明轻；其应入罪者则举轻以明重”。在这种司法推理中所使用的逻辑、道理、以例比附，都是运用法理。二是依事理判断时所运用的“理”。如《唐律・杂律》规定：“诸不应得为而为之者，笞四十。谓律令无条，理不可为者。事理重者，杖八十。”这理的“理”、“事理”实质就是法理。[④]

---

① 《唐大诏令集》卷五，《帝王改元》下。

② 《唐会要》卷九十，《缘封杂记》。

③ 〔日〕仁井田陞：《唐令拾遗》，第789—790页。

④ 以上关于民事法源的讨论，参考了张中秋的有关成果。见张中秋：《唐代经济民事法律述论》，法律出版社2002年版，第128—134页。

二、唐代的主要民事法律制度

（一）民事主体法

唐代的民事主体法制，主要体现在社会不同阶层作为民事权利主体的身份差异，及不同年龄层次者的民事主体身份差异问题上。

首先是士农工商四民的民事主体身份问题。四民既然都是良民，理论上讲都有完全民事主体身份。但事实上，士、农二者是完全民事权利主体，“工商”作为民事权利主体是有一定限制的。唐《选举令》规定：“身与同居大功以上亲自执工商，家专其业者，不得仕”[①]。《户令》也规定“工商之家不得预于士”[②]。

其次是奴婢、贱民的民事主体身份问题。贱民可以作为民事权利主体，但不完全。唐代的贱民，主要指“官贱”（官户、杂户、番户、工户、乐户、太常音声人）和“私贱”（部曲、客女）等。他们子孙世代承袭贱民身份，为官府和私人服役，不得擅自离去。他们可以拥有自己的家庭和财产，可以看作民事主体。主人虽不得出卖他们，但可以合家转让给别人（受让人必须向原主支付“衣食”之资）。他们（太常音声人除外）没有与良民通婚的权利，只可“当色为婚”。至于奴婢，法律直接将其视为财产，所谓“奴婢贱人，律比畜产”，没有正常民事主体资格。主人可以随时买卖转让奴婢，其婚配必须有主人指定配合，不得与其他阶层结婚，其子孙世代为奴，为主人财产。但是，《户令》也规定奴婢可以财产自赎，说明奴婢可以拥有自己的财产，奴婢可以有家庭。唐《户令》还规定主人可以释放奴婢为良人，也可以释放为部曲客女。其释放程序由主人家长亲自书写文书，由主人的长子以下亲属连署，并报当地官府后生效。

再次是卑幼和未成丁者的民事主体资格问题。《唐律・户婚律》规定：“诸同居卑幼私辄用财者，十疋笞十，十疋加一等，罪止杖一百。”《疏议》说：“同居之内，必有尊长。尊长既在，子孙无得自专。”这标明唐律视同居卑幼（即使已成年）为不完全民事主体或限制民事行为能力人。唐《户令》规定的成丁与否也是民事主体资格的依据。依《户令》，三岁以下为“黄”，十五岁以下为“小”，二十岁以下为“中”，二十一岁以上为“丁”，六十以上为“老”。实际上以十八岁为成年。十八岁以上的“中”和“丁”可以受田，有完全的赋税徭役义务，故也有完全民事主体资格；十五岁以下和六十岁以上一般不受田或须还田，不承担全额赋税徭役，故可以视为限制民事行为能力人，系不完全民事主体。

（二）物权法

唐代的物权法，我们这里主要介绍唐令关于土地所有权、遗失物、漂流物、埋

---

① 《唐律・诈伪律》“诈假官”条引《选举令》。

② 〔日〕仁井田陞：《唐令拾遗》，第154页。

藏物等等的一般规定。

关于土地所有权，因唐代实行“均田制”，授予百姓的土地分为口分田、永业田两部分。口分田，少壮受田，老死后要还给官府；永业田可以继承。二者理论上讲都不可自由买卖，《户婚律》规定有“卖口分田”之罪。但《疏议》又说口分田可以卖充宅及碾硙、邸店，自狭乡迁往宽乡时可以卖；永业田在家贫无以供葬时可以出卖。①

关于拾得物的物权归属，《唐令》规定：“诸得阑遗物，皆送随近县。在市得者，送市司。……所得之物，皆悬于门外，有主识认者，检验记，责保还之。经三十日无主识认者，受掌，仍录物色目牓村坊门。经一周年无人认者，没官。没入之后，物犹见在，主来识认，证据分明者，还之。”②唐令规定无人认领者收归官府，基本上不考虑拾得人可以获得或分享部分遗失物物权的可能性。《唐律》甚至规定“得阑遗物不送官”者以亡失罪或“坐赃”论罪③。

关于漂流物的物权归属，《唐令》规定：“诸公私竹木暴水漂失，有能接得者，并积于岸上，明立标牓，于随近官司申牒。有主识认者，江河五分赏二，余水五分赏一。限三十日，无主认者，入所得人。”④这里明确承认拾得漂流物的人可以获得原物40%或者20%的报酬，亦即承认可以取得部分所有权。如无人认领，则取得全部所有权。

关于埋藏物的物权归属，《唐令》规定：“诸官地内得宿藏物者听收。他人地内得者，与地主中分之。即古器形制异者，悉送官酬其值。”⑤这里明确规定，在公地里获得埋藏物，取得完全所有权；在私人地里获得埋藏物，与地主各得50%所有权；若系古代文物之类，则由官府收购。《唐律·杂律》规定，“诸于他人地内得宿藏物，隐而不送者，计合还主之分，坐赃论减三等。若得古器形制异，而不送官者，罪亦如之。”

此外，唐令还就添附物所有权作出了规定。“诸田为水侵射，不依旧流，新出之地，先给被侵之家。若别县界新出，依收授法。其两岸异管，从正流为断；若合隔越受田者，不用此令。”⑥

（三）债法

关于唐代的债法，我们主要介绍唐令关于买卖、借贷、典卖等契约关系以及侵权损害之债、无因管理之债等问题的一般规定。

---

① 《唐律·户婚律》。

② 唐《捕亡令》，见〔日〕仁井田陞：《唐令拾遗》，第659页。

③ 《唐律疏议·杂律》。

④ 唐《杂令》，见〔日〕仁井田陞：《唐令拾遗》，第785页。

⑤ 同上书，第792页。

⑥ 同上书，第570页。

关于买卖契约,《唐令》规定了多方面的制度。一是大宗买卖必须立"市券",即必须使用官式(税讫后盖官印的)契约文书。《唐令》中记载了这样的规定:"凡买卖奴婢、马牛,用本司本部公验以立券。"[①]《唐律·杂律》规定:"诸买卖奴婢、马牛驼骡驴等,已过价,不立市券,过三日笞三十,卖者减一等。"这就是大宗买卖必须以"要式契约"进行。[②] 二是瑕疵责任问题,《杂律》规定:"立券之后,有旧病者,三日内听悔。无病欺,市如法。违者笞四十。"这里实际上已经包括了买卖标的物有瑕疵时可以变更或撤销合同的规定。三是亲邻先买权制度。玄宗天宝十四年(755 年)制:"天下诸郡逃户,有田宅产业妄被人破除,并缘欠负租庸,先已亲邻买卖,及其归复,无所依投,须加安辑。"[③]这说明先前已经有"亲邻先买权"存在。五代后周法令规定:"如有典卖庄宅,准例房亲、邻人合得承当;若是亲邻不要,及著价不及,方得别处商量,和合交易。"[④]这一规定显系从唐代的类似规定继承而来。

关于借贷契约,《唐令》也规定了多方面的制度。一是关于抵押借贷的规定,《唐令》规定:"收质者,非对物主不得辄卖;若计利过本不赎,听告市司对卖,有剩还之。"[⑤]这就是规定须由债权债务双方当面(相对)出卖质押物,市场管理官员监督,超过本利的价值必须归还债务人。二是关于放贷利率的规定,唐令规定:"诸公私财物出举者……每月收利不得过六分。积日虽多,不得过一倍。若官物及公廨,本利停讫,每计过五十日,不送尽者,余本生利如初,不得更过一倍。"[⑥]这就是后世著名的"积日虽多,不过一本一利"制度的前身。但是又特别提高公家(官府)放贷利率上限(一本两利)。三是关于"牵掣"(即债权人私力救济)的规定。《唐律疏议·杂律》规定:"诸负债不告官司,而强牵财物过本契者,坐赃论。"《疏议》曰:"谓公私财物,违契不偿,应牵掣者,皆告官司听断。若不告官司而强牵财物,若奴婢、畜产,过本契者,坐赃论。"依此规定,若先告官而牵掣债务人财物,或牵掣财物不超过债务,都是合法的。

关于典卖契约,唐代也有规定。唐宪宗元和八年(813 年)敕:"应赐王公、公主、百官等庄宅、碾硙、店铺、车场、园林等,一任贴典货卖。其所缘税役,便令县府收管。"[⑦]所谓"贴典货卖",就是典卖,就是一种附回赎权的降价活卖。

关于侵权损害之债,《唐律·杂律》规定,因马惊骇,力不能制,而于城内街巷

---

① 唐《关市令》,见〔日〕仁井田陞:《唐令拾遗》,第 648 页。

② 另见唐天复元年(901 年)诏书重申旧格:"旧格:买卖奴婢,皆须两市署出公券,仍经本县长吏验明正身,谓之'过贱'。及问父母见在处分,明立文券,并牒太府寺。"见《唐大诏令集》卷五,《帝王改元》下。

③ 《唐会要》卷八十五,《逃户》。

④ 《册府元龟》卷六一三,《刑法部·定律令》。

⑤ 《宋刑统·杂律》"受寄财物辄费用"条引唐令。

⑥ 同上。

⑦ 《旧唐书·宪宗本纪》。

“杀伤人者，减过失（杀伤人罪）二等，听赎。其（赎）铜各入被杀伤之家。”这里的赎铜“各入被杀伤之家”，相当于今天民法的侵权损害赔偿。

关于无因管理之债，唐律也有涉及。《唐律·户律》“养子舍去”条《疏议》说：“（收养三岁以下异姓小儿）如是父母遗失，于后来识认，合还本生；失儿之家，量酬哺乳之直。”这里规定应该补偿一定数量的抚育费，实际上相当于后来民法中所讲的无因管理之债。

关于对债权的保护，唐律作出了一般规定：“诸负债违契不偿，一匹以上违二十日，笞二十；二十日加一等，罪止杖六十。三十匹加二等；百匹，又加二等。各令备偿。”①

（四）亲属法

关于唐代的亲属法，这里主要介绍唐代的婚姻法、家长权力与责任制度、子女孝养义务制度等等。

关于唐代的婚姻法，我们可以从结婚、离婚制度两个方面来了解。

关于结婚制度，唐律大致就以下方面作了规定。(1) 婚约制度。《唐律·户婚律》规定：“诸许嫁女已报婚书及有私约，而辄悔者，杖六十。虽无许婚之书，但受聘财亦是。”这是对婚约效力的规定，婚约的成立形式在当时是“男家致书礼请，女氏答书许讫”，或者只要接受聘财就视为婚约成立，不得任意毁约。《唐律》还特别规定“（以女）更许他人者，杖一百，已成（婚）者徒一年半。”(2) 禁止“违律为婚”和“嫁娶违律”。《唐律》明文规定禁止“同姓为婚”、“有服亲属（或虽无服而尊卑不等亲属）为婚”、“为婚妄冒”、“有妻更娶妻”、“以妻为妾、以婢为妻、以妾及客女为妻”、“良贱为婚”、“娶逃亡妇女”、“官员为己或亲属娶所监临女”、“先奸后婚”、“和娶人妻”、“卑幼自娶妻”等行为。这些都可以称为“为婚违律”，大多要“各正离之”即撤销婚姻。另外有嫁娶违律，即“居丧嫁娶”、“父祖被囚禁而嫁娶”等，就是婚姻对象本身无问题，只是嫁娶时间不合法。这样的婚姻，一般只处罚主婚或当事人，不撤销婚姻。(3)“父母之命，媒妁之言”。唐律以祖父母父母为法定主婚人，“诸卑幼在外（自定婚），尊长后为定婚者，从尊长”；“祖父母父母被囚禁而嫁娶者，（父祖）死罪，徒一年”，但“祖父母父母命者，勿论”；“诸嫁娶违律，祖父母父母主婚者，独坐主婚”。另外，《名例律》疏议规定：“嫁娶有媒”，《户婚律》疏议规定“为婚之法，必有行媒”。嫁娶违律时，媒人也有罪。

关于离婚制度，唐律的规定主要有：(1) 出妻或休妻——男方片面离婚。唐令以周礼以来“七去”原则为法定休妻理由。唐《户令》规定，“诸弃妻须有七出之状：一无子，二淫逸，三不事舅姑，四口舌，五盗窃，六妒忌，七恶疾。皆夫手书弃之。……虽有弃状，有三不去：一经持舅姑之丧，二娶时贱后贵，三有所受无所

① 《唐律疏议·杂律》。

归。即犯义绝及淫逸恶疾，不拘此令。”这就是《大戴礼记·本命篇》所记“七去”原则在唐代的法律化。据此可知，男子可以凭“七去”或“七出”原因中任何一条休妻，但是如果有“三不去”情形则不可休妻。不过法律又规定，有义绝、淫逸、恶疾三种情形时，“三不去”不适用。如此说来，“三不去”只能对抗“五去”(出)。违反“七去三不去”规定者要受处罚，《户婚律》规定：“妻无七出及义绝之状而出之者，徒一年半；虽犯七出，有三不去，而出之者，杖一百。追还合。若犯恶疾及奸者，不用此律。”(2)“义绝”——国家强制离婚。《唐律·户婚律》规定：“诸犯义绝者离之，违者徒一年。”《疏议》说：“夫妻义合，义绝则离。违而不离，合得徒一年之罪。”何为“义绝”？《疏议》说：“义绝，谓殴妻之祖父母父母及杀妻外祖父母、伯叔父母、兄弟、姑、姊妹，若夫妻祖父母父母、外祖父母、伯叔父母、兄弟、姑、姊妹自相杀，及妻殴詈夫之祖父母父母、杀伤夫外祖父母、伯叔父母、兄弟、姑、姊妹，及与夫缌麻以上亲、若妻母[①]奸，及欲害夫者，虽会赦，皆为义绝。”所谓义绝，实为婚姻双方家族间“伦理之义”已经断绝，此时即使夫妻双方感情尚可不愿分离，也必须离婚。是否构成义绝，不能由自己说了算，要经“官司判为义绝者，方得此坐”。(3)两愿离婚。《唐律》规定：“若夫妻不相安谐而和离者，不坐。”《疏议》说：“若夫妻不相安谐，谓彼此情不相得，两愿离者，不坐。”两愿离婚为合法，不追究法律责任。(4)禁止妻妾“休夫”。《户婚律》规定：“妻妾擅去者，徒二年；因而改嫁者，加二等。”《疏议》曰：“妇人从夫，无自专之道。……若心乖唱和，意在分离，背夫擅行，有怀他志，妻妾合徒二年。因擅去而改嫁者，徒三年。”

关于家长权，唐律有以下规定：(1)财产支配权。祖父母父母在，子孙不得别籍异财(分家析产)。只有在家长明令或主持时才可以分家析产。即使父母身故，27个月丧期内也不可别籍异财。同时，卑幼不得擅自使用家财。唐《杂令》还规定：“诸家长在而子孙弟侄等不得辄以奴婢、六畜、田宅及余财物私自质举及卖田宅。其有质举卖者，皆得本司文牒，然后听之。若不相本问，违而与及买者，物即还主，钱没不追。”[②](2)教令权、责罚权、送惩权。唐律规定家长对子孙有教导权、使令权、支配权、责罚权。祖孙不得违反教令，《唐律》规定：“子孙违反教令及供养有阙者，徒二年。”《疏议》说：“祖父母、父母有所教令，于事合宜，即须奉以周旋，祖孙不得有违。……皆须祖父母、父母告，乃坐。”[③]同时，《唐律》规定，“若尊长殴伤卑幼折伤者，缌麻减凡人一等，小功、大功递减一等”[④]。所谓折伤，就是伤成残疾状态。家长责罚子孙只要没有造成残疾，就算合理正当。在子孙违反

① 原文如此。前文的主语是“妻”，妻与“……若妻母奸”显然不通。“若妻母”疑原为注文，后讹衍为正文。应为“若夫与妻母(奸)”。

② 〔日〕仁井田陞：《唐令拾遗》，第788—789页。

③ 《唐律疏议·斗讼》。

④ 同上。

教令时，父母即使殴杀子孙，不过徒一年半。这里说的子孙违反教令须“祖父母、父母告，乃坐”，实际上是授予家长以“送惩权”：子孙的二年徒刑，完全取决于家长告官与否；官府是否定罪判刑，完全取决于家长一面之词。（3）主婚权。《唐律·户婚律》规定：“诸卑幼在外，尊长后为定婚，而卑幼自娶妻，已成者婚如法，未成者从尊长。违者杖一百。”还规定，“妇人夫丧服除，誓守志，唯祖父母父母得夺而嫁之。”这些大多已经不属于后世民法“亲权”的内容，但的确是当时的亲属法的内容。①

关于家长的责任，唐律规定非常丰富。主要有：（1）祭祀祖先的责任。（2）教养子孙的责任。（3）申告户口的责任。《唐律·户婚律》规定“诸脱户者，家长徒三年。脱口及增减年状，以免课役者，一口徒一年，二口加一等，罪止徒三年。”“诸私入道及度之者，杖一百。若由家长，家长当罪”。（4）保证田地不荒芜、输纳租税的责任。《唐律·户婚律》规定：“诸部内田畴荒芜……户主犯者，亦计所荒芜五分论，一分笞三十，一分加一等。”又规定“户主课税不充者，笞四十”。（5）主婚责任。《户婚律》规定：“诸嫁娶违律，祖父母父母主婚者，独坐主婚。”（6）家人共犯时独担罪责。《唐律·名例律》规定：“诸共犯罪者……若家人共犯，止坐尊长。于法不坐者，归罪于其次尊长。尊长，谓男夫。”这里有些已经不属于后世民法所谓亲属法的内容，但的确是当时的亲属法的内容。②

关于子孙的孝敬赡养义务，唐律规定的主要有：必须服从父祖教令；不得骂詈祖父母父母；祖父母父母在不得别籍异财；有能力供养祖父母父母时不得供养有阙；在为父母祖父母服丧期间不得嫁娶、作乐、释服从吉；不得隐匿祖父母父母丧讯或者诈称其死亡；不得告发祖父母父母，必须隐匿其犯罪（十恶除外）。

（五）继承法

唐代的继承制度，主要是关于宗法继承和财产继承两个方面的制度。

关于宗法继承，有学者称为“宗祧继承”、“祭祀继承”，其实就是所有与宗法身份传承相关的继承。叫宗法继承更简洁。具体包括宗子（家长族长）身份和主祭权的继承、封爵和荫庇权利的继承等等。这一方面的继承，有强烈的封建“政治性”。其继承的基本法律原则就是“嫡长继承”，就是死者的嫡妻所生的第一个儿子继承。《唐律·户婚律》规定了“立嫡”即确定宗法继承人的程序：“诸立嫡违法者，徒一年。即嫡妻年五十以上无子者，得立嫡以长；不以长者亦如之。”《疏议》说：“立嫡者，本拟承袭。嫡妻之长子为嫡子，不依此立，是名违法。即嫡妻年五十以上无子者，谓妇人年五十以上不复乳育，故许立庶子为嫡。皆先立长。不

① 本节讨论，参见张中秋：《唐代经济民事法律述论》，第220—224页。

② 本节讨论，参见高明士：《唐律中的家长责任》，载高明士主编：《唐代身份法制研究——以唐律名例律为中心》，台湾五南图书公司2003年版，第31—53页。

立长者，亦徒一年。故云亦如之。依令：'无嫡子及（嫡子）有罪疾，立嫡孙；无嫡孙，以次立嫡子同母弟；无母弟，立庶子；无庶子，立嫡孙同母弟；无母弟，立庶孙。曾玄（孙）以下准此。'无后者，为户绝。"封爵（亲王、郡王、国公、郡公、县公、侯、伯、子、男）及荫庇权利一般也是采取此顺序继承，"若非正立嫡，不应承袭，而诈承袭者，徒二年"①。

关于财产继承，唐代基本上采取诸子均分制度，并允许（父死之）孙代位继承。唐《户令》规定："诸应分田宅及财物者，兄弟均分。妻家所得之财，不在分限。兄弟亡者，子承父份。兄弟俱亡，则诸（孙）子均分。其未娶妻者，别与聘财；姑、姊妹在室者，减男聘财之半。寡妻无男者，承夫分。"《唐六典》载唐制："食封人身没以后。所封物随其男数为分，承嫡者加与一分。若子亡者，及（孙）男承父份。寡妻无男，承夫份。若非承嫡房，至玄孙不在分限，其封物总入承嫡房，一依与法为分。其非承嫡房，每至玄孙准前停。其应得分房无男，有女在室者，准当房分得数与半。女虽多更不加。虽有男，其姑、姊妹在室者，亦三分减男之二。"②这两条，除了"食封物"继承承嫡者多加一分之外，大致概括了唐代财产继承的一般制度。原则上是男性有继承权，但在室的女、姑、姊妹也有部分继承权。

此外，关于"户绝"（即无男性后裔）时的继承问题，唐令规定："诸身丧户绝者。所有部曲、客女、奴婢、店宅、资财，并令近亲转易货卖，将营葬事及量营功德之外，余财并与女；无女，均入以次近亲；无亲戚者，官为检校。若亡人存日，自有遗嘱处分，验证分明者，不用此令。"③这里的女，包括已经出嫁的女儿。

第五节　唐代政府体制和司法诉讼制度

我们要了解唐代的司法诉讼制度，必须先了解唐代的政府体制。因为当时没有司法权和行政权的划分，所有政府机关几乎都可以同时行使一定的司法权。归根结底，一切立法、司法、行政之权力都归于皇帝，一切官府官员的权力都来自皇帝。所以，在唐代不存在近代意义上的司法机关。所以我们先必须对唐代的政府整体组织机构体系作一个大致了解，然后再介绍所谓"专职"司法衙门和官员在其中的地位和作用。

一、唐代的政府体制与司法机制

（一）唐代中央和地方政府体制

唐代的政府体制，是一个以皇帝为首，由中央各部门和地方各州县官府共同

① 《唐律疏议·诈伪》。
② 《唐六典》卷三，《户部郎中员外郎》注。
③ 〔日〕仁井田陞：《唐令拾遗》，第770页。

组成的机构体系。

在中央，居于权力金字塔之顶尖的是皇帝。在皇帝之下，有所谓“三师”（太师、太傅、太保）和“三公”（太尉、司徒、司空），是文武官的最高等级，但并无实际职责，实系给重臣的“殊荣”加衔。实际辅佐皇帝决策的有尚书省、中书省、门下省三省，三省长官共同行使“宰相权”。三省之下是吏户礼兵刑工六部，此外还有御史台和太常、光禄、卫尉、宗正、太仆、大理、鸿胪、司农、太府等九寺，国子、将作、少府、都水、军器等五监，以及左右翊、左右骑等十六卫。这些都是中央直属机构。

地方政权为州县。理论上讲，所有州县隶属于尚书省。

州，长官为刺史，下设别驾、长史、司马（曰上佐）；录事参军事（曰勾司），主监察。并设司功、司仓、司户、司兵、司法、司士等六曹参军事（曰判司）等佐贰官员。与州平行，在都城设府，有京兆、河南、太原三府。设府尹一人，少尹二人，其他与州略同。府尹之上常设有府牧，由亲王遥领，并不问事。

县，长官为县令，下设县丞、主簿、县尉、佐、史等；并设司功、司仓、司户、司兵、司法、司士等六佐，上承州府之六曹；更设典狱、问事、白直、博士、助教等官员。

州县之下是乡、里（坊）。乡正、里长（坊长）负责协助官府。

（二）唐代的三省与宰相制度

唐代的三省是中央辅政决策机构。一般说来，三省长官共同行使宰相权。唐初以中书令、门下侍中、尚书令为宰相。后因太宗曾任尚书令故，尚书令职空置，以尚书左右仆射为尚书省长官，与中书令、门下侍中同承相职。

后来，因不轻易授予相职，于是以他官行相事。遂加“同中书门下三品”、“同中书门下平章事”之衔。得衔者即为集体宰相成员之一。宰相议事之地为政事堂，为常设衙门。政事堂会议即宰相办公会议。唐律“八议”制度中以“都堂会议”（都座集议）议定应“议”者罪名刑罚并上奏皇帝，其案情特别重大者，可能实际就是以“政事堂会议”议决。

中书省（以中书令、中书侍郎为正副长官），掌起草诏书，撰拟决定。是皇帝之下的立法和决策机构。尚书省（以尚书令、左右仆射为正副首长），下设六部，各部设尚书、侍郎。为皇帝之下的最高行政执行机构。门下省（以门下侍中、侍郎为正副长官），对中书所拟诏书或决定进行审查驳正（如认为有违失，可以批注送还，曰封驳，封还）。是皇帝之下的决策审查机构（封驳机构）。

三省的办事流程，大致是“每事先经由中书省。中书做定将上，得旨再下中书，中书付门下。或有未当，则门下缴驳，又上中书。中书又将上，得旨再下中书，中书又下门下。事若可行，门下即下尚书省。尚书省但主填‘奉行’而已。故中书之权独重"[①]。这是宋人朱熹对唐中后期三省办事情形的描述。可见本来是中央最重要的辅政决策机构的尚书省(唐初是所有事情先经尚书省),其地位已经渐渐被中书、门下所取代,中书省变得最为重要了。

(三)唐代中央和地方司法组织

在唐代,我们很难说哪一个机构是专职司法机构,只能说有主要负责与今人所说的司法有关事务的机构。大理寺、尚书省刑部、御史台就是所谓"三法司"。

大理寺,主管审判:负责审判朝廷百官罪案和京师地区徒刑以上案件。流刑以上案件,皆由其审判后报刑部复核。还复审刑部移送的各地疑难案件和刑部复核的死刑案件。以大理寺正卿、少卿为正副长官,下设正、丞、主簿、司直、评事及众多属吏。

尚书省刑部,主管复核和司法行政:复核大理寺判决的徒流刑案件;审判各地上报的死刑案件并报大理寺复核;还掌管全国的狱囚簿录、给养供应等,并筹划法律修订事宜,受理各地囚犯的申诉等等。以刑部尚书、侍郎为正副长官,以下有郎中、员外郎等官及大批属吏。

御史台,负责监察大理寺、刑部的审判及复核活动,有权受理有关官吏违法的告诉并侦查预审皇帝交办的案件,参与对官员犯罪案件或重大疑难案件的审判,并弹劾违法官吏。御史台以御史大夫、御史中丞为正副长官,下设侍御史、监察御史等众多官员和属吏。

唐代的重大案件,常常采取"会审制"。特别重大的案件,常由大理寺卿、刑部侍郎、御史中丞组成临时最高合议庭审理,时称"三司使鞫审",或曰"三司推事"。此即后世"三司会审"的前身。有时,对于地方重大疑难案件,派大理寺评事、刑部员外郎、监察御史前往会审,号为"小三司"。有时,由御史台侍御史、中书舍人、门下给事中共同组成的对民间向朝廷直诉案件的初审法庭,决定受理后再移交有关司法机构。曰"三司理事"。[②]

唐代的地方司法,由州县两级组成。

州:刺史主掌司法。下设法曹参军事(司法参军)主管刑事案件、户曹参军事(司户参军)主管民事案件,辅佐刺史司法。

县:县令主掌司法。下设县尉(掌治安)、司法佐(掌刑事)、司户佐(掌民事),还有典狱、问事等佐官,辅佐县令司法。

---

① 朱熹《朱子语类》卷一二八,《法制》。

② 《唐律疏议·斗讼律》"越诉"条疏议:"依令,尚书省诉不得理者,听上表。受表恒有中书舍人、给事中、御史三司监受。"

二、唐代的审判制度

(一) 案件的管辖和受理

唐代法律对于案件管辖问题有明确的规定。《狱官令》规定,“诸有犯罪者,皆从所发州县推而断之。在京诸司,则徒以上送大理,杖罪以下当司断之。若金吾纠获,皆送大理。”这就是说,所有案件都以州县为第一审;京师官吏的徒刑以上案件,以大理寺为第一审;京师卫戍司令部纠获的案件也送大理寺一审。

《狱官令》又规定,“诸犯罪者,杖罪以下县决之,徒罪以上断定送州。(州)复审讫,徒罪及流,应决杖若应赎者,即决配征赎。”[①]这就是说,县可以终审笞、杖刑案件;州可以终审徒刑案件、流刑应决杖征赎的案件。据此推理,流罪(应发遣)和死罪案则申报尚书省刑部、大理寺复审。

《狱官令》又规定:“诸天下诸州断(死)罪应申复(申刑部复审)者,每年正月(刑部)与吏部择使……乃令分道巡复。刑部录囚徒所犯以授使,使牒与州案同,然后复送刑部。……其降入流徒者,亦从流徒法。”[②]这是关于死罪的审判制度:死刑罪案从州申报到尚书省后,刑部与吏部会同选择使者(特派员)到各道主持复审。

《狱官令》又规定:“诸州府有疑狱不决者,谳大理寺;若大理寺仍疑,申尚书省。”这里的“疑狱”不知是否包括流刑案件。

除此之外,唐代还曾有“市”审判制:“诸犯罪在市,杖以下市决之;应合荫赎及徒以上送县。其在京市,非京兆府,送大理寺。”[③]市,为都市地区县所属行政单位,专管大型集贸市场区,据此似已经取得县级审判权。

《唐律·斗讼律》规定:“(诉讼)若应合为受(理),推抑而不受(理)者,笞五十。”《疏议》曰:“凡诸辞诉,皆自下始。从下至上,令有明文。”[④]

如遇两地官府均有管辖权的情形,《唐律·斗讼律》规定,“诸鞫狱官,囚徒伴在他所者,听移先系处并论之。”这就是今天所言的“移送管辖”。移送的原则是:轻罪囚就重罪囚;若轻重相等,则囚少就囚多;若多少相等,则后禁囚就先禁囚。但若两地相距百里以上,则“各从事发处断之”,即不必移送罪囚。

(二) 审判回避制度

唐《狱官令》规定:“诸鞫狱官与被鞫人有五服内亲,及大功以上婚姻之家,并受业师,(曾)经为本部都督、刺史、县令,及有仇嫌者,皆须听换推;经为府佐、国

---

① 〔日〕仁井田陞:《唐令拾遗》,第689页。

② 同上书,第691页。

③ 同上书,第690页。

④ 《唐律疏议·斗讼律》“越诉”条疏议。

官于府主亦同。”[1]据此可知，唐代的审判回避范围包括被告人的宗亲和姻亲、仇嫌，曾任被告所在地区主官、曾为被告人的僚属等多种情形。所谓“换推”，就是另择审官。此外，《狱官令》还规定：“诸讯囚，非亲典主司，皆不得至囚所听闻消息。”防止其他官员干扰审判。

（三）审理规则

《唐律·断狱律》规定：“诸应讯囚，必先以情，审察辞理，反复参验；犹未能决，事须讯问者，立案同判，然后拷讯。”所谓“以情”就是“动之以情，晓之以理”。《狱官令》规定：“诸察狱之官，先备五听，又验诸证信。事状疑似，犹不首实，然后拷掠。”所谓五听，就是《周礼》所谓“辞听”、“色听”、“气听”、“耳听”、“目听”，就是通过察言观色查清真情；所谓验诸证信，就是全面查明证据，以证据互相参验，完善证据链。在证据充分还不供认时，才可以拷讯。

（四）拷讯制度

综合《唐律·断狱律》和唐《狱官令》的全部规定，可以总结出唐代拷讯制度的十大内容。(1) 有证据可证被告仍不供认者方可拷讯。(2) 有证据而犹未能决，“立案同判”即同审官员共签，然后拷讯。(3) 拷讯用杖须为常行杖(有法定规格标准)。(4) 拷讯不得过三度(总共不过三次)。(5) 每次拷讯须间隔二十日。(6) 拷打总数不得过二百下。(7)“其拷囚及决罚者，皆不得中易人。”(8) 杖以下罪拷笞不得过“所犯之数”。(9) 有议请减特权者不得拷讯。(10) 老幼、笃疾、孕妇及初产妇不得拷讯。(11) 有疮病在身者不得拷笞。(12) 被拷者(被告)限满不招供，反拷告人(受害人及其亲属告发者除外)。(13) 拷满被告不招供，取保放人。唐律还规定，依法拷讯，邂逅致死者勿论，即不追究官员责任。但违法拷讯，“以故致死者，徒二年。”

（五）直牒追摄制度

《唐律·断狱律》规定，“诸鞫狱官，停囚待对问者，虽职不相管，皆听直牒追摄。虽下司，亦听。牒至不即遣者，笞五十，三日以上杖一百。”《疏议》说：“直牒者，谓不缘所管上司，直牒所管追摄。……注云虽下司亦听，假如大理及州县官，须追省、台之人，皆得直牒追摄，牒至，皆须即遣。”这类似于今天在不同地区、部门之间追查犯罪事实、追捕同案犯时可以直接以公文请求当地有关机关协助调查拘捕的制度。

三、唐代的诉告制度

（一）对告诉资格的限制

唐律对于告状人的资格有明确限制，可以说是诉权限制。主要有：(1) 现禁

---

① 〔日〕仁井田陞：《唐令拾遗》，第720页。

囚不得告举他事。《斗讼律》规定:“诸被禁囚,不得告举他事。其为狱官酷己者,听(告)之。”《断狱律》:“诸囚在禁,妄引人为徒侣者,以诬告罪论。”(2) 同居应相隐者不得告言亲属,部曲奴婢不得告主人及主人的近亲属,但告发谋反、谋大逆、谋叛除外。(3) 八十以上十岁以下及笃疾之人,除谋反、谋大逆、谋叛、子孙不孝、被同居侵害等几项罪名可以告发外,其余不得告诉、告发任何人。①

(二) 防止“诬告”和“越诉”

为了防止诬告,唐律规定“诸告人罪,皆须注明年月,指陈实事,不得称疑。违者笞五十。官司受而为理者,减所告罪一等。”②

关于防止“诬告”,《狱官令》还规定,“诸告言人罪,非谋叛以上者,皆令三审。应受辞牒官司,并具晓示‘虚得反坐’之状,每审皆别日受辞。官人于审后判记,审迄然后付司。若事有切害者,不在此例。”③这就是关于受理告发的规定,就是要负责受理立案的官员在三次审查案件是否当受理、并反复三次向告状人申明诬告反坐之责任以后再正式立案交法司审判。《唐律·斗讼律》规定:“诸诬告人者,各反坐。”此外,唐律还特别禁止投匿名书告人,“诸投匿名书告人者,流二千里。得书者,皆即烧之;若将送官府者,徒一年”。

关于防止“越诉”即越级告诉,《斗讼律》规定,“诸越诉及受理越诉者,各笞四十。”

(三) 诉告的季节限制

唐《杂令》规定,“诸诉田宅、婚姻、债负,起十月一日,至三月三十日检校,以外不合。若先有文案,交相侵夺者,不在此例。”④这一制度宋以后发展为“务限法”,直至清末。

(四) 诉讼时效

关于诉讼时效,唐代主要有两个方面的规定。一是关于不得告赦前事的规定。《斗讼律》规定,“诸以赦前事相告言者,以其罪罪之。官司受而为理者,以故入人罪论。”但依法当继续追究的特别罪刑除外。⑤ 二是关于民事案件诉讼时效的规定。唐穆宗长庆二年(822 年)规定,田土、屋舍相邻纠纷,“经二十年以上不论,不在论理之限”⑥。

(五) 义务告发

《唐律·斗讼律》规定,“诸知谋反及大逆者,密告随近官司;不告者,绞。知

① 《晋书·刑法志》记载《晋律》有“十岁不得告言人”的规定。
② 《唐律疏议·斗讼律》。
③ 〔日〕仁井田陞:《唐令拾遗》,第 710 页。
④ 同上书,第 788 页。
⑤ 《唐律疏议·斗讼律》。
⑥ 《宋刑统·户婚律》“典卖指当论竞物业”条引。

谋大逆、谋叛不告者，流二千里。知指斥乘舆及妖言不告者，各减本罪五等。”又规定：“诸强盗及杀人贼发，被害之家及同伍即告其主司。若家人、同伍单弱，比伍为告。当告而不告，一日杖六十。”“即同伍保内，在家有犯，知而不纠者，死罪徒一年，流罪杖一百，徒罪杖七十。其家唯有妇女及男年十五以下者，皆勿论。”此外，《捕亡律》规定，“诸被人殴击折伤以上，若盗及强奸，虽旁人皆得捕系以送官司。”“诸捕罪人力不能制，告道路行人，其行人力能助之而不助者，杖八十。”“诸邻里被强盗及杀人，告而不救助者，杖一百。”这些也近乎义务告发和扭捕。

（六）直诉制度

唐律许可的向中央和皇帝直接告诉，主要指三者：一是直接拦皇帝仪仗告状；二是擂击设置于皇宫外的“登闻鼓”告状；三是向尚书省告状。《斗讼律》规定，“即邀车驾及挝登闻鼓，若上表诉，而主司不即受者，加（受理越诉之）罪一等。”“邀车驾及挝登闻鼓，若上表，以身事自理诉，而不实者，杖八十。”“依令：尚书省诉不得理者，听上表。”《唐六典》载唐制：“凡有冤滞不申，欲诉理者，先由本司本贯。或路远而踬碍者，随近官司决之。即不伏，当请给不理状，至尚书省左右丞为申详之。又不伏，复给不理状，经三司陈述。又不伏者，上表。”①唐代模仿《周礼》“左嘉石，右肺石”之制，于朝门外设红色大石头，直诉人可以站在石头旁声言直诉，即有官员接待。

四、唐代的法官责任制度

唐代关于法官责任的规定甚多，主要有以下几类责任：

（一）出入人罪的责任

《唐律·断狱律》首先规定了故意出入人罪的责任：“诸官司入人罪者，若入全罪，以全罪论；从轻入重，以所剩论。……死罪以全罪论。其出罪者亦如之。”即以其所故意出入之罪的刑度来追究责任。关于过失出入人罪，该律规定：“即断罪失于入者，各减三等；失于出者，各减五等。”就是说，过失将无罪定为有罪者，减其误定罪之刑三等而罚之；过失将有罪定为无罪者，减其所放纵之罪之刑五等而罚之。简言之，失入罪重，失出罪轻。

此外，“诸缘坐应没官而放之，及非应没官而没之者，各以流罪故失论。”“诸断罪应决配而收赎，应收赎而决配之，若应官当而不以官当，及不应官当而以官当者，各依本罪，减故失一等。”“诸制敕断罪，临时处分，不为永格者，不得引为后比。若辄引致罪有出入者，以故失论。”“诸断罪应言上而不言上，应待报而不待报，辄自决断者，各减故失三等。”“于本罪之外别求他罪者，以故入人罪论。”如此之类比照故意或过失出入人罪处理的情形甚多。

---

① 《唐六典·刑部》。

（二）受财枉法和纵囚

《唐律·职制律》规定，“诸监临主司受财而枉法者，一尺杖一百，一疋加一等，十五疋绞”。《断狱律》规定：“诸主守受囚财物，导令翻异，及与通传言语，有所增减者，以枉法论，十五疋加役流，三十疋绞。”这是关于打击官员在审判中受财枉法的直接规定。此外，《捕亡律》“诸主守不觉失囚，减囚罪二等……故纵（囚）者，不给捕限，即以其罪罪之。”其中故意纵囚也与官员枉法有关。

（三）违法行刑和拷讯

《唐律·断狱律》规定：“诸死罪囚，不待覆奏报下而决者，流二千里；即奏报应决者，听三日乃行刑。若限未满而行刑者，徒一年。”此外，于禁决死刑时日行刑、对怀孕妇女违法执行死刑和拷笞、决笞杖不依腿背臀分受之法或杖之粗细长短不依法等等，都要追究刑事责任。

第六节　唐律的地位影响与中华法系

唐律是中国封建法典的代表作，是自先秦至隋唐数千年中国法制文明的集大成之作。唐律的出现和传播，标志着中华法系正式形成和成熟。中华法系正是以唐律为范本在以中国为中心的东亚地区形成的一个法律家族，成为当时世界的五大法系之一。唐律在东方世界的地位，几乎可以与罗马法在西方世界的地位相比。作为中国历史上最完备成熟且对世界影响最大的法律体系，唐律的历史地位和影响可以从以下三个方面来看。

一、唐律是“礼法合一”的典范

唐律是礼法合一的典范，是汉代以来“引礼入法”历程的升华。清人纪晓岚说“唐律一准乎礼以为出入，得古今之平”[①]，实为对唐律的精辟总结。

说唐律体现了“礼法合一”，主要从以下几个方面来看。（1）把大量违反道德的行为直接纳入刑律，定为犯罪。“失礼之禁，著在刑法”。如冒荣居仕、冒哀求仕、委亲之官、匿不举哀、居丧嫁娶、居丧作乐、释服从吉、居父母囚作乐、“七去三不去”等，都是从前礼的规则，现在都以国家刑典规定“出礼入刑”。（2）以儒家经义注释（疏议）法条。如注释“十恶”、“八议”、“同居相为隐”、“嫁娶违律”等制度时，都是以儒家经义为依据。（3）法律程序尽量以礼（仁）为标准来设置。比如“三覆奏”“五覆奏”程序、秋冬行刑程序、财产继承制度、哀矜妇孺制度，等等，都是为了贯彻儒家的“礼义”和“仁道”。

---

① 纪昀：《四库全书总目：史部·政书类》，《法令之属·〈唐律疏议〉》。

二、唐律对外国的影响

唐帝国是当时东方最强盛的帝国，长安是东方政治经济文化的中心。唐律对当时东方各国的影响甚大。(1) 对日本：日本大化革新后的《近江令》，其篇目内容大多同于唐《贞观令》。公元 701 年颁布的《大宝律令》，篇目、顺序与唐律全同，仅将“八议”改为“六议”（去议勤、议宾）；将“十恶”改为“八虐”（去不睦、内乱）；流刑不载里数，分近流、中流、远流三等。(2) 对朝鲜：高丽王朝四百余年法制，基本沿袭唐制。现代学者杨廷福先生在《唐律初探》中说：“考察高丽王朝的法律共七十一条，其实是在《唐律》的五百条上撷取六十九条，从唐《狱官令》中摘录二条而成。”李朝《经国大典》，基本上模仿《唐六典》和《明会典》。直至中日战争后十一年(1905)，朝鲜犹参酌《大明律》修订《刑法大全》。[①] (3) 对越南：李朝的《刑书》三卷，陈朝的《国朝刑律》，基本“遵用唐宋旧制”；黎氏王朝的《鸿德刑律》，参用隋唐，折衷宋元明律。阮朝的《皇越律例》直接模仿明律和清律。[②]

三、唐律对后世的影响

唐律是后世中国刑典的范本。后世中国的法典，都以唐律为渊源，不再溯及更早的法典和制度。后世中国的法律思想，多以唐律为基本蓝本而发，很少怀疑唐律的科学性。具体说来，(1) 宋朝“法制因唐律令格式而随时损益”，《宋刑统》实为照抄《唐律疏议》，变动不过几条。(2) 元朝“参照唐宋之制”，成《至元新格》，条文多半同于唐律。唐律十二篇，《新格》同者九篇。(3) 明初，太祖朱元璋确定制律方针“宜尊唐旧”，他登基初曾下令“日进二十条”唐律，讲读唐律供制定新律参考，因此《大明律》“与唐律同者十六七”。清人薛允升曾编《唐明律合编》，辨析明律对唐律的继承甚详。(4) 清人承袭明律，清律受唐律影响同样大。沈家本《重刻唐律疏议序》言清律“与唐律大同者四百一十有奇；与唐律合者，亦什居三四”。

本章重点问题提示

唐律是中国封建法典的代表作，是自先秦至隋唐数千年中国法制文明的集大成之作。唐律的出现和传播，标志着中华法系正式形成和成熟。我们要充分认识唐律和整个唐代法制的成就，应抓住三个关键问题。一是唐律的立法技术成就，二是唐律与儒家伦理的完美结合，三是唐律对后世和外国的影响及中华法系的形成和特征。

---

① 参见杨鸿烈：《中国法律在东亚诸国的影响》，中国政法大学出版社 1999 年版，第 73 页。

② 同上书，第 416—458 页。

一、唐律的立法技术成就

唐律的立法技术成就，体现在三个方面。第一是唐律律典的体例科学化方面的成就，二是唐代各种法律形式（渊源）之间的完美协调的成就，三是唐律在技术性法律原则的规定方面的成就。

第一，关于律典的体例的科学化。唐律继承隋律，定为12篇，500余条，这是有史以来法典最为简洁的体例。其12篇的排列顺序，体现了总则统率分则、实体统率程序、巩固皇权、从严治吏优于其他治理需要的立法理念。

第二，关于唐代多种法律形式的完美结合。唐代的法律形式（渊源）有律、令、格、式、六典、编礼、例、敕等许多种，它们有着相当完善的相互协调配合的关系。内容最广泛的是令，是关于社会生活各个方面的单行行政法规，格、式、敕是对国家各类特别事务的特别处置制度，例、礼又是将社会生活中形成的习惯法加以整理，补充令、格、式的不足，最后以律为所有严重违法行为的制裁之法。

第三，关于唐律中的技术性法律原则。这主要是指唐律集此前中国法制进化史所开创的全部技术性法律原则之大成，确定了累犯加重、自首减刑、区分故意过失、从旧兼从轻、数罪并罚、有限罪刑法定、类推适用刑法等一系列原则。

二、唐律是儒家伦理的高度体现，是礼法合一的典范

唐律从重惩“十恶”、严惩侵犯君亲、重惩盗贼、准五服以制罪、亲亲相隐、矜恤老幼妇女、贵贱有别、良贱有别、官民有别、华夷有别等多方面体现了儒家伦理或礼教的精神，体现了礼法合一。特别是在《职制》律中，把官员士人居丧嫁娶、居丧作乐、释服从吉、冒哀求仕、委亲之官、府号官称犯父祖名讳、于父母因死罪被囚禁时作乐等一系列仅仅是一般乃至轻微违反礼教的行为都规定为犯罪，可见法律与礼义的结合之深。

三、唐律的影响与中华法系的特征

唐律对后世的影响，主要是对宋、元、明、清四代一千余年的长久不衰的影响，为宋以后法典奠定了基本的框架，为此后的法律内容奠定了原则基调。唐律对外国的影响，主要的对东亚国家的影响，就是在儒家文化圈的巨大影响。我们一般把在外国的影响一般只写到日本、朝鲜、安南、琉球等。其实在其他东亚国家如印度、缅甸、泰国、柬埔寨、马来西亚、菲律宾等国家也有影响，只是目前缺乏总结而已。

唐律的影响是作为中华法系代表作的影响，是其所代表的中华法系的主要特征的影响。这些特征就是仁政主义、德治主义、礼法合一、家族主义、伦理本位等多方面。

思考题

1. 亲亲相隐在唐律中的制度体现大致包含哪些具体内容？

2. 唐律“化外人有犯”的规定体现了什么精神和什么策略？

3. 从唐律的内容看中国法律儒家化的完成（一准乎礼而得古今之平）。

4.《唐六典》与现代行政法到底有什么异同？

5. 唐律所体现的中国法律传统的基本精神主要是哪些精神？

第十三章　宋代法制与传统人文精神的发展

内容提要

宋代法制是唐律之后的又一个法制发展高峰，宋代社会的转型与传统人文精神的发展，促成了宋代法律的进步。宋代的法制进步，尤其体现在因商品经济发展带来的民事法制、经济法制特别是涉外商贸法制、货币金融法制、版权保护等一系列法制的进步方面。本章主要介绍作为社会转型时期的宋代的法制基本概况，主要突出这一时期商品经济的进步、人文精神的发展与宋代政治法律制度改进之间的互动关系。

关键词

宋刑统　编敕　盗贼重法　折杖法　刺配　典卖　倚当　市舶条法　二府三司　审刑院　司法参军　越诉　鞫谳分司　翻异别勘　讼师

宋代法制是中国法律传统成熟发展的重要阶段。宋代法制的许多方面较之隋唐时代，有了显著的进化。潜藏在这些进化背后的，是当时社会政治经济文化的深刻变化。这些进化发展通过时人的思想言论表达出来，呈露于当时法律实践的各个方面。宋朝的立法除律典外，主要由编敕和编例组成。刑制发生了较大变化，对贼盗的惩治也趋于严厉。民事商事法规占很大比重。官制日趋复杂，却始终贯彻强干弱枝、分权相制的原则，对后世中央集权的进一步强化影响很大。分权相制的思想表现在司法上则为“鞫谳分司”制和“翻异别勘”制。士大夫在宋代法律生活中扮演着十分重要的角色，其“忧以天下，乐以天下”的社会担当意识及叔世当振奋有为的精神对宋代的政治和司法发挥着重大影响。

第一节　社会转型与宋代法制

公元 960 年，后周禁军将领赵匡胤于陈桥驿发动兵变，“黄袍加身”，夺取政权，建立宋朝，都东京（今河南开封），史称北宋。1127 年，金兵攻破开封，北宋亡。随后宋王朝播迁临安（今浙江杭州），史称南宋。1279 年，南宋亡于元，两宋共历三百二十年。

一、宋代社会结构的变化

唐宋之际，中国社会结构发生了重大的转变。近代思想家严复说："古人好读前四史，亦以其文字耳；若研究人心政俗之变，则赵宋一代，最宜究心。"[①]宋代社会的转型，大致说来，可以概括为以下几点：

（一）地主阶级内部士庶的界限被打破

我国自东汉、三国、两晋南北朝以来，世族门阀地主兴起，封建政权为门阀大族所把持；士庶之间壁垒森严，互不通婚。唐代中期之后，均田制破坏，两税制兴起，土地所有制朝着私有化的方向发展。与此同时，唐末及五代十国的社会动乱对门阀士族造成极大的冲击。入宋之后，士庶界限基本被打破。所谓庶族就指的是中小地主。由于科举制度的完善，庶族得以成为左右宋王朝政治局势的主导力量。三国以来的"上品无寒门，下品无士族"[②]的九品中正制被打破，代之而起的是宋代"取士不问家世，婚姻不问阀阅"的科举制度与时代风尚。

（二）租佃制成为土地制度的主导形态，客户成为国家的编户齐民

宋王朝建立后，统治者顺应土地私有制发展之大势，确定了"不立田制"、"不抑兼并"的政策。所谓"不立田制"并非说宋代对土地所有权的归属不加确定，而是说唐代以来的均田制不再实行，国家以法令的形式保护土地私有制，"许民请佃为永业"[③]。随着土地私有制的深入发展，土地的交易和兼并空前剧烈，以土地私有制为基础的租佃制在大部分地区成为土地关系的主要形式。宋制，广大乡村以占有土地的多少把户等分为"主户"和"客户"。"主户"是占有土地数量不等的地主与自耕农。主户承担赋役，分为五等。一般来说，四、五等户是自耕农；二、三等户是中小地主，占田约为一至三顷；一等户是大地主，占田约在三顷以上乃至数百顷。所谓"客户"，是指向地主租佃土地的农民，也就是史籍中所说的"借人之牛，受人之土，佣而耕者"的下层农民。客户虽然没有土地，社会地位较低，但他们依然是封建国家的"编户齐民"。所谓"编户齐民"，是具有独立户籍的农户和农民。在宋朝，广大下层农民已经在很大程度上脱离地主的控制而在封建国家中具有正式的法律地位。这一变化具有重要的历史意义，亦蕴涵着深刻的时代内容。就前者来说，我国自两汉至隋唐，占田、庄园制下的部曲、佃客皆依附于主人名下而无独立的地位，其生产积极性很差。宋则不同，在占主导地位的租佃制中，佃户和地主之间是契约关系，而不是私人依附关系；佃户是封建国家的编户齐民，而不是地主的私属徒附。佃户租佃、退佃、起移皆受宋朝法律保护，

---

① 《严复集》(第三册)，中华书局 1986 年版，第 668 页。

② (宋)郑樵：《通志·氏族略》。

③ 这颇似现代我国的《物权法》把农民的土地使用权物权化。

享有较大的人身自由，故他们有较高的生产积极性。与隋唐相比，这是一个巨大的历史进步。

（三）工商业者的社会地位大为提高

我国自秦汉以来，实行“重农抑商”的政策，统治者向来视工商者为“浮末”，北魏甚至用死刑来阻挠工商业的发展。唐代，工商业者的地位虽有所改观，但政府用“团”和“火”的形式，把他们编制起来，并用“番匠”、“长上匠”的形式，向他们征发劳役，工商业者对封建国家的人身依附是十分明显的。① 到宋代，随着私有制的深化和工商业的繁荣，工商业者的社会地位大为改观。首先，他们拥有了自己的户籍。唐朝商人的户籍不独立，经营活动在时间和范围上也多有限制。例如在长安，对商人的买卖活动划有固定的区域和时间，不得违反。宋代的“坊廓户”中，大部分是中小工商业者，他们可以面街而市，经营活动也没有时间限制，宋代的“夜市”便是在此条件下发展起来的。其次，宋朝准许工商业者的子弟参加科举考试。北宋徽宗时的宰相李邦彦就是银匠李浦的儿子。李浦死后，朝廷还追赠他为龙图阁直学士，谥曰“宣简”②。由此可见，宋代工商业者的社会地位明显提高。

（四）宋代文化“内省而广大”，精致而细腻

这主要是说在儒、释、道三家合流的基础上成熟起来、以理学建构为标志的宋文化，不仅将纲常伦理确立为万事万物之所当然和所以然，亦即“天理”，而且高度强调人们对“天理”的自觉意识。所谓“内省”，主要是说宋人特别强调人应该通过高度的道德自律而达到理想人格的建树；所谓“广大”，是说宋人遨游于精神领域，把包括自己在内的人类主体，置于广袤的宇宙之间，体验和实践那“天地万物一体之仁”，确证生存的价值和生命的意义。张载有言：“为天地立心，为生民立命，为往圣继绝学，为万世开太平。”③这种“胸中洒落，如光风霁月”的崇高风范，备受时人仰慕。

宋人着意于知性反省，造微于心性之际的思维特点，不仅表现在对“天人关系”的探索上，还表现在宋人疑经非圣、断以己意、敢于创新、鄙薄雷同的独立思考精神上。这种自由、自断、自信、自豪的文化性格，不仅是士大夫积极入世的信念基础，也往往是其参与立法、司法活动，批判时政，指陈时弊的内在动力。

① “团”、“火”、“番上匠”、“长上匠”都是唐代的专有名词。《新唐书·百官志·工部》称：“凡工匠，以州县为团，五人为火，五火置长一人。”手工业者应征为封建国家服劳役，服短役的叫“番匠”，服长役的，称“长上匠”。

② 转引自姚瀛艇主编：《宋代文化史》，河南大学出版社 1992 年版，第 7 页。

③ （宋）李焘：《续资治通鉴长编》卷四八〇，元佑八年正月丁亥。

二、立法思想与法制特色

法律是一个社会政治、经济、文化及地理条件的综合产物，同时又反过来影响社会生活的各个方面。唐宋之际社会结构的深刻变化，给宋代法制留下了鲜明的时代烙印。宋代法制在继承前代的基础上，于各方面均有所建树，且别具特色。现就其主要方面，概括如下：

（一）立法思想

宋朝的立法思想，现分几个时期分别概括如下：

1. 宋初至仁宗末年。此时期的立法思想大致体现在以下三个方面：

（1）“事为之防，曲为之制”，从法律上肯定强化中央集权的措施。所谓“事为之防，曲为之制”，语出李焘《续资治通鉴长编》卷十七所载太宗即位诏书，意为制定一些条条框框，把人们的手脚加以束缚，并使之互相牵制，以利于强化中央集权。这一指导思想的贯彻表现为两个方面：其一，从理论上总结五代十国以来君权旁落的历史教训，从思想上高度重视法制在加强中央集权上的重要作用；其二，在立法上，把厉行中央集权的精神一一贯彻到政治、经济、军事、文化、司法诸方面的制度建设之中，并立为不可移易的“祖宗家法”。

宋建国初，太祖、太宗对五代以来统治者内部的篡夺之风甚为担忧。为防范其重演，宋太祖在即位之后，于政治、军事、财政、经济诸方面的立法都贯穿着一个总原则：“以防弊之政，为立国之法”。史称“国朝立法，以洗晚唐五季之恶习，历变多而虑患之法”[①]。即是说太祖、太宗十分注重总结和吸取唐末五代以来的历史经验和教训，严密防范文臣、武将、女后、外戚、宗室、宦官等六种人擅权独裁，并用法律的形式固定下来。宋朝皇帝的这些集权措施，都立之于法，且日趋严密，充分体现了“强干弱枝”的指导思想。因此，宋朝基本上消除了造成封建割据和威胁皇权的种种因素，使中央集权达到了前所未有的程度。时人范祖禹对此倍加赞赏，他说：只有本朝的法律，才使得从中央到地方的所有官员的权力都互相制约和均衡，中央权力的行使，迅速而又灵活，如“身之使臂，臂之使指”，地方守臣再也无力与中央抗衡了。[②]

（2）临下以简，必务哀矜。宋朝初建之时，统治者面临的社会形势有两个显著的特点：一是社会动荡，天下分裂，地方割据势力非常严重[③]；二是五代以来苛

① 《宋会要辑稿》，《帝系·守法》十一。

② 宋人范祖禹说：“唯本朝之法，上下相维、轻重相制，如身之使臂，臂之使指……藩方守臣，统制列城，付以数千里之地，十万之师，单车之使，尺纸之诏，朝召而夕至，则为匹夫。是以百三十余年，海内晏然。”参见《范太史集》卷二十二，《转对条上四事状》。

③ 北宋政权建立时，五代十国的分裂割据局面并没有结束。在北边有强大的契丹及其羽翼之下的北汉，南边和西边，有南唐、吴越、南汉、后蜀等较大的割据政权。另外，还有留从效割据漳、泉一带（今福建），周行逢割据湖南等。

政酷刑之局面，严重影响着新政权的巩固和发展。为了收揽人心，树立新政权的威信，太祖、太宗一方面厉行中央集权，加重对贪墨官吏、流寇盗贼的处罚，另一方面则十分注意树立新王朝仁厚宽恕的形象。第一，轻刑薄赋，宽简待民。太祖、太宗在位时，十分关心民间疾苦，多次下诏，要求地方官吏"薄赋敛"[①]，"各道州府不得以进奉为名，辄有率敛"[②]。这种思想反映到刑罚制度上，表现为宋初"折杖法"的制定。第二，恤狱慎刑，务存仁恕。这种思想反映到法制上，一是选用儒臣（文臣）主管州郡之审判活动；二是删除五代以来刑法中的严酷条文；三是改善监狱管理制度，规定对监狱五日一检视，并洒扫狱户，洗涤刨械。囚犯贫穷者给饮食，病者给医药等。[③] 第三，"立法不贵太重，而贵力行"[④]。这是宋仁宗告诫大臣修法时所说的话，意谓立法不崇尚严刑峻罚，而贵在能贯彻执行。中国古代统治者常于危乱之时以重刑治国，宋初，对于直接危害封建政权的"贼盗"也曾重刑惩处。至仁宗时，天下安定，于立法时趋向宽平，而不实行严刑。

（3）重惩贪墨。贪墨，古谓苞苴，指以荷叶包以肉糜馈赠于人，后引申为官吏贪赃受贿。宋朝很注重惩处贪墨官吏，案例在《续资治通鉴长编》中很多。赵翼在《廿二史劄记》中说："宋以忠厚开国，凡罪罚悉从轻减，独于赃吏最严。"

2. 宋英宗至北宋末

此时期立法思想关注的中心是革故鼎新，以法理财。宋仁宗时期，宋初为厉行中央集权所采取的种种措施都在朝着消极方向发展，官员设置叠床架屋，军队兵员虽众却缺乏战斗力，随之而来的是财政负担日益沉重。冗官、冗兵和冗费的出现加剧了社会矛盾，北宋王朝先后几次进行改革以解决上述问题，主要有"庆历新政"和神宗时期的王安石变法。这一时期统治集团立法思想也发生了重要转变，由以法律强化中央集权，变为以法律来摆脱财政危机。宋神宗在诏书中曾说："政事之先，理财为急。"[⑤]王安石则说："治天下之财者，莫如法。"[⑥]宋王朝颁布了一系列发展生产，扩大财政基础的法令，如青苗法，又称常平给敛法，是利用国家控制的常平仓的钱谷和广惠仓的一部分钱谷，在农户青黄不接时放贷给农民，助其渡过难关，待收割后归还本息的措施。这是王安石维持小农经济，遏止高利贷盘剥的改革措施。此外还有"方田法"、"农田水利法"，等等[⑦]。

---

① 《宋大诏令集》卷七，《帝统七·谥议上》。

② 《宋大诏令集》卷一一八，《典礼三·南郊一》。

③ 《宋史·刑法志》。

④ （宋）李焘：《续资治通鉴长编》卷一四三，庆历三年九月丙戌。

⑤ 《宋史》卷一八六，《食货志》。

⑥ （宋）王安石：《王临川集》卷七十三。

⑦ 参见邓广铭主编：《辽宋西夏金史》，中国大百科全书出版社 1988 年版，第 37—38 页。

3. 南宋时期

朱熹在"二程"思想的基础上，创立了"理学"。朱熹认为"礼字、法字，实理字"[①]，他以理为核心构造了一个精致的理论体系，重新解读儒家经典，重构儒家伦理思想，进而说明儒家理想之正确。理学对南宋王朝法制的影响，并非直接体现于立法活动中，而是通过士大夫的司法活动来实现的。譬如，理学"内省而广大"的思维持点孕育了士人的独立思考精神，使士大夫在司法活动中不是就一个具体案件简单判决，而往往是在判决时不惜笔墨地指陈时弊，批判刑狱的黑暗。[②] 尽管朱熹、陈亮、叶适、杨万里等诸多士人都对法律的宽严、刑罚的轻重、法与人的关系等方面发表了不少意见，但真正被朝廷接受和坚持下来的，只有"因地制宜，度时制法"的思想。以这种思想为指导，南宋统治者制定了"民事被罪法"以惩罚科挠百姓的贪官，并把宽恤民力作为中兴的大计方针。南宋的编例活动异常频繁，朝廷往往不惜以例破法，因例立法，以适应形势发展的需要。各朝编有《绍兴刑名疑难断例》、《乾道新编特旨断例》、《开禧刑名断例》等。

（二）法制特色

1. 皇帝特别重视法制建设。太祖、太宗虽然以兵变夺取天下，但在治理国家方面却很快转向了"右文崇儒"和重视法制的轨道。所谓"右文"就是崇尚文教，"崇儒"则是特别重视儒家知识分子在治理国家中的作用。宋王朝的最高统治者对法律的重要性有着十分清醒的认识。宋太祖说："王者禁人为非，莫先法令。"[③]太宗认为："法律之书，甚资政理。人臣若不知法，举动是过。苟能读之，益人知识。"[④]仁宗则认为："法制立，然后万事有经，而治道可必。"[⑤]因此，宋朝继唐之后，一方面认真总结和吸收唐代法制经验，另一方面以"编敕"等新的立法方式补律之不足，纠律之僵化，以适应新时期社会发展需要。著名法律史学者徐道邻说："宋朝的皇帝，懂法律和尊重法律的，比中国任何其他的朝代都多。北宋的太祖、太宗、真宗、仁宗、神宗，南宋的高宗、孝宗、理宗，这八位皇帝，在法律制度和司法制度上，都曾经有不少的贡献。有这么多的皇帝不断地在上面督促，所以中国的法治，在过去许多朝代中，要推宋朝首屈一指。"[⑥]

2. 民商法制的内容比唐代更加丰富。在宋代，土地私有制和租佃制发展迅速，商品交换十分活跃，权利意识开始萌芽，功利主义思想在士大夫中间也占有一席之地。宋王朝的统治者为了调整社会生活中新出现的经济关系，颁布了内

① （宋）朱熹：《朱子大全》卷五十，《答吕子约》。
② 参见《名公书判清明集》，宋元时人所编，中华书局 1987 年版。
③ 《宋大诏令集》卷二〇〇，《刑法》上，中华书局 1962 年版。
④ （宋）李攸：《宋朝事实》卷十六，《兵刑》，《丛书集成初编》。
⑤ 《宋会要辑稿》帝系一一之四。
⑥ 徐道邻：《中国法制史论集》，台湾志文出版社 1976 年版，第 89—90 页。

容广泛而丰富的民商性质的法规，具体表现在：(1)《宋刑统》作为宋王朝的基本法典，有关民商关系的内容比唐律大为增加。例如卷 12 的《户绝资产》、《死商钱物》，卷 13 的《典卖指当论竞物业》、《婚田入务》等，皆为唐律所无。(2) 民事权利主体扩大。在唐代，部曲、工匠、奴婢皆为没有独立人格的贱民，而在宋代，租佃制下的客户取代了部曲，契约关系下的雇工代替了轮差劳役制下的工匠，人力、女使代替了奴婢，他们都成为国家的编户齐民及民事法律关系的主体。尽管这种变化还不是阶级关系的根本改变，而且在不同地区也存在着差异，更不可能达到客户与主户完全平等的程度，但这毕竟是宋代社会向着近代文明迈出的重要一步，也是宋王朝法制发展中最为突出的特点之一。(3) 民事立法范围较唐代有所突破。宋王朝在其 300 多年的统治中，进行了大规模的立法活动。有宋一代共制定法典 221 部，7955 卷。[①] 虽然这些法典大多已亡佚，但从存世的《宋刑统》、《宋史・食货志》、《宋会要辑稿》、《文献通考》、《续资治通鉴长编》、《庆元条法事类》(残卷)、《名公书判清明集》、《作邑自箴》等史料的记载看，有关民事立法的内容涉及到所有权、债、财产继承、婚姻嫁娶、检校析财、别宅子及接脚夫[②]的权利等诸多方面，尤其是检校、别宅子及接脚夫等方面的内容，是唐律所不曾涉及到的。(4) 私有权观念深化，保护财产继承权及促进海外贸易的单行法规增多。宋以前的继承制度，都是以宗祧继承为主体而兼及财产继承，至宋，继承法以维护私有财产继承权为侧重点，多以单行法规的形式颁布。如仁宗天圣年间制定的《遗嘱财产条法》、《户绝条贯》、《户绝田敕》等。海外贸易方面则有《嘉祐编敕》、《庆历编敕》、《熙宁编敕》、《广州市舶条法》等。

3. 版权保护的实践在宋代首次出现。"版权"一词作为法律用语在宋代并未出现，但是宋代的确出现了保护版权的事例和严禁盗版书的官方"榜文"。宋咸淳二年(1266 年)，福建转运使司发布了一份维护朱穆及其子朱洙(又称朱太傅，字安道，宝祐四年(1256 年)进士)著作权益的官方文件[③]。朱穆著有《事文类聚》、《方舆胜览》、《四六妙语》等书。其中《方舆胜览》一书初刊于嘉熙三年(1239年)，后由朱洙于 1266—1267 年又刊行增补本。朱洙著有《朱子四书附录》一书。据福建转运使司文件载，朱氏门人吴吉向官府告状，称朱穆父子所著之书"乃一生灯窗辛勤所就，非其他剽窃编类者比"，虽曾经两浙转运使司及浙东提举司多次出榜严禁盗版，但仍不断被他人盗版，"仍有一等嗜利之徒，不能自出己见编辑，专一翻版"，贻误世人。因此，请求官府在书坊集中之处张挂"榜文"，严禁盗印，追人毁版，以杜绝剽窃之患。倘若有人继续盗版、剽窃上述四种书籍，朱宅保

① (明)王应麟：《玉海》卷十六。

② 别宅子即私生子，接脚夫即后夫。

③ 该文件载于(宋)祝穆：《方舆胜览》(增订本)，上海古籍出版社 1986 年版。又可参见周士崎：《宋代严禁盗版书的官方文件》，载《光明日报》1996 年 4 月 14 日。

有告状的权利。官府批准了这一请求，并把“榜文”张挂于麻沙书坊，约束所属不得翻刻。①

此外，清人叶德辉在其所著《书林清话》卷 2 中说：“翻板有例禁始于宋人”。该书还记载，南宋眉州人王充撰写的《东都事略》目录页刻有“牌记”，相当于版权标志，上面载有“眉山程舍人宅刊行。已申上司，不许覆板”字样。虽然就现有的史料看，我们还不能说宋代已有了通行全国的版权保护制度，但可以肯定的是中国古代对版权实行保护开始于宋朝。当代知识产权专家郑成思也认为：“中国自宋代确曾出现过对作者，而不仅仅是出版者的创造性劳动成果的保护，即版权保护。”②

4. 士大夫以积极入世的态度广泛参与法律实践。宋代社会结构的深刻变化，使以庶族地主为主体的知识分子成为当时政治舞台上左右局势的力量。范仲淹、欧阳修、王安石、苏轼、郑克、宋慈是这个群体的突出代表。与此相关，宋代法制出现了两种大可注意的现象：一是在士大夫的积极参与下，宋代编纂法典的活动空前活跃，规模也十分壮观，以至于近人梁启超不无感慨地说：“宋代法典之多，实前古所未闻。每易一帝，必编一次；盖终宋之世，殆靡岁不从事于编纂法典之业。然莫不裒(póu)然成一巨帙，少者亦数十卷，多者乃数百卷。亦可谓极千古之壮观矣。”③二是在崇尚独立思考、提倡批判实用的士风熏陶下，一大批从事司法实践的士大夫，在总结前人办案经验的基础上，特别强调收集物证、寻访证人等工作，提倡在现场勘验中判别证据的真伪。郑克的《折狱龟鉴》和宋慈的《洗冤集录》相继问世就是代表。南宋郑克编成《折狱龟鉴》，这是我国古代第一部系统地探讨物证理论的专著。在侦察手段上，郑克主张“正”、“谲”④并用，“正”即正面调查核对，“谲”即设圈套引诱罪犯就范；在审断案件上，他认为“察情”和“证据”应兼而行之。《折狱龟鉴》卷六云：“证有难凭者，则不若察情，可以中其肺腑之隐；情有难见者，则不若证据，可以屈其口舌之争，两者迭用，各适所直也”；在证据效力上，他提倡物证胜于人证。郑克总结的破案之术、断狱之道、定案之法，是对中国古代证据理论的重大突破，在宋代及后世都产生了很大的影响。

关于宋代的法制成就，徐道邻先生曾概括道：“中国的传统法律到了宋朝才发展到最高峰。”考之于史，应该说这个结论是符合历史实际的。

---

① 转引自周士崎：《宋代严禁盗版书的官方文件》，载《光明日报》1996 年 4 月 14 日。

② 郑成思著：《知识产权论》，法律出版社 1998 年版，第 24—25 页。

③ 梁启超：《饮冰室合集》第 2 册，《中国成文法编制之沿革得失》，中华书局影印本，1989 年版，第 27 页。

④ 郑克所讲的“正”、“谲”是说在刑事案件的侦破活动中，既要用正面核查犯罪事实的方法，也可以采用引诱罪犯就范的奇巧之术。参见《折狱龟鉴译注》卷六，刘俊文译注并点校，上海古籍出版社 1988 年版。

三、立法概况与法律形式

宋朝重视法律在治国安邦中的作用,他们认为“自古帝王理天下,未有不以法制为首务”[①]。在这一精神指导下,两宋的立法比唐更加成熟。

(一) 立法机构

宋朝初建之时,百废待兴,统治者大致上沿用唐朝的律、令、格、式。虽然宋廷曾在建隆三年修订《宋刑统》时成立过立法机构,但事过之后即被撤销。宋真宗大中祥符九年(1016 年),置“编敕所”[②],并成为立法机构之定制。真宗以后,“编敕所”的名称有所变化,如宋仁宗时称“详定编敕所”,神宗熙宁后称“编修诸司敕式所”,哲宗元祐时改称“重修敕令所”,南宋初称“详定重修敕令所”,后又改称“详定敕令局”、“编修敕令所”等,但其职责大致相同。[③]

(二) 立法程序

宋朝立法活动频繁,客观上要求立法遵循一定的程序。据朱瑞熙先生研究[④],宋朝的立法程序大体如下:(1) 提出立法建议。宋朝有权提出立法建议的,不仅有司法官员,也包括其他官员,尤其是宰相、枢密使等高级官员。如仁宗嘉祐元年(1056 年),枢密使韩琦鉴于有关官员俸禄的法规不够完善,请求仁宗派近臣编修,次年就编成了《新修禄令》。[⑤] (2) 皇帝颁布诏书,决定编修的内容和方针。(3) 委任立法官员,成立专门立法机构。其工作进程包括:收集立法的资料;规定编修的期限;广泛征求朝野各方的意见;边编修,边复审。如神宗熙宁三年,下诏编敕所,要求编修《嘉祐编敕》,命令中书门下逐卷复审编敕初稿。(4) 皇帝审定,公布行世。宋朝皇帝重视立法工作,往往亲自审定新编纂的法典或法规汇编,发现问题,即行否决,此谓“留中”。如神宗熙宁八年,司农寺编修常平等敕,神宗阅后,认为“未得允当,不可行用,已留中”[⑥]。

(三) 法典、法规的编修

1.《宋刑统》的颁布

太祖建隆三年(962 年),乡贡明法张自牧、工部尚书窦仪奏请更定刑统,得到太祖的批准,令窦仪主其事。参加刑统制定的还有苏晓、奚屿、张希逊、冯叔向等人。这些人大都具有丰富的司法实践经验,且通晓律意。[⑦] 建隆四年(963

---

① 《续资治通鉴长编》卷一四三。

② 《宋会要辑稿》,《刑法》一之三。

③ 邓广铭主编:《中国历史大辞典·宋史》,上海辞书出版社 1984 年版,第 302 页。

④ 朱瑞熙著:《中国政治制度通史》(宋代卷),人民出版社 1996 年版,第 375—376 页。

⑤ 《宋会要辑稿》,《刑法》一之六。

⑥ 《宋会要辑稿》,《刑法》一之二十。

⑦ 如苏晓,字表东,京北武功人,权大理少卿,懂法律,严文少恩,曾与居可久共同制定《后周刑统》。见《宋史·苏晓传》。

年），律成，颁行天下，此即《建隆重详定刑统》，简称《宋刑统》。它是宋朝最基本的法典，其效力一直延续到南宋，在宋朝法制史上占有重要的地位。

《宋刑统》沿用唐末至五代的“刑律统类”体例，首列律条、律疏，以下按照时间顺序分列敕令格式，分十二篇，三十卷，二百一十三门。律文和疏议大体照录《唐律疏议》。以往人们普遍认为《宋刑统》就是《唐律疏议》的翻版，其实这是不公正的。《宋刑统》与《唐律疏议》相比，无论体例，还是内容都发生了很大变化。[①] 就体例而言，其变化有：

第一，法典不称“律”，而称“刑统”。我国古代，自商鞅“改法为律”以后，“律”便成为中国封建法典的基本名称，如秦律、汉律、晋律、唐律等。唯宋有别，不称律而称刑统。刑统的意思是以类统编本朝所用的刑事法规。

第二，分门类编。《唐律疏议》篇下不设门，《宋刑统》则将同一性质的法律条文归结为一个单元，称为“门”。《宋刑统》的编纂方式是，先将性质相同的条文归为一门，然后引律文和疏议；再在“准”字下按照时间顺序引前朝和宋初的令式格敕，表明经过朝廷核准；“敕”有删节处理的，则注“节文”二字，最后是“臣等参详”条[②]，即编纂者窦仪等人所阐释的部分。这种编排方式使律文眉目清晰，便于司法人员检阅。

第三，新增“臣等起请”三十二条。所谓“臣等起请”，指窦仪等修律者为适应宋时形势发展的需要，对前朝行用的敕令格式经过审核详虑后，向朝廷提出的变动建议。这些建议条文特标“起请条”字样，低三格附于敕令格式之后，每条冠以“臣等参详”四字，作为新增条款，与所附令敕相区别。

第四，总括“余条准此”条，附于名例律后。所谓“余条准此”，是指具有类推适用性质的条文。《唐律疏议》内原有此类条文四十四条，散列在有关律文之后。《宋刑统》编纂者虽将此逐条照录，但编辑时总为一门，集中附在《名例律》之后，而不是散列各条中。这是《宋刑统》编撰技术上的一大变化，更有利于司法人员检索。[③]

就内容来说，《宋刑统》的变化也非常明显。

首先，在刑罚制度上，创设“折杖法”。所谓“折杖法”，是用决杖来代替笞、杖、徒、流的刑罚方法。始见于建隆三年的敕节文，到建隆四年（963 年）颁行《宋刑统》时，正式列入《名例律》“五刑门”内。

---

① 参见薛梅卿著：《宋刑统研究》，法律出版社 1997 年版；朱瑞熙著：《中国政治制度通史》（宋代卷），人民出版社 1996 年版。

② 《宋刑统》中，以“准”、“节文”、“臣等参详”之类文字引用的令、式、格、敕，从唐朝经五代到北宋，跨越了六个朝代，其中绝大部分保留的是唐令、格、式，还有五代后唐、后晋、后汉、后周的若干敕文，以及北宋建隆三年前的现行敕条，这些多是原来唐律所未规定或未明释的法规补充。

③ 参见薛梅卿著：《宋刑统研究》，法律出版社 1997 年版，第 37 页。

其次，民商性质的内容比唐律更加完善。《宋刑统·户婚律》中的“户绝资产”门和“死商钱物”门（卷十二）、“典卖指当论竞物业”门和“婚田入务”门（卷十三）等都是唐律所无的。“户绝资产”门规定了一般民户的财产继承法；“死商钱物”门规定了商人和外国商人的财产继承法，明确了财产继承人的范围和遗产的分配、处理原则；“典卖指当论竞物业”门规定了典卖和倚当钱物的本户法定人选以及典卖契约、典卖原则、典赎时效等；“婚田入务”门规定了地方官府受理田宅、婚姻和债负等民事诉讼的期限。[①]

另外，由于唐宋之际社会生活发生了巨大变化，《宋刑统》所承袭的部分唐律条文已经过时，如奴婢不得与齐民为伍，奴婢、贱人类同畜产等，在宋代皆成具文。[②]

2. 规模宏大的编敕

编敕是宋代最为重要的立法活动，也是宋王朝调整变革法律的主要途径。《宋史·刑法志》说：“宋法制因唐律、令、格、式，而随时损益则有编敕。”

敕是皇帝发布命令的一种形式。凡在特定的时间对特定的人或事发布的圣旨，叫做“散敕”。散敕缺乏稳定性，亦不具有普遍的效力。欲使其上升为一般的法律形式，还须经过一定的编修程序。在宋代，每过一段时间，统治者便把积年的散敕分门别类加以整理，删去重复，去其牴牾，编纂成书，加以颁布。这种活动就是“编敕”。

大体说来，神宗以前是律敕并行时期。神宗时，敕的地位上升，此后便进入了以敕破律、以敕代律的时期。就其特点而言，宋代编敕种类之多，规模之大，范围之广，超过了中国古代的任何王朝。据不完全统计，宋代编敕达二百二十余部，一万四千余卷。[③] 这种大规模的编敕活动，既是宋王朝强化中央集权的结果，也是这一时期商品经济发达、社会生活日趋复杂的表现。在宋代的编敕活动中，民商性质的法规占有突出的地位。诸如宋仁宗年间的《天圣户绝条贯》、《遗嘱财产条法》[④]、神宗元丰年间的《广州市舶条法》[⑤]、南宋时期的《推赏条格》、《殿最赏罚条格》[⑥]等。

3. 南宋时期的条法事类

所谓“条法事类”，是指以事为类，统编敕、令、格、式等形成的综合法典。北

---

① 朱瑞熙著：《中国政治制度通史》（宋代卷），人民出版社 1996 年版，第 375—376 页。

② 宋人赵彦卫指出：“《刑统》皆汉唐旧文，法家之五经也。当国初，尝修之，颇存南北朝之法及五代一时指挥，如‘奴婢不得与齐民伍’，有‘奴婢、贱人，类同畜产’语，及五代私酒犯者处死之类，不可为训，皆当删去。”见《云麓漫钞》卷四。

③ 郭东旭：《宋代编敕》，载于《宋史研究论丛》，河北大学出版社 1990 年版，第 79 页。

④ 《宋会要辑稿》，《食货》六十一之五十八。

⑤ 《续资治通鉴长编》卷二七五，五月丁巳条。

⑥ 《宋会要辑稿》，《食货》四十四之十七。

宋神宗以前，法典的内部结构为律、令、格、式、敕，编纂的原则为“各分门目，以类相从”。神宗时，敕的地位上升，法典编纂不再采取以门统类的方法，而是“各随其罪，厘入诸篇，以约束为令、刑名为敕、酬赏为格，更不分门”。如此一来，官员检用法律，甚为不便，以至于“检用之际，多致漏落”[①]。南宋自孝宗始，便力矫北宋后期法典编纂之弊，致力于法典的系统化和便捷化。在如何便于查阅问题上，从编敕到敕令格式，再到条法事类，反映了宋朝努力探索法典编纂规律的努力。南宋时期编纂的条法事类主要有：

(1)《淳熙吏部条法总类》，又称《吏部七司条法总类》。[②] 它是宋代第一部按“条法事类”体例编纂的部门法典，修成于宋孝宗淳熙三年(1177年)，分六十八类，三十门。[③]

(2)《淳熙条法事类》，又称《淳熙事类》。它是宋代第一部“条法事类”体例的综合法典，修成于淳熙七年(1181年)，分总门三十三，别门四百二十，共四百二十卷。[④]

(3)《庆元条法事类》，又称《嘉泰条法事类》。[⑤] 宋宁宗时期由右丞相谢深甫等提举编修，嘉泰二年(1202)修成，共八十卷。[⑥] 全书分成职制、选举、文书、榷禁、财用、库务、赋役、农桑、道释、公吏、刑狱、当赎、服制、蛮夷、畜产、杂等门，每门又分成若干类，如“职制门”分为官品、职掌、禁谒、谒见、上书奏事、臣僚陈请等五十二类，每类记载敕令格式和申明。今存清人传钞本、1948年木刻本、1990年海王邨古籍丛刊本，皆三十八卷，缺四十二卷。

此外，宁宗时(1214年)还颁布过《嘉定编修尚书吏部七司敕令格式申明》五十卷；宋理宗淳祐十一年还编成《淳祐条法事类》四百三十卷[⑦]，这是宋朝的最后一部综合性法典。

(四) 法律形式

宋朝的法律形式，大体上因袭唐律，即律、令、格、式。律令格式的概念在本书唐律部分中已述，此不详说。除此之外，敕与例也是宋朝极为重要的法律形式。敕的含义，前述编敕部分已有说明，这里重点说一下例。“例”相当于唐以前司法实践中适用的“比附”，在宋代它有三种含义。一是“条例”，即皇帝发布的特旨；二是“断例”，即审判案件的成例；三是“指挥”，即中央官署对下级官署下达的

---

① 《资治通鉴长编》卷四〇七。参见白钢主编、朱瑞熙著：《中国政治制度通史》(宋代卷)，人民出版社1996年版，第383页。

② 《宋会要辑稿》，《刑法》一之五十、五十二。

③ 《玉海》卷六十六，《淳熙吏部条法总类》。

④ (宋)李心传：《建炎以来朝野杂记》甲集卷四，《淳熙事类》。

⑤ (宋)陈振孙：《直斋书录题解》卷七，《法令类·嘉泰条法事类》。

⑥ 《宋史·艺文志》三。

⑦ 《宋史·理宗本纪》三。

命令。例最初是临时性的决定，后来被广泛运用于政府活动尤其是司法实践，其地位愈来愈高，编例也变成重要的立法性活动。[①] 宋代的编例主要有《熙宁法寺断例》、《元符刑名断例》、《崇宁断例》、《绍兴刑名疑难断例》、《乾道新编特旨断例》、《开禧刑名断例》等。

总之，宋王朝适应社会生活的需要，重视法律在治国安邦中的重要作用，立法频繁而独具特色，在中国法制史上占有重要的历史地位。

第二节　宋代刑事法制

宋代的刑事法制原则上承袭唐律。但由于所处社会条件不同，也有自己的时代特色。这主要表现在：第一，宋朝加重了对贼盗罪的处罚；第二，官吏犯罪的处罚先严后轻，逐步宽缓；第三，刑罚的种类除沿袭唐律的笞杖徒流死外，另有刺配、安置等法。

一、主要罪名

中国古代没有现代刑法中的犯罪构成理论，故对犯罪种类的划分并非是依照犯罪侵犯的客体性质，而是以对社会危害的大小、方式、手段等为标准进行的。如此一来，不同性质的犯罪可能被划为同一种类，如贼盗罪，既包括盗窃，也包括抢劫，还包括推翻宋王朝政权的行为等等；而同一性质的犯罪则有数种罪名，如杀人罪，唐宋有七种之多。现择要论述之。

（一）贼盗罪

宋法中的贼盗罪，所涉及的行为十分广泛，包括谋反、谋逆、谋杀、造妖书妖言、强盗、窃盗、恐吓取人财物等行为。此各类犯罪之含义，其他章节多有论述，这里仅就造妖书妖言及强盗罪略述之。

1. 造妖书妖言罪。又称谋乱罪。依《宋刑统》之规定，该罪是指行为人编造怪力奇异之书、谎称鬼神之语、妄说吉凶、诡言灾祥、专行诳惑，或者利用邪教惑众，特别是“僧俗不辨，或男女混居，合党连夜，夜聚明散，讬宣传于法会，潜恣纵于淫风”，危害宋王朝政权的行为，犯者皆处死。宋代农民斗争与秘密宗教结合紧密，朝廷法律对“妖教”“妖言”一类行为的镇压也愈来愈严厉。

2. 强盗罪。又称劫盗罪。是指以暴力胁迫而取财物或伤人、杀人的行为。宋朝法律对劫盗罪，自《宋刑统》到《贼盗重法》，处罚呈加重的趋势，特别是对因劫盗而杀人者，不分首从皆处死。

---

① 吉林大学王侃先生对宋例有着不同的见解，他认为宋例不是法，亦不是判例。参见他所发表的论文《宋例辨析》，载《法学研究》1996 年第 2 期。

（二）杀人罪

宋代刑法依据杀人的目的和方式不同，把杀人罪分为七种，也称“七杀”。在《宋刑统》中，除谋杀和劫杀规定在《贼盗律》外，其他都规定在《斗讼律》中。谋杀，指二人以上合谋杀人。此乃杀人罪中最为严重的一种，故被列入贼盗律之中。劫杀，指以暴力的方式夺取他人财物并剥夺他人生命的行为，是贼盗罪的一种，皆斩。故杀，指故意剥夺他人生命的行为。知而犯者，谓之故。故杀人者，皆斩。斗杀，指行为人本无心杀人，只是在斗殴中不慎致他人死亡的行为。斗杀，处绞刑。误杀，即行为人虽系有意杀人，但所杀之人本应是甲，却杀死了乙。误杀，流三千里。戏杀，即无杀人之意，只因于互相戏耍中致他人死亡。戏杀，徒二年。过失杀，是指行为人无杀人之意，但因“耳目所不及，思虑所未至”，而致他人死亡。过失杀一般都依照故杀应得真刑而赎。

需要注意的是：同一类杀人行为，由于杀人者和被杀者的关系不同，对杀人者的处罚是不一样的，由此派生出各种具体的杀人罪名。如谋杀中的谋杀刺史，谋杀周（期）亲尊长、外祖父母、夫、夫之祖父母、父母，谋杀缌麻以上尊长，谋杀故夫之祖父母、父母等，一般皆处死；而尊长谋杀卑幼，依故杀法减等；已杀者，依故杀法论。

（三）官司出入人罪

“官司出入人罪”是指司法官员在审判活动中因自己的故意或过失，致使有罪判无罪、重罪判轻罪（即出罪），或无罪判有罪、轻罪判重罪（即入罪）。司法官员出入人罪，须负刑事责任。

1. 故出入人罪。指司法官员因谋取不当利益（如收受贿赂、接受请托等）或畏惧权势故意使有罪判无罪、重罪判轻罪或无罪判有罪、轻罪判重罪的行为。依《宋刑统》卷三十之规定，故意出入人罪的，分以下几种情况处理：

第一，故意出入人罪，全出全入的，以全罪论。即被告人本无罪，而法官虚构锻炼成狱，则以所虚构罪应得的刑罚论处法官。出罪亦然。

第二，故意从轻入重、或从重出轻者，原则上以所剩论，即以法官所增减的刑罚还论法官之罪。如果因此而改变刑罚种类的，笞杖之间和徒流之间仍以所剩论；而笞杖与徒流之间以及徒流与死罪之间的改变，则以全罪论。

第三，在追究法官责任时，凡在文案上签署的官员都要负刑事责任。但分长官、通判、判官和主典四等。其轻重首从，要看错判是由谁开始造成的，依次每等递减刑罚一等。主首故意错判而其他几等官不知情者，则只论主首官故出入罪，其他官为失出入罪。①

2. 失出入人罪。指司法官员因自己的过失而导致出入人罪的行为。按照

① 以上参见《宋刑统》卷三十“官司出入人罪”门，“断罪不当”门；卷五“同职犯罪”门。

《宋刑统》的规定："断罪失于入者，各减三等；失于出者，各减五等。"[①]这里的减等是与故出入人罪之刑罚相比较。

二、贼盗重法

宋初，太祖鉴于五代刑法残民之甚，提出"临下以简，必务哀矜"[②]的立法方针，故《宋刑统》不但减轻了对窃盗、强盗罪的处罚（与五代相比），而且在刑罚方式上首创"折杖法"。但后来，内忧外患加剧，社会矛盾非常尖锐，农民武装反抗即所谓群盗蜂起，严重危及封建国家的稳定，为王朝心腹大患，故开始以重刑惩处，这在宋朝的刑事立法、刑名、罪名中都有确切的反映。《宋史·刑法志》说："太祖、太宗颇用重典以绳奸慝。"实际上，与唐代相比，重惩盗贼是宋王朝一以贯之的刑事思想，这不仅体现在宋朝的基本法典《宋刑统》中，也反映在作为特别刑事法规的《重法地法》（即《贼盗重法》）中。《宋史·刑法志》说："祖宗仁政，加天下者甚广，刑法之重，改而从轻者至多。惟是强盗之法，特加重者，盖以禁奸宄[③]而惠良民也。"

（一）《宋刑统》与"强盗罪"

《宋刑统》对"强盗罪"的处罚，与五代相比有所减轻，但与唐律相比，处罚明显加重。《唐律疏议》规定："诸强盗，伤人者绞，杀人者斩。其持杖者，虽不得财，流三千里。"而《宋刑统》规定：持杖行劫，同行劫贼内，有不持杖者，准显德五年七月七日敕节文，即不问有赃无赃并处死；其同行劫贼内，有不持杖者，亦与同罪；其造意之人，行而不受分，或受分而不行，并与行者同罪。[④]

为了更严格地执行《宋刑统》的规定，以窦仪为首编纂刑统的大臣们又向朝廷建议：凡持杖行劫，一准旧敕，不问有赃无赃一律处死；其余强盗，凡是以暴力取其财，不论是先强后盗或先盗后强，一律按强盗罪，计赃处死。[⑤] 这说明，建隆年间的"临下以简"，只是减轻对一般刑事犯罪的处罚，而对强盗罪则比唐律为重。太宗年间，为了镇压王小波、李顺领导的农民起义，宋代的刑罚更趋严苛。太宗公然下诏说："其贼党等，或取恣凶顽，或辄行抗拒，即尽加杀戮，不得存留。"[⑥]

（二）《贼盗重法》的颁布

宋仁宗中期以后，宋初采取的厉行中央集权的种种措施都在走向它的反面，

---

① 《宋刑统》卷三十，"官司出入人罪"门。
② 《宋史·刑法志一》。
③ 奸宄，指为非作歹的人。
④ 《宋刑统》卷十九。
⑤ 同上。
⑥ 《宋史·太宗本纪》。

土地兼并加剧，“三冗”日渐膨胀，沉重的财政负担及官吏的腐败更加剧了社会矛盾，以至出现了“天下盗贼纵横，郡县悉不能制御”[①]的严重局面。对此，仁宗于嘉祐六年命京畿诸县将有关惩治盗贼的敕令汇编起来，立为“窝藏重法”。自此，有关贼盗的敕令就从编敕中独立出来，成为严惩盗贼的法律依据。随后，又将京畿开封府东明、考城、长垣县划为“重法地”；凡在重法地犯贼盗罪者，加重处罚。

英宗继仁宗之后，于治平三年(1066年)下令“开封长垣、考城、东明县并曹、濮、澶、滑州诸县，累有凶恶之人结集，强劫人户财物，杀害捕盗官吏，须议别立重法。”[②]

《贼盗重法》的主要内容是：凡在上述地区抓获贼盗，罪应处死者，把罪犯的家产给告人，罪犯妻子、子女送千里外州军编管，若遇赦降，并配沙门岛。罪至徒者，刺配南远恶州军牢城，以家产之半赏告人，本房骨肉送五百里外州军编管。编管者，遇赦毋还。该法具有溯及既往的效力。[③]

宋神宗年间，面对日益危急的局势，在承袭仁宗、英宗“重法”的基础上，于熙宁四年(1071年)重新颁布《盗贼重法》，史称：“熙宁四年，立《盗贼重法》，凡劫盗罪当死者，籍其家以赏告人，妻子编置千里；遇赦若灾伤减等者，配远恶地。罪当徒、流者，配岭表；流罪会降者，配三千里，籍其家资之半为赏，妻子递降等有差。应编配者，虽会赦，不移不释。凡囊橐之家(即窝藏之家)，劫盗死罪，情重者斩，余皆配远恶地，籍其家赀之半为赏。”[④]

与仁宗、英宗朝“重法”相比，神宗时期修订的《贼盗重法》其特点有四：一是扩大了重法地的范围。熙宁初，重法范围扩及淮南宿州、京东应天府和齐、徐、济、单、兖、沂、淮阳军等地。之后，神宗又数次下诏扩大重法地范围，至元丰时，河北东西路、京东东西路、淮南东西路、福建路等皆用重法，“郡县浸益广矣”。[⑤]二是告者给赏，以鼓励人们告发盗贼及窝藏之人。三是加强了地方官员的捕盗责任。四是非重法地犯贼盗罪，亦以重法论处。

至哲宗时，“重法地”又扩大到陕西路和永兴军，总面积约占全国二十四路的71%，《贼盗重法》已基本上取代了《宋刑统》中的“贼盗律”，其处刑也愈加严酷。如对窝藏犯，神宗时，杖配五百里或邻州，至哲宗时，一并处死。南宋时期，对于免死的强盗，要在额上刺“强盗”字样，以示不齿。两犯强盗，即使是从犯也论死罪。

重法并没有有效遏止贼盗的发展，哲宗时大臣范祖禹慨叹：“自行法以来二

① 《宋史·刑法志》一。
② 同上。
③ 《续资治通鉴长编》卷四六八。
④ 《宋史·刑法志》一。
⑤ 同上。

十余年,不闻盗贼衰止,但闻其愈多耳。"[①]徽宗转而实行军事镇压与抚谕招安两手策略。南宋时期社会形势更加紧张,政府对贼盗的惩治进一步加重,并重赏告奸,但对饥民为盗贼者从轻处罚。总之,由各种因素造成的宋代社会结构性矛盾,使贼盗始终是宋王朝的心腹之患,故终宋之世,重惩贼盗都被作为其一贯方针。

三、刑罚制度的变化

宋朝的刑罚制度,在沿袭唐律笞、杖、徒、流、死五刑制度的基础上有所发展变化。其内容主要是:

(一)折杖法

宋开国之初,为行宽仁之治,于建隆四年(963 年)制定了"折杖之法",即用脊杖和臀杖分别取代原来的流、徒、杖、笞之刑。流刑:加役流改为决脊杖二十,配役三年;流三千里改为决脊杖二十,配役一年;流二千五百里,改为决脊杖十八,配役一年;流二千里,改为决脊杖十七,配役一年。徒刑:徒三年,改为决脊杖二十,放;徒二年半,改为决脊杖十八,放;徒二年改为决脊杖十七,放;徒一年半,改为决脊杖十五,放;徒一年,改为决脊杖十三,放。杖刑:杖一百,改为决臀杖二十,放;杖九十,改为决臀杖十八,放;杖八十,改为决臀杖十五,放;杖六十,改为决臀杖十二,放。笞刑:笞五十,改为决臀杖十,放;笞四十、三十,改为决臀杖八,放;笞二十、一十,改为决臀杖七,放[②]。

"折杖法"的适用,使"流罪得免远徙,徒罪得免役年,笞杖得减决数"[③],体现了宋朝立法缓解社会矛盾、宽减刑罚的精神。此后,隋唐确定的封建制五刑已名存实改。

(二)刺配

刺配是一种混合刑,包括决杖、刺面、流配三个内容,最初为对杂犯死罪的宽贷之刑。后来随着对贼盗罪处罚的加重,凡犯贼盗罪而被流放的犯人,也用杖脊、刺面,遂使刺配之人越来越多,刺配之法亦多达五百七十余条。

(三)编管和安置

编管,即把犯罪之人编入外州户籍,使其接受监督管制,限制其人身自由的处罚方法。它主要用于朝廷命官而犯重罪者,是宋代不杀士大夫之祖训在刑罚上的具体表现。此外有羁管、编置和安置。羁管以囚禁为主,主要处罚宗室犯罪情节严重者。编置是指将犯人编于外州户籍而安置之,适用于情节较轻的犯罪。

---

① 《宋史·刑法志》二。
② 《宋刑统》卷一。
③ 《文献通考·刑考》。

如苏东坡先后编管黄州、儋州就是典型例子。安置，是将犯罪者贬谪到远恶之地居住并限制其人身自由的处罚方法。主要适用于官吏犯罪。

此外，宋代的死刑，除绞、斩外，还增添了凌迟、杖杀等残酷的刑罚执行方式。

在财产犯罪的定罪量刑标准问题上，宋代较前代发生很大变化。以窃盗为例：唐代以绢计赃，《宋刑统》承之，仍以绢匹为准；但由于绢价不断变动，宋初又以敕文规定以钱贯为准。于是形成两个标准并行的局面。关于绢钱比值和不同种类的钱币之间的比价不断变动，宋代的盗法有详细规定，并在不同时期作出相应的调整。

第三节 宋代民商法制

宋代商品经济的繁荣及私有制的深化，使私有财产（包括小生产者的私有权益）的占有、收益、处分以及典当、担保、继承、婚姻、债负等民事法律关系的发生更加频繁、活跃。与社会的发展及经济的繁荣相适应，宋代的民商法制也发生了较大的变化：民事权利主体的范围扩大，民事立法多以单行的形式出现，且在物权、债负、婚姻、财产继承诸方面，比唐律更加完善；商人的社会地位提高，商事立法以开放市场，繁荣经济为宗旨；鼓励海外贸易，依法保护海外商人的私有财产权。

一、功利思想与商品经济

宋代民商法律的发展既是商品经济关系的必然反映，同时也与统治者及社会各阶层的商品经济及功利主义思想息息相关。从历史及内容的角度看，宋代的商品经济及功利主义思想大致可分为三个阶段。第一阶段是宋初至北宋中期以前。此时期内，传统的“重本抑末”思想有所改变，出现了代表商贾利益，要求官府与商人共利的主张。第二阶段，是北宋中期以后，随着宋代社会矛盾的加剧及财政困窘局面的出现，理财成为统治者关注的焦点。王安石变法期间，一方面官营禁榷、摧抑富商的思想有所抬头；但与此同时，另一方面要求保护工商，反对官营禁榷的思想也有所发展。第三阶段，是在南宋播迁江左之后，随着江南商品经济的进一步发展，商品经济的观念进一步深入，功利主义思想也愈加明确，朝廷对宽恤民力、保护个人私有权亦更加重视。①

宋代功利主义思想主要体现在两个方面：

第一是“欲利可言”、“义利双行”。在宋代，随着商品经济的发展，孔孟“何必

---

① 参见叶坦：《富国富民论》，北京出版社 1991 年版。

曰利”、重义轻利的思想及董仲舒“正其谊不谋其利，明其道不计其功”[①]的观点受到了挑战，形成了以李觏、陈亮、叶适等为代表的反传统的义利观。他们在与理学的争辩中，公然言利，或称“利欲可言”，或主张“义利双行”。

第二是“与商贾共利”、“士农工商皆本”。在宋代，“农本工商末”、“重农抑商”的思想在宋代受到了否定，重视工商，同情工商，保护工商则成为士大夫的普遍意识。范仲淹就是典型的代表人物之一，他在《四民诗》中对工商业者表示了深切的同情。他说“尝闻商者云，转货赖斯民。上以利吾国，下以利吾身。周官有常籍，岂云逐末人。”抑商政策及历代律令困辱商人，“鬼神为之劳，天地为之贫，此弊已千载，千载犹因循。吾商则何罪，君子耻为邻。”[②]苏轼则主张“兼利农末”，或“农末皆利”。[③] 他们的主张代表了功利主义与商业意识的觉醒。与此相关，他们主张“通商惠工”，发展工商业。保护商人利益的重要性。宋太宗曾多次下诏宣明朝廷通商惠工的宗旨，允许商人若遇地方官吏刁难，可越级上告。[④] 宋代士大夫及最高统治者对商人地位及社会功能认识的转变极大地促进了宋代民商法律的发展。

二、主要民事法制

两宋时期民事立法较唐代有了很大发展，并对其后的元、明、清诸朝产生了深远的影响。

（一）户籍、身份与人的行为能力

1. 民事权利主体的范围扩大，客户、雇工、人力、女使成为民事权利的主体。由于商品经济的发展与租佃制的兴起，农民的人身依附关系大为削弱，此前的“贱民”在宋代成为具有权利能力的人，表现在三个方面：一是“部曲”上升为佃客或客户并具有国家的正式户口，能够参加大部分民事、经济、行政关系。部曲在唐代是地主的私属，不具有独立的地位，法律上不是民事权利的主体。《宋刑统》虽然仍沿袭唐律，保留了“部曲”的概念，但在实际生活中，“部曲”已上升为客户，不再是地主的私属。二是契约关系下的“雇匠”代替了唐代轮差劳役制下的工匠，也取得了法律主体的资格。三是家庭中的“人力”（男仆）、“女使”（女仆）代替了唐朝的奴婢，同客户、雇工一样成为国家的编户齐民，法律在一定程度上保护他们的利益。当然以上三种人的法律地位与地主相比，还存在一定的差异，还远没有取得平等的地位。

---

① 《汉书·董仲舒传》。

② （宋）范仲淹：《范文正公文集》卷一。这里引用时有删节。

③ （宋）苏轼：《苏东坡全集》卷十四，《奏议集·乞减价粜常平米赈济状》。

④ 《宋会要辑稿》，《食货》十七之十三。原文是：“当职之吏，恣为烦苛，规余羡以市恩宠，细碎必取，掊克斯甚，交易不行，异夫通商惠工之旨也。”

宋代的户籍，以有无不动产为准，将户口分为主户与客户。主户承担赋役，分五等。客户主要指租佃地主土地耕种的农民，文书上一般称之为佃客。在两宋的户口比例中，主户约为65%，客户约为35%。城市的户籍称为“坊廓户”[①]。坊廓户分为十等，其依据的财产标准各地不同，上五等户大体与乡村上户一样，“乃从来兼并之家”[②]。主户、客户皆属平民，皆具有独立的法律人格。

此外，在家庭内部，妇女、卑幼的法律地位也有较大上升。法律承认在大家庭中卑幼的私有财产权利、妇女财产权、离婚权和再适权有所扩大。

2. 行为能力。一般来说，法律把能负担职役的人叫“成丁”，即成人之意，类似于现代民法中对具有完全行为能力的人的规定。《宋刑统·户婚律》载：“户令，……其男年二十一为丁，六十为老。”实际上，这只是对唐律的形式沿袭，真正执行的是敕令。乾德元年(963年)“令诸州岁奏男夫二十为丁，六十为老，女口不预”[③]。成丁年龄可视为法律规定的成年年龄，类似于现代的完全民事主体的年龄限制。女子虽不计户口，但依惯例，与男子同。至于诉讼能力，法典并无统一规定。据《宋会要辑稿》载，南宋绍兴十三年(1143)“大理寺参详：户部所申，违法典卖田宅陈诉者，依敕自十八岁理，限十年。系谓典卖田宅之时年小，后来长大，方知当时违法之类。即合依自十八岁为理，限十年陈诉。”[④]这表明，年满十八岁者可于典卖田宅方面独立起诉。

(二) 物权制度

宋代以物的自然形态为准，将物分为财物和产业。凡可移动的有体物，皆称为财物，相当于现代民法上的动产；凡不可移徙的田宅及定着物，皆称产业，相当于现代民法上的不动产。私人所具有的财物，称为私财或私物；国家所有的财物，称为官财或官物。动产所有权人称为财主或物主，不动产所有权人称为业主或田主、房主等。[⑤]

宋代民事立法中虽然没有物权、所有权等词汇，但是关于这些权益的保护制度是存在的。尤其是所有权基础之上的他物权如永佃权、典权、抵押权等，在当时社会生活中已是司空见惯。对此，宋代制定详密法规加以调整，其民事立法比唐代大为详备。

---

① 坊廓户，又称“坊市户”、“市户”及“井商”等。参见漆侠著：《宋代经济史》下册，上海人民出版社1988年版，第966页。

② (宋)欧阳修：《欧阳文忠公文集·河东奉使奏案草》卷下，《乞免浮户及下等人户差科札子》。

③ 《宋会要辑稿》，《刑部》三，《田讼》。

④ 同上。

⑤ 参见郭东旭著：《宋代法制研究》，河北大学出版社1997年版，第473页。

1. 所有权

宋时，财物主要包括六畜、生活用品等，有时也包括附着于土地的矿物及植物，还有货币及有价证券等。产业主要指田宅。《宋刑统·户婚律》："器物之属，须移徙其地。……地即不离常处，理与财物有殊。"

(1) 不动产所有权。宋代法律对土地产业的保护主要体现在三个方面：

第一，依法承认新垦荒田的所有权，鼓励农民垦辟荒田。宋太祖登基后下诏说："所有长吏谕民，有能广植桑枣，垦辟荒田者，止输旧租。"①即以新垦田地不交租赋鼓励开垦。太宗时规定，"垦田即为永业"，也就是说，谁垦田，谁拥有所有权。

第二，进一步明确田产的原始取得和归属。《宋刑统》虽演习唐律"盗耕种公私田"、"妄认公私田"之类规定，但对特殊情况之下土地变动之所有权的归属作了补充规定。《宋刑统·户婚律》规定："准唐《田令》，诸田为水侵射不依旧流，新出之地，先给被侵之家；若别县界，新出依收授法；其两岸异管，从正流为断。"此规定既保护了被侵者的利益，也增加了土地所有权取得的条件及断其归属的办法。②

第三，完善税契制度，强化对不动产所有权转移的监督。首先，不动产所有权的转移需要官府承认，即"皆得本司文牒然后听之"③。其次，以红契作为勘断田宅交易纠纷的法定依据。红契又称赤契，系由官府在当事人已纳税的契约上加盖公章而得名。陶宗仪《辍耕录》卷十七说："立券投税者，谓之红契。"宋初，法律规定："初令民典卖田土者，输钱印契。"④北宋后期规定："诸以田宅契投税者，即时当官注籍，给凭由付钱主。"⑤意思是说，凡是以田宅交易签订契约向官府纳税的，签约时须当即向官府登记，由官府向钱主发放凭证。红契是田宅私有权的法律凭证。明人王之垣说："凡民间置产为子孙谋，而贻以白契，其心必有所不安，且有生奸以争之者，是税契(赤契)又民之所欲也。"⑥

(2) 动产所有权。宋代，动产所有权的取得大体上可分为原始取得和继受取得两种方式。原始取得包括生产、先占、强制所得、取得原物之孳息等；继受取得有买卖、互易、赠与、继承等。

第一，无主物的先占。宋代法律承认先占权。《宋刑统》承袭唐律之规定："诸山野之物有人已加功力，刈伐积累，而辄取者，各以盗论。"⑦意思是说，凡山

---

① 《宋史·食货志》。
② 参见薛梅卿著：《宋刑统研究》，法律出版社 1997 年版，第 90 页。
③ 《宋刑统》卷二十六。
④ （清）毕沅：《续资治通鉴》卷六。
⑤ 《宋会要辑稿》，《食货》六十一、六十二。
⑥ （明）沈榜：《宛署杂记》卷十二，《契税》。
⑦ 《宋刑统》卷二十，《贼盗律·贸易官物》。

野间的物产，如柴草、木料、药材、矿石等，若有人已花费了功夫、力气，或加以刈割、斫伐，或业经积累、聚集，如再有人妄自拿取的，各依盗窃罪论处。

第二，关于阑遗物、宿藏物、漂流物。《宋刑统·杂律》"地内得宿藏物得阑遗物"门又准用唐《捕亡令》、《厩牧令》、《杂令》的有关内容，并补充了以下规定：其一，凡得到阑遗物（遗失物），皆送随近县，在市得者送市司。所得之物，皆悬于门外，凡有人认领者，由官府检验后，令其具保给还之。若遗失物无明显记号，但有充足的证据证明其是失主者，亦给还之。若经过二十日，无人认领者，由官府收管，并把物色品种记录在案，通晓所失物附近城乡，经一周年无人认领的，由官府没收。没收之后，其物犹在，若失主前来认领，只要证据充分，仍发还失主。其二，凡得到官私马骡牛驴羊等，只有官方印记而无私印者，送官府牧养。若无官印，或虽有官印而又有私人印记者，经一年无失主认领，即可由官府重打印记（不得破坏原有印记），收官单独牧养。若有失杂畜者，令失主赴由官府专门牧养遗失牲畜的牧场认领，检验核实后印"还"字，发还失主。各州镇所得阑遗牲畜，须在当界内访主人，经过两季无主识认者，可在当处出卖。卖时，先卖给官府驿站，待入官后，仍有失主前来认领，官府检验核实，将所卖之价发还失主。其三，对于漂流物的取得增加新规定：凡公私竹木为暴水漂失，有能接得者，并积于岸上，明立标榜，于所在官府申请批文。凡有失主前来认领者，江河五分赏二分，其余水流五分赏一分。若三十日，无人认领，归拾得人所有。[①]

2. 典当、倚当、抵当：宋代的担保物权与用益物权

典当、倚当与抵当皆为所有权基础之上的他物权。这些权能的出现，反映了宋代社会生活、经济关系的复杂及民事法律关系中所有权观念的进一步深化。

（1）典当。宋代的典当是现代民法意义上典权和质权的混合物，因为它既包括不动产（如田宅）的出典，也包括了动产的质押。"质"字出现于春秋战国之际；至于"当"，清人郝懿行说："俗依衣物质钱，谓之当，盖自东汉已然。"[②]生活用品的典当，在唐代已普遍存在于寺院与民间。大诗人杜甫作诗说："朝回日日典春衣，每日江头尽醉归。酒债寻常行处有，人生七十古来稀。"[③]典当作为不动产转移的独立方式，是在宋代形成和发展起来的。不动产典当主要是指田宅，宋代一般称典卖，法律对此规定得较为细密。动产的典当，一般称为"质"，此类行业多为民间经营，在宋代十分普遍。下面，对不动产典当与动产典当分别叙述之。

第一，不动产（田宅）典当（典卖）。《宋刑统》将田宅典当称为典卖[④]，并与"倚当"同视为不动产的转移方式。但宋代法律中的典卖并非真"卖"，出典人仍

① 以上见《宋刑统》卷二十七，《杂律·地内得宿藏物条》。
② 曲彦斌著：《中国典当史》，上海文艺出版社 1993 年版，第 22 页。
③ 转引自曲彦斌著：《中国典当史》，上海文艺出版社 1993 年版，第 22 页。
④ 参见《宋刑统》卷十三，《户婚律·典卖指当论竞物业条》。

然保留着所有权和回赎权，而典价也是低于卖价的。经常有先典后卖的现象，若典主为买主，必须把典与卖之间的差价补足。在典权关系中，钱主(承典人)为典权人，业主(即田宅所有权人)为出典人。典权人支付给出典人的钱为典价。简言之，"典"就是出典人以其不动产田宅的占有、使用权向典权人换取典价，以其典产的收益抵当典价利息的法律行为。在典权关系中，出典人与典权人均享受一定的权利并承担相应的义务。就出典人而言，出典人转让的只是一定期限内典产的占有、使用、收益权，其所有权并未丧失。即是说，出典人对典产有回赎权。若出典人到期无力回赎典产，他仍有向典权人找绝(即找回典价与卖价的差额)的权利。如果典权人拒付差价，出典人有权卖于第三人。出典人负有对典产不得重复典卖，不得强行收赎，回赎必须将原典价还给典权人的义务。典权人通过向业主支付典价而获得了典权，在典权存续期间，典权人对典产享有占有、使用及收益权。典权人勿需向业主付租金，出典人也不向钱主付利息，以典产的收益充当利息。除上述权利外，典权人还具有物上请求权，可设定担保或转让典权，但不能出卖。《宋刑统・杂律》规定："收质者非对物主不得辄卖"。典权人的义务是：对典产负有管理、修缮(如房屋)和交纳赋税的义务。若典权人因故意或过失使典产毁损，要负赔偿责任；典产因天灾而毁灭，典权人不得向出典人索取新的典产。[①]

由于田宅转让涉及国家赋税，故宋代法律对田宅的典卖规定了与绝卖相同的法律手续，要求十分严格。首先，典当田宅，须立合同契约。"在法(即依法之规定)：典田宅者，皆为合同契，钱业主各取其一。此天下所通行，常人所共晓。"[②]其次，典当田宅必须办理过割手续。即是说，双方须到官府办理移交转让手续，并由官府在契约上加公章，然后出典人须把典产移交给典权人。"在法：诸典卖田宅并须离业。又诸典卖田宅投印收税者，即当宫推割，开收税租。必依此法，而后为典卖之正。"[③]

为了保护典主的利益，法律严禁重复典当。"诸以己田宅重复典卖者，杖一百，牙保知情与同罪。"[④]对于出典人的回赎权，法律也同样予以保护。《宋刑统》引宋太祖建隆三年(962年)十二月敕文："今后应典及倚当庄宅、物业与人，限外虽经年深，元契见在，契头虽已亡没，其有亲嫡子孙及有分骨肉，证验显然者，不限年岁，并许收赎。"关于典权的收赎期限，宋朝规定一般为三十年[⑤]，对于户绝

① 参见郭东旭著：《宋代法制研究》，河北大学出版社1997年版，第488页。
② 《名公书判清明集》,《户婚门・争业类》"典卖园屋既无契据难以取续"条。
③ 《名公书判清明集》,《户婚门・争业类》"抵当不交业"条。
④ 《名公书判清明集》卷九。
⑤ 《宋刑统》卷十三，《户婚律・典卖指当论竞物业条》。

者，法律允许出典人于典限外半年以本钱收赎。[①]

对于赎价的交付时限，法律规定要在典契届满120日内交付典主。法律规定：民户典卖田宅者，原是现钱者，以现钱（指铜钱）赎；原来是官会（指官府发行的纸币）者，以官会赎；原是钱、会中半者，以中半赎。[②] 若典主在典得的土地上栽种树木，其归属如何处置，法律也有规定。北宋天圣八年（1030），坊州人马固状典得马诞顺田，后添木三百，发生了纠纷。对此，宋廷特下敕令说："自今后，如元典地栽木，年满收赎之时，两家商量。要，即交还价值；不要取便斫伐。业主不得占吝。"[③]

第二，动产典当。一般称为"质"，典当之动产多是生活用品，如衣物金银首饰之类。宋代民间动产典当十分流行，"当铺"遍设全国各地，典当已然成为一个行业，有时人们也称当铺为"解库"、"质库"，寺院中的当铺称"长生库"。典当契约，在南北朝隋唐时称为"质契"，宋金元时称为"质卷"、"解贴"，明清时称为"当票"。它是典当行为发生的法律凭证，上面一般须记明典当行号、地址、物品名称成色、抵押期限、利息计算。发生纠纷时，官府以此为断。

（2）倚当。指所有权人将土地、房屋等不动产使用权或部分收益权转让他人，以换取现钱的活动。其法律关系介于典权与抵押权之间。[④] 倚当与典当（不动产典当）非常相似，都以不动产即田宅为转移标的，出让其占有、使用、收益权，且都要签订书面契约，办理过割手续。二者区别在于：倚当物的收益，只限于约定的利息额内；如有超过，则要归还倚当人；而在典当中，典产的收益全部归典权人所有。

倚当也不同于抵押，抵押权是抵押人继续保有不动产情形下的担保物权，而倚当则必须转移不动产，税负也一并转移。太宗太平兴国七年（982年）诏："民以田宅物业倚当与人，多不割据，致多争讼起，今后应已收过及见倚当并须随业割税。"[⑤]倚当的手续与典当同。

（3）抵当。指抵押人以田宅作担保（但不转移占有），向债权人借贷的行为。抵当不同于倚当，南宋吴恕斋说，抵当不过税、不离业，只是约定日期，还钱取契。[⑥] 因此，抵当具有抵押借贷的性质。

此外，宋代法律还有"指名质举"的概念。"指名质举"，又称"契押"，指抵押人指定抵押田产而实际上并不交付抵押物，仅将表明抵押物的上手契交付抵押

① 《宋会要辑稿》，《食货》六十二之十八。

② 《名公书判清明集》卷九，《户婚门·取赎·典卖田业合照当来交易或见钱或见会中半收赎》。

③ 《宋会要辑稿》，《食货》一，《农田杂录》。

④ 郭东旭先生认为，倚当属于抵押权的一种。参见《宋代法制研究》，河北大学出版社1997年版，第493页。

⑤ 《宋会要辑稿》，《食货》六十一之五十六。

⑥ 《名公书判清明集》卷六，《抵当不交业》。

权人。“契押”也不是只以契件为标的，而仍然是以契件所指向的不动产为标的。

（三）契约制度

宋代契约种类很多，包括买卖契约、典当契约、借贷契约、赠与契约、寄托契约，等等，形成较完善的亲邻权、契纸、契税、交割等制度。

1. 亲邻权制度。农业社会聚族而居状况使田宅变动与家族利益密切相关。宋人郑克说：“卖田问邻，成券会邻，古法也”，也就是，家族和邻里的认可是不动产买卖关系成立的重要条件。唐代以法律形式明确了亲邻的先买权，宋代又进一步发展。《宋刑统》卷十三规定：“典卖、倚当物业，先问房亲；房亲不要，次问四邻；四邻不要，他人并得交易。房亲着价不尽，亦任就得价高处交易。如业主、牙人等欺罔邻亲，契贴内虚抬价钱，及邻亲妄有遮恡者，并据所欺与情况轻重，酌量科断。”开宝二年（969 年）进一步规定：“其邻以东、南为上，西、北次之，上邻不买，递问下邻。”绍圣元年（1094 年）又规定：“应问邻者，只问本宗有服亲，及墓田相去百步内与所断田宅接者。”亲邻的先买权的规定逐渐细致化。据《名公书判清明集》载《庆元重修田令》规定：“诸典卖田宅满三年，而诉以应问邻而不问者，不得受理”，即亲邻先买权的时效为三年，逾期即丧失保护。

2. 契纸制度。宋代典卖田宅，必须在契约内写明当事人的姓名、典卖亩数、坐落、田色、四邻界至、产业来历、典卖原因、原业税钱、交易钱额、追夺担保及悔契责任等。契约订立三日内，会同业主、邻人、牙保、写契人，经官当面按验无误，交纳契税，官府注籍，并给凭由付钱主。为使契约规范化，宋朝强制推行“契纸”制度。最初，太平兴国八年（983 年）规定了标准契约文本。宋徽宗崇宁三年（1104）规定：“田宅契书，并从官司印卖。除纸笔墨工费用外，量收息钱。”此即契纸。为推行契约，后来敕令又规定：“人户典卖田宅，议定价值，限三日先次请买定贴，出外书填，本县上簿拘催，限三日买正契。”定贴经官审查后再誊抄在正契上。南宋仍实行契纸制度，对契纸的管理也趋于严格。契纸制度对于规范契约秩序，减少纠纷起到重要作用。

3. 契税和交割制度。宋以前就有契税制度的萌芽，但正式的契税制度建立于宋代。投纳契税的范围包括动产和不动产交易，以交易额按比例征收。宋太祖开宝二年（969 年）开始征收契税，税率为 2%。以后有所增加，南宋时更增至 10%，但实际交纳各种杂费不止此数。由于契税及各种附加钱过重，民间典卖田宅“其文契多是出限不曾经官投税”，私立白契成交者相当普遍。

宋代不动产的转移以过割赋税、业主交业为标志，割税交业制度更加完善。由于割税与交业可以分离进行，有些典卖可能已交业，得到产业的人为了减少负担，就沟通官吏不过割赋税，或虽过割，官府却不落实，依旧差科，出现大量产去税存的情况。为此，宋徽宗政和元年（1111 年）规定：凡田宅契投税，必须同时“勘验元业税租、免役钱，约定应割税租数，令均平取推收状入案，当日于簿内对注开收”,从而减少有关人等从中渔利的机会。南宋的规定更加严格,须“当日于簿内对注开收讫,方许印契”,“如不先经过割,即不许人户投税”;并对“先次印给契赤者,官吏重立法禁”。原业主离业,钱主管业,典卖权利义务才因实现而消灭;如未交业,“虽有输纳钞,不足据凭”。

(四)婚姻家庭与继承制度

宋代社会生活发生了巨大变化,反映到婚姻家庭继承关系中,表现为妇女和子女的地位有所上升。择要介绍如下:

1. 妇女的婚姻权利有所扩大。宋代法律虽承袭了“七出三不去”、“义绝”、“和离”等离婚制度,但同时在立法和实际生活中发展出许多有利于妇女的新离婚方式。如南宋法律规定:已成婚而丈夫移乡或编管,其妻愿离者,听;妻子被同居亲强奸,虽未成,而妻愿离者,听。在现实生活中,有因丈夫貌丑而要求离异者,有不堪打骂与夫决绝者,有因丈夫病狂请求离婚者,有因丈夫与人私通而求去者等等,这些情况冲击了传统礼俗,改变了妇女在离婚问题上的被动地位。

妇女再嫁权在宋代有了法律保障。如宋真宗曾下诏:“不逞之民娶妻给取其财而亡,妻不能自给者,自今即许改适。”南宋有“夫出外三年不归,亦听改嫁”、“客户身故,其妻改嫁者,亦听自便”的规定。宋朝宗室女再嫁也经历了由严到宽的过程,至哲宗时,“宗女夫亡服阙归宫改嫁者,听”。从皇帝到平民,人们对寡妇再嫁都逐渐表现出积极支持的态度,甚至在传统的女嫁男之外,出现了寡妇在夫家招后夫的婚姻形式,即招“接脚夫”。理学对妇女改嫁问题的影响直到南宋末才在社会上层开始显现,其对妇女婚姻的观念统治更是元以后的事情。

2. 子女在家庭中的地位有所改变。宋朝法律对子女及其法律地位作了详细的规定。婚生子分为正妻所生之嫡子和妾所生之庶子,在遗产继承上虽然诸子均分,但在宗祧继承上嫡子优先。非婚生子分为奸生子和婢生子,只要其父自认,法律就承认其合法地位,并享有家产份额。遗腹子即父亲死后才出生的子,与亲生子权利相同。别宅子是指其生父在世时没有认领归籍的子女,生父死后法律不承认其父子关系。抱养子亦称“过继子”,在我国古代较多见,是指无子者抱养同宗晚辈为子的行为。过继须办理转移户籍的手续。收养子是指养异姓小儿为子,又称“螟蛉子”。《宋刑统》规定:“其遗弃小儿年三岁以下,虽异姓,听收养,即从其姓。”抱养子和收养子的权利同亲生子,但收养子在实际生活中其利益往往受到所收养家族的限制。立继子是指夫亡妻在,妻为亡夫在同宗晚辈中领养之子,地位与亲子同。命继子是夫妻双亡而无子,由近亲尊长为之议立之子,目的是承继香火和继承财产。义子在宋朝法律上是指随母改嫁而与母之后夫形成的父子关系,义子不改姓,不继嗣,也不继承财产,义父死后归宗。赘婿在实际生活中被当作无子之岳父母家的成员,在宋神宗时法律有条件地承认赘婿和义子具有一定财产继承权利。

历代统治者为了稳定其统治，一般提倡家庭同居共财，宋朝法律也继承唐律关于惩治父母在别籍异财的行为。但在当时江南地区，“凡民祖父母、父母在，子孙始娶，便析产异爨”的情况非常普遍。在家产分析中，以诸子均分为原则，但女儿也具有一定权利。北宋规定：“未娶妻者，别与聘财；姑姊妹在室者，减男娉财之半。”而在南宋一个判例中，出嫁女儿却直接得到相当于其兄弟所得一半的财产。这一原则在江南地区得到广泛承认和执行。

在同居共财的原则下，宋朝法律承认家庭成员在家庭内部有一定财产权利。如《宋刑统》规定：“妻家所得之财，不在分限”，即在夫家析产时，妻的随嫁财产不被作为家庭的共同财产分割。《名公书判清明集》记载的判例认为：“私房续置之产，与众各无干预”，“自备钱取赎之田，不在均分之列”。《宋会要辑稿》亦记载南宋时，父祖“愿以田宅充奉祖宗飨祀之费者，亦听官给公据，改正税籍，不准子孙分割典卖。”这表明宋代家庭内部财产分化加速，封建法的同居共财原则受到冲击。

三、主要商事法制

宋代商业和商品经济与唐代相比有了长足的发展，因而宋代的商事法制尤其是海外贸易的法制也比唐朝进一步完善，学界对此早有研究。[①] 宋之商事立法，从形式上看，多以敕令的形式颁行；从内容上说，注重保护商人的合法权益、促进商品经济的流通、规范市场秩序。因此，宋代商人的身份地位、商品交易的规模都比唐朝有所提高和扩大。

（一）扩大市场规模，促进商品流通

唐代，与均田制相适应，置两京之市与州县之市。如唐中宗景龙元年（公元707年）所颁敕令规定：“诸非州县之所，不得置市。其市当以午时击鼓二百下，而众大会；日入前七刻，击钲三百下，散。”[②]两京之市，则有严格的坊市制度。所谓坊，即居民区，有围墙坊门，按时启闭。“闭门鼓后，开门鼓前，有行者皆为犯夜。”[③]坊以外，另有商业区称为市。两京之市不同于州县之市，其市门按时启闭，其店铺固定，商品分行。唐朝中期之后，县之下出现镇市和草市。[④] 但总的来说，唐朝的“市”，其规模还不算太大，对商人的限制也较多。

宋代工商业空前发达和繁荣，商品经济十分活跃。北宋的开封更是当时世

---

① 宋史学界，对此问题有着专门得研讨。如董家骏著：《宋代商业立法述略》一文，载《宋史研究论文集》（1984年会刊），浙江人民出版社1987年版。郭东旭著：《宋代法制研究》（该书设有专节讨论此一问题），河北大学出版社1997年版。

② 《唐会要》卷八十六，下册，上海古籍出版社1991年版，第1874页。

③ 《唐律疏议》卷二十六。

④ 董家骏：《两宋商业立法述略》，载《宋史研究论文集》（1984年会刊），浙江人民出版社1987年版。

界上最大、最繁华的商业城市，张择端的《清明上河图》便是宋代商业繁荣的真实写照；南宋的临安（今杭州）城内，手工业有四百一十行，各行均有许多从业者。宋代的市场规模比唐有着更大的发展，其特点是：

1. 在城市，坊市制度被打破[1]，出现了"坊市不分，日夜有市"的局面。据宋人孟元老《东京梦华录》记载，宋代的东京（即今开封），街衢上到处可以开设店铺。我国古代商业经营之中的"面街而市"，是从宋代开始的。市场贸易的时间也不再受限制，昼夜皆可进行，"夜市"也是在宋代发展起来的。宋统治者为了维护城市经济的繁荣与商品贸易的发达，特以法律的形式，把自发形成的"面街而市"及"夜市"诸惯例固定下来。宋太祖于乾德三年（966 年）四月十三日下诏开封府，"令京城夜市至三鼓以来不得禁止"[2]。

2. 在乡村，草市、镇市出现，形成了以城市市场为中心，以镇市、草市为补充的多层次市场。草市，又称墟市，是进行交换活动的最为古老的形式。草市之名，初见于东晋南朝。[3] 唐中后期，县之下出现草市，宋代更为普遍。镇市，依军事要冲要塞"镇"而形成。宋代，"民聚不成县而有税者，则为镇"[4]。草市或间日一集，或三数日一集，视其地区贸易、交换能力而定。农民通过草市以其粮米、柴草、布帛之类，换回盐、茶、农具之类，以满足生活、生产的需要。朝廷对草市、镇市依法进行管理。"宋制，诸镇监官掌巡逻、窃盗及火禁之事，兼征税榷酤，则掌其出纳会计。"[5]草市、镇市也是宋代基层的税收机构——场务所在地。如开封府共 41 个商税"务"，21 务置于县，17 务置于镇，3 个务则置于村市。[6]

3. 发行纸币和票据，方便流通和金融。宋以前货币主要是金属铸币——铜（或铁）钱。金属铸币体重、值低，不便于携带，因而不能适应日益繁荣的商品经济发展需要。于是故纸币和票据便在宋代应运而生。

宋代是我国最早使用纸币和票据的王朝。北宋时，纸币称"交子"，南宋时称"会子"。交子先在北宋真宗年间的川陕诸路流通，发行者是民间商人。宋仁宗时开始设专门机构予以发行和管理。宋室播迁后，采矿业日衰，铜铁钱铸量日减，流通领域里的货币——铜铁钱愈加匮乏，为了解决"钱荒"，南宋官府便发行

---

① 坊市制度的打破，首先由日本人加藤繁氏提出，后得到学术界的公认。参见漆侠著：《宋代经济史》下册，上海人民出版社 1988 年版，第 932 页注 4。

② 《宋会要辑稿》，《食货》六十七之一。

③ 漆侠著：《宋代经济史》下册，上海人民出版社 1988 年版，第 938 页。

④ （宋）高承：《事物纪原》卷一。转引自漆侠著：《宋代经济史》下册，上海人民出版社 1988 年版，第 936 页。

⑤ （元）马端临：《文献通考·职官考》十七。

⑥ 这是日本学者加藤繁的研究成果，参见漆侠著：《宋代经济史》下册，上海人民出版社 1988 年版，第 939 页。

纸币——会子，以满足经济发展的需要。除纸币外，宋代出现了票据，包括便钱[①]（相当于现代的汇票）、帖子（相当于现代的支票）、盐钞等。

宋王朝对纸币和票据的发行、管理及流通都做出了专门的法律规定，其主要内容是：(1) 设置专门机构，负责印行和管理。北宋仁宗天圣年间，首先在益州（今四川一带）置"交子务"，主持官办纸币的发行工作。"[②]宋人杨万里记述："初，蜀之民以楮（chu）卷为货，谓之'交子'。至天圣中，官始权之。"[③]南宋绍兴末年，官府复置"交子务"，并"印造官会（子）"[④]，与铜钱并行。票据的管理机构为"便钱务"，太祖开宝三年（970 年）设立。马端临《文献通考·钱币》称："开宝三年置便钱务，令商人入钱者诣务陈牒，即日辇致，左藏库给以卷。仍敕诸州，凡商人赍卷至，当时给付，不得住滞，违者科罚。"(2) 打击伪造交子、会子之罪行。南宋绍兴三十二年（1162 年）官府颁布"伪造会子"罪赏条例。孝宗淳熙十三年（1186 年）九月诏："伪造会子，凡经行用，并处死。"[⑤]两宋纸币的出现及有关立法不仅促进了商品经济的发展和流通，也对其后元、明、清诸朝的货币立法发生了重要的影响。

（二）保护商人合法权益，促进海外贸易的发展

宋代，商人的社会地位比唐代有所提高：首先，他们有了正式的户籍，被编入坊廓户中；其次，取消了唐代"工商之子不当仕"[⑥]的规定，允许工商之子参加科举考试，所谓"取士不问家世，婚姻不问阀阅"[⑦]。商人为官者，遍满州县，史称"一州一县，无处无之"[⑧]。

宋王朝还特别制定法律保护商人的合法权益，当商人的权益受到侵害时，允许越级上诉（"越诉"），这类规定在有宋一代的商业立法特别是海外贸易立法中尤其突出。

1. 严禁留难勒索商人，保障商业环境

五代十国以来，法令严苛，官府盘剥、勒索商人司空见惯。宋建国后，自太祖建隆年间，便开始颁布敕令，严禁留难、勒索商人。如太祖建隆元年（960 年）四月诏："诸州勿得苛留行旅赍装"，"不得辄发箧搜索"[⑨]。太宗淳化四年（993 年）

---

① 便钱，唐代称之飞钱，参见郭东旭著：《宋代法制研究》，河北大学出版社 1997 年版，第 328 页。

② （宋）李攸：《宋朝事实》卷十五。

③ （明）杨万里：《诚斋集》卷一二九。

④ （宋）卫泾：《后乐集》卷十五。

⑤ 《宋史》卷三十五，《孝宗本纪》。

⑥ 《旧唐书》卷一五八。

⑦ （宋）郑樵：《通志》卷二十五。

⑧ 《宋会要辑稿》，《职官》五十五之三十九。

⑨ （元）马端临：《文献通考》卷十四。

下诏“禁两京、诸州不得挟持搜索，以求所算之物”[①]。另外，宋代严格按照法律对商人征税，对非法增加商税的官员严加惩处，决不姑息。如陈州私置蔡河锁，按民船的载重量，达到一百斛收百钱，载运货物的加倍征收。后来被查处，全部撤除。南宋时，《庆元条法事类》总结北宋以来有关此方面的立法经验，作出了更加详尽的规定：“诸私置税场，邀阻商旅者，徒一年，所收税钱坐赃论，仍许越诉。”凡遇客旅贩卖谷物，“其经由官司如取非理骚挠阻节，许客人经尚书省越诉”[②]。国家还根据经济情况和当地自然灾害情况，经常给予商人临时的特定税收减免。如元丰元年，对滨州、沧州等地被水灾民“零贩竹木、鱼果、炭箔等物，税百钱以下，听权免一季。”宣和年间，“凡以蚕织、农具耕牛至两浙江东者，给文凭蠲税一年”，“以岁歉之后，用物少而民艰食，在京及畿内油炭面布絮并力胜钱并权免”。为了促进经济恢复和发展，“靖康元年诏：都城物价未平，凡税物权更蠲税一年”，“临安府物价未平，免淳熙七年税一年。光宁以降，亦屡与放免商税，或一年或三月、五月”。

2. 制定市舶法则，鼓励外商来华

两宋的海外贸易立法，就形式而言，主要是两大类。一是律，二是单行的法令与条规。前一种，见诸于宋朝的基本法典——《宋刑统》，后一类统称之为市舶条法，或市舶法则，散见于朝廷颁布的各类敕令诏书中。这些法令不仅对国内商船出海的手续、物品的种类等做出了规定，还对市舶机构的设置、市舶税的征收比例加以规范化。尤其值得称道的是，宋代为鼓励外商来华贸易，特别规定：以礼优待外商，设宴犒劳外商及有功人员。史称：“高宗绍兴二年(1132年)六月二十一日，广南东路经略安抚提举市舶司言，‘广州自祖宗以来兴置市舶，收课倍于他州，每欲乞依广南市舶司体例，每年于遣发蕃船之际，宴设诸国蕃商，以示朝廷招徕远人之意。’从之。”[③]史学家陈裕菩先生说：“犒设，又可曰设蕃。广州设宴处为海山楼。”“每年十月，蕃商归国之际，华官举行慰劳送别之宴，视为常例，谓之犒设。”[④]宋政府除每年十月依例宴送蕃商外，还对招徕外商的有功官员，派使赐宴慰劳。《宋史·马亮传》称：“马亮以右谏议大夫知广州……舶商久不至，使招徕之。明年，至者倍其初，珍货大集。朝廷遣中使赐宴以劳之。”

（三）严格市场管理，加强商品质量监督

我国历代王朝为了保证产品质量，维护商业秩序，都注重颁布法令，明确规定生产者、销售者对产品质量应负的责任。宋代，除《宋刑统》规定了产品生产者的责任之外，而且还不断颁布敕令，严禁出售不合格的商品。宋太祖乾德五年

---

① 《宋会要辑稿》，《食货》十七之十三。

② 《庆元条法事类》卷三十六。

③ 《宋会要辑稿》，《食货》四十四之十四至十五。

④ 〔日〕桑原骘藏：《蒲寿庚考》，陈裕菁译注，中华书局1954年版，第47、67页。陈裕菁按语。

(967年)十二月诏:"自今宜禁民不得辄以纰疏布帛鬻于市,及涂粉入药。吏察捕之,重置其罪。"①北宋末年,官府还明立法禁:"凡供军衣物帛有粉药、纰疏、轻怯、短狭者,元买纳官司计所亏官准盗论,罪轻者徒一年,元验官司减一等。"②南宋时承袭上述法令。这些法令固然不能从根本上杜绝假冒伪劣产品的出现,但对商品经济的保护作用还是值得肯定的。

第四节　宋代行政法制

宋代行政法制,不是现今意义上强调制约权力、依法行政的行政法制,而仅仅是关于国家机关和官职设置、职责、考核和监督以及国家政令贯彻方式等等事宜的法制,包括各种相关规定和惯例(包括所谓"祖宗家法")。与唐相比,宋代的行政法律具有如下特色③:

第一,宋朝政治制度的侧重点在于厉行中央集权。故从宋太祖时起,就开始注重制定一套集政权、军权、财权、立法、司法权于中央,尤其是于皇帝予一身的家法祖制。这套赵宋家法严密防范文臣、武将、女后、外戚、宗室、宦官等六种人专权,巩固以皇帝为核心的君主专制和集权。

第二,官僚政治体制确立,庶族地主出身的士大夫在赵宋政治舞台上占有重要地位。

宋的社会结构发生了深刻变化。自汉形成的旧的皇帝士族政体不复存在,新的由广大庶族地主知识分子参与的皇帝、士大夫官僚政治体制确立。新的政体下,有两个变化却甚为显著:其一,官僚政体下的士大夫,作为统治集团的整体,其门第族望观念甚为淡漠,"取士不问家世,婚姻不问阀阅"成为流行于宋代社会的主导价值观念。其二,官僚政体下,庶族地主出身的士大夫是一种集政事、吏事、法律素养于一身的复合型人才。关心国家大事与民间疾苦,议论朝政、改革社会是宋代士大夫当仁不让的价值观和历史责任。而这些,宋代最高统治者也用法律的形式加以固定。

第三,从中央决策、权力运作到官员的设置、职权划分、官员的铨选、考课都有法律的相应规定,宋朝的行政法律已达到了相当健全成熟的程度。

下面分行政体制、科举制度、铨选考课三个方面加以讨论。

---

① 《宋会要辑稿》,《食货》六十四之十六。

② 《宋会要辑稿》,《食货》六十四之二十六。

③ 这是著名宋史学家朱瑞熙先生的研究成果,参见白钢主编,朱瑞熙著:《中国政治制度通史》第六卷(宋代),人民出版社1996年版,第一章绪论部分。

一、行政体制

（一）中央行政体制

宋政权初建之时，政治制度的侧重点在于厉行中央集权。故宋初至宋神宗元丰改制前，中央行政体制虽仿效唐朝，有三省六部之名，但它们的实际职责很少。具体执行中央行政职权的机关是“二府三司”。元丰改制后，三省六部职权才恢复到法定状况。

1. 二府。所谓“二府”，是指中书门下与枢密院，号称“政府”和“枢府”。中书门下是宋朝的最高行政机关，与唐不同的是，它不再是宰相的联合机构，而是脱离三省的独立的行政机构，其长官为“中书门下平章事”，行使宰相职务，一般置二三人。另设“参知政事”为之副。中书门下作为中央的最高行政机构，有权对下属行政机关发布命令；下属机关也可直接向中书门下报告工作。史称中书门下“佐天子，总百官，平庶政，事无不统”①。

枢密院为中央最高军事行政机关，其职能是“掌军国机务、兵防、边备、戎马之政令。出纳密令，以佐邦治。凡侍卫诸班直，内外禁兵招募、阅试、迁补、屯戍，赏罚之事皆掌之”②。枢密院长官为枢密使，其品级与宰相等。枢密院虽为中央最高军事行政机关，具有掌管全国军事、调兵之权，但枢密使、枢密副使及院中其他官员俱不统兵。这样一来，一方面军政移于枢密院，削弱了宰相的权柄，有意使枢密院与宰相互相牵制，以防专权；另一方面又使调兵权与统兵权互相掣肘。这是宋代政体强化中央集权的结果。

2. 三司使。宋把晚唐以来的三大中央机构度支司、盐铁司、户部司合而为一，称为“三司”。其长官称三司使，副长官为三司副使。三司使统领三司，总管国家财政，地位略低于参知政事，故有“计相”之称。神宗改制后，三司并归户部。

（二）地方行政体制

宋初，地方政权分为州、县两级。州县长官由朝廷定期派员轮任差遣，或由朝官外补，称作“知州”、“知县”，以杜绝地方官员结党揽权。其后，为加强中央集权，特在州以上置路。于是地方体制是路、府（州、军、监）、县三级。

1. 路。宋朝的路大约相当于唐朝的道，带有监察区的性质。路置经略安抚使（南宋称帅司），掌管一路军政；设转运使（南宋称漕司）掌财赋。各州除必要的经费支出外，各种税收都要经转运使送交中央。后来转运使职权逐渐扩大，兼理边防、治安、钱粮、监察等项事务，成为府州以上的行政长官。还设提点刑狱司（南宋称宪司）掌司法；设提举常平司掌仓储、赈灾或盐铁专卖。上述四机关互不

---

① 《宋史·职官志》一。

② 《宋史·职官志》二。

统摄，他们之间可互相监督，都对皇帝直接负责，以防止地方长官擅权。

2. 州（府、军、监）。路以下的行政机构为府，与之同级的有州、军、监。府、州大约与秦汉时的郡同，但府的地位略高于州。国家的首都、陪都，一般都设为府；凡皇帝即位前居住过或任过职的州，一般升格为府。军，在唐时原为军事机构，相当于军区；五代后逐渐演变为行政区。监，多设在矿区，一般不管民政。府、州、军、监的长官为知府、知州、知军、知监，由皇帝直接任命的文官充任，以防止武将兼领地方官所造成的拥兵自重。宋王朝对地方官实行“三岁一易”和本地人不得充任本地官员的制度，使地方官不得据地坐大。为牵制知府、知州的权力，并对其进行监察，又于各州、府设立“事得专达皇帝”的通判。通判除对知府、知州实行监察外还负责一府或一州的财政。府州内一切政令若无通判联署则无效，通判可以随时向皇帝报告情况，其素有“皇帝耳目”及“监州”的称号。

3. 县。县以知县为长官，由皇帝任命文官担任。这改变了五代以来由节度使委派亲信驻县（称镇将）所造成的武人把持地方政务的局面，加强了中央对地方的控制。

两宋行政体制的设置及其变化充分体现了统治者强化中央集权的立法思想。正如宋人范祖禹所论：“收乡长、镇将之权悉归于县，收县之权悉归于州，收州之权悉归于监司，收监司之权悉归于朝廷。”①从此，唐末以来所形成的藩镇割据势力，已被消灭殆尽。

二、科举制度

科举制度创自于隋唐。此前，官员的选任以荐举为主，以考试为辅；隋唐之后，尤其是宋之后，官员选任则以考试为主，以荐举为辅，另有恩荫补官制度为补充。

（一）宋代科举之类别与内容

宋代科举分为贡举常科、制科两大类别，考试内容亦略有差异。

1. 贡举常科。即常规性科举。因有固定的考试时间（宋太宗时定为每三年举行一次），又在科举考试中地位最重，故得其名。常科包括进士科、诸科、武举、童子试等：(1) 进士科。此科最受社会重视。就考试内容而言，自唐以来，诗赋即为考试的重要内容。宋真宗时增加策论内容，但仍以诗赋定进退，不参考策论。② 宋仁宗后，社会矛盾激化，宋统治者迫切需要谙吏事、晓法律、明治国大道的综合性人才，故策、论的地位逐步升高。庆历新政时，朝廷颁布《详定贡举条制》，采用欧阳修的改革意见，将进士省试分为三场：第一场考试策三道，一道问

① （宋）范祖禹：《范太史集》卷二十二。

② 《续资治通鉴长编》卷六十八，大中祥福元年正月癸未。

经旨，二道问时务；第二场考论一首；第三场考诗、赋各一首。罢去帖经与墨义。① "策"如考不及格，后两场不再试；"论"若不及格，诗赋也不再考。以策论定去留是宋代科举考试内容的重大变化，它为宋政府培养了大批通经致用的人才。(2) 诸科。宋朝初，诸科也称"明经"科，其中包括九经、五经、三史、三礼、三传、学究、开宝通礼等。诸科考试内容各不相同，以九经为最难。诸科的考试方式在宋初专试贴经、墨义，其特点是死记硬背。这与宋儒所倡导的义理之学大相径庭，故宋仁宗科举改革后以大义、策论为主，神宗熙宁变法，诸科罢废。其余童子、武举诸科不再赘述。

2. 制举。又称特科、大科、贤良科。宋由于进士考试规模的增大，制举曾几度罢废，科目较唐大为减少。大体上包括"贤良方正能直言极谏"科、"经学优深可为师法"科、"详闲吏理达于教化"科。制举的设置是为了选拔特殊人才，故考试不固定，往往由皇帝亲自考试，其取人的标准主要取决于文辞的优劣和对经史的熟悉程度。制举考试，允许内外现任、前任官员及平民百姓参加。

(二) 宋代科举制度的发展

科举制度创设自隋唐，但直到宋代其制度才较为完善。② 宋代在唐代的基础上进行了一系列改革，使科举考试更加公平。具体说来，宋代的新发展是：

1. 确立殿试制度。唐人杜佑说："殿前试人自此始"(指 690 年武则天亲临洛阳策问贡士)。但其实殿试在唐代很少进行，真正成为制度是在宋代。宋朝开国后，统治者要贯彻文臣治国的原则，故皇帝亲自考试录取士人也成为制度，其后元明清诸朝皆因之。

2. 推行"别头试"，为下层人士参政提供公平竞争的机会。"别头试"，亦称"别试"，即为主考官的应举亲属及权贵子弟应考别置考场，另派考官考试的制度，以防止主考官徇私舞弊。宋朝开国后，最高统治者为吸引更多的下层士人参政，使科举取士更加公平，一开始便推行"别头试"，限制权贵子弟的录用。宋太宗雍熙二年(985 年)，令礼部省试官亲戚移试别处③，此谓"别头试"之始。真宗仁宗之后，遂为制度。别头试的对象不仅包括考评官的亲属，也包括诸州发解时，地方长官的亲属、婚姻之家及门客。他们凡应试者皆须参加"别头试"。

3. 实行锁院制度。即贡举考试期间，贡举官一旦受命，即锁居贡院不得与外人包括家属接触的制度。

4. 创立"糊名"、"誊录"之法。所谓"糊名"，又称弥封，就是考试后将试卷上

---

① 《宋会要辑稿》，《选举》三之二十七。另可参见陈植锷：《北宋文化史述论》，中国社会科学出版社 1992 年版；苗书梅著《宋代官员选任和管理制度》，河南大学出版社 1996 年版，第 14 页。所谓贴经，类似于现代语文考试中的填充；所谓墨义，指以书面的形式用经书上的原语回答问题。

② 参见苗书梅：《宋代官员选任和管理制度》，河南大学出版社 1996 年版，第 6—9 页。

③ 《续资治通鉴长编》卷二十六，雍熙二年正月己巳。

考生姓名、籍贯、家世等贴封起来，以免主考官、评卷人员从中徇私的制度。“誊录”则是指专门的官员对应试的举子之答卷重新抄录的制度，都是为了防止徇私舞弊。

三、官吏铨选制度

两宋王朝的铨选制度，是指朝廷对官员的选拔、任免、考察制度。大体包括注授差遣、叙迁、考课、荐举、恩荫等诸多方面。

宋代实行官、职、差遣分授制度。宋代的“官”只是请俸之具、称呼之号，并无实际职掌，只是用以“寓禄秩、序品位”而已。[①] “职”以待文学之士，只有“差遣”才是实际职务。

宋代，重要官员的任用须由皇帝亲命，称为特旨除授。主要包括宰辅、台谏、侍从、在内诸司及重要的地方长官等。特旨除授可以打破官员的资格限制（宋制：没有取得进士出身的官员一般不许担任宰相），是朝廷选拔任用优秀人才的重要措施。

宋制，宰相府或枢密院任用官员，谓之“堂除”，堂指中书门下议政处政事堂，元丰改制后，以尚书都堂为政事堂。堂除主要指非特旨除授的、官阶在五品以上的官员。

除以上两种官员任用方式比较特殊外，宋代全国官僚队伍基层官员的征用，即“自朝议大夫五品以下而受常调差遣者，皆归吏部”[②]。这里所讲的官员任用、叙迁、考课制度主要指的是吏部铨选制度。

1. 铨选机构。宋初到宋神宗元丰改制前，铨选机构有四：“审官东院”和“流内铨”，负责文官；“审官西院”和“三班院”，负责武官。[③] 神宗元丰改制后，实行吏部四选制，以审官东院为“尚书左选”，主管文臣寄禄官从朝议大夫，职事官从大理正以下，非中书省敕授的官员，也就是承务郎以上（京朝官）官员；以审官西院为“尚书右选”，主管武臣升朝官从皇城使，职事官从金吾阶街杖司以下，非枢密院宣授的官员，也就是武翼郎以上（大使臣）官员；以流内铨为“侍郎左选”，主管文臣从初仕到幕职州县官，也就是承直郎以下到通仕郎以上官员；以三班院为“侍郎右选”，主管武臣从借差、监当到供奉官、军使，也就是承信郎、校副尉以上官员。[④]

2. 铨选与呈试。所谓“铨试”，是指获得做官资格的人员再进行考试的制度，文官称铨试，武官称呈试。宋朝仁宗前，进士、诸科等科举考试入仕者可直接

---

① 参见苗书梅：《宋代官员选任和管理制度》，河南大学出版社 1996 年版，第 136 页。

② 《续资治通鉴长编》卷三七〇，元佑元年闰二月。

③ 参见白钢主编，朱瑞熙著：《中国政治制度通史》第六卷（宋代），人民出版社 1996 年版，第 661 页。

④ 同上书，第 661—662 页。

授官,获得差遣。仁宗后,严格铨试法,除进士高科及第外,其余官员初任官,必须考试过关,才能取得差遣。

3. 官员的考核。对官员进行定期或不定期的考核,我国古代叫考课。考课制度是官员管理制度的重要组成部分。宋代官员的考核以日常考核为主,其基本办法是由各级官员所属的长官在其印纸历子上记录优劣功过,初定等级。此后,再交吏部等铨选官司审核,或由宰相府裁定。宋初,"流内铨"注授的幕职州县官承旧制由南曹发给"历子",以其记录平时功过绩效;进士出身担任幕职官或京朝官出任外官者,则发御前印纸。后来,"历子"、"印纸"混称,泛指记载官员功过的书面凭据。

关于考核的内容,两宋三百余年,前后变化不一,以仁宗朝为例,以下列五事考核转运使[①]:其一,称荐贤才,各堪其任;其二,案劾贪谬,修举政事;其三,实户口,增垦田;其四,财用充足,民不烦挠;其五,兴利除害。根据考核优劣,决定官员的升降。宋代将考核结果一般分上、中、下三等。考课的实行,对改善吏治、强化统治效能起到了一定的作用,但由于冗官泛滥,考课也难免流于形式。

4. 关于官吏考核的法规。宋代对官员考核及管理,除《宋刑统》中设"职制"篇专门加以调整外,多以敕令及单行法规的形式加以规定。从种类上说,有专门规定官吏考课内容的考课法,如仁宗朝颁布的《嘉祐考绩新书》、《庆元条法事类》卷五的《考课》等;也有中书省颁布的《中书省官制事目格》、《大观中书敕令格式》等。[②] 宋代朝廷颁布的各种单行行政法规,多数都已失传,很难窥见全貌,保留内容较多的是南宋的《庆元条法事类》和理宗景定年间的《吏部条法》。

四、行政监察制度

宋初,中央监察机构仍为御史台,以御史中丞为长官,行"纠察官邪、肃正官纪"之任。御史台是集行政监察与司法监督于一身的中央最高专职监察机构。御史台之下设台院、殿院、察院三院。"台院"设侍御史若干人,负责纠弹中央百官违法行为并参与推鞫。"殿院"设殿中侍御史若干人,负责监察殿廷之内百官的活动,以维护朝廷礼仪秩序。"察院"设监察御史若干人,分察百僚,巡按州县。在各路还派驻有固定的"监司",负责监督地方军、政、财、刑四大机构。在御史台之外,还有独立的谏院,设左右谏议大夫、司谏、正言为专职谏官。台、谏虽然机构分立,但职责却是合一的,即所有台官、谏官均有监察和谏议双重职责。

御史乃天子耳目之臣,"上自宰相,下至百僚,苟有非违,皆得纠劾"。因此,宋代凡御史中丞及其副贰的选任,"当出圣意","必由中旨",不准"宰相自用台

① 《宋会要辑稿》,《职官》五十九之七至八。

② 参见白钢主编,朱瑞熙著:《中国政治制度通史》第六卷(宋代),人民出版社 1996 年版,第 725 页。

官”。如果新任宰执与现任御史有亲嫌关系,“则皆他徙”,即改授其他差遣。对台院、殿院、察院三院御史的选任,多采用官员荐举、皇帝御笔点定的方法。皇帝亲自掌握御史的任用权,是宋代监察制度的一个重要变化。

在地方,监察任务由各路“监司”和各府州通判负责。因各“监司”、通判直接对朝廷负责,同时又有监察州县活动的职责,因此可以有效地实现对地方的监察。同时,诸监司之间也要相互纠举。宋法还允许“本州官吏互相申纠”,知州、知府等也可以通过申奏,检举揭发监司的错失和不法行为。

第五节　宋代司法制度

宋王朝既是一个高度中央集权的封建王朝,也是一个十分重视运用法律手段来巩固统治的王朝。与此相适应,其司法制度较唐代大有进步。其司法制度的主要特点是:皇帝直接控制司法,司法制度严密,其中“鞫谳分司”制与“翻异别勘”制颇具时代特色;朝廷注意通过律学考试从文人中选拔司法官吏。

一、司法机构

(一) 中央司法机构

1. 刑部。宋初,沿用唐制,中央主要设刑部和大理寺分掌司法。宋神宗官制改革前,刑部的主要职责是复核大理寺所评断的全国死刑已决案件及官员叙复、昭雪等事。元丰改制后,审刑院与在京刑狱司并入刑部,刑部的职能扩大为“掌刑法、狱讼、奏谳、赦宥、叙复之事。”刑部正副长官分别为尚书和侍郎。

2. 大理寺。宋代的大理寺为中央最高审判机构,主要负责评断全国各州县报请复审的刑事案件。宋时称复审为“奏献”。北宋前期,大理寺只负责审理地方上奏的狱案,只作书面审理,并不开庭审判。《宋史·职官志》说:“凡狱讼之事,随官司决劾,本寺不复听讯。但常断天下奏狱,送审刑院评讫,同署以上于朝。”神宗元丰改制后,大理寺置卿一人为之长,少卿二人为之副,下设正、推丞、断丞、司直、评事、主簿等职若干人。寺内审判事务分左右两部。左断刑、右治狱。凡天下奏劾命官、将校及大辟囚以下疑请谳者,由“左断刑”负责;凡京师百官刑狱,或皇帝指令审问及追穷官物案,由“右治狱”审理。[①] 大理寺的审判官也依“审讯”和“用法”的分工而分为断司和议司二职。所有案件先断司,而后议司,经一再审议才能定判。

3. 审刑院。为了厉行封建中央集权制,太宗于淳化二年(992 年)八月置审刑院于禁中。审刑院设知院事为其长,兼设评议官六人。其职责主要是复核大

---

① 《宋史·职官志》五,《大理寺》。

理寺所裁断的案件,实际上是代表皇帝控制司法。当时,凡属上奏的案件,皆须送审刑院备案,再交大理寺断复,然后再返回审刑院评议,由知院或评议官写出书面意见,奏请皇帝裁决,审刑院的设置是皇帝直接控制司法审判权的典型表现。元丰改制时,审刑院罢归刑部。

4. 中央其他机构的司法权。中央司法机关除以上所述外,中书门下省对疑难案件有权论正刑名。枢密院在哲宗后也取得对军事案件的监督权。盐铁、户部、度支“三司”置有推勘检法官,审理各司官员的经济犯罪案件。神宗时,三司罢归户部。对于有关钱谷方面的犯罪,杖以下,户部有权定断。这些特点是封建社会行政、司法不分的集中反映。

(二) 地方司法机构

宋代的地方司法机构分路、府(州、军、监)县三级。开封府是北宋的京师,虽与府、州、军、监同级,但在司法上权力较大。

1. 路。宋初,未设专管一路司法之官,由路转运使负责一路司法之监督。淳化二年(公元991年),始置各路提点刑狱司。真宗时,以“京朝官”外出充任,称提点刑狱公事,其主要职责是监察本路司法刑狱,并对各州的死刑案件负有评复的责任。《宋史·刑法志》说:“诸重刑皆申提刑司详复,或具奏裁,既无州县专杀之理。”

2. 州、府、军。知州、知府、知军作为行政长官兼理司法,但在其下设有专职司法属吏。掌管检法议罪的称为“司法参军”,掌管调查审讯的称为“司理参军”。州有权判决徒刑以上直至死刑的案件,但重大案件和死刑案件必须上报路提点刑狱司和中央刑部。

3. 县。县司法审判以知县亲审为原则。县可以决断(结案)杖刑以下的案件。史称:“杖罪以下在县断遣。”①知县下属的幕职官,可以处理轻微案件,以“笞刑”为限。

开封府(京畿地区)。开封府是北宋的京师,虽与其他府、州、军、监同级,但在司法上权力较大。府除设府尹以外,还设判官四人,分日轮流审判案件。设左右厢公事干当官,负责检查侦讯和处理某些轻微案件,设左右军巡事判官各二人,负责京师地方的审讯,还专设司录参军一人,处理户口婚姻方面的纠纷。

二、审判制度

1. 案件的分级管辖。两宋,杖以下案件由县长吏决遣。徒以上重案须将人犯、案卷解送至州。州有权判决徒刑以上直至死刑的一切案件。但被判处流以上刑者,须经过路一级主管刑狱的机关送刑部复核。一般情况下,当事人不得越

① 《宋会要辑稿》,《刑法》三。

诉。太祖时规定:“若从(纵)越诉,是紊旧章,自今应有论诉人等……不得蓦越除状;违者,先科越诉之罪。”①真宗时规定:“应论诉公事不得蓦越,须先经本县勘问,该徒罪以上送本州,杖罪以下在县断遣。”②

2. 直诉与越诉。宋朝沿行唐代击登闻鼓诉冤的制度,并设立“登闻鼓院”、“登闻检院”,直接受理申告的案件。若出现下列四种情况,法律规定可以越诉:第一,如所诉事涉机密,允许进京向代表皇帝受理申诉的“登闻鼓院”进状。第二,杖刑判处不依法。决罚过多,允许赴尚书省越诉。第三,路的主管官员对案件处置不当,亦许越诉。第四,官吏违反法律科敛人民、侵人物业、勒索客商等,皆许越诉。对于婚田之讼,下户为豪强侵夺者,不得以务限为由不受理;如违反,也允许越诉。

3. 皇帝亲审与御笔断罪。宋代,皇帝经常亲自审理案件。不在诉讼管辖之内。史称:“初,太祖常决系囚,多得宽贷。”“太宗在狱,常躬听断,在京狱有疑者,多临决之。”“孝宗究心庶狱,每岁临轩虑囚。”③徽宗时,皇帝常以御笔手诏断案,所谓“出命制法,轻重予夺在上”④。皇帝亲审确实洗雪了一些冤案,如太宗时,开封府人王元吉因发现继母奸情而被继母诬陷为欲毒杀自己,王元吉已不堪刑讯而诬服,幸得其妻告御状获太宗亲审才洗脱罪名。不过,御笔断罪也被朝廷权臣利用作为打击异己的工具,如蔡京就多次“请降御笔”,破坏常法,导致国家法律混乱。

4. 审判时限。为了提高司法机关的工作效率,宋制规定:凡大理寺审判的案件,大事不过二十五日,中事不过二十日,小事不过十日皆必须审理完毕。审刑院复核,大事不过十五日,中事十日,小事五日。⑤ 所谓大事、中事、小事,是以案件所设钱财价值“缗”数为单位进行划分的,二十缗以上为大事,十缗以上为中事,不满十缗为小事。

5. 鞫谳分司与翻异别勘。这是宋代司法制度中的两个最有特色的创新。

(1) 鞫谳分司制度。为了防止刑狱冤滥和官吏作弊,除个别人口较少的州外,一般来说,从州至大理寺,宋代实行“审”与“判”的分离制。在各州,设司理院,有司理参军,“掌狱讼勘鞫之事”⑥;另设司法参军,掌“议法判刑”⑦(即拟判)。在大理寺,有“断司”和“议司”之分。这种由专职官员分别负责“审”与“判”的制度,叫鞫谳分司制。在此种制度下,负责事实审勘的官员无权检法断刑,负责检

① 《宋会要辑稿》,《刑法》三。另见《宋大诏令集》卷一九八。
② 《宋会要辑稿·刑法三》。另见《宋大诏令集》卷一九八。
③ 《宋史·刑法志》。
④ 同上。
⑤ (元)马端临:《文献通考》卷一六六,《刑》五。
⑥ (元)马端临:《文献通考》卷一六七,《刑五》。
⑦ (元)马端临:《文献通考》卷六十三,《职官》十七。

法断刑的官员无权过问事实审勘，二者互相牵制，不易作弊。南宋时周琳说：“狱司推鞫，法司检断，各有司存，所以防奸也。”[①]

（2）翻异别勘制度。当犯人不服判决临刑称冤，或在家属代为申诉时，须改由另一个司法机关重审、或监司另派官员复审的制度叫“翻异别勘”制，有时叫翻异别推制。其中，由原审机关的另一官员复审称为“差官别推”或“移推”，由上级机关差派与原审机关不相干的其他机关复审称为“移司别推”。按法律之规定，翻异可三至五次。但实际执行上较宽，有多达七次者。[②] 这种制度就其实质来说，是司法机关自动复审，虽有时会因多次翻异而影响司法机关的审判效率，但该制度的实行从总体上来说能够在一定程度上减少冤假错案的产生，同时也是宋统治者“慎刑”精神的体现。

6. 证据、检验与法医学。宋代在审判中十分重视书证、物证、人证、口供等，对不合拷讯者据众证定罪，不得拷讯。“称众者，三人以上，明证其事，始合定罪，违者以故失论”。证人作证不实及翻译人员欺诈，予以法律规定的处罚，即“诸证不言情，及译人诈伪，致罪有出入者，证人减二等，译人与同罪。”而且对于人命案件更加重视检验与现场勘验活动，在这方面积累了丰富的经验，留下了一大批法医学名著，如《棠阴比事》、《折狱龟鉴》、《洗冤集录》等。

南宋是中国古代检验制度发展、完善的重要阶段。所谓检验，是指司法人员对各类犯罪现场、物品、尸体等进行实地勘验的活动，它是收集犯罪证据的重要途径和手段。在宋代，随着科学技术的发展，社会文明的进步，证据理论的发达，检验制度逐渐走向科学和完善。检验的范围、程序和笔录都有严格的程式，法律对检验责任也做了明确的规定。特别值得提出的是，我国古代著名法医学家宋慈[③]所著《洗冤集录》，是我国乃至世界上最早的法医学著作。该书在总结前人办案经验的基础上，把实践中获取的药理、人体解剖、外科、骨科、检验等多方面的知识汇集成册，刊行于世，不仅指导宋代及后世的司法实践，还先后被译成荷、英、法、德等国文字，对世界其他许多国家有重大影响。此外，南宋时期《检验格目》、《正背人形图》的推广也是中国古代司法史上的一大创举，使检验方法更加科学，检验过程容易接受监督。因此，南宋时期的检验无论在技术上还是在制度建设上都较以前有重大的进步。

---

① 《历代名臣奏议》卷二一七，《推司不得与法司议事札子》。

② 《宋会要辑稿》，《刑法》三之八十四。

③ 宋慈（1186—1249）：字惠父，建阳童游里人。宁宗嘉定进士，历任知长汀县、知赣州、提点广东刑狱，官至广东经略安抚使。他重视实地检验，总结了以前法医知识，结合本人心得，于理宗淳祐七年（1247）他62岁时编成了《洗冤集录》5卷。参见杨奉琨《洗冤集录校译》前言，群众出版社1980年版。

三、法律考试

宋代是中国封建社会中一个比较重视法律教育和法律考试的朝代，宋太祖曾说："夫刑法者，理国之准绳，御吏之衔勒。应朝臣、京官及幕职州县官，今后并须习读律令。"[①]为培养和选拔合格的法律人才，宋代制定和完善了以"法律考试"为中心的一系列有效措施。不仅选拔司法官员要进行律学考试，就是进士、武学、算学、画学等科目，也要试律断案。考试有明法科、明法新科、刑法试等。

1. 明法科。明法科在唐代已随着科举制的普遍建立而初具规模。宋太祖建国之初，即建隆三年（公 962 年）下诏，规定各道选拔司法参军，"皆以律书试判"[②]。自太祖乾德年间至宋神宗之前，明法科遂成为制度。考试分为七场。"第一、二场试律，第三场试令，第四、五场试小经，第六场试令，第七场试律。仍于试律日杂问疏义五道"[③]。

2. 明法新科。神宗王安石变法时创立。与旧明法科相比，明法新科有两大特点。一是取消经、疏内容，而改试《刑统》大义和断案。二是超过了进士科的地位。史称："新科明法中者，吏部即注司法，叙名在及第进士之上。"[④]

3. 刑法试。又称"试法官"、"试刑法官"、"试刑名"、"试断案"等。试刑法由刑部、大理寺等中央司法机构主持，考试对象是京、朝官，州县幕职官。考试的内容为律令大义和断案两种。

在宋代统治者的倡导下，士大夫学律习令蔚然成风，苏轼曾说："读书万卷不读律，致君尧舜知无术"，强调学习法律的重要性。"通吏事，晓法律"成为宋代士大夫们自觉要求。因此，司法官员的人文素质及法律知识修养大为提高，极大地推动了宋代法制的发展与完善。

四、讼师与讼学

宋代商品经济的发展，诉讼的增多与复杂化，促使社会上出现了"讼师"这一新的职业，见诸史籍的有"珥笔之民"、"茶食人"、"讼师官鬼"、"哗鬼讼师"等称谓。他们素质参差不齐，以为民众提供代写诉状、教人"打官司"为谋生之职业。官府发给"印字"（专门用于开印诉状的纸张），一定程度对其活动予以认可。伴随"讼师"这一职业，出现了专门教人词讼之学，即"讼学"，民间出现了"讼学业觜社"等讼学机构和各种讼学教材。

---

① 《宋史·选举志》二。
② 《宋史·选举志》。
③ 《续资治通鉴长编》卷十六，景德二年十二月。
④ 《宋史·选举志》一。

五、监狱制度

宋代的监狱制度规定,吏人要定期清洁牢房,洗涤狱具。囚犯如"去家悬远绝饷者,官给衣食",囚犯贫乏无家供送饮食的,"依法官给"。宋真宗咸平四年,在各路还为患病囚犯专设"病囚院","官给医药"。但实际监狱制度仍十分黑暗,《名公书判清明集》就记载胡石壁曾亲自视察监牢,"见得颓败卑隘,上漏下湿,不可以居",决定将旧官衙改造为"厢牢",供囚禁犯人使用。

本章重点问题提示

本章重点问题主要是二者。一是社会转型、商品经济发展与宋代法制特别是民事、经济法制的进步;二是宋代法律及其实践中的人文精神的发展。

一、社会转型、商品经济发展与宋代法制进步

宋代是一个社会转型时代,有人认为宋代社会已经有了近代社会即市民社会的某些特征,认为宋代是中国近代化的开始。当然,这不过是对宋代高度发达的商品经济和高度市民味的社会生活的一种学术评价而已。宋代的这种社会进步,的确影响了法制,促成了宋代法制在关于民事、商事、经济、财政等多方面的法制进步。比如宋代的典型的租佃制和雇佣劳动、社会成员身份平等程度的提高、工商业者地位的提高和工商业法制的完善、涉外贸易法制的出现、纸币和汇票制度的出现、版权保护制度的出现等等,都说明了社会转型带来的法制进步。

二、宋代法律制度及其实践中的人文精神发展

宋代法律制度及其实践中的人文精神的发展,主要从几个方面看出。一是宋代法制更加重视个体自由和权益,如更加关心妇女的地位和财产权益,提高子女特别是非婚生子女的法定地位并保障其一定权益,适当提高奴婢、女使等准贱民的地位和权益,扩大民事主体的范围等等。二是士大夫主持行政与司法中广泛体现出前所未有的人文精神,亦即他们"先天下之忧而忧,后天下之乐而乐"的精神,"民胞物与"、"关心民瘼"的精神,"工吏事,晓法律"以为民众服务、反对空谈的精神,都是法制人文精神的体现。

思考题

1. 宋代的民事商事规范有什么特色(与西方比较)?
2. 宋代的刑事及司法审判制度的改革有什么借鉴意义?
3. 商品经济发展促成了宋代法制的哪些进步?
4. 宋代法制及其实践的人文精神体现在哪些方面?

第十四章 辽夏金法制与北方少数民族法制的特色

内容提要

辽、西夏、金王朝，是公元8至13世纪初北方少数民族入主中原的重要政权，这些政权在与汉族融合的过程中，也创造了非常出色的法制成就。其法制有着北方少数民族政权法制的两大特色，一方面保留游牧民族的习惯，另一方面尽快向汉族法制学习。本章主要介绍与两宋对峙的北方少数民族政权辽、西夏、金的法制概况，突出展示其法制的保留游牧习惯和迅速汉化两大特色。

关键词

重熙条例　天盛律令　皇统新制　因俗而治　南面官　北面官

中华法制文明中也包含少数民族政权的建设性贡献。公元8世纪初到13世纪初，由契丹、党项和女真三个少数民族建立的辽、夏、金民族政权先后统治过中国北方地区，他们的法制是整个中国法制进化史的一部分。辽、夏、金政权分别创制了本民族的第一部成文法典——《重熙新定条例》、《天盛律令》和《皇统新制》。我们必须正视、理解和研究这三个民族及其法律文化在中华法律文明史上的地位和作用。他们的法制是使中华法律文明或中国政治法律传统得以维系和传承的重要因素。辽、金、夏少数民族政权的法律制度体现出北方少数民族政权法制的特色：保留游牧民族传统习惯和迅速汉化二者交织。

第一节 辽夏金的政治与行政制度

一、辽政治制度与立法概况

（一）辽行政区划

辽国是中国历史上以契丹族为主体建立的一个封建王朝，都城上京临潢府（今内蒙古巴林左旗南），其创建者为耶律阿保机。

契丹族是中国古代北方地区的一个民族。历史文献上有关契丹族的确实记载，始于北魏登国四年（389年）。其主要活动地区是在潢河（今西拉木伦河）一带，生活方式是逐水草迁徙而游牧、狩猎。唐朝初年，契丹八个部落组成部落联盟，拥兵四万，接受唐朝统辖。唐朝衰落后，契丹族不断向外扩张，掳掠外族人口，实力大增。后梁贞明二年（916 年），契丹族首领耶律阿保机凭借强大的军事力量，击败了的剌葛、迭剌等人，在龙化州（今内蒙古昭乌达盟八仙筒附近）称天皇帝，建元神册，国号契丹。神册三年（918 年），辽太祖耶律阿保机在潢河以北正式建都城，称为皇都（后改称上京）。随后，降服甘州回鹘，攻灭渤海国。会同元年（947 年），辽太宗灭后晋，改国号大辽。统和元年（983 年），辽圣宗耶律隆绪曾改国号契丹。以后辽道宗咸雍二年（1066 年），又恢复大辽国号。辽国共历九帝，前后二百一十年。

辽国的疆域东临北海、东海、黄海、渤海，西至金山（今阿尔泰山）、流沙（今新疆白龙堆沙漠），北至克鲁伦河、鄂尔昆河、色楞格河流域，东北迄外兴安岭南麓，南接山西北部、河北白沟河及今甘肃北界。

辽州县行政区划基本因袭唐末五代制度，实行府、节镇州（道）—（防御使、观察使、刺史）州—县三级制度。《宋朝事实・经略幽燕》记载“契丹有五京，上镇十二，中镇六，下镇七，观察州十三，刺史上州九，中州十一，下州三十四”①。《亡辽录》将辽朝的府、州分为京府、大藩府、节镇州、刺史州、观察、团练、防御使州、头下州。② 有学者认为辽州县制度的特点是呈复式的层级统辖关系，即三级与四级并存于一个道之中（这里道仍指五京道），节度州与府同级，不但可以统辖领县的观察、团练、防御使、刺史州，而且可以自领县。领县的州亦可以不隶节度州或府，直接隶属道。③

如此行政区划的设置，主要是为了贯彻落实“因俗而治”的方针。从生产性质划分，辽代经济大体可划分为三大区域：渔猎区、牧区和农区。以渔猎为基本生产方式的是居住在潢河、土河之间的契丹族以及东北部女真等族。以畜牧业为基本生产方式的是北方草原各民族。以农业为主要生产方式的是南部地区的汉族以及东部渤海人。三个地区的社会组织形态被纳入一个统一的政体之内，加速了相互之间的交流，推动了辽经济向高层次的发展。早已进入封建门槛的南部汉族地区经济，在辽代起主导作用，带动着北边地区，使牧区、渔猎区在不同的基础上，以不同的步伐向封建经济过渡。

（二）辽立法概况

契丹立国前，没有文字，当然也就没有成文法；凡涉及法律事务，往往是“刻木为契，穴地为牢”④。虽然契丹部落中已经有“决狱官”，但当时审理案件依据

---

① （宋）李攸：《宋朝事实・经略幽燕》，《丛书集成》初编本。
② 关树东：《辽朝州县制度中的“道”“路”问题探研》，载《中国史研究》，2003 年第 2 期。
③ 参见周振鹤：《地方行政制度志》第三章第三节，上海人民出版社 1998 年版。
④ 《宋会要辑稿》，《刑法》六。

的准则只是氏族和部落的传统和习惯，有罪则量其轻重，临时决遣。随着部落间社会矛盾的尖锐、激烈化，对法律的需求日益强烈，契丹立法的进程因而得以促进发展。辽太祖耶律阿保机为联盟长期间，为惩治诸兄弟的叛乱集团，曾"权宜立法"，规定：亲王犯谋逆之罪，不送有司行刑，可使其投崖自杀；淫乱或逆父母者以五车轘杀；谤讪犯上者，以熟铁锥摏（舂）其口杀死；从坐者，量轻重处以杖刑。

辽太祖建国后，于神册六年（921 年）"诏定法律，正班爵"①，以突吕不"撰决狱法"②，对习惯法中决狱官制度予以成文法化和规范化；并"诏大臣定治契丹及诸夷之法，汉人则断以律令，仍置钟院以达民冤"③，将契丹法和汉法分别运用于不同的地区和不同民族；蕃汉相犯时，轻处蕃人，重罚汉人。至此，辽朝的法律进入成文法时代。

太宗时期，随着国家版图的扩大和社会经济生活的发展，继续完善法律适用制度。太宗登基伊始，即对刚征服的渤海国地区实行"治渤海人一依汉法"④。从此，辽朝境内各族人犯罪，有了治罪判刑的法律条文。

圣宗时，承天太后"留心听断，尝劝帝宜宽法律"，圣宗本人也锐意求治，"更定法令凡十数事，多合人心，其用刑又能详慎"⑤。圣宗更定法令的主要特点是定罪量刑多从宽简，逐步缩小契丹和汉人量刑上的差别，限制契丹贵族的某些特权，并吸收和借鉴了汉法中维护封建统治的"十恶"、"八议"等内容。

兴宗重熙五年（1036 年）编成《新定条制》，"纂修太祖以来法令，参以古制"定刑 5 种，凡 547 条，是一部比较完整的法律，是辽国刑法编纂首次集大成者，史称《重熙条例》。《辽史·刑法志》所载辽朝的刑制当属《新定条制》的内容。

道宗于咸雍六年（公元 1070 年）又增补前法，为七百八十九条，称《咸雍条例》。后又增补两次，共增一百零三条。道宗咸雍六年（1070 年）至大安三年（1087 年）又多次修订条例，意在使治契丹和汉人的法律合而为一。然而，由于契丹、汉人间的文化差异尚存，统一律令的条件还不够成熟，终因"条约既繁，典者不能遍习，愚民莫知所避，犯法者众，吏得因缘为奸"，而于大安五年（1089）悉除新法，复用旧制《重熙条例》⑥。

辽朝的法律也体现了"因俗而治"的特点，汉人、渤海人依"律令"，即《唐律》、《唐令》；契丹与其他游牧部族则依"治契丹及诸夷之法"，就是契丹习惯法。若汉、渤海、奚、契丹间产生纠纷，则以汉法断，即所谓"四姓相犯，皆用汉法"⑦。

---

① 《辽史·韩延徽传》。
② 《辽史·百官志》一，《北面属国官》。
③ 《辽史·刑法志上》。
④ 同上。
⑤ 同上。
⑥ 《辽史·刑法志》。
⑦ （宋）余靖：《武溪集·契丹官仪》。

辽法律在执行中，同罪不同罚的现象比较常见。世宗时，天德等谋反，诛天德，杖萧翰，流刘哥，遣盆都出使辖戛斯，“四人之罪均而刑异”，“辽之世，同罪异论者盖多”[①]。穆宗常因细故虐杀侍御、近臣；兴宗时也常因请托减免罪行，有法不依，任情用法的现象颇为普遍。

圣宗时虽试图一改“先是契丹及汉人相殴致死，其法轻重不均”的现状，曾明确规定“一等科之”[②]；但契丹人侵害汉人正当权益，却往往受到袒护。直到道宗时，这种状况仍无根本改变。苏辙曾一针见血地指出：“北朝之政宽契丹、虐燕人[③]，盖已旧矣。然臣等访闻山前诸州祗候公人，止是小民争斗杀伤之狱则有此弊，至于燕人强家富族，似不至如此。”[④]这段议论不但反映了辽朝有法不依，任情用法现象的存在，同时也充分反映了辽朝法律的阶级性实质。

（三）辽的行政制度

辽王朝统治时期，由于社会内部既存在渔猎以食、车马为家的游牧经济，又有耕稼以食、城郭以居的农业经济。契丹族的上层建筑正是适应这种经济基础的需要而分为两种不同的行政管理体系，即一方面保留契丹族原有的制度，另一方面仿效唐宋汉制。辽国的行政制度与其具体国情的特点相适应，也是“因俗而治”。其模式包括部族制、奴隶制、渤海制和汉族封建制，采用南、北两套官制进行管理。“官分南、北，以国制治契丹，以汉制待汉人。”[⑤]“国制”是指契丹官制，统称北面官；汉制官职统称南面官。南、北面官的称谓，与契丹习俗有密切关系。“辽俗东向而尚左”。因此，辽朝皇帝的宫帐都坐西朝东，文武百官的牙帐（官署）分列宫帐两旁。辽朝尚左，皇帝的左面即北面官署。因此，北面官地位优于南面官。北南两面官的区别还在于管理的范围不同。“北面治宫帐、部族、属国之政，南面治汉州县、租赋、军马之事。”[⑥]北面官主要管理北面的契丹人和其他游牧民族，南面官主管南面从事农业经济的汉族等。北面官制是在契丹氏族部落制基础上发展起来的一套官制。因此，北面官职多保留部落联盟制的痕迹。如大于越府、北南大王院、北南宣徽院、大内惕隐司、大国舅司、大林牙院、敌烈麻都司等机构。辽南面官制实际上是从中原王朝移植过来的制度。最初，辽太祖仿唐制在中央设立三省，但是当时还未完全具备后来南面官三省的职能。朝中另设汉儿司，主管汉人事务，官员为总知汉儿司事，由汉族大臣担任。辽朝得燕云十六州后，对中原制度进一步吸收，汉制逐渐完备。

---

① 《辽史·刑法志上》。

② 同上。

③ 燕人，指被侵占的燕云十六州之汉人。

④ （宋）苏辙：《栾城集》卷四十，《北使还论北边事札子五道》。

⑤ 《辽史·百官志》。

⑥ 同上。

为了贯彻“因俗而治”的统治策略，辽统治者将行政区划分为三个系统，一是以行政为主的系统，即京、府、州、军、城、县；二是军政、行政兼理系统，即部族管辖；三是军事管制系统，即招讨、统军等司辖地区。辽国地方行政管理体制与中央南北面官制是一致的。契丹和其他游牧居民地区实行部族制，在汉族地区实行州县制，此外还有“投下州县”或“投下军州”。辽、宋“澶渊之盟”后，由于战争减少，难以获得俘虏，以及朝廷实行的强干弱枝政策，使投下军州不断减少，到了辽末，州县两级的投下行政区已近乎绝迹。

辽朝的政治制度还包括极富民族特色的“四时捺钵制”。所谓捺钵，是指辽皇帝在渔猎之地所设行帐，每年四季，辽皇帝都要到相对固定的地方渔猎，朝中官员随行。每逢夏季和冬季，皇帝都在捺钵中与北南面大臣会议国事，以此方式加强中央集权和辽对各部族的统治。久而久之建立起一个特殊的议事制度。

辽朝的军制在历史上也颇富有特点。辽朝军队大体上包括宫帐军、大首领部族军、部族军、五京乡丁和属国军几部分。宫帐军即辽朝禁军。大首领部族军主要由一些亲王大臣的部曲组成，这部分私属性很强的武装，在辽朝中、后期受到限制。部族军是契丹、奚和其他游牧民族以部落为单位组成的军队，担负环卫腹地和拱卫国都的任务。五京乡丁是带有乡兵性质的辽朝地方武装，由籍隶上京、中京、东京、西京、南京的民丁组成，有蕃汉转户，也有汉族农民。

二、西夏政治制度与立法概况

（一）西夏的行政区划

西夏是中国历史上以党项族为主体建立的王朝，建都兴庆府（今宁夏银川），其创建者为景宗李元昊。

党项族原属于羌族的一支，居住在今青海东南部黄河曲一带。从唐末，经五代到北宋，党项拓跋氏均以中原王朝节度使的身份统辖以夏州（今陕西横山）为中心的五州之地。经过李元昊之祖父李继迁、父李德明两代人的艰苦努力，实施依辽和宋、用兵吐蕃与回鹘的战略，向西发展占领西凉府（今甘肃武威）、甘州（今甘肃张掖北）、瓜州（今甘肃安西东）等州，控制了河西走廊。宋仁宗天圣九年（1031 年），李元昊继位，废除唐、宋所赐李、赵姓氏，改姓嵬名氏，自号“兀卒”（青天子）。实行变发式、定服饰、造文字、简礼仪、立官制等一系列改革，并升兴州为兴庆府，开始不断向宋发动攻势，多次击败宋军。宋仁宗宝元元年（1038 年），元昊正式称帝，改元天授礼法延祚元年，国号大夏，史称西夏。西夏共历十帝，前后一百九十年。与辽、北宋及金、南宋先后鼎立。

西夏强盛时的疆域方圆二万余里，东临黄河，西界玉门关（今甘肃敦煌西小方盘城），南接萧关（今甘肃环县北），北抵大漠。盛时辖地二十二州，包括今宁夏及陕西北部、甘肃西北部、青海东北部及内蒙古部分地区。史料记载“东尽黄河，西界玉门，南接萧关，北控大漠，地方万余里，倚贺兰山为固”[①]。境内共有州郡二十二个，分河南、河西两大部分。河南包括今鄂尔多斯高原和陕、甘沿边一带，设灵、洪、宥、银、夏、石、盐、南威、会九州岛。河西同设九州岛，即兴、定、怀、永、凉、甘、肃、瓜、沙。地方行政区的建制为州、县两级，州辖县。与州同级的还有郡，设于边防要地，兼理军事民政。都城所在地称府，兴庆府和西平府，分别被称为东京和西京。

（二）西夏的立法概况

西夏在建国以前，还没有制定成文的法律，“党项羌者，三苗之后也。……俗尚武力，无法令，各为生业。有战阵则相屯聚；无徭赋。不相往来。”[②]若部族有民事纠纷，则“依本俗法和断”[③]，本俗法是党项部族内部的习惯法。史书记载：“蕃族有和断官，择气直舌辩者为之，以听讼之曲直；杀人者，纳命价百二十千。”[④]

在与唐、宋的往来过程中，党项族不断增强了独立建国立法制的倾向，各种成文、不成文的规范逐渐建立起来；尤其是经过李继迁和李德明父子两代的努力，到李元昊时代，党项族已具备了建立封建政权的基本条件。据史料记载，李元昊“晓浮图学，通蕃汉文字，案上置法律，常携野战歌、太乙金鉴诀”[⑤]。曾熟读汉文兵书和法律，在建国前就已经制定了自己的法律和法令，并建立了齐备的行政机关和司法机构。[⑥] 西夏建国后一直十分重视本国法律制度的建设。根据考古发现的资料，知道西夏时期曾依据中原皇朝法典制定了多种法典。现存的西夏法典，有崇宗贞观时期（1101—1113 年）颁行的军事法典《贞观玉镜统》，仁宗天盛时期（1146—1169 年）颁行的《天盛改旧新定律令》，之后又编成《新法》。神宗遵顼光定五年（1215 年）编纂有《亥年新法》（又称《光定猪年新法》）等。西夏时期经过多次制定和修改律令，使法律制度逐步系统和完备起来。西夏的法律制度，一部分源于党项诸部沿用的习惯法，一部分则是杂采辽、宋的法律条文。

《天盛改旧新定律令》是现存的一部用西夏文制定颁行的法典，全部律令共二十卷，卷下分门，共一百五十门，门下列条文，共一千四百六十三条。条文之下另以款项区分，纲目分明，层次清楚。内容包括刑法、诉讼法、行政法、民法、经济法、军事法等。法典的基本思想是维护西夏封建统治利益的，因此吸收了现成的唐、宋朝封建法制的精髓，如维护封建专制统治的“十恶”、“八议”、“五刑”等基本

① 《宋史・夏国传上》。
② 《隋书・党项传》。
③ 《辽史・刑法志上》。
④ （宋）苏辙：《栾城集》卷四十，《北使还论北边事札子五道》。
⑤ 《宋史・夏国传上》。
⑥ 杨积堂：《法典中的西夏文化——西夏〈天盛改旧新定律令〉研究》，法律出版社 2003 年版，第 18 页。

内容。但在法典的结构形式上则与唐、宋律令有所区别，如中原法律中的注疏、格、式等内容，在天盛律令中统统纳入律令条文中，避免了律外生律的现象，使之成为一部更为系统、集中和比较完备的法典，在同时代的法典中是比较具有独创性的。

（三）西夏行政制度

西夏建国后，借鉴唐宋的政治结构和官僚体制，结合本民族特点建立了严密的封建君主专制制度。西夏的官制在其法典《天盛律令》第十卷中，分 5 门 89 条，有集中的规定。如在“司序行文门”中，将西夏官僚体系分为“上、次、中、下、末五等司”，“上等司：中枢、枢密”，“次等司：殿前司、御史、中兴府、三司、僧人功德司、出家功德司、大都督府、皇城司、宣徽、内宿司、道士功德司、合门司、御庖厨司、匦匣司、西凉府、府夷州、中府州”，“中等司：大恒历司、都转运司、陈告司、都磨勘司、审刑司、群牧司、农田司、受纳司、边中监军司、前宫侍司、磨勘军案殿前司上管、鸣沙军、卜算院、养贤务、资善务、回夷务、医人院、华阳县、治源县、五原县……”[①]西夏的地方行政编制分州、县两级，在特殊的政治中心和军事国防要地有时也设郡、府。

此外，《天盛律令》第十卷的其他各门条文，大量篇幅是对官员任职、续、转、赏的规定；对承袭文武官职的资格、程序的规定；不同级别的司印、用印制度；各司职局的等级与派遣方法等。又如《天盛律令》第十七卷各门条文，分别规定了仓库管理的人员数，职员名称；库藏物品种类、名称、耗损规定；仓库管理、采买、供给等。

（四）西夏军制

西夏的军事制度是在党项的部落兵制的基础上吸取宋制而发展起来的。枢密院是西夏最高的军事统御机构，下设诸司。军队由中央侍卫军、擒生军和地方军三部分组成。中央侍卫军包括“质子军”、皇帝卫队和京师卫戍部队。“质子军”人数约五千人，是由豪族子弟中选拔善于骑射者组成的一支卫戍部队，负责保卫皇帝安全，号称“御围内六班直”，分三番宿卫。另有皇帝亲信卫队三千人，是从境内各军中精选出来的强勇之士组成，皆为重甲骑兵，分为十队，每队三百人，随皇帝出入作战。京城地区还屯驻一支训练有素的卫戍部队，共二万五千人，装备优良，是中央侍卫军的主力。擒生军人数约十万，是西夏的精锐部队。主要任务是承担攻坚和机动作战。因在战斗中生擒敌军为奴隶，故此得名。西夏的地方军由各监军司所辖，共有五十万人，军兵种主要是骑兵和步兵两种。西夏兵役制度是全民皆兵制，平时不脱离生产，战时参加战斗。

---

① 史金波等译注：《天盛改旧新定律令》，法律出版社 2000 年版，第 363 页。

三、金政治制度与立法概况

（一）金行政区划

金国（1115—1234年）是中国历史上以女真族为主体建立的王朝，先建都会宁府（今黑龙江阿城南白城镇），后迁都燕京（今北京），再迁都至汴京（今河南开封）。其创建者是金太祖完颜阿骨打。

女真族的祖先很早就生活在长白山和黑龙江流域。在中国古代各少数民族中，女真族尤以历史悠久著称。其先世可以追溯到西周初年受周王室册命的肃慎。五代时，女真之名始见于史籍，并受契丹所统治。女真完颜部为首的部落联盟建立后，很快统一了女真各部。此后，女真族的发展进入一个新的时期。辽天庆四年（1114年）九月，女真族领袖完颜阿骨打率部誓师于涞流河畔（今黑龙江与吉林省间拉林河），向辽朝契丹统治者宣战。他在取得宁江大捷和出河店之战胜利后，于辽天庆五年（1115年）称帝建国，国号大金，年号收国。

金朝建国后，在护步答冈会战中大败辽军，随后展开以辽五京为战略目标的灭辽之战。攻取五京的前后步骤是东京（今辽宁辽阳）、上京（今内蒙古巴林左旗南）、中京（今内蒙古宁城西大名城）、西京（今山西大同）、南京（今北京）。五京一下，辽朝随即灭亡。金灭辽后，与北宋遂成敌国。金太宗完颜晟即位后，挟灭辽之威，很快席卷而南，于天会五年（1127年）灭亡北宋。以后金与南宋多次交兵，南攻与北伐，均无力改变南北对峙的局面。金王朝共历九帝，前后120年。金的疆域，东北部管辖到外兴安岭以南整个黑龙江流域；东部的曷懒路包括今延边朝鲜族自治州和朝鲜的咸镜南北两道；西部与西夏相接，包有今天内蒙古、陕西、甘肃之地；南边与宋朝长期对峙，双方东以淮水，西以大散关为界。人口最多时4470余万。

女真人入主中原以前，地方行政体系实行兵民合一的部落军事制。立国后，承袭辽、宋的行政区划制，进行分路而治，路下辖府、州、县。

《金史》记载，金国“袭辽制，建五京，置十四总管府，是为十九路。其间散府九，节镇三十六，防御郡二十二，刺使郡七十三，军十有六，县六百三十二。后复尽升军为州，或升城堡寨镇为县，是以金之京府州凡百七十九，县加于旧五十一，城寨堡关百二十二，镇四百八十八。虽贞佑、兴定危亡之所废置，既归大元，或有因之者，故凡可考必尽着之，其所不载则阙之”①。

（二）金的立法概况

由于金国的律典法规早已亡佚不传，学者们只能从散见于历史典籍中的有

① 《金史·地理志上》。

关法制资料中勾勒出金王朝"立法建制"之概貌。[①]

如同辽国，金国也走过了一条从习惯法到成文法律典编撰的立法道路。女真族原无成文法，金太祖"初定东京，即除去辽法，减省租税，用本国制度"[②]，推行女真本族的法。其"法制简易，无轻重贵贱之别，刑、赎并行"[③]。公元1127年，金灭北宋，占据了黄河以北大片土地，同时也受到了高度发展的中原封建专制主义政治、经济、文化的影响，金国政权迅速向封建制发展，金国的法律也开始向封建主义法律转化。立法上开始采唐辽宋之制，参以女真传统习惯法，形成具有多元特色的法制，并对元朝法律制度发生了深远影响。[④]

占有辽及北宋地区后，自太宗开始，采用辽、宋之刑法。金朝成文法的编撰，始于熙宗时期。天眷三年(1140年)，熙宗"复取河南地，乃诏其民，约所用刑法皆从律文。罢狱卒酷毒刑具，以从宽恕"[⑤]；至皇统三年(1145年)又"诏诸臣，以本朝旧制，兼采隋、唐之制，参辽、宋之法。类以成书，名曰《皇统制》，颁行中外"[⑥]，此即金朝第一部成文法规——熙宗《皇统新制》。它以金人旧制为基础，兼采隋唐之制，参考辽宋之法汇纂而成，共一千余条。至此，金朝完成了由不成文法和习惯法到成文法继而法典化以及由氏族部落法规到奴隶制法进而到封建法制的发展过渡，开始进入成文法时代。

此后，海陵王完颜亮于皇统九年(1149年)发动政变，夺取帝位，"变易旧制"而制定了《正隆续降制书》与《皇统新制》并行。史载"海陵虐法，率意更改"而致其内容"伤于苛察"，"或同罪异罚，或轻重不伦，或共条重出，或虚文赘意"。更由于与《皇统新制》并行适用，造成了"吏不知适从，夤缘舞法"[⑦]的恶果。

金世宗即位后曾颁行《军前权宜条理》、《大定重修制条》等法规，都是在修订皇统以来历代法规基础上颁行的，对统一金国的法制起着重要作用。

金章宗时代，承平日久，宇内小康，以儒学为核心的汉文化逐渐成为金朝统治阶级的思想基础，这为金朝仿效唐宋法律制度进行立法奠定了思想理论基础。鉴于当时"礼乐刑政因辽宋旧制，杂乱无贯"[⑧]且"律、令混淆"，章宗遂于明昌元年(1190年)应平章政事张汝霖的奏请，下令设立专门的律令审定机构——详定所。明昌三年(1192年)，详定所以"用今制条，参酌时宜"为原则开始准律文修

---

① 例如，台湾学者叶潜昭所著：《金律之研究》，台湾商务印书馆发行1972年版；大陆学者曾代伟所著：《金律研究》，台湾五南图书出版有限公司1995年版。

② 《金史·太祖本纪》。

③ 《金史·刑法志上》。

④ 曾代伟：《金律研究》，台湾五南图书出版有限公司1995年版，第7页。

⑤ 《金史·刑法志下》。

⑥ 同上。

⑦ 《金史·移剌慥传》。

⑧ 《金史·完颜守贞传》。

订,以“历采前代刑书于今者,以补遗阙”[①]为编撰方法,以(宋)《刑统》的疏文进行注疏和审定,定名为《明昌律义》;另编有《敕条》规定榷货、边部等事宜。二者虽未公布实施,但为泰和制律奠定了基础。[②] 至泰和二年(1202年),历经数年修订的《泰和律令敕条格式》颁布施行。《泰和律令敕条格式》由《泰和律义十二篇》(基本是仿《唐律疏议》而构成十二篇目及三十卷)、《律令》二十卷、《新定敕条》三卷及《六部格式》三十卷组成,包括了刑事、民事、行政、经济、司法与诉讼等各方面的法律制度;该法典既集金代立法之大成,更是《唐律疏义》之翻版,同时标志着金朝立法的完备;不仅成为金朝一代的成法定规,其效力直至元初。[③]

(三)金的行政制度

金朝的行政制度分中央行政制度和地方行政制度。

金朝初期的中央行政制度是金人制度和汉制度并存。金人制度系指在其原部落联盟国相、勃茧制度上改造而成的勃极烈制度,由一定的金朝贵族构成皇帝的决策集团,重大的事情都要召开勃极烈会议来解决,勃极烈是金朝贵族的终身职。阿骨打建国,在进入辽代原统治区和中原地区以后,又沿袭了辽朝南北面官制度,而形成三省制度。公元12世纪初金熙宗时期,采取了积极封建化的措施,在政治制度方面进行了一系列的改革,废除了金初以来“勃极烈”贵族会议的反映奴隶制统治的政治体制,“循辽、宋之旧”,采用了历代封建王朝的中央集权制的政治体制。海陵王正隆元年(1156年),置尚书省,总理国政,为中央最高行政机关,设尚书令,总领纲纪,仪刑端揆;设左右丞相,平章政事,职同宰相。其下设六部。分理行政,并设院、台、府、司、监、局、署,“各统其属,以修其职”[④]。中央行政管理机构逐渐完备。唯寺仅设太常、大理二寺。诸监大体沿袭唐宋旧制,而别置大宗正府,掌宗室事。《金史》记载“汉官之制,自平州人不乐为猛安谋克之官,始置长吏以下。天辅七年(1123年)以左企弓(辽降官)行枢密院于广宁,尚踵辽南院之旧。天会四年(1126年),建尚书省,遂有三省之制”[⑤]。也就是说,在公元1126年以后,这套汉官制度才逐步形成。金代中央行政制度的三次大变化,在一定程度上反映了金朝发展的各个阶段及其特点。从开始推行和发展“本国制度”到全面实行汉制,并且发展成为三省制,说明金代对汉制并非单纯的模仿和承袭,而是在不断完善统治的同时,吸收一些有用的政制模式和办事规章,发展自己的政治制度,使之更加适应专制主义中央集权制度的需要。这对于后世,尤其是对于元代中央行政制度的形成有着直接的影响。

---

① 《金史·刑法志下》。

② 曾代伟:《金律研究》,第27页。

③ 参见叶潜昭:《金律之研究》,台湾商务印书馆1972年版。

④ 《金史·百官志一》。

⑤ 同上。

金朝的地方行政制度亦有自己的特色。在熙宗(1135—1149年在位)以前,地方行政设置不统一。到熙宗时才按辽、宋旧制进行改革,统一了制度,确定了全国的行政区划。还有一些城寨堡和镇,后升为县、州。金的地方行政制度基本上仿宋制,设路、府(州、军)、县。也就是路、府州、县三级制。在京城设留守司,又设兵马都总管统领军兵。路治所在的府称"总管府",兵马都总兼任总管府的府尹,各州刺使、节度使统领军兵,兼管民政。路、府、州、军的军事和行政系统是合一的。县一级的县令,只管民政,不管军事。值得注意的是,金代的地方行政中还保留着女真族原有的猛安谋克制,与州县形成互不统属的两个系统。猛安相当于防御州,主管修整军务,训练武艺,劝课农桑。在东北的上京和东京路下还设有路,有二十路,原有女真、渤海人所设的万户府和都统司。谋克相当于县,职掌抚辑军户,训练武艺。猛安谋克下还有村寨,五十户以下设寨使。

(四) 金的军事制度

在中央设立都元帅府,设都元帅、副都元帅、监军、都监等官指挥作战,无战事则省。后又增设枢密院,掌管军国的军备军机。还设有殿前都点检司,掌管侍卫亲军。地方军归诸路兵马都总管府负责管理;中央直辖军设统军司于驻军处进行管理。诸京、府、州城设有防城军,京防城军由警巡院负责管理,府州防城军由知事司负责管理。边境镇戍兵由招讨司负责管理。此外还有诸屯田军,设都指挥使司进行管理。这样,一支庞大而混杂的军队各有所辖,统归朝廷,加强了军事集权。

金朝的军事制度是一种多成分的结合体,在原女真军制的基础上,广泛吸收了契丹、渤海、奚、汉等民族的军事制度,而有其自身的特点。金朝军事机构较为简化,重视骑兵的作用,也逐步建立和发展其他兵种,军队中民族成分复杂,实行签军(征兵)和募兵兵役制度,军事职官的地位较高。

第二节 辽夏金的刑事法制

一、辽的刑事法制

辽国所编的几部法典,都已失传。只能从《辽史》所载犯法治罪的事例和有关记事中,推知辽法的大概内容。就罪名而言,契丹建国前后主要有"谋叛"和"盗窃"两项大罪。随着统治领域的扩大和被统治民族的增多,法令日繁。见于记载的惩治犯罪事类,还包括以下的一些内容。(1) 官员失职类犯罪:如贪赃,执法不公,守卫不严,赴任误期,泄漏宫事,误奏诬陷等。(2) 军事犯罪:如临阵退却,军事失备,调发稽误,收容间谍及私藏兵器等。(3) 经济犯罪:如差科赋役,违法擅征,贩私盐,与外国贸易走私等。辽制规定,铜钱、铁、书籍以及羊、马等都禁止与他国私相交易,违禁者处以严刑。如持钱十贯出南京(今北京市)即处死。(4) 其他刑事犯罪:如斗殴谋杀,贩卖人口,伪造文书,强奸以及婚姻违法等。后来还规定了"十恶罪",但是与唐宋的"十恶"不同。

辽初的刑名,大量保留了原来部族的习惯法。契丹原有的刑名,犯大罪主要是处斩和罚作奴隶。此外,还有一些独特的刑名。如:(1) 投崖。贵族犯叛乱罪,命自投崖而死。(2) 生瘗。即活埋,是处置反叛者的重刑。(3) 射鬼箭。犯死罪的罪犯,用乱箭射死,名为射鬼箭。(4) 木剑大棒。木剑面平背隆。辽太宗时大臣犯罪不至死,以木剑击背。(5) 铁骨朵。以熟铁打作八片虚合,用三尺长的柳木作柄。窃盗走私等罪,用铁骨朵拷打五至七下。(6) 沙袋。辽穆宗时统治严酷,制造沙袋,用熟皮合缝,盛沙半升,加以木柄,犯罪者用沙袋击打,不得过五百下。(7) 鞭烙。审议罪犯时对于应伏罪而不伏罪者使用鞭烙。烙三十者鞭三百,烙五十者鞭五百。①

从辽圣宗时起参据汉法制刑,才正式采用汉族法典中的刑名,建立了由死刑、流刑、徒刑和杖刑组成的刑罚体系。兴宗时编定《重熙条制》,刑名分死、流、杖、徒四种。死刑有绞、斩、凌迟、族诛。流刑分流放边城、境外、绝域三等,流刑也附加黥刺,通常是对犯死罪的贵族的宽减之刑。杖刑仍保留沙袋、木剑、铁骨朵等形式。徒刑分为终身、五年、一年半三等,均附加杖刑。"三犯窃盗者,黥额,徒三年"。辽末天祚帝时因四方人民纷纷起义,又恢复了投崖等死刑。事实上辽国的刑罚残酷而又庞杂。《辽史·刑法志》说:"非常用而无定式者,不可殚记。"辽代刑制在沿袭前朝汉法的基础上有所改作。终身徒刑为过去所无,五年徒刑也是隋唐以来少有。杖刑最高达三百,较汉朝以来最高二百要多。

二、西夏的刑事法制

《天盛改旧新定律令》开篇即规定重惩"十恶"之罪,可见在西夏法制的汉化,体现了基本纲常观念。在西夏的法典中,"十恶"包括的罪名与唐等略有不同:一谋逆,二失孝德礼,三背叛,四恶毒,五为不道,六大不恭,七不孝顺,八不睦,九失义,十内乱。所谓"失孝德礼",相当于唐律十恶中的"大不敬"中盗毁宗庙、宫殿、陵寝等情形。该法典在"十恶"的每一罪名后,又详细规定了各种不同的罪状及相应的刑罚方式,使罪名与刑名对应,便于操作与适用,相比于唐代立法,其立法技术上要更进步些。② 对于"十恶"之罪的惩罚上,西夏法律表现的严厉程度上没有唐律那么残酷,只有不许"官当",而没有"不赦"的规定,具体处罚方式也显然比较轻。

《天盛改旧新定律令》涉及的社会生活内容非常广泛,有许多具体而现实性

① 《辽史·刑法志上》。

② 杨积堂:《法典中的西夏文化——西夏〈天盛改旧新定律令〉研究》,第59页。

很强的罪名的设定，以有效地调整各类社会关系。法典之"贪状罪法"极其细致地规定了关于官吏犯罪的种种情形，区分"枉法贪赃"与"不枉法受贿"；严惩贪赃贿赂犯罪。法典中还设专章规定"盗杀牛骆驼马"之罪，"盗窃罪"的规定也很丰富。

西夏的刑罚体系，有主刑和附加刑。主刑包括笞刑、杖刑、徒刑和死刑。附加刑有罚（包括罚马、罚钱、罚铁）、没（没收入官）、革（革职）、黥、戴铁枷等。笞刑分为笞十五、笞二十、笞三十、笞四十、笞五十、笞六十、笞七十、笞八十、笞九十、笞一百，共十等，而且可以附加于他刑适用。杖刑可以单独适用也可以附加适用，单独适用时分七杖、十杖、十三杖三等，附加适用时分十三杖、十五杖、十七杖、二十杖共四等。徒刑则分为短期徒刑、长期徒刑和无期徒刑。短期徒刑分为三个月、六个月、一年、二年、三年、四年、五年、六年八个等级；长期徒刑有三等：八年、十年、十二年；无期徒刑首先是服十三年劳役，期满之后住"无期处"。

三、金的刑事法制

金朝的刑事法律规范，除时代相承，历经修订的基本律典外，大量包含在朝廷因时制宜或因人因事而随时颁发的单行刑事法规及令、制、格、诏、敕之中。①

金初法律带有奴隶制法的特点，奴隶主可以任意奴役、惩罚以至杀害奴隶。直到熙宗时期，才规定主人对于奴隶只能按照国家的法度执行杖刑，否则以违制论处。金国的刑事立法在犯罪的认定及量刑上，虽然深受辽宋法制的影响，但"金法严密，律文虽因前代而增损之，大抵多准重典"②，顽固地保留着女真习惯法残酷野蛮的一些传统，颇具民族特色。例如，金初制定的刑名包括有捂脑、籍没、割鼻、割耳等刑，并仿辽制，有沙袋击背等刑。熙宗时进行刑制改革，除其制。改革后的金国的刑罚制度，大体上参照唐宋刑制，但略有变化。主要有死（只用绞）、流、徒、杖等刑。其中徒刑分为七等，附加杖刑。各刑允许以铜赎罪，但赎金数量比唐增加许多。金还有大量的法外酷刑，如杖刑时，以铁刃置于杖端。在刑制上，金代法律起初沿袭辽制，徒刑有终身刑，后沿宋"折杖法"而有以杖刑折抵徒刑之法，最高限为杖二百。《泰和律令敕条格式》基本依唐律，惟徒刑增加了徒四年、徒五年。③ 金朝的徒刑常附加一些肉刑，加黥、劓、刖等。金国也有赎刑制度，开始时以牛马杂物赎罪，至章宗时期，依照唐朝的赎刑制度，但所用的铜数为唐制的一倍。

金国刑事立法中关于罪名的设定，反映了金国社会历史的发展进程。其规

① 曾代伟：《金律研究》，第 85 页。

② 《金史・酷吏传》。

③ 参见沈家本：《历代刑法考》第一册，中华书局 1985 年版，第 59 页。

定的犯罪基本可以分为五类，包括：关于侵犯皇权和危害国家统治的犯罪——犯宫禁、犯讳、诽谤罪、乱言罪、漠视皇权、讥刺先朝罪、贼盗罪等；关于官吏渎职的犯罪——官吏犯赃罪、玩忽职守罪、徇私舞弊罪、漏泄机密重事罪等；关于军事方面的犯罪——戍边以奴代役罪、军前怠慢罪、出征军人逃亡罪、乏军储（慢军储）罪、战时饮宴罪、妄言边关兵马罪等；关于侵犯官私财产的犯罪——包括盗窃罪、强盗罪、践踏禾稼罪等；其他方面的犯罪——有涉及边防问题的越境罪、奸细罪和私自卖马出境罪，有涉及女真族从奴隶制走向封建化时期的买民为奴罪，有保护农耕之资的私宰马牛罪，工程兴造违制罪，盗掘陵墓罪，文物走私罪，等等。

在刑法制度上，女真统治者十分重视对"盗贼"的惩治。"金国旧俗"就有"杀人及盗劫者，击其脑杀之，没其家赀"的规定。天会七年（1129 年），发布新的《窃盗制》，对窃盗不仅要征三倍以上的赔偿，又加以徒刑、刺字乃至死刑。在汉人地区则惩治更为严峻。在承袭了辽宋法律的徒刑中也有改变，辽的刑法有杖、徒、流、死四刑，但是由于金国的地理条件所限，无法流放边地，便只有杖、徒、死三刑。这也是民族特点在法制上的表现。有金一代的贼盗问题十分严重，"盗贼蜂起，大者连城邑，小者保山泽，或以十数骑张旗帜而过，官军莫敢近"[①]。对此，金朝统治者不断颁布法令，以严刑峻罚重惩"贼盗"，其法令之严酷至极。最严酷的立法例莫过于海陵王正隆五年（1160 年）所出惩治措施："遣引进使高植、刑部郎中海狗分道监视，所获盗贼并凌迟处死，或锯灼去皮截手足。仍戒屯戍千户谋克等，后有获者并处死；总管府官亦决处。"[②]一般的窃盗只要得财物，至少徒三年，十贯以上徒五年，三十贯以上徒终身，并刺面。

第三节 辽夏金的司法诉讼制度

一、辽司法诉讼制度

契丹人早在部落联盟的遥辇氏时代就设立了"决狱官"，由胡母里（处理部落事务的长老）担任，实行职务世袭，"世为决狱官"[③]。辽建国之初，司法审判，由南北两院分别办理。辽太祖时，制定"决狱法"，同时设置专职的司法官，称为"夷离毕"。并在北院置相当于刑部的夷离毕院，掌刑狱；设夷离毕、左右夷离毕为正副长官；下设知左夷离毕事、知右夷离毕事和敞使、选底、掌狱等官。夷离毕院审理契丹人的案件。辽代的北、南枢密院既是总领军政大事的最高机构，同时也是辽朝中央的最高司法机构。圣宗时，分管契丹和汉人军政的北枢密院和南枢密

① 《金史·海陵王本纪》。
② 同上。
③ 《辽史·萧敌鲁传》。

院的枢密使，亦可以审判案件。贵族犯法，由所在官司案问，申报北、南院复问，后奏报皇帝。汉人地区则由州县官司法。公元994年，又仿汉制设大理寺为南面官（汉官），由大理寺正卿、少卿审理重大罪案。契丹人犯法也依汉律治罪，并由汉官员勘问。兴宗时，皇叔耶律重元奏称：汉人禁勘，多有屈枉，请在五京（上京、中京、东京、西京、南京）各设契丹警巡使。此后，各地契丹人犯法，即由五京警巡使审理。

地方司法，包括京、府、州、县、部族、属国等，基本上由各级地方行政长官兼理。当然，长官之下仍仿唐制，有法曹或司法参军等僚属为专掌狱讼的司法佐官。

辽代中央统治者十分重视对地方刑狱的司法监督。辽太祖时，设置钟院，可以击钟鸣冤。圣宗时，有冤不能申雪，准到御史台陈诉，派官复审。太祖还经常派出官员到各地审决滞案，称为分决诸道滞狱使，意在参用汉、唐以来的巡回御史制度。在南面官中设分司官，“平理庶狱，采民限”，其“官不常设，有诏，则选材望官为之”①。后来正式置按察诸道刑狱使，分路按察刑狱。

皇帝对重大罪案有最后判决权，如穆宗常任意对臣下法外施刑。辽圣宗依汉律改革辽法，也有“八议”、“八纵”之类的规定和赎罪之法。品官公事误犯以及年七十以上，十五以下犯罪者，可出钱赎罪。

辽国亡后，辽国的法规对后来的金国曾有重要的影响。《金史·刑法志》说：“（金）太宗虽承太祖无变旧风之训，亦稍用辽宋法。”金太宗天会七年诏令盗窃罪分别处徒刑三年、五年或终身，就是沿袭辽律而稍有变改。金熙宗皇统年间，编成金国的法典，名曰《皇统制》。《金史·刑法志》说它是“以本朝旧制，兼采隋唐之制，参辽宋之法，类以成书”。可见辽法对金国法制影响极大。

二、西夏司法诉讼制度

（一）西夏的司法机构

西夏司法机构，中央设陈告司、审刑司、用刑务等；中书省、枢密院分别是西夏最高的行政、军事机构，同时兼具司法职能。最基层的司法机关有边境刺使和监军司、经略等。案件一般由边境刺使、监军司审理后报与经略。经略是高于边境刺使和监军司的高一级司法机关。对于边境刺使、监军司报送的案件，经略进行审查，如果确认没有失误，则接受报状单。经略所接受的案件，经过审理后，报中书省、枢密院。中书、枢密接受案件后，经审查奏闻皇帝。

（二）西夏诉讼制度

西夏的诉讼主要为刑事诉讼，即使民事案件，也是用刑律判断。

---

① 《辽史·百官志三》。

1. 受害人自诉。法律支持自诉。受害人自诉是司法诉讼的重要内容,《天盛律令》明确规定:"诸人对负债人当催索,不还则告局分处,当以强力搜取问讯。"①

对自诉的限制。《天盛律令》在支持受害人自诉的同时,还做出了种种限制。首先,起诉后不许私自和解。其次,自诉须在有效期限内。再次,先告未审毕不允另告他处。最后,重诉时不允许在原状上增加状告内容。

2. 告发。自愿告发。法律鼓励告发,其中悬赏者称募告。但有些犯罪只许当事人自己控告,不许他人告发。有的斗殴伤人案件,如果当事人不告,则不允许他人举告。② 法律上还规定有义务告发。即针对一些危害性较大的犯罪,官府强迫人们告发,隐瞒不告者,要追究连带责任。

对告发也有一些限制。对告发的限制大致有三:一是举告通常有一定的时间限制。二是某种情况下,当事人不告,不许他人举告。三是亲属、卑幼、使军、奴仆不能随便举告。为了防止诬告,《天盛律令》规定举告不实者要反坐。

(三) 西夏审判制度

西夏人骨勒茂才在《蕃汉合时掌中珠》一书中,描述过西夏刑事犯罪审判程序:官府在接到诉状后,把犯人枷在狱里追查证据;对抗拒不招供者,则严刑拷打,逼其"伏罪入状";对执法者则要求,"休做人情,莫违法条,案检判凭,依法行遣"③。在黑水城出土的西夏遗书中,发现有用西夏文书写的《狱典》残篇,其中有规定:"无论何人昔日作恶多端,入狱需教以正道,使其明了罪恶性质及大小程度"④。在西夏文书中有一份名为《瓜州审案记录》的文书残卷,是夏惠宗天赐礼盛国庆二年(1070 年)瓜州地区有关民间牲畜、钱财纠纷的审案记录文书。

关于审理期限,西夏法制有规定。在《天盛律令》的《诸司判罪门》中规定,诸司问公事期限:死刑、长期徒刑等四十日,劳役刑者二十日,其余大小公事十日间问毕判断。

关于法官枉法判案的责任,也有规定。西夏法制先区分两种情形:一种是受贿、徇情而枉断者;另一种是未受贿、未徇情而错判者,法律责任不同。法典还确定了审判回避制度和司法保密制度。比如司法保密制度规定,不许在案件还没有结果之前,于他处宣说,违者科以刑罚。

---

① 史金波等译注:《天盛律令》卷三《催索债利门》。

② 史金波等译注:《天盛律令》卷十四,《误殴打争门》。

③ (宋)曾巩:《隆平集》卷二十。

④ 史金波等译注:《西夏天盛律令译注》,科学出版社 1993 年版。

三、金司法诉讼制度

(一) 金的司法机构

金国司法审判制度,基本上与宋相同。在中央有大理寺、刑部、御史台三大司法机关。据《金史·百官志》记载,大理寺为最高的司法审判机关,"掌审断天下奏案",对全国重大疑难案件进行复审。刑部是最高的司法行政机关,但也参与重大案件的审判。中央监察机关御史台,又称"宪台",是"察官吏非违,正下民冤枉"的法纪监察机关。其组织机构大体仿效唐制,而规模较小,仍以御史大夫和御史中丞为长官。御史大夫"掌纠察朝仪,弹劾官邪,勘鞫官府公事。凡内外刑狱所属理断不当,有陈诉者付台治之"①。御史中丞协助御史大夫执行其职务。御史台下设"登闻鼓院"、"登闻检院"。在地方设路提刑司,后改为按察使司,执掌司法。州县仍由行政长官兼理司法。

(二) 金诉讼制度

金朝诉讼制度,受女真传统习惯影响,虽沿袭唐辽宋旧制,也有一些颇具特色的新规定。金代案件起诉的方式分为官吏纠举、告诉和投案自首三种。官吏纠举,指监察官及其他官吏对犯罪案件的弹劾、检举。金代进一步强化了中央和地方监察机关纠举和弹劾官吏违法犯罪案件的职能。告诉,即诉讼案件当事人及其家属,以及其他知情人向官府告发而提起诉讼。

金律对告诉权的限制较少。首先是亲属间容隐的原则适用较少,听任亲属之间互相告发的行为。其次,金朝对中原王朝自古以来禁止奴婢告发主人的峻令,弃置不行,听任以至纵容奴婢告主,并经常依据奴婢的告发而大兴狱讼。故有金一代,奴婢告主的事件层出不穷,上自亲王,下至黎庶,因被家奴告发而陷于囹圄,以致丢官卸爵,身首异处者,不乏其人。

投案自首,指刑事犯罪人和民事被告向官府自动投案,自我举发或托人代为自首。自首通常会受到减免刑罚的优待。如大定十年(1170 年),河中府(今山西运城)民张锦为父报仇杀人,法当死。张锦犯案后主动向官府自首。此案经尚书省奏报皇帝后,世宗裁决:"彼复父仇,又自言之,烈士也。以减死论。"②

(三) 金审判制度

金代州县官司法权力较重,各类诉讼案件,"州县官各许专决"③,这就使州县官得以舍法而任意。有金一代,州官审理狱讼而自行杖杀人犯的案例,俯拾即是。章宗敕令订立《州县官听讼条约》,"违者按察司纠之"④,将州县官的司法活

---

① 《金史·百官志一》。
② 《金史·刑法志上》。
③ (明)李栻辑:《历代小史》卷六二,《金志》。
④ 《金史·刑法志下》。

动纳入依法管理的范畴。这不仅使州县官在履行司法审判职责时有章可循，也为监察机关纠举州县官违法渎职提供了依据。

对于审判期限，金律限定：大理寺断狱，“决死囚不过七日，徒刑五日，杖罪三日。”[①]但未见关于地方司法审判期限的规定。

第四节 辽夏金法制的民族特色与汉化追求

一、辽法制特色

建国前的契丹社会正处于原始部落向阶级社会过渡的阶段。辽建国后，受中原汉族先进生产力及文化的影响，得以极快的速度向封建制转化。其法律既坚持本民族固有习惯，又刻意模仿汉族（唐宋）法制；既带有氏族制、奴隶制的痕迹，又有封建制的内容，形成了不同于以往历代王朝法律的独特风格。

契丹部落时期，就长期实行“籍没之法”。被“籍没”之人都成为奴隶，没入“瓦里”[②]，建国后也一直沿用。对于从汉族居住区掳掠的“俘户”，以及契丹部落的私奴，建立“投下军州”，使他们成为各级贵族首领的私人奴隶。这表现出奴隶制在辽仍然大面积存在。

在刑罚制度中，仍然保留或参用原部落族的习惯法，其用刑残酷、野蛮，如投高崖、五车轘杀、生瘗、射鬼箭等。

辽代法律中最具有自身特点的就是“蕃汉异治，右蕃左汉”。辽太祖时即分别制定了“治契丹及诸夷之法”，对汉人则以唐律为断。对汉人和契丹人则同罪异罚，重处汉人。政治制度上，官分北院、南院，所谓“北面治宫帐、部族、属国之政；南面治汉人州县、租调、车马之事”[③]。在司法制度上也有有北、南之分。可以说，契丹人最早在中国土地上实行“一国两制”。

法制汉化也是辽法制的重大特色之一。“十恶”之类汉族法律中最有儒家伦理特色的罪名，被辽律引入，并基本抄袭《唐律》中的规定，这又能体现出辽律汉化程度。辽圣宗时代还特别注意贯彻儒家伦理、鼓励忠孝节义，打击违礼行为。如规定“民间有父母在别籍异财者，听邻里觉察，坐之；有孝于父母、三世同居者，旌其门闾”，“禁命妇再醮”[④]，“主非犯谋反大逆及流死罪者，其奴婢无得告首”。元代史家评论辽景宗、圣宗时期的法制为“能审权宜，终之以礼”[⑤]，就是赞扬其在儒家化或汉化方面的成就。

---

① 《金史·刑法志下》。
② 《辽史·刑法志一》。
③ 《辽史·萧敌鲁传》。
④ 《辽史·圣宗本纪》。
⑤ 《辽史·刑法志上》。

二、西夏法制特色

西夏的法制，在吸收中原汉族法律文化的同时还保留着自己明显的民族特征，在其最完善的法典《天盛改旧新定律令》中得到了完全的体现。

1. 法典中党项习俗的遗存及习惯法的痕迹。在西夏法典中，虽然某些条文套用了中原法典的词句和内容，但是其自身的民族文化痕迹十分鲜明。

在西夏法典中的《行狱杖门》中规定对那些有罪而不说实话的人"悬于木"。作为一项刑讯逼供手段，是一种原始的拷问方式，具有浓厚的原始习俗痕迹。在《误殴打争斗门》中规定斗殴肇事者应在"市场树上缚三日"，这也是契丹人的旧俗。这具有身体刑和耻辱刑双重性质。另外，在刑罚的适用上，专门规定了黥刑，是古代最古老的一种身体刑，而在当时可供党项人借鉴的《唐律疏议》和《宋刑统》中早已没有"黥"刑。除此之外，西夏法典中有十分重视誓言的痕迹，实行"誓证"制度，这也是党项人的原始习俗。这是在与西夏同时代的中原法律中没有的，甚至整个中国法制史上也是罕见的。还有在婚姻上对于改嫁的认同和对私生子的保护等，也体现出了西夏民族的习俗和习惯法制特色。

2. 法典中对畜牧保护的规定较多。西夏主体民族党项主要是以游牧经济为主，所以在其法典中有大量的畜牧业相关规定。在《天盛律令》中有很多篇幅都涉及畜牧，从对牲畜的侵犯到对于畜牧的管理各个方面，都有较详尽的规定，形成了一个独特的畜牧规范体系，也反映出了西夏的民族法制特色。在《天盛律令》设专章《盗杀牛马骆驼门》来保护牲畜和畜牧，是西夏法律中极为独特的一个方面。而且为了严格管理，还建立了相应的群牧司、经略司和马院为主要管理机构。

3. 关于宗教的规定较为丰富。党项人重视宗教特别是佛教，故西夏法制中对于佛教和僧人的地位、管理都有具体规定，对道教也有相应的规定。在《天盛改旧新定律令》的"司序行文门"中规定，有僧人功德司、道士功德司、出家功德司等机构和相应官员的设置，位置仅次于以中书省和枢密院为主体构成的上等司。在"司道士功德司"中设置"一正、一副、一判、二承旨"等五个官员执掌相关事务。在"种功德司"中，设置六国师、二合管的高级官员职位。还设置"出家功德司"，设"变道提点六、承旨六"等主管官员，主理出家人事务。为了稳固一般社会信众追求宗教信仰的需求，还专门设置"在家功德司"之机构，设"四副、六判、二承旨"等职位。[①] 设置如此多的行政机构及专职人员来管理宗教事务，在中国历史上是少见的。这不可不谓西夏少数民族文化的一大特色。

西夏法制的汉化特色也是非常明显的。《天盛律令》模仿唐宋律，设"十恶"、

① 史金波等译注:《天盛改旧新定律令》，法律出版社 2000 年版，第 367 页。

“八议”于律首，是为显著标志，以打击“谋逆”、“失孝德礼”、“背叛”、“恶毒”、“为不道”、“大不恭”、“不孝顺”、“不睦”、“失义”、“内乱”为首要任务。此外，与儒家礼教相关的规定特别多，有“亲节门”、“盗亲门”、“行非礼门”、“功抵罪门”，等等，其规定基本上本于儒家礼教，打击非礼行为。这在北方少数民族法典中属于汉化程度较深的。

三、金法制特色

金朝的法律基本上沿袭了辽、宋旧法，同时具有其民族特色。

金国建国之初，以“一依本朝旧制”为其立法指导思想，其目的是为了确立女真贵族的奴隶制统治。所谓“本朝旧制”，就是以猛安谋克为基础的军事奴隶制。由于金国的建立是在部落联盟制的基础上迅速进入阶级社会的，所以早期的部落的平等观念在金初法制中有明显影响，表现为较少贵贱尊卑的区别，等级界限不十分严格。这是金代法律的一项鲜明特点。《金史·刑法志》说：“金初，法制简易，无轻重贵贱之别。”金太宗时，大臣还可以以“违誓罪”将皇帝扶下金殿行杖刑。汉族传统的“八议”制度在金国的立法中一度受挫，金世宗号称“小尧舜”，曾下令限制“八议”的适用：“太子妃大功以上亲，及与皇家无服者，及贤而犯私罪者，皆不入议。”①海陵王也否决“八议”特权，对皇族阿鲁补因“取官舍材木构私第”的行为没有赦免，而是“遂论死”②。

在婚姻继承制度上也是民族特色和汉化交织。在婚姻制度上还存在着掠夺婚与接续婚制，这些习俗对金代的婚姻法规具有一定的影响，使金的婚姻法具有自己的民族特色。后来，法制汉化程度加深，也实施禁止同姓为婚的原则。在财产继承制度上亦改变民族旧俗，实行汉族的嫡长子继承制，“立嫡违法”者科以徒刑，但是在财产继承方面实行的是诸子均分制。

金初立法与刑罚具有野蛮性和残酷性。金初保留了原部落的刑罚，手段极为残酷，常用刑罚有割鼻、割耳、断手足、割舌、投高崖、剥皮等，肉刑适用极为广泛。史书记载，“金初之法极严”，凡杀人罪及盗劫罪，不仅犯者本人处死，而且还要没收家产，家人为奴。后发展为凡盗赃一钱以上者都会被处死。其滥施刑罚达到了不受限制的地步，反映出立法及刑罚方面的落后性和历史局限性。

本章重点问题提示

本章主要介绍与两宋对峙的辽、西夏、金三个北方少数民族入主中原的政权的法制特色。过去的教材多将其与宋元放在一章，非常简略介绍一下其刑事法

① 《金史·刑法志上》。
② 《金史·阿鲁补传》。

制。我们在这里特别将这三个少数民族政权列为一个专章，是想加强人们对这三个民族政权法制的认识，认识北方少数民族入主中原的政权法制的两个关键特征。

一、保留北方游牧民族习惯

辽、西夏、金法制的最大特色首先是保留了部分民族习惯，就是北方游牧民族的习惯。如三个民族都保持“掳掠”或“籍没”制造奴隶的制度，多用马牛羊等财物为刑之执行手段或更加宽许赎刑，多用宣誓作证法和神示审判法，多用非常残酷的死刑和肉刑、少用流刑和徒刑，社会成员之间的身份比较平等，保护畜牧业的规定很多，特别保护宗教人士的地位和权益，注意以本族制度治理本族人、以汉制治理汉人，等等。这是与其游牧民族的习性分不开的，是民族习惯在南迁过程中保留的残余部分（当然有些已经有了部分蜕变）。

二、以汉制治汉人；学习汉族法制，推行法制汉化

作为北方游牧民族，在其逐绿南迁入主中原的过程中，随着被征服的汉族人口不断增多，辽、西夏、金政权首先是注意“一国两制”：如辽“以国制治契丹，以汉制治汉人”之类，实行不同的法律分别治理的政策。后来，逐渐向汉族法制学习，制定普遍适用于胡汉各族人民的新法律。在这些汉化的法律中，最为典型地吸取了汉族法制的儒家伦理成分，如打击“十恶”、实行“八议”、鼓励忠孝节义、鼓励多世同堂、打击别籍异财、反对妇女再嫁、禁止子女告父母和奴婢告主，等等。这一汉化趋势，几乎是北方少数民族政权法制，包括后来的蒙元政权、满清政权法制的共同特色。

思考题

1. 从辽夏金法制看北方游牧民族习惯。
2. 从辽夏金法制看北方民族法制汉化。
3. 北方少数民族法制为什么会出现“一国两制”情形？

第十五章　元朝法制与民族歧视和法制汉化

内容提要

元朝是蒙古族南下入主中原建立的第一个统一了全中国的少数民族政权。元代法制有着非常显著的特色，一是保留蒙古族的很多习惯成分；二是实行民族歧视或差等待遇，主要是对汉族人民的歧视和防范；三是学习汉族法制、实行法制汉化。本章主要介绍中国历史上第一个完全统一整个中国的少数民族政权蒙元政权的法制概况，突出介绍其法制的民族歧视与迅速汉化两大特点。

关键词

大元通制　元典章　通制条格　至元新格　大扎撒　充警迹人　红泥粉壁　市舶司则例　行中书省　行御史台　达鲁花赤　宣政院

元王朝是居于漠北的游牧部落蒙古族所建。1206 年成吉思汗统一草原各部落，建立大蒙古国。经过六十多年与西夏、女真和南宋之间不断的军事战争，蒙古人先后灭掉了当时中国境内多个割据政权，1271 年建立了以大都（今北京）为首都的元王朝。1279 年，元灭南宋，结束了自"安史之乱"以来我国历史上长达五个世纪的割据对抗和战乱局面，实现了中国的统一。蒙古人建立了中国历史上第一个少数民族大一统政权。其法制也因此具有鲜明的民族特色。其中"以夏变夷"以及"民族分治"是其立法、司法上最显著的特征。元代统治者，在吸收汉族先进法文化的同时，确立了民族不平等政策，极力维护蒙古贵族的利益及对其他民族的统治地位。作为一个多民族的国家，元朝是我国历史上一个十分重要的朝代。统一和较为安定的社会环境既为生产和发展提供了所必需的社会基础，又加强了国内各民族之间的融合与交流。元朝的法律制度一方面吸取中原封建王朝立法、司法的经验；另一方面，则保留了浓厚的民族特色。

第一节　立法思想与立法概况

一、立法思想

蒙元统治集团的立法思想，大体说来可分为两个时期，一是自成吉思汗至元世祖忽必烈建立元朝前，二是元世祖忽必烈建立元朝后至元仁宗、英宗颁布《大元通制》时。

1. 建元前的立法思想。自元太祖成吉思汗 1206 年统一各部落建立蒙古汗国至忽必烈建立元朝前，是蒙元制度的草创和统一时期。在此时期内，其立法思想主要有三个方面：第一，“尽收诸国，各依风俗”[①]。第二，尊重祖宗旧法。成吉思汗是蒙古国开国的民族英雄，他的思想对元代法律制度具有重大影响。在蒙古国甫创之时及其统一各民族的征战中，成吉思汗一方面强调治理不同的民族区域使用不同的法律制度，另一方面主张遵循祖宗旧制。第三，是耶律楚材“慎刑恤民，确立法制”的思想。耶律楚材原是契丹后裔，成吉思汗定燕后，他作为名士受到召见，获得成吉思汗的信任，后来又成为太宗窝阔台的重要辅臣。针对元朝法制混乱，官吏暴虐的情形，耶律楚材主张确立死刑奏闻、官吏管理等制度，体现了其“慎刑恤民”法制思想。

2. 建元后的立法思想。世祖建元后，面对幅员辽阔、境内民族众多的统治区，在法制上不得不逐渐抛弃蒙古习惯法和金律，吸收汉族的法律文化。世祖忽必烈（1215—1294 年），太祖成吉思汗之孙，在继位之前，便在身边纠集了以刘秉忠为首的一批儒家知识分子。称帝后，一方面继续保持本民族传统，一方面注重学习汉族地主阶级的统治经验，表现在立法思想上，则是“附会汉法”，“参照唐宋之制”。其即位诏书明确提出要“祖述变通”。“祖述”即“稽列圣之洪轨”，就是要考稽成吉思汗以来蒙古汗国的制度；“变通”即“讲前代之定制”，就是要参用宋金以来的汉法。主持制定颁布《大元通制》的元英宗在学习汉法过程中也起了一定的推动作用。英宗自幼就随汉儒读经史，在位期间，重用儒臣，大力实行改革措施，削夺蒙古贵族的特权，史称“英宗新政”。他的立法思想集中表现为“参唐宋之汉法，成一代之制”[②]。

在上述立法思想的指导下，元代法制呈现出三个重要特色：第一，法律总体之精神一依唐宋之法典，推进法律的汉化或儒家化。第二，继续保有蒙古族旧有的传统，尤其是在婚姻、宗教及刑罚等方面最为突出。第三，南北异制，即强调在不同的民族区域实行不同的法律，形成法律体系上的多元结构，具有鲜明的民族

---

① 《元典章》五十七，《刑部》十九。

② 《元史·英宗本纪》。

色彩。[①]

二、立法概况

(一)"大扎撒"的制定

"扎撒"本是古代蒙古部落首领对部众发布的命令。[②] 它来源于蒙古社会长期历史发展过程中形成的种种社会习惯或行为规范——"约孙"。"约孙"作为蒙古社会早期行为习惯,实际上有法律效力。[③] 元代常译其名为"体例"。

据史籍记载,1203 年成吉思汗消灭了克烈部王汗,召集大会,制定了优良而稳定的扎撒。1219 年,成吉思汗又一次召集大会,重新规定了训令、扎撒和原有习惯,并用文字记载下来。1225 年,成吉思汗西征而回,再次下令颁布扎撒和训令,史称《大扎撒》。《大扎撒》是初创性的法律规范,既不完备,也不系统。原文今已失传。但部分条文散见于中外各种史籍,其内容如规定那颜们[④]除效忠君主外不得投靠他人,违者处死;擅离其职守者亦处死;凡发现及收留逃奴不交还其主者,处死。还有一些保护游牧经济和社会秩序的条款,如"为了禁止草的生长而烧地者,遗失火种而烧草者,诛其家;拾取别人丢失物者,履阈者,鞭打马之面目者,相与奔淫者,诛其身"[⑤]。此外《大扎撒》还保留了一部分蒙古民族的习惯和迷信禁忌。例如,宰畜而食,需要缚其足,剖其胸,以手紧抓其心直至畜死,方可食其肉。禁止触及门阈,禁止便溲于水中,等等。

(二)大蒙古国立法

成吉思汗建立国家时,曾下令郭宝玉制定法律,并批准颁布《条画五章》。其主要内容,如"出军不得妄杀;刑狱惟重罪处死,其余杂犯量情笞决"之类。这是蒙古国政权第一次"汉化"的立法。元世祖即位之后,还吸收金统治汉化的经验,凡治理北方汉人刑名之事,一体采用金《泰和律》,所谓"断理狱讼,循用金律"。另外,又于中统二年(1261 年)颁行《中统权宜条理》,这一时期的立法还有《中统条格》、《至元新立格》、《科税条画》、《设立宪台格例》、《户口条画》等。

(三)建元后的立法

1.《至元新格》。这是元世祖至元年间颁布的一部诸法合体的综合性法典。世祖至元八年下诏:"禁行泰和金律"[⑥],又命"精通法律的大臣,参配古今,重新定制"[⑦]。至元二十八年(1291 年),朝廷准中书右丞何荣祖所请,将公规、选格、

---

① 参见黄时鉴:《元代法律资料辑存》附录,浙江古籍出版社 1988 年版。
② 蒙古语 Jasaq 的音译。
③ yosun 意指"道理、规矩、缘故"。
④ 蒙语,指贵族、官人。
⑤ 孟珙:《黑鞑事略》。
⑥ 《元史·刑法志》。
⑦ 《元史》卷四,《世祖本纪》一。

治民、理财、赋役、课程、仓库、造作、御盗、察狱等十事辑为一书，颁行天下，名曰《至元新格》。共有五百条。但全文今已不存，其条文录于《通制条格》与《元典章》中的近百条，其内容主要是以行政法为主，兼有其他法律条文。大概是取一时所行的事例，编为条格。由于过于简单，不能满足社会的需要。

2.《风宪宏纲》。这是一部有关朝廷纲纪和吏治的法规。《元史·刑法志》称："仁宗之时，又以格例条画有关风纪者，类集成书，号曰《风宪宏纲》。"其内容，部分保留于《元典章》之中。

3.《大元通制》。《大元通制》是元英宗至治三年(1323年)以《风宪宏纲》为基础，制定的一部有关国家各项制度的多种单行法的汇编集成，目的在于督责各级官吏遵循国家的政制法程，改变政令不一、同罪异罚的混乱现象。《大元通制》共二千五百三十九条，由四部分组成：一制诏(即"不依格例而裁之自上者也"，相当于"编敕")，共九十四条；二条格(即由皇帝裁定或中枢机关发至下属机关的政令)，共一千一百五十一条；三断例(即"因事立法，断一事而为一例")，共七百一十七条；四类别，共五百七十七条。《大元通制》的篇目包括以下二十篇：名例、卫禁、职制、祭令、学规、军律、食货、大恶、奸非、盗贼、诈伪、诉讼、斗殴、杀伤、禁令、杂犯、捕亡、恤刑、平反。显而易见，《大元通制》的篇目体系大体沿袭了唐宋法典，且其条文内容也和唐宋旧制颇多雷同。可谓"其于古律，暗用而明不用，名废而实不废"。《大元通制》的编成标志着元代法典已经基本定型。

4.《元典章》。这是元代地方官吏自行编制的一部法律汇编，全称《大元圣政国朝典章》。它是元朝圣旨条画、律令格例以及司法部门所判案例资料的汇编。《元典章》以纲、目等编排，分《前集》和《新集》。《前集》约刊布于延佑七年(1320年)，共六十卷，下设三百七十三目。列诏令(三十五篇)、圣政(两卷三十二目)、朝纲(一卷两目)、台纲(二卷六目)、吏部(八卷五十三目)、户部(十三卷七十五目)、礼部(六卷二十三目)、兵部(五卷三十九目)、刑部(十九卷一百三十三目)、工部(三卷七目)十项。《新集》约刊布于至治三年(1323年)，不分卷，列国典、朝纲、吏、户、礼、兵、刑、工八大项，其下亦各分目。这种以六部划分法规的体例，是《明律》以六部分篇的滥觞。对于《元典章》，《四库全书总目》评价道："此书于当年法令，分门胪载，采掇颇详，故宜存备一朝之故事。"

5.《至正条格》。自《大元通制》颁布后，由于朝廷仍续降诏令，加之司法引用格例，官吏任意解释与取舍，致使法令前后抵牾。故元顺帝至元四年，对旧条格重新整理，对《大元通制》进行删修制典，到至正六年(1346年)编成《至正条格》，颁行于世。其内容包括制诏一百五十条，条格一千七百条，断例一千零五十九条，共二千九百零九条。

三、元代立法的特点

元朝立法的一个最大特点是，法律内容极不规范，以反映社会习惯为主的条格、断例在整个法律体系中占有绝对的优势。《大元通制》共二千五百三十九条，其中条格一千一百五十一条，断例七百一十七条，两者相加占总条目的百分之八十强。《至正条格》中，条格一千七百条，断例一千零五十九条，占总条(二千九百零五条)的百分之九十强。

条格主要是经皇帝亲自裁定或直接由中书省等中央机关颁发给下属部门的政令。它是元代在民事、行政、财政等方面的重要法规。有一部分条格是属于具体处置个别事件的指令性文件，也有部分条格属于记录的公文文书，这部分条格多因一时一事而发，在立法形式上多与划一的法规相异。断例则是皇帝或司法官员处断案件的成例，属于刑事方面的法规。条格和断例在元代立法中所占绝大比例说明，元代立法、行政、断狱量刑，基本上是依临时陆续颁布的有关政令、文书和司法实践中的判例为依据，保留了一些“议事以制，不为刑辟”的特征。结果，至元朝末年，法制的混乱局面十分严重，使得“天下黔首蚩蚩然狼顾鹿骇，无有持循”[①]。

第二节 元代刑事法制

一、元刑法的主要特征

元代法律的基本内容主要沿用唐宋律，唐律定罪量刑的通例也基本为元代法律所沿用。如故意加重、过失减轻、区分已遂和未遂，共犯以造意之人为首、贵贱尊卑异罚等。但元代刑法原则也有其特殊性，主要表现为：

1. 保留蒙古民族的传统习惯，表现出刑罚野蛮和残酷性。元代的笞杖刑皆以七为基数，以七开始至一百零七终。共分十一等，其明显特征是以七为零数，这是蒙古的风俗使然。“世祖时定天下之刑，笞杖徒流绞五等，笞杖罪既定，曰：‘天饶他一下，地饶他一下，我饶他一下’，自是合笞五十，止笞四十七，合杖一百一十，止杖一百七。”[②]元朝的徒、流、死之刑罚基本上与宋制同。另外，原仅施于蒙古人的习惯法的有些内容也被运用于汉族或其他民族。例如对偷盗牛马羊畜的蒙古人处以盗一赔九的刑罚。后来，汉、南人偷盗牲畜，也“依蒙古体例教赔九个”；蒙古人严禁抹喉放血的屠宰法，曾使元朝时的不少回人因违反这条禁令而被处死。另外，元朝刑讯常以“酷法虐人”，刑罚甚至允许私刑的存在，五刑之外，

---

① (明)杨士奇：《历代名臣奏议》。

② (明)叶士奇：《草木子》卷三下《杂制》引元世祖忽必烈语。

还采用多种法外酷刑如黥刑、劓刑、醢刑、噜尸、剥皮刑。“法外惨刻，犹不止此。”这反映出元代刑罚制度野蛮落后的一面。

2. 刑法上的差别待遇体现出民族压迫与民族歧视的性质。首先，在刑法上，蒙古族享有种种特权，犯罪后一般不受拘捕；只有犯死罪，才得“监禁依常法”①。在刑罚的适用上实行“南北异制”，将这一不平等公开规定在法律中。汉人刑事案件由刑部系统管辖，而“蒙古、色目之人犯奸盗诈伪，从大宗正府治之”②。法律还明文规定：“蒙古人打汉人不得还。”③蒙古人殴打汉人后，“汉人不得还报，指立证见于所在官司赴诉。如有违犯之人，严行断罪”④。事实上，由蒙古人把持的“所在官司”只会作出偏袒蒙古人而不利于汉人的判决。对于杀人重罪，一般情况下，“诸杀人者死，(除处死刑外)仍于属征烧埋银五十两给苦主”，但“蒙古人因争及乘醉殴死汉人者，断罚出征，并全征烧埋银”，就是没有死罪。“汉人殴死蒙古人”，是必定要处死的，还要照付烧埋银(丧葬费)。又依元律规定，“诸正蒙古人，除犯死罪，监禁依常法，有司毋得拷掠，仍日给饮食。犯真奸盗者，解束举佩囊，散收；余犯轻重者，以理对证，有司毋得执拘之”⑤。这就说蒙古人除了犯死罪，概不监禁，甚至也不拘执；死罪监禁也不准拷掠。相反，汉人无论犯什么罪，无论罪轻罪重，不仅监禁，还要戴沉重的枷锁，受各种残酷的刑罚。如汉人犯窃盗罪，“初犯刺左臂，再犯刺右臂，三犯刺项”，而蒙古人有犯，则不在刺字之列。

另外，元朝的法律，还确认蓄养奴婢的合法性，将大量的汉人、南人沦为“罪人”，成为国家奴隶。刑罚适用上突出主奴、良贱异罚的不平等原则，如法律确认奴主有权对奴婢任意施行刺面、铁枷、钉头、劓鼻等残酷刑罚，还可以随意奸淫女奴、奴隶，而不受任何处分。良人杀死贱人也只罚杖刑，赔偿烧埋银了事。

3. 崇信佛教，赋予执行宗教职务的僧侣种种法定特权。有元一代普遍尊崇佛教，帝师、国师的诏旨，在西域地区与皇帝的敕令具有同等的法律效力。僧侣可以布功德为名，奏释重囚。僧侣犯罪，不受普通法律制裁。致使他们“恣意纵囚，以售其奸宄，俾善良者暗哑而饮恨，识者病之”⑥。

4. 对于违反礼教之类的犯罪处罚大大减轻。元代所谓“君臣之间，唯知轻典之为尚。”⑦例如，元代诸父(伯叔父)谋反，侄异籍则不坐，比唐律“谋反及大逆者，皆斩，子年十六以上者皆绞……伯叔父、兄弟之子皆流三千里，不限籍之异

---

① 《元史·刑法志》。
② 《元典章》四十四，《刑部》六。
③ 《元史·刑法志》。
④ 《元典章》五十四，《刑部》六，《杂例》。
⑤ 《元史·刑法志》。
⑥ 同上。
⑦ 同上。

同”的规定大大减轻。[1] 元代对遭父母丧，忘哀拜灵结婚者，杖八十七，并强制离婚；而唐律对此行为的处罚，除了同样的强制离婚外，还要判徒刑三年。唐宋律还规定，祖父母、父母在不得别籍异财，而根据《元典章》则只要父母允许，可以分居析产，国家并不禁止。

二、元刑法的主要内容

1. 极力维护蒙古贵族的统治秩序，将危害政权、皇权的犯罪行为作为刑法重点打击的对象。这方面刑法的内容主要表现为：一是沿用唐宋“十恶”之法，处刑较唐律更重。元律规定：“诸谋危社稷者，诛；诸无故议论谋逆，为倡者处死，和者流”；“诸潜谋反乱者处死，宅主及两邻知而不首者同罪”；“诸谋反已有反状，为首及同情者，凌迟处死；为从者处死；知情不首者减为从一等，流远，并没入其家；其相须连坐者，各以其罪罪之”。[2] 元律还规定妖言惑众、聚啸为乱的人及同谋者处死，没入其家[3]；如有“议论”、“乱言犯上”者处死；妄撰词曲，意图犯上恶官者处死。甚至对以词曲讥议他人或妄谈书者也要处以刑罚。充分体现出元朝统治者在政治、思想文化领域的极端君主专制主义特色。二是在刑法中特别规定了私藏、私造兵器罪，根据《大元通制》禁令，凡私藏枪、刀、弩、弓箭、盔甲，以及可以作为武器的铁尺、铁骨朵和含刀刃的铁柱杖等，均为私藏兵器罪。若犯有此罪则处以死罪。同时，元朝更不许民间私造兵器，即使是铁制农具也由元政府设局专卖。制造武器的工匠，由元政府严加管理。元律的这些规定主要是针对汉人的，如禁止汉人执弓箭“聚众围猎”、“集众祠祷”，即使是神庙仪仗，也只准用竹木纸彩，不准用兵器作仪仗。汉人养马者，也要拘没入官。据说，自世祖至顺帝几十年从民间没收入官的马匹竟达七十万。

2. 重刑惩治抢劫、盗窃等犯罪行为。元律规定诸强盗执杖且伤人者，虽不得财，皆死。不曾伤人且没有得到财物，徒二年半；如果得到了财物，徒三年；得财至二十贯，为首者死，余人远流。[4] 即使谋而未行的窃盗犯，也要施以刑罚。另外，对有些盗窃行为如偷盗牲畜还要处以肉刑，如对盗马者劓，盗驴骡者黥额，再犯劓；盗羊豕墨项，再犯黥，三犯劓，劓后再犯者死。[5] 同时，还规定了“警迹人”制度。强窃盗犯在服刑完毕后，发付原籍“充警迹人”。在其家门首立红粉泥壁，上开具姓名、犯罪情由，由邻居监督其行止，且每月见官接受督察。五年不犯者除籍，再犯者，终身拘籍。

---

① 《唐律疏议》卷十七，《贼盗》。
② 《元史·刑法志》。
③ 同上。
④ 同上。
⑤ 《元史》卷四十五，《顺帝本纪》二。

3. 对强奸、贪污等犯罪的处罚作出了较细密具体的规定。《新元史·刑法志》开篇就指出，元代刑法的失误，最大弊端莫过于没有形成整齐划一的法规体系，没有制成一代之刑典。但元律在有关奸非罪和贪污罪的规定上，却较唐宋法律更为具体和细密。规定：凡强奸有夫之妇则处以死刑；强奸无夫妇女，杖一百零七。对强奸幼女还作出特别规定："凡称幼女，止十岁以下。"强奸幼女者处死刑。年老（七十岁以上）和未成丁男（十五岁以下）强奸幼女不得适用（其他犯罪行为可以适用的）赎法，必须依律受刑。此外还规定了职官犯奸的种种刑罚。这反映出元代法律在奸罪类的规定和立法技术方面的完备。此外，对职官贪污犯赃行为，元律还具体列举了取受、侵盗、侵占、回钱、过钱、首赃、赃罚等罪名和犯罪特征，刑罚规定也较为细密。但有元一代，法律编纂多在宋代敕令格式的基础上补充断例而成，条格、断例在整个法律体系占有绝对的优势，其结果造成元代法制出现混乱，律、令、条格及断例对一种犯罪的规定不仅有惩罚轻重的差别，而且条目琐碎繁多，此种状况与日俱增，每罚一辜或断一事，有司引用不能通举，奸贪之吏可乘机以出入人罪。[①] 这种情况下，法律规定往往流为具文。

4. 对各种杂犯规定了繁苛的处罚，并广泛适用耻辱刑。如《元史·刑法志》载元律有"诸恶少无赖，结聚朋党，陵轹善良，故行斗争，相与罗织者，与木偶连锁，巡行街衢，得后犯人代之，然后决遣。诸恶少白昼持刀剑于都市中，欲杀本部官长者，杖九十七。诸无赖军人，辄受财殴人，因夺取钱物者，杖八十七，红泥粉壁识过其门，免徒。诸先作过犯，曾经红泥粉壁，后犯未应迁徙者，于元置红泥粉壁添录过名。"

第三节　元代民商法制

元朝是一个重商的朝代，在统治阶级的思想里，处处弥漫着重商的意识。早在太祖、太宗统一中国的军事征战中，蒙古贵族常将掳获的商人和商队带回漠北以供统治阶级经营商业之用。建元后，皇帝竟批准在籍秀才经商，并可免除一切杂泛差役，这是宋以来商品经济思想的进一步发展。有元一代，陆上的"丝绸之路"畅通无阻，海运更为繁盛，对外贸易兴极一时。城市商业规模使来自威尼斯的马可·波罗大为叹美。社会的安定，民族的融合，文化的交流，商品经济的恢复发展为元代民商事法律的制定提供了基础。与宋相比，元代的民商事法律既有总体上落后的一面，也有在某些方面超出宋的一面。在家庭婚姻方面，蒙古统治者受儒家伦理思想约束较浅，婚姻法律中保有浓厚的民族特色。

---

① 沈家本：《历代刑法考》第二册，中华书局 1988 年版，第 1084 页。

一、民事法律

(一) 身份法

元朝按种族及归属元朝统治的先后将全国所有居民划分为四个社会等级，即蒙古人、色目人、汉人、南人。从《元典章》、《通制条格》等书中所载有关敕旨条令来看，元代的等级划分是法定的，蒙古人、色目人、汉人、南人在政治地位、法律地位以及其他权利义务等方面，都有不同的规定。反映到民事法律中，表现为汉人、南人的财产权利没有保障，而蒙古人和色目人则是特权阶层，在民事法律上享有免税、免役等各种特权。当时还有所谓"人分十等"的"九儒十丐"之说，但非信史。①

元代平民的主体是农民，一般民间习称有钱有势的地主及官宦子弟为"秀"，而一般贫穷农民则称"郎"②。无地农民佃种地主土地的佃户，法律上仍作为平民。但佃户的法律地位是很低下的。元律规定，地主不仅享有收二分之一以上地租的权力，对佃户还可以"鞭笞驱使，视为奴仆"。甚至有时可以将佃户连同土地一起出卖、赠人，但佃户不许私自逃走。元代平民中身份较为特殊的有匠户和站户。匠户是蒙古人在征服中掳获的手工业工匠，编为特种户籍。元统治者还在大都、涿州、苏杭等地设置了各种管理手工业的官方机构，如诸色匠人总管府、各种院局，其中有毡局、银局、染局、铁局、织造局等，匠户没有脱籍迁徙的自由。所谓"匠不离局"，世袭为匠，连婚配也受官府控制。匠户的工作属于无偿劳役。这类工匠，仅元朝廷各机构所属局、院等处役使的就达近百万。站户是专供"站赤"(驿传)驱使的人户，在各地设提领所管辖，一所辖户五六百至二三千。站户也不得自由迁徙脱籍。

元朝社会还存留大量的奴隶，称之为"驱口"或"驱户"。驱口源于蒙古族语，含奴婢之意，故蒙古、色目均以此称奴婢。元代的奴婢包括家奴、军奴、寺奴、勃兰奚等，他们可以被主人随意买卖，当做会说话的牲畜，奴隶的身价只相当于一头驴的价格。元律规定：主人杀死无罪的奴婢，杖八十七；酒醉而杀，可以减一等。如因奴婢打骂主人而杀之者，无罪。良人因斗殴杀死别人奴婢，杖一百七，赔偿奴主烧埋银五十两；但奴婢无论在任何情况下杀伤奴主，甚至控告奴主，都要处死刑。元代奴婢的获得，一般为战争掳获和买卖所得，还有奴婢的子女"家生孩儿"。但元律禁止买良为驱。

---

① 南宋遗民谢枋得说："一官二吏三僧四道五医六工七匠八娼九儒十丐"(南宋郑思肖《心史》)，这是元代读书人无奈的自嘲。清代赵翼《陔余丛考・九儒十丐》载，"元制：一官、二吏、三僧、四道、五医、六工、七猎、八民、九儒、十丐。"把八娼改成八民。

② (明)田艺蘅：《留青日札摘抄・沈万三秀》。

（二）所有权

元朝民事法律规范中的所有权，在民事权利意义上，具有占有、使用、收益和处分四项权能，但其处分权能受到若干限制。主要表现在对牲畜的不完全处分，盖因凡耕佃备战，负重致远，军民所需，牛马是其根本。世祖中统二年（1261 年）五月圣旨规定：今后官府上下公私饮食，并屠肆之家，不得宰杀；如有违犯者，决杖一百。[①]

元朝关于所有权的法律沿用唐宋旧制，其中有特色的是元代无主物规定中的有关阑遗物的规定，这方面的立法条文较多。阑遗物在蒙语中称“不兰奚”（或写作勃兰奚），主要是指奴婢和牲口。依《通制条格》卷二十八《杂令·阑遗门》（共 9 条）之规定：阑遗的奴婢、牲畜，若公告十天，无人认领，即由官收；这较唐宋的三十天公告期大为缩短，被不兰奚总管府（阑遗监）收系的阑遗人口头匹如有主人识认，仍还本主。“诸阑遗奴婢私相配合，虽生育子女，有主识认者，各归其主；无本主者，官与收系。”[②]元代较为特殊的阑遗物，是蒙古贵族巡游狩猎用的鹰犬。依元朝法律之规定，获得阑遗鹰犬，应即刻护送至就近官府，若隐匿，笞三十七，没其家财之半。

对于宿藏物，《大元通制·禁令门》规定：“诸锄获宿藏之物，在他人地内者，得与地主平分；在官地内者，一半纳官；在己地内者，即同业主。”

（三）契约关系

元代有关契约的规定基本与宋同，主要有买卖契约、典当契约、借贷契约、租佃契约等。

1. 买卖契约。元代不动产买卖必须具备“经官给据”、“先问亲邻”、“印契税契”、“过割赋税”四个法定要件才能生效。“经官给据”，是买卖不动产前必须先向官府报告，取得官府的书面许可。成宗元贞元年（1295 年）规定：“今后典卖田宅，先行经官给据，然后立契，依例投税，随时推收。”[③]“先问”，即亲邻享有先买权。这是沿用了金律在田宅买卖上的规定：“诸典卖田宅及以典就卖，先须立限，取问有服房亲（先亲后疏），次及邻人，次见典主。若不愿者，限三日批退，愿者，限五日批价。若酬价不平，并违限者，任便交易。”[④]“印契税契”，即书面契约必须经官府加盖官印、缴纳交易税和契税。此项也是金朝“旧例”之规定，“私相贸易田宅、奴婢、畜产及质押交业者，并合立契收税，违者从匿科断”[⑤]。元世祖至元七年（1207 年）依此例确立了买卖制度。“过割赋税”，即在买卖田宅的同时，

---

① 《元典章》五十七，《刑部》十九。
② 《元史·刑法志》。
③ 《元典章》十九，《户部》五，《田宅》。
④ 同上。
⑤ 《元典章》二十二，《户部》八，《杂税》。

必须将附着其上的赋税义务转移给新业主(占有者)。元代独创契尾制度,即在买卖土地时,卖主必须将税票粘连契尾一并交给买方的制度。实行契尾制度,目的在于防范因土地所有权得转移而使国家税收落空。契尾是国家验证土地契约是否合法的主要标记,这一制度对明、清都产生了影响。

2. 典当契约。元代典卖称典质、典当。法律要求典当土地须与买卖土地契约同样具备经官给据、先问亲邻、印契税契、过割赋税等程序,而且要求必须以书面合同的形式进行。典卖得标的物除田宅外,也包括动产在内。典当动产须至"解典库",立有"解帖",依法取利。《元史·刑法志》称:"诸典质不设正库,不立信帖,违例取息者,禁之。"典主负有保管之责,亡失毁损,则要赔偿。

3. 借贷契约。借贷契约是元朝债的发生的基本形式。借贷契约的成立,除借贷双方当事人外,还须有中人、见证人画押。元律明确规定以本金数额为借贷利息总额的上限,也就是"一本一利",禁止高利贷盘剥。但这一规定在实践中并无普遍的约束力。蒙古贵族、达官、回回人放高利贷是元代社会生活中经常出现的现象,史称"其年则倍之,次年则并息又倍之,谓之羊羔利,积而不已,往往破家散族,至以妻子为质,然不能偿"①。

4. 租佃契约。元之租佃契约的对象主要是土地和房屋,土地租佃可分为官田租佃和私田租佃。官田租佃虽然不是纯粹的契约关系,但租佃关系总是在某些方面表现出契约的特征。私田租佃关系通过两种形式建立:一是通过签订租佃契约,二是国家通过封赐土地,划拨领户,受封赐者与领户形成租佃关系。

(四) 婚姻与继承

蒙古族肇起于大漠以北,逐水草而生,以游牧为基本生活方式。入主中原后,虽受到儒家思想文化的影响,但仍保持着蒙古族原有的传统。在元朝的婚姻与继承制度上,突出体现了"蒙汉糅杂"特色。

1. 婚书制度。元朝法律规定,婚书即书面婚约是婚姻关系成立的要件。至元六年(1269年)法律规定:"今后但为婚姻,须立婚书,明白该写元议聘财,若招召女婿,指定养老或出舍年限,其主婚、保亲、媒妁等人画字,依理成亲,庶免争讼。"②对于婚书的内容,法律也有明文要求,"凡婚书不得用彝语虚文,须要明写聘财、礼物。婚主及媒人各个画字,嫁回书亦写受到聘礼数目,嫁主及其媒人亦合画字,仍将两下礼书背面大书合同字样,分付各家收执;如有词语朦胧,别无各个画字并合同字样,争告到官,即同假伪。"③

2. 收继婚。收继婚,就是未婚男性收取家中的寡妇为妻。这是蒙古"旧

---

① 《元文类》卷五。

② 《通制条格》卷三,《户令·婚姻礼制》。

③ 《元典章》十八,《户部》四,《婚姻》。

俗”，“父死则妻其母，兄弟死则收其妻”。蒙古人入主中原后，收继婚仍被允许，但是一般禁止汉人、南人采用收继婚。

3. 婚姻关系的解除。元朝法律没有唐宋法律“七出”、“义绝”之规定；相反，法律允许不和睦的双方自由离婚，所谓“夫妇不和睦，合离者，不坐。写立休书赴官告押执照，即听改嫁。”[①]此外，定婚后，男方五年无故不娶者，皆听改嫁。未婚夫如果是盗及犯流远者，皆听改嫁。但法律规定禁止寡妇带产改嫁，即离婚妇女和寡妇如果再婚，就要丧失原先从父母处继承得的妆奁和亡夫家中的财产。

4. 绝户女儿的继承权。元代法律规定，母亲、妻子无权单独继承财产；丈夫亡故，家庭财产归子女继承，无子女可由侄子女继承。其中，无男性后嗣的家庭，则为绝户。其所遗留的财产，称为绝户产。关于绝户产，元律规定“在室女”也可以全份继承遗产，这可以说是元代继承法的一个特色。其具体规定在《元典章》和《大元通制》中均有记载：“若有户绝别无应继之人（谓子侄兄弟之类），其田宅、浮财、人口、头匹尽数据没入官，招人立租承佃，所收籽粒等物，通立文簿，申报上司。如有抛下男女十岁以下，付亲族可托者抚养，度其所需支给。虽有母招后夫或携以适人者，取财产亦官为知数；如或嫁娶，或年十五，尽数给还。”

二、商事法律

元朝自世祖后，商品经济得到了恢复和发展；当时商业繁华，海外贸易十分发达。大都、杭州、泉州、广州皆为举世闻名的商业都市。与此相适应，元朝的商事立法有两个显著特色：

一是在市场的管理上，继续唐宋法律之规定，对度量衡、市场监督都作了法律规定。《元史·刑法志》说：“诸度量权衡不同者，犯人笞五十七；司县正官初犯，罚俸一月，再犯笞二十七，三犯别议，仍记过名。”

二是在海外贸易方面，元朝在宋代市舶条法的基础上，继续发展，制定了“市舶司则例”22条，加强了对海外贸易的管理。这是元朝立法史上的一件大事，理应受到重视。对市舶则例的内容，《元典章》、《通制条格》皆有完整的记载，其主要内容是：第一，规定了市舶司的抽分比例，即粗货十五分取二，细货十分取二。第二，大小商船出海须取得官府发给的法律凭证。舶商大船须取得“公验”，小船须取得“公凭”。第三，舶商请给“公验”、“公凭”时，须说明去往何处，船之长短、人员多少、货物名称，且须保人作保。违者，即为私贩，以律治罪。第四，不准携带违禁物品。与宋相比，元代对输出品的限制范围进一步扩大：宋代限于铜钱，元代增加了金银及男子妇女人口、丝帛、缎匹、米粮、军器等。此外，“市舶则例”还规定，不许沿海地方官差占商舶，对梢水人家的杂差可以免除。这既是元代新

---

① 《大元通制·户婚部》。

增加的内容，也反映了元朝统治阶级“敛财网利”，扩大海外贸易的立法指导思想。

第四节 元代行政法制

一、中央行政机构

蒙古国时期，实行军政合一的建制。元世祖中统建元后，元朝采用行政、军事、监察和宗教分立之制，设立了中书省、枢密院、御史台和宣政院等机构各司其职。

1. 中书省。中书省，“中书政本也”，是元朝设立在中央的最高行政机关。元建国之初，官制系统相当简要。成吉思汗大蒙古国时代，只有掌政刑的判事官。直到忽必烈即位初年，设置“大断事”作为蒙古国最高行政官，既掌管民户的分配，又掌握司法大权，相当于汉族官制的丞相。中统初，建中央机构，其“总政务者曰中书省，秉兵柄者曰枢密院，司黜陟者曰御史台”[①]。《蒙兀儿史记》卷一五七《宰相表》记载了初建的中书省机构的情况：“中统初，忽必烈汗始立行中书六部事于燕，旋定燕京为大都，以功臣忽秃忽故宅为中书省署，都省之名始立。设官五等，曰中书令；曰右丞相，曰左丞相；曰平章政事；曰右丞，曰左丞；曰参知政事。”由此可见，元代中书省长官的官称，有7个。中书令是职权级别最高的宰相，世祖以来，唯皇太子守之，不常置。这成为元代定制。大德七年（1303年）二月，元成宗规定：右丞相1人，左丞相1人，平章政事2人，右丞1人，左丞1人，参知政事2人，共计8人（宰相4人，执政4人），当时称为“八府”。凡军国重事共同讨论，提出方案，上请皇帝裁决。

中书省以下分设吏、户、礼、兵、刑、工六部，是具体管理全国各项事务的执行机关，其他与六部相关的行政管理机关，如院、寺、监、府等基本上沿袭了唐九寺五监。

2. 枢密院。掌军事，是元朝设立在中央的最高军事机关。皇太子兼领枢密使，下设枢密副使、同知院事等。汉官在其中任职者不得过问军事机密。

3. 御史台。御史台是最高监察机构，于至元五年（1268年）设置，职掌纠察百官善恶，政治得失，并负责处理百官奸邪贪贿不职者的贪赃枉法行为。御史台最高长官为御史大夫，副长官为御史中丞，属官有侍御史、治书御史，协助御史大夫治理一切监察事务。

4. 宣政院。掌理全国佛教及吐蕃（西藏）地区军民政教事务。以国师（兼称

---

① 《元史》卷八十五，《百官志》一。

帝师)总领,设同知、副使、佥院等官职。宣政院在元朝权势颇重。但遇重大军事,则须会同枢密院商定。

二、地方行政机构

元朝地方行政建制存在行省、宣慰司、路、府、州、县各级。

行省是地方最高行政机关。它源于朝廷中书省的派出机构,逐渐演变成为地方最高官府。确立时间在世祖末成宗初年间。元行省制是蒙古统治者在行政区划和政治制度上的创制,具有重要的历史价值。它创立了一种以行省为枢纽,以中央集权为主,辅以部分地方分权的新体制。它具有地方最高官府和朝廷派出机构的两重性质,加强了中央对地方上政治的统治和军事的控制。地方上凡钱粮、兵甲、屯种、漕运、军国重事,无不受之统领。除此,行省还有作为朝廷"外廷"的"谋议"的职司,元朝大都(今北京)附近的今河北、山东、山西等地直接受中书省管辖,称"腹里"。吐蕃因属少数民族聚居地区,由宣政院直辖。其他地区分为十一行省,即岭北、辽阳、河南、陕西、四川、甘肃、云南、江浙、江西、湖广、征东。

行省下有路、府、州、县。路设总管府,以总管为长官,府设知府为长官,州设知州为长官,县设县尹为长官。分掌路、府、州、县各级行政。元路、州、县又皆设管事官曰达鲁花赤。法律规定,达鲁花赤只能由蒙古人充任。

此外,在行省与路之间,还设置两种道:一种是设置在边疆少数民族地区,负责军事政务的宣抚(慰)使司;一种是遍设全国各地负责监察的肃政廉访使司(初名提刑按察使司),后者分别受中央御史台及江南、陕西二行御史台领导,在性质上是地方的监察机关。

元代基层组织是以自然村落为基础结成的民间乡村组织即"村社制"。《元典章》卷二十三《劝农立社事理》条记载:"诸县所属村疃,凡五十家立为一社,不以是何诸色人等并行入社。令社众推举年高通晓农事有兼丁者立为社长。如一村五十家以上,只为一社,增至百家者,另设社长一员。如不及五十家者,与附近村分相并为一社。若地远人稀不能相并者,斟酌各处地面,各村自为一社者听,或三村或五村并为一社,仍于酌中村内选立社长。"村社的具体职能主要为科差、劝农、教化、互助和治安等。

三、监察制度

对于监察机关的重要性,元朝世祖皇帝有着清醒的认识。"世祖尝言:中书是朕左手,枢密是朕右手,御史台是朕之两手。"此其重台之旨,历世遵循其道不得变。在最高统治者的重视下,有元一代颁布了一系列的监察法规,著名的有元世祖至元五年颁布的《宪台格例》三十六条、至元六年的《察司体察》、至元十四年制定的《行台体察等例》、至元二十五年的《察司合察事例》、至元二十九年颁布的

《廉访司合行条例》等。

依照上述法规，中央监察机关御史台与尚书省互不统属，地位相同，其长官御史大夫由从二品提高到从一品。法规对监察机关的职权做了系列的规定：第一，考察百官；第二，监察司法；第三，参与司法审判。

元朝分全国为二十二道监察区，各设肃政廉访使常驻地方，负责纠察、督促地方各级官吏，以使他们恪尽职守。廉访司置廉访使（秩正三品）、副使、佥使、经历等员。廉访司职责重大且广泛，据《元典章》记载，共有30余种，主要是纠察地方官员邪恶，考察政治得失；分巡、按复各路已结案件。具体说来，廉访司对所管各路进行监察，称为“分巡”。每年八月分巡，次年四月还司。凡遇重大案件，须当面复审查实，然后移文本路结案，申刑部待报。另外，它有权断决六品以下官吏轻罪，复审地方已断的有关死刑案件。

为了加强对肃政廉访使的领导，元朝在江南和陕西二地设置御史台派出机构——行御史台，并依法对监察官员本身实行监察。监察官员若有犯赃行为，则加等治罪；虽不枉法，也要除名。元朝从中央到地方监察体系的形成，是同元朝统治的特殊历史条件分不开的。蒙古贵族操纵下的元朝政权，为了实现对全国的统治，客观上不得不利用汉族地主官员，但在骨子里，又害怕他们拥权自重，不利于蒙古贵族的统治，于是便采用了既利用又防范的政策，通过监察机关严密监察汉族地方官吏的活动。正因为如此，元朝史上，才有御史大夫一职“非国姓（蒙古贵族）不以授”的传统规定。

四、科举制度

元朝首倡以儒学取士的是耶律楚材。但在是否承袭唐宋以来的科举选官的做法上，却由于蒙古和色目统治者内部基于民族偏见和自身特权利益的考虑，只是制定了制度，而未施行。从元世祖建元开始，科举停废约达半个世纪。直到仁宗延佑二年（1315年）才开始正式开科取士。元朝科举考试，每三年举行一次，分乡试（行省考）、会试（礼部考）、御试（殿试）三级。考试时，蒙古人、色目人皆与汉人、南人分开。从考试程序到考试题目的难易程度及最后录取，各方面的规定都带有明显种族偏见和民族歧视的色彩。在乡试、会试时，蒙古人、色目人共考两场，汉人、南人则考三场。尽管如此，元朝的科举制度对后世还是产生了很大影响，其原因是元朝科举考试命题，“不用律赋省题诗小义等，止存留诏诰章表，专立德行明经科”①；明经内，《四书》、《五经》以二程、朱子注解为主，是格物致知、修己立人之学。从而结束了以诗赋取士的历史，首创以程朱理学为内容的经义取士制度。这一制度一直延续至晚清。

---

① 《元史·选举志》一。

第五节　元代司法制度

受民族发展程度和特征的影响，元代的司法机关设置混杂、职责不清，司法官员的任用普遍带有民族歧视的色彩，各民族传统习惯、宗教信仰上的差异与阶级矛盾相交织，使民事纠纷繁多，刑事案件复杂。元朝确立了一套由蒙古贵族垄断司法的制度，上层司法与监察机关的长官多由蒙古人担任。中央司法机关的宗正府、刑部、御史台及各道的提刑按察司（后改为肃政廉访司）的长官皆以蒙古人为主，御史台长官——御史大夫更是非国姓不授。汉人只能担任司法机关中的副职。在中央司法机关中，隋唐以来专理审判的大理寺被取消（曾有过短暂的恢复）。刑部是主要的审判机关，内史府、枢密院等机关的断事官也负有审判职责。

一、司法机关

（一）中央司法机构

1. 大宗正府。元初置，府内设“断事官”，称为“达鲁花赤”，负责审判事宜。其职责有二：一是治理诸王、驸马、投下、蒙古、色目人刑名词讼等事；二是对汉人奸盗、诈伪、蛊毒厌魅、诱拐逃驱（奴隶）、轻重罪囚也负有审理职能。其后，职责屡有变化，至元元年（1328 年）后，宗正府只管两京师（上都和大都）的蒙古人以及集赛（管理喇嘛的事务机关）、军站、色目人与汉人相犯的词讼案件。

2. 刑部。元朝中央主要司法行政及审判机构。《元史》卷八十五《百官志》称：刑部掌管全国的刑名律令，死刑复核、已捕罪犯的复审、没收财产的账簿、逮捕缉拿罪犯的奖励制度、冤案疑难案件的审判、狱具制度、拟议律令。

3. 宣政院。元朝的宣政院是全国最高的宗教管理机关和宗教审判机关。宣政院曾在一些地方（吐蕃、浙江）置“行宣政院”，或置宣慰司使。宣政院内位居帝师之下的宣慰使，必以僧侣担任。元制，凡各地涉及僧侣的奸盗、诈伪、人命重案虽也由地方官审理，但必须上报宣政院。这在我国历史上首次形成了宗教与世俗权力共存的特殊司法制度。

4. 奥鲁。元统治者还在驻蒙古军和军户的地方设立由枢密院统辖之奥鲁机关（老小营），兼管军民婚姻、债负、斗殴、私奸、杂犯等不系官军捕捉的民事诉讼。其余“干碍人命重刑、利害公事、强窃盗贼、印造伪钞”等较严重的犯罪行为则由管军官与行政官共同审理。

（二）地方司法机构

1. 审判机构。元的地方机构大体上分行省、路、府、州、县。吐蕃地区设有行宣政院和宣慰司使。路、府、州、县的掌印总辖官达鲁花赤有权审断案子。达鲁花赤一般必须由蒙古人担任，只有那些蒙古人不愿去的地方才允许汉人担任。地方的司法审判工作，由路、府、州、县的行政长官负总责。路是一级重要审判级别，设有总管府审断案件，又设推官专职掌推刑狱，平反冤滞，督理州县刑名之事。凡遇刑名词讼，推官先行穷问，须要狱成，与其余府官再行审责，结案签署。

2. 审判权限。路、府、州、县可自行断决杖罪以下案件，徒、流、死罪则要由司法监察机构复审。无冤，移文本路，然后申奏刑部。史称："诸杖罪，五十七以下，司(录事司)县断决，八十七以下，各府、州(军)断决；一百七以下，宣慰司、总管府断决。配流、死罪，依例堪结完备，申关刑部待报。"不过，在司法实践中，蒙古人犯罪常由其所属的千户或蒙古法官审断。

二、诉讼审判制度

(一)"诉讼"在法典上首次独立成篇

元朝以前的法律，没有规定"诉讼"的专篇。现据《元典章》、《事林广记·刑法类·大元通制》、《元史·刑法志》的记载看，《诉讼》已在元代的法律中独立成篇。它与唐律的《斗讼》、《断狱》相比，至少有两点新变化。第一，民事诉讼与刑事诉讼、程序法与实体法已经出现了初步分离的趋势。如对民事诉讼当事人一般不允许羁押，军官巡检出使人不得接受民词，推官专管刑狱，正官专理词讼等。第二，规定了一套颇为严格的诉讼制度。如"诉状"格式，老年少幼残疾之人的代诉等。

(二)诉状的格式

按《事林广记》载条格规定：其一，告状人必须在抬头注明姓名；其二，正文部分；其三，写明呈送诉状的司法机关；其四，写出甘结，保证所告是实，"所告若虚，甘罪不辞"；其五，请求司法机关作出判决；最后，署名写状的年、月、日，告状人的姓名。

(三)逐级陈诉及越诉

法律规定，如果陈诉有理，路府州县不行，则诉之省部台院，省部台院不行，可乘舆诉之。一般情况下，不得越诉，越诉者笞五十七。与唐律相比，元代对越诉的处罚显然更重。但若官吏受贿不法，允许径赴宪司直告，不依越诉论。另外，本管官司对陈诉应受理而不受理，或受理后故意拖延不决，听断偏信，则允许告状人直赴上司陈告。

(四)代诉制度

法律规定有两种情况可由人代诉，一是凡七十岁以上，十五岁以下，笃废疾，法度不合加刑者。二是闲居官与百姓争论，也可令子侄代诉。但是，妇人、典客、干人不得为人代诉。若妇人寡居无依及有男子干碍，事须告理者，可不拘此例。

（五）约会制度

元朝由于民族的不同以及各色户籍的隶属系统有异，所以凡遇到不同户计（籍）、不同民族及僧俗之间发生刑名词讼，就由政府将有关户计的直属上司请来后共同审理，这就是"约会辞讼"制度。约会制度仅限于轻微的刑名词讼。据《元典章·诉讼·约会》的记载，凡诸色户计，儒道僧官、医户、乐人、投下、畏吾儿、军民、都户府、投下并探马赤、龟户等与不同身份的人发生纠纷，须约会审理。

三、民事调解

据《至元新格》，因婚姻、家财、田宅、债负等发生纠纷、若不涉及重大违法情事，应当先由社长以理调解，以免荒废农务，官府也免讼累。调解的方式有两种：一是司法机关调解，二是民间调解，即由社长负责对邻里间的民事纠纷"以理谕解"。调解的结果对当事人具有法律效力，诉讼双方一般不得再以同样的事实和理由重新提起诉讼。《元典章》称："凡告婚姻、土地、家财、债负不违法者，若已拦告，所在官司不许轻易再接词状归问；如违从廉访司照刷究治。""今后凡告婚姻、土地、家财债负，如原告被论人等自愿告拦休和者，准告之后，再曲讼端，照堪得别无违错事理，不许受状。"

调解在元朝的广泛运用是与当时诉讼繁多的社会历史条件分不开的。统治者力图通过调解缓和社会矛盾，减轻司法机关所承受的压力。元人张养浩在《牧民三告》中说："亲族之讼宜徐而不宜亟，宜宽而不宜猛，徐则或悟其非，猛则益滋善恶。下其里中开谕之，斯得休矣。"元朝的调解制度对明清产生了重大的影响。

本章重点问题提示

元代法制有三大主要特征，我们应该特别注意。这是本章的重点所在。

一、关于蒙古民族习惯的保留

元朝的法制保留了许多蒙古民族习惯，亦即游牧民族习惯。比如大量迫使或掠夺汉人为奴隶、大量蓄养奴婢、实行"驱口"贱民制度，刑罚特别残酷即保留广泛的肉刑，特别注重以财物替赎刑罚，蒙古人死罪可以通过"征烧埋银"来实现制裁，减轻违反礼教之犯罪的处罚，保留"父死娶庶母"、"兄死娶嫂"之类的收继婚，法制特别注意保护狩猎使用的鹰犬，等等。

二、关于元代法制中的民族歧视

元朝法制特别强调社会成员差别待遇，有民族间的差别待遇，比如把国人分为蒙古人、色目人、汉人、南人；还有阶级、阶层或职业上的差别待遇，比如官员、僧人、军人的地位远远高于农工商，士人地位最低。所谓"一官、二吏、三僧、四道、五医、六工、七匠、八娼、九儒、十丐"也许不是完全没有根据。元朝法制歧视汉人，防范汉人的规定很多，如规定汉人伤害蒙古人处罚重，蒙古人伤害汉人处罚轻之类，规定严刑禁止汉人聚会结社之类，不许汉人担任国家要职，到处设置蒙古人监督官（达鲁花赤）之类。

三、关于元朝法制中的汉化追求

元朝统治者自知作为北方少数民族入主中原，必须皈依中原文化来证明自己的正当性。元朝统治者最早到孔子的故乡朝圣，最早封孔子为"至圣先师"，以国家力量提倡儒学、实行尊孔读经，很快恢复科举考试，其法制也完全本于儒家的伦理原则，同样打击"十恶"、实行"八议"，实行"亲亲相隐"，等等。体现儒家伦理、打击违反礼义的规定，在《元典章》中不胜枚举。

思考题

1. 元代法制的民族差别和歧视主要体现在哪些方面？
2. 元代法制的迅速汉化主要体现在哪些方面？
3. 元代法制保留蒙古族自己的原有习惯主要体现在哪些方面？

第十六章　明代法制与君主专制集权政体的加强

内容提要

明王朝是汉族主导的最后一个封建王朝。明朝法制的最大主题是君主专制集权政体的加强，这主要体现在宰相的废除和内阁制的确立、厂卫司法横行、廷杖的泛滥、严厉打击“奸党”的立法、督抚制度的形成等方面。本章主要概述汉民族最后一个全国性封建政权明王朝的法律制度。主要展示明代法制在加强中央集权的君主专制主义极权政体方面的有关改革及其影响。

关键词

大明律　大明令　明会典　明大诰　问刑条例　教民榜文　奸党罪　重其重罪　轻其轻罪　内阁　廷杖　剥皮实草

元顺帝至正二十八年(1368 年)，农民起义军领袖朱元璋在应天(今南京)即皇帝位，宣布建立明王朝，1387 年朱元璋荡平元末各路义军，统一全国。明王朝共历十六帝，二百七十七年。

明王朝是中国封建社会后期的重要王朝，明代是汉族地主阶级主导的最后一个统一大帝国时代。明代法制时处中华法系发展的后期，其法制上承唐宋之优秀遗产，其成就是中国古代继唐朝之后的又一个高峰，在中国法制发展史上具有承前启后的重要历史地位，直接或间接地影响着清朝以及东南亚诸国的法制发展。

明代法制的根本特征是强化皇权，加强君主专制政体，实行超强控制和重刑主义。明代是中国古代社会经济发展的转折时期，16 世纪中叶商品经济在江南地区和东南沿海地区得到空前发展，乃至出现了资本主义萌芽。为应对社会经济变化，明朝统治者也采取了一些完善管理法制的作法，但总的来说是对工商业经济采取防范控制的态度，以服务于全面加强君主专制主义的中央集权制度。

第一节 立法思想与法律形式

一、明初立法指导思想

明初统治集团中的大多数人出身于社会底层，切身感受过元末吏治的腐败、政治的混乱，他们对于元朝政治教训的总结决定了明初的法制指导思想。

(一) 刑乱国用重典

《明史·刑法志》说："始，太祖惩元纵弛之后，刑用重典。"明太祖急于用"重典"实现"天下大治"，故特别注重严刑峻法的使用。他曾对皇孙朱允炆（建文帝）说："吾治乱世，刑不得不重。汝治平世，刑自当轻，所谓刑罚世轻世重也。"①

明初"刑乱国用重典"的表现之一是重典治吏，以重刑维护统治集团内部的纪律和统一。明太祖曾借胡党之狱②、空印案③、郭桓案④、蓝玉案⑤等重案大肆诛杀"谋反"官员，严惩腐化官吏。明初法制虽然号称恢复汉唐传统，却不曾恢复唐律中的"官当"制度，而且制颁了重惩贪赃官吏的《明大诰》。"刑乱国用重典"的表现之二是重典治民，严厉镇压民间犯上作乱的行为。明太祖认为汉族人民在元朝统治时受到"胡俗"污染，而且元末大乱，民风奸猾，所以要用重典治理"旧习汙染"，矫治民风。他说："（明初法令）行之已久，奈何犯者相继？由是出五刑酷法以治之，欲民畏而不犯，作《大诰》以昭示民间，使知趋避。"⑥

明初统治者提出刑乱国用重典的原因是多方面的。首先，明初的确处于"乱世"。当时北方的元朝残余势力还在反抗，南方割据势力还未剪灭，统治集团内部权争日益激烈，连年战乱造成流民四起，地方性农民起义此起彼伏，统治者深感"民经乱世，欲度兵荒，务习奸猾，至难齐也"⑦。其次，元亡殷鉴不远。明初统治集团普遍认为元末社会动乱的主要原因是宋元两代政治过于宽纵、姑息造成的。朱元璋说："胡元以宽而失，朕收平中国，非猛不可。"⑧他认为"元民昏乱，纪纲不立，主荒臣专，威福下移，由是法度不行，人心涣散，遂至天下骚乱。建国之

---

① 《明史·刑法志》一。

② 洪武十三年(1380年)左丞相胡惟庸谋反，十年后还在穷追"胡党"党羽，先后杀戮近三万人。

③ 洪武十五年(1382年)，太祖发现地方官吏到户部核对钱粮、军需时，其上计吏（入京呈送计簿的官员）手持的空白文书上都预先盖好了官印，太祖认为全系舞弊行为，下令严办，逮捕数百官吏，凡主印者处死，属下杖一百，充军边防。

④ 洪武十八年(1385年)因户部粮仓亏空七百多万石，株连户部侍郎郭桓以下官吏数万人下狱。

⑤ 洪武二十六年(1393年)，大将蓝玉谋反，根据口供牵引，被族诛者达一万五千余人。

⑥ 《大明律·御制大明律序》。

⑦ 《皇明祖训·序》。

⑧ （明）刘基：《诚意伯文集》卷首"皇帝手书"。

初，当先正纪纲”[①]。最后，朱元璋生于贫贱、长于乱世，知民疾苦。长期生活在社会底层的朱元璋，“见州县长吏多不恤民，往往贪财好色，饮酒废事，凡民疾苦视之漠然，心实怒之。故今严法禁，但遇官吏蠹害吾民者，罪之不恕”[②]。

（二）明礼以导民

洪武三十年（1397年）朱元璋说：“朕仿古为治，明礼以导民，定律以绳顽。”[③]意思是说要效仿古代圣贤治国，申明礼教、对民众进行正面引导，同时又以法律严惩顽恶之徒。又说：“古人制刑以防恶卫善，故唐虞画衣冠、异章服以为戮，而民不犯。秦有凿颠抽胁之刑、参夷之诛，而囹圄成市，天下怨叛。未闻用商韩之法，可致尧舜之治也。……仁义者，养民之膏粱也；刑罚者，惩恶之药石也。舍仁义而专用刑罚，是以药石养人，岂得谓善治乎？”可见明初统治者并未因重刑罚而弃礼教，而是礼刑两手并用，所谓“猛烈之治，宽仁之诏，相辅而行，未尝偏废也”[④]。

在“明礼以导民”思想指导下，明初实行了不少行之有效、且具独创性的民众教化法律制度，如申明亭制度、乡饮酒制度、乡约制度等；创制了“大诰”、“教民榜文”等普及性法令文告形式；《大明律》篇首列有“八礼图”，并且继承了唐律中有关尊卑贵贱同罪异罚、“存留养亲”、“同居亲属有罪得互相容隐”、“奴婢不得告主”、“弟不证兄，妻不证夫，奴婢不证主”、“祖父母、父母在，子孙不得别籍异财”等“一准乎礼”的条款。

（三）法贵简当

明初统治者认为，元朝法律没有采取传统的以法典为主的形式，而是以各类单行法规、法规汇编为法律形式，造成法律过于繁杂，既不利于普通百姓知法守法，也容易导致司法官员徇私枉法。因而，明初统治者特别主张立法应简单明了。朱元璋说，“古者律令至简，后世渐以繁多，甚至有不能通其义者，何以使人知法意而不犯哉！人既难知，是启吏之奸而陷民于法。朕甚悯之。今所定律令，芟繁就简，使之归一，直言其事，庶几人人易知而难犯”[⑤]；“法贵简当，使人易晓。若条绪繁多，或一事两端，可轻可重，吏得因缘为奸，非法意也。夫网密则水无大鱼，法密则国无全民”[⑥]。吴元年（1367年）律令颁布后，朱元璋“恐小民不能周知，命大理卿周桢等取所定律令……训释其义，颁之郡县，名曰《律令直解》”[⑦]。《大明律》是现存封建法典中较为简明的一部。

---

① 《明通鉴》前编卷三。
② 《明太祖实录》卷三十九。
③ 《明史·刑法志一》。
④ 以上均见《明史·刑法志》二。
⑤ 《明史·刑法志》一。
⑥ （明）焦竑：《玉堂丛语·纂修》。
⑦ 《明史·刑法志》一。

二、明代的法律形式

明代立法继承和发展了唐宋成就，法律体系更趋完善，其法律形式主要有律、令、诰、例、典、榜文等。其中律是主要法律形式，其他形式是律的补充。

（一）律：《大明律》

《大明律》是明代基本法典。“盖太祖之于律令也，草创于吴元年（1367 年），更定于洪武六年（1373 年），整齐于二十二年（1399 年），至三十年（1397 年）始颁示天下”[①]。《大明律》在朱元璋主持下，经过四次制定或修改、历时三十多年方告而完成。

明朝建立的前一年（1367 年），朱元璋为吴王时，命左丞相李善长等人编定律令，成律二百八十五条，令一百四十五条，合称《吴元年律令》，依中央六部顺序编排，这是中国基本法典体例的重大变化。吴元年律是《大明律》的草创版本。洪武六年（1373 年）朱元璋令刑部尚书刘惟谦等草拟《大明律》，次年二月成书，体例仍依唐律十二篇，但将《名例律》放在最后，律文增至六百零六条，内容较唐律繁杂。这是《大明律》的正式初定版本。洪武二十二年（1389 年）朱元璋令翰林院与刑部全面整理修订《大明律》，体例改为按中央六部分类，又置《名例律》为首篇，共三十卷四百六十条。同时选取新增的条例，分类附于相关律文之后。这是《大明律》的基本定型版本。洪武三十年（1397 年）又把朱元璋亲自编纂的《律诰》（即《大诰》死罪条款）一百四十七条附在《大明律》正文相应律文之后，《大明律》最后定型，正式“刊布中外”，“令子孙守之。群臣有稍议更改，即坐以变乱祖制之罪”[②]，此后直至明末相承无改。

定型后的《大明律》共有七篇三十门四百六十条。《名例律》四十七条，是全律“总纲”；《吏律》分职制、公式两门，三十三条，是官吏公务方面违法行为的制裁规定；《户律》分户役、田宅、婚姻、仓库、课程、钱债、市廛七门，九十五条，是民事和经济方面严重违法行为的制裁规定；《礼律》分祭祀、仪制两门，二十六条，是礼制方面严重违法行为的制裁规定；《兵律》分宫卫、军政、关津、厩牧、邮驿五门，七十五条，是军事方面违法行为的制裁规定；《刑律》分贼盗、人命、斗殴、骂詈、诉讼、受赃、诈伪、犯奸、杂犯、捕亡、断狱十一门，一百七十一条，是诉讼和刑罚方面的规定；《工律》分营造、河防两门，十三条，是工程兴造和水利交通管理方面违章之制裁规定。

《大明律》的制定和颁行，扭转了元朝的法制混乱落后状况，重新回归了中华法系的立法传统。《大明律》无论是体例上还是内容上，都较唐宋律有所突破和

① 《明史・刑法志》一。
② 同上。

发展。首先,《大明律》按照吏、户、礼、兵、刑、工六部命名法典各篇,各篇中结合历代按事项分类编纂法典的传统,重新确定了法典编纂体例,从唐宋律的十二篇体例改变为七篇体例(名例律加吏、户、礼、兵、刑、工六律)。这种体例变更,是中国古代立法制度史上的一大变化。其次,《大明律》沿袭《宋刑统》而设"门",且在《宋刑统》的基础上增加公式、课程、钱债、仪制、军政、人命、骂詈、犯奸、营造、河防等十门,使法典内容更加完善。再次,《大明律》简明扼要、疏而不漏。全律文字浅显、通俗易懂,律首附有《服制图》、《五刑图》、《六赃图》等图表。条目数虽少于唐律,但实际内容比唐律全面,有的一条概括了唐律四五条内容。最后,《大明律》内容有很多创新。三分之一以上条文是唐律所无,其中约一半为明朝创设。如新设"奸党"条,增加有关言论和思想犯罪的条款;专设"受赃"门,加重对官吏贪赃的处罚;特别是较大地增加了经济立法的比重,新设"钞法"、"盐法"、"茶法"等条目。

总之,《大明律》反映当时较高的立法水平,是中国封建社会后期继《唐律》之后高度成熟的、重要的代表性法典,是中华法系的代表作之一,它与《唐律》各领风骚数百年,在中国法制史上具有重要地位,其形式与内容几乎完全被《清律》所继承。对日本和朝鲜、越南等东南亚国家的法律制度产生了重大影响。日本武家时代末期的法律以及明治维新时期的《新律纲领》、《改定律例》等均以《大明律》为蓝本;朝鲜李氏王朝太祖李桂成时代的《经国大典》、《大典续录》、《续大典》中的刑典和《刑法大全》都承用《大明律》;安南(今越南)阮世祖高皇帝时期的《嘉隆皇越律例》、宪祖阮旋时期的《钦定大南会典事例》也援用《大明律》。因此完全可以说,《大明律》与《唐律》同样对外国法律起了重要影响,堪称中华法系的又一标准法典。

(二)令:《大明令》

朱元璋于吴元年(1367年)下令制订律、令,而令典制订完成时明朝已经建立,因此称之为《大明令》。《大明令》按照朝廷六部分篇,有《吏令》二十条、《户令》二十四条、《礼令》十七条、《兵令》十一条、《刑令》七十一条、《工令》两条,共一百四十五条。

《大明令》是唯一一部完整保存至今的中国古代令典,也是中国法制史上最后一部以令为名的法典。除《刑令》属刑法外,《大明令》的其他部分均属于行政、经济、民事等部门法。由于吴元年律没有刑法总则性质的名例篇,所以"五刑"、"十恶"、"八议"、"赎刑"、"二罪俱发"等条文被放置在令典的《刑令》中,这些条文在《大明律》颁行后大多失去效力,但《大明令》的其他条文仍然有效,而且直到清代,不少条文还被作为条例附载于有关的律条之后。《大明令》后来再没有修订过。它调整的社会关系的规范,后来为会典所代替。

（三）大诰：《明大诰》

《明大诰》是明太祖在洪武十八年至二十年（1385—1387年）陆续发布的四集文告的总称，包括《御制大诰》（七十四条）、《御制大诰续编》（八十七条）、《御制大诰三编》（四十三条）、《大诰武臣》（三十二条），共四编二百三十六条，是朱元璋仿周公《大诰》之制亲自编纂的特别刑法，名称来自《尚书·大诰》，内容大约相当于宋代的"敕条"。《明大诰》是明初的重要法律规范，因其为御制圣书，故具有最高的法律效力。

《明大诰》的主要内容包括明太祖亲自审判、自认为有典型意义的案例，皇帝就重大案件的判决批示，钦定的特别刑事规定，皇帝对臣民的特别训导告诫，等等。《明大诰》与《大明律》的最大不同主要在于《大诰》更加严厉地惩治贪赃官吏和害民豪强，把"重典治国"推向极致。《大诰》二百三十六条中治吏之条占百分之八十以上，一百五十六个案例中涉及官吏犯罪的一百二十八个；而且别立罪名和酷刑严惩贪赃，如"诡寄田粮"、"倚法为奸"、"鱼课扰民"、"黥刺在逃"、"寰中士大夫不为君用"等罪名，凌迟、族诛、剥皮、弃市、墨面文身、挑筋去指或去膝盖、抽肠刷洗、断手、刖足、斩趾枷令、枷项游历、阉割为奴等酷刑，均为《大明律》所无，为《大诰》所创；即使《大明律》中已有的相关规定，《明大诰》的用刑也加重。如滥设官吏罪，《大明律》杖一百、徒三年，《大诰》族诛；违限不纳夏粮罪，《大明律》杖一百，《大诰》凌迟；贪赃罪，《大明律》计赃论罪，《大诰》一律处死。

朱元璋曾采用许多办法推广《明大诰》。如规定"一切官民诸色人等，户户有此一本。若犯笞杖徒流罪名，每减一等；无者每加一等"①；"敢有不敬而不收者，……迁居化外，永不令归"②；各级学校要讲授《大诰》，科举考试要考《大诰》，乡民集会要宣讲《大诰》，行路持有《大诰》可免路引，等等。一时间，全国官民都在争购、讲习《大诰》，《大诰》成为中国法制史上最为普及的法令。不过，由于《大诰》法严刑酷，建文帝以后实际上被废除。到明代中叶，附在《大明律》之后的《律诰》也被废止不用，但其"重典治世"的精神被沿袭下来。

（四）条例：《问刑条例》

明朝的"条例"是律外断罪之特别规定，是弥补律之僵硬或缺陷的灵活法律形式。删修条例是明朝的重要立法活动，其先后颁行的条例有《问刑条例》、《真犯杂犯死罪条例》、《真犯死罪充军为民例》、《抄劄条例》等，它们一般被附编于律典相关正文之后。

律外有例，明初已然。1389年朱元璋曾命翰林院同刑部官员，取比年所增条例，以类附入律典。洪武三十年（1397年）《大明律》正式刊行之后，"例"一度

① 《大诰初编·颁行大诰第七十四》。

② 《大诰续编·颁行大诰第八十七》。

禁止使用，规定“一切榜文禁例尽行革去，今后司只依《律》与《大诰》议罪”[①]。但随着社会关系的变化，律已不能更有效地调整社会关系，而祖训又规定《大明律》不得轻改，于是不久“条例”又被行用。成化十八年（1482 年）宪宗首肯了《挟诈得财罪例》，随后运用条例之风开始蔓延，并很快出现泛滥之势。“后乃滋弊者，由于人不知律，妄意律举大纲，不足以尽情伪之变，于是因律起例，因例生例，例愈纷而弊愈无穷。……因循日久，视（律）为具文。由此奸吏骫法，任意轻重”[②]。明代中叶自孝宗弘治年间（1500 年前后）开始，统治者着手大规模删修条例。

《问刑条例》是明代中叶以后与《律》并行的、补充和变通明律的刑事特别法规，通常将各条例文附刻在律文各相应条文后面。孝宗弘治五年（1492 年）刑部尚书彭韶等删定《弘治问刑条例》，弘治十三年（1501 年）刑部尚书白昂等会九卿增订为二百九十七条，正式颁示天下。自此律例并行。此后多次增修，《嘉靖问刑条例》二百四十九条，《万历问刑条例》三百八十二条。万历年间，以“律为正文，例为附注”，将条例分类附入律中，律例合编刻印，称《大明律附例》。这种以条例附于律后、律例合编形式为后来的清律所沿用。这种法律的编纂形式，既保持了法律的连续性，也使法律具有相当的灵活性。

（五）会典：《明会典》

《明会典》是明代仿照《唐六典》编纂的关于官制官规的法律汇编。明初即颁布了一些行政条例，如《功臣死罪减禄例》、《王府禁例六条》、《宗藩军政条例》等。英宗正统年间（1436—1449 年）开始编纂具有行政法大全性质的《会典》，至孝宗弘治十五年（1502 年）完成《大明会典》一百八十卷，又经武宗正德年间“补正遗阙”，正德四年（1509 年）正式颁行天下，称《正德会典》。世宗嘉靖年间、神宗万历年间先后修订，编成《嘉靖续纂会典》和《万历重修会典》，会典内容增至二百二十八卷。传世的仅有武宗、神宗两朝《会典》。

《明会典》取材于官藏档案史册，汇集官修的《诸司职掌》、《皇明祖训》等有关行政律令典章内容，规模浩大、内容详尽。《万历重修会典》记载明代开国至万历十三年两百余年官制官规。编纂体例以六部为纲，以事例为目，分述其衙门编制员额、职掌、隶属、沿革、事例、章程、法令、典礼等典章制度和行政法规，有宗人府一卷、吏部十二卷、户部二十九卷、礼部七十五卷、兵部四十一卷、刑部二十二卷、工部二十八卷、都察院三卷、武职衙门两卷以及通政使司、六科、大理寺、大常寺、詹事府、光禄寺、大仆寺、鸿胪寺、国子监、翰林院、尚宝司、钦天监、太医院、上林苑监、僧录司各 1 卷。

《明会典》集明官制之大成，并考述沿革，既是行政法规汇编，同时又兼有典

① 《大明律·御制大明律序》。
② 《明史·刑法志》一。

制史书之性质。

（六）榜文

榜文“揭榜示以昭大法”，是以专题告示方式发布、以警告百姓的单行法规。其内容主要是皇帝发布的教民谕旨或经皇帝批准的告示、法令、案例，兼有法律和教化双重功能。

榜文一般以大字抄写在板榜上，悬挂于各地衙门门口和城乡申明亭中。榜文开头一般题为“为某某事”或“申明教化事”，末尾一般有“右榜谕众周知”等字样。内容极其复杂，涉及社会生活各个方面，也不乏苛求罪名、滥用酷刑。明代榜文主要发布于太祖、成祖两朝，以后各朝很少采用这种文告法令形式。

洪武《教民榜文》。洪武三十一年，明太祖为处理民间细微争纷，减少民间词讼，特命户部制定和颁行了《教民榜文》。规定：“民间户婚、田土、斗打、相争一切小事，不许辄赴告官，务要经由本管里甲、老人理断。若不经由者，不问虚实，先将告人杖断六十，仍发回里甲、老人理断。”①

永乐《禁约榜文》。永乐年间，为了进一步执行《大明律》有关严禁戏曲亵渎帝王圣贤的规定②，颁布以下榜文：“为禁约事。该刑科署都给事中曹润等奏：‘乞敕下法司：今后人民倡优装扮杂剧，除依律神仙道扮、义夫节妇、孝子顺孙、劝人为善及欢乐太平者不禁外，但有亵渎帝王圣贤之词曲、驾头杂剧，非律所该载者，敢有收藏、传颂、印卖，一时拿赴法司究治。’永乐九年七月初一日奉圣旨：‘但这等词曲，出榜后限他五日都要干净，将赴官府烧毁了。敢有收藏的，全家杀了。’”③

第二节　明代的刑事法制

刑事法律在明代法制中占据着主体地位。因应客观形势的需要，明代刑法无论是法律原则，还是刑罚制度、罪名设置等，均较前朝有较大发展。

一、刑法原则与刑事政策

（一）刑事政策与刑法特色

1. 轻其轻罪，重其重罪

明朝的刑事政策之一是“轻其轻罪，重其重罪”。晚清著名律学家薛允升④

---

① 刘海年、杨一凡主编：《中国珍稀法律典籍集成》乙编第一册，科学出版社 1994 年版，第 635—644 页。

② 《大明律》有“搬做杂剧”条。

③ （明）顾起元：《客座赘语》卷十，《国初榜文》。

④ 薛允升（1820—1901），字云阶，陕西长安人，清末著名律学家。咸丰六年（1856）年进士，任职刑部 40 年，官至刑部尚书。著有《唐明律合编》、《汉律辑存》、《读例存疑》等。

在比较了唐明两代法典后指出："大抵事关典礼及风俗教化等事，《唐律》均较《明律》为重；贼盗及有关帑项钱粮等事，《明律》则又较《唐律》为重，亦可以观世变矣。古人先礼教而后刑法，后世则重刑法而轻礼教，《唐律》犹近古，《明律》则颇尚严刻矣。"①

被明律视为轻罪的行为主要是某些触犯礼教伦理、典礼仪式以及户婚田土方面的犯罪，这类犯罪，明律的处罚大致比唐律有减轻；被明律视为重罪的主要是谋反、谋大逆、盗窃、贪赃等行为，这类犯罪，明律的处罚大致比唐律有加重。但并非所有违犯礼教伦理的行为都被认为是"轻罪"而予以轻罚，而是有所保留。比方说，明律将以下犯罪就视为重罪而给予比唐律更重的处罚：强奸同宗无服亲属或同宗无服亲属之妻（属"内乱"行为），唐律仅视为一般强奸罪，徒一年或二年半，而明律则加重至斩。妻妾骂夫之祖父母父母（属"不孝"行为），唐律徒三年，明律则与骂父祖等重，处绞。妻妾擅去及改嫁，唐律徒二年至三年，明律处绞，可见薛允升之总结并不能概括全部。

2. 重典治吏

(1) 严惩官吏贪赃。明朝严惩官吏赃罪的法律规定，主要集中于《大明律》和《明大诰》之中。此外还有随时设制的法外措施。

《大明律》的规定。首先是设"六赃"罪，绘"六赃图"，以示其重。"六赃"即监守盗、常人盗、窃盗、枉法、不枉法、坐赃六种非法占有公私财物的贪赃行为。其中监守盗、受财枉法、受财不枉法和坐赃四种罪名，均涉及官吏贪赃行为。律首绘"六赃图"，以示其重仅次于"十恶"，这是中国法律史上一大变化。其次是罪名多、量刑重。明律严惩贪赃的条文比唐律大为增多，规定更加细密全面。官吏贪赃的罪名在《大明律》中除了"六赃"外，还有"监守自盗"，在"受赃"一门中的官吏受财、坐赃致罪、事后受财、有事以财请求、在官求索借贷人财物、家人求索、风宪官吏犯赃、因公擅科敛、私受公侯财物、尅留盗赃、官吏听许财物等 11 条。对官吏贪赃各罪的处罚，除量刑明显重于唐宋元各律外，还有一个很重要的特点是对各罪一旦判定，立即除名、永不叙用。

《明大诰》更是重典治吏的专门法，其严惩官吏贪赃的规定比《大明律》更多更严厉。如贪赃不枉法罪，《大明律》均不处死刑，而《明大诰》处凌迟、枭首等酷刑。《大诰初编》所载案例：洪武十八年，户部侍郎郭桓等人贪污巨额官粮，牵连坐罪者极广，中央六部侍郎以下数百官员被处死，其他官吏及地主豪绅有数万人被下狱治罪。对于"违旨下乡，动扰于民"的害民官吏，《明大诰》允许良民将其"绑缚赴京治罪"，"正官、首领官及一切人等敢有阻当者，其家族诛"②。

① (清)薛允升撰：《唐明律合编》卷九。
② (清)沈家本撰：《历代刑法考》第四册，中华书局 1985 年版，第 1899—1900 页。

为从严治吏，明朝还采取了一些法外惩处措施。在《大明律》、《明大诰》等成文法之外对贪官的法外措施主要有：剥皮实草、申明亭示戒、书过榜其门。“明祖严于吏治。凡守令贪酷者，许民赴京陈诉。赃至六十两以上者，枭首示众，仍剥皮实草。府、州、县、卫之左特立一庙，以祀土地，为剥皮之场，名曰皮场庙。官府公座旁，各悬一剥皮实草之袋，使之触目惊心”①。“揭诸司犯法者于申明亭以示戒。又命刑部，凡官吏有犯，宥罪复职，书过榜其门，使自省。不悛，论如律。”②

(2) 严惩失职渎职行为。《大明律》中这一类罪名主要有：讲读律令有违、事应奏不奏、激变良民、贡举非其人、举用有过官吏、擅离职役、官员赴任过限期、无故不朝参公座、照刷文卷失错、漏使印信、脱漏户口、太庙门擅入、宫殿门擅入、宿卫守卫人员私自代替、从驾稽迟、失误军机、不操练军士、纵放军人歇役等。其处罚，轻则笞、杖，重则绞、斩。

(3) 严惩“奸党”。明律严禁臣下朋比结党，规定了“奸党”、“交结近侍官员”、“上言大臣德政”等罪。

明代重典治吏的法制，对于整肃吏治、强固君权、安定社会均有一定积极作用。“一时守令畏法、洁己爱民，以当上指，吏治涣然丕变矣。下逮仁、宣，抚循休息，民人安乐，(洪武以来)吏治澄清百余年”③；“英宗、武宗之际，内外多故而民心无土崩之虞，由吏鲜贪残故也”④。但是，在绝对的人治或专制集权制度之下，重典治吏的法制只能治标不能治本。朱元璋曾慨叹：“我欲除贪赃官吏，奈何朝杀而暮犯！”⑤不惟如此，重典治吏法制在当时还带来不少负面效应。首先是造成统治阶级内部混乱，影响国家机器正常运转。“明祖惩元季纵弛，特用重典驭下，稍有触犯，刀锯随之，时京官每旦入朝，必与妻子诀，及暮无事则相庆，以为又活一日。法令如此，故人皆重足而立，不敢纵肆。”⑥法制本来严酷，而“治狱之吏，务趋求意旨，深刻者多功，平反者得罪”⑦，司法者往往又“别有用心”，“以陷正士”，所以导致冤狱迭出，官心惶惶，造成“今天下有司，乃有累年稽缓者，致使案牍山积，庶务不清”⑧。其次是造成中国法制畸形发展，真正形成封建社会后期法制的苛刑峻罚形态。最后是造成皇帝疏远朝臣、宠信宦官，为宦官专权、特务横行提供了前提。

---

① (清)赵翼撰：《廿二史劄记》引《草木子》。
② 《明史·刑法志》二。
③ 《明史·循吏传》。
④ 《皇朝经世文编·明初吏治》。
⑤ (明)刘辰撰：《国初事迹》。
⑥ (清)赵翼撰：《廿二史劄记》卷三十二。
⑦ 《明史·叶伯巨传》。
⑧ 《明太祖实录》卷二百零七。

3. 严惩异端思想

文字狱是专制统治的产物，长期存在于封建社会，明清两代尤炽。明代文字狱主要集中在明初洪武年间。明初，由于改朝换代之故，文人“多有不欲仕”，或入仕后“白衣宣至白衣还”。于是太祖产生了对文人强烈的猜忌，处处防范着文人，文人的言辞文字、表笺著作，动辄酿成文字狱。官吏因文字狱获罪者亦多。朱元璋因出身卑微，自幼有强烈的自卑感，处处疑心别人讥讽他。特别是他早年做过和尚，因而忌讳“僧”字；参加过红巾军，又怕人说“贼”字。若有人犯讳，就会处以极刑。

《大明律》中并无专门的文字狱罪条，只有两条相关的条款。一是“上书奏事犯讳”，规定凡上书或奏事误犯御名及庙讳者杖八十，其他文书误犯者笞四十，若为名字触犯者杖一百。若所犯御名及庙讳音声相似，字样各别，及有二字止犯一字者，皆不坐罪。二是“造妖书妖言”条，规定凡造谶纬、妖书、妖言及传用惑众者皆斩，若私有妖书隐藏不送官者杖一百、徒三年。不过，对于需要以文字狱震慑士人的明太祖来说，欲加之罪，何患无辞，“以文字疑误杀人”便成了家常便饭。片言只字，即可定以“亵渎帝王”、“诽谤朝政”、“图危社稷”、“谋大逆”、“大不敬”等大罪，动辄处死。

洪武年间杭州府教授徐一夔给皇帝上贺表，表中有“光天之下，天生圣人，为世作则”①之语，这本是臣下颂扬圣上之辞，但朱元璋看了大为不满：“生者，僧也，以我尝为僧也；光则薙（雉）发也，则字音近贼也”，故诛之。浙江府学教授林元亮《谢增俸表》中有“作则垂宪”、北平府学训导赵伯宁《万寿表》中有“垂子孙而作则”、福州府学训导《贺冬表》中有“仪则天下”，“圣德作则”、“睿性生知”等词句，均被朱元璋认为是骂他曾“作贼”和当过“僧”人，全都处死。怀庆府学训导吕睿，为本府作《谢赐马表》，中“遥瞻帝扉”，被当作讥讽“帝非”而受诛。祥符县学教谕贾翥，为本县作《正旦贺表》，中有“取法象魏”句，被当作讥讽“去发”而受诛。尉氏县教谕许元，为本府作《万寿贺表》，中有“体乾法坤、藻饰太平”句，被解作暗喻“发髡”、“早失太平”而受诛。

明初的文字狱泛滥，严重地阻碍了社会思想文化的进步。

（二）明代的刑法原则

除传统刑法适用不平等，同居有罪相隐等原则外，明代还有一些特殊的刑法原则。

1. 有限罪刑法定与类推适用并行

《大明律》“断罪引律令”条规定，“凡断罪皆须具引律令，违者笞三十。若（律有）数事共条，（官司）止引所犯罪者，听。其特旨断罪，临时处治，不为定律者，不

① 《明太祖实录》卷二百四十六。

得引比为律。若辄引致断罪有出入者,以故失论”。这上承唐律有限罪行法定的传统。但是《大明律》又允许有限类推适用刑法。“凡律令该载不尽事理,若断罪无正条者,引(他)律比附。应加应减,定拟罪名,转达刑部,议定奏闻。若辄断决,致罪有出入者,以故失论”。但法官类推的权力大大减少,不再允许法官自行“举重以明轻,举轻以明重”。[①] 由于每个比附案件都要上报朝廷,实在过于烦琐,因此朝廷逐渐将一些具有典型意义的比附规定编在一起,下发给各级官府作为比附定罪的参考。嘉靖年间的《问刑条例》收录了这些方法,称为“比引律条”,共60多条。比如撕毁宝钞(明代纸币)比照弃毁制书(皇帝的诏书)处以“皆斩”;鸡奸比照将污秽物灌入人口处以杖一百;在粮食中掺水掺沙比照在官盐里掺水掺沙处罚,等等。

2. 刑法溯及既往原则

在法律适用的溯及力问题上,《大明律》“断罪依新颁律”条规定:“凡律自颁降日为始,若犯在已前者,并依新律拟断”。其律注云:“此书言犯罪在先,颁布后事发,并依新定律拟断,盖遵新制,不得复用旧律也”。所附《条例》又规定:“律例颁布之后,凡问刑衙门敢有恣任喜怒引拟失当或移情就例,故入人罪苛刻显著者,各依故失出入律坐罪。”

3. 化外人一体适用明律

在处理涉外案件上,唐律规定“诸化外人,同类自相犯者,各依本俗法;异类相犯者,以法律论”,即采取区分对待的措施:同种类人适用属人原则,不同种类人适用属地原则。明律不再对所谓化外人有区别对待,一体适用属地原则,不再适用化外人的属人法,一律适用大明律。《大明律》“化外人有犯”条规定:“凡化外人犯罪者,并依(大明律)律拟断。”

二、新罪名的创制

《大明律》创设了很多前朝所没有的新罪名。其主要有:

1. 奸党罪。“奸党”罪在中国法制史上首见于明律。明太祖“防臣下之揽权专擅、交结党援者,固已不遗余力”,专设“奸党”条“以示重绝奸党之意”[②],规定凡有下列行为之一者,均属奸党,一律严惩。“凡奸邪进谗言、左使杀人者,斩。若犯罪律该处死,其大臣小官巧言谏免、暗邀人心者,亦斩。若在朝官员交结朋党、紊乱朝政者,皆斩。妻子为奴,财产入官。若刑部及大小各衙门官吏,不执法律,听从上司主使出入人罪者,罪亦如之。若有不避权势,明具实迹,亲赴御前执法陈述者,罪坐奸臣。言告之人与免本罪,仍将犯人财产均给充赏,有官者升二

① 参见叶孝信主编:《中国法制史》,复旦大学出版社2002年版,第297页。
② (清)薛允升撰:《唐明律合编》卷九。

等，无官者量与一官，或赏银二千两"[1]。

2. 交结近侍官员罪。《大明律·刑律》规定："凡诸衙门官吏，若与内官及近侍人员互相交结，漏泄事情，夤缘作弊，而符同奏启者，皆斩。妻子流二千里安置"。

3. 上言大臣德政罪。《大明律·刑律》规定："凡诸衙门官吏及士庶人等，若有上言宰执大臣美政才德者，即是奸党。务要鞫问，穷究来历明白，犯人处斩，妻子为奴，财产入官。若宰执大臣知情，与同罪。不知者，不坐。"

三、刑罚及刑制的变化

明代刑罚继承了传统的五刑二十等体系，但五刑之中的徒、流刑分别附加了杖刑。徒刑五等分别附加杖六十至一百，流刑三等各附加杖一百。这里主要考察明代五刑以外的法定刑及法外刑。

1. 凌迟。凌迟也叫脔割、寸磔，俗称"千刀万剐"，是最重的死刑。始于五代，宋元时期继续沿用。明律五刑中并未列入这一刑名，但律文规定中却有13项罪名适用凌迟，这些罪名是：谋反大逆，谋杀祖父母、父母、期亲尊长、外祖父母、夫、夫之祖父母、父母既遂，故杀兄姊，故杀伯叔父母，及故杀外祖父母，殴祖父母、父母，及妻妾殴夫之祖父母、父母致死者，妻妾杀故夫、妻妾因奸谋杀亲夫及故夫祖父母父母既遂，奴婢雇工人谋杀家长及其期亲、外祖父母既遂，奴婢殴杀家长，奴婢故杀家长之期亲、雇工人故杀家长及家长之期亲，杀一家非死罪三人及支解人，采生折割人。

2. 充军。充军是强制犯人到边远地区屯耕或作军中贱役的刑罚，是流刑的变种。充军源于宋朝刺配，但正式成为法定常刑始于明代。《大明律》中有充军罪条四十六条，另有《充军条例》二百一十三条。充军按距离分五等：极远、烟瘴、边远、边卫、沿海、附近，从四千里到一千里不等，各等均附加杖一百；按刑期分二等：终身充军、永远充军。前者本人毕生充军，后者是子孙（世代）接替充军，直至"丁尽户绝"。"明制充军之律最严，犯者亦最苦。亲族有科敛军装之费，里递有长途押解之扰。至所充之卫，卫官必索常例。然利其逃走，可干没口粮，每私纵之。"[2]

3. 枷号。枷号是强制轻罪罪犯在监狱外或官衙前戴大枷示众，对其进行羞辱折磨的刑罚。源于唐宋"枷项令众"，宋元广泛使用。明朝枷号有断趾枷令、常枷号令、枷项游历之分；刑期有一个月、两个月、三个月、六个月、永远五等；枷号重量一般为十五至二十五斤，但也有一百五十斤的大枷，戴上此枷的囚犯往往几

① 《大明律·刑律》"奸党"条，律文及条例。

② 《明史·刑法志》一。

天内就会毙命。

4. 廷杖。廷杖是在皇帝决定和监督下，于殿廷前对违抗皇命的大臣直接施以杖刑的酷刑。洪武六年(1373 年)明太祖对永嘉侯朱亮祖父子和工部尚书薛祥施用此刑(杖毙)后，廷杖遂成定制，成为"常刑"。廷杖由司礼监太监监刑，锦衣卫行杖。受刑者被裹在一个大布里，随着一声"打"字，棍棒如雨点般落在他的大腿和屁股上。杖完之后，行刑者还要提起布袋四角，抬起后再重重摔下。其杖数无限，轻者皮开肉绽，重者立毙杖下。廷杖是君王滥施淫威的典型表现，造成朝官大臣人人自危。史载"时京官每旦入朝，必与妻子诀，及暮无事则相庆，以为又活一日。法令如此，故人皆重足而立，不敢纵肆。"①

5. 以役代刑。《明会典·刑部》载："拘役囚人，国初，令罪人得以力役赎罪。死罪拘役终身；徒流照年限，笞杖计月日，满日疏放。或修造，或屯种、或煎盐炒铁，事例不一。"以役代刑之役期("笞杖计月日")：笞十，代之以役一个月；笞二十，代之以役一个半月；依此类推，每笞增十，役期以半月递增，至杖一百，代之以役六个月。以役代刑是刑罚的进步。

6. "诛十族"和"瓜蔓抄"。自古以来，最严厉的刑罚莫过于诛九族，但朱棣开了诛十族(九族加上朋友、门生一族)先河，可谓空前绝后。《明史·方孝儒传》载，朱棣攻入南京，命建文帝的侍讲方孝儒草拟诏书，方不从，被磔诸市，诛十族，行刑七日，宗族亲友前后坐诛者八百余人。除族诛之外，还有瓜蔓抄。"瓜蔓抄"含有顺藤摸瓜之意，即转相攀染，广加株连，滥杀无辜，打击面比"诛十族"还要宽，因为"十族"还有明确的范围，而"瓜蔓抄"几乎没什么界限可言，只要与当事人有点关系，就可能被株连至死。"瓜蔓抄"始于成祖时御史大夫景清。据《明史·景清传》，景清欲刺朱棣，"磔死，族之，籍其乡，转相攀染，谓之瓜蔓抄。村里为墟。"

此外，《明大诰》中还有剥皮、挑筋、断脊、枭首等酷刑。

第三节 明代的民事法制

明代沿袭历代传统，调整民事行为的规范主要有法律、惯例、习俗和礼教。就法律而言，主要集中于律、令、例之中，特别是《大明律》为此专设了"田宅"、"婚姻"、"钱债"、"市廛"等门目，林林总总，蔚为大观。从中国民法史的角度上讲，明代民法据有重要地位。像某些贱民身份的变化，无主物归属问题上的先占原则，永佃权内容上的革新，典卖分离制，买卖契约制度的简化，家长主婚权的正式承认，奸生子法律地位的提高等等，都是明代法制的历史贡献。

---

① (清)赵翼：《廿二史劄记》卷三十二。

一、身份等级制度

明代的自然人并不完全具有平等的法律地位，这是礼的"别异"或"辨异"特性所决定的。依权利多少或身份等级的不同，明代自然人大致可以分为特权阶层、平民阶层、贱民与贱役阶层。

（一）特权阶层①

1. 贵族。首先是皇室贵族。明太祖规定皇族宗室分为八等爵位：亲王、郡王、镇国将军、辅国将军、奉国将军、镇国中尉、辅国中尉、奉国中尉；女性分为六等爵位：公主（丈夫封驸马）、郡主（以下各级丈夫封仪宾）、县主、郡君、县君、乡君。皇室贵族有许多特权，如按照爵位享用朝廷提供的"宗室禄米"，亲王每年万石，以下递减，至奉国中尉每年两百石；不受普通司法体系管辖，涉及诉讼要由朝廷宗人府处理，并享有"八议"之类的法律特权。但宗室贵族不得干涉当地政府事务，也不准参加科举考试、出任官职，或者经商贸易。

其次是一般贵族，主要是外戚和功臣，分为公、侯、伯三等爵位。外戚贵族后来被定为"流爵"，不得世袭。功臣在太祖时被大肆加封，并赐予"岁禄"和"铁券"，子孙可凭"铁券"免死（每券一次），子孙中有的可出任军职，年幼袭爵要入国子监读书。由于明律规定文官中"非有大功勋于国家者"不许封公侯，加上明太祖有意罗织罪名诛杀功臣，所以功臣贵族人数远远少于皇室贵族。

2. 士大夫。明代士大夫是指通过朝廷科举考试、具有特权身份的读书人，主要是生员（秀才）、举人、进士，与近代意义上的知识分子并不完全相同。士大夫的特权主要有出任官职、免除差役、涉讼时不必亲自出庭、不受刑讯和身体罚等等。至明末全国大约有五十万生员，而其中大多数是只是为了取得一个特权身份以"保身家"而已。

3. 官员。明代沿袭唐宋两代的九品官阶制度，九品即一至九品，每品分正、从两级。官员各按其品级享受各项政治权力以及社会待遇。官员的来源除士大夫外，还有书吏（只能担任低级官职）、军功等等。

（二）平民阶层

明代对居民实行户类（户别）、户等制度，将平民分为军户、民户、匠户、灶户等若干种类。"凡军民、驿灶、医卜、工乐诸色人户，并以籍为定。若诈冒脱免，避重就轻者，杖八十。其官司妄准脱免，及变乱版籍者，罪同。若诈称各卫军人，不当军民差役者，杖一百，发边远充军。"②

军户世代承担兵役。明代军队以卫（约五千六百人）、所（千户所一千一百二

---

① 参见叶孝信主编：《中国法制史》，复旦大学出版社2002年版，第294—296页。

② 《大明律·户律》"人户以籍为定"条。

十人、百户所一百一十二人)为单位分别驻全国各地,各省设有都指挥使统帅驻军,朝廷设五军都督府分掌统帅权。军户分得一小块屯田,平时耕种,农闲操练。

民户承担钱粮差役,主体是农民。民户还要再按富裕程度分为五等,承担不同的赋税徭役义务。民户除按亩交赋外,还要为朝廷承担各种差役。16 岁到 60 岁的成丁必须按期服役。民户外出探亲、经商必须要向当地官府申请“路引”(通行证)。

匠户是手工业者,承担特别的匠役。明代工匠分“住坐”和“轮班”两种。住坐匠从民间征集来京,隶属工部,每月在宫廷服役十天,“量其劳力,日给钞贯”①;轮班匠是各地工匠,明初每 3 年轮班一次赴京服役三个月。轮班匠服役是无偿劳动。明中期以后,轮班匠中不愿当班者,可出银代役,所纳银称“匠班银”。不论是住坐匠还是轮班匠,在服役之外,均可“自由趁作”。

灶户是从事官营盐业生产的专业户。盐产区的居民被点检为灶户,每年上缴定额的食盐,代替其他的差役。

不同户籍者之间不得随意流动,有事外出也必须使邻里互知。如有死亡逃匿,于原籍递补。不许脱籍,私自脱籍者称“逃军”、“逃匠”、“逃灶”,都要受到法律严惩。

(三) 贱民与贱役阶层

“贱民”在被完全“视同畜产”的时代,属于民事法律关系客体的范畴。明代的情况有所变化,法律上再没有将贱民“视同畜产”的规定,而且禁止一切形式的人身买卖,这样贱民在总体上变成民事法律关系的有限主体。明代的贱民主要有奴婢、乐户、雇工人等。

1. 奴婢。奴婢仍然是社会底层的贱民。但明律禁止庶民之家存养奴婢,限定贵族养奴蓄婢的数量,严禁诱骗略卖良民为奴,而且也不再规定平民与奴婢之间的相互侵害行为要有加重或减轻刑罚的区别。虽然在实际生活中,这些禁令并非完全行之有效,但仍表现了社会进步倾向。

2. 乐户。乐户是娼妓和优伶职业的专门户籍,明代专门设立教坊司进行管理。明律规定乐户不得与平民通婚,不得买平民子女为娼妓优伶或为养子女,后代不得参加科举考试。

3. 雇工人。雇工人是明代出现的一种介于平民与奴婢之间的贱民,是以“投靠文书”向主人(家长)出卖自己自由的义男或家仆。雇工人可以有自己的家庭,与平民有人身或财产上的侵害都同样处理。明律规定奴婢殴家长斩,而雇工人殴家长杖一百、徒三年。② 这里将雇工人与奴婢作为同类法律主体加以规定,

---

① 《明会典》卷一八九,《工部·工匠》。

② 《大明律·刑律》“奴婢殴家长”条,又见《明会典》卷一百三十一“奴婢殴家长”条。

反映雇工人与家长(主人)仍有类似奴婢与主人的人身依附关系,但雇工人殴家长受到的处罚不如奴婢严厉,说明其法律地位高于奴婢。

明代还有一类特殊的"准平民"阶层,这就是从事某些"贱役"、民事权利受到很多限制的平民从业人员,包括未列入"乐户"的妓女和戏子,官府衙役(勤杂人员)中充当官员仪仗护卫的皂隶、看管监狱的禁卒、衙役中的捕快(传唤诉讼当事人、侦缉案件)、门子(随身侍候官员的少年)、刽子手、仵作(检验尸体)等等。"贱役"从业者本人和三代以内子孙不得参加科举考试或出任官职。

二、物权制度

(一) 所有权

在财产所有权方面,明代法律的突出特点是强调先占原则,保护先占人的所有权,这反映了明代社会财产私有权观念的深化。

1. 土地所有权制度的变化

中国古代自明代开始,土地私有权日益受到重视,初步确立了以庶民地主为主体的土地所有制。明代土地所有权形式仍是三种:一是国家所有的土地(公田或官田),主要有学田、牧马草场、百官职田、军民商屯田、边臣养廉地等;二是私人所有的土地(私田或民田),主要有皇庄、贵族勋臣、地主占有的土地、自耕农的土地、商人占有土地等;三是宗族所有的土地(集体田地),主要有宗族义田、祭祀田、宗族控制的绝户、寡妇、违犯族规人家的田地。明代民田比重上升,占全国耕地总面积百分之八十以上,而民田中庶民地主的田地是主体。明代土地所有权构成之所以发生这种变化,重要原因之一是明代废除了"占田过限"的规定,"田多田少,一听民自为而已"①,大量农民因此获得了土地。

明代的土地权利,包括土地的所有权、继承权、典质权、出租权等,受到国家立法的承认和保护。如《大明律》"盗卖田宅"条规定:"凡盗卖、换易及冒认,若虚钱实契典买及侵占他人田宅者,田一亩、屋一间以下,笞五十,每田五亩屋三间,加一等,罪止杖八十,徒二年;系官者各加二等。若强占官民山场、湖泊、茶园、芦荡及金银铜场、铁冶者,杖一百,流三千里。若将互争及他人田产妄作已业,朦胧投献官豪势要之人,与者、受者,各杖一百,徒三年。"

2. 强调无主物归属的先占原则

唐宋以来的法律否认拾得人对所拾遗失物和所掘埋藏物的所有权,明代发生根本转变,以先占原则承认拾得人和掘得人的所有权,立法保护的出发点从失主一方转向了拾得人一方。

关于遗失物的归属权,《大明律》"得遗失物"条规定,凡得遗失之物,限五日

① (清)薛允升撰:《唐明律合编》卷十三上。

内送官。官物还官，私物招人识认。失主认领原物后，将其一半付给拾得人作为报酬。三十日内无人认领，遗失物即归拾得人所有。

关于埋藏物的归属权，《大明律》“得遗失物”条规定：“若于官私地内掘得埋藏之物者，并听收用。若有古器、钟鼎、符印异常之物，限三十日内送官。”可见一般埋藏物完全归发现人所有。

关于无主土地的归属权，明律直接承认垦荒先占者的土地所有权，与前代“射佃逃田”的规定大有不同。如明初太祖令：“兵兴以来，所在流徙。所弃田，许诸人开垦业之。即田主归，有司于附近拨给耕种，不听争。惟坟墓、房舍还故主，不听占。”洪武三十七年(1394 年)又诏：“陕西、河东、山东、北平等处民间田土，听所在民尽力开垦，为永业，毋起科。”[①]四省农户若有余力垦荒，所垦田即为“永业”，并且官府永远不对这些垦荒田地征改赋税。[②]

3. 族产保护的加强

族产是宗族的经济基础，明朝立法者大力加强了对族产的保护。首先是国家正式法律的保护。如《问刑条例》“盗卖田宅条例”规定：“若子孙将公共祖坟山地，朦胧投献王府及内外官豪势要之家，私捏文契典卖者，投献之人，问发边卫永远充军，田地给还应得之人；及各寺观、坟山地归同宗亲属，各管业。其受投献家长，并管庄人，参究治罪。”其次是国家默许乡约族规的保护。如海宁查氏族规：“至日后宝艺堂后人，亦不准将义庄田亩及所存银钱擅自变卖妄费，若有犯者，听合族公举惩罚”；余姚氏族规：“倘不肖子孙有侵占盗卖(族中田产)，通族告理，本人决行黜谱”；等等。[③]

(二) 永佃权[④]

永佃权是佃农对地主土地的永久使用权，中国史学界普遍认为是出现在宋代，但目前尚缺乏确切的资料予以证实。但可以肯定的是，明代中叶永佃关系已经流行于东南地区，并用契约形式固定下来。在这些契约上，频繁地出现了“不限年月”、“永远耕作”等字眼。如万历十三年刊行的《朝府锦囊》中有一则“不限年月”的租佃契式：“某里某人置有晚田某段，坐落某里某处，原计田若干种，年该苗米若干桶，原本四至分明。今凭某人作保，引进某人出赔价银若干，当日交受足讫明白。自给年头之后，且佃人自用前去管业，小心耕作，亦不得卖失界至、移丘换段之类。如遇冬成，备办一色好谷若干，挑送本主仓使(所)交纳，不致拖欠。不限年月，佃人不愿耕作，将田退还业主，接取前银，两相交付，不至留难。今给历头一纸，付与执照。”又如万历三十五年刊行的《范爷发刊土民便用家礼简仪》

---

① 以上均见(明)徐光启:《农政全书》卷三《国朝重农考》。

② 这四省垦荒土地到景泰六年(1455 年)才开始“起科”收税。

③ 参见叶孝信主编:《中国民法史》,上海人民出版社 1995 年版,第 532—533 页。

④ 参见自王立民主编:《中国法制史》,上海人民出版社 2003 年,第 303—304 页。

中的一则“永远耕作”的租佃契式：“某宅有田一段，坐落某处，今有某前来承佃，每冬约经风干净谷若干，收冬之时，挑载至本主仓前量秤，不敢升合拖欠。倘遇丰荒，租谷不得增减。永远耕作，如佃人不愿耕作，将田退还业主，不许自行转佃他人，任从业主召佃，不得执占。今欲有凭，立此佃批付照。”[①]这些契式可大致反映其租佃关系的基本特征：佃农在不拖欠地租的条件下，有权“不限年月”地“永远耕作”，地主无权撤佃；佃农有自由退佃权，但不许自由地转佃给他人；佃农须向地主缴纳定额租。

永佃关系中，地主为了保证地租来源的稳定，一般不允许佃农把佃耕的土地自由转让，但事实上在明中叶以后，越来越多的佃农私自将土地转佃给第三方，以致出现了“私相授受”的“乡规”、“俗例”，于是又出现了“一田两主”的新型永佃权形态。在新型永佃权法律关系中，客体（土地）一分为二，为“田骨”（田底）和“田皮”（田面）；主体也相应地称为“骨主”（原来的土地所有权人）和“皮主”（永佃权人）；内容的最大特点是皮主可以转让处分田皮，从土地的永久使用权人，变成土地的部分所有权人。如正德《江阴县志》卷七“风俗”云：“其佃人之田，视同已业，或筑为场圃，或构以屋庐，或作之坟墓，其上皆自专之，业主不得问焉。老则以分之子，贫则以卖于人，而谓之雇。得其财谓之上岸，钱或多于本业初价。”

（三）典权

典权是指典权人支付典价，占有和使用出典的不动产，从而获得收益的权利。南北朝时典当成业，明朝的典权制度得到进一步完善。

明代在法律正文中区分典和卖。《大明律集解》“典卖田宅”条规定：“盖以田宅质人而取其财曰典，以田宅与人而取其财曰卖，典可赎而卖不可赎也。”意思是说，典是以不动产作价抵押而借贷，而卖是直接出售田宅而获利；典可以回赎，而卖则不可。典权制度自此在立法上得以成为独立的制度。简单地说，典是活卖，一般的卖是绝卖。

明律规定典权的标的物只能是物不能是人。《大明律》“典雇妻女”条规定：“凡将妻妾受财，典雇与人为妻妾者，杖八十，典雇女者，杖六十。”不过民间仍有典卖妻女之习惯。

《大明律》“典卖田宅”条规定：“凡典卖田宅不税契者，笞五十。仍追田宅价钱一半入官。不过割者，一亩至五亩，笞四十……其田入官。若将已典卖与人田宅，朦胧重复典卖者，以所得价钱计赃，准窃盗论，免刺，追价还主。……其所典田宅、园林、碾磨等物，年限已满，业主备价取赎，若典主托故不肯放赎者，笞四十；限外递年所得花利，追征给主，依价取赎。”可见，明代典卖田宅制度的主要内容和特点有：(1) 以“税契过割”为条件。(2) 严禁重复出典。(3) 典卖人回赎时

---

① 此段中引文均转引自王立民主编：《中国法制史》，上海人民出版社 2003 年版，第 303 页。

以典价为限，对典主故意刁难以阻止出典人回赎者予以严惩。(4) 侧重保护出典人利益。

三、契约制度

明代法律在契约方面的规定比唐律较为简约，对于远比唐宋时代更为复杂多变的社会经济以及民间契约习惯似乎并没有加强立法进行规范的意图，表现出在单纯的民事领域放松干预，集中法律力量维护君主统治的立法目的。

(一) 买卖契约

依《大明律》"典买田宅"条的规定，明代土地房屋买卖只有两项程序：一是订立契约，加盖官印并交纳百分之二的契税；二是"过割"，即将土地上的赋税负担过户到买方。废除了唐末以来"先问亲邻"的法定程序，也废除了元代要先经官府批准的规定。

明代规定每十年各地官府要重编一次户口簿册("黄册")和土地赋税簿册("鱼鳞图册")，每当宣布开始编造的两个月内，在过去十年内进行了土地房屋买卖的买方就必须到官府登记，交纳契税，过户赋税；官府在契约后粘连"契尾"(预先印制的纳税收据)，骑缝加盖官印，发给买方收执。

(二) 借贷契约

明律规定借贷必须订立契约，写明借贷双方姓名、籍贯，借款原因、数量、日期和利率，并附保证条款，最后由借贷双方及中人签字画押。明律对借贷利率进行了限制："凡私放钱债及典当财物，每月取利，并不得过三分。年月虽多，不过一本一利。违者，笞四十。"限制利率仍为月利不得过三分(百分之三)，利息累计总额与本金相等即停止计息，利息最高不得超过本金。明律对债权的担保方式没有规定，但禁止债权人强夺债务人的财产抵债，违者杖八十，超过债物本利部分计赃坐赃论，罪止杖一百徒三年。明律还规定债务人欠债不还构成犯罪，按所欠本利数额处以笞杖刑，罪止杖六十。[①]

明律禁止债权人"虚钱实契"(即设立虚假的买卖关系)夺取债务人土地房屋。《大明律》"盗卖田宅"条规定："若虚钱实契典买及侵占他人田宅者，田一亩屋一间以下笞五十，每田五亩屋三间加一等，罪止杖八十，徒二年；系官者各加二等。"

(三) 租佃契约

明律规定土地租佃必须订立契约，以明确租佃双方的基本权利和义务。租佃契约内容主要有：(1) 租佃标的物，包括归属权、数量、位置。(2) 租佃双方权利和义务，包括出租人的土地经营转让权、用益权、地租收取权，承租人的土地经

① 《大明律·户律》"违禁取利"条。

营权、用益权以及按期交付地租、“不许转佃、不许荒废”、损坏须“照旧修补成田”等义务。(3) 地租的形式、交付期限与办法,地租形式主要有三种:劳役地租(承租人为出租人承担各种劳役)、实物地租(承租人向出租人交纳一定实物)、货币地租(承租人向出租人交纳租银)。交租期限与方式有:秋收交还、到冬交纳、按季理还;一次性交清、分期交纳;承租人送租到家、送租至祠堂等。(4) 违约责任。承租人出现少欠、拖欠、转佃、荒田等,出佃人可即时召佃、罚款,或由地主任意理论。(5) 保人连带责任。如规定承佃人久缺租金时,由保人代付。

四、损害赔偿制度

明律继承了元律对于人身伤害罪处以刑罚附带民事赔偿的规定,但所采取的赔偿标准则与元代法律不同。主要是以加害人的家产,而不是以受害人所受损害程度来决定赔偿标准。比如,《大明律》“杀一家三人”、“采生拆割人”两条中所规定的“杀一家非死罪三人”、“支解人”和“采生拆割人”三种死罪,罪犯除凌迟处死外,其家产全部由官府没收转交被害人之家。“斗殴”条规定,凡故意伤害造成被害人笃疾,罪犯处以流刑以外,没收其家产的一半给付被害人,作为“养赡”费用;“诬告”条规定,诬告导致被害人之家有人因此而死亡的,罪犯除反坐所诬告罪名外,还要将其财产一半断付被诬之人。

明律对于过失杀伤罪的处理更具损害赔偿性质。如《大明律》“戏杀误杀失杀伤人”条规定,凡过失杀伤人者,按照斗杀伤罪定罪量刑,然后根据法律所规定的赎罪金额以钱财收赎抵罪,其赎罪的钱财给付被害人作为茔葬或获药、赡养费用。

五、婚姻制度

明代婚姻法制基本沿用唐宋旧律,但在婚姻关系的成立和违法婚姻适用刑罚等方面有所发展和变化。

(一) 婚姻缔结条件的变化

1. 明确规定结婚中的婚约程序及双方知情权

《大明律》“男女婚姻”条规定:“凡男女定婚之初,若有残疾、老幼、庶出、过房、乞养者,务要两家明白通知,各从所愿,写立婚书,依礼聘嫁。若许嫁女已报婚书及有私约(谓已先知夫身疾残、老幼、庶养之类)而辄悔者,笞五十。虽无婚书,但曾受聘财者亦是。”婚书即书面婚约的凭证,一般凭媒写立,其内容须载明聘财、男女双方的身份及生辰八字,主婚人、媒人分别画押,两家各执一份。如果女方明知男方有残疾、老幼、养庶之情,自愿与之结婚的约定,称为私约。如果双方并未订立婚书,但女方接受了对方的聘礼,仍视为婚姻成立。此时聘财成为事实婚约的凭证。这里规定无论男女辄悔者笞五十,已不同于唐律中男家自悔不处刑的规定。另外，这里规定定婚之初，各方若有残疾、老幼、庶出、过房、乞养者，“务要两家明白通知”，强调了婚姻缔结中双方的知情权。

2. 明确规定了的招婿婚姻的条件、类别及赘婿的权利义务

《大明令·户令》规定男方入赘女家，“须凭媒约，明立婚书，开明养老或出舍年限，止有一子者，不许出赘。”即凡招婿必须经过媒人介绍，写立婚书，说明是终身的“养老女婿”还是有年限的“出舍女婿”。男家只有一个儿子的，不准出赘。此外还规定：即使是养老女婿仍不得继承女家的全部遗产，如果岳父母别无儿子，在岳父母死后必须由女家的族长为其立嗣，来承奉祖宗牌位，养老女婿和嗣子平分遗产。

3. 禁止兄亡收嫂、弟亡收弟妇

以前的法律并不禁止兄亡弟娶嫂、弟亡兄娶弟妇，但明初统治者认为这些行为是蒙古族带入中原的“胡俗”，是与父死娶父妾一样的乱伦行为，故严厉禁止，违者处绞。①《大明律》“娶亲属妻妾”条规定：“若兄亡收嫂，弟亡收弟妇者，各绞。……并离异。”

（二）鼓励寡妇守节

《大明令·户令》规定：“凡民间寡妇三十以前夫亡守志者，五十以后不改节者，旌表门闾，除免本家差役。”即以树立“贞节牌坊”之类的纪念碑加以表彰。又规定：“凡夫人亡无子，守志者，合承夫分……其改嫁才者，夫家财产及原有妆奁，并听前夫之家为主。”丈夫死后发誓守寡的，可以继承丈夫应继承的财产。但是如果以后又改嫁的，就要丧失所继承得到的丈夫家财产以及自己原来自己自娘家带来的嫁妆的所有权。

（三）违律婚姻的处刑变轻

对于违律婚姻的处罚，明律量刑比唐律略有减轻，体现了明律“轻其所轻”的原则。如关于同姓为婚，唐律规定各徒二年；《大明律》只各杖六十，并强制离异。关于良贱通婚，唐律规定奴婢娶良人女为妻者，徒一年半；《大明律》规定凡奴娶良人女为妻者杖八十，女家减一等，不知者不坐。关于嫁娶违律，唐律规定主婚为首，男女为从；《大明律》规定凡嫁娶违律，若由祖父母父母、伯叔父母、姑兄姊及外祖父母主婚者，独坐主婚，结婚男女不处罚。

六、继承制度

明代法律在身份继承方面完全沿袭传统法律，如身份继承与财产继承并存，嫡长子继承与共同继承相结合，男尊女卑等主干制度依然存在。而在财产继承方面，则突出了保护直系晚辈亲属财产继承权、提升奸生子财产继承权的原则。

① 参见叶孝信主编：《中国法制史》，复旦大学出版社 2002 年版，第 298 页。

（一）身份继承

1. 政治和宗法权利实行嫡长继承制。关于政治和宗法权利，即爵位、宗子身份等，采取嫡长子继承制。如无嫡子，可立嫡长孙，或立庶长子，违者处刑。《大明令·户令》规定“凡嫡庶子男除有官阴袭，先尽嫡长子孙”。《大明律》“立嫡子违法”规定“凡立嫡子违法者，杖八十。其嫡妻年五十以上无子者，得立庶长子。”

2. 禁止以异姓为嗣子。《大明令·户令》规定：“凡无子者，许令同宗昭穆相当之侄承继，先尽同父周亲，次及大功、小功、缌麻。如俱无，方许择立远房及同姓为嗣。不许乞养异姓为嗣，以乱宗族。”这就是说，立嗣顺序为亲侄、堂侄、族侄，如果同宗没有侄辈可以立嗣，才可以立同族远房侄辈，没有同族的合适人选，才可以立同姓辈分相当的人为嗣子。《大明律》“立嫡子违法”条规定：“乞养异姓义子以乱宗族者，杖六十。若以子与异姓人为子者，罪同，其子归宗。”

（二）财产继承

1. 诸子女平等继承遗产，兄弟姐妹无继承权。根据《大明令·户令》的规定，财产第一顺序继承人为亲生子、在室女，包括妻生子、妾生子、婢生子、奸生子；第二顺序继承人为拟制血亲的嗣子；第三顺序为已出嫁的女儿；没有立嗣，又没有女儿的，为绝户，财产充公入官。寡妻是特殊顺序的继承人，如果寡妻有子并立志守寡，而不分析家产，就无所谓儿子们的继承，仍由寡妻掌管家产；但如果儿子各已成家立业、寡妻命令分析家产，寡妻可以分得和儿子同样的一份遗产。在她死后，这笔财产再由儿子们平分。《大明令》没有关于兄弟姐妹继承权的规定。

2. 奸生子的财产继承权扩大。“奸生子”即非婚生子。《大明令·户令》规定：“凡嫡庶子男……其分析家财田产，不问妻、妾、婢生，只依子数均分；奸生之子，依子数量与半分。如别无子，立应继之人为嗣，与奸生子均分；无应继之人，方许承绍全分。”奸生子的继承权在这里发生了变化。元朝以前的法典不承认奸生子的继承权利，元律中奸生子可以获得嫡子二分之一的继承份额。明律规定奸生子在和妻妾婢生子一起继承时，继承的份额应为其二分之一；如果死者没有其他儿子而立嗣，奸生子和嗣子平分遗产；如果没有适合立嗣的对象，奸生子可以继承全部遗产。

第四节　明代的经济法制

明代是中国封建社会晚期商品经济显著发展的时期，但明律中传统的抑商政策并未改变。明代经济法制的总特点是强化对传统商业的法律调控，最有影响的经济立法是茶盐专卖立法、税法、金融法。

一、盐茶专卖法

为了加强对经济关系的调整和确保国家的经济收入，中国历代王朝均制定工商禁榷法规，垄断盐茶经营，实行严格的专卖制度，但国家基本法典中首次设立“盐法”、“私茶”专条，则始自明代。

（一）盐法

明代盐法有《大明律》之“盐法”十二条、“监临势要中盐”一条、“阻坏盐法”十四条，另有《盐引条例》和《盐法条例》。

盐引是宋代以后给予商人凭以运销食盐的专卖权证，盐的合法买卖必须持有“盐引”，否则为私盐。《大明律》“盐法”条规定：凡犯私盐者杖一百，徒三年。若有军器者加一等，拒捕者斩。盐货、车船、头匹，并入官；妇人有犯私盐，若夫在家，或子知情，罪坐夫男。又规定：凡买食私盐者杖一百，因而货卖（买后又转卖）者杖一百、徒三年。“条例”对“犯私盐”的处罚更重，如《盐引条例》规定犯私盐者绞，私犯持有军器者斩；《盐法条例》规定越境兴贩官司引盐至三十斤以上者，问发附近卫所充军。

《大明律》“盐法”条规定：“凡客商贩卖官盐，不许盐、引相离，违者，同私盐法。其卖盐了毕，十日内不缴退引者，笞四十。若将旧引影射盐货者，同私盐法。”贩卖官盐不准盐与引分离，违者与贩卖私盐一样治罪。

（二）茶法

明代茶叶有官茶与商茶之分，“贮边易马曰官茶，榷禁征得曰商茶”。官茶用来换取邻邦马匹，以充军备，主要实行于川陕地区，专设茶司以主其事；商茶是政府通过向茶户征收茶课和向商人征收引税后允许流通的茶，主要实行于江南地区。在实行官茶的地区，政府按一定比例收购茶叶，余茶允许商人持引贩卖。商人于产茶之地买茶，必须纳钱请引，无茶引、茶引相离者或茶引不当者即为“私茶”，也就是私自买卖茶叶的行为，给予制裁。

明代茶法主要有《大明律》之“私茶”专条、《私茶条例》，其内容与盐法基本相同。《大明律》“私茶”条规定：“凡犯私茶者，同私盐法论罪。如将已批验截角退引，入山影射照茶者，以私茶论。”《私茶条例》规定：“凡兴贩私茶，潜住边境，与番夷交易，及在腹里贩卖与进贡回还夷人者，不拘斤数，连知情歇家、牙保，俱发烟瘴地面充军。”

综上所述，明代盐茶专卖法的核心内容是盐、茶产销均由国家控制，多为统购统销。盐商、茶商要参与盐茶贸易，必须经过法定手续取得“盐引”或“茶引”等官方发给的专卖许可证才能经营，否则构成私盐、私茶罪，要承担刑事责任。这些规定反映了国家对经济关系干预的加强，严重抑制了盐茶生产与贸易。

二、税法

税收是国家财政的重要来源，是封建统治赖以存在的物质基础。因此历代统治者无不重视税收立法。明朝赋税种类较多，其中最主要的是赋税（土地税、人口税）和商税，其税法内容也主要在这两个方面。

（一）赋役法

中国封建社会的赋税法涉及到赋、税、役三方面的内容。“赋”、“税”、“役”的本义分别是指田地税、人头税、徭役，但在不同的历史时期它们的含义及相互关系多有变化。如春秋时向臣属征收军需物资称“赋”，对臣属土地征收的收成称“税”；春秋后期从田亩征赋（实物税），赋税渐趋混合。秦汉以后徭役另征，赋、役有明显区别。明代“一条鞭法”将徭役折成银两，清代“摊丁入亩”又将丁银部分并入田赋（称“地丁”），从此“赋役”与“赋税”同义。

1. 赋役管理与征收依据

(1)《黄册》（户籍册）。《黄册》是明朝为征派赋役、登记全国人户而编造的户口簿册。明洪武十四年（1381 年）命各州县分里（一百一十户为一里）编造以户为主，详列丁口、田产及应负赋役的簿册，一式四份，分存各级政府，作征收赋役根据。以后每十年编订一次。

(2)《鱼鳞册》（土地册）。《鱼鳞册》是宋代以后为征派赋役，丈量全国土地进行后绘制编造的土地图册，是中国较完整的地产纪录。图上所绘田亩挨次排列如鱼鳞，故名。明洪武二十年（1387 年）命各州县分区编造，以田地为主，分号详列每家每户土地的位置、面积、地形、四至、土质及业主姓名，一式四份，分存各级政府，作为征税根据。因土地所有权经常变动，故政府常加修订。

(3)《赋役全书》（赋税征收税则）。《赋役全书》是明朝记载各地赋役数额的册籍，是官府公布的征收赋税税则。以一省或一府、一州县为编制单位，开列地丁原额、逃亡人丁，抛荒田亩数、实征数、起运和存留数，开垦地亩和招徕人丁数等。每一州县发两部，一部存官衙备查，一部存学宫任士民检阅。首次纂修约在明万历十一年（1583 年），因其编造于实施一条鞭法后，故明代《赋役全书》又称《条鞭赋役册》。

2. 一条鞭法

明代赋税法制主要是“一条鞭法”。此前主要是北魏至唐中叶的租庸调制和唐至明初的两税法，此后是清代的“摊丁入亩”制度。

明初沿用唐宋两税法，神宗万历年间（1573—1620 年）开始改行一条鞭法。“鞭”或作“编”、“边”，故“一条鞭法”又简称“条编法”。《明史·食货志二》：“一条鞭法者，总括一州县之赋役，量地计丁，丁粮毕输于官。一岁之役，官为佥募。力差，则计其工食之费，量为增减；银差，则计其交纳之费，加以增耗。凡额办、派办、京库岁需与存留、供亿诸费，以及土贡方物，悉并为一条，皆计亩征银，折办于官，故谓之一条鞭。立法颇为简便。”一条鞭法的最大特点是并役于赋，即将过去的所有税目合并为一条，并将徭役折银摊入地亩随其他税种一起征收。具体内容主要有：田赋和徭役合一，即简化征税手续，将过去按户按丁摊派的徭役项目合并为一条，归于田亩；统一征收银两；征收起解从民人自理改为官府办理；以雇役制代替差役制。每年征缴一次代征银，各州县所需力役，由官府出钱雇募。

实行一条鞭法是继唐代两税法后又一重大改革，既简化税制，又将实物税转化为货币税，有利于商品货币经济的发展，在中国税法史上占有重要地位。

（二）商税法

1. 商税种类

明代的商税立法大致经历了初期的法无明文规定、任意征税，到后来重视立法、依法征税的过程。明代的商税主要有关税、市税和船税三种。（1）关税。这里的“关税”是指国家在内地交通要道设立关卡，向经过商人征收的“通过税”。洪武、永乐年间免征关税，“军民嫁娶丧祭之物，舟车丝布之类，皆勿税”[①]，宣宗宣德（1426—1435年）始在水道设立关卡征收船料费，按船之大小长阔，定其税额。神宗万历（1573—1620年）后关卡增多，关税普征而且增重。（2）市税。明初按三十取一和“不鬻于市者勿税”的原则征收。仁宗洪熙元年（1425年）施行钞法，商市从门摊向市肆发展，课税于门肆街摊。宣宗宣德四年（1429年），宝钞贬值，市税增加五倍，以后税率杂派不断增加。（3）舶税。舶税即海关税。明初免征舶税，穆宗隆庆年间（1567—1572年）弛海禁后实行舶税制。《大明律》“舶商匿货”条规定，凡海上贸易活动，船舶靠岸即须向官府申报，按十分之一征收进出口税；若不报或报而不实，杖一百，货物入官；窝藏货物者同罪，告发者给予奖励。

2. 商税征收的管理

（1）对匿税、逃税行为的处罚。首先是对客商匿税及店铺不纳税的处罚。《大明律》“匿税”条规定：凡客商匿税及酒醋店铺不纳税者，笞五十，货物一半入官，没收货物的十分之三奖给告发人。其次是对舶商匿货不申报纳税的处罚。“舶商匿货”条规定：泛海客商船舶到岸，土商牙侩不尽实报告者，杖一百，货物入官，停藏之人同罪。最后是对茶盐商户年终不纳齐商税的处罚。“人亏兑课程”条规定，承办茶盐专卖的商户和其他商户年终必须纳齐商税，否则，以不足数额的多少分别给予笞杖刑的处罚，并强制完税纳官。

（2）对牙商和税务人员的管理监督。牙行是牙商（为买卖双方说合交易并收取佣金的居间商）的商行，负有代官府征税的义务。《大明律》“私充牙行埠头”

① 《明太祖实录》卷一百三十二，《明太祖宝训》卷五。

条规定，官牙由政府指定，私牙须政府批准并取得印信、文簿后始得营业，私充者杖六十，所得牙钱入官；官牙埠头容隐者，笞五十，革职。牙行所领凭证名牙贴，领贴缴贴费；牙行每年缴税银，称牙税。同时对税务官员加强监督。《大明律》"人户亏兑课程"条规定，税务官员不用心办课有亏额者处笞杖刑，所亏课程著追补还官。若有隐瞒、侵欺、借用者，计赃以监守自盗论。

三、货币与金融制度

明朝以前历代都有货币管理规定，都严厉打击危害国家货币制度、破坏国家金融管理的行为，但国家基本律典中首设"钞法"、"钱法"专条则始自明代。

（一）宝钞与铜钱并重

明代仍沿袭前代宝钞与铜钱并行使用的货币制度，规定不得重钱轻钞，违者处杖刑。《大明律》"钞法"条规定："凡印造宝钞，与洪武大中通宝及历代铜钱相兼行使。其民间买卖诸物，及茶、盐、商税，诸色课程，并听收受。违者，杖一百。""钱法"条规定："凡钱法设立宝源等局，鼓铸洪武通宝铜钱与大中通宝及历代铜钱，相兼行使……若阻滞不即行使者，杖六十。"

（二）严禁伪造宝钞、私铸铜钱

《大明律》严禁伪造、描改宝钞，"钞法"条规定："若有不行用心辨验，收受伪钞，及挑剜描辏钞贯在内者，经手之人，杖一百，倍追所纳钞贯，伪挑钞贯烧毁。"此外，严禁私铸铜钱，否则处绞，匠人同罪。为了从源头上防止伪钱的铸造，废铜也严禁私自买卖，《大明律》"钱法"规定："军民之家，除镜子、军器，及寺观庵院钟、磬、铙、钹外，其余应有废铜，并听赴官中卖，每斤给铜钱一百五十文。若私相买卖，及收匿在家，不赴官中卖者，各笞四十。"

第五节　明代行政法制

明代的行政法律规范主要集中于有关条例和《大明会典》，主要规定了明代的中央、地方行政体制以及职官管理等内容。

一、行政体制的变化

明朝对行政管理体制进行改革，使唐宋以来行政体制发生了重大变化。

（一）中央行政体制改革

1. 废除丞相，六部直属皇帝。明初因袭元制，以中书省、都督府、御史台为中央三大机关。"中书总政事，都督掌军旅，御史掌纠察"①。中书省置左右丞

① 《明史·职官志》二。

相，纲领百司，总率郡属。洪武十三年（1380年）太祖借胡惟庸案废除丞相制度和三省（中书、尚书、门下）制度，洪武二十八年敕谕群臣："国家罢丞相……以后嗣君，其毋得议置丞相。臣下有奏请设立者，论以极刑。"[①]秦汉以来行之一千余年的宰相制度从此废除，封建皇权扩张到极致。原属尚书省的吏、户、礼、兵、刑、工六部成为中央最高级行政机关，由皇帝直接控制，六部的权力增大、法律地位显著上升。

2. 创建内阁。明代废除丞相制度，将一切政务决策权集中于皇帝，但实际上皇帝不可能事必躬亲，于是从翰林院等机关挑选一些翰林学士协助皇帝草拟诏谕、批阅奏章，充当顾问。这些学士在宫殿"大内"办公，名衔上又冠以"某某殿（阁）大学士"官衔，故被简称为"内阁"。内阁的办公地点主要在"四殿二阁"（华盖殿、谨身殿、武英殿、文华殿、文渊阁、东阁），以及内阁所属的诰敕房和制敕房。

初设的大学士（阁臣）并不掌握实际权力，"不得平章国事"，不置僚属，不得专制百官，甚至没有印信与衙门。其职责仅限于遵命办理文牍。随着后继皇帝的怠惰与执政能力的降低，大学士的地位日益凸显。仁宗朱高炽开始用六部尚书、侍郎兼任殿阁大学士，尚书入阁渐成制度，内阁职权渐重。宣宗时期个别大学士已经位列三公，地位开始超过六部尚书。嘉靖以后内阁"朝位班次，俱列六部之上"[②]，而首席殿阁大学士更是位高权重，人称"首辅"。明代中期的张居正任首辅十年（1572—1582年），史称"明代第一权相"。阁臣起初官秩一般不过五品，比地方知府官阶（正四品）还低，但实际权力很大；但自尚书兼任始，阁臣品级渐高至二品一品。与从前的丞相相比，只剩名称不同而已。所谓"避宰相之名，又名内阁"[③]。

明代内阁一般通过两种方式行使职权：一是"献替可否"，即阁臣或就皇帝的咨询，或自己主动向皇帝发表自己的看法，供皇帝作出决定时参考；二是"票拟批答"，即内外诸司上达皇帝的奏章，经御览后发交内阁，由阁臣检阅内容，附以意见并拟具办法，用小纸条墨书贴于疏面，再进呈皇帝，供其批答时参考。

明代内阁是皇帝的秘书兼决策机构，但其决策权完全是依附于皇帝的，不同于近代作为中央行政机关之内阁。

（二）地方行政体制

明代地方政权分省、府（直隶州）、县（属州）三级建制。

1. 省和"三司"。明初地方政权建制承袭元制，在各地设行中书省，总管一省军、政、司法。洪武九年（1376年）明太祖发现行中书省与中央的中书省一样

---

① 《明史·职官志》一。

② 同上。

③ 同上。

权力过大，于是依“权不专于一司”原则撤销行中书省，分设承宣布政使司（后习惯仍称行省或省）掌行政，提刑按察使司掌司法和监察，都指挥使司掌军事，三者合称“三司”。三司使同为一省长官，彼此独立，互不统属，分别归中央有关部门直接管辖。因而，省实际上只是中央的派出单位，而非一级独立政权层级。

三司制度的推行，实质上是皇权和中央集权恶性膨胀的结果。其固然可以加强中央对地方的有效控制，减除地方对中央的威胁，但同时也出现严重弊端，主要体现在当地方遇到重大紧急情况时，因三司各自权力有限，所以彼此之间或者相互推诿，或者互不买账，进而常常出现重大事件处置失当的情形。所以中央政府常常不得不临时派出“总督”或“巡抚”作为中央代表到地方调控三者关系、处置重大事宜。“总督”、“巡抚”后来渐渐成为一省三司之上的最高长官。

2. 府（直隶州）。明初改元代的“路”为“府”，府的长官为知府，属官有同知、通判、推官、司狱等各一人。知府掌一府行政与司法。此外，明代还有相当府的直隶州。明代“凡州二：有属州，有直隶州。属州视县，直隶州视府，而品秩则同。……计天下州凡二百三十有四”①。

3. 县（属州）。县是明代的基层政权，所谓“天下之治始于县”，长官为知县，辅佐有县丞、主簿等。知县负责一县行政与司法。县的下属机构有巡检司、税科局、僧会司、道会司等。明代还有相当于县的属州。长官为知州，属官有同知、判官等。

（三）里甲制度

明代正式的官方权力并不直接渗入地方乡村，但这并不意味着中央对乡村控制的轻视，其控制乡村地方的主要手段是推行里甲制度。洪武十四年（1381年）明太祖下诏全国推行里甲制度，规定每村每乡以一百一十户为一里，每十户为一甲。里设里长，甲设甲首，为各自头领。里长一般由里内钱粮最多的十户人家轮流担任，每户人家任期一年，十年后复行担任此职。里长自统率一甲，负责任期内黄册编造、赋役征收、生产督行、民间细故调理等事。因无报酬，属义务性杂役，故称“职役”。城市与城郊设立“坊”和“厢”，相当于乡村的“里”。

二、职官管理制度

明代职官管理法制较为成熟和完备，诸如完善的科举制度、首创的“巡按御史”制度等，均在中国法律史上占有极重要的地位。

（一）科举取士制度

与唐宋一样，明代选拔官吏的主要方式是科举考试。明代科举考试主要有童试、乡试、会试、殿试四级。

① 《明史·职官志》四。

1. 童试。童试是初级考试，包括县试、府试和院试，只有官办学校的学生才可以参加。通过县试和府试的考生被称为“童生”。“童生”被承认是正式读书人，但并不具有特权地位。童生若能通过两年一次的“院试”（由省学道主持，学道又称学政、提督学院，故称这级考试为院试），才算是正式成为官学生。由于每次院试能够录取的官学生都有员额限制（一般每县仅几个人），因此称为“生员”，俗称“秀才”或“相公”。

生员是最基层的士人，享有如下特权：平时学习优秀者由官府提供生活费用“膏火银”；有机会被朝廷选拔为朝廷的国子监监生；优秀者得以出任低级官职；可以免除家中两个男子的差役；可以和地方长官平礼相见，不用下跪叩头；涉讼时不必亲自出庭，只要委派家人代诉；犯罪受审时可以不受刑讯（重罪情况下要经过省学道批准才可以用刑），也不受身体刑罚（可以赎刑）。①

2. 乡试。生员或秀才可以参加每三年一次的“乡试”，通过者即获得“举人”身份。然后经过六年一次的“大挑”选拔，可以出任低级官职。

3. 会试。举人有资格参加每三年一次的全国性的“会试”，通过会试者称为“贡士”。

4. 殿试。贡士再通过名义上由皇帝主持的、没有淘汰的“殿试”（廷试），就成为“进士”。殿试分为三甲：一甲为赐进士及第，只有前三名，分别为状元、榜眼、探花；二甲为赐进士出身若干名；三甲为赐同进士出身若干名。进士可以直接出任正七品的知县或朝廷的七品官职。

科举考试的考题全都选自儒家经典中的片言只语。答题时必须模仿古人语气，对经典的解释或发挥一律以宋代理学家的注解为准，严禁自由发挥、议论言及时事或有自己的独创见解。其中“四书”中的内容以朱熹《四书集注》为标准答案来源。考试文体是死板的八股文，每篇文章都由破题、承题、起讲、入题、起股、中股、后股、束股等八个固定段落组成，故此时的科举取士又称“八股取士”。

科举考试属国家考试，故有专门法规惩处舞弊行为。《问刑条例》“贡举非其人条例”规定：“应试举监生儒及官吏人等，但有怀挟文字、银两，并越舍人与人换写文字者，俱遵照世宗皇帝圣旨，拿送法司问罪，仍枷号一个月，满日，发为民。其旗军夫匠人等，受财代替夹、传递及纵容不举察捉拿者，旗军调边卫，食粮差操，夫匠发口外为民。官纵容者，罚俸一年；受财，以枉法论。若冒顶正军入场看守，属军卫者，发边卫；属有司者，发附近，俱充军。其武场有犯怀挟等弊，俱照此例拟断。”

历来人们对科举制度颇有微辞，明末清初学者顾炎武曾说：“八股之害，尤甚焚书。而败坏人才，又甚于咸阳之郊，所坑者非但四百六十余人也”。但实事求

① 参见叶孝信主编：《中国法制史》，复旦大学出版社2002年版，第295页。

是地讲，科举制度的弊病主要在于"代圣贤立言"、禁锢应试者的思想上面。八股文有罪过，科举制度不能负责。科举考试的形式有公平性，但八股文和四书五经禁锢思想也是事实。

除科举外，还其他选官方式，如百姓因举荐为官，凭父兄的功勋恩荫为官，吏员经若干年服役后可以选任低级官职，等等。

（二）官吏考课制度

明朝的官吏考课制度更趋严密，其形式有"考满"和"考察"两种。

1. 考满。考满即考察官员政绩。所有官员任满3年，即由上级主管官员对任期届满的下级官员进行考察评定，并依据其任期内的政绩表现，作出称职、平常、不称职三类"考语"。称职者升官，平常者复职（在同一级别内转任其他官职），不称职者降级调用。六年后再考，九年后通考。

2. 考察。考察即考察德行。考察方式又具体分为京察、大计两种。京察由都察院主持，考察京官，六年一次；大计由各地上级官员对下级考察，三年一次。考察内容均是按"八法"纠查违法失职官员。八法即贪、酷、浮躁、不及（能力不及）、老、病、罢（疲软、不勤劳）、不谨等八种违法失职行为。犯此八法，即上报皇帝分别处以"降调"（降级调用）、"致仕"（勒令去职）、"闲住"、"为民"等处分，甚至送刑部判罪发落。考察官吏有营私舞弊行为，按保举连坐法严惩。

三、监察制度

中国古代的监察制度是在君主专制集权前提下的"以官治官"制度，是利用"天子耳目"迫使官吏奉公守法，保证皇帝政令的切实实施的监督制度。监察机关往往并无行政监察、司法监督等具体分别，监察机关除具有监察职权外，往往还同时具有一定的行政、司法、军事权力。

（一）中央监察制度

明代的中央监察机构主要有都察院和六科给事中两大系统。

1. 都察院。明初以御史台为中央监察机关。洪武十五年（1382年）罢御史台，更设都察院，实现台察合一，结束了唐代开始的御史台三院（台院、殿院、察院）建制。都察院设左右都御史、御史、监察御史等职官。左都御史为都察院长官，可以监督弹劾任何官员；监察御史每年轮换出京巡察各省，又称巡按御史，是中央监察机关在地方的派出机关。

2. 六科给事中。明初设给事中等谏官组织，先隶中书省，后独立置谏院。谏院撤废之后，专设六科给事中作为对口中央六部的监察机关。六科给事中与都察院并列，直接向皇帝负责，是皇帝派往六部的监察代表，是直属皇帝的独立的中央监察机关。六科中每科设都给事中一人领事，左、右给事中各一人为辅佐。六科给事中负责监察六部日常政务活动，包括核查上奏的奏章及奉旨执行政务的情况，上疏弹劾百官的违法行为，参议朝廷的礼仪、边防等军国大事。六部政令及上奏章奏，必须所在都给事中副署才能生效。其与都察院最大的区别在于前者属事后监察，而六科给事中属事前、事中监察。

（二）地方监察制度

明代有监察地方之责的机关分为两大系统：一是地方固定监察机关，即各省提刑按察司；二是中央派出监察机关十三道监察御史和“督抚”。

1. 地方固定监察机关——提刑按察使司。明初废行省，权分“三司”，提刑按察使司成为地方固定的监察机关，被视为“外台”。“按察使掌一省刑名按劾之事。纠官邪，戢奸暴，平狱讼，雪冤抑，以振扬风纪，而澄清其吏治。……副使、佥事，分道巡察，其兵备、提学、抚民、巡海、清军、驿传、水利、屯田、招练、监军，各专事置。”①

2. 中央派出监察机关——监察御史和督抚。明代，中央派往地方的监察机关有两者：

（1）监察御史。都察院设监察御史，受皇帝委派作为“钦差大臣”每年定期轮换出京巡察地方，号称“代天子巡狩”，故监察御史又称巡按御史。宣德十年（1435年）划定全国为十三道监察御史，十三道监察御史形式上归都察院管辖，实际上只对皇帝负责。监察御史官阶仅正七品（与知县同级），但位低权重，对地方官违法乱纪行为拥有“大事奏裁、小事立断”的权力，至各省可与“三司”长官平起平坐，府以下官员得跪拜迎送。

（2）督抚。按察司和十三道御史的设立，尚不能消除明代皇帝对地方诸司百官的疑虑，加上行省分权的“三司”也需要进一步协调和监控，所以从太祖时即经常不定期地派出亲信、重臣（尚书、侍郎一级官员）作为特别御史，以巡抚、提督、总督（合称“督抚”）名义“巡行天下，安抚军民”，至明中期形成惯例，这些临时差官逐渐变成中央派出的地方最高监察官。其中“巡抚”每省一员，兼管行政、财政和司法；巡抚兼领军务者为提督；统掌全省或数省一切者为总督，均加“都御史”衔。明代督抚之职掌，前期以监察为主，巡抚（提督是兼掌军事的巡抚）的监察范围是一省或省内某些地方，总督则往往超过一省，总督和巡抚可以互兼。督抚以中央最高监察官员身份巡视地方，权力比一般巡按御史大。“兴利除弊，均赋税，击贪浊，安善良，惟巡抚得以便宜从事”②，这些事务，督抚们可不报告皇帝自行决定。明代后期总督巡抚成为实际上的地方军政长官。不过终明之世，督抚在正式制度上并未正式确定为省的最高行政长官，《明史·职官志》仍将督抚归属监察院系统，督抚正式成为最高地方长官是清代的事情。

---

① 《明史·职官志》四。
② 《明史·熊概传》。

第六节　明代司法制度

一、司法机关

明代的司法机关分为中央司法机关、地方司法机关和特务司法机关，其基本特征是将重要的司法审判权力收归中央朝廷，中央司法机关（包括正式与非正式的）得到空前扩张，体现了君主专制中央集权在司法制度上的加强。

（一）中央正式司法机关

明代中央正式司法机关主要是刑部、大理寺和都察院"三法司"。中央正式司法机关在明代的重大变化，主要体现在三法司的职掌变化和名称改异。

1. 刑部。刑部是国家最高审判机关与司法行政机关，总掌"天下诸刑狱"。与作为复核机关的唐宋刑部相比，明代刑部的职掌发生重大变化，取代了唐宋时代的大理寺的职位和职权。地位也有所提高。刑部以尚书和左右侍郎为正副长官，下设司务厅和十三清吏司。各清吏司负责复核一省布政司、提刑司与都指挥使司审理的徒刑以上案件（各省布政司负责审理涉税刑事案件，各省都指挥使司负责审理军队刑事案件），并分别兼审南北直隶各州府的刑事案件。明代刑部的主要职能有三：一是具体审理中央百官案件与南北直隶地区重大刑案，复审各省上报的徒刑以上（即流刑、死刑）案件。二是代表皇帝去各地录囚，审理大狱。三是负责笞、杖以外刑罚的执行及监督，监督全国的监狱。

2. 大理寺。大理寺为国家慎刑机关，即对刑部判决进行复核的机关，"掌审谳平反刑狱之政令"。与作为审判机关的唐宋大理寺相比，明代大理寺的职掌发生重大变化，只相当于唐宋的刑部。大理寺以大理卿为长官，下设左右二寺分管京师及各省案件。大理寺原则上专掌复核、驳正、审谳、平反事务，流刑以下案件，大理寺复核后有权决定是否驳回原审机关或改由刑部重审；死罪案件，大理寺的复核并非决定性程序，其结果须奏请皇帝最后批准才能执行，所谓"驳正，然后告成于天子而听之"。但大理寺也有部分审判职能，遇有重大案件时或审录，或三法司会审，或九卿会审。

3. 都察院。中央监察机关，国家风宪衙门，"天子耳目风纪之司"，由元代的御史台改名而来，主要负责监察百官并兼有部分审判权。都察院设左右都御史、左右副都御史、十三监察御史等职官，长官为左都御史。其司法职能体现在两个方面：一是司法监督，左都御史主管对中央刑部和大理寺的审判、复核活动，以及地方的司法监督；副都御史作为辅佐，对刑部的审判和大理寺的复核进行监督；十三道监察御史作为派出机构，对地方审判进行监督。二是审判职能，主要是与刑部和大理寺一起会审重大案件，"大狱重囚，（都御史）会鞫于外朝，偕刑部、大理寺谳平之"[①]。

三法司分工负责、相互牵制,共同对皇帝负责,从而构建了以皇权为核心的中央司法体系。明代"三法司"分工明确,"刑部受天下刑名,都察院纠察,大理寺驳正"[②];"天下罪囚,刑部、都察院详议,大理寺覆谳后奏决"[③]。刑部掌审判,大理寺掌复审复核,都察院掌监督,其运作方式一般是:刑部审决非死刑案件,将罪犯连同案卷送大理寺复核,由大理寺决定是否执行;刑部审理的死刑案件,大理寺复核后奏请皇帝最后批准,再由刑部具奏行刑。对于刑部的审判和大理寺的复核,都察院都有权进行监督;重大案件,都察院有权参与审判。

(二)中央特务司法机关

明代中央在正式的司法机关以外,还有一类特殊的司法机关:厂卫特务司法机关。《明史·刑法志三》:"刑法有创之自明而不衷古制者,廷杖、东西厂、锦衣卫镇抚司狱是已。是数者,杀人至惨,而不丽于法。踵而行之,至末造而极。举朝野命,一听之武夫、宦竖之手,良可叹也。""厂"是指东厂、西厂、内行厂,"卫"是指锦衣卫。厂卫组织不是正式的中央司法机关,但被皇帝特许巡察缉捕兼管刑狱,专理"诏狱",直接听命于皇帝,是前所未有的不受法律约束的特务司法机关。

1. 亲军司法机关——锦衣卫、镇抚司。锦衣卫全称"锦衣卫亲军都指挥使司",又简称"亲军卫",因身穿华丽彩色制服而得"锦衣"之名,"卫"是明代军队编制单位。锦衣卫设置于洪武十五年(1382 年),由保卫皇帝安全的侍卫亲军组成,是皇帝最亲信的贴身禁卫军。首领称为指挥使,一般由皇帝的亲信武将担任(很少由太监担任),下设同知、佥事、镇抚司镇抚等官。锦衣卫"掌直驾侍卫、巡查缉捕"[④],主要负责皇宫警卫及皇帝出行仪仗事宜,但同时具有司法职能。"锦衣卫狱者,世所称诏狱也。古者狱讼掌于司寇而已。汉武帝始置诏狱二十六所,历代因革不常。……至汉有侍卫司狱,凡大事皆决焉。明锦衣卫狱近之,幽系惨酷,害无甚于此者。"[⑤]

锦衣卫下属之镇抚司分为南北两部,南镇抚司主管本卫刑名等事;北镇抚司则负责审理皇帝交办的案件,即"诏狱"。所谓"锦衣卫狱"实际上即"北镇抚司之狱"。明宪宗成化十四年(1478 年)规定北镇府司审理诏狱案件时可直接向皇帝报告,锦衣卫指挥使不得插手,北镇府司正式成为直属皇帝的特别刑事法庭。北镇抚司审案以用刑残酷而著称于史,沈德符《万历野获编》如此描述:"镇抚司狱,亦不比法司。其室卑人地,其墙厚数仞,即隔壁嗥呼,情不闻声。每市一物入内,

① 《明史·职官志》二。
② 《明史·刑法志》二。
③ 《明史·太祖本纪》。
④ 《明史·兵志》一。
⑤ 《明史·刑法志》三。

必经数处验查，饮食之属，十不能得一。又不能举火，虽严寒，不过啖冷炙、披冷衲而已。家人辈不但不得随入，亦不许相面，惟拷问之期，得于堂下遥相望见。”北镇府司审理的诏狱案件移送三法司后，三法司只能按照其拟定的判决意见宣判。若是皇帝直接决定判决的案件，可不通过三法司而直接执行。

2. 宦官司法机关——东厂、西厂、内行厂。明代还有由宦官指挥组织的特务司法机构，这就是东厂、西厂、内行厂。

(1) 东厂。东厂是成祖迁都北京后在永乐十八年(1420年)依靠宦官设立的负责侦缉和刑狱的最大的特务机关，因其衙署地址位于东安门北侧(今王府井大街北部东厂胡同)，故名。它在明代中后期形成以京师为中心的全国性特务网，存续两百多年。

明成祖朱棣与建文帝争夺皇位时，宫中宦官建功不小，因此成祖即位后，倚之为心腹，同时他觉得设在宫外的锦衣卫使用起来并不是很方便，于是决定建立一个新的由宫中亲信宦官提督的侦缉机构，这就是东厂。首领称东厂掌印太监，也称厂主和厂督，是仅次于司礼监掌印太监的第二号太监，另设掌刑千户、理刑百户各一人，下属掌班、领班、番子(密探)达一千多人。由于东厂厂主与皇帝的关系密切，又身处皇宫大内，更容易得到皇帝的信任，与锦衣卫逐渐由平级变成了上下级关系，锦衣卫指挥使见厂主要下跪叩头。

东厂与锦衣卫一样，专事侦缉和刑狱。东厂靠侦辑起家，“访辑谋逆、妖言、大奸恶，与锦衣卫权势均”①，缉得隐情，片纸朝入，“突入执讯，民间偶语，辄被擒戮”，获得情报直报皇帝，遇有急事即使在夜间也可面奏皇上，而锦衣卫须用奏章。东厂起初并没有审讯犯人的权利，抓住的嫌疑犯要交给锦衣卫北镇抚司审理，但到了明代后期，东厂也开始自己审讯犯人并建立自己的监狱。此外，东厂参与或干预司法的职能还表现在派人听审朝廷会审大案、锦衣卫北镇抚司拷问重犯，坐班监视包括“三法司”在内的朝廷各衙门，等等。太监监视司法审判的制度称“听记”。时每大审，大理寺法庭内张黄盖，设三尺高坛，东厂太监坐于其上，三法司堂上官分坐左右，郎中、御史以下捧牍而立，其决断“俱视中官意，不敢忤也”。万历时治“妖书”狱，法司问拟俱先征询东厂太监陈矩意见，而天启时许显纯理诏狱，惟魏忠贤之意是从，听记太监不到，竟不敢问断。

(2) 西厂。西厂是成化十三年(1477年)宪宗认为原有厂卫机构的警力不够而增设的侦缉、司法机构，厂址设在灵济宫前，以旧灰厂为厂署总部，相对于东厂位置在西而得名。首领先后为太监汪直和谷大用。武宗正德五年(1510)随刘瑾被磔而同内行厂一并撤销，共存续33年。

西厂“所领缇骑(特务、密探)倍东厂，势远出(锦衣)卫上”，其权力和人数均

① 《明鉴纲目》卷四，《宪宗纯皇帝》。

超过东厂。西厂在全国布下侦缉网，主要打击对象是京内外官员，一旦怀疑某人，不奏即捕，然后严刑逼供。一般百姓的一言一行稍有不甚，就会被西厂以妖言罪从重处置。“屡兴大狱，冤死者相属，自诸王府边镇，及南北河道，所在校尉罗列，民间斗詈鸡狗琐事，辄置重法，人情大扰。”①

(3) 内行厂。明武宗时宦官刘瑾专权，东厂和西厂虽都受刘瑾指挥，但两者之间争权夺利，互相拆台。为了改变这种情况，刘瑾于正德二年(1507 年)又在京师荣府旧仓地另设内行厂，又称“内办事厂”，由刘瑾本人直接统领。武宗正德五年(1510 年)随刘瑾被磔，内行厂同西厂一并撤销，共存续 4 年。

内行厂的职能与东西厂相同，但侦缉范围更大，“东西厂皆在伺察中”，权在东西厂之上，“且创例，罪无轻重，皆决杖，永远戍边或枷项发遣。枷重至百五十斤，不数日辄死”②，“人以微法，无得全者，万姓汹汹”③。一时间，锦衣卫、东西厂、内行厂四大特务机构平存，缇骑四出，天下骚动。

厂卫特务组织是明朝统治者为强化君主专制统治而独创的不受法律约束的特务机关，是在普通常设司法机关之外设立、直接受皇帝指挥的法外司法机关或特别法庭。厂卫掌握了巨大的司法权力，其实际地位远在三法司之上。它不仅独立负责“诏狱”案件的追查、缉捕、预审，而且还掌有各种会审的参与权与监督权，可不受法律和司法程序约束，随意到各级官府或各地侦缉、查讯，可自设法庭随时随地对犯人进行刑讯逼供、迫害异己、严刑定案、任意杀戮。

特务司法严重破坏正常的司法制度，成为明朝中后期的一大政治弊端。明世宗时刑部尚书林俊言：“祖宗朝以刑狱付法司，事无大小，皆听平鞫。……(现在)专任镇抚司，文致冤狱，法纪大坏”。御史曹怀亦曰：“朝廷专任一镇抚，法司可以空曹，刑官为冗员矣。”④厂卫司法反映了封建司法制度的畸形发展，也表现出君主专制制度的腐朽、没落和残酷。

(三) 地方司法机关

明朝地方司法机关分为省、府(直隶州)、县(属州)三级，以及不属国家司法机关但具有基层司法组织的性质的里甲(申明亭)、乡约等组织。

1. 省级司法相对独立于同级行政机关。明代省级地方分设布政使司、按察使司、都指挥使司，彼此独立，互不统属，均直属中央，实行行政、司法和监察、军事三权分立。提刑按察使司专掌司法审判和地方监察，“按察使，掌一省刑名按劾之事。纠官邪，戢奸暴，平狱讼，雪冤抑。”⑤长官提刑按察使有权审决徒刑以

---

① 《明鉴纲目》卷四，《宪宗纯皇帝》。

② 《明史·刑法志》三。

③ 《明鉴纲目》卷五，《武宗毅皇帝》。

④ 《明史·刑法志》三。

⑤ 《明史·职官志》四。

下案件，流刑以上案件须报送刑部审查批准，无权擅决。

2. 府、县司法与行政完全合一。明代的府（直隶州）、县（属州）仍采取司法与行政机构合一体制，知府（知州）、知县兼理行政和狱讼。府设推官协理知府处理审判事宜，而县则完全由知县独掌审讯、判决事务。府、县可审决杖刑、笞刑案件，徒刑以上案件须逐级上报批准。

二、诉讼制度

（一）民间调处制度

明代将部分民事诉讼、轻微的刑事案件的审理权授权民间基层组织调解与仲裁，当事人不服者才可以告官。

1. 申明亭制度。申明亭是明代设于乡里用于公布法律、记录犯人罪行、劝善惩恶、处理民事纠纷的教化场所。洪武五年（1372 年）明太祖令各府、州、县于乡里特设“申明亭”，亭里张挂板榜，定期张贴法律律条、朝廷文告，以及公布本地犯有罪错人员的姓名及其罪错内容，并且由民间推举本地“年高有德”之人（号为“老人”）在申明亭主持调解民间轻微纠纷。对于本地品行不端者，“老人”还可以以竹篦予以责罚。洪武十五年（1382 年），礼部定制，规定凡犯十恶、奸盗、诈伪、干名犯义、有伤风俗及犯赃至徒者，书名于亭。其有私毁亭舍，或除所悬法令、及涂抹姓名者，监察御史、按察司官员应即时纠治，按律论罪。洪武三十年（1397 年）颁行《大明律》，“拆毁申明亭”条规定，“各州县设立申明亭，民间应有词讼，许耆老里长准受于本亭训理”；“凡拆毁申明亭房屋及毁板榜者，杖一百，流三千里”。至明中叶，亭宇多废。

洪武三十年（1397 年）四月明太祖发布《教民榜文》：“民间户婚、田土、斗打、相争一切小事，不许辄赴告官，务要经由本官里甲老人理断。若不经由者，不问虚实，先将告人杖断六十，仍由里甲老人理断。”只有奸盗、诈伪、人命等重罪案件，方可直接赴官诉告。

2. “乡约”制度。明中期申明亭调解废弃后，朝廷又倡行“乡约”制度。

乡约起于宋代，本是士绅们通过约定成立的相互批评、监督，相互帮助的道德自治与生活互助组织，后演变为乡民自治组织。明中叶，政府开始提倡乡约。“嘉靖间，部檄天下，举行乡约”[①]；隆庆元年（1567）“令郡邑各立乡约，率众讲演孝顺父母六谕”[②]；万历元年（1573 年）兵部又下令推行保甲乡约。[③] 明代乡约以自然村落或每百户居民为一约，挑选“公道正直”人士担任约正、约副、约讲、约

---

① （明）叶春及：《惠安政书》，福建人民出版社 1987 年版，第 328 页。

② 《休宁县志》卷 2《建置·约保》，康熙二十九年刊本。

③ 常建华：《明代宗族研究》，上海人民出版社 2005 年版，第 220 页。

史。每半月全约在圣谕牌位前集会一次，由约讲为众人讲解圣谕，约正评述本约人户半月来的言行，并由约史记载于专门的“善簿”、“恶簿”、“改簿”。约正和约副还负责调处本约内人户之间的纠纷，调解的结果由约史记载于“和簿”。[①] 山西潞州仇氏“雄山乡约”和王守仁主持的“南赣乡约”分别是明代自办乡约和官倡乡约的代表。

调处民间纠纷是明代乡约的一项重要职能。如《南赣乡约》规定：立约目的之一即“协和尔民……息讼罢争，讲信修睦，务为良善之民，共成仁厚之俗”；乡约组织的首领“约正”、“约副”及“约史”、“知约”、“约赞”等工作人员每半月主持一次内部纠纷的调解。“今后一应斗殴不平之事，鸣之约长等公论是非；或约长闻之，即与晓谕解释；敢有仍前妄为者，率诸同约呈官诛殄；凡有危疑难处之事，皆须约长会同约之人与之裁处区画，必当于理济于事而后已；不得坐视推托，陷人于恶，罪坐约长约正诸人。”“凡遇纠纷与过恶，约长副等，须先期阴与之言，……使其可改；若不能改，然后纠而书之；又不能改，然后白之官；又不能改，同约之人执送之官，明正其罪；势不能执，戮力协谋官府兵灭之。”[②]

（二）诉讼与审判制度

明朝除继承唐宋不准越诉、诉讼回避、禁用匿名信控告他人等传统诉讼制度外，还有以下特殊的诉讼与审判制度。

1. 军民诉讼实行不同管辖。明代继承了元代制度，实行军民诉讼分辖。军户之间普通案件（奸盗、诈伪、户婚、田土、斗殴）一般不受普通司法机构管辖，而由各卫所的镇抚司、省都指挥使司的断事司审理。军户之间人命案件、军民交叉诉讼由军事机构与当地司法官会同检验审理。在一般地方，军人按“百户所—千户所—卫—都指挥司”顺序逐级进行诉讼。在直隶和两京地区，军人按照“五军都督府—三法司”顺序诉讼。

2. 废除唐宋的“务限法”。明代废除唐宋“婚田入务”制度，因而理论上讲，任何时间都可以起诉。但在明中叶以后，为有利“息讼”，地方官自创“放告日”（听讼日）制度，只有在每月逢三、六、九之日才可以起诉，这样每月只有九天、每年不过七十二天可以起诉。

3. 对官吏受理案件违法的处罚。与唐代相比，明代强化具体的司法责任制。应受理而不受理的，要按情节轻重给予刑罚。《大明律》“告状不受理”条规定，凡告谋反叛逆，官司不即受理掩捕者，杖一百，徒三年；若告恶逆不受理者，杖一百；告杀人及强盗不受理者，杖八十；斗殴、婚姻、田宅等事不受理者，各减犯人罪二等。对于依法不得受理而受理的也要承担法律责任。《大明律》“投匿名文

---

① （明）吕坤：《实政录》卷五，《乡甲约》。

② （明）王守仁：《王阳明全集·知行录》，红旗出版社 1996 年版，第 228—232 页。

书告人罪”条规定：投匿名文书告人，受理者杖一百；被囚禁人告举他事，受理者笞四十。“现禁囚不得告举他事”条规定：被囚禁者告举他事，官司受而为理者，笞五十。此外，“三法司”不直接收受通政司以外各衙门、各下级机构和官民之诉讼，知府、省按察司一般不直接收受百姓词讼，如有受理者，都要受到惩处。地方司法机关不得受理军人词讼，军事机构也不得受理民人词讼，受理者均笞五十。

4. 复审制度。[①] 以前历代均有复审制度，但明代执行之严格是空前的。随着君主专制中央集权的加强，明代的判决权力也向上级衙门、向中央朝廷集中，严格实行逐级复审制度。一个重罪案件总是从基层开始，在搞清事实、拟定处罚后，无论当事人的意思如何，案件都必须经过县、府、省按察使司、朝廷刑部等一级一级的官府复审，直到有权作出终审判决的官府乃至皇上为止。

州县只能审决杖一百以下的案件（所谓“自理词讼”）。对于自己不能审结的杖一百以上案件，州县官仍须进行侦察、审讯，搞清全部事实后，草拟定罪量刑的意见（称“拟律”或“看语”、“勘语”），将卷宗、被告、主要证人转送上级衙门复审。

府一级只是单纯的复审机构，本身并无权力审结案件。知府在复审了州县上报的案件后，如果被告或证人没有翻供、知府对州县“看语”无异议的情况下，就可以再添加自己的“看语”，然后将卷宗、报告、主要证人转送上级衙门。如果有人翻供或知府认为州县官所拟判决不妥，可将案件发回重审，或者是发给另一个下属的州县重审，一般不直接改判。

省按察司有权终审本省徒刑案件，对于应判流刑或充军、死刑的案件在经复审后也添加“看语”上报中央朝廷（一般案犯仍关押在省会的监狱，中央朝廷只根据卷宗进行书面审）。认为下级“看语”不当时一般也只是驳回重审。

中央朝廷的刑部终审全国上报的流刑（含充军）以上案件，军流案件经大理寺复核后即定案，向关押罪犯的地方官府发出执行令。死刑案件则还要经三法司或众官会审、上报皇帝“勾决”（由皇帝用朱笔在死罪罪犯名单上一一画勾）后，才可以发出死刑执行令。

5. 会审制度。会审制度是中国古代有关官署协同审判重大案件的制度，主要适用于大案、要案、疑案、死刑复核案等，以体现慎刑精神。会审制度滥觞于汉代的“杂治”，成制于唐代的“三司推事”，到明代形成较大规模，主要有三司会审、九卿圆审、朝审、大审、热审等形式。

（1）三司会审。由唐朝“三司推事”发展而来。凡遇重大、疑难案件，由刑部尚书、大理寺卿和都察院左都御史三法司长官共同审理，最后由皇帝裁决的制度。

（2）九卿会审。“会九卿鞫之，谓之圆审”，故又称“九卿圆审”，是明代最高

---

① 参见叶孝信主编：《中国法制史》，复旦大学出版社2002年版，第316—317页。

的联合审判和复议制度。遇特别重大案件，被告二次翻供不服，皇帝下令由大理寺卿、左都御史、通政使、六部尚书等“九卿”会同审理，最后将审判结果报皇帝圣裁。

(3) 朝审。“三法司”长官与公、侯、伯等爵高位重者，在每年秋后复审死刑案件的制度。内容主要是审核死刑、慎刑宽宥。“霜降录重囚，会五府、九卿、科道官共录之。矜疑者戍边，有词者调所司再问，比律者监候。”①也就是分别不同情况对死罪犯人作不同处理：情节可悯或可疑者，改为戍边或充军；囚犯翻供者，移调官府再审；情法无疑者，监候待决。但其结果最后均须奏请皇帝定夺。

(4) 大审。皇帝委派太监会同“三法司”官员共同审录囚徒的会审制度。五年一次，是明朝独有的由宦官指挥司法、会审重囚的制度。《明史·刑法志二》：“(宪宗)成化十七年(1481 年)，命司礼监一员会同三法司堂上官，于大理寺审录，谓之大审。南京则命内守备行之。自此定例，每五年辄大审。”大审不仅在两京举行，而且派官到外地会同御史录囚。

(5) 热审。刑部奉旨会同都察院、锦衣卫等于暑热季节审理囚犯、疏通监狱的审判制度。因夏天炎热，为及时疏理牢狱，农历小满后十余日乃令中央府、部、科协同“三法司”遣放或审决在押囚犯。始于成祖永乐二年(1404 年)，初期“止决遣轻罪”，宪宗成化年间开始涉及重罪。初行于北京，后亦行于南京及“在外审录”。热审的决囚方法：对于重罪，死囚情疑可矜者免死，戴枷者暂时去枷释放，均奏请皇帝最后裁决；对于轻罪(徒流刑以下)，分别减等处刑(审决后执行，未能审决的令出狱听候)，一般笞罪无干证者，即行释放。

会审的加强反映了明代皇权对司法的更大干预以及司法的非专门化倾向加强。

本章重点问题提示

明代法制的最重要问题就是中央集权君主专制的加强。为理解这一问题，我们应该从三个方面去认识。

一、皇权的高度膨胀或极端化

明代专制皇权的极度膨胀，主要体现在宰相制度的废黜、内阁办事制度的确立，特务机关即东厂、西厂、锦衣卫、镇抚司等权力无限、横行无忌。他们作为皇帝的鹰犬爪牙，使皇帝对一切权力的控制更加彻底，对人民的控制更加无所不在。

---

① 《明史·职官志》一。

二、中央集权的加强

中央集权的加强与皇权的加强是同一个过程。皇权的加强必然要求严格监控地方官吏，所以明朝广泛实行对地方的防范监控制度。比如撤销行中书省，使省三司（布政、按察、都指挥）直接隶属中央，互相牵制。又经常派遣专官作为总督、巡抚去监督或协调地方，防止地方形成威胁中央的势力。

三、法制中对官吏控制的加强

明朝法律对官吏的控制可谓严苛，主要体现在广泛的“奸党罪”，广泛的文字狱，严酷的刑罚如剥皮实草对付贪官污吏，借助人民监督（如捉拿犯官送京）打击贪官。这一切都有加强皇帝的权力和强化中央集权的作用。

思考题

1. 明代立法贯彻朱元璋的“重典治国”原则，体现在那些方面？
2. 明律为什么会发生“重其所重”、“轻其所轻”的变化？
3. 皇权的高度膨胀在明代司法中有哪些体现？
4. 明代的婚姻和继承制度的变化说明了什么？
5. 三法司职掌的变化说明了什么？

第十七章 清代法制与中华法系的衰微

内容提要

清王朝是中国最后一个少数民族入主中原并实现了中国完全统一的王朝，其法制有着十分鲜明的特色。不过作为中国封建社会的最后一个王朝，其法制已经明显体现出中华法系衰微的特征。本章主要介绍中国最后一个封建王朝清朝的法制概况。在西方法制传入之前，清王朝的法制无论在指导思想进步还是在具体制度创新方面都已经“山穷水尽”了，传统的中华法系通过清王朝的法制显示只有通过革命才能再生。

关键词

大清律例　条例　清会典　则例　西藏通制　蒙古则例　番例条款　理藩院　禁海令　天朝天亩制度

清朝是中国封建社会的最后一个王朝，也是中国历史上第二个少数民族入主中原并建立了对全中国统治的王朝。该王朝的前身是1615年由满族贵族努尔哈赤创建的后金政权。1636年，努尔哈赤之子皇太极改国号为清。清廷对全中国的统治，从1644年清军入关算起，到1911年辛亥革命止，共二百六十八年。在这二百六十八年统治中，中国的封建经济取得了前所未有的发展成就。在清初的“康乾盛世”里，人口增殖，土地增垦，物产盈丰，边境无事，小农经济的生产方式和社会生活相对繁荣稳定，综合国力远胜于汉唐。在政治法律方面，清朝继承了汉唐宋明等历代封建制度的主干，并有所发展，其典章制度堪称发达完备，堪称集中国封建法制之大成。此外，清初的“文治武功”及多民族统一的形成，也奠定了中国近现代疆域版图之基础及多民族国家的基础。

中国封建统治在清朝初期中期虽堪称全盛，但也已经显示出无可救药的僵化和衰落。专制主义中央集权的极端强化，皇权的极端膨胀，思想文化的极端沉闷僵化，教育与科举的极端枯朽，吏治的极端腐败及行政制度与人民的极端隔阂，经济生活更新动力的极端缺乏，商品经济所受的压抑空前强化……等等，都早已昭示出封建制度已经山穷水尽，革命性巨变正在酝酿之中。正当此时，志在掠夺东方财富的西方列强以鸦片和大炮为武器，敲开了中国锁闭的国门。列强侵略使中国的主权、统一和领土完整受到严重损害，但也客观上加速了中国封建统治的灭亡。西方文化在中国的传播，揭开了中国政治法律制度近代化的序幕。

清代的法律制度，以鸦片战争为界，体现为两个不同的阶段，各有特色。在本章里，我们仅介绍鸦片战争以前的清朝法律制度。鸦片战争以后直至清亡以前的法律制度，将在下一章介绍。

第一节　清代的立法概况

一、清代的立法思想

清入关前的法律制度即后金的法律制度相对简陋，处在习惯法向成文法的过渡之中。努尔哈赤、皇太极时期，先后颁布了《禁单身行路令》、《离主条例》、《崇德会典》等，多系在汉族成文法的影响下对原有的习惯法的记录整理。从那时开始，后金政权的法律制度就不断吸收着汉族法制文明的成就。在皇太极时期，其大臣宁完我曾说："大明会典，虽是好书，我国今日全照他行不得"，而只能"看会典上事体，某一宗我国行得，某一宗我国行不得，某一宗可增，某一宗可减，参汉酌金，用心筹思，就今日规模立个金典出来……务使去因循之习，渐就中国之制"[①]。这种观点主张，很得皇太极赏识。实际上，参汉酌金，"渐就中国之制"已成为后金统治集团的基本立法指导思想。"参汉"就是引进或借用汉族(明朝)法制，"酌金"就是适当记录整理提炼后金原有的习惯法及旧法令，二者合起来要实现的目标仍是"渐就中国之制"，即向汉族地主政权的先进法制靠拢。尽管如此，其入关前夕的法律制度还远未系统详备。

1644年清人入关之初，面对着前所未有的广阔疆域及众多的人口，面对着汉族地区远比关外原有治区更为发达的文化和复杂的社会生活，其原有法律制度远不适应新的统治需要。因此，1644年6月，摄政王多尔衮即下令"问刑衙门准依明律治罪"。8月，因刑科给事中孙襄提议对"今法司所遵(关外原有法律)及明故律令"依新的"时宜"进行"斟酌损益"，以便对旧有明律作出统一刊定，多尔衮遂令"法司会同廷臣详译明律，参酌时宜，集议允当"，以期裁定成书，颁行天下。同年10月，顺治帝又下令在新律未成书之前"在外仍照明律行"。同时又多次颁令全国"暂用明律"[②]。这种以《大明律》作为入关之初过渡性法律状况一直持续至顺治三年(1646年)。

1645年，顺治帝下令"修律官参稽满汉条例，分轻重等差"[③]，统一纂修大清律。顺治三年(1646年)五月，律成，命名为《大清律集解附例》，颁行全国。顺治

① 《天聪臣工奏议》卷中。

② 《清史稿·刑法志》一。

③ 同上。

帝亲自为该律作序，序文称："爰敕法司官广集廷议，详译明律，参以国制，增损剂量，期于平允。"这正反映了清初立法的典型指导思想。"详译明律"就是详细推导演绎或借鉴《大明律》，并以《大明律》为蓝本，"参以国制"就是适当参考保留入关前的旧有典章制度。但事实上，这一立法指导思想并未完全贯彻。由于主持定律的尽是明朝旧臣，他们多不了解清入关前的法制，所以只是简单地抄袭《大明律集解附例》，律文几乎全文照录，例文也多有抄借，甚至律内注文"允依《大诰》减等"等语仍加保留，全不顾清初已无《大诰》之事实。清人谈迁谓"大清律即大明律改名也"[①]，此语不诬。

在这种指导思想之下，清律不断发展完善。历经顺治、康熙、雍正、乾隆近百年，三四次大的修律活动，至乾隆初期律文基本定型，此后不再修改，仅定期增修"附例"。

二、立法概况与主要法典

（一）清入关前的法制概况

关于清入关前的法制状况，顺治帝在为《大清律集解附例》所作序文中曾作过"太祖太宗创业东方，民淳法简，大辟之外，惟有鞭笞"的概括。《清朝文献通考》也说努尔哈赤时期"俗淳政简，所著为令，鞭扑斩决而已"[②]。这大致反映了当时的真实情况。1615 年后金政权建立时，努尔哈赤即"整顿围猎用兵的规则，制订法令"[③]。1621 年，努尔哈赤颁布《禁单身行路令》，这是一个以保护八旗兵民安全为内容的单行法令。皇太极时期，天聪五年（1631 年），颁布了《离主条例》，允许告发主子犯罪属实的奴隶离开原主获自由。约于天聪六年（1632 年），皇太极遣派大臣"往外藩蒙古诸国宣布钦定法令"[④]，人称《盛京定例》。这可能仅是关于蒙古地区的特别法令。崇德元年（1634 年），皇太极复颁《会典》52 条，今人称为《崇德会典》，仅是天聪朝重要谕令的汇编，内容虽包括礼制、官制、刑制、婚姻、诉讼、经济、宗教等方面，但均相当简单。这说明，清人入关前的法律制度均不过是君主谕令汇编，没有有体例的成文法典，内容也不完备。

（二）《大清律》和附例的沿革

顺治二年（1645 年），清廷即设置律例馆，负责修律。三年初，律成，名曰《大清律集解附例》，三月正式颁行，律文四百五十九条，比明律仅少一条，篇门条目之名一准明律。律文之后附相关"条例"，共四百三十多条，比明律所附"问刑条例"增多。而后又由"内院校定译发"满文本，于顺治十二年（1655 年）颁发。

---

① （清）谈迁：《北游录·记闻》。

② （清）张廷玉等：《皇朝文献通考·刑考一》。

③ 《满文老档·太祖》卷四。

④ 《清史稿·刑法志一》。

康熙继位后，刑部奏请校正律文获准，并于康熙九年（1670 年）完成。康熙十八年（1679 年），为了解决律与例之间轻重互异的矛盾，帝命刑部将所有新旧条例重新酌定并酌拟新则，刑部于次年编制成《刑部现行则例》。该《则例》比照《大清律》六部分律之体例，对律文规定以外的各类犯罪，作出了相应的处罚规定。康熙二十八年（1689 年）。因律和则例并行有矛盾，帝又"特交九卿议准，将《刑部现行则例》附入大清律内"①。为此，修律诸臣对顺治三年所定之律进行了较大的修订，并于每条正文后增加总注，疏解律文。康熙三十六年（1697 年）刑部奏呈修定的律例，但一直为皇帝"留览未发"，修律便搁置了起来。终康熙之世，修律一直未正式完成，真正行用的是《刑部现行则例》。

雍正帝继位后，又命大学士朱轼为总裁负责修律。朱轼等人以康熙时期的工作为基础，于雍正三年（1725 年）完成了律文修订。雍正五年（1727 年）新律颁布，仍曰《大清律集解附例》，律文有些增删调整，定为三十门四百三十六条，比顺治三年所定之律少二十六条，每条律文之后又加上了康熙年间拟而未发的总注，附例也有整理，定为八百二十四条（一说八百一十五条），分为"原例"（顺治及以前之例）、"现行例"（或"增例"，即康熙朝所增之例）、"钦定例"（雍正帝新定之例）三部分。

乾隆继位后，命大臣三泰为总裁负责修律。乾隆五年（1740 年）完成，定名《大清律例》，"刊布中外"。此次修改中，律文逐条考正，定例也折衷损益，删除了律后总注。这次修定律文仍为四十七卷三十门，四百三十六条。附例编定为一千零四十二条（一说一千零四十九条）。此次修律，律名删去"集解"二字，因为自顺治三年律本以来并无诸家注解汇集之事，可见其对明律之亦步亦趋之甚。至此次修律止，清律基本稳定，直至清末律文未变，从前简单模仿明律的清律，现在略有个性。

乾隆五年以后，律文虽再未增删，但律文后的附例则不断"续纂"。起初"定限三年一次编辑"。后又定为"五年一小修，十年一大修"。自乾隆至咸丰初百年间都是定期修订，例文条数逐年增加，乾隆二十六年（1761 年）增至一千四百五十六条，同治九年（1870 年）增至一千八百九十二条。光绪、宣统时期则连修例也顾不上了。

（三）各部院则例的制定

各部院则例是清朝法律体系的重要组成部分，它是规范各部、院政务活动的行政规则。清朝的则例分为两类：一般则例和特别则例。

一般则例是针对部院一般行政事条而定的则例。这主要有《刑部现行则例》（康熙十九年定，后并入正律内）、《钦定吏部则例》（雍正十二年编定，具有各部组

① 《清史稿·刑法志一》。

织法和人事行政法规性质)、《钦定户部则例》(乾隆四十一年编定,有户部组织法和经济行政法规性质)、《钦定礼部则例》(嘉庆九年编定,有礼仪行政法规性质)、《钦定工部则例》(乾隆十四年编成,是关于营缮、河防、水利、船政、军火的行政法规)、《钦定中枢政考》(康熙十一年编定,为兵部一般则例,是军事行政法)、《理藩院则例》(关于蒙、回、藏等少数民族及宗教事务的行政法规,康熙二十六年制定)、《钦定台规》(都察院则例)等。此外,国子监、内务府等均有则例。

特别则例是指就各部所管辖特定事项而制订的行政规章,如《钦定八旗则例》(关于八旗居民的特权及管理规则)、《兵部督捕则例》(关于惩治逃奴的法律,顺治三年制定,乾隆时废除)。此外,《钦定户部漕运全书》、《钦定学政全书》、《赋役全书》等虽无则例之名,但实际上也是特别则例。

除上述二类则例之外,有些衙门内部还有关于办事手续章程及官员违制应如何处罚的专门则例,如《吏部处分则例》、《六部处分则例》、《兵部处分则例》、《吏部铨选则例》、吏部稽功司验封司的则例,等等。

(四)《大清会典》的编定

《清会典》是清代的基本行政法典。它始于康熙时期。康熙二十三年(1684年)帝令仿照《明会典》体例起草清会典,历时六年成书,共一百六十二卷。该会典"以官统事,以事类官",按宗人府、内阁、六部、理藩院、都察院、通政使司、内务府、大理寺等机构分目。每一机关条目下,开列其机构建制、官品职数编制、职掌权限,并考述其沿革及附载历年事例或则例。此次所编会典,人称《康熙会典》。其后,雍正十年(1732年)又将其修订公布,人称《雍正会典》。至乾隆朝,因恐"典例并载"可能使后人无所适从,遂又将附于各条的则例分出,另行编辑,"以典为纲,以则例为目",会典常行不变,则例因时增减。此次会典人称《乾隆会典》(一百卷),另编的则例称《乾隆会典则例》,篇目与会典一一对应,为一百八十卷。此后,嘉庆、光绪两朝又修订会典和则例。嘉庆十七年(1812年)编成《会典》八十卷,《会典事例》九百二十卷。光绪二十五年(1899年)又编成《会典》一百卷,《会典事例》一千二百二十卷。

(五)关于少数民族管理的专门法规

对于蒙古、藏、回、苗等少数民族,清王朝形成了一套有特色的成功的民族政策和法制。

蒙古族是北方及西北最强大的少数民族,清朝统治者历来均把与蒙古结盟作为自己统治的基础。早在皇太极时期,就曾向内外蒙古宣布《盛京定例》。崇德八年(1643年),皇太极又颁布《蒙古律例》。[①] 乾隆朝又多次续修。嘉庆十六年(1811年)主管蒙古等少数民族事务的理藩院奏请续修,改称《理藩院则例》,

---

① 《乾隆实录》卷一五六。

当时又习称“蒙古律”、“蒙古例”。这是关于蒙古等北方少数民族的基本法，规定了蒙地的盟、旗制度以及设官袭爵、职守、边防、法律、朝觐等等制度。

对于西藏地区，雍正初年即派有驻藏大臣，乾隆初年确立了达赖喇嘛政教合一的政权体制。颁布了《钦定西藏章程》，不久又修订为《西藏通制》。《通制》规定“西藏设驻扎大臣二人，办理前后藏一切事务”，其地位“与达赖喇嘛、班禅额尔德尼平行”；西藏对外事务由驻藏大臣负责；设立金瓶掣签制度决定达赖和班禅灵童转世，由驻藏大臣亲自主持仪式，并奏请皇帝批准。此外还有关于西藏的《禁约十二事》。

青海地区在清代为蒙古族、藏族聚居地区，雍正初置西宁办事大臣。后“从蒙古例内摘选番民易犯条款”，编成《番例》，又称《西宁青海番夷成例》或《西宁番子治罪条例》，亦称《番例条款》。该例完全脱胎于《蒙古例》，一直沿用到民国初年。

新疆在光绪继位以前称为回疆，以其维、哈等民族人民信奉伊斯兰教（回教）之故。乾隆时设伊犁将军为回疆最高行政长官。嘉庆年间制定了《回疆则例》作为管理回疆地区的特别法规。

对于西南地区的苗、瑶、彝、藏、侗等少数民族，清朝主要实行“改土归流”的政策，即逐渐废除土司、改派流官。因清朝习惯于称以贵州为中心的少数民族地区为“苗疆”，故在《大清律例》中增列了关于苗疆地区的十余条“苗例”。为推行“改土归流”，雍正初年还在苗疆地区颁行了《保甲条例》。乾隆年间还对苗地颁布了《苗疆事宜》、《苗汉杂居章程》、《苗疆善后事宜》、《苗犯处分例》等特别法令。

对于台湾地区的少数民族及汉番杂居管理问题，清朝也订有特别法规。如乾隆二年（1737 条）颁布《台湾善后事宜》，禁止汉民侵占或购买“番地”。乾隆十一年（1746 年）的《占地民番事宜》又重申此禁。此外，《大清律》中有多条关于台湾地区番蛮犯罪案件的“条例”。

第二节　清律的内容及其特点

一、严刑峻法维护高压统治

清律作为中国封建社会末代王朝的法律制度，有着封建制末期的特色。这表现在许多方面，其中最重要者就是以空前的严刑峻法来推行政治思想高压政策。

第一，清律承明律之绪，加重了对“十恶”重罪特别是对“谋反”、“谋大逆”等侵犯皇权的犯罪的惩罚。凡谋反大逆案中，只要参与共谋，即要不分首从凌迟处死，其父子、祖孙、兄弟及同居之人（不论同姓异姓）、伯叔父、兄弟之子（不限户籍之同异），只要在十六岁以上（不论笃疾、废疾）皆斩；十五岁以下者及犯人之母女妻妾、姊妹及子之妻妾,"皆给付功臣之家为奴,财产入官"。即使子孙的确不知情,年十一岁以上也要阉割并发往新疆给官兵为奴。

第二,清代还扩大了谋反、谋大逆罪的范围,如凡上书奏事犯讳或不当者,常按谋大逆律条治罪。又如将"倡立邪教,传徒惑众滋事"或"因挟仇恨编造邪说煽惑人心"者,"比照反逆定罪",处以极刑,父母即不知情也要流三千里。再如附例规定"异姓人但有歃血订盟,焚表结拜兄弟者",照谋叛未行律治罪,为首者拟绞监候,为从者减一等。若聚众二十人以上,为首者拟绞立决,为从者发极边烟瘴充军;凡抗粮聚众,或罢考、罢市至四五十人,为首者斩立决,为从者绞监候,胁从者各杖一百;至于哄闹公堂拥塞官府,逞凶殴官者,为首者斩决枭首,同谋者斩立决,从犯绞监候。这种以极刑严厉防范打击人民聚众反抗的条例,多系明以前法律所无,或比从前大为加重处罚。

第三,对危害治安及财产的犯罪也加重处刑。对于强盗罪,清律规定只要得财,不分首从皆斩。对于盗窃罪,明律最重处刑流三千里,清律在顺治时期竟规定赃满120两即绞监候。清律常将"江洋大盗"与谋反大逆相提并论,首犯凌迟处死,从犯常赦不原。道光年间还规定,对爬城行劫的罪犯及京城、大兴宛平二县境内的劫盗犯,地方官可以不向朝廷奏报即"就地正法"。

第四,严惩思想异端,大兴文字狱威慑知识分子。如顺治康熙年间,浙江人庄廷鑨编刻《明书》,称努尔哈赤为"建州都督",仍以南明政权为正朔。事被告发,时庄廷鑨已死,朝廷下令开棺戮尸,并将其兄弟、子侄以及该书刻印者、读者、保存者甚至"疏忽不觉"的地方官共七十余人全部处死。从此以后,"文字狱"迭兴不断,康、雍、乾三朝多达一百多起,株连士人数万,杀人甚多。虽然清统治者多次声称"不以语言文字罪人"[①],大清律中也确实没有关于文字狱的直接条款,但所有文字狱均是按谋反大逆定罪,这是最严重的罪名,且处极刑并株连最广。这种政策及司法,显然是为了镇压具有反对封建专制主义意识和反抗民族压迫意识的社会思潮。

二、维护旗人特权和满族统治

清王朝是以满族贵族为主体的封建政权,必然要在法律上表现出维护满族特权及满族统治的特性。这主要反映在以下几个方面:

第一,确保满族贵族在政权中的优越地位。清朝官制形式上标榜满汉一体,中央六部长官设满汉复职,但实权操于满官之手。汉官"相随画诺,不复可否"。[②] 为了保证满族贵族控制要害部门,清朝在任官制度上创制了分族"官缺"

① 故宫博物院编:《清朝文字狱档》谢济世案。

② (清)赵翼:《檐曝杂记》卷二。

制度，将所有官职岗位分为满官缺、蒙古官缺、汉军官缺、汉官缺四种。不同的官缺只能由不同的民族人员出任或补授。例如，中央的理藩院、宗人府及掌握钱粮府库、军火库等重要机构的职官，全部为满洲专缺，各省驻防将军、都统、参赞大臣、盛京五部侍郎也全部是满官司缺。地方督抚司道总兵提督等虽满汉兼用，但近畿和要隘多用满官。康熙时汉人任督抚者"十无二三"，乾隆时巡抚"满汉各半"，但"总督大都是满人"①。直到咸丰以后，地方大员才以汉官居多。凡满官缺不许汉人补任，但汉官缺却允许满官补任。这典型地反映了民族歧视和保障满族特权地位的政策。

第二，保护旗人的司法特权。清时所谓"八旗"、"旗人"，包括满洲八旗、蒙古八旗、汉军八旗。蒙汉八旗实为满化的旗人。旗人是清朝统治的基础，八旗军是清朝依靠的基本武装力量。因此，赋予旗人以法律尤其是司法上的特权，乃是清律的当然特色之一。《大清律·名例》规定："凡旗人犯罪，笞杖各照数鞭责。充军流徒，免发遣，分别枷号。徒一年者，枷号二十日，每等递加五日。……流二千里者，枷号五十日，每等亦递加五日。充军附近者枷号七十日，近边者七十五日，远边沿海外边者八十日。极边烟瘴者九十日。"流徒刑之罪，旗人可以免予发配远乡，免予劳役，免予坐监。次死一等的充军，旗人竟可仅以带重枷示众几十天来替代。即使杂犯死罪者，亦可以折易枷号（仅真犯死罪不能折枷），乾隆年间定例："凡旗人殴死有服卑幼，罪应杖流折枷者，除依律定拟外，仍酌量情罪，请旨定夺，不得概入汇题。"②《大清律》规定的刑罚，除上述折易规定之外，还有一些并不适用于旗人。如当斩立决者，旗人可减为斩监候；当刺字者，旗人只刺臂而不刺面。旗人的案件，由特定机关审理。一般旗人由步军统领衙门和内务府慎刑司审理，宗室贵族由宗人府审理，民事案由户部现审处审理。满人在地方涉讼，虽可以由州县审理，但无权对满人作出判决，只能将证据和审判意见转送满人审判机关处理。满人如须监禁，也不入普通监所。贵族宗室入宗人府空房，一般旗人入内务府监所。这样一来，旗人常"自恃地方官不能办理，固而骄纵，地方官难于约束，是亦滋事常见"③。

第三，保护旗地旗产，禁止"旗民交产"。清朝入关之初，曾放任满洲贵族及八旗兵丁圈占汉人土地作为私产。为了防止旗地旗产散失而削弱清王朝的统治基础，清廷多次申令禁止汉人典买旗地。仅乾隆时代就三次定例禁止典买旗地并对有无典买旗地之事进行清查。在清查中自首者，由官府给价回赎；隐匿不首者，一旦查出，业主售主均照隐匿官田律治罪，失察长官也严加议处。④ 对于旗

① 《清高宗（乾隆）实录》卷一八四。

② 《大清律例·名例》。

③ 《刑案汇览》卷一，"犯罪免发遣"，道光五年八旗都统奏。

④ 《钦定户部则例》。

人房产也是如此。嘉庆十九年(1814 年)定例:“旗地旗房概不准民人典买”,违者治罪。[①]

三、重法遏制资本主义经济因素的发展

清律作为中国封建社会末代王朝的法律制度,一如历代封建王朝,顽固坚持压抑限制工商业的政策,遏制资本主义经济因素的发展。这主要体现在以下几个方面:

第一,阻挠沿海对外贸易。清初,为了镇压沿海地区特别是台湾海峡地区的抗清力量,朝廷曾颁“禁海令”,“寸板不得下海”。接着又颁布迁海令,强制闽广苏浙沿海居民内迁五十里,越界者斩,从而完全阻绝了海外贸易。直至鸦片战争前夕,广州以外各口岸均奉令关闭。《大清律》中有惩处“违禁下海”行为的律文和许多条例。如《大清律·兵律》“私出外境及违禁下海”条规定:“凡将马牛、军需铁货、铜钱、缎疋、细绢、丝绵私出外境货卖及下海者,杖一百。”附例规定:“凡沿海地方奸豪势要军民人等,私造海船,将带违禁货物下海,前往番国货卖,……正犯比照谋叛已行律,处斩枭示,全家发近边充军。”类似的条例竟近 40 条之多。康熙二十三年(1684 年)收复台湾(郑氏政权归顺)后一度放宽海禁,海外贸易恢复较快,刺激了沿海工商业发展。但康熙五十六年(1717 年)再申海禁之令,禁止与南洋的贸易,沉重打击了刚刚兴起的对外贸易和沿海工商业。正如方苞指出的:“今概绝之,则土货积滞,而滨海之民半失作业。”[②]

第二,限制采矿业发展。清统治者认为:“开采(矿)一事……人聚众多,为害甚巨。从来矿徒,率皆五方匪类”,因此决不应因“逐此末利”而使匪类“乌合于深山穷谷之中”[③]。本此指导思想,《户部则例》规定:开采商人须于地方官处登记,“取具甘结”,即立誓保方可开采。若私自开采或采得铁矿擅卖,严加治罪。康熙年曾定例:“如有别州县民人结伙移境(采矿),聚至三十人以上”,重加惩处,为首者发近边充军。[④] 乾隆年间湖南地方颁令,开矿“只许雇觅本地人夫,毋得招集外来人民”[⑤]。为了控制云南采铜业,清政府规定了官借工本,官收余铜的政策,甚至未借领工本的商人采获的铜也必须卖给官铜店。如有私相买卖,一经查获,铜没收,人治罪。

第三,重征商税抑制民间商业。为抑制民间商业活动,清王朝广设钞关(税卡),重征商税。有偷越关卡及偷漏税者,客商依律治罪,地方官一并议处。《户

---

① 《大清律例·户律》典买田宅门附例。

② (清)方苞:《方望溪先生全集》卷七十。

③ 《清世宗实录》卷二十四。

④ 《大清律例·户律·仓库》。

⑤ 《光绪兴宁县志》卷六。

部则例》还规定:“关税短缺令现任官赔缴。”这促使各关卡税吏以增额课税掠夺为能事,肆意苛求。除关税外,还征收名目繁多的商税,如牙税、落地税、盐税、矿税、茶税、酒税,等等。《大清律·户律·课程》规定:“不纳课程者,笞五十,物货一半入官。”这些规定及税吏法外肆意勒索,使商人们视关卡为畏途。

第四,严行官营制度,除前述铜铁专营专卖以外,清政府还常实行盐茶官卖,禁止民间私卖盐、茶。将最有利润的商业收归官方垄断,打击了民间商业。《大清律·户律·课程》规定:百姓私自买卖盐者,杖一百,徒三年。凡犯私茶者,同私盐法论罪。此外,清朝也严行官营手工业制度,许多日用品只准官营工场作坊生产,由官府销售。民间不得制作销售,这也严厉打击了民间手工业和商业。

四、维护统一,对少数民族地区实行有效法律控制

为维护国家的统一,为保证多民族国家的巩固和发展,清王朝很注意对少数民族管理的立法,很注重对少数民族地区进行有效的法律控制。这主要体现在以下几个方面:

第一,因族制宜,因俗立法,缘俗为治,尊重和保护民族地方特色。一方面,对不同的民族有不同的立法。如对蒙古族有《理藩院则例》,对藏族有《西藏通制》,对回族有《回疆则例》,对青海的藏族为主的少数民族有《番夷成例》(《番例条款》),对西南民族有“苗例”。这些法例,实际上都是对各地方各民族的民族习惯法的总结整理,是符合各民族历史传统及风俗习惯的法律制度。正因如此,所以才相当有效。在具体的法定处罚手段的选择上,这些法例都很注意少数民族的特性。比如《理藩院则例》中对蒙古地方规定的处罚手段,无论是民事的、行政的还是刑事的处罚,都以罚缴牲畜为主。这显然是考虑到在蒙古地区,马牛羊驼等牲口是其赖以生存的最重要财富,处以囚禁远不如罚缴牲畜有效。在诉讼程序及证据制度方面,也充分考虑地方民族习惯。如蒙古及青海宁夏甘肃地区少数民族重视“设誓”,因此《理藩院则例》规定,对于一些证据不足而难决的疑案,允许当事人在所属佐领或管旗章京处“设誓具结”作为判决依据,允许诉讼中保持神明裁判色彩。[①] 为了巩固这些地方的地方自治秩序,《理藩院则例》还规定汉人及其他民族人民在蒙古地方犯罪,必须受蒙古律例制裁:“如蒙古人在内地犯事者,照(大清)刑律办理;如民人在蒙古地犯事者,即照蒙古例办理”,“蒙古地方抢劫案件如俱系蒙古人,专用蒙古例;俱系民人,专用(大清)刑律”。这些规定,旨在保障少数民族自治权,防止内地人民扰害少数民族地区的秩序。

第二,在司法管辖审判方面,注意尊重少数民族地区首领对发生在本族本地区内的案件的审判管辖权,同时又通过中央派遣的官员对重大案件进行上诉审

① 《理藩院则例》卷四十五,《入誓》。

或再审复审进行一定的监督。如在蒙古地区，所有案件先由扎萨克(头领)听断；难决或不服者再报盟长审理；仍难决则报中央的理藩院审理定案。理藩院有时还派出官员会同扎萨克一起审理案件。没有扎萨克的地方，蒙古人汉人犯案均由驻防将军、都统，办事大臣就近审理，重案须报理藩院核查。蒙汉人之间的纠纷，由扎萨克与附近地方官会审或扎萨克与理藩院派出的官员会审。在回疆地区，一般案件由阿奇木伯克(头领)审理，但"如遇有刑讯重案，阿奇木伯克不得滥设夹棍杠子，擅自受理，随时禀明本管大臣，听候委员会同审办"①。即是说，重大案件要由民族头领和驻扎大臣派来的官员会审。最后还要将案件报伊犁将军或其他驻扎大臣复核具奏皇帝并咨呈理藩院。在西藏地区，审判事务一般均由当地僧俗的官员自己办理，西藏地方民族政权表面上享有终审权。因为没有法律规定判决不服或重大案件时须上诉到驻藏大臣由其审理，也未规定上诉到理藩院审理。但是，中央对藏区司法活动的监督还是存在的。如"番民争讼"，"如有应议罪名，总须禀明驻藏大臣核拟办理"。② 这种"请示汇报"虽非正式再审程序，但毕竟是对西藏地方司法的一种监督途径。

第三，在制定和运用法律时，注意中央法律和关于民族地方的特别法律之间的协调和渗透，逐渐增进内地与边疆少数民族之间的联系和共性。例如在《蒙古律例》中就引进了大清律例的许多内容，在"盟长扎萨克出缺报院限期"条中规定："内外各盟盟长扎萨克汗王、贝勒、贝子。公台吉塔布囊及闲散王公等，遇有因病出缺者，各按距京途径远近，除去往返日期，限二十日报院。逾限不报者，照内地'迟误公事例'议处。"③在"戏杀过失杀伤人"条中规定，"凡蒙古戏杀过失杀伤人，俱查照'刑例'分别定拟"。又，在"斗杀"条文中，也引进了大清律中的"保辜"制度，"凡斗殴伤重，五十日内身死，殴之者绞监候"④。这些规定，都旨在强调中央统一法律与关于民族地方的特殊法律(或民族传统律例)之间的关系。

五、刑罚适用原则的发展

关于刑罚适用原则，清律承唐明律之绪，有着相当丰富、完备的规定，也有一些变化发展。这些变化发展主要是：

(一) 关于"自首"的原则

清律因袭明律，对自首的各种情形作了严格的规定。除《大清律例》中的有关规定系因袭明律之外，清代的"自首"制度又有所发展。康熙年间修定的《督捕则例》对自首制度作了重要补充。比如，为解决"逃人"问题，该则例鼓励逃人"自

① 《回疆则例》卷六。
② 《理藩院则例》卷六十一，《西藏通例》。
③ 《理藩院则例》"擢授"门。
④ 《理藩院则例》"人命"门。

回自首”，甚至逃走三次者“自回自首”仍可免罪[①]，扩大了自首免罪的适用范围。嘉庆年间定例：在监犯人“如有因变逸出自行投归者”，照原犯罪名各减一等发落。[②] 这种规定旨在鼓励脱逃犯自首：不但不追究脱逃之罪，反而减原判罪刑一等。这也反映了自首适用范围的扩大。

（二）关于共犯的处理原则

清律关于共犯的基本规定与明律同，但结合司法实践有些补充。与明律一样，清律取消了唐律本有的“与监临主守共犯，以监主为首（犯）”，“擅入皇城宫殿、私越渡关、避役在逃、犯奸者不分首从皆以正犯科罪”等规定，显示对官吏犯罪责任的减轻及对侵犯国家政治秩序的犯罪处罚加重的倾向。关于家人共犯的问题，曾专有定例加以补充：“凡父兄子弟共犯奸盗杀伤等案，如子弟共意，父兄同行助势，除律应不分首从及其父兄犯该斩绞死罪者仍按其所犯本罪定拟外，余视其本犯科条加一等治罪，概不得引用‘为从’字样。”本来，名例律正文规定家人共犯，以尊长为首。但在这里，为贯彻“重典治重罪”的精神，竟规定凡属家人共犯奸盗杀伤之罪，一律以首犯论处。

（三）关于公罪私罪区别对待原则

清承明制，在《大清律》中规定：官吏犯公罪者，从轻处罚；犯私罪者，从重处罚。犯公罪，“该笞者，一十罚俸一月”，直至“（杖）一百降四级调用”。犯私罪，笞一十则罚俸二月，直至杖一百革职离任。明显较公罪为重。这样做旨在使官吏明察公私的界限，用以提高其行使职权的主动性和创造性，提高统治的效能。

（四）依法定刑与有限类推并存的原则

清律主张依法定罪，依法量刑。《大清律·断狱》“断罪引律令”条规定：“凡断罪，皆须具引律例，违者笞三十。……其特旨断罪，临时处治，不为定律者，不得引比为律。”这是唐律以来一贯原则的体现，是强调依法论罪定刑的原则，接近西方刑法所谓“罪刑法定”原则。但是，清律又承明律之制，规定了比唐律限制更多的、更严格的类推制度。《大清律·名例》“断罪无正条”条规定：“凡律令该载不尽事理，若断罪无正条者，引律比附，应加应减，定拟罪名，议定奏闻。若辄断决，致罪有出入，以故失论。”依唐律，断罪无正条时，官司可以依“其应出罪者，举重以明轻；其应入罪者，举轻以明重”的原则自行类推适用相近条文，并无奏报上级审批程序。但明清律则规定要“议定奏闻”，上报皇帝审批，不得擅自断决。

（五）关于“化外人犯罪”的处理原则

唐律规定：“诸化外人，同类自相犯者，各依本俗法；异类相犯者，以法律

---

① 《督捕则例》卷上，“逃人自回自首”条。

② 《皇朝政典类纂·名例律》“犯罪自首”条附例。

论。”[①]明清律对此作了重大更改:“凡化外来降人犯罪者,并依律拟断。”即是说,一切外国侨民犯罪均依我国刑法处罚,不再考虑其同一国家民族之人相互犯罪适用其本国法的问题。唐律对外侨犯罪采属人属地相结合原则,清律则一概采取属地主义原则。这有保护我国司法主权防止外侨逃避和破坏我国司法管辖权的用意。不过,该条律文“小注”中把“化外人”仅仅限制为“来降”者,似又大大偏离唐律宽待外侨、尊重外国风俗及习惯法之本意。这说明,除了“来降”和“归化”者外,清律已不再把在中国经商求学旅历的外侨当作考虑的对象了。

第三节 清代司法制度及其特点

关外时期,清人长期治以军制,没有专门的司法机关和司法制度。到1615年,始有八大臣及四十断事官集议审判之“常例”建立。到天聪五年(1631年)始仿明制设刑部。基层军事单位牛录也成为基层司法机关,审理轻微民刑案件。牛录之上是各旗,设十六大臣审判较大狱讼。其更为重大的案件,则由汗或皇帝直接审理。入关以后,清人模仿明朝的司法体制,迅速建立起一整套从中央到地方相当周密发达的司法制度,并形成了自己一定的特色。

一、中央“三法司”与京师地方司法机构

(一)中央“三法司”

清朝承袭明代三法司体制,设刑部、大理寺、都察院三机关,号称“三法司”。

刑部为清代中央最高审判机关,其权力远甚于明代。依《大清会典》,刑部职掌应是“掌天下刑罚之政令”,主要是与复审和刑罚执行有关的行政工作。但事实上,刑部几乎都揽了最高司法权力。“外省刑案,统由刑部核复。不会法者,院、寺无由过问;应会法者,亦由刑部主稿。在京狱讼,无论奏咨,俱由刑部审理,而部权特重。”[②]刑部的实际权限,具体说来是三个方面。第一,在皇帝的统率下行使全国最高审判权,包括核拟死刑案件上报皇帝最后批准,批结全国充军流放案件,审理发生在京师的笞杖以上现审案件及中央官吏犯罪案件。第二,司法行政职权,如造办“黄册”(人命盗贼重案囚犯统计册及秋审等事宜的统计册等),狱政管理,赃款罚没之管理等。第三,立法方面的职权,主要是负责律例馆工作,主持修订律例,平时积累例案,开馆时纂修定拟。

大理寺职“掌平天下之刑名,凡重辟则率其属而会勘。大政事下九卿议者则与焉,与秋审朝审”。大理寺本是古制上的最高审判机关,但清时地位大大下降,

① 《唐律疏议·名例》六。
② 《清史稿·刑法志》三。

主要职责是复核刑部拟判的死刑案件。如发现刑部定拟不当，可以驳回。同时也主持热审案件。不过，大理寺在复核死刑、参与秋审朝审时只是陪衬。

都察院号称“风宪衙门”，是法纪监督机关，主掌官员监察，并职司谏议。关于司法的职权仅是其职权的一个方面。清代实行“台谏合一”，将原独立的六科给事中合并入都察院。都察院参与司法事务主要在两方面：一是参与会谳。即各省死刑案件在刑部核拟后，送都察院，都察院列署其意见转大理寺；大理寺副署意见后退回刑部，办理题奏。京师发生的死刑案，则由三法司的司官先行会审，而后三法司堂官再会审定谳，此分谓“会小法”、“会大法”。二是参加秋审和朝审，执行复奏之职。都察院内设十五道、六科，分掌地方各省及中央六部之纠察，尤其是对刑名事宜进行监察。

关于三法司的相互关系，清初曾任大理寺卿的魏 琯说：“持天下之平者（刑）部也，执法纠正者（都察）院也，办理冤枉者（大理）寺也。”这基本上说明了三法司的法定职权关系：刑部主审判，都察院监察，大理寺复核，但实际上刑部权重，院、寺无司法审判实权。

（二）京师地方司法机构

清代京师地方司法机构主要是五城察院。京师分为东、西、南、北、中五城（犹今制设区），每城设一衙门，掌治安。长官为巡城御史，并设有兵马司，设指挥、副指挥、吏目等官，专司“访缉逃盗、稽察奸宄”等。五城察院审理管界内发生的户婚、田土、钱债、斗讼等案件。杖罪以下由巡城御史自行审结，徒罪以上报刑部定案。凡人命案件，由五城兵马司指挥相验报巡城御史审断；盗窃案件，由副指挥与吏目踏勘审解，重者报巡城御史审理。凡徒罪以上的命盗案均拟判后报刑部定案。

此外，负责京师治安的步军统领衙门，也设有专官“平决狱讼”。杖罪以下自行完结，徒罪以上经审讯后送刑部定拟。

二、地方司法体制与旗人司法管辖

（一）地方四级司法体制

清朝的地方司法体制为省督抚、省按察司、府、县（州、厅）四级。

县（散州、厅）为第一审级。州县官有权审决笞、杖、徒刑案件；流刑、死刑案件只可预审转呈府衙判决。《大清律例》规定：“军民人等遇有冤抑之事，应先赴州县衙门具控。”发生于州县官辖区内的田土、户婚、斗殴等轻微案件，只要系笞杖轻罪，均由州县官全权处理，是为州县“自理案件”。命盗等刑事案件，州县初审后，按期将案卷与案犯一起解赴府或直隶厅州复审。州县除知州知县为唯一法官以外，还没有佐贰官辅助审判。另外，州设吏目、县设典史为捕官，专司缉捕和监狱，但无权受理词讼。

府(直隶厅、州)为第二审级。负责复审州县依法上报的刑事案件及人民不服州县判决而上诉申诉的案件。直隶厅、州也辖理一审案件,因其与府平级,故呈送道台为第二审。州县上报刑事案件(徒罪以上案件),府复审后提出判决意见,再上报省按察司。

省按察司(全称提刑按察使司)为第三审级。按察司对府(直隶厅州)上报的刑案进行复审,其中对徒刑案件仅进行复核(因徒刑人犯不解省),对军流、死刑案件及人犯进行复审。如无异议便加以"审供无异"之看语,上报督抚。如发现有问题,则驳回重审或改发别的州县更审。

总督巡抚为第四审级。督抚有权批复按察司复核无异议的徒刑案件,并决定执行。对充军流刑案件加以复核。如对按察司的看语无异议,则咨报刑部,听候批复。对死刑案件,督抚须对人犯进行复审。在当堂亲审后,如"与司、府、县审供相同",就作出看语,专案向皇帝奏报,曰具题,并将题本副本咨送刑部、都察院、大理寺。

(二) 旗人司法管辖

清政权的统治基础是以满族人为主的旗人,因而对旗人在司法上作出了一些旨在保护旗人特权的安排。旗人在地方民刑案件,不由县审理,而由"理事厅"审理。"理事厅"是各府(州)理事同知或通判的办事机构。理事同知(或通判)是清朝设置的专门负责联络八旗军与当地政权关系及处理有关旗人事务的专官,都由旗人担任,审理旗人的民刑案件是其主要职责之一。旗人命盗案件,由理事厅会同州县审理,州县官无权对旗人单独作出判决。在京畿地区,旗人案件分由两州理事通判管辖。通州理事通判管辖京东南十四州县的"旗、民交涉事件",命盗案件则会同各州县官审理。遵化州理事通判,管辖京东北地区五州县的"旗民交涉自理词讼"。理事厅对旗人的司法管辖权,大体上相当于州县对于一般民人的司法管辖权,即仅管辖民事案件和笞杖罪的刑事案件。如罪至徒流死,则由该旗都统、将军题奏皇帝请旨。都统、将军在此起着类似各省督抚的作用。如果是涉及旗地旗产的案件,若认为各旗都统或州县审理不公,可以上诉户部,由户部现审处审理,或由各自本旗报户部审理。若是仅系民事案件,旗人也可单诉之于州县官审理,无需理事厅会审。地方州县官虽可审理满人民事案件,但不能动用刑具罚责旗人。京师满人诉讼,由内务府慎刑司审理,徒罪以上移送刑部。盛京地区的满人诉讼,由盛京将军及各部府尹会同审理。至于宗室贵族的案件,则由宗人府审理。这些特殊管辖及满人的某些司法特权,在咸丰朝以后逐渐瓦解。

三、秋审与九卿会审

(一) 秋审

秋审在清代号称国家大典,每年一度,是对在押死刑犯进行特别复核的制度。它系沿袭明代朝审制度而来。

依《大清律例》，死刑判决有立决、监候两种，凡判为斩监候或绞监候者，即监押等候复核。因复核例于每年秋八月中下旬举行，故曰秋审。在秋审前，各省须将入于秋审案件整理复核好。此种整理复核自下而上，由州县到省，对在押死囚一一复核，按其犯罪性质、情节，区分为情实、缓决、可矜、留养四类。因可矜、留养者少见，故实际上主要是区分实、缓。当秋审日，在天安门前金水桥西，齐集内阁、军机、九卿、詹事、科道及各院寺司监官员，对各省已复核并作区分的案件进行会审。全国上千秋审案件，一日会审完毕，实为“逐一唱名”由会审官员共鉴共诺而已。此即秋审或秋谳大典。大典之后，由刑部领衔具题奏报皇帝，皇帝作出或实或缓或矜或养的最后裁决。若是奉旨入于情实者，还要由刑科给事中向皇帝“复奏”。初为三复奏，乾隆改为一复奏。复奏后还要由各道御史奏请“勾到”。奉旨勾决者才下令处决。秋审列入缓决的案件，入于下一年度秋审，凡三经缓决者多例改为流刑或发遣。

除秋审外，还有所谓朝审、热审。在秋审大典的前一天，对京师刑部狱中在监死囚进行复核，称为朝审。朝审与秋审基本相同，但需将囚犯解至现场审录。此外，每年小满后十日至立秋前一日，由大理寺左右二寺官员，会同各道御史及刑部承办司共同审录关押在京师各狱的笞杖罪囚，或免释，或减等，或保释，称为小三司会审，因举行于热季，故称热审。康熙时确定各省同时举行。

（二）九卿会审

清代的会审情形甚多，大多成为制度。其中最典型的是九卿会审。凡遇特别重大的案件，皇帝常命六部尚书、大理寺卿、都察院长官（左都御史）、通政司通政使等高官会同审理，称为九卿会审。九卿会审主要是重审斩监候、绞监候的案件，也审理当年死刑案件。许多案件在进入朝审、秋审之前已经过九卿会审。朝审、秋审虽有内阁、詹事、科道等参与，但以九卿为主，故亦可视为九卿会审的主要方式。除九卿会审之外，清朝还有三司会审（即刑部尚书，大理寺卿、都察院左都御史会审重大案件），小三司会审（见前“热审”部分）及王大臣九卿会审（亲王、大臣、九卿共同审理重大案件）、宗人府会同刑部审理宗室犯罪案件等会审制度。

第四节　太平天国的法律制度

一、太平天国领袖法律思想的近代内容

太平天国革命运动是在近代中国的剧变中发生的一场特殊的农民革命运动，这一运动体现了中国儒家传统和西方文化的双重影响。太平天国领袖们的法律思想，正是这种双重影响的典型体现。太平天国领袖洪秀全（1814—1864年）在其早期作品《原道救世歌》中宣言：“天父上帝人人共，天下一家自古传”；

“天人一气理无二,何得君王私自专”;“普天之下皆兄弟”,“上帝视之皆赤子”。在其另一作品《原道醒世训》中,他倡言:“天下多男人,尽是兄弟之辈;天下多女子,尽是姊妹之群。何得存此疆彼界之私,何可起尔吞我并之念!”他希望变“乖漓浇薄之世”为“公平正直之世”,希望实现“天下一家共享太平”,实现“天下有无相恤,患难相救,门不闭户,道不拾遗”并且“人无私财”的“天下为公”之“大同盛世”。这些主张,既继承了《礼记》中“天下为公”理想,又继承了中国传统农民革命的“等贵贱、均贫富”的“均平”理想,还吸收了西方基督教“上帝面前人人平等”的理想。这种前所未有复杂的“平等”、“大同”主张,体现了中西文化的双重影响,体现了太平天国革命的近代属性。

太平天国另一领袖洪仁玕(1822—1864 年)的法律思想,更有着鲜明的近代政治改革思想属性。在《立法制宣谕》中,洪仁玕认为:“国家以法制为先,法制以遵行为要。能遵行而后有法制,有法制而后有国家,此千秋不易之大经,而尤为今兹万不容已之急务也。”[①]把法律制度视为国家之本,置于国家之先之上,强调普遍遵行,这相当接近资产阶级的法治主张。在《资政新篇》中,他认为,英、美、法等先进国家之所以强盛,主要在于法制完善;俄国和日本原来落后,后来学习西方的“邦法”大兴政教,便由弱变强。因此,整顿法制,不仅可以拯救太平天国“人心冷淡”、“锐气减半”、法纪松弛之危局,而且可以增强国力,争雄世界。洪仁玕还认为,仅仅强调“立法制”是不够的,还必须强调“立法善”。他主张制定有近代精神的“善法”,“凡一切制度考文,无不革故鼎新”。为此,他提出了二十九条充满近代改革精神的政策及立法建议,这些建议包括:设新闻官,“准卖新闻篇”,以收民心公议;设立意见箱,以期上下情通;建立公务员考核制度;建立专利保护制度;兴车马舟楫之利,发展交通事业;兴办银行,邮政事业;发展工商业,奖励采矿;设新学,办报纸,开医院,奖励慈善事业,等等。尤为可贵的是,洪仁玕在立善法和用贤人的关系问题上,有着远较前人进步的观点。他认为,国家政治的兴盛,“惟在乎设法用人得其当耳。盖用人不当,适足以坏法;设法不当,适足以害人,可不慎哉!然于斯二者并行不悖,必于立法之中,得乎权济”[②]。在这里,他基本上超出了传统的“任人”“任法”之争的范围,注意到了不善之法足以害人的问题,甚至有把“善法”放到优于贤人的位置上的倾向,这已接近资产阶级法制主张了。

二、太平天国法律制度及其特点

太平天国的法律制度的创制,始自《十款天条》。《十款天条》是“拜上帝会”的教规及太平军的军纪,1852 年永安建制,初步确定了太平天国的官制,颁布了

① 《立法制宣谕》,载《洪仁玕选集》,中华书局 1978 年版。
② 《资政新篇》,载《太平天国印书》第 16 册。

《天命诏旨书》、《太平礼制》、《太平条款》，并刊印了《太平诏书》、《天条书》等具有法律效力的文书。1853年建都南京后，在东王杨秀清主持下，制定和颁布了《天朝田亩制度》、《太平刑律》等，此外，洪秀全所著的《原道醒世训》、《原道觉世训》、《原道求世歌》及洪仁玕所著《资政新篇》、《立法制宣谕》等均已成为太平天国法律体系的一部分。

太平天国法律制度的主要内容及特色，可以从经济立法、刑事立法、婚姻立法、司法制度等四个方面加以考察。

（一）在经济立法方面，充满中国传统的小农平均主义理想

《天朝田亩制度》是以反对封建土地私有制为中心的革命纲领，也是太平天国的土地法制通则。它规定："凡分田，照人口，不论男妇，算其家人口多寡，人多则多分，人寡则寡分"；"凡天下田，天下人同耕。此处不足，则迁彼处；彼处不足，则迁此处。凡天下田，丰荒相通，此处荒则迁彼丰处，以赈此荒处；彼处荒则迁此丰处，以赈彼荒处。务使天下共享天父主皇上帝大福，有田同耕，有饭同食，有衣同穿，有钱同使，无处不均匀，无人不饱暖"。这体现中国传统的"耕者有其田"的理想。与此相关，它还规定："凡天下，树墙下以桑。凡妇蚕绩缝衣裳。凡天下，每家五母鸡二母彘，无失其时。"这是《孟子·尽心上》中"黎民不饥不寒"的小农社会理想的翻版。至于具体分田办法，它规定：按土地肥瘠分田为九等，分配时"杂以九等"、"好丑各一半"。按每户人口数分配，十六岁以上成年人多分一倍。这一土地纲领或立法，反映了农民小生产者所特有的绝对平均主义空想，它鼓励了广大农民参与革命。但事实上，这一立法并未全面实行。

太平天国的圣库制度和供给制度也典型地体现了小农平均主义，也体现了《礼记·礼运》所憧憬的"人无私财"的"天下为公"追求。基于洪秀全"人人不受私，物物归上主"的理想，早在1850年（起义前夕），拜上帝会就实行了"圣库制度"。"将一切所有缴纳于公库，全体衣食俱由公款开支，一律平均。"1851年，攻克永安城后，洪秀全即下诏："凡一切杀妖取城所得金玉绸帛宝物等项，不得私藏，尽缴天朝圣库，逆者议罪。"[①]圣库制度初仅行于军中，后来推广于天京城内。《天朝田亩制度》规定：每二十五家设一公库，"凡当收成时，两司马督伍长，除足二十五家所食可接新谷外，余则归国库。凡麦豆、麻、布帛、鸡、犬各物及银钱亦然。""凡二十五家中所有婚娶弥月喜事，俱用国库，但有限式，不得多用一钱。"这种规定反映了太平天国领导人的小农共产制乌托邦理想，其实际上滞碍难行。不但在普通居民中行不通，甚至在军队中也名存实亡。

（二）在刑事立法方面，充满军事刑法的特征，旨在"斩邪留正"，体现了"重刑轻罪"原则

太平天国起义后，因一直处在激烈的战争中，故其刑法一直体现为军事刑法

① 《太平天国诏旨书》，载《太平天国》第1册。

或战时刑法。其刑法主旨在“杀妖除怪”,“斩邪留正”,把一切敌视太平天国的势力及太平天国内部的变节、违纪者通通称为“妖”、“怪”、“邪”,用极其严厉的刑罚加以镇压。如《太平刑律》、《天条书》和《太平诏书》规定,对一切满清官吏军人,须坚决镇压,“遇妖即诛”。对于内部变节“反草通妖”者,“即治以点天灯、五马分尸罪”,并诛杀其所在全馆全营。对“私带妖魔入城或妖示张内战贴谋反者,……定将此人点天灯。其知情不告者,一概斩首不留。”对于扰乱军中秩序者,“凡行军黑夜发妖风惊营,必寻出起首喊叫之人斩首示众”。为保障军纪,太平天国刑法还严厉惩罚“吹洋烟”(吸鸦片)、奸淫妇女、偷窃劫掠、赌博等恶行,均“斩首不留”。为保障“圣库制度”,其刑律规定:“凡私藏金银……定斩不留”,“凡典圣库圣粮及各典官,如有藏匿盗卖等弊,即属反草变妖,即治以点天灯之罪。”因极端强调军纪,必然走向“重刑轻过”,对相当轻微的违纪行为处以极刑,如《太平刑律》及其他刑事法规甚至规定,吃黄酒、饮酒、私藏金银剃刀、口角打架、夫妻同宿、男女通奸、念诵教习私留“孔孟妖书”、聚人演唱邪歌邪戏、辱骂长官、对军中事务口出怨言、剪发剃须刮面、雇请民妇洗衣缝纫、朝会敬天父时喧闹、见后妃不低头垂眼、谈论后宫嫔妃名字位次等等均为重罪,处以重刑,多为“斩首不留”。

太平天国的刑罚有枷、杖、死刑。死刑多为斩首,也保留了点天灯、五马分尸,焚尸成灰等酷刑。因处战争之中,故无徒刑、流刑。其枷禁、杖击之刑均无定式,有杖至二千板者。

(三)在婚姻家庭制度方面,一定程度上体现了男女平等理想,但也保留了相当多的封建因素

在太平天国,妇女基本上享有与男子同等的权利,可以参军、出任文武官职以至将帅,在婚姻制度上,提倡一夫一妻制,规定“凡天下婚姻不论财”,废除买卖婚姻及“一切旧时歪例”,准婚姻自主。结婚,一般由乡官发给“合挥”(结婚证书)。允许寡妇再嫁,但不许离婚。为保障妇女权益,太平天国还禁止纳妾、买卖奴婢、缠足,杜绝娼妓。在家庭关系上,太平天国实行禁欲主义。所有男子编为“男营”,女子编为“女营”,不许男女“私相授受”。除诸王外,不许已婚者同居,未婚者不许婚配,违者严惩。其官书《幼学诗》也宣传封建纲常思想:“妻道在三从,无违尔夫主”;“女道总宜贞,男人近不应”。其法律甚至规定:“凡婚姻必听其师择配,不得苟合”。这实际上剥夺了男女婚姻自主权。

(四)在司法制度方面,其审判机构、诉讼程序均属草创,不完备

太平天国没有统一的司法体系。各王都设有王府和六部,都可以发布谕令,行使司法权。各王府均设有刑部尚书(刑部书理)、典刑、典牢等官员,负责司法。地方由总制和监军兼理“狱讼钱粮”,各级乡官也“悉设公堂刑具”,掌管“催科理刑”。依太平国体制,东王杨秀清可以节制以下诸王,但东王府的刑部是否可以节制其他各王的刑部而成为实际上的中央司法机关,不太清楚。

太平天国的诉讼审判有一定的程序规定，很不完备，且事实上并未遵行。《天朝田亩制度》规定，"各家有争讼，两造赴两司马，两司马听其曲直"；如果不服，可逐级上诉由卒长、旅帅、师帅、军帅、监军、总制、将军、侍卫、指挥、检点、丞相、军师等逐级审理，直至天王。这种规定，不分案件大小、性质，不划分审级，事实上不可能实行。事实上，地方郡级行政长官即可审结案件。"狱讼钱粮，由军帅、监军区划，而取成于总制，民事之重皆得决之，虽大辟不以上闻。"[①]另据记载，太平天国的官署一般在"大门走廊内置大鼓两面，凡受害伸冤或要申诉的人们均可自由击鼓，要求首长主持公道"[②]。这虽是沿用历代的登闻鼓制度，但也体现了太平天国政权方便人民诉讼的考虑。

本章重点问题提示

清代是中华法系的衰微时代。中华法系发展至此，已经无法适应西方文化和经济入侵以后的社会生活剧变，中华法系必须通过学习西方才能实现再生。清代法制，比起明朝法制有一定的创新之处，特别是在多民族关系处理、以不同法制治理不同民族地域和人民这一方面有重要的经验。但是，清代法制明显在重大内容和体例上抄袭明朝，总体上没有超出明朝的水平。所以本章在讲述清朝法制时，没有专节讲清朝的民事、商事、经济、行政、军事等法制，这主要是因为在明代法制章已经有详细的介绍。清朝的法制与明朝大致相同，没有必要再浪费更多的篇幅。我们要突出的是清代法制体现的中国封建法制至此已经"山穷水尽"的景象。

思考题

1. 明清律从唐律十二篇体例变成按照六部分工的体例说明了什么？
2. 明清三法司的职掌的变化说明了什么？
3. 清代的会审制度的丰富发展说明了什么？
4. 清律遏制资本主义萌芽发展的主要表现是什么？
5. 在清末变法以前清律中有否近代法制的因素已经形成？
6. 太平天国法制从哪些方面体现了西方的影响，哪些方面体现了复辟中国封建法制的努力？

---

① (清)张德坚：《贼情汇纂》，载《太平天国》第3册。

② 〔英〕呤利：《太平天国革命新历记》下册，上海古籍出版社1985年版，第475页。

第五编

变革时期的中国法制

（清末、民国与新中国法制）

鸦片战争开始，中国面临着西方文化的全面冲击，中华法系开始丧失了优势。中国被迫接受并移植西方近代大陆法系的法律观念与规则体系。从1842年《南京条约》的签订至今的160多年的中国法制史，就是对西方传统法制、苏俄革命法制、西方现代法制学习或抵制反反复复的历史，就是中国法制的内容不断改弦更张的历史。这一过程迄今尚未完成，新的中国法制体系架构还没有成型。

本编按中国法制现代化进程的四个阶段分为四章。

第十八章，清末法制变革运动。主要讲述从南京条约的签订到1911年半个多世纪的时间里中国在学习西方法制上反反复复的艰难历程。清末变法涉及宪法、行政法、民法、商法、刑法、民事诉讼法、刑事诉讼法、法院组织法等几乎所有的部门法领域，有着惊人的成绩。

第十九章，民国时期的法制建设运动。这一阶段的法制变革又可分为四个时期：南京临时政府时期、北京政府时期、广州和武汉国民政府时期以及南京国民政府时期。南京临时政府由于缺乏政治与经济的实力基础，其所进行的西化的法制改革未能成功。北京政府时期，职业法律家们在纷乱的政局中依然艰难地进行着中国民刑事法律以及司法制度的近代化工作。广州和武汉国民政府是国共两党在孙中山的政治遗产上建立起来的联合政府，其法律体系开始偏离自清末以来形成的欧化道路，部分受到前苏联法律的影响。南京国民政府的法制建设是中国法律近代化的高峰，基本上按照孙中山的理论设计，在很短的时间内，建立了大陆法系式的“六法”体系，在立法层面上初步实现了各项法制的近代化或现代化，当然其在法制实践上的表现较差。

第二十章，中共革命根据地的法制建设运动。本章包括对土地革命战争时期工农民主政权的法制、抗日战争时期各边区民主政权的法制、解放战争时期各解放区的法制的全面介绍。至新中国建国前夕，新民主主义的法制体系基本完成，国民党政府的“六法”体系基本被否定。

第二十一章，中华人民共和国初期的法制历程。本章主要探讨1949年至1957年间的中国法制历程。

第十八章　清末法制变革运动

内容提要

本章叙述的清末法制变革运动主要包括预备立宪与清末修律两项主要内容。预备立宪活动是按照三权分立体制思路进行的。预备立宪和地方自治制度的出现，开始了中国政治体制近代化的历程，而旨在强化皇权的《钦定宪法大纲》的颁布，体现了封建体制的最后顽抗。清末修律涉及大陆法系所有的部门法，在刑法、民法、商法、民事诉讼法、刑事诉讼法、法院组织法等领域，都取得了非常重大的成就。

关键词

五口通商　租界　领事裁判权　会审公廨　预备立宪　修订法律馆　地方自治　大清现行刑律　大清新刑律　钦定大清商律　大清民律草案　大理院审判编制法　各级审判厅试办章程　法院编制法　礼法之争

第一节　清末新政前的法制变化

一、条约制度的形成及其对中国法制的影响

所谓条约制度，即西方列强通过强迫中国政府签订不平等的国际条约，将欧洲近代国际法体系强加于中国，以实现其在华经济与政治利益的国际法制度。1842年《南京条约》签订以前，中国的法律体系基本没有受到外来的影响。中英《南京条约》及以后一系列不平等条约的签订，不仅打破了中国与周边国家传统的朝贡外交与外贸体制，而且还逐渐影响到中国国内法律制度。

清末新政前，条约制度对晚清中国法律的直接影响，主要表现为协定关税制度、海关制度、租界制度以及治外法权制度。

（一）五口通商体制与协定关税制度

自乾隆二十年（公元1755年）清政府下令关闭除广州以外的各通商口岸以来，中国的海上对外贸易制度是在广州“十三行”这一特许买办商群体的中介垄断下实行的一口通商制。这一闭关锁国的外贸制度既妨碍了中国经济的发展，

也阻碍了西方工业化国家对中国市场的开拓。《南京条约》开始破坏这一通商体制,要求在上海等五个沿海口岸实行自由外贸。到 1911 年,中国被迫开放的自由贸易城市已经达到八十二个。

1843 年《中英五口通商章程》的"海关则例"规定,五个通商口岸对所有进出口货物征收 5%—6%的关税(后固定为 5%,即所谓"值百抽五"),从此形成了清政府与英国乃至所有列强的所谓"协定关税"的征收体制。

（二）海关管理权的丧失及近代海关管理制度的建立

1853 年的上海小刀会暴动导致上海海关官员的逃散,为英国领事接管上海海关提供了机会。第二次鸦片战争后,西方列强以"利益均沾"为由,强迫将上海口岸的关税管理办法推行到各通商口岸,由列强帮助清政府办理税收事宜,简称"帮办税务"。1859 年,两江总督兼各口通商大臣何桂清任命英国人李泰国为总税务司,并授权他选募其他口岸的外国帮办人员。1863 年,另一名英国人赫德接替李泰国为总税务司。他不仅把上海的办法推广到所有沿海及长江的各口岸,并于 1865 年在北京成立了总税务署,统辖全国各海关。总税务署不仅控制着中国的海关,掌握了海关的人事权、关税的保管权、中国关税的分配权,甚至还控制了中国的邮政,干涉中国的内政,成为列强在华政治经济利益的重要代表。

由于采用了西方先进的管理制度,中国海关也成为当时中国所有国家机关中最为廉洁、高效的机构。

（三）租界制度与治外法权制度

1. 租界制度

《南京条约》与《中英五口通商章程》确立的通商口岸制度,给予外人在通商口岸以居住权,由此产生划定地方租地建屋作为居留地的制度。此后,列强通过不断的事实上的权利扩张,将这种居留地制度演变为在居留地内由外国人行使公权力的租界制度。

租界内设立有类似立法机构、行政机构和司法机构,行使各种主权国所具有的管辖权,并排除了中国地方政府的管辖权。这一制度超过了条约上的居留地意义,成了列强在中国土地上管辖外人居住的"国中之国"的制度。

2. 治外法权

领事裁判权制度又称治外法权制度,是列强根据与清政府签订的不平等条约,对其在华侨民实施司法管辖的制度。最初由《中英五口通商章程》第 13 款规定,"倘遇有交涉词讼……其英人如何科罪,由英国议定章程、法律,发给管事官照办"。即英国人在中国成为刑事被告时,由英领事裁判。后其他列强也先后通过与清政府签订的条约确立并扩大了这一司法特权,凡缔约国在中国的侨民成为刑、民事案件的被告时,不由中国的司法机关管辖,而由各该国驻中国的领事依其本国的法律裁判。

这一制度是直接导致清末实行变法的原因之一，对中国法制的近代化产生了很重要的影响。

二、洋务运动过程中的局部法制改革

（一）总理衙门的设立、近代国际法的输入与中国外交体制的变化

鸦片战争以前，中国的外交与外贸制度是东亚其他国家对中国的朝贡体制。礼部管理着朝鲜、缅甸、琉球、越南、暹罗、苏禄诸属国的朝贡事宜（理藩院管理蒙古诸部，西藏、青海等藏族各部）。除外交外，礼部尚有其他职能。鸦片战争以后，两广总督与钦差大臣也被赋予了外交权限。由于各方的职责权限常常交叉不清，更由于西方列强不愿意在中国传统朝贡体制下处理国际关系，故在西方人的要求下，1861 年 1 月，由恭亲王奕䜣奏请设立专门负责"洋务"的总理各国事务衙门，简称总理衙门。总理衙门最初主持外交与通商事务，后因首任总理大臣的奕䜣协助慈禧政变有功，其权力迅速扩张至凡和"洋"有关且不属六部管理的事务，如关税、学堂、铁路、电报、海防、矿务、传教等，成为洋务运动的总汇枢纽，在当时以"洋务内阁"著称。

在总理衙门的推动下，中国社会的各项近代化事业有了很大的发展。但另一方面，总理衙门由于所管事务庞杂，逐渐发展成了清朝的第二政府，既不利于外交机构的职能专门化，也有碍于政府权力的统一。

中国第一次运用欧洲近代国际法，是在康熙朝签订《中俄尼布楚条约》时的中俄谈判中。不平等条约的签订实际上是欧洲列强将欧洲的国际法规则强加于中国的结果。总理衙门成立后，开始系统地组织翻译欧洲国际法。较为著名的译著有美国传教士丁韪良翻译的《万国公法》。为了培养外交人才，总理衙门还在同文馆开设国际法课程，称公法课。清朝早期选派到外国的留学生中，也有学习国际公法的。从此，欧洲近代国际法开始为中国所接受。

1868 年 2 月，清政府聘请前美国驻华公使蒲安臣为钦派办理中外交涉事务大臣，代表中国政府正式出访欧美各国。这标志着中国开始放弃传统的朝贡外交体制，选择近代欧洲国际法上的平等外交体制。

（二）近代教育制度的变革引起选官制度的变化

古代应举的经学教育，已不能适应近代各种洋务的需要。于是总理衙门和具有洋务思想的地方总督们开始设立近代化的学校，引入西方的教育内容与学校形式。最早设立的西式学校有"西文学堂"与"西艺学堂"两类。前者如 1862 年设立的京师同文馆，1863 年创办的上海广方言馆，1864 年创办的广州同文馆，1893 年创办的湖北自强学堂等。其中京师同文馆西文学堂是中国近代新式教育的最早发端。"西艺学堂"则是学习西方科技知识的近代学校，有 1865 年创办于上海的江南制造局附设机械学堂，1866 年创办于福州的船政学堂，1881 年创

办于天津的北洋水师学堂，1890 年创办于南京的江南水师学堂，1895 年创办于武汉的湖北武备学堂等。这些学堂分别成为中国近代外语与理工教育的先驱。自 1872 年起，清政府向国外派遣了第一批留学生，开始了近代留学教育。

上述近代学堂的毕业生及归国的留学生，通常在电报局、制造局、新式学堂等近式机构中任职，或担任外交官员、洋务机构官员，由洋务运动的总机关——总理衙门给予一定级别与待遇。这一任官体制的变通，在传统的科举选官制之外形成了新的官吏选拔机制。

三、戊戌变法及其失败

1898 年戊戌变法前，中国法制的上述变化都是零碎不系统的。洋务派官员们认为不需要对中国法制进行大的改变，尤其不需要改变传统的政治制度，只需要引入西方先进的科学技术，即可以实现国家富强。但甲午战争的失败打破了这一幻想。于是，主张全面按西方资本主义制度改良中国传统制度的维新知识分子开始呼吁变法。

从 1898 年 6 月 11 日到 9 月 21 日的 103 天内，光绪皇帝根据康有为等人的建议，颁布了一百一十多件变法上谕，要求在经济制度上，兴实业、修铁路、开矿山，组织商会，改革财政制度；政治制度上，允许士民上书言事，建立君主立宪政体，实行军事制度改革，废除八股式的科举制；在文化方面，兴西学，创办京师大学堂，设译书局，派留学生，奖励科学著作和发明，实行西式文化教育制度。

由于缺乏充分的理论与组织准备，光绪帝和维新派过于激进的变革措施，造成整个社会结构的强烈震荡，使许多现实的利益集团和政治势力受到了威胁，尤其是骤然废除科举，在庞大士人群体中引起普遍恐慌。以慈禧为首的保守势力很快就中断了这次全面的资本主义法制改革。

四、庚子国变促进了清末的全面变法

晚清时期的内忧外患，至庚子国变达于极致。《辛丑条约》的签订不仅使中国的民族利益受到了更大的损害，也使清朝政府统治的合法性受到了严重的削弱。以慈禧为首的极端顽固派也认识到，如果仍然顽固地坚持传统成法，拒绝革新，将难于保证现有的权力。光绪二十六年十二月十日（1901 年 1 月 29 日），以慈禧为首的尚流亡西安的清政府发布变法的上谕。上谕说，“法令不更，锢习不破，欲求振作，当议更张。著军机大臣、大学士、六部九卿、出使各国大臣、各省督抚，各就现在情形，参酌中西政要，举凡朝章国故、吏治民生、学校科举、军政财政，当因当革，当省当并，或取诸人，或求诸己，如何而国势始兴，如何而人才始

出，如何而度支始裕，如何而武备始修，各举所知，各抒己见”①。同年4月，清政府成立“督办政务处”，作为推动新政的专门机关。从此，中国传统法律体系开始瓦解，法律制度开始全面近代化。

第二节　清末预备立宪运动

一、预备立宪运动概述

（一）预备立宪上谕的发布

清政府的变法与新政首先从对政体影响较小的经济、文化与民、刑事法典等领域展开。在经济制度方面，设立了专门的工商管理机关——商部；颁布了《商会简明章程》，将原来由政府和行会共同行使的部分经济管理权移交给了商会；颁布了公司律；成立了大清银行与交通银行，预备作为中央银行。在法典修订方面，成立修订法律馆，起草了包括刑法、民法、商法、民事诉讼法、刑事诉讼法、行政诉讼法等主要法典。在文化制度方面，增设学部，改革学制，宣布新式学堂毕业生与科举士人享受同等待遇，并逐渐废除科举制。但对政体问题，清政府迟迟不肯有所变易。

孙中山领导的资产阶级革命政党频繁发动的武装起义，海外及国内的资产阶级的立宪派发起的君主立宪运动，使清朝政府在政体的改革问题上无法继续拖延。1904年日俄战争后，实行君主立宪政体的日本对实行君主专制政体的沙俄的胜利，大大激扬着国内的君主立宪运动浪潮。在这一浪潮的推动下，清政府于1905年设立考察政治馆，并派遣载泽、端方、戴鸿慈、李盛铎、尚其亨等五考察政治大臣“分赴东西各洋，考求一切政治，以期择善而从”。次年6月，出使各国考察政治大臣先后回国，向慈禧及光绪报告了其考察情形与心得，认为立宪于君、于国都极有利。于是光绪三十二年七月十三日（1906年9月1日），清政府发布上谕，宣布“仿行宪政”。“但目前规制未备，民智未开”，不宜急切从事，“亟应先将官制分别议定，次第更张，并将各项法律详慎厘订……俟数年后规模粗具，查看情形，参用各国成法，妥议立宪实行期限，再行宣布天下，视进步之迟速，定期限之远近”②。

由于上谕没有明确宣布即刻立宪，而只是准备仿行宪政，因而当时被称之为“预备立宪诏”。这一上谕，开始将清末变法从经济、文化与民、刑法制度改革推进到了政体改革的层次。

---

① 国家档案局明清档案馆编：《义和团档案史料》下册，中华书局1959年版，第915页。

② 《清实录·德宗实录》卷五六二，第438页。

（二）预备立宪的基本指导思想

1906 年 9 月 1 日的上谕，对预备立宪的基本指导思想有非常明确的设定，即“大权统于朝廷，庶政公诸舆论”。即国家大权仍由以君主为首的政府掌控，对不甚重要的政务，可由民众参与。此外，对立宪期限的不确定，也反映出清政府对预备立宪拖延、敷衍与观望的心态。

（三）预备立宪活动概述

1906 年 11 月 16 日，清政府颁布裁定官制上谕，实行机构改革。这一改革主要属于行政机构改革而不是宪政体制的改革。该上谕宣布军机处、内阁、宗人府、内务府等传统机构一切照旧，并否定了成立具有相对独立行政权力的责任内阁的要求，只是将原中央各部有所增减或名称变易。军机处与旧内阁只是皇帝的高级幕僚机构，既无正式衙署与关防（印章），也不得独立以自己的名义发布命令，有利于皇帝专权；而责任内阁则相当于秦汉以来的丞相，必然会分割皇权。该上谕对传统政体所作的最重要的改革便是将大理寺改为大理院，专掌审判；原刑部改为法部，专任司法行政。

同年 12 月 4 日，清政府颁布了《大理院审判编制法》。1907 年 8 月，清政府将原考察政治馆改为宪政编查馆，属军机大臣领导，负责调查各国宪法，编订宪法草案，考核修订法律馆所订法典草案、行政法规及各部院、各省所订单行规章。9 月，再派汪大燮、达寿、于式枚分别赴英、日、德考察宪政。同月 20 日，慈禧“懿旨”正式宣布筹建“资政院以立议院基础”。1907 年 12 月 14 日，清政府颁布《各级审判厅试办章程》，作为各级法院组织法、刑民事诉讼法制定之前的过渡性法律（1910 年 2 月 7 日，《法院编制法》公布后，该章程应自动失效）。从中央到地方的各级法院组织法的初步形成，为司法权的独立提供了法律依据，初步实行了司法与行政的分离。但立宪的预备期限，清政府仍未确定公布。

对清政府的拖延，立宪派十分焦急与不满。他们认为成立国会，颁布宪法可以解决所有的问题，于是纷纷向政府上书请愿要求从速立宪，速开国会。1908 年 8 月，以张謇为首的预备立宪公会联络了其他 10 省的立宪派团体，赴京请愿要求召开国会。还有相当部分的高级官吏，包括地方督抚、驻外使臣也上奏清政府“速定年限”，早开国会。在这一压力之下，清政府于 1908 年 8 月 27 日匆忙公布《钦定宪法大纲》及《议院未开前逐年应行筹备事宜清单》（通常又称为《九年筹备清单》），将立宪的预备期限确定为九年。

为附会立宪派及部分高级官吏建议的地方自治政体，也为以立宪派制约地方督抚的权力，清廷于 1907 年 10 月 19 日颁布上谕，为使各省“有采取舆论之所”，“并为资政院储材之阶”，“著各省督抚均在省会速设咨议局，慎选公正明达官绅创办其事"[①]。1908 年 7 月 22 日，清政府颁布《谘议局章程》及《谘议局议院选举章程》，并要求各省督抚于一年内一律办齐。

《九年筹备清单》中有办理地方自治的预备立宪事项，于是 1909 年 1 月 28 日、2 月 6 日，清政府分别模仿日本的《市制》与《町、村制》，颁布了《府厅州县地方自治章程》、《城镇乡地方自治章程》，准备在(府、厅、州)县及(城、镇)乡两级实行地方自治。1909 年 8 月 23 日，清政府颁布《资政院院章》。1910 年 9 月，资政院正式成立。

1909 年 10 月 14，各省谘议局成立并召开第一届会议。会后，在江苏省谘议局议长张謇的组织下，各省谘议局代表组成请愿团，先后于 1910 年 1 月 16 日、6 月 16 日和 10 月 7 日，三次赴京请愿，要求速开国会，成立责任内阁。前两次请愿为清政府所拒绝，但第三次请愿时，大部分省的督抚也多次联名电奏清廷速开国会，成立责任内阁。10 月 3 日，资政院第一次常年会举行开幕大典。22 日，资政院全票通过请速开国会的议案。在上述各方多重压力之下，清政府被迫于 11 月 4 日发布将召开国会的时间提前至宣统五年即 1913 年的上谕。

11 月 4 日的上谕还要求提前厘订官制。12 月 25 日，清政府再颁上谕，令宪政编查馆拟订内阁官制。依立宪的一般程序，应先行成立国会，再由国会选举产生责任内阁。为使将来成立的内阁不对国会负责，清政府有意在国会成立之前颁布《内阁官制》，成立只对皇帝负责而不是对议会负责的内阁。1911 年 5 月 8 日，清政府仿日本 1889 年的《内阁官制》颁布《内阁官制》，并于当天任命了著名的"皇族内阁"。在内阁的十三名国务大臣中，满族九人，汉族四人。九个满人中，皇族有六人。

上述种种事实，证明清朝的所谓"预备立宪"，主观上完全是敷衍、欺骗民众的。清政府的顽固、虚伪与愚蠢，使它丧失了通过立宪延续生命的最后机会。1911 年 10 月 10 日，武昌起义爆发，紧接着各省纷纷宣布独立。慌乱中，清政府除一面派兵镇压之外，另一方面又宣布解散皇族内阁、任命袁世凯为内阁总理大臣，开放党禁，立即召开国会，并求助于不久前被它极力限制权力的资政院，希望取得立宪派主导的资政院的支持。10 月 22 日，资政院第二次常年会开会，议决请求清政府解散皇族内阁、将宪法交资政院"协赞"、开党禁。对上述决议，清政府一一应允。10 月 29 日，驻守河北滦州的陆军高级军官张绍曾、蓝天蔚等致电清政府，提出 12 项政治要求。其宗旨是限制君权，扩大国会权力，实行英国式的君主立宪制。史称"滦州兵变"或"滦州兵谏"。同日山西宣布独立。北方军队的不稳，让清政府惊惧万分，于是授意资政院于 11 月 3 日通过了与英国宪法近似的《宪法重大信条》(因其条文为十九条，故又称为《十九信条》)，并于当天予以公

① 故宫博物院明清档案部编:《清末筹备立宪档案史料》下册，中华书局 1979 年版，第 667 页。

布。但《十九信条》公布两个多月以后，清政府即告灭亡。

二、《大理院审判编制法》

《大理院审判编制法》第6条规定，“自大理院以下，及本院直辖各审判厅、局，关于司法裁判，全不受行政衙门的干涉，以重国家司法独立大权，而保人民身体财产”。这是中国法制史上第一次确立司法权独立于行政权的法律，因此，该法既是一部法院组织法，同时也可以视为清末预备立宪的第一部具有宪法性质的法律。

1907年颁布的《各级审判厅试办章程》及1910年颁布的《法院编制法》没有明确规定司法独立的司法体制。相反，1907年5月31日，由清政府批准的法部、大理院共同拟订的《遵旨和衷妥议部院权限折》，要求大理院将其自判的死刑案件咨送法部复核。此外，外省上报的死刑案件、“速议之件”仍由法部核议，大理院仅有有限的参与审理权①。这一规定实际上是对司法改革前刑部对秋审、朝审主导权力的继承，侵夺了大理院的司法独立权。到《法院编制法》颁布时，才取消了法部对上述案件的复核权。

《法院编制法》颁布后，沈家本上奏《变通秋审复核旧制折》，强调“现法院编制法既行”，以往行政干预审判的权力俱应取消，得到清廷批准，从而废除了以秋审、朝审制为核心的会官审录制，维护了审判权的独立。

三、《钦定宪法大纲》

《钦定宪法大纲》仿《日本帝国宪法》制定，共二十三条。其中正文部分“君上大权”14条，附录部分“臣民的权利与义务”九条。该大纲的重点只在于保证皇权，没有规定近代宪法中必须具备的议会、内阁及司法各项，因而，该宪法大纲在形式上不具有近代宪法分权以保障民权的基本特征。

“君上大权”部分规定，“大清皇帝统治大清帝国，万世一系，永永尊戴”，“君上神圣尊严，不可侵犯”。皇帝统揽行政大权，如设官制禄及黜陟百司之用人行政权，统率并调动军队之军事行政权，宣战、媾和、订立条约及派遣使臣之外交行政权，委任审判衙门之司法行政权，制定皇室财政预算之权。与《日本帝国宪法》不同的是，《钦定宪法大纲》规定，对上述权力，“议院不得干涉”或“不付议院议决”。此外，君主在“紧急时，得以诏令限制臣民之自由”的规定也是《日本帝国宪法》所不具备的。除国家行政权外，《钦定宪法大纲》还赋予君主直接控制立法机

① 所谓“速议之件”，是指“死罪系谋反、大逆、恶逆、不道、劫狱、反狱、戕官，并洋盗、会匪、强盗、拒杀官差、罪干凌迟、斩、绞、枭首者”等案情严重、需要及时处理的案件。官制改革前，其处理程序是“专折具奏，交(刑)部速议”。

关的“召集、开闭、停展及解散”之权。遇有紧急之事，君主有权发布代替法律的诏令，并以诏令筹措财政收入。也就是说议会闭会期间，皇帝享有立法权与财政紧急处分权。

在对君主的权力限制方面，《钦定宪法大纲》仅限于规定君主“不得以诏令随时更改”由议院议定，君主钦颁的法律。对《日本帝国宪法》规定的某些限制君主权力的条款，如议会不承认天皇在议院闭会期间发布的代替法律的诏令，该诏令失其效力；天皇任免文武官员受宪法和特别法限制；“凡法律、敕令及其他关于国务之诏敕，须经国务大臣副署”等，则都被抽掉了。

“臣民的权利与义务”在中国历史上第一次以根本法的形式规定了人民享有言论、著作、出版、集会、结社等自由权，非依法律不受逮捕、监禁和处罚的权利，私有财产及居住不受侵扰权，呈请法官审判并专受法律所定审判衙门之审判的权利。无论清朝政府出于何种动机，上述规定都应该是进步的。但这一进步依然非常有限。首先，《钦定宪法大纲》规定人民权利的条文仅六条；其次，没有规定人权中最基本的平等权以及选举权、被选举权；更有甚者，对人民的权利，君主可以以诏令而非法律的形式加以限制！这一专制的规定也是《日本帝国宪法》所没有的。

综上所述，无论从内容上还是从形式上，《钦定宪法大纲》的特点就是皇帝专权，臣民无权。

四、《谘议局章程》与《资政院院章》

（一）《谘议局章程》

《谘议局章程》共十二章六十二条，规定了谘议局的地位、职权、议员资格、会议程序及对谘议局的监督等事项。

1. 谘议局的职权和义务

谘议局有权议决本省应兴应革、预决算、税法、公债、义务之增加、单行章程规定之增删修改以及本省权利之存废等项事件；有权弹劾违法之官绅；有权利也有义务选举资政院议员，公断和解本省自治会之争议；有义务申复资政院和本省督抚咨询，接受本省自治会或人民呈请建议。

2. 谘议局议员资格

根据《谘议局章程》，选举谘议局议员的选举权资格非常苛刻，除具有本省籍贯（非本省籍贯者，必须寄居本省十年以上，并有一万元以上之营业资本或不动产）、男性、年满25岁外，还必须具备或政历，或学历，或资产方面的诸多条件。但对被选举权资格却只要求“本省籍贯或寄居本省满十年以上之男子，年满三十以上”，而没有财产、教育程度或身份的限定。凡受过监禁以上刑事处分、营业不正、因财产上之信用被人控实尚未结清者、吸食鸦片者、精神病人、身家不清白者、不识文义者，均不得享有选举权与被选举权。此外，为避免属于行政或司法职务系列的本省官吏、幕友、警察、军人干预立法，《各省谘议局章程》停止上述人员的选举权与被选举权。基于歧视，宗教教徒与肄业学生的选举权与被选举权，以及小学教员的被选举权亦被停止。

据当时各省官方统计，各省符合选举人条件的人占到本省总人口数均未超过1%，人口密集的江苏省则更是只占到0.18%。

3. 谘议局与本省督抚之关系

"谘议局议定可行事件，呈候督抚公布施行。前项呈候督抚不以为然，应说明原委事由，令谘议局复议"。"谘议局议定不可行事件，得呈督抚更正施行"。若督抚不同意，应说明原委事由，令谘议局复议。"谘议局于督抚交令复议事件，若仍执前议，督抚得将全案咨送资政院核议"。《谘议局章程》第27条规定："本省督抚如有侵夺谘议局权限或违背法律等事，谘议局可呈请资政院核办。"

上述规定似乎有些类似于西方地方议会与同级政府之间的分权制衡。但谘议局对本省行政事务有疑问时，只能呈请督抚批答，而不是向督抚质询。且督抚"于谘议局之议案有裁夺施行之权"。谘议局会议亦由督抚召集；一定条件下，督抚有权命令谘议局停会，甚至奏请皇帝解散谘议局。

4. 谘议局的地位与性质

"谘议局钦遵谕旨，为各省采取舆论之地，以指陈通省利病，筹计地方治安为宗旨"。这一规定表明谘议局仅仅是一个议政的舆论机构。虽然谘议局对本省各项公共事务拥有议决权，但其决议不具有实际的法律效力，也无法对违法的督抚形成有效的监督。对违背法律的督抚的弹劾效力，也并没有超出传统的御史的范围。相反，督抚则可以在很大程度上控制谘议局。该章程将谘议局对督抚的公文称作"呈"，而将督抚对谘议局的公文称作"令"，显然是有意识地将谘议局作为督抚的下级机关。

尽管《谘议局章程》规定的谘议局不完全具备西方资本主义国家地方议会的性质，但它毕竟在中国历史上第一次在地方设立了具有一定程度民主性质的机构，第一次将国家的地方政权向社会作了一定程度的开放。在实际的政治活动中，各省的立宪派充分利用了这一合法的政治舞台与该章程赋予谘议局的权力，与专制的督抚进行了激烈的斗争，将谘议局变成了具有相当地位与政治影响力的机构，在地方形成了事实上的分权机制。在清末最后几年全国召开国会的请愿活动以及保路运动中，各省谘议局都突破了本省的地域与法定职权的限制，变成了全国性政治运动的组织者。各省谘议局的主要议员们，在辛亥革命后的各地方的政治活动中，分别成为了各省地方自治运动的重要政治力量。

(二)《资政院院章》

《资政院院章》规定了资政院的地位、职权、议员的构成、与中央行政衙门及各省谘议局的关系、会议程序等内容。

1. 资政院的职权

资政院主要议决由军机大臣或各部行政大臣拟定并请旨交议的各项事项，包括国家预算、决算、税法、公债、除宪法以外的其他法典的制定与修订等。此外，还应议决奉特旨交议的各种事项。但议决并不具有法律效力，其是否施行，必须请旨裁夺。

2. 议员的构成与资格

资政院议员分钦选议员与互选议员。钦选议员由皇帝选拔满族贵族、各部院衙门官、硕学通儒及纳税多额组成；互选议员由各省谘议局互选，并由各该省督抚复选选定。议员任期为3年。

3. 资政院与中央行政机关及各省谘议局之关系

资政院议决事项，如军机大臣或各部行政大臣不同意，应说明理由，咨送资政院复议。如资政院仍执前议，应由资政院总裁、副总裁及军机大臣或各部行政大臣分别具奏，听候皇帝裁决。

资政院对各衙门的行政事务，如有疑问，可以咨请相关行政机关答复。如果军机大臣或各部行政大臣认为应当保密者，应说明理由。

如军机大臣或各部行政大臣有侵夺资政院权限，或违背法律等事，得由总裁、副总裁据实陈奏，请旨裁夺。

资政院向各省谘议局咨询各该省省情，该省谘议局应予答复。各省谘议局与本省督抚发生分歧，或督抚有侵夺本省谘议局权限，或督抚有违法事项，或相关省份谘议局发生争议，均呈由资政院核议后，请旨裁夺。

4. 资政院之地位与性质

“资政院钦遵谕旨，以取决公论，预立上下议院基础为宗旨”，意即为皇帝支配下的舆论机构，而不是真正的国会。资政院在立法与财政上的决议，非经皇帝批准不生法律效力。其与中央行政机关之间的关系，和各省谘议局与本省督抚的关系几乎完全一样。其对违法大臣的弹劾，与传统都察院的纠弹也无实质性的差别。梁启超曾如是评价资政院：“政府之视资政院，固不值一钱也。其于资政院所议决，未尝一毫尊重也。若就法律言之，资政院可决之法律，而政府不施行之如故也；资政院否决之法律，而政府施之如故也。”①

互选议员的存在，使资政院具有非常微弱的民主性质。资政院并没有完全按照《资政院院章》的立法意图，仅仅以舆论备政府参考，而是与谘议局一样，在实际的政治生活中将自己变成了具有巨大政治影响力的机构。以至于危亡中的清政府为求助于资政院的“民意”权威，违背《资政院院章》中资政院不得议决宪

① 《评资政院》，《饮冰室合集》第九册。

法的规定，由资政院议定《十九信条》，以昭示政治与法律之信。

五、《内阁官制》

军机大臣与旧内阁只是皇帝的幕僚机构，他们没有独立的行政权，甚至没有专门的办公场地与印信。六部及中央其他直属机构由皇帝直接领导。这一传统行政体制与君主立宪政体不合。1911 年 5 月 8 日，清政府仿日本明治政府 1889 年 12 月颁布的《内阁官制》制定颁布了《内阁官制》。根据这一法规，内阁由国务大臣组成，包括内阁总理一人、协理大臣两人以及外交、民政、度支、学务、陆军、海军、司法、农工商、邮传及理藩大臣各一人；国务大臣由皇帝任命并对皇帝负责。在国会尚未成立之前，此内阁之法律地位基本上相当于被朱元璋废除以前之古代丞相。其所仅具的近代宪政意义在于，它不再具有司法权，而成为了中国近代第一个单纯的中央行政机关。

六、地方制度的改革

（一）地方国家权力体制

清末新政实行前的地方国家权力体制，以省为第一级，府、直隶厅、直隶州为第二级（其中直隶厅、州直隶于省），隶属于府的散厅、散州、县以及隶属于直隶州、直隶厅的县为第三级。除此之外，还有道的设置。道有省内专管一事的道，如督粮道、盐法道，相当于而今省政府下的职能厅；还有分管一地的道，如分守道、分巡道，相当于后来省政府派出的行署专员，管辖数府、直隶厅或直隶州。道不是一级独立的政权。上述体制的弊端主要在于：第一，层级过多。如算上道一级，从州、县到省有四级之多。第二，各级长官均集行政司法大权于一身，既不利于分权，也不利于行政与司法职能的专门化。

1907 年 7 月，清政府公布《各直省官制通则》，对传统的地方国家权力体制进行了如下改革：

1. 省下辖府、直隶州与直隶厅，取消分管地方的分守道、分巡道，以减少权力层级。府下辖厅、（散）州、县，直隶州下辖县，直隶厅下无属县。

2. 在省、府（直隶厅、州）及县（厅、州）三级政权分别设立高等、地方和初级审判厅，实行地方行政与司法分立。

（二）地方自治

1.《城镇乡地方自治章程》

（1）自治层级。凡（府、厅、州）县政府所在地为“城”，人口满 5 万人之集镇为“镇”，5 万人以下区域均称“乡”。以上三级均为同级自治团体，相当于同时期日本的町、村。

（2）自治范围。城、镇、乡自治事务范围大抵包括国家行政权力所不及的卫生医疗、学校教育、道路及其他公共建设工程、实业服务、慈善事业、公营事业及其他依本地方习惯归绅士经办的各项事务。

城镇乡地方就自治事宜，有权制定不得与国家法令相抵触的自治规约。

(3) 地方居民的选举权。凡于城、镇、乡内有住所或寓所者，均为城、镇、乡居民。居民如具有本国国籍、年满二十五岁、男性、年纳正税或公益捐两元以上者，或居本城镇乡虽不满三年、纳税捐不及两元，但有素行公正、深孚众望者，或虽为女子，但纳税捐较最多之人尤多者，均得为本城、镇、乡选民，享有选举权与被选举权。现充本地方之官吏或巡警，或现役军人，因其职属官厅，与地方自治相对，故不得享有选举权与被选举权。但该章程停止僧、道及其他宗教教徒的选民资格，取消在校肄业之学生被选举权，则完全属于身份歧视。

(4) 自治机关及其职权。城、镇、乡各设自治公所，实行议、行两权分立。城、镇设议事会，乡设选民会，为议决机关。城、镇设董事会为执行机关，采合议制；乡之执行机关为乡董，系独任制。

议决机关的职权包括议决自治范围内应行兴革事宜，董事会或乡董之选举，自治规约之制定，自治财政的预、决算，自治职员之惩戒，城、镇、乡纠纷之解决，董事会或乡董执行事务之监察，答复地方官之咨询并向地方官呈交与地方行政、地方自治事宜有关系之意见，等等。议决机关如认为执行机关逾越权限，或违背律例章程，或妨碍公益者，有权停止其执行。

执行机关之职权包括组织议事会议员选举及召集议事会会议，执行议事会各项议决及依法令或地方官署委托之行政事务。如认为议事会议逾越权限，或违背律例章程，或妨碍公益者，有权交还议事会复议。

(5) 自治财政。城、镇、乡的自治财政，主要有三个来源，一是本地的公款公产，二是本地的公益捐款，三是执照自治规约所课的罚金。公益捐款实为城、镇、乡范围内的税收或摊派。凡在本城镇乡内有不动产或营业的，不论本人是否在本地方居住，一律征收公益捐款。征收名目、额度及程序，由议事会决定。

(6) 自治监督。自治并不意味着政府的完全放任，自治权应置于地方官的监督之下。依章程的规定，自治机关要向地方官汇报有关情况，接受地方官的检查监督。但章程规定地方官的监督权过大，除对地方自治机关的违章之处有权予以纠正外，还有权撤销自治机关职员的职务，并可申请督抚解散自治机关。这后两项监督权显示出国家权力对地方自治的控制。

2.《府厅州县地方自治章程》

(1) 自治的层级。凡有直辖地方人民的府、厅、州、县为城、镇、乡之上的自治团体[1]，相当于日本的自治县(市)。

(2) 自治事务范围。府、厅、州、县自治事务的范围，包括事涉府、厅、州、县全体或为城、镇、乡所不能承担的公益事业，国家或地方行政机关以法律与命令委托其办理的行政事务。

(3) 自治机关及其职权。府、厅、州、县自治机关也实行两权分立。议事会为议事机关，由府、厅、州、县内居民选举议员组成。议事会的常设机构为参事会，由府、厅、州、县的行政长官和议事会议员选举产生的参事员共同组成，以行政长官为会长。

执行机关为府、厅、州、县行政长官。行政长官权力极大，他同时兼任议事会的常设机关首长与行政首长。如果他认为议事会或参事会之议决及选举有越权违法之处，可以径行撤销，或呈请督抚核办。他有权令议事会停止会议，有权直接将其职权内行政事务之一部分，委任给城镇董事会、乡董、乡佐代为执行而无需本级议事会、参事会以及城、镇、乡议事会同意。而议事机关对行政长官则几乎不存在监督权。该章程还规定，府、厅、州、县议事会对本级行政长官行文必须用“呈”，更显出议事会相对于行政长官地位之低下。

(4) 自治经费。府、厅、州、县自治经费，以该府厅州县之公款、公产、地方税、公费及募集之公债充之。府、厅、州、县行政长官每年应编成预算、决算，提交议事会议决后，申请督抚咨报民政部、度支部存案，并于本地方榜示公众。

(5) 自治监督。督抚对府、厅、州、县自治的控制与监督甚严。如其认为府、厅、州、县之预算不适当，可以直接削减；有权咨请民政部解散府、厅、州、县议事会。

在民主制度尚未为普通民众所了解的清末，地方自治实际上只是在法律上认可了中国历史上早就存在的绅治或宗族自治。明清两代，地方上乡绅的势力非常强大，地方事务通常是由乡绅或地方望族所操纵。由于国家权能的有限性，绅士们也曾主持兴办过一些地方公益事业。但他们往往与官府衙门相勾结，把持地方事务，鱼肉乡民。尽管地方自治机关是选举产生，但在普通民众尚不了解更不熟悉选举这一民主工具的情况下，自治机关事实上被绅士或宗族所把持。新的公共事业项目，往往成为绅士们敛财的借口。因办理自治而增加的捐税，加重了人民负担。人民尚未得自治之福，却先遭自治之祸。清末许多地方都曾发生过群众反对以兴办自治为名勒收捐款的暴动。

但即使只是确认了绅治权，地方自治也是具有进步意义的。首先，地方自治章程第一次在中国法制史上对国家权力与社会权力的界限作了明确的划分。这

① 清末的“府”分两类：一为下辖厅、州、县，不直接管理人民的府；一为直接管理人民，其地位相当于厅、州、县的府，多设于边疆及东北地区。《府厅州县地方自治章程》所称之“府”为后一种。

是近代立宪政体所必须具有的分权机制。其次，尽管地方自治章程对两级自治机构监控甚严，但它毕竟是明确地将基层政权尤其是县政权向社会作了有限地开放，它的颁布显示了国家对绅士们在基层社会权力的让步。

七、《重大信条十九条》

《十九信条》大大限制了皇权，扩大了国会与责任内阁的权力。“皇帝之权以宪法规定者为限”，“皇帝继承之顺序，于宪法规定之”。国会有权起草、议决及修改宪法，有权议决国际条约的缔结、国家预算案（包括皇室财政预算案），有权选举国务总理大臣（国务总理大臣则有权推荐其他国务大臣）。对国会的议决，皇帝应予公布，不再行使批准权。对国会的选举与国务总理大臣的推荐，皇帝也仅享有公布权。内阁仅对国会负责，而不再对皇帝负责。皇帝对内使用军队，必须依国会议决之特别条件。皇族不得进入内阁及担任各省行政长官。

《十九信条》规定的政权组织模式基本属于英国式的虚权君主制。

第三节　清末修律与相关法律制度的变化（上）

一、清末修律概述

（一）清末修律的缘起与动机

清末修律与预备立宪同属于新政的组成部分，但在发生的时间上，修律却早于预备立宪。

早在清末新政前，郑观应、张之洞等就要求仿西方各国法律体系，制定新律。1902 年 5 月 13 日，清廷发布上谕，“著派沈家本、伍廷芳将一切现行法例，按交涉情形，参酌各国法律，悉心考订，妥为拟议。务期中外通行，有裨治理”。显然，清政府修律的动机主要在于希望在国内法律上与国际接轨。

1902 年 9 月 5 日签订的《中英续议通商行船条约》规定，“中国深欲整顿本国律例，以期与各西国律例改同一律。英国允愿尽力协助以成此举。一俟查悉中国律例情形及其审断办法，及一切相关事宜皆臻妥善，英国即允弃其治外法权”。随后签订的中美、中日和中葡续订商约也都重申了同样的内容。西方列强有条件地放弃领事裁判权的允诺，促使清政府加快了修律的速度。

1904 年 5 月 15 日，清朝将刑部律例馆改为修订法律馆。修订法律馆开馆后主要从事以下几项工作：一是删削旧律；二是翻译外国法律；三是聘请外国法律专家到修订法律馆任职，帮助起草、编纂新式法典；四是派员出国考察法制；五是调查国内的民商事习惯，作为编纂民商事法典的参考。

清末各项近代法律的起草，并非完全由修订法律馆承担，当时中央各部也承担了部分新法律的起草工作。如 1904 年颁布的《钦定大清商律》由商部拟定，

1907 年颁布的《大清报律》由商部、民政部、巡警部和法部共同拟定，1908 年颁布的《违警律》则是民政部与修订法律馆共同拟定。

无论预备立宪还是修律，清政府都是以日本为主要学习对象。其原因在于日本距中国较近，学习经费较省，语言文化与中国相类似，又是亚洲唯一由变法而富强的典型。修订法律馆翻译的外国法律、法律著作，以日本为多。所聘请的外国法律专家也全部来自日本。中国派员考察法制之国亦为日本。

从 1902 年清政府宣布修律，到 1912 年清政府灭亡的十年间，修订法律馆编制了商律及商律草案、刑事民事诉讼律草案、大理院审判编制法、各级审判厅试办章程、法院编制法、违警律、大清现行刑律、大清刑律、国籍法、大清刑事诉讼律草案、大清民事诉讼律草案、大清民律草案等多部法典或法典草案。

（二）清末修律的指导思想及其变化

1. 修律初期的指导思想

因为修律不直接关涉到清政府的权力，因此，清政府在修律之初的指导思想较为开放。“将一切现行法例，按交涉情形，参酌各国法律，悉心考订，妥为拟议。务期中外通行。”

2. 修律后期的指导思想

1907 年 10 月 3 日，修订法律馆将编制好的《大清刑律草案》上奏朝廷。由于该草案与中国传统礼教严重背离，遭到了中央和地方许多衙门的激烈反对，故清政府于 1909 年 2 月 17 日颁布上谕，“凡我旧律义关伦常诸条，不可率行变革，庶以维天理民彝于不敝……以为修律宗旨”[①]。该宗旨较之于原来“中外通行”的宗旨保守了许多。

（三）清末的立法体制的变化

清末变法前的中央立法体制通常是由各部起草则例（刑部则为条例），呈皇帝批准。地方立法则通常由各级地方官吏以命令的形式为之。

清末变法后的中央立法体制则改为修订法律馆及中央相关各部起草，由宪政编查馆审核，由资政院审议，最后由皇帝批准颁布；省级地方立法则由省谘议局议决，府、县行政长官亦可发布在本区内有效的行政命令，县以下各级立法则由各该级自治团体的议事机关进行。

二、刑法的变革

（一）大清现行刑律

1904 年修订法律馆开馆后，沈家本等人即以单行法形式，开始着手对《大清律例》进行局部删修。如 1905 年至 1906 年间，沈家本等人上奏《删除律例内重

① 故宫博物院明清档案部编：《清末筹备立宪档案史料》下册，中华书局 1979 年版，第 858 页。

法折》等奏折，建议删除凌迟、枭首、戮尸及缘坐、刺字等各种野蛮、残酷的刑罚，将死刑的公开执行改为秘密执行，禁止买卖人口，废除主奴身份制等，制定伪造外国货币治罪章程等。对上述建议，清廷均一一照准。

修订法律馆在日本刑法学家冈田朝太郎的帮助之下，一边起草新刑法典草案，一边删修《大清例律》。经宪政编查馆呈奏，清政府于 1910 年 5 月 15 日将删修后的刑法颁布为《大清现行刑律》，作为新律颁布前的过渡性刑法。

《大清现行刑律》律文三百八十九条，条例一千三百二十七条；附《禁烟条例》十二条，《秋审条例》一百六十五条。与《大清律例》相较，主要有以下变化：

1. 结构体例的变化

(1) 废除吏、户、礼、兵、刑、工六篇篇名，保留名例律。删除原因主要在于传统六部官制已改。

(2)《大清律例》中"承继、分产，以及婚姻、田宅、钱债等条中，纯属民事者，不再科刑"。在《大清现行刑律》内，初步实行了民、刑法的分离。

2. 内容的变化

(1) 罪名的变化。对旧律中同姓为婚、良贱为婚等过时的罪名予以废除；根据新出现的社会关系，增加了如毁坏铁路、毁坏电讯、私铸银圆等新罪名。

(2) 刑罚的变化。废除旧律中的笞刑、杖刑，以罚金代替之；对凌迟、枭首、戮尸、刺字、缘坐等酷刑予以废除。传统的五刑体系遂变为罚金、徒刑、流刑、遣刑与死刑。

(3) 刑法适用原则的变化。上述酷刑废除，表明《大清现行刑律》开始由刑罚的恐吓报复主义向刑罚的人道主义，株连原则向罪责自负原则转变。此外，删除了"良贱相殴"、"良贱相奸"等体现身份等级的条款，将奴婢身份改为雇工人，从而缩小了原主奴相犯的罪刑差别。

但总的来说，《大清现行刑律》无论从形式还是从内容上，都只是进行了局部的修改，仍属中国传统刑法性质。

（二）大清刑律

1907 年 8 月，修订法律馆将新刑法典草案上奏清政府转交中央及地方主要官员签注(即征求意见)。由于草案与中国传统礼教甚相悖离，故招致了许多官员的激烈反对。1909 年 2 月 17 日清政府发布"凡我旧律义关伦常诸条，不可率行变革"的上谕，并将反对新刑律草案的签驳意见发交修订法律馆及法部，令其修改。修订法律馆不得不对卑亲属侵犯尊亲属各条刑罚加重一等处罚，法部则在草案正文后又加上保留传统礼教内容的《附则》五条，与修订法律馆将此修正案联名上奏清廷。清廷将此修正案交发宪政编查馆核议，宪政编查馆改《附则》为《暂行章程》，即交付资政院议决。1911 年 1 月，资政院仅审议通过该草案的总则部分。但由于预备立宪筹备清单上颁布新刑律的日期已迫近，故清政府于

1911 年 1 月 15 日将总则连同没有通过的分则与《暂行章程》一起公布为《大清新刑律》。但该刑律未能实施。

《大清新刑律》共两编，五十二章，四百一十一条。相对于《大清现行刑律》，其主要有以下变化：

1. 结构体例方面

新刑律属纯粹的刑法典，彻底实行了刑法与其他部门法的分离。

新刑律分正文与附件《暂行章程》两大部分。其中正文部分完全废除了《大清现行刑律》所保留的旧刑法典的传统篇章结构体例，按西方大陆法系刑法模式分为总则与分则两编。总则与分则各章均按大陆法系刑法的逻辑结构排列。

2. 内容方面

(1) 刑法原则的变化。《大清新刑律》除吸收了《大清现行刑律》确立的罪责自负原则外，最重要的变化就是确立了罪刑法定这一近代刑法的基本原则。其第 10 条规定："法律无正条者，不问何种行为，不为罪。"

在《大清现行刑律》废除良贱等级差别的基础上，《大清新刑律》进一步废除了传统刑法中诸如阶级、民族、男女等各种身份等级制度，缩小了尊卑亲属相犯的罪刑差别，基本实行了平等原则。新刑律还体现了刑罚的人道主义原则。

(2) 罪名的变化。新刑律继续废除纯属于道德问题的旧罪名，如"十恶"等。按新形成的社会关系，规定新罪名。此外，新刑律还规定了紧急避险制度。

(3) 刑罚的变化。新刑律完全废除了传统的笞、杖、徒、流、死五刑制，并采用了大陆法系刑法的刑罚体系，将刑罚分为主刑与从刑。主刑有死刑、无期徒刑、有期徒刑、拘役与罚金；从刑有褫夺公权与没收。死刑改为绞刑，秘密执行。此外，新刑律还引进了西方国家刑法中的假释、缓刑等刑罚执行制度。

但正文部分的上述进步性在一定程度上被《暂行章程》削弱了。该章程规定，对侵犯皇室罪、内乱罪、外患罪以及卑亲属杀伤尊亲属罪的部分行为，仍可适用斩刑；对损坏、遗弃、盗取尸体罪，发掘坟墓罪，可在正文徒刑基础上加至死刑；无夫奸罪处徒刑、拘役或罚金；卑亲属对尊亲属的侵害，不得适用正当防卫。

《大清新刑律》是中国历史上第一部近代刑法典，但仍然保留了部分封建性的礼教规范。

(三) 礼法之争

所谓礼法之争，是指在清末修律活动中，以军机大臣兼学部大臣张之洞、江宁提学使兼资政院议员劳乃宣为首的礼教派，与修订法律大臣沈家本、宪政编查馆提调杨度等为首的法理派，针对修律特别是修订新刑律进行的争论。争论的要点在于新法是应当更多地保留中国传统礼教，还是应当更多地采用西洋法理。

1. 争论概述

为实现实体法与诉讼法的分离，修订法律馆于 1906 年 4 月 25 日将《刑事民事诉讼法》草案奏呈清廷交中央及地方大员签注意见。守旧大臣们及各省督抚以该草案多袭西俗而破坏中国传统礼教提出驳议，以张之洞的《遵旨覆议新编刑事民事诉讼法折》最具代表性。张之洞认为，该草案“袭西俗财产之制，坏中国名教之防，启男女平等之风，悖圣贤修齐之教”。由于礼教派的反对，该草案未能颁行。

1907年10月3日、12月30日，修订法律馆先后将《大清新刑律》草案的总则和分则上奏清廷下发各部院堂官与各省督抚签注意见，引起礼教派更为激烈的反对。修订法律馆虽在修正案中“于有关伦纪各条，恪遵谕旨，加重一等”，法部在草案正文后加上了保留传统礼教内容的《附则》5条，但仍遭到以劳乃宣为首的礼教派激烈的反对(此时张之洞已去世)。劳乃宣向宪政编查馆上《修正刑律草案说帖》，要求直接将“旧律有关伦纪礼教各条”，“逐一修入新刑律正文”。沈家本、修订法律馆包括日本法律专家在内的诸同仁以及宪政编查馆编制局则著文一一予以驳斥，迫使劳乃宣收回了大部分意见。

1910年10月，资政院召开第一次年会，宪政编查馆将《大清新刑律》及《暂行章程》提交资政院表决。在资政院会议上，奉宪政编查馆派遣至资政院说明新刑律草案立法宗旨的杨度，与作为议员的劳乃宣发生了激烈的争论。在事关礼教各条的表决上，双方各有胜负。

新刑律颁布后，京师大学堂总监督刘廷琛仍上书清廷，认为法律馆所修新律，不但刑律不合吾国礼俗，即将上奏之民律稿本，亦“显违父子之名分，溃男女之大防”，并建议政府，该大臣倘再行拒改，“即重治以违旨之罪”①。在礼教派的舆论与政治压力下，沈家本被迫辞去修订法律大臣和资政院副总裁之职。

2. 争论的焦点及结果

礼教派与法理派的争论范围很广泛，既有实体法方面的，也有诉讼法方面的；既有刑事法律问题，也有民事法律问题。但总的来说是以新刑律草案为核心。争论包括《大清律例》中涉及到的主要礼教规范，如干名犯义、亲属相犯、子孙违反教令、无夫奸、发冢等传统罪名，以及亲属相隐、存留养亲、十恶、子孙对尊长的侵害不能实行正当防卫、比附定罪等传统刑法原则是否应当纳入新刑法典。礼教派认为应当列入，而法理派则认为上述问题归属道德范围，不应列入刑法典。后期争论中，礼教派经法理派的辩驳，放弃了大部分保守主张，唯对无夫奸与子孙违反教令两项罪名，以及子孙对尊长侵害不得适用正当防卫原则，坚持不让。

与有夫之妇通奸，有损本夫之权利，故新刑律草案仍规定为犯罪。但对与无

---

① 参见故宫博物院明清档案编辑部编：《清末筹备立宪档案史料》下册，中华书局1979年版，第888页。

夫妇女通奸，新刑律草案则没有规定为犯罪。礼教派认为必须将其载入刑法，以维系道德；而法理派则认为法律与道德应有所区别，法律不应当也不能够解决所有的道德问题，故不应载于刑法。

所谓子孙违反教令罪，是指旧律中规定的子孙违反祖父母与父母教令构成的犯罪。对该罪，依律可处杖一百的刑罚；屡违教令者，祖父母、父母可呈请官府直接将违反教令之子孙处发遣或充军刑。礼教派认为非此不能维护孝道，而法理派则认为子孙违反教令乃家庭教育之事，况民律草案中规定了父母的送惩权，故不应列入刑事法律之中。

争论的结果，是礼教派主张保留的犯罪均未列入《大清刑律草案》，但清政府公布该刑律时附加了充满礼教传统的《暂行章程》。

3. 礼法之争的法理学分析

尽管礼法之争主要围绕新刑律草案进行，但它已超出了刑法学争论的范围，成为近代中国在法律移植过程中应如何处理外来法律资源与本国传统法律资源之间关系的争论，更是深及法律价值层面的争论。这一争论实际上是洋务派与维新派争论在法律领域的继续。

洋务派与守旧派的争论，在思想领域已基本解决是否应当学习西方文化的问题。但洋务派只希望在物质技术的层面上学习西方，张之洞作为后期洋务派的代表也仅限于主张学习西方法律的形式，而绝不肯改变中国传统法律以家族主义为皈依的孝道价值观。这一"中体西用"的法律思想表现在法理学主张上，即以西方的法律形式包装中国传统的法律内容，实行道德与法律在一定程度上的重合。维新派的法理主张则是将西方个人权利价值观在一定程度上引入中国法律，将法律上的义务与道德上的义务相分离以实现个人权利。沈家本在政治上不属于维新派，但在修律思想上则与维新派非常接近，而法理派的另一核心人物杨度则是典型的维新派。

法律史的发展与进步，必然是个人权利的平等代替家族血缘身份的不平等。从历史发展的必然性上以及法律应有的超前导向性上，法理派的主张是积极的、进步的。这场争论虽然以双方的妥协而告终，但法理派的进步观念以及他们在修律活动中的积极努力，开创了中国法律近代化的先河。此后中国近半个世纪的法律近代化都是在清末这一进步观念与修律的基础上进行的。

任何一个国家的法律都不应当仅仅将其视为单纯的规则体系，法律往往是本国历史文化发展的总结，是现实社会关系的固化与规范化。清末修律前的中国法律承载了两千多年的历史重负，其所具有的历史惯性不可能在短期内消除。清末中国现实的社会存在虽然在外来的影响下发生了一定的变化，但这种变化远没有达到对西式法律产生普遍、迫切内在需求的程度。如果盲目照搬西式法律，并急于将其强行嵌入仍由传统主导的中国社会，必然会发生严重的社会排异现象。礼教派对新法草案的激烈反对就是这一社会排异的表现。法理派单纯的法律规则主义主张显然与社会形成了严重的脱节。此外，法理派将收回治外法权的政治目的作为修律的主要动机，夸大了法律的政治作用。正如张之洞所批评的，治外法权之收回，应“视国家兵力之强弱”，并必待国家政治、宗教、风俗、税制、治安等各项社会条件相应成熟后方能实现，“不能仅恃本法为挽救”。

三、民律草案的制订

中国古代一直没有专门的民法典。清代的民法主要表现为《清会典》与《户部则例》中的相关条款，《大清律例》中需要科刑的民事条款，以及大量的民间习惯，没有专门的民法典。清末修订法律馆成立后，聘请日本大审院判事松冈义正协助起草民法典，并派馆员分赴各省调查民事风俗习惯。1911 年 10 月，修订法律馆编制了《大清民律草案》总则、债权与物权三编。亲属与继承两编因关涉礼教，清政府要求修订法律馆会同礼学馆起草。同年，后两编也起草完毕。史称中国第一部民法草案。由于清政府很快灭亡，该草案未能公布施行。

《大清民律草案》仿德、日两国的民法典，分为总则、债权、物权、亲属与继承五编，开创了中国近代民法的形式与法典结构体例。在内容上，前三编“注重世界普通之法则”，“原本后出最精确之法理”，基本继受了大陆法系民法原则与规范。虽然修律大臣也宣称“求最适于中国民情之法则”，但于中国传统的民法制度还是多有忽视。如典权、铺底权均未采入。亲属与继承两编则主要取自旧律，保留中国传统习惯者甚多，如亲属分类为宗亲、外亲与妻亲；妻仍为限制行为能力人；女子无继承权，儿子则有嫡庶之别；实行宗祧继承制；家长权力强大。显然，《大清民律草案》具有中西折衷主义的性质。

四、商法的变革

中国古代不仅没有专门的商法典，而且除了单纯的行政性经济管理法规外，国家很少颁布用于调整商事活动的规范。调整商事活动的规范只能由行会、会馆等古代商业自治团体自行订立，内容原始粗糙、保守落后，体系零碎，更不统一。原始粗糙的古代商法远不可能为近代企业的经营活动提供规范与保护，于是各种投机诈骗、集股卷逃案件一再发生。企业倒闭后业主被官府拘押，无限追索，乃至被责以刑罚。政府也常常利用企业的法律地位不明确，对企业进行干预、压制乃至敲诈勒索。

清末的变法修律促成了中国近代商法的产生。1903 年 3 月 25 日，清政府发布上谕，“兹着派载振、袁世凯、伍廷芳先订商律，作为则例。俟商律编成奏定后，即行特简大员，开办商部”。1906 年以前，商事法规并不是由修订法律馆拟定，而是由 1903 年 7 月成立的商部拟定。

（一）清政府的商事立法

1.《钦定大清商律》与《破产律》

1904 年 1 月 21 日，清廷颁布由商部拟定的《钦定大清商律》。同年 6、7 两月，商部先后奏准颁布《公司注册试办章程》与《商标注册试办章程》。上述立法大都比较粗疏，如商律仅有《商人通例》与《公司律》两章，《公司注册试办章程》仅 18 条。尤其是上述商法法规缺乏对中国商事习惯的融合，不合中国固有商业习惯，遭到商人们的批评。此后商部开始比较重视商会的意见，并请商会协助调查全国各地商人的商业习惯。

1906 年 4 月 25 日商部与修订法律馆共同奏请颁行《破产律》时，即考察了“各埠商会条陈、商人习惯”。但是，《破产律》颁布后却受到来自于商界更为激烈的批评，认为该律窒碍难行，请求暂缓施行。但清朝政府一直没有明确宣布废止该律，部分地区的司法审判中也依然在适用。

除上述法规外，由商部主持起草并奏准颁行的商事法规还有 1903 年 12 月 2 日的《重订铁路简明章程》、1904 年 3 月 17 日的《矿务章程》等。

《钦定大清商律》虽然简单粗糙，但它是中国历史上第一部依西方国家商法标准制定的近代商法法规。其《公司律》规定公司的成立程序为注册登记制，使中国古代对重要行业的经营实行行政垄断和特许的经济管理体制转向了自由经营的经济体制。这一转变是划时代的，因此可以说《钦定大清商律》是一部具有经济宪法性质的法律。

2.《大清商律草案》（志田案）

1907 年修订法律馆进行改组后，加强了商事法律法规的起草工作。1908 年 9 月，修订法律馆聘请日本法学家志田钾太郎帮助起草商律。自 1909 年起，志田钾太郎陆续完成了总则、商行为、公司律、票据法、海船律五编 1008 条的编制工作。按宪政编查馆筹备宪政计划，“法律大臣编订之商法，须宣统五年（1913 年）始能颁布，宣统七年（1915 年）始能实行”。辛亥革命爆发后，该草案尚未全部完稿，故未能颁行。该商律草案史称“志田案”。

3.《改订大清商律草案》

由于《钦定大清商律》过于粗陋，“志田案”又未能完稿，于是 1910 年 7 月 6 日农工商部向清廷奏请对《钦定大清商律》重加修订，作为新商律公布前的过渡性商事法规。得到批准后，农工商部吸收了上海商务总会、上海预备立宪公会、上海商学公会会同全国各省总商会编辑的《商法调查案》等资料，于 1911 年 1 月 2 日向清廷奏请交资政院议决。但在资政院审议过程中，清政府即被推翻，该法未能审议通过并颁布。

4. 其他商事立法

除以上商法及商法草案外，农工商部、度支部、邮传部等经济主管部门还起草并奏请清政府颁布了《运送章程》、《银行则例》等单行的专门商事规章。其中《运送章程》相当于当时外国商行为法中有关运送营业规则,《银行则例》相当于商业银行法。

（二）民间团体的商事立法

1904年1月11日,清政府颁布《简明商会章程》,规定各省市可以组织各级商会作为工商业者的自治组织。利用这一合法机构,资产阶级除维护自身利益,处理各种内部事务外,还广泛地参与各种社会活动,并尽可能地扩张自己的权利。1907年至1909年,以上海商务总会为首的全国各地商会与上海宪政公会联合发起民间商事立法运动,试图取得商法的立法权。

1907年,上海预备立宪公会向上海商务总会及上海商学公会提出商法立法必须由商人协办,不能任由不懂商务的政府官员一手操办的建议。随后,上海商务总会向全国各地商会发出拟订商法的号召,得到了各省商会的积极响应。1907年11月19日和1909年3月,上海商务总会、上海预备立宪公会及上海商学公会在上海组织全国各地商会及海外华人商会举行了两次商法讨论大会。第二次大会讨论并通过了《公司律草案》,并拟订了《公司律调查案理由书》。刚刚赶拟出来的第二编《商法总则草案》及《商法总则调查案理由书》在会上未能充分讨论,故未能通过,大会决定会后由各省总商务分别研究后,将意见书寄预备立宪公会商法编辑部,连同《公司律草案》一起呈送农工商部奏请清政府公布施行。

由商人自治团体拟订国家商法,在中国历史上是第一次。这一事件反映了近代资产阶级在政府立法体制之外参与商事立法的自治要求。虽然清政府并未按其要求公布施行商会拟订的商法草案,但如前所述,《改订商律草案》事实上吸收了商法调查案的很多内容。

五、司法制度的变革

1906年12月4日,清政府颁布《大理院审判编制法》。1907年12月14日,清政府颁布《各级审判厅试办章程》,作为各级法院组织法、刑民事诉讼法制定之前的过渡性法律。1910年2月7日,《法院编制法》颁布施行,《各级审判厅试办章程》失效。

1906年,修订法律馆制定了《大清刑事民事诉讼法》。这是一部刑事诉讼与民事诉讼合一的诉讼法草案,由于大量采用了西方诉讼原则与制度,如公开审判、陪审制度与律师制度,故当清廷将草案发交各省讨论时,各省督抚纷纷表示反对,尤以张之洞为烈。因此,该法未能颁布。

1911年1月,修订法律馆又分别草成了《大清刑事诉讼律草案》和《大清民事诉讼律草案》,并奏请清廷转宪政编查馆核议。但未及资政院讨论,清政府即告灭亡。

上述法院组织法主要规定了以下内容：

（一）近代司法组织体系

1. 法院组织

法院组织有大理院、高等审判厅、地方审判厅和初级审判厅四级，分别设于中央、省、府和县（州）。各级视本地区管辖范围，可以在高等审判厅内设立大理院分院，在地方审判厅内设高等审判厅分厅，在初级审判厅内设地方审判分厅。

大理院为国家最高审判机关，并享有法律解释之权。大理院判决为终审判决。

2. 检察组织与司法行政组织

详见下述“近代检察制度”与“近代司法行政制度”。

（二）司法独立原则

第一个确立审判权独立的法规是1906年公布的《大理院审判编制法》。具体规定见前述“预备立宪”。

（三）近代诉讼与审判制度

中国近代审判与诉讼制度主要形成于《各级审判厅试办章程》。

1. 刑事诉讼的检、审分离制

中国古代实行纠问式诉讼，除官吏渎职案件外，所有的犯罪案件都由各级行政长官对犯罪进行侦查、起诉乃至审判，不存在专门侦查、起诉犯罪的检察制度。纠问式诉讼易导致法官先入为主，司法擅断，因而清末修律时引入了西方的检、审分离制度。凡刑事案件，通常由检察机关负责侦查与公诉，由审判厅进行审判。

2. 刑事预审制

西方国家的预审制，意在由法院初步审查检察机关起诉的犯罪事实是否准确。《各级审判厅试办章程》引入了这一制度。“凡地方审判厅第一审刑事案件之疑难者，应行预审”；凡移送至法院之刑事案件，如法官发现案件事实有错误，或发现尚有其他重罪者，“均由审判官移送预审”。预审法官预审后，送其本审判厅审判。此外，该章程还规定，预审法官如发现现行犯事关紧急者，可不等检察机关侦查请求，迳行预审。显然，法院的预审法官已过度地侵入了检察机关的侦查权与起诉权领域。

3. 刑事公诉与刑事自诉制

绝大部分刑事犯罪由检察机关公诉，少部分刑事犯罪案件（如胁迫、诽谤、通奸等）属亲告案件，即自诉案件。

4. 刑事强制措施由法院决定的制度

刑事诉讼中，只有各级审判厅才有签发厅票（包括刑民事传票、拘票、搜查票)权。检察官、预审法官及司法警察官只能执行厅票。

此外,还有刑事附带民事诉讼制、合议庭制以及四级三审制等。

(四) 法官制度

1. 法官的考试与任用

1910年初,清政府颁行《法院编制法》、《法官考试任用暂行章程》,初步建立了中国近代的法官制度。依《法院编制法》,凡初任推事(即法官)、检察官应按《法官考试任用章程》,经过两次考试合格后,方可任用。凡参加第一次考试必须要有3年制法政法律学堂以上毕业文凭。第一次考试合格,可以分发到地方以下审判厅、检察厅学习一年,期满合格者,可由所在学习审判厅、检察厅派令掌理特定司法或检察事务,并参加第二次考试。第二次考试合格者可以作为候补推事、候补检察官,分发地方以下审判厅、检察厅听候补用。京师法科大学毕业或外国法政大学或法政专门学堂毕业并由学部考试给予进士、举人出身者,可以免试直接作为候补推事、检察官。凡候补者,遇有缺出,即由司法行政机关奏补。

大理院正卿少卿为特简官,总检察厅厅丞、大理院推丞、高等审判厅厅丞、高等检察长、京师地方审判厅厅丞为请简官,其他法官、检察官均为奏补官。除初任法官、检察官外,均不适用法官考试程序。每一等级的法官、检察官的任用都必须有一定的法学学历及任职年历。

《法官考试任用暂行章程》对参加第一次考试应试者的资格有所放宽,副拔选贡以上出身者,旧充刑幕,确实品端学裕者也可以参加考试。同时,该章程还规定了第一次考试的笔述科目包括五门:奏定宪政纲要,现行刑律,现行各项法律及暂行章程,各国民法、商法、刑法及诉讼法,国际法。前四门为主要科目,由考生任选至少两门参加考试,考试及格方能录取。作为非主要科目的国际法也是必考科目。除笔述外,尚有口述考试。

上述法官考试任用的资格限制较严,而清末法学专业的毕业生人数不多,且多有转就他职者,故法部后来又不得不放宽资格标准。1910年,清朝举行了第一次司法考试,录取五百六十余名。

2. 对法官的特别限制与权利保护

为保证法官公正判案,《法院编制法》规定,推事与检察官在职期间不得干预政治,不得参加政党、社团及各级议会,不得担任报馆主笔、律师,不得经营商业。除法定理由外,法部对推事、检察官不得有勒令调任、借补、停职、免职及减俸等事。

(五) 近代检察制度

《大理院审判编制法》第一次规定了近代检察制度。此后的《各级审判厅试办章程》、《法院编制法》及《检察厅调度司法警察章程》都规定了这一新的司法制度。

上述法规建构的检察制度主要有以下内容：

1. 检察机构的设置

大理院及以下各级审判厅内分别配置总检察厅、高等检察厅、地方检察厅和初级检察厅。各级检察厅统属法部大臣，独立行使检察权。

2. 检察厅的职权

检察厅的职权包括：指挥司法警察官（紧急时可调动巡警及军队士兵）行使侦查权。收受司法警察部门转来的诉状（受害人呈词）、决定交付预审或交付公判。提起刑事公诉并监督、指挥刑事判决的执行。担当民事诉讼当事人或公益代表人。监督审判并纠正其错误。其中监督审判包括：对部分涉及人身之民事诉讼案件，必须有检察官到庭监督，否则审判无效；对一审或二审判决，若检察官认为认定事实或适用法律不当，检察官有上诉（即今之抗诉）权；审核同级审判厅审判统计报表之权；对大理院判决之死刑案件的执行复核权。

3. 检察官制度

检察官的考试、任用以及检察官的任职保障与法官相同。

（六）近代司法行政制度

1. 专门司法行政机关的形成

1906 年 10 月，清政府颁布上谕："刑部著改为法部，专任司法；大理寺著改为大理院，专任审判。"这里所说的"司法"，实际上是指司法行政。从此将中国几千年来司法审判机关和司法行政机关合一的体制改为分立体制。

1907 年 7 月 7 日，清廷颁布上谕，将各省提刑按察使司改为提法司。1907 年 7 月 7 日颁布《各直省官制通则》，规定"各省设提法司，置提法使，管理司法行政，监督各级审判厅，调度检察事务，设立高等、地方和初级审判厅"，实现了省级司法行政权与审判权的分离。至于省级以下审判厅内部的司法行政事务则暂由各级审判厅自己兼为行使。

2. 司法行政机关职权的确立

由于清末中央官制改革中的各项法规对法部与大理院的权限划分不清，从而引起了晚清司法改革中的部院权限之争。法部力图沿袭刑部旧有的司法权，要求取得对死刑案件的最终复核权，对各级司法审判机关的监督权，对各级司法官吏的任免权，刑事判决的执行权，使执掌最高审判权的大理院成为法部的下属机关。大理院则强调审判权应该包括对案件的受理、审判、复审、复核各项权力，基于司法独立原则，大理院在行使这些权力时不受包括法部在内的任何行政机关的干预。在清廷的干预下，法部与大理院进行会商，于 1907 年 4 月 20 日共同提出了《遵旨和衷妥议部院权限折》上奏朝廷，获得批准。该折赋予法部复核所有死刑案件、"速议"案件的权力，以及负责各级审判机关、检察机关人事，划定司法区域等各项大权。该折的大部分被采入 1910 年颁布的《法院编制法》及《法官考试任用暂行章程》、《司法区域分划暂行章程》和《初级暨地方审判厅管辖案件暂行章程》等3个附属法规。至此，法部的司法行政权限基本定型。

根据《法院编制法》及所附各项章程，作为中央司法行政机关的法部享有的权限主要有：(1) 负责大理院和各省检察官、法官及其他事务官员的编制及人事任免。(2) 向皇帝奏定各法院管辖区域。(3) 组织法官考试事务。(4) 对大理院判处死刑案件的复核权。(4) 负责刑罚执行，管理全国的监狱。(5) 负责对各级审判机构和检察机构的监督。(6) 负责指挥、领导检察事务。(7) 法律的起草权。(8) 对部分司法行政章程的制定、修改与解释权。如"考试任用书记官章程"、"承发吏职务章程"等。法部对死刑案件的复核权以及对"速议"案件的核议权则被取消。

各省提法司管理各该省司法行政事务，包括地方各级审判厅、检察厅、监狱应设各员之补署、升降，文件收发、档籍编纂以及司法经费预决算，草拟现行各项法律疑义解释及请示，各级审判厅的设立、废止及管辖区域的更改，编纂刑民事案件的统计，稽核司法警察，改良监狱，推广习艺所，编纂监狱的统计，监督本省司法机关，等等。

由司法行政机关负责司法机关内部的行政事务有助于近代法院审判活动的职业化、专门化与高效化，但司法行政机关职权过大，又妨碍了司法权的独立。

（七）租界会审制度的形成

所谓会审制度是晚清政府在租界内设立司法机关，与外国领事共同审理涉及外国人案件的司法制度。会审制度虽非修律内容，但因属晚清司法制度中的新现象，故在此一并述之。

1853年，上海小刀会起义，上海华界及其邻近地区有大批中国难民涌入租界，改变了先前"华洋分居"的局面，并形成了华人占租界人口多数的格局。为维护租界内的安全与秩序，1868年、1869年，中国与英美政府先后核准上海道台和英国领事商订的《洋泾浜设官会审章程》，在上海英美租界内设立了会审公廨。法国方面未加入此章程，故清政府又在法属租界另设会审公廨。

按照章程，会审公廨由上海道遴委同知一名为主审官，外国领事或领事派陪审官会审或观审，除有约国侨民为刑、民事诉讼被告由各该国领事审理，纯粹华人之间的案件由中国官员审理外，其他涉及洋人（包括有约国和无约国）及为洋人所雇的华人案件均由领事或领事派陪审官会审或观审。刑事案件仅限于枷杖以下案件，徒、流以上案件则由上海县知县审理。但后来，外国领事不断扩大其司法权力，不仅强行参加徒、流以上案件的审理，而且还进一步插手纯粹华人之间的案件。

会审制度后来进一步适用于其他城市的租界。武汉的会审机构称"汉口洋务公所"，厦门的称"会审公堂"，哈尔滨的称"铁路交涉总局"。

会审制度导致了中国司法主权继领事裁判权制度后的进一步丧失。

六、监狱制度的改良

1901年，为响应清廷新政号召，两江总督刘坤一、湖广总督张之洞联名上奏著名的《江楚会奏变法三折》，提出了有关监狱改良的三条主张：整修监房，对囚徒进行职业技工训练，政府设专官管理监狱。修律大臣沈家本认为，“刑罚与监狱相为表里”；“方今力行新政，而监狱尤为内政外交最要之举”；“设狱之宗旨，非以苦人辱人，将以感化人也”，“借监狱之地，施教诲之方”。

从成立修订法律馆开始，清政府就开始制定一些有关监狱改革的法令，如1903年《各省通设罪犯习艺所章程》，1906年法部制定的《处置配犯新章》、《咨各省申明遣军流犯到配所习艺定章文》，1907年清廷批准的《法部奏议实行改良监狱折》、《习艺所办法》等。此外，《法院编制法》中也有少量关于看守所的条款。

1910年由日本的监狱学专家小河滋次郎起草了《大清监狱律草案》，但此草案并未公布实施。

依上述法规及监狱法草案，清末对监狱制度的改革主要有：

1. 改造监狱，实行看守所与监狱相分离

(1) 设立新式监狱。1909年，法部要求各省在1912年以前一律按西式监狱模式设立新监。新监设立前，北京与各省均设立模范监狱，以作为府县监狱榜样。清朝政府结束时，全国已建的主要有京师、奉天、湖北、江宁(南京)与江西等地的模范监狱，正在施工的有云贵、山东、广东等模范监狱，甚至有些州县也开始建设模范监狱。但大多数省份没有设立新监。

这些监狱大都仿日本监狱式样，京师模范监狱则完全由日本监狱学家小河滋次郎设计建造。

(2) 设立罪犯习艺所。1903年清政府根据刑部建议，将各地判处的徒、流、军、遣犯人不再流放，就地组织罪犯习艺所强迫其学习工作技能。这是中国近代对罪犯进行职业训练的开始。后来这些习艺所大多改造为监狱。

(3) 保留旧监狱。其他没有财力以及因其他原因暂时不能改造的旧监狱仍予保留。

(4) 实行看守所与监狱相分离。古代看守所与监狱没有严格分工，监狱常常作为未决人犯以及刑民事案件证人的关押场所。由于积案较多，牵连人员多，监狱无法完全容纳。因此，很多非监狱场所也成为临时看守所，如衙役的值班室(俗称“班房”)，甚至有私人开设的旅店。1875年，贵州巡抚黎培敬提出由官府专门设立“待质公所”，即看守所。这是中国历史上首次将看守所与监狱分开。1906年《大理院审判编制法》规定，各级审判厅各设待质所一所，大理院辖下称看守所，均置于各审判机关管辖，后来通称为看守所。

2. 监狱管理体制趋向统一

清末改革前，刑部负责中央监狱。此外，中央政府各机关还有自己的监狱系统，如内务府、宗人府、步军统领衙门监狱。地方各省、府、州县的监狱则分别归各地方政府管理。监狱的管理权不能统一，狱制较为混乱。

清末司法改革后，法部对全国的监狱业务享有管理与指导权，但除原刑部监狱外，对其他中央各机关及地方所属监狱的人事及财务行政，尚无直接管理权。地方各级监狱仍隶属各省、府、州县。《监狱律草案》虽然规定了全国所有的监狱都由法部管理，但该草案并无施行效力。此外，罪犯习艺所则归民政部管辖。

3. 培养新型监狱管理人才

古代狱卒被视为贱役，不属于国家文官系列。他们不能与良民结婚，本人及三代子孙不能参加科举考试，不能捐官。因待遇低下，故以对犯人进行勒索讹诈为部分经济来源。沈家本认为"监狱以得人而治"，否则，"虽制度完善，构造整齐，设备完全，终无成效之可睹也"。1907 年，沈家本创办京师法律学堂，设置监狱专修科，并聘请日本监狱学家主讲监狱学。各省法政学堂也一律增设监狱学专科，新监狱也附设监狱学堂等培训机构。但清政府尚未来得及从制度上对传统狱卒制度进行近代文官改造就灭亡了。

第四节　清末修律与相关法律制度的变化(下)

一、行政法的改革

(一) 行政组织法

1. 中央行政组织的改革

(1) 新内阁制的确立。根据 1911 年 5 月 8 日清政府颁布的《内阁官制》与《内阁办事暂行章程》，军机大臣及旧内阁被废除，新内阁为皇帝任命并在其领导下负有相对行政责任的中央行政机关。它是中国近代第一个负有相对独立行政权力的单纯的中央行政机关。

(2) 中央各部。在 1901 年实行新政之前，清朝的中央各主要机关仍为六部。1901 年 7 月 24 日，清廷根据《辛丑条约》的要求，将总理衙门改为外务部，列于中央各部之首。自隋唐以来开始形成的六部体系开始瓦解。其后，清政府先后成立商部、巡警部、学部、陆军部、海军部、法部、度支部、邮传部等机构。1911 年 5 月 8 日颁布的《内阁官制》将中央各部最后确定为外交、民政、度支、学务、陆军、海军、司法、农工商、邮传及理藩 10 个部，基本完成了中央行政各部设置的近代化转变。

2. 地方行政组织的改革

清代传统行政组织的缺陷除了上文“地方制度的改革”所述之地方层级过多、督抚职权范围不明以及行政兼理司法之外,还存在着行政长官过于独断,行政长官之下缺乏专门化职能部门等缺陷。清代前期,府州县行政长官之下没有设置法定的专门行政职能机构。在法律上,行政长官必须亲自参与对各项行政事务的管理,或者以私人名义委托给幕友办理。1907 年 7 月颁布的《各直省官制通则》对上述弊端进行了适当的矫正。

(1) 在督抚之下设立省行政会议机构。该通则第六条规定:“各省督抚应于本署设会议厅,定期传集司道以下官,会议紧要事件,决定施行。如有关地方之事,亦可由官酌择公正乡绅与议。”这一行政合议体制有利于在一定程度上防止督抚行政专断。

(2) 各级行政长官之下,设立专门化的职能部门。督抚之下增设巡警道、劝业道两个新的专门职能部门;保留布政使司,负责户口财赋及本省地方官吏的考核;另将原提督学政改为提学使,负责全省教育;将提刑按察使司改为提法司,负责司法行政。府(直隶州、厅)及县(州、厅)则分别设置警务长、视学员、劝业员、典狱员、主计员等佐治各员,使两级政府行政首长之下的职能机构设置转向专门化,并随着近代政府行政职能的扩大而有所增加。

(二) 官吏管理制度的初步改革

1. 科举制为近代学堂选官制度所取代

近代以来,科举考试在内容与形式上的僵化使得通过科举制度选举出来的官吏不能适应多元发展的社会。因此,早在清末变法之前的洋务运动时期,中国就开始了对官吏制度的改革。

1862 年 8 月 20 日,恭亲王奕䜣向皇帝所上《奏请设立同文馆折》中,建议由总理衙门每三年对同文馆学生自行考试一次,对优者授予七、八、九品官等。清廷批准了这一建议。这一最早给新式学堂学生以官员身份的尝试,悄悄地打破了传统的官员选任制度。

清末新政,清政府颁布了一系列法规,分别授予国内各类学堂学生毕业与归国留学生以进士、举人、贡生等出身的法令。1905 年 9 月,清廷下诏废除科举,断绝了以科举任用官吏的途径。此后的大部分官员来自于政府对国内外新式学堂毕业生的奖励考选。

这种奖励制度对以新学代替科举固然有积极作用,但仍将教育与官职相连,不仅扭曲教育功能,而且随着新式学堂毕业生的增多,产生了官满为患的问题。为此,清政府在留学毕业生考试方面,逐步将学历考试与入官考试相分离。1911 年 9 月,清政府开始起草《文官考试任用章程》,并宣布自该章程施行之日起,“无论何项学堂考试毕业者,概不奖给实官。其游学毕业生之廷试,明年亦拟不复举行，另由内阁会同各部规定文官考试资格及技术官、教育官须用专门毕业人才之办法”，试图建立近代的文官考试与任用制度。但清政府尚未来得及实行文官考试与任用制度，即告灭亡。

2. 初步实行议员、行政官与法官的分离

因为没有分权的观念与制度，因而中国古代官吏一直没有实行职位分类。行政官兼理司法，某些重要的行政官员还常常有立法起草之权责。这种混一的官吏制度妨碍了官吏在职业与技术上的专门化。官员们由于缺乏专门的行政、司法技术知识与管理经验而不得不雇佣大量的幕僚与胥吏，既增加人民负担，又为幕僚与胥吏提供了舞弊的机会。

1908 年 7 月 22 日、1909 年 8 月 23 日，清政府先后颁布《各省谘议局章程》和《资政院院章》，创立了中国近代的议员制度。1909 年颁布《法官考试任用暂行章程》、《京师审判检察各厅员缺任用升补章程》、《法律学堂毕业学员改用法官办法》，1911 年 9 月起草《文官考试任用章程》，上述各项法规初步将法官从行政官中分离出来。

（三）户籍法

1908 年清政府颁布《清查户口章程》，其基本沿袭了传统户籍的治安控制与区别等级身份的功能，规定“各户编定门牌，如有迁移之事，应即赴区呈报”；“调查户口，将区域内居民分为甲、乙、丙三种。甲号，贵族世家及其他资产、职业，认为身份正确者；乙号，甲号、丙号以外者；丙号，被监视及曾受官刑者、无业游民、博徒，痞棍及其他认为性行不良者”。但户口管理机关开始由传统的地方政府及保甲组织改为近代专门的警察机关。

1911 年，晚清政府在考察欧美各国之后，在参考东西各国户籍制度的基础上制定了中国历史上第一部《户籍法》单行法规。该法规共 8 章、184 条，其内容可分为户籍的管理、人籍、户籍、罚则四个部分。

该法规的进步之处在于：首先，区分了人籍与户籍。人籍主要是关于个人出生、死亡、婚姻、继承、国籍等比较个人化的信息资料，户籍则是家庭信息资料，实行了欧美个人主义精神和中国家族主义传统的结合。其次，取消了传统户籍中的绅士、贱民等身份登记。再次，剔除了传统户籍中资产登记项目，使户籍不再是征税的工具。最后，法规既规定了民众有呈报户籍之义务，也规定了民众对户籍吏处置不当行为有提起诉讼抗告的权利，将权利与义务统一起来，民众不再只是单纯的义务主体。

显然，《户籍法》的立法意图旨在以户籍、人籍确立人民的选举权与其他民事权利。但是，《户籍法》制定后未及颁布，晚清政府便灭亡了，其有效的户籍制度依然是上述《清查户口章程》之类的法规。

《户籍法》虽然没有颁布实施，但此后民国的户籍法律制度都是以此为蓝本的。

（四）近代新闻制度的形成

中国古代新闻制度的特点是由朝廷发布政务新闻，地方政府驻首都的“邸吏”负责传发“邸报”，没有其他新闻与言论。明清虽然允许民间自设报房，翻印邸报的部分稿件作商业发行，但不允许自行采访新闻，发表社会言论。对此类商印报纸，《大清律例》中设有“造妖书妖言”条，规定“凡造谶纬妖书妖言，及传用惑众者，皆斩”，“各省抄房，在京探听事件，捏造言语录报各处者，系官革职，军民杖一百，流三千里”。除此之外，一直缺乏明确的管理法规。“百日维新”期间，光绪皇帝以诏书形式承认人民有言论、出版自由，并鼓励民间办报，但因维新运动很快失败，未及颁布相应的新闻法律。

清末新政承续了戊戌维新的新闻政策，开放了报禁，并开始制定新闻法规。1906 年 7 月，清政府颁布中国第一部专门的新闻法规——《大清印刷物专律》。1906 年 10 月颁布《报章应守规则》9 条，1907 年 9 月颁布《报馆暂行条规》10 条，作为对《大清印刷物专律》的部分修改。1908 年 3 月颁布《大清报律》；1911 年 1 月，该《大清报律》经民政部修改，资政院议决通过，由清政府公布为《钦定报律》。此五部法律以及《钦定宪法大纲》中“臣民法律范围内，所有言论、著作、出版及集会、结社等事，均准其自由”的规定，初步建构了中国近代以新闻自由为基本精神的新闻法律制度体系。

1. 自由办报制度

对印刷品的印刷与发行，《大清印刷物专律》规定为半注册、半批准制。一方面规定“凡以印刷或发卖各种印刷物件为业之人，依本律即须就所在营业地方之巡警衙门，呈请注册”，但同时又赋予巡警衙门“批斥不准”权。《报章应守规则》及《报馆暂行条规》则改为完全的批准制，新设报馆必须由巡警衙门批准。《大清报律》与《钦定报律》则改为自由的注册登记制。《大清报律》规定，年满二十岁以上者，只有未曾服刑且无精神疾患者，在交纳 250—500 元保证金并在地方官衙注册备案后便可创办报刊。

2. 有限的自由报道制度

《大清印刷物专律》对报道的限禁主要有下列 3 种：普通毁谤、讪谤和诬诈。《报章应守规则》则对此限制又作了扩充，将含义模糊的所谓“诋毁宫廷”，“妄议朝政”、“妨害治安”，“败坏风俗”列入报道禁限，便于官府任意定性；要求“凡关外交、内政之件，如经该管衙门传谕报馆秘密者，该报馆不得揭载”。该守则同时也有少数合理限制条款，如“凡关涉词讼之案，于未定案以前，该报馆不得妄下断语”；“不得摘发人之隐私，诽谤人之名誉”。《大清报律》与将该守则限制报道的大部条款照录下来，并增加“凡谕旨章奏，未经阁钞、官报公布者，报纸不得揭载”的规定，相对于《大清印刷物专律》有所倒退。《钦定报律》也继承了《大清报律》

的大部分禁限报道的条款,但取消了“凡谕旨章奏,未经阁钞、官报公布者,报纸不得揭载”的限制。

此外,《报馆暂行条规》实行专制的新闻预先审查制,要求报刊发行前要呈报巡警部审查批准。《大清报律》改为报刊“应于发行前一日晚十二点钟以前,送由该管巡警官署或地方官署,随时查核”。所谓查核,是属于新闻预先审查,还是备案存查,律无明确规定。《钦定报律》则明确实行进步的备案存查制。“每号报纸,应于发行日递送该管官署及本省督抚或民政部各一份存查”。

所有新闻法规都没有规定记者的自由采访权,当属立法缺漏。

清末新闻法规是清末新政的产物。它的颁行有利于规范和加强报业管理,对一些地方官恣意查封报刊的违法行为有一定的制约作用,在一定程度维护了报馆和新闻工作者的权益。

(五)违警律

中国古代无违警与犯罪的区别,19世纪下半叶德意志各邦最早在刑法之外单独规定了违警律,这一立法体例后为近代日本所袭用。

1906年,清政府发布《违警罪章程》。这是中国第一部专门的违警处罚法(即治安处罚法)。1907年,民政部与修订法律馆共同拟定《违警律》。经宪政编查馆核定后,清廷于1908年6月颁布。

依该律,违警案类分为政务违警罪、公众危害违警罪、交通违警罪、通信违警罪、风俗违警罪、身体及卫生违警罪、财产违警罪。处罚有七项:(1)十五日以下十日以上之拘留或十五元以下十元以上之罚金。(2)十日以下五日以上之拘留或十元以下五元以上之罚金。(3)五日以下一日以上之拘留或五元以下一角以上之罚金。(4)十五元以下十元以上之罚金。(5)十元以下五元以上之罚金。(6)五元以下一角以上之罚金。(7)充公、停业及勒令歇业。其处罚直接由警察机关进行。

二、经济法制的变革

古代清朝经济法律制度的主旨除了维护市场的一般秩序外,主要在于尽可能以行政的手段控制最大限度的经济资源,以保证朝廷的政治安全与经济特权。为此,法律规定盐、茶由政府专卖,货币由政府垄断发行,矿产开采由政府特许,外贸方面实行一口通商与十三行垄断体制,政府设立庞大的官营手工企业,限制东南城市纺织业规模与农村经济作物的种植面积,实行高度集中的财政体制,等等。在这一经济法制观念之下,清朝的经济法律制度在技术上十分落后。

从甲午战争至清末新政,清朝的经济法制开始发生重大变革。其主要表现在两个方面:其一是经济体制由古代的行政垄断与特许经济体制转向了自由经济体制,其二是开始引进西方资本主义国家先进的经济法律技术规则体系。

(一) 经济体制

1. 甲午战争后的官督商办体制

甲午战争前,洋务派举办的近代企业全部由政府经营,私人资本基本不能进入铁路、机器采矿、机器纺织等近代经济领域。战后,巨额的战争赔款以及传统官办企业体制造成的巨大浪费使得政府无力对企业继续投资,因而不得不向社会招收商股。

私人资本进入近代官办企业之后,清朝政府并没有颁布近代化的公司法来调整官商之间的关系,而是采用了李鸿章创设所谓"官督商办"的企业制度,即"由官总其大纲,察其利病,而听该商等自立条议"[①];"所有盈亏,全归商认,与官无涉"[②]。即企业资本全部由私商以股份方式筹集,并自负盈亏,但企业必须受政府的监督乃至干预。在这种模糊的企业管理体制中,由于缺乏明确的法律规范,企业大权依然操纵在政府派遣的官员手中,官府常常以权势随意支配企业经营与分配,甚至随意处分商股,结果导致商股纷纷从企业抽资。

2.《公司律》确立的自由经济体制

清末实行新政以后,清朝政府终于在 1904 年公布了《公司律》。该律将公司设立的程序规定为登记制,从而在法律上使私人资本可以自由进入所有的经济领域。同时,《公司律》规定的公司内部组织机构基本照搬了西方近代企业的内部组织架构,在法律上完全排除了政府对公司内部事务的干预。该法的颁布在中国基本确立了资本主义的自由经济体制。

1911 年,清政府试图将铁路收归国家垄断经营,结果引发了资产阶级领导的保路运动,导致了清朝的灭亡。

(二) 财政制度

清代财政一方面实行高度集权的统收统支体制,另一方面又实行皇室财政独立于国家财政的二元财政体制。前一体制固然有利于中央财政统筹,但不利于地方社会经济的自主发展;后一体制则完全是为满足皇室的特权需要而设立的。由于实行绝对的君主专制政体,所以无论是财政集权体制还是分割体制,其财政的管理都不可能以法治的方式,也就是法定的预、决算方式进行。即使预先存在着财政的匡算,那也不能称之为预算,因为皇帝随时可以改变财政的收支计划。

太平军兴,地方督抚负镇压之责,于是截留税收,创设厘金,财权开始地方化。《马关条约》与《辛丑条约》签订后,清廷要求各省分摊赔款,遂听任各省督抚巧立名目,多方搜刮。从此,户部再无从了解更无从控制各省财政收支情况。各

---

① 李鸿章:《李文忠公全集·译署函稿》卷一,第 40 页。

② 李鸿章:《李文忠公全集·奏稿》卷二十,第 33 页。

省乃至在京各衙门、各州县财政上各自为政，自收自支，国家财政陷入极端混乱之中。1906年，出洋的考察宪政大臣带回了西方近代先进的财政制度，中国开始进行近代化的财政制度改革。

1. 划分国家财政与地方财政

近代资本主义国家财政体制的特征之一是划分国家财政与地方财政，以体现政治上的地方分权，实现地方的自主建设，所以清末开始建立地方财政制度。《谘议局章程》规定，谘议局有权议决本省岁出岁入预算与决算事件、税法与公债事件。这是最早规定省地方独立财政权力的法律。

2. 建立预算制度

1911年2月12日，清政府公布《试办全国预算暂行章程》。这是中国历史上第一部预算法规。该章程要求自1911年起，各省、京中各衙门及军队向度支部分别呈送国家岁入、岁出预算报告册，由度支部汇总编制全国岁入岁出总预算案，奏交内阁行政会议集议并送资政院议决。各省地方岁入与岁出预算案由本省谘议局议决，再咨报度支部。1911年初，资政院依章程后议决通过1912年的总预算案，是为中国历史上第一个近代意义的国家预算。

3. 将皇室财政纳入国家统一财政系统

《试办全国预算暂行章程》虽未将皇室财政列入统一预算范围，但度支部尚书载泽等在向朝廷呈送《试办全国预算暂行章程》的奏折中说，“关于皇室事务各衙门预算分册，仍暂送臣部汇编”，表明皇室财政即将纳入国家统一财政系统。

4. 初步尝试建立近代统一的委托国库制度

清代一直实行各级政府和政府部门自设官库的独立国库制与分散国库制。京师官库与地方官库之间固然不能统一调度，即使京师的官库又分别隶属皇帝、户部、工部、兵部、刑部等部门，各不相通。这种分散的国库制度不便于财政部门统一统计、稽核与调度，也容易造成各行政主管机关将自己主管的官库视为私库，从而产生贪污舞弊。此外，由于缺乏银行代理国库制，财政资金由各级政府与机关自行保管、运输，成本既高，风险亦大。

咸丰时，太平天国对长江中游的军事占领，使得各省税银无法上解中央，于是清朝政府开始允许地方政府将税款委托票号汇兑到京，从而事实上开创了委托国库制。1904年户部曾奏请准设大清户部银行，《试办银行章程》规定，“户部存入款项由本行办理”。1908年将户部银行改为大清银行并颁布《大清银行则例》，允许大清银行经理国库事务及公家一切款项，代理国家经理公债及各种债券。从此，委托银行代理国库的制度在我国开始形成。1910年，资政院提议统一国库办法，乃会同度支部奏定《统一国库章程》15条，其要点是：(1) 分别于京师、省、县设立总库、分库与支库；(2) 国库由度支大臣管理，其保管出纳则由大清银行负责；(3) 国库收支各款，均须汇总于总库。至此，我国近代国库制度开始形成。该章程未及颁布施行,清朝已经灭亡。

(三)金融与货币管理制度

中国传统的金融组织主要有钱庄、票号与当铺。这些金融组织的主要局限在于:资本构成形式通常采用独资或合伙,实行无限责任制,因而筹资能力非常有限,再加以利率很高,很难满足近代资本主义工商业的资金需求。由于不存在具备管理和金融储备功能的中央银行及相关法律制度,其经营也存在着很大的风险。此外,由于西方商业银行的侵入,传统金融组织也将逐渐沦为外国银行的附庸乃至被淘汰。清末经济法制变革的内容之一就是引进西方先进的银行制度。

1. 中央银行制度雏形的形成

1904年,清政府公布《试办银行章程》。这是中国历史上第一部银行法,它首次将股份制引入金融组织,规定户部银行采股份有限公司制,户部与私商各认购一半股份,银行总办、副总办由政府委派,理事与监事由各股东选举产生。该章程除规定户部银行具有普通商业银行的职能外,还赋予了户部银行以代理国库与监管金融等中央银行之责,从而形成了中国近代中央银行制度的雏形。

1908年2月17日,清政府公布《大清银行则例》,取代了《试办银行章程》。

2. 商业银行制度的初步建立

1908年,清政府颁布《银行通行则例》。这是中国历史上第一部统一的商业银行法。该则例第一次将全国所有金融机关(包括钱庄、票号)统一纳入度支部的管理之下,从而结束了晚清长期以来对金融业管理的无政府状态。同时,保护银行的经营自由,禁止官府对其营业事务横加干预。其第9条规定,如各商业银行出现资金危机,可向大清银行拆借或由其提供担保,从而为商业银行提供了资金上的支持。但该则例尚未建立起商业银行的资金准备制度。为保护商业银行,该则例第14条规定,“官办行号,每省会商埠只准设立一所”,以减少政府银行对商业银行的竞争。

3. 统一货币的立法尝试

晚清币制极为混乱,实际流通中的主要货币有生银两,铜制钱,各种外国银元与纸币,各地官银钱局发行的银元、铜元、纸币,以及中国钱庄、银钱店所出的各种私人银钱票。币制不统一的弊害是严重的。首先,外币的发行与流通不仅使得货币的发行收入为外人所有,而且有可能导致外国银行在一定程度上控制中国的金融。其次,不同种类、不同产地的货币之间的换算非常复杂与繁琐,加大了交易难度,刺激了金融投机,从而减少了对近代工商业的金融支持。最后,官银钱局及钱庄发行的银钱票和纸币由于缺乏相应的法律规制,致其发行既无准备,又无限额,常常因缺乏信用引起挤兑,导致发行机关倒闭而损害民众利益。

为建立本国统一的货币体系，1909 年 7 月 23 日清政府颁布《通用银钱票暂行章程》，规定嗣后官商银钱号未发行纸币者不准发行，已发行者限期收回，并严格规定发行准备，以期将发行纸币的权力收归大清银行。1910 年 6 月 16 日公布的《兑换纸币则例》规定，兑换纸币由大清银行统一发行，从而在法律上将发行纸币的权力收归大清银行。1910 年 5 月 23 日，清政府公布《币制则例》，规定中国以户部统一铸造，大清银行统一发行的银元、镍币与铜币（镍、铜币为辅币）为法定国币，其他各种银两、银元、铜元、铜制钱限期兑换成国币。上述三项法规是中国近代货币制度史上最早试图统一货币的法律，尤其是《币制则例》还是中国货币制度史上第一个尝试废除传统落后的银两制，实行相对进步的银元本位制的法律。由于地方政府不愿意放弃发行货币带来的巨大经济利益，而且清政府又很快灭亡，此三项法律未能成功地实施，但它毕竟开启了中国货币制度近代化的序幕。

本章重点问题提示

本章的重点问题在于对清末法制变革的评价。

历史学界与法律史学界对预备立宪的评价基本有两种：基本否定与基本肯定。1949 年前宪法史专著多持肯定意见，而中华人民共和国成立后到 20 世纪 90 年代以前，基于阶级斗争意识，大部分中国法制史教材对预备立宪基本上持否定态度，认为预备立宪是清政府的骗局。20 世纪 90 年代以来，期刊上发表的相关论文、专著以及部分中国法制史教材开始重新评价预备立宪，认为它是中国近代民主与分权政治制度的开端，对培养人民的权利意识，具有一定的积极价值。

对清末其他法制变革，评价比较一致的是打破了传统中华法系的体系，引进了西方进步的法律观念与法律规则形式。1949 年后的法制史论著，基于马克思主义阶级斗争的历史观，主要从政治上而不是从法学的角度评价清末修律，认为其移植的新内容是保护外国人、地主以及新兴资产阶级利益的，其保留传统礼教条款则是反动与落后的，是中国法制半封建半殖民地化的表现。20 世纪 90 年代以来，相关的论文、专著与教材开始从纯粹法学的角度评价清末修律，认为清末修律开启了中国部门法律的近代化。对修律活动中保留传统礼教条款依然认为是封建落后的表现。

此外，新时期对清末法制变革的研究领域有所扩大。如清末地方自治、司法独立制度、法官制度、司法行政制度、经济法律制度、新闻法律制度、教育法律制度都开始被纳入到法制史学的研究领域。

思考题

1. 清末预备立宪有哪些主要活动？试评析之。
2. 清末修律制定了哪些主要的法律或法律草案？
3. 评清末变法修律中的礼法之争。
4. 简要叙述清末司法改革的主要内容。
5. 试简述清末官吏制度的改革。
6. 论清末变法的历史意义。

第十九章　民国时期的法制建设运动

内容提要

本章全面叙述中华民国各个阶段法制建设的情况。南京临时政府时期法制和北京政府时期的法制开启了中国资产阶级法制建设历程，法制的近代化有一定的成绩。广州、武汉国民政府体现了苏联与中国共产党的影响，也有一定的法制成就。南京国民政府的法制经历了训政与宪政两个阶段。在宪法、行政法（包括经济法）、民法、刑法、民事诉讼法、刑事诉讼法等的立法层面上实现了初步的现代化。“六法全书”体系是中国法律近代化完成的标志。

关键词

中华民国临时约法　中华民国约法　贿选宪法　判例　解释例　文官　行政程序法　中华民国训政时期约法　中华民国宪法　节制资本　国民大会　五权分立　权能分治　公务员　中华民国民法

第一节　南京临时政府的法律制度

一、立法体制与立法概况

（一）立法体制

南京临时政府成立前，中华民国的立法机关为独立各省都督府代表联合会，以后则为参议院。南京临时政府时期，参议院依然为专门的立法机关。同时，依《中华民国临时政府组织大纲》与《中华民国临时约法》的规定，临时大总统有权制定有关行政机关组织的设置及内部行政规章，即官制官规，但必须得参议院同意。此外，中央各部均公布过大量的部门规章。

（二）立法概况

1. 制定法律。南京临时政府成立的短短几个月内，成文法的制定极为迅速。其成文法体系的构成有三个层次：其一是具有临时宪法性质的法律《中华民国临时约法》；其二是中央政府及其各部的官制官规，即政府的各项组织法规；其三是临时大总统与中央行政各部分别就具体的行政管理事务发布的大量具有法律效力的命令与行政规章。如临时大总统公布的《大总统令禁烟文》、《大总统令内务部晓示人民一律剪辫文》、《普通教育暂行办法》(教育部公布)、《发行公债办法》(财政部公布)等。这些通过简易程序制定的法规法令为南京临时政府的法制体系构筑了最基本的框架。

2. 援用前清法律。南京临时政府成立后,仓促间不能及时制定各专门法典。为使行政与司法有所依据,1912 年 3 月,司法总长伍廷芳向临时大总统孙中山提出暂时适用清末制定的诸法及法律草案的呈文。3 月 21 日,孙中山将此呈文咨请参议院审议。4 月 3 日,参议院议决同意援用清末颁布的新刑律、法院编制法、商律、违警律、禁烟条例、国籍条例等法律法规。“凡关民事案件,应仍照前清现行律中规定各条办理。”不过,对须援用的前清各项法律,应“由政府饬法制局将各种法律中与民主国体抵触各条,签注或签改后,交由本院议决公布施行”[①]。由于 4 月下旬内阁及参议院先后迁往北京,南京临时政府尚未完成这一程序就已经结束了。

二、宪法性文件

(一) 立法概况

1.《中华民国临时政府组织大纲》

1911 年 10 月 10 日武昌起义爆发后,各省纷纷宣布独立。11 月 30 日,独立各省都督府代表在汉口英租界开会,商议组织临时中央政府。12 月 3 日,代表会议通过并公布《中华民国临时政府组织大纲》(1912 年 1 月 2 日被修正,以下简称《临时政府组织大纲》)。根据《临时政府组织大纲》,12 月 29 日各省代表联合会举行临时大总统选举会,选举孙中山为临时大总统。1912 年 1 月 1 日,孙中山在南京宣誓就职,中华民国临时政府正式成立。

2.《中华民国临时约法》

《临时政府组织大纲》仅为中央政府组织法,不能作为临时宪法,人民权利仍无从确立。1912 年 1 月 28 日成立的参议院于 2 月 7 日即召开临时约法起草会议,成立编辑委员会,着手起草临时约法。2 月 12 日,清帝逊位。14 日,孙中山向参议院辞职。15 日,参议院依南京临时政府与袁世凯达成的政治协议选举袁世凯为临时大总统。3 月 10 日,袁世凯在北京宣誓就职临时大总统并效忠民国宪法。11 日,孙中山以辞职但未解职的临时大总统身份公布《中华民国临时约法》(以下简称《临时约法》)。

(二)《临时政府组织大纲》

《临时政府组织大纲》分临时大总统、参议院、行政各部及附则共四章,二十

① 《参议院议决案汇编》甲部,第一册,第 119 页。

一条。其主要内容如下：

临时大总统既是国家元首，又是行政首脑，由参议院选举。在参议院同意下，临时大总统代表国家行使下列权力：统率陆海军，宣战，媾和，缔结条约，制定官制官规，任免国务员及外交专使，设立临时中央审判所。同时，临时大总统还在中央行政各部的辅佐下，负责行政事务。对参议院议决的事项，临时大总统可行使否决权，要求参议院复议。

参议院为国家立法机关。参议院除对临时大总统的上述权力行使同意权外，还有权议决暂行法律、预算、税法、公债及临时大总统交议事件。在临时大总统对参议院的决议行使否决权时，如有到会议员三分之二以上维持原议，临时大总统应予公布并执行。参议院由各省所派三名参议员组成。其未成立前，暂由各省都督府代表行使用其职权。

临时中央审判所为中央审判机关。临时中央审判所由临时大总统征得参议院之同意设立。但该大纲没有规定临时中央审判所与其他中央机关间的关系。

根据以上内容看，《临时政府组织大纲》规定的政体为三权分立下的美国式的总统制。

《临时政府组织大纲》是独立各省联合制定的一部中央政府组织法。这一法规的主要意义在于：根据这一法规，产生了中国历史上唯一的一个资产阶级民主政府，从而在法律上宣告了在中国历史上延续了数千年的君主专制制度的结束。

（三）《临时约法》

《临时约法》包括总纲，人民，参议院，临时大总统、副总统，国务员，法院和附则7章，共56条。其主要内容有：

1. 规定了中华民国的领土疆域

《临时约法》第3条规定：“中华民国领土，为二十二行省，内外蒙古、西藏、青海。”这是中国法律史上首次以根本法的形式规定国家的领土疆域。

2. 首次规定了人民的权利与义务

人民的各项权利与自由在《临时约法》中被置于“总纲”后的首要位置，这一编排位置显示出《临时约法》对民权的尊重和重视。在人民的各项权利中，《临时约法》首先规定人民享有平等权。其第5条规定，“中华民国人民，一律平等，无种族、阶级、宗教之区别”。这是中国历史上首次规定人民享有平等权。其次，规定了人民的人身自由权。人民之身体，非依法律，不得逮捕、拘禁、审问和处罚；人民之住宅，非依法律，不得侵入或搜索；人民有保有财产、营业、言论、著作、刊行及集会、结社、书信秘密、居住、迁徙、信仰宗教等自由；人民有应任官考试之权，有选举权和被选举权。此外，人民还有请愿于议会、陈诉于行政官署、诉讼于法院之权；对官吏违法损害权利之行为，人民有陈诉于平政院之权。关于人民诉权的规定为人民行使上述权利提供了行政与司法程序上的保障，并为中国近代行政诉愿、行政诉讼的建立奠定了宪法基础。

3. 规定了自由资本主义的基本经济制度

《临时约法》规定,“人民有保有财产及营业之自由”。这一规定宣布中华民国将实行资本主义私有制和资本主义自由经营的经济制度。

4. 规定了中华民国的政体

《临时约法》规定,“中华民国由中华人民组织之”。“中华民国之主权,属于国民全体”;“中华民国以参议院、临时大总统、国务员、法院,行使其统治权”。

参议院为中央立法机关。在《临时政府组织大纲》的基础上,参议院增加了下列权力:向国务员提出质问,并要求其出席答复之权;临时大总统有谋叛行为,或国务员有违法行为时,有对其弹劾之权。

临时大总统及国务员为中央行政机关。《临时约法》在起草阶段,拟采总统制。但在审议《临时约法》草案时适逢南京临时政府准备将临时大总统职位让与袁世凯,故临时决定采责任内阁制。从表面上看,《临时约法》规定临时大总统代表临时政府总揽政务,似乎是总揽行政权。但该法同时又规定,“国务员辅佐临时大总统,负其责任”,“国务员于临时大总统提出法律案、公布法律及发布命令时,须副署之”,从而大大制约了临时大总统的行政权,使临时大总统的实际职能只相当于责任内阁制国家的国家元首。但《临时约法》规定的实际政体又不是明确的责任内阁制,如临时大总统及国务员因不由参议院产生,很难对参议院负责(《临时约法》中,“国务员辅佐临时大总统,负其责任”本身很含糊,并没有明确对参议院负责);参议院不能对临时大总统及国务员投不信任票而要求其辞职;临时大总统及国务员亦不能要求解散议会。以下规定则更与总统制政体类似:临时大总统既是国家元首,又是政府首脑,总揽政务;临时大总统对于参议院议决事件,可以行使否决权,并要求参议院复议;参议院复议时,如有到会参议员 2/3 以上仍执前议时,临时大总统应公布并执行。

法院为司法机关。《临时约法》规定,“法官独立审判,不受上级官厅之干涉。”这是中国法律史上首次明确规定法官独立原则。为保证法官的独立审判,该法规定“法官在任中不得减俸或转职,非依法律受刑罚宣告或应免职之惩戒处分,不得解职。”作为对临时大总统的制约,《临时约法》规定,由参议院对临时大总统提起的弹劾案,由最高法院审判。

5. 规定了《临时约法》的效力与严格的修改程序

《临时约法》规定,“宪法未实施以前,本约法之效力与宪法等”。关于约法的修改,其第 55 条规定:“本约法由参议院议员三分之二以上,或临时大总统之提议,经参议员五分之四以上之出席,出席议员四分之三之可决,得增修之。”作为一部临时宪法,规定如此严格的修改程序,显然是为了防止袁世凯上台后以修改约法的手段撕毁约法。

三、司法制度

(一) 司法机关

依《临时政府组织大纲》,"临时大总统得参议院之同意,有设立临时中央审判所之权"。《临时约法》规定,"临时大总统受参议院弹劾后,由最高法院全院审判官互选九人组织特别法庭审判之"。但终南京临时政府,有关临时中央裁判所、最高法院与地方各级法院的组织法一直没有制定。

(二) 法官审判独立原则

《临时约法》规定了"法官独立审判,不受上级官厅之干涉"的法官独立审判原则,已如前述。

(三) 禁止刑讯法令

1912 年 3 月 2 日,孙中山发布《大总统令内务、司法两部通饬所属禁止刑讯文》。3 月 8 日,司法部发布《司法部咨各省都督停止刑讯文》。上述两项令文要求,"不论行政司法官署,及何种案件,一概不准刑讯";"鞫狱当视证据之充实与否,不当偏重口供";"其从前不法刑具,悉令焚毁"。

南京临时政府没有制定明确统一的诉讼程序法。

第二节　北京政府时期的法律制度

北京政府始终由袁世凯的北洋系军阀掌控,故这一时期又称为北洋政府时期。

一、立法概况

(一) 立法体制

1913 年国会成立前,北洋政府的成文法通常由前南京临时政府时期成立的参议院制定,临时大总统公布。1913 年 4 月国会成立后,立法即由国会进行。临时大总统与大总统本无立法权,但依《中华民国约法》、《中华民国宪法》却有发布命令或教令权。由于国会屡遭解散,无法履行立法职能,故大总统常以教令的形式创制法令,作为临时性法律。另外,中央行政各部在其职能与权限范围内,有权制定颁布本部门的行政规章。

至于地方各省,除曹锟的"贿选宪法"外,北洋政府其他时期的地方立法权通常是基于割据的事实,而不是基于法律。"贿选宪法"规定,省、县议会于法律规定范围内分别于省、县内之自治事项,有立法权。

(二) 法律渊源

北洋政府的法律渊源有成文法和不成文法两类。成文法主要指上述有立法权的机关制定颁布的法律、法规、规章及地方性法规。不成文法则包括判例、解释例、习惯法及条理。

判例为最高审判机关大理院制作。大理院曾于1919、1923年先后两次对该院的各类判决进行整理，将其中部分判决书择其精义，编为《大理院判例要旨汇览》、《大理院判例要旨汇览续集》，共收入判例要旨3991条。收入汇览中的判例要旨是对判例的高度概括与抽象，具有成文化的倾向。判例要旨对各级法院没有法律上的效力，而仅具事实上的拘束力。但由于北洋政府时期成文法非常缺乏，因而判例成为各级法院极具权威的司法依据。

解释例是北洋政府时期的最高审判机构大理院对下级法院就具体法律问题的存疑所作的具有约束力的解释。自1913年1月15日至1927年10月22日大理院共发布2012项解释例。

习惯法，通常指中国的民商事习惯。1913年大理院上字第64号判例规定："判断民事案件应先依法律所规定；依律无明文者，依习惯；无习惯法者，依条理。"[①]同年上字第3号判例规定了习惯法成立的条件："凡习惯法成立之要件有四：(一) 有内部要素，即人人有确信以为法之心；(二) 有外部要素，即于一定期间内就同一事项反复为同一之行为；(三) 系法令所未规定之事项；(四) 无背于公共之秩序及利益。"[②]

条理即法理，即根据法律根本精神演绎而成的一般法律原则。作为法律适用的条理仅指民法法理。1916年上字第820号判例规定："民律未经颁布施行，关于财团法人之事尚无明文规定，除有习惯法则外，自然应准据条理以为判断。"[③]第二次民律草案公布后，司法部曾通令各级法院将该草案作为条理援用。

上述不成文法对北洋政府残缺的成文立法起了很重要的补充作用，并为其各类法典的制定作了较为充分的准备。

二、宪法及宪法性文件

(一) 制宪活动概述

1912年8月10日，袁世凯公布由参议院制定的《中华民国国会组织法》(以下简称《国会组织法》)和《参众两院议员选举法》。随后，原参议院内各政党重新分化组合，成立新政党。在同年12月全国进行的选举中，各党派进行了激烈的角逐。1913年2月4日，选举揭晓，国民党获392席，占议员总数的45%以上，成为国会中的多数党。4月8日，第一届国会在北京成立。

---

① 《大理院判例要旨汇览》第一卷，大理院编辑处1919年12月印制，民法，第1页。

② 同上。

③ 同上书，第5页。

袁世凯为了早日当上正式大总统，胁迫国会违反制宪程序，先选总统，后公布宪法。10月5日袁世凯公布《大总统选举法》。10月6日，国会迫于袁世凯军警的压力，选袁为大总统，黎元洪为副总统。10月10日，袁世凯在故宫太和殿举行就职典礼。

袁世凯就任大总统后，即开始有计划地破坏国会的制宪。10月16日，袁世凯即向国会提出扩大大总统权力，缩小国会对大总统制约权的"增修约法案"，并派员至国会陈述其对宪法起草的意见，但均遭国会拒绝。10月31日，国会公布《中华国民宪法草案》(因宪法起草委员会的办公地在北京天坛，故该宪草又被称为"天坛宪草")。因国会及宪法起草委员会中，国民党均占优势地位，因而"天坛宪草"仍然保留了较多的民主共和色彩，尤其在政体上采用了较为明确的责任内阁制。正因为如此，"天坛宪草"深为袁世凯所忌。为使该宪草流产，袁世凯唆使各省军阀呈请反对宪草并解散国会。11月4日，袁世凯下令解散国民党，取消具有国民党党籍议员的议员资格。由于被取消资格的议员超过国会议员总数之半，剩下的议员已不足法定开会人数，国会名存实亡。1914年1月10日，袁世凯下令停止全体国会议员职务，饬令回籍。国会被正式解散，"天坛宪草"的讨论遂告停顿。

1914年3月18日，袁世凯成立约法会议，作为《临时约法》的修订机关。20日，袁向该会议提出旨在独揽大权的增修临时约法大纲7项。约法会议即按此大纲拟定新约法草案。5月1日，袁世凯公布为《中华民国约法》。

为使大总统终身任职并为其子孙世袭继承，袁世凯决定修改《大总统选举法》。12月28日，约法会议议决修正《大总统选举法》，次日由袁世凯公布。新法规定，大总统任期十年，可以连任，同时又规定，大总统有权推荐和确定下届总统的人选。

袁世凯的最终目的是帝制自为。1915年12月31日，袁下令改国号为中华帝国，以次年为洪宪元年。由于护国军起，各地独立，北洋派内部背叛，袁世凯未及登基，即被迫于次年3月22日下令撤销帝制。为缓和国内的反袁浪潮，袁世凯意欲恢复被《中华民国约法》取消的责任内阁，并于4月3日任命段祺瑞为国务总理。6月6日，袁世凯死去。

袁世凯死亡当天，段祺瑞即以国务院名义通电全国，宣布奉袁世凯遗命，依《中华民国约法》，以副总统黎元洪代行大总统之职权。其意在拒绝恢复《临时约法》和国会。后在各方压力下，段祺瑞政府被迫于1916年6月29日宣布恢复《临时约法》和旧《大总统选举法》。8月1日，国会复会并继续讨论"天坛宪草"。

1917年，国务总理段祺瑞与大总统黎元洪在是否对德参战问题上发生矛盾。黎于5月23日下令免去段的国务总理职务，段则唆使各省督军宣布独立。

为解此危机，黎电召安徽督军张勋入京调停。6月，张勋率兵入京，逼黎解散国会并扶持清帝复辟。制宪活动又一次中断。段祺瑞假手张勋解散国会后，转而讨伐张勋，张勋复辟失败。以"再造共和"者姿态回到北京的段祺瑞拒绝恢复国会，而是成立临时参议院修改《国会组织法》与参、众两院议员选举法，以期组织由自己控制的新国会。1918年2月27日，由段控制的北京政府公布新的《国会组织法》、《参议院议员选举法》和《众议院议员选举法》。新法减少了国会议员的人数，提高了被选举人的资格限制。为操纵国会选举，皖系政客在北京宣武门内的安福胡同成立安福俱乐部。在6、7两月进行的议员选举中，安福俱乐部大肆舞弊，致当选的安福系议员占国会议员总额的80%以上。8月12日，新国会召开，被时人称为"安福国会"。1920年7月，直皖战争爆发，皖系失败，议员奔逃四散，安福国会结束。

直皖战争后，北京政府由直、奉两系军阀共同控制。1922年4月，第一次直奉战争爆发，直系战胜奉系，独掌北京政府。为赶走由"安福国会"选出的大总统徐世昌，取消1917年在广州成立的非常国会①以及以孙中山为非常大总统的广州国民政府，直系军阀提出恢复法统，即恢复黎元洪的总统职务及被第二次解散的国会。1922年6月11日，黎元洪复职。8月1日，包括原南下广州的部分议员在内的议员集于北京，国会第二次复会。但由于到京议员人数较少，故常因不足法定开会人数而无法开会，故国会于1923年3月第二次修改《国会组织法》。修改后的《国会组织法》将国会法定开会的最低人数由议员总数的三分之二降低到五分之三（议定宪法时甚至降至二分之一），将议决时必须持同意意见的法定最低人数，由原来规定的出席议员的四分之三降低到三分之二（议决宪法时降低至二分之一）。经此修改，宪法会议始得召开，继续讨论"天坛宪草"。讨论期间，曹锟急于做大总统，于同年6月将现任大总统黎元洪逼迫出京并辞职，同时令直系开始筹备贿选。经讨价还价，国会议员与直系就选票价格（每张选票五千元）与付款方式达成一致。10月5日，曹锟被选为总统，时人称之为"贿选总统"，国会亦被称为"猪仔国会"。为解贿选之窘，曹锟和国会都急于完成宪法，遂在贿选后五日内，由国会将十年来议而未决的"宪草"匆匆通过，10月10日由曹锟公布为《中华民国宪法》。这是中国历史上第一部正式宪法典，史称"贿选宪法"。1924年9月，第二次直奉战争爆发。10月23日，直军将领冯玉祥发动"北京政变"，软禁曹锟。"贿选宪法"亦随着直系军阀的倒台而被完全抛弃。

战后的北京政府暂由冯玉祥与张作霖控制。经双方妥协，原皖系首领段祺瑞被扶持为北京政府首脑。1924年11月24日，段祺瑞公布《中华民国临时政

① 国会第二次被解散后，部分议员南下广州，组成国会。由于广州国会不足法定开会人数，故又称非常国会。

府制》,组织中华民国临时执政府并出任临时执政。临时执政既是国家元首,又是政府首脑;不设国会。从制度上看,临时执政权力很大,但实际上段祺瑞受各方实力派的牵制,已无从独裁。1926 年 4 月,段祺瑞及其临时执政府垮台,北京政府由直、奉两系控制。由于北伐军消灭了直系主力,张作霖遂于 1927 年 6 月在北京公布《中华民国军政府组织令》,组织军政府并自任海陆军大元帅。军政府不设任何代议机关或民意机关,大元帅不对任何机关负责,实行公开的军事独裁。1928 年,国民党政府发动第二次北伐。6 月初,张作霖被迫退出北京并被日本人谋杀,北洋军阀政府就此结束。

(二)《中华民国约法》

《中华民国约法》共十章,六十八条。与《临时约法》相比较,有如下特点:

1. 实行总统制,但总统的权力远较其他总统制国家总统的权力更大

大总统既是国家元首,又是政府首脑。约法取消了内阁,"行政以大总统为首长,置国务卿一人赞襄之",但国务卿没有副署权。大总统有权统率全国武装力量,制定官制官规,任免文武官吏,宣告戒严,对外宣战媾和,缔结条约。除缔结有变更领土或增加人民负担的条约,须经立法院之同意外,大总统行使上述权力时不受任何限制。此外,大总统还享有召集立法院,宣布开会、停会及闭会,解散立法院,发布与法律有同等效力的教令及为财政紧急之处分等各项权力。对立法院议决的法律案,大总统行使否决权后,即使仍有三分之二以上的议员执前议,总统仍可拒绝公布该法律案。此时大总统的权力与皇帝已无区别。

2. 取消国会,代之以立法院

不设国会,立法权由立法院行使。与国会相较,立法院的权力被大大缩小,如不再拥有对大总统行使各项权力的同意权;对立法院的质询,大总统有权以事涉秘密拒绝答复。相反,总统有权召集立法院,宣布立法院开会、闭会及停会;对立法院议决的法律案,总统可以行使无限制的否决权;总统甚至有权解散立法院。综以上之规定,立法院完全被降低为大总统的附属机关,且直到袁世凯死亡时,立法院尚未成立,其职权仅以由大总统任命的参政院代行之。

《中华民国约法》所确立的是大总统专制独裁的政治体制。

(三)《中华民国宪法》("贿选宪法")

《中华民国宪法》共 13 章,141 条。其基本内容与特点为:

1. 中华民国的国体永远为民主共和国

袁世凯与张勋复辟的失败以及国人民主意识的高涨,使得任何军阀政府都不敢公开否定民主共和制度。相反,他们总是极力在其强权独裁的表面涂上更为民主的色彩,以欺骗民众。该宪法不仅照例规定,"中华民国主权,属于国民全体",而且还特别规定,"中华民国永远为统一民主国","国体不得为修正之议题"。

2. 中华民国的政体以责任内阁制为基本精神，但又包括有总统制的部分内容

责任内阁制精神主要体现在以下规定中：国务总理的任命，须经众议院同意；内阁对众议院负责；如众议院对于包括国务总理在内的国务员作出不信任之决议时，总统或是免该国务员之职，或是解散众议院；众议院对于国务员的违法行为行使弹劾权，并由参议院审判；总统所发命令及其他关系国务之文书，非经国务员之副署，不生效力；等等。但该宪法规定的政体又不是完全的责任内阁制，它还带有部分总统制的内容。如：总统既是国家元首，又是政府首脑；国务员不是由国会产生，而是由总统任命；除国务总理外，对其他国务员的任命甚至无须国会同意，等等。

3. 规定了中央与地方的权限划分，以及地方自治制度

直系军阀执掌中央政府以后，企图以武力消灭地方军阀，实行统一。地方军阀为维护其割据地位，则以"联省自治"相抵制。为与地方军阀妥协，宪法专门规定了"国权"与"地方制度"两章，在保证中央政府统一行使国防、外交、金融等主要权力的条件下，允许省、县两级地方实行自治。但"省不得自置常备军"，"不得缔结有关政治之盟约"。如中央与省之间发生权力之争，由最高法院裁决。

仅从体例及内容来看，《中华民国宪法》是一部较完善的近代宪法。其条文数较多，篇章结构及条文间逻辑严谨，内容亦基本符合三权分立的制衡原则及责任内阁制的基本精神。它规定的地方自治，无论立法的背景与意图如何，客观上有利于减弱中央集权造成的弊端。尤其是由最高法院裁决中央与地方的权力纷争的规定，实际上确立了中国最早的宪法诉讼制度。但由于制定宪法的目的只在于使贿选合法化，制定程序又是非正常的，这就使该宪法的进步意义完全被抵消。

三、行政法

（一）近代文官制度的建立

中国传统的官吏制度相对于贵族制度是先进的，但比之于近代西方的官吏制度，则落后了许多。如官员的职位分类仅有文武之分，而无行政官与司法官之别；选拔官员的科举考试在内容上单一，在形式上僵化；官员的权益得不到法律的保障；大量从事实际行政管理与司法实务工作的吏员没有被纳入到官员的范围；等等。晚清时期，中国开始引进西方近代的文官制度，对传统的官吏制度进行了局部与阶段性的改革，但未及完成，清政府即告覆灭，由北洋政府继之。

1. 文官的分类

北洋政府废除了中国古代自秦汉以来形成的官吏之间的等级制，将除议员与军官以外的所有官员统称为文官。同时，初步实行了较为科学的文官职位分

类法，将文官分为行政官、司法官、外交官、技术官、征收官、审计官、法院书记官、监所官等系列。每一种文官都有其相应的任用、官等、俸禄、惩戒等管理法律制度，各不相同。

2. 文官的等级

依任用程序，北洋政府将文官分为特任官、简任官、荐任官和委任官四级。特任官由大总统以特令任命，如国务院总理、各部总长。简任官由大总统直接选任，如各部次长、局长。荐任官由各主管长官推荐，呈请大总统任命，如各部局长、科长。六至九等为委任官，由主管长官直接任命。其中，前三个等级的文官为高等文官，委任官则为普通文官。

自魏晋南北朝以来官分九品的分等法就此被废除。

3. 文官的任用资格

除特任官外，其他等级文官的任用均有一定的资格限制。1915 年 9 月 30 日，北洋政府公布《文职任用令》、《文官甄用令》，规定凡文官的任用，除由大总统特擢以外，必须合于下列资格之一的方可任用：经文官高等考试或普通考试及格；经文官甄用合格，由大总统核定用途交铨叙局注册者；已经正式任命的各项文职，依法令应行转任、补任或升任者。凡有以上资格但曾受过褫夺公权的刑罚或褫职的行政处分且尚未复权或重新起用的，亏欠公款尚未缴清及年力衰弱者，不得任用。所谓甄用，是指对既未通过考试，也不是现任职依法转任、补任或升任，但却经验丰富，有突出才能且有一定任官经历的人，通过有一定级别的保荐官保荐予以任用的任用方式。

4. 文官的考试

1919 年 6 月 20 日北洋政府公布《文官高等考试法》、《文官普通考试法》。根据上述法令，文官考试每 3 年举行一次，分高等考试和普通考试两种。应试高等考试通常须有 3 年以上高等学校毕业文凭；应试普通考试则须有技术学校以上毕业文凭，或经地方考试及格取充选士，或曾任委任以上文职。凡褫夺或停止公权尚未复权，品行卑污、被控有案查证属实，受宣告破产尚未复权，有精神病或年力较弱，亏欠或侵蚀公款者，均不得参与考试。高等与普通考试的内容均为国文、相应专门学科及口试。高等考试录取后，须先行分发学习两年，成绩优良者得候补荐任职；普通考试录取后，学习一年且成绩优良者，得候补委任职。

各不同类型的文官适用不同的考试。其中，行政官、技术官、审计官与征收官适用上述文官考试法，司法官适用《司法官考试令》，外交官适用《外交官领事官考试法》，法院书记官适用《法院书记官考试暂行章程》，监所官适用《监狱官考试暂行章程》。考试内容均为不同种类的近代自然科学与社会科学知识。

5. 文官的权利与义务

文官有权获得官俸。各类文官的官俸均有专门规定。文官的官职受法律保障，根据1913年1月9日公布的《文官保障法草案》，文官非受刑罚宣告、惩戒法处分，或身体不能胜任，或自请免官，不得被免职；非经其同意，不得转任同等以下的职位。此外，根据1914年3月2日政府公布的《文官恤金令》，文官享受退休金，其遗属享有领取抚恤金的权利。

1913年1月9日公布的《官吏服务令》规定了包括行政官、司法官在内的各类官吏的法定义务：必须服从长官的合法命令；保守机关秘密；遵守法定工作时间；无论与职务是否有关系，不得接受或由亲属接受或以其他名义接受与本人有统属关系者赠与的财物；不得与同本管官吏有公务上经济往来关系的人之间私相借贷；不得兼充公私商业执事人员及报馆执事人员；遇有涉及本身或其家族之事件应行回避；不得有除惯例以外的酬宴等。

6. 文官的纠弹与惩戒

文官的纠弹。1914年4月10日北洋政府公布《纠弹条例》，同年7月20日修正公布为《纠弹法》。《纠弹法》的主要内容有：所有官吏如犯有违宪、违法，行贿、受贿，营私舞弊，溺职殃民等行为之一者，得由肃政厅纠弹。大总统对于肃政厅呈报的应行纠弹事件，经核定后，交平政院审理，由平政院分别情况交付惩戒机关或司法机关。

文官的惩戒。根据1914年1月20日公布的《文官惩戒委员会编制令》，文官惩戒机构为高等文官惩戒委员会和普通文官惩戒委员会。前者常设于中央，议决荐任官和简任官的惩戒事项；后者设于中央和地方各行政官署，议决委任官的惩戒事项。根据1918年1月17日公布的《文官惩戒条例》，文官应受惩戒的行为有：违背职务、废除职务或有失官职之威严或信用。惩戒方法为：褫职、降等、减俸、记过、申诫。

（二）行政程序法

相对于古代行政法，近代行政法最大的特点是以行政权必须受法律的限制，而最能限制行政权的行政法当为行政程序法。

1.《行政执行法》

行政执行法即行政强制执行法。1913年4月1日，北洋政府公布《行政执行法》。根据该法，主管行政官署必要时，可以对拒不履行行政义务者行使行政间接强制与直接强制措施。间接强制措施有代执行和30元以下怠金（即怠于履行义务的罚款）。直接强制措施有对人身的管束，对物有扣留、使用、处分、限制使用，对住宅及其他场所得侵入搜索。但无论间接强制或直接强制，均不得滥用，其使用均须在法律规定的条件范围内，并依法律规定的程序进行。如对人身的管束，只能对酗酒、精神病发作、意图自杀、或正在使用暴力且非管束其人身不足以防止其自身或他人生命与健康安全的人使用，其管束时间不得超过次日日入之后。

2.《诉愿法》

诉愿即今之所谓行政复议。1914 年 5 月 17 日，北洋政府公布施行《诉愿条例》，同年 7 月 20 日修正公布为《诉愿法》，并于同日施行。该法规定，人民对于中央及地方各级行政官署所作的违法或不当之处分，致人民利益有损害时，有权向原处分行政官署的直接上级行政官署提起诉愿；已诉愿后，仍不服直接上级行政官署的决定，有权向直接更上一级行政官署提起再诉愿；对违法行政处分经再诉愿后仍不服，可向平政院提起行政诉讼（但对不当行政处分经再诉愿后仍不服则只能以中央或地方最高行政官署之决定为最终决定）；诉愿审查为书面审查，其决定对原处分或原决定有拘束力。

3.《行政诉讼法》

1914 年 5 月 17 日，北洋政府公布《行政诉讼条例》，同年 7 月 20 日修正公布为《行政诉讼法》，这是中国第一部行政诉讼法。根据该法，行政诉讼只能针对行政机关的违法决定或处分提起；除对中央或地方最高级行政官署损害人民利益之违法处分，人民可以直接提起外，对其他行政官署损害人民权利的违法处分，行政相对人必须依诉愿法之规定，经两次诉愿程序后，始可向平政院提起。平政院实行公开审判制、回避制、合议制以及一审终审制；审理方式以庭审为主，但一定条件下可以实行书面审；平政院有权撤销、变更行政官署的行政行为。

北洋政府的行政诉讼体制采用德、奥、日等大陆法系国家的做法，即于普通司法机关之外另设行政诉讼机关。这一专门的行政诉讼机关为平政院。

1914 年 3 月 31 日，袁世凯以大总统令公布《平政院编制令》。这是中国第一部行政法院组织法。根据该令，平政院直隶于国家元首，对行政诉讼案件，以及纠弹事件（即由平政院属下的肃政厅对渎职官吏提起的要求行政处分的案件），行使审理权，从而使平政院兼具行政法院与古代御史台的职能。但平政院不审理由不法行政行为造成的损害赔偿案件。1914 年 5 月 17 日，北洋政府公布《行政诉讼条例》。同年 7 月 20 日，将其修正公布为《行政诉讼法》。该法取消了平政院的监察职能，使之成为专门审理行政诉讼的机关。

1923 年的《中华民国宪法》规定，行政诉讼案件应由普通法院审理，试图改变由平政院审理行政诉讼的旧制。但由于政府并没有颁布相应的行政诉讼法，行政诉讼仍由平政院审理。

四、民法

（一）民商事立法概况

1.《现行律民事有效部分》

1912 年 4 月 3 日参议院议决，“惟民律草案，前清时并未宣布，无从援用，嗣后凡关民事案件，应仍照前清现行律中规定各条办理。”另 1914 年大理院上字第 304 号判例规定，“民国民法法典尚未颁布，前清之现行律除制裁部分及与国体有抵触者外，当然继续有效。至前清现行律虽名为《现行刑律》，而除刑事部分外，关于民商事之规定，仍属不少，自不能以名称为刑律之故，即误会其已废。”[①]该民事部分被称为《现行律民事有效部分》或《现行律民事继续有效部分》，包括服制图、服制、名例、户役、田宅、婚姻、犯奸、斗殴、钱债等。此外，前清《户部则例》中关于户籍、田赋等内容亦继续有效。

2. 民事特别法规

除《现行律民事有效部分》外，北洋政府还颁布有许多民事特别法规。如 1915 年 10 月 9 日公布的《清理不动产典当办法》、10 月 29 日公布的《管理寺庙条例》、11 月 7 日公布的《著作权法》，1922 年 5 月公布的《不动产登记条例》等。

3. 民法草案的修订

1914 年，法律编查会（即前清“修订法律馆”）开始在《大清民律草案》的基础上参酌各国民法及各省民事习惯，修订民律草案。次年编成亲属编草案 7 章。1925 年修订法律馆（1918 年由“法律编查会”改成）完成总则、债、物权、亲属及继承五编草案。是为第二次民律草案。1926 年 11 月 18 日，大总统发布《民律草案总则编、债编准暂行参酌采用令》，规定“民律案总则编、民律案债编、商律行为法案、票据法案、海船法案、破产法案，著该部（司法部——编者）刊印颁行，除已有现行法令、判例及有显著不同之习惯外，均准暂行参酌采用”[②]。根据该令，司法部随即通令各级法院作为条理即法理援用。

4. 商事法规

北洋政府仍实行民商分立的原则。1914 年元月公布《公司条例》（1922 年 5 月修正）、3 月公布《商人通例》、7 月公布《商业注册规定》、12 月公布《证券交易所法》和《物品交易所条例》，1923 年 5 月公布《商标法》等。此外，修订法律馆还先后起草了公司法、破产法、票据法、海船法、保险契约法等草案，但始终没有制定商法法典。

（二）民商法的特点

北洋政府民商法最大的特点在于在保留中国固有民法传统的同时，又逐渐对其加以近代化的改造。这一改造主要是由大理院的司法判例与解释例来进行的。

首先，判例、解释例在传统民商法所没有涉及的领域初步开始引入近代的民商法制度。这些新领域有著作权、商标权、不当得利之债、无因管理之债、破产等

---

① 《大理院判例要旨汇览》第一卷，大理院编辑处，1919 年 12 月，民法，第 1 页。
② 《政府公报》1926 年 11 月 19 日。

方面。如关于著作权有1915年11月颁布的《著作权法》；关于商标有1925年3月颁布的《商标法》；关于破产，1923年3月28日大理院统字第1802号解释例规定，所谓商家已陷于破产状态，系指该商家已经关闭或实际已不能营业者（例如银钱商不能支付之类）而言，即应照破产程序办理；关于不当得利，1914年上字第207号判例规定，凡无法律上之原因而因他人之给付受益，致他人受损害者，负归还其利益之义务。

其次，民商事判例、解释例通过否定部分中国传统的封建民商事习惯，在一定程度上消除中国民商法律近代化进程中的障碍。如1915年上字第282号判例规定："卖业先尽亲房之习惯既属限制所有权之作用，则于经济上流通及地方之发达均有障碍，即难认为有法之效力。"①1914年上字第101号判例规定，个人"商号负债不能涉及家产之办法，于交易安全实有妨碍，纵令果属旧有之习惯，亦断认为有法律之效力"②。

再次，对旧律所规定的封建性民事条款，大理院解释例时有变通，以期渐近于近代民商法的精神。如1925年5月4日大理院解释例云，现行律尚有卑幼不得私擅用本家财物，但此条规定原以家财与私财有别，卑幼自有私财则该卑幼有完全之自由，不受何种限制。

五、刑法

（一）刑事立法活动

1.《暂行新刑律》的公布

1912年3月10日，袁世凯在北京就任临时大总统之职的当日就发布命令："现在民国法律未经议定颁布，所有从前施行之法律及新刑律，除与民国国体抵触各条应失效力外，余均暂行援用，以资遵守。"为袁世凯接收的前清法部即刻根据这一命令对《大清新刑律》进行修正。3月30日，袁世凯批示："所拟删除条款字句及修改字面各节，既系与民国国体抵触，自在当然删改之列，至暂行章程应即撤销，由该部迅速通行京外司法衙门。"4月30日，袁世凯将删修后的新刑律公布为《暂行新刑律》。

与《大清新刑律》相较，《暂行新刑律》删除了"侵犯皇室罪"一章和特别保护皇权的条款；删除了原"暂行章程"五条；对带有明显帝制色彩的文字进行了修改。此外，其实质内容并没有任何变化。

2. 刑事特别法的颁布

《暂行新刑律》公布后，北洋政府还颁布了大量的刑事特别法对之进行补充

① 《大理院判例要旨汇览》第一卷，大理院编辑处，1919年12月，民法，第2页。
② 《大理院判例要旨汇览》第一卷，大理院编辑处，1919年12月，商法，第1页。

和修改。其主要者计有:1914 年 6 月 5 日公布的《官吏犯赃治罪条例》(1921 年修正公布)、7 月公布的《徒刑改遣条例》、11 月公布的《易笞条例》和《惩治盗匪法》、12 月公布的《私盐治罪法》和《暂行新刑律补充条例》(以下简称《补充条例》),1915 年 3 月 19 日公布的《陆军刑事条例》、4 月 7 日公布的《海军刑事条例》、6 月 16 日公布的《惩办国贼条例》,1920 年 10 月公布的《办赈犯罪惩治条例》、《科刑标准条例》等。

3. 刑法草案的修订

1914 年,法律编查会开始起草新刑法典。次年草成《修正刑法草案》,是为"第一次刑法修正案"。为曲迎袁世凯隆礼意图,该草案将部分刑事特别法如《补充条例》并入其中,较多地增加了尊卑亲属在刑法适用上的不平等的内容。此外,还专设"侵犯大总统罪"一章。由于袁世凯复辟帝制失败,故该草案未能公布。

1918 年,修订法律馆总裁董康、王宠惠重新拟定刑法草案,是为"第二次刑法修正案"。第二次修正案采用了较多的资产阶级刑法原则,无论体例或是内容上都较 1915 年修正案有明显的进步。这一草案虽未公布,但却为南京国民政府的刑法典的制定提供了蓝本。

(二) 刑事立法的特点

北洋政府在刑事立法上最显著的特点是隆礼与重刑。

虽然《暂行新刑律》删除了原《大清新刑律》中充满礼教内容的《暂行章程》5 条,但完全保留了原《大清新刑律》正文中关于礼教的内容。而且后来公布的《暂行新刑律补充条例》则不仅恢复了《暂行章程》的部分条款,而且还增加了原来所没有的内容。前者如对尊亲属不适用正当防卫,和奸无夫妇女处刑等;后者如尊亲属致卑亲属轻微伤,可免除其刑;享有亲权之父母,有权请求法院对其子施以六个月以下之监禁,等等。

重刑的特点主要表现在北洋政府对笞刑、发遣这两种封建刑罚的恢复,以及对某些犯罪的处刑较之《暂行新刑律》有所加重。

作为两种较残酷的刑种,发遣刑与笞刑于清末时即已被废除。但北洋政府又先后恢复了这两种刑罚。《徒刑改遣条例》规定,将无期徒刑和犯本法规定的某些罪行应判处五年以上之有期徒刑,改为发遣。所谓发遣,即将犯人解往规定的边远省份和地区,编入当地户籍并在当地官员的监管下按原期服劳役。《易笞条例》规定,凡十六岁以上六十岁以下罪犯犯法律规定的某些罪行,应处三个月以下有期徒刑、拘役,或一百元以下罚金折易监禁者,将其所应处刑罚以刑期 1 日折抵笞刑 2 下的标准换成笞刑,但对曾任或现任官员,或有相当身份者不适用。袁世凯死后,此两种刑罚方式即被废止。

刑事特别法对相同犯罪的处罚通常较《暂行新刑律》为重。如对制造、收藏或携带爆裂物，聚众掠夺公署之武器装备钱粮等军需品，公然占据都市城寨及其他军用之地，以及掳人勒赎的所谓匪徒，《暂行新刑律》仅对其为首者处死刑或无期徒刑。《惩治盗匪法》则一律处死刑。《惩治盗匪法施行法》还规定，“遇有成股盗匪猝发，或盗匪持械拒捕”，军警有权临阵格杀。《暂行新刑律补充条例》规定，3 人以上携带凶器，共同犯刑律有关各罪，“各依本刑加一等”，“其本刑系无期徒刑者，得加至死刑”。

六、经济法

（一）北洋政府的二元经济体制

1. 自由经济体制

《临时约法》规定“人民有保有财产及营业之自由”的基本经济制度，意在建立自由资本主义的市场经济体制。袁世凯的《中华民国约法》则规定，“在法律范围内，人民有保有财产及营业之自由”。

袁世凯政府时期负责草拟经济法规的农林部与工商部总长张謇在清末时就是经济自由主义者。他主张允许并鼓励人民自由经营农工商各业，以发展民族资本主义；对私营工商业，政府应予奖助，而不应干涉。在《通告部员书》中，张謇宣布，“自今以始，凡隶本部之官业，概行停罢，或予招商顶办；唯择一二大宗实业，如丝茶改良制造之类，为一私人或一公司所不能举办而又确有关于社会农商业之进退者，酌量财力，规划经营，以引起人民之兴趣，余悉听之民办”[①]。

2. 政府干预的经济体制

清末的经济立法已初具政府干预经济的特征。北洋政府继承了这一体制，并扩大了政府干预的产业领域范围与干预程度。依其干预的方式，可以将其分为三种类型：

第一，对私营经济的保育与奖励。如 1914 年 1 月 13 日公布《公司保息条例》，规定由政府可以为本国民营企业提供长期无息贷款。此外，还先后公布有《农商部奖章规则》、《农商部奖励实业办法》、《植棉制糖牧羊奖励条例》、《航业奖励条例》、《奖励国货办法》等一系列奖励办法，鼓励私人投资于工商业。

第二，对市场的统一与规范。中国近代形成统一国内市场的必要条件，如统一的货币、度量衡都不具备，因而北洋政府遂以立法创造统一国内市场的诸项条件。如 1915 年 1 月 6 日，公布《权度法》，试图将中国传统不统一的度量衡标准改造成统一的国际度量衡标准体系。1914 年 2 月 7 日公布的《国币条例》，要求统一金属铸币。1915 年 10 月 20 日公布《取缔纸币条例》，试图统一纸币的发行

---

① 张謇：《通告部员书》，载张孝若：《南通张季直先生传记》，“民国丛书”第三编，第 73 册，上海书店 1991 年版，第 184 页。

与流通。

第三,在部分产业领域实行限制私营与政府垄断。北洋政府对部分产业实行限制私人经营乃至由国家垄断经营的政策。如《矿业条例》规定,“食盐及煤油归国家专办”。《电信条例》规定,“电信由国家经营”。《民业铁路法》规定,“铁路公司之铁路及其附属物,国家得买收之”,意即国家有权随时不附任何理由地将私营铁路收归国有。《全国烟酒公卖暂行简章》规定对烟酒实行官督商销的公卖制。在金融方面,中国银行与交通银行享有“经理国库及募集或偿还公债事务”,“代国家发行货币”的特权。

(二) 财政制度

1. 中央与地方财政的划分

1913 年冬,北洋政府财政部颁布《国家税法与地方税法草案》和《国家费目地方费目标准草案》。这里所谓“国家”,是指中央政府,所谓“地方”,则包含省县两级。这一税法草案“系抄袭日本,日本系抄袭法国”,是“法国、日本税法制度的化身”①。1914 年,北洋政府对这一草案进行了修正。虽属草案,但 1914 年预算即按此办理。

上述财政分配法草案及修正案,在税项的划分上仍偏重中央一方。例如,田赋及关税、盐课、统捐、厘金等重要赋税收入仍归中央,地方税收科目只有田赋附加和其他不重要的杂税而已。

1914 年 6 月,袁世凯取消国地税收划分方案,仍实行中央政府统收统支的旧财税体制。1916 年袁世凯死后,国地税及支出费用划分法草案才得以恢复。但由于地方军阀割据,各自为政,上述财政收支划分规则未能严格执行。

1923 年 10 月公布的《中华民国宪法》以宪法形式确定了中央与地方的财政收支划分原则,田赋这一传统的重要税源被划归省地方;省议会有权制定本省税法及公债,但其财政立法权受国家法律限制;省地方财力不足时,经国会议决,可获得国家补助。总体而言财政权偏重于地方。因第二年曹锟下台,该宪法即被搁置。

至北洋政府结束,中央与地方财政权的划分没有能够形成统一稳定的制度。

2. 公库制度

1912 年财政部公布《金库出纳暂行章程》,采统一委托制,即单独委托中国银行代理国库。但在事实上当时交通银行也代理了部分国库事务。1913 年 5 月,财政部先后公布《金库条例草案》及《财政部委托交通银行代理金库暂行章程》,授权交通银行也可以代理国库,将统一委托制改为了分散委托制。这一改变显然为着平衡“交通系”的利益,不利于国库统一。

① 金国珍著:《中国财政论》,商务印书馆 1931 年版,第 521 页。

1914年，北洋政府颁布《财政厅办事权限条例》，内有经征各款均须解交金库之规定，旋由财政部两次电令各省长官及财政厅长详细报告办理金库之情形，并令中交两行急速筹设各地分库。当时中、交两行及各省当局均能遵令办理，故各省金库已渐呈统一之趋势。但袁世凯死后，中央政府不再具有强有力的权威，地方军阀据地自雄，公库制度乃重新陷入混乱。

（三）金融与货币制度的近代化改革

1. 金融组织法

《中国银行则例》与《交通银行则例》。1913年4月16日，国会通过《中国银行则例》。该则例规定“中国银行为股份有限公司”，在六十万股六千万元资本总额中，政府投资占三十万股。“中国银行受政府之委托，经理国库及募集或偿还公债事务”，“有代国家发行国币之责”。虽然它属于股份公司，但总裁、副总裁却不是股东会选举，而是由政府简任。北洋政府财政部曾函咨外交部转知各国银行，声明“中国银行系国家中央银行”①。

1917年修订后的《中国银行则例》将总裁、副总裁由政府简任改为由政府于选举产生的董事中简任，限制了政府的任命权限。结果总裁、副总裁开始不听从政府的命令，不再无限制地为政府进行财政垫款。政府由于财政困难，不断出卖其在中国银行的官股。到1921年时，在总股本一千九百万多元中，政府只有股本五万元。1927年该行总管理处迁到了上海，完全脱离了北洋政府。

1914年4月，大总统颁布《交通银行则例》，规定该行为股份有限公司，总资本一千万两，官股占四成，商股占六成。它也可以受政府委托分理金库，发行货币，具有部分中央银行性质。1922年以后，交通银行也开始脱离军阀政府。

2. 专业银行法与《银行通行法》

北洋政府早期的商业银行法表现为分散公布的各专业银行法，如1913年5月16日公布的《劝业银行则例》，1914年3月18日公布的《交通银行则例》以及1915年10月12日公布的《农工银行条例》，分别规定了各自的经营范围。

1924年，北洋政府公布统一的商业银行法——《银行通行法》。

3. 货币管理法

1914年2月8日，袁世凯公布《国币条例》，规定国币有银币、镍币与铜币三种，国币之铸造发行权专属于政府。到1919年，国币银元（俗称“袁大头”）成功地排斥了外国银元与其他银铸币，成为了主流货币。这一条例的成功实施在中国近代货币制度史上具有划时代的意义。但在铜元的铸造与发行上，各省仍然继续抗法铸造，因而仍不能统一。

1915年10月22日，北洋政府公布《取缔纸币条例》，规定“凡新设之银钱行

① 《中国金融史》编写组：《中国金融史》，西南财经大学出版社1993年版，第228页。

号或现已设立向未发行纸币者皆不得发行(纸币)”,“以前业经设立之银钱行号有特别条例之规定准其发行纸币者,于营业年限内仍准发行,限满应即全数收回”。“发行之纸币至少须有五成现款准备兑现,其余五成准以公债票及确实之商业证券作业保证准备”。但由于中国银行、交通银行常常在没有发行准备的情况下滥发钞票为政府垫付庞大的财政开支,再加上其他私营银行发行的纸币种类过滥,因而加剧了纸币的混乱局面,而最终未能实现统一。

七、司法制度

(一) 司法机关

1. 普通司法机关

1912 年 3 月 15 日,北洋政府将前清《法院编制法》公布为《暂行法院编制法》,继承了前清四级三审及审检合署的司法机关体系。1914 年 4 月 5 日,北洋政府公布《县知事兼理司法事务暂行条例》,规定凡未设审判衙门的地方,所有民刑案件,均由县知事兼理,完全恢复了县行政长官兼理司法的封建司法制度。4 月 30 日。袁世凯以人力财力不足为由于事实上取消了所有初级审判厅与初级检察厅。1916 年 2 月 2 日修正公布的《法院编制法》,从法律上取消了初级审检厅。与清末一样,北洋政府亦实行审检合署制。

1917 年 4 月 22 日,北洋政府公布《暂行各县地方分庭组织法》,于地方审判厅管辖各县设立地方审判厅分庭。凡对地方分庭判决不服的,可依原审案件的管辖性质,分别向本地方审判厅或高等审判厅上诉。如向本地方审判厅上诉,地方分庭则实为原初级审判厅的恢复。同年 5 月 1 日公布《县司法公署组织章程》,规定凡未设地方分庭的各县,设县司法公署审理民刑案件。该公署设专门的审判官,县知事充任检察职务,不得干涉审判。

2. 特别司法机关

北洋政府的特别司法机关包括军事审判机关和特别区法院。

1915 年 3 月 25 日北京政府公布《陆军审判条例》(此后又两次修正),1918 年 5 月 21 日公布《海军审判条例》。此两项法规规定军事审判机关分为高等军法会审、军法会审和临时军法会审三种。

特别区法院包括热河、察哈尔、绥远三个特别行政区的都统署审判处,外蒙古部分地区镇抚使署审判处,以及东省特别区域(即贯穿东北各省的中俄铁路沿线一定范围以内的区域)法院。

3. 上海会审机构的废除

辛亥革命后,清政府在上海会审公廨的主审官弃职逃匿,英、美等驻沪领团乘机完全控制了会审公廨。1925 年“五卅”惨案发生后,各界群众强烈要求收回会审公廨。1926 年,时任上海总办(相当于市长)的著名学者丁文江亲自与上海各国领事团反复谈判，终于在 8 月 31 日签订了《收回上海会审公廨暂行章程》，决定于 1927 年 1 月 1 日废除会审公廨，将其改为江苏省管辖下的上海临时法院。（1930 年 2 月改称“江苏上海第一特区地方法院”。）

（二）诉讼制度

北洋政府的诉讼法规包括民事诉讼、刑事诉讼及行政诉讼三类。

1. 民事诉讼法

北洋政府没有公布民事诉讼法典。1912 年 5 月 12 日、1915 年 3 月 2 日及 1919 年，司法部先后三次以部令要求各级审判厅援用前清《民事诉讼律草案》中关于管辖、回避的规定。1914 年 4 月 3 日司法部呈准北京政府颁行《民事非常上告条例》。1921 年 11 月 14 日，北洋政府以前清《民事诉讼律草案》为基础，制定公布《民事诉讼条例》，并于 1922 年 1 月 7 日颁令自 1922 年 7 月 1 日起全国一律施行。同年 1 月 25 日，又公布《民事简易程序暂行条例》。

2. 刑事诉讼法

北洋政府也没有制定公布刑事诉讼法典。1912 年 4 月 7 日、1915 年 8 月 19 日、1918 年 5 月 25 日、1919 年 4 月 18 日司法部先后 4 次呈准大总统暂援用前清《刑事诉讼律草案》中关于管辖、再理、执行及回避各编的规定。1920 年 10 月 28 日，司法部为求简易刑事案件迅速结案，公布《处刑命令暂行条例》，规定凡 5 等以下有期徒刑、拘役、罚金案件，经检察官声请，可不经审判，直接由审判官以命令处刑。1921 年 11 月 14 日，北洋政府以前清《刑事诉讼律草案》为基础，将其修订公布为《刑事诉讼条例》，并于 1922 年 1 月 6 日明令自 1922 年 7 月 1 日起于全国范围内施行。同年 1 月 25 日，公布《刑事简易程序暂行条例》以代《处刑命令暂行条例》。

（三）司法制度的特点

1. 军事审判的范围被扩大

由于军事审判所程序较之于普通审判程序简单，便于军阀为恶，因而北洋政府扩大了军事审判的范围。

1912 年 12 月 15 日公布的《戒严法》规定，在警备区内，与军事有关的地方行政和司法管辖权移属该地之司令官；接战区内之地方行政与司法管辖权移属于该地之司令官。对军队执法处审判的与军事有关的民刑事案件，不得控诉及上告。到张作霖军政府时期，军事审判的范围更是被随意扩大，对普通平民也常适用军事审判。

2. 设立复判制度

清末由于各省法院大多未及设立，司法仍由县知事兼理。县知事不是专门司法人员，因而对其审判活动设立复判制度以为监督方法。依清末复判制度，凡州县所判死罪案件，不问当事人是否上诉，经各级复审，一律送大理院书面复审。

北洋政府继承了这一复判制度，于 1912 年 10 月公布《复判暂行简章》。该简章规定，复判机关为各省高等审判厅。复判的案件范围为被判处死刑、无期徒刑及1、2 等有期徒刑等重刑，且当事人未上诉的刑事案件。这一规定往往导致县知事将应处重刑的案件只处轻刑，以避免呈送复判。

3. 司法制度实行有限的近代化

在清末司法改革的基础上，北洋政府继续进行着司法制度近代化进程。

首先，北洋政府实行了有限的司法独立原则。清末已确立司法机关独立的原则，《临时约法》则在此基础上确立了法官独立的原则。《中华民国约法》则取消了法官对法院、下级法院对上级法院的独立，仅规定法院独立审判。但在司法官管理的专门化方面，北洋政府则取得了一定的成绩。1915 年 9 月 30 日、1915 年 10 月 15 日、1918 年 1 月 7 日，政府分别公布《司法官考试令》(此后又数次修正公布)、《司法官惩戒法》、《司法官官等条例》等法规。这些法令对司法官规定了较行政官更严格的考试资格，更为专门化的考试科目，更高的社会地位以及更为严格的惩戒。

其次，北洋政府建立了中国最早的行政诉讼制度。

再次，北洋政府初步建立起律师制度。1912 年 9 月 16 日，北洋政府公布《律师暂行章程》。这是中国历史上正式公布的第一部律师法规。

第三节 广州、武汉国民政府的法制

苏联“十月革命”的胜利和中国共产党的建立，为孙中山领导的资产阶级民主革命提供了新的思想基础和政治上的同盟军。1923 年 3 月 1 日孙中山在广州成立中华民国陆海军大元帅府。同年年底，国民党确定了联俄、联共、扶助农工三大政策。1925 年 7 月 1 日，国民党中央在广州将陆海军大元帅府改组为中华民国国民政府。1926 年 7 月，国民革命军自广东北伐。1927 年 1 月 1 日，国民政府迁往武汉。4 月 12 日，蒋介石在上海发动政变。4 月 14 日，南京国民政府成立。8 月 22 日，武汉国民政府与南京国民政府合并。

一、《中国国民党第一次全国代表大会宣言》

1924 年 1 月 20 日，国民党召开了有共产党人参加的第一次全国代表大会，并通过了《中国国民党第一次全国代表大会宣言》(以下简称《宣言》)。初创的国民政府没有制定宪法，按孙中山确立的以党治国原则，《宣言》成为国民政府的最高立法依据。

在《宣言》中，孙中山对三民主义重新作了解释，将民族主义解释为对外反对帝国主义，对内实行各民族一律平等；民权主义为建立一般平民所共有，而非少数人得而私的民主政权；民生主义则以平均地权和节制资本为主要内容。《宣言》确立了未来国民政府在制宪、土地立法、劳动立法、婚姻立法等方面的基本原则。

二、《中华民国国民政府组织法》

1925年6月，国民党中央执行委员会(以下简称国民党中执委)政治委员会第25次会议议决通过《中华民国国民政府组织法》(以下简称《国民政府组织法》)，并交由国民政府于同年7月1日公布。1927年3月10日，国民党中执委会通过经修正的《国民政府组织法》并交由国民政府于当日公布。《国民政府组织法》具有如下特点：

1. 实行党对政府的指导与监督

《国民政府组织法》第1条规定："国民政府受中国国民党之指导及监督，掌理全国政务。"这一规定既是基于辛亥革命以来同盟会或国民党没有真正掌握政权而导致其纲领无法实现的教训，同时也是受到苏联革命影响而设立的。事实上国民党对国民政府的指导监督权，在很多具体事务上，已变为国民党直接代替国民政府行使职权。如重要法律的制定权均由国民党中执委或中执委政治委员会直接行使；国民政府委员由国民党中执委选举，常务委员由中执委指定；未经中执委议决的重要政务，国民政府委员无权执行等。这一体制使得中国革命有了强有力的领导核心，但同时也必然导致一党独裁。

2. 实行委员会制

为避免个人独裁，《国民政府组织法》没有采用政府首脑负责制，而是实行委员会式的集体领导体制。国民政府由委员若干人组成，国务由委员会议执行之。修正前的《国民政府组织法》规定国民政府设主席，修正后的组织法则取消了主席职位。这一领导体制明显地受到苏联与中国共产党组织原则的影响，对防止个人独裁有着重大的意义。

仓促间草成的《国民政府组织法》条文简单，显得较为粗糙。它没有按孙中山的设计分立五院，甚至没有将行政权与司法权分开。

三、土地立法

(一) 土地立法原则

新三民主义将资本家与地主平均分享地权的土地立法思想改变为"耕者有其田"。1926年10月国民党中央及各省市党部代表联席会议通过的《关于本党最近政纲决议案》，要求减轻佃农田租25%(即所谓"二·五"减租)；禁止重利盘剥，最高年利率不得超过20%。这一规定在中国历史上第一次明确提出减租减息的原则。1927年3月召开的国民党二届三中全会通过《对农民宣言》，进一步提出要解决农民的土地问题，使农民得到土地。

（二）土地立法

基于种种原因，广州、武汉国民政府没有完全依照上述土地立法原则制定有关的土地法规。1927 年 5 月国民党中央政治会通过了《佃农保护法》并交国民政府公布。

《佃农保护法》共十条，其主要内容为：佃农缴纳地租不得超过所租地收获量的 40%，实际交纳量由各地方政府会同当地农民协会按当地情形规定；佃农对于地主除缴纳租项外，所有额外苛例一概取消；地租应在收获时缴纳；如遇天灾战事等，佃农得按灾情轻重有要求减租或免租的权利；佃农对所耕土地有永佃权，但不得将所租土地转租他人；包田及包租制应即废止；凡佃农与地主间的契约必须报请区、乡自治机关备案。

四、民商事立法

在民商法方面，广州国民政府仍援用《现行律民事有效部分》。1927 年初，武汉国民政府召开司法会议，规定不再适用《现行律民事有效部分》，而改以前清民律草案为蓝本。其有与党纲冲突者，由司法官以立法手段参照党纲与《宣言》，酌量变更。①

五、劳动立法

1924 年 11 月大元帅府颁布《工会条例》，确认了工会的合法地位和各项权利。该条例规定，工会与雇主争执事件发生时，有要求雇主开联席会议仲裁，并请求主管行政机关派员调查及仲裁之权；有罢工、言论、出版及办理教育之自由；有对雇主参与规定工作时间及改良工作状况与工厂卫生之权；妨碍工会活动发展的现行法律不适用于工会；等等。

广州、武汉国民政府没有颁布过正式的劳动法。其在劳动立法方面的主要成就表现为对劳动立法具体原则的确立。1926 年 1 月，中国国民党第二次全国代表大会通过《关于工人运动决议案》；10 月，国民党中央及各省市党部代表联席会议通过《关于本党最近政纲决议案》。此两项决议案规定的劳动立法的各项原则主要有：保障工人组织工会及罢工自由；取消包工制；规定最高工作时间和最低工资；保护童工、女工；制定劳动保险法；设立劳资仲裁机构；增进对工人的教育，等等。

随着工人运动的猛烈发展，国民党中央认为应当对之加以适当限制。1927 年 5 月 18 日，国民党中执委政治委员会通过《解决店员、店东间，厂工、厂主间各

① 参见《武汉国共联合政府法制文献选编》，农村读物出版社 1987 年版，第 57 页。

种冲突之训令及六条办法》。该训令及办法对工人及店员的权利多有限制，如制止工人、店员之过度要求，并禁止其干涉厂、店内之管理，另由总工会与商民协会组织特种委员会，审查工人、店员之要求条件，并加同相当限制；工会或纠察队对于店主或厂主有恐吓罚款及擅自逮捕，或用其他压迫方式者，一律严禁；劳资两方有痛苦者，须陈诉于仲裁机关解决等。

六、解放妇女的立法

在妇女问题上，《宣言》主张"于法律上、经济上、教育上、社会上确认男女平等之原则，助进女权之发展"。根据这一纲领，1926 年 1 月 16 日中国国民党第二次全国代表大会通过了《妇女运动决议案》。该决议要求制定男女平等的法律，规定女子有财产权与继承权，严禁买卖人口，保护妇女和儿童，反对多妻制和童养媳，根据绝对婚姻自由的原则制定婚姻法，根据同工同酬、保护妇女及儿童的原则制定妇女劳动法，等等。据此，广州国民政府司法行政委员会向国民政府所辖各省司法机关发布命令：在未制定颁布男女平等法律之前，关于妇女的规定，应根据《妇女运动决议案》法律方面之原则进行裁判。

七、刑法

在刑事立法上，广州国民政府援用了北洋政府的《暂行新刑律》及其他部分尚属有效的刑事特别法。1927 年初在武汉召开的司法会议废除了《惩治盗匪法》、《暂行新刑律补充条例》及各刑法中关于禁止集会、结社、罢工诸条，对《暂行新刑律》与其他各项尚未废止的刑事特别法决定仍继续援用。此外，广州、武汉国民政府还制定一些新的刑事特别法，如 1925 年 10 月 9 日公布的《陆军刑律》，1926 年 3 月 23 日公布的《统一军民财政及惩办盗匪奸宄特别刑事补充条例》、9 月 22 日公布的《党员背誓罪条例》，1927 年 3 月 30 日公布的《反革命罪条例》、5 月 10 日公布的《处分逆产条例》等。此外，各省地方也颁布有地方刑事法。其较为典型者有 1927 年 3 月公布的《湖北省惩治土豪劣绅暂行条例》。

这一时期的刑事立法主要有以下特点：

1. 立法不统一

国民政府统辖各省都有制定刑事法律的权力，如《湖北省惩治土豪劣绅条例》、《湖南省惩治反革命之方法》等。

2. 设立了一些新罪名

广州、武汉国民政府的刑事特别法创设的新罪名有：(1) 党员背誓罪。根据《党员背誓罪条例》，国民党党员违背其誓言，或虽未宣誓但任有官职，其所为的不法犯罪行为即构成此罪。党员知其他党员犯罪而不举，以从犯论。(2) 反革命罪。根据《反革命罪条例》，凡意图颠覆国民政府或推翻国民革命之权力而为各种敌对行为者，以及利用外力或勾结军阀或使用金钱而破坏国民革命之政策者，均构成反革命罪。(3) 土豪劣绅罪。根据《湖北省惩治土豪劣绅条例》，凡凭借政治、经济、门阀身份以及一切封建势力或其他特殊势力(如凭借团防勾结军匪)，在地方上有下列行为之一者，即构成土豪劣绅罪：反抗革命或阻挠革命及作反革命宣传；反抗或阻挠国民党及国民党所领导之民众运动；勾结军匪蹂躏地方党部或党部人员；与匪通谋坐地分赃；借故压迫平民，致人于伤害或死亡；包揽乡间政权、武断乡曲，劣迹昭著；欺凌孤弱，强逼婚姻或掠夺为婚；挑拨诉讼，包揽诉讼，图骗图诈；破坏或阻挠地方公益；侵蚀公款或假借名义分财肥己；等等。

3. 规定了党员犯罪，加重处罚的刑法适用原则

《党员背誓罪条例》规定，党员背誓而为不法行为，分别情形，按刑律加一等处罚；知党员犯罪而不举发者，非党员依违警法处罚，党员则以从犯论。对党员犯下列罪行，如反革命图谋内乱，以职权操纵金融图利自己或他人，或侵吞库款满 1000 元，均处死刑，后两种犯罪得并处没收财产。较之其他法律中对非党员犯同类罪行的处罚严厉得多。

八、司法制度

1. 广州国民政府时期的司法制度

广州国民政府的司法机关基本沿用北洋政府时期的三级审判厅组织。广州设立大理院，其下则为高等审判厅(内附高等检察厅)和地方审判厅(内附高等检察厅)，其法官与检察官大多为留用的北洋政府时期的旧司法人员。

1921 年 3 月 2 日，广州军政府将前清《民事诉讼律草案》与《刑事诉讼律草案》中与《中华民国临时约法》及现行法令相抵触的条款删除后，于同年 3 月 2 日分别公布为《民事诉讼律》与《刑事诉讼律》，通行南方各省。广州、武汉国民政府援用此两项诉讼法规。

2. 武汉国民政府的司法改革

1927 年初，武汉国民政府对旧司法制度进行了改革，并公布了《新司法制度》。《新司法制度》规定的内容主要有：

(1) 改审判厅为法院，实行二级二审制。鉴于“厅”多为行政机关的名称，因而新司法制度将原审判厅的名称改为法院。为简化诉讼，原四级三审制被改为二级二审制。

(2) 废除司法官不党的禁令。《新司法制度》明确规定，非有社会名誉之党员，兼有三年以上法律经验者，不得为司法官。这一规定将司法机关置于党的控制之下，从而打破了清末以来法官、检察官不得加入政党的规定，废除了司法独立的原则。

(3) 废止法院内之行政长官制，由院内行政委员会处理法院行政事务。从

前各级审判机关内部的行政事务由各该级审判机关首长负责。为避免法院内行政长官专权，《新司法制度》规定，凡法院内行政，如收发文件、分配案件、预决算、会计保管、稽核、编制表册等事务，由院内行政委员会处理。

(4) 废止检察厅，在法院内配置检察官执行检察职务。《新司法制度》废止原设于各级审判机构内的检察厅，并将其改为检察官，仍置于法院内执行检察职务。

(5) 实行参审、陪审制。《新司法制度》规定凡法院审理的案件，须有当事人所属的团体，如党部、农会、工会、商会、妇女部(限于法院所在地的团体)，选出1人为参审员参与事实与法律审判；凡其他法院审理的案件，亦由上述团体选出2至4人为陪审员参与事实之审判。1927年初，武汉国民政府公布《参审陪审条例》，对参审陪审员的选举资格、选举方式、参审陪审员在诉讼中的权利义务作了详细的规定。

第四节　南京国民政府的法制建设

一、立法概述

(一) 立法指导思想

1929年3月召开的中国国民党第三次全国代表大会通过《确定总理遗教为训政时期中华民国最高根本法决议》，规定全国人民之民族生活与国家生活须统一于总理遗教之下。第一任立法院院长胡汉民在《三民主义之立法精义与立法方针》一文中明确地说，三民主义是一切建国工作的最高原则和立法方针。

(二) 法律体系与法律渊源

南京国民政府的立法是继清末、北洋政府之后中国法律近代化进程的第三阶段。根据国民党中央政治会议第一百二十次会议决议，国民党政府于1927年8月12日发布通令："一应法律，在未制定颁行之前，凡从前施行之各种实体法、诉讼法及一切法令，除与中国国民党党纲主义或与国民政府法令抵触外，一律暂准援用。"在基本继承了清末与北洋政府的既有立法与各种法律草案的基础上，南京国民政府初步建立起了较完备的近代法律体系。

同清末及北洋政府的立法一样，南京国民政府的立法主要是模仿大陆法系国家，如德国、日本、瑞士等国的法律。从法律的指导思想、法律原则到立法体例、法律术语无不深受这些国家法律的影响。从法律的部门分类上，南京国民政府时期的法学家通常将南京国民政府的法律体系称之为"六法"。不同时期的不同法学家对"六法"的划分都有所不同，较通常的划分有两种，一种分为宪法、民法、刑法、民事诉讼法、刑事诉讼法及法院组织法，一种分为宪法、民法、刑法、民事诉讼法、刑事诉讼法及行政法。

从法律的渊源上，南京国民政府的法律体系由成文法和判例、解释两部分构成。

成文法包括六法法典（行政法无统一法典）及其相关特别法规。

判例是指最高法院或行政法院在适用成文法时对某一具体案件所作，并为判例编辑委员会统一编辑，对下级法院有一定约束力的判决与裁定。南京国民政府在大陆统治期间分别在1934年和1944年先后两次公布最高法院判例要旨汇编。解释是指司法院（1928年11月司法院成立前，由最高法院负责解释）对法律条文在具体运用中所作的具有法律效力的解释。判例和解释例是成文法重要的补充惯例。北洋政府时期大理院的部分判例和解释例在南京国民政府时期也继续发生效力。

此外，国家元首、战时军事首脑的命令也具有法律效力。1939年国民党第五届中央执行委员会第五次全体会议通过的《国防最高委员会大纲》规定，“国防最高委员会委员长对于党政军一切事务，得不依平时程序，以命令为便宜之措施”。《中华民国宪法》第43条也赋予总统发布紧急命令之权。

（三）立法的阶段

南京国民政府法律体系的建立和发展经历了三个阶段：

第一阶段为南京国民政府建立到抗战爆发。这一时期南京国民政府初步建立起“六法”体系。因此时尚处于训政时期，因而未能制定正式宪法（宪法性法律暂为《国民政府组织法》与《训政时期约法》），而其他五法都已制定颁行。此外，中央政府及各党政军机关还制定了大量的单行法规。

第二阶段与抗日战争相始终。这一时期的立法形式主要为单行法。其基本内容包括惩治汉奸，实行国家总动员，暂中止或变通“六法”部分条款以适应战时的需要。

第三阶段在第三次国内战争时期。这一时期，南京国民政府的主要立法活动除制定并颁布《中华民国宪法》外，还颁行了大量特别法。

（四）立法体制

在立法院成立之前，政府的立法权直接由国民党中央执行委员会及其政治会议行使。1928年3月，国民政府公布《立法程序法》，规定“中央政治会议得议决一切法律，由中央执行委员会交国民政府公布之”。同年12月5日，立法院成立，但国民党中央以《训政纲领》规定的训政时期得指挥监督国民政府行使权力的条款为依据，仍然控制着立法权。1932年6月，国民党中央常委会议通过《立法程序纲领》。该纲领规定，国民党中央政治会议有向立法院提出法律案的优先权；立法院对政治会议所定原则不得更改；立法院通过的法律案，在未公布以前，政治会议认为有修改必要时，以决议案交发立法院令其修改之。因此立法院实质上只是国民党中央控制下执行立法程序的办事机构。

二、宪法及宪法性法律

(一) 制宪活动概述

1928年10月3日，国民党中央执行委员会通过了《训政纲领》，规定在训政时期，包括选举权、罢免权、创制权与复决权在内的政权由国民党全国代表大会代为行使；国民党全国代表大会闭会期间，由国民党中执委行使。同时，前述机关应训练国民逐渐行使政权。治权之行政、立法、司法、考试、监察五项，由国民政府行使；国民政府受国民党中执委政治会议的指导和监督。国民党一党专政的训政制度及五权分立的政权体制由此确立。

蒋介石的集权专制引起了国民党内其他各派系的不满，并由此引发了蒋与李宗仁、冯玉祥、阎锡山之间新军阀混战。1930年8月，反对派指责南京国民政府迟迟不颁布约法，于是在北京另立国民政府，起草约法。为争夺法统，1931年3月2日，蒋介石控制的国民党中央常务会议议决由国民会议制定约法。5月5日，国民会议开幕。6月1日，国民政府公布《中华民国训政时期约法》。

"九·一八"事变后，共产党与各界爱国人士均要求国民党结束训政，实行民主，团结抗日。国民党内的爱国者及其他各种政治派别，也要求迅速召集国民大会，制定宪法。1932年12月，国民党四届三中全会决定于1935年召开国民大会，议决宪法。1933年1月，立法院组织了以院长孙科为首的宪法起草委员会，开始草拟宪法。1936年5月5日国民政府公布《中华民国宪法草案》(俗称"五·五宪草")。

1945年10月10日，国共两党在重庆签订"双十协定"。根据该协定，政治协商会议(旧政协)于1946年1月在重庆召开。会上达成了包括宪草问题在内的诸多问题的协议。其中《关于宪草问题的协议》(以下简称《宪草协议》)确定了对"五·五宪草"的主要修改原则是：实行国会制、责任内阁制、司法与考试超党化、省自治和少数民族自治；关于人民自由，如用法律加以限制规定须出于保障自由之精神，非以限制为目的等。同时《宪草协议》还规定，由政协组织宪草审议委员拟定"五·五宪草"修正案后，提交国民大会。3月，宪草审议委员会协商小组成员、民盟负责人张君劢依此修改原则自行起草了一部宪法草案。但由于张起草的宪法草案多倾向于英美式民主制，因而并未为宪草审议委员会中的国民党方面所接受。

1946年6月，内战全面爆发。7月3日，在未经政协讨论决定，没有共产党及其他民主党派、无党派人士参加的情况下，国民政府单方面决定召开国民大会。11月5日，国民党搜罗了青年党、民社党及少数所谓社会贤达代表召开了非法的国民大会。为引诱中间派及社会贤达参加国民党单方面召开的国民大会，蒋介石令王宠惠、吴经熊、雷震等人将张君劢起草的宪法草案稍作修改，再经其本人删修后，交立法院审议并转呈国民大会。12月25日，国民大会通过该宪草修正案。1947年1月1日，国民政府公布为《中华民国宪法》。

1947年7月5日，蒋介石宣布全国进入“动员戡乱时期”。1948年4月，张群、王世杰等人征集了七百二十一名“国大代表”，联名提出了“制定《动员戡乱时期临时条款》”案。4月18日，国民大会通过了该案。该临时条款是《中华民国宪法》的第一条修正案，于5月10日实行，其有效期为两年半。但国民党迁台后将此条款的效力一再续延，并陆续增加内容。1991年4月30日，该条款才被最后废除。

(二)《中华民国训政时期约法》

该约法分共八章，计八十九条。其基本内容如下：

1. 确立国民党一党专政的国家体制

总纲规定，“中华民国之主权属于国民全体”，“中华民国永为统一共和国”，但在“训政纲领”一章中重申了《训政纲领》的精神，仍规定训政时期由中国国民党全国代表大会代表及其中央执行委员会代替国民大会行使政权。第7章“政府之组织”还规定，国民政府主席及委员由国民党中央执行委员会选任。

2. 规定了以国民政府主席为首的五院制政府体制

“政府之组织”一章规定，国民政府设行政、立法、司法、考试、监察五院行使相应的五种治权。国民政府设主席一人，委员若干人，由国民党中执委选任，国民政府任命。五院院长由国民政府主席提请，国民政府任免之。

3. 规定了人民的各项民主自由权

“人民之权利与义务”一章规定，中华民国国民不分性别、种族、宗教、阶级，在法律上一律平等，享有选举、罢免、创制、复决、请愿、诉愿、诉讼、应考、服公务、继承财产等项权利，有信仰、迁徙、通讯、结社、集会、言论、出版等自由；人民之人身非依法律不得逮捕、拘禁、审问和处罚；人民之住所、财产非依法律不得任意搜索及查封；等等。较之于以前各时期宪法性法律，增加了罢免、创制、复决之权。但规定上述权利的大部分条款都带有非依法律加以限制或停止的限定，意即可以依法律加以限制或停止。此外，关于选举、罢免、创制和复决权须在完全实行自治之县的人民始得享有，而自治又遥遥无期，因而这一规定实际上是对人民政治权利的限制与剥夺。

4. 规定了以发展国家资本主义为主的基本经济政策

“国民生计”一章规定，国家奖励及保护各种民营事业，发展农业经济，尤其强调国家应兴办煤、油、金、铁等矿业及航空业等对国民生计意义重大的产业。这一规定为国家大力发展国家资本主义，垄断重要国民经济部门提供了基本的法律依据。约法丝毫没有体现孙中山关于平均地权的民生主义思想。

5. 规定了中央与省地方之间实行均权，县实行自治的制度

关于中央与地方的权限划分，约法根据孙中山生前所主张的“均权主义”，即“凡事务有全国一致之性质者，划归中央，有因地制宜之性质者，划归地方，不偏于中央集权制或地方分权制”。省长受中央指挥，负责执行国家在该省内的行政，并监督省内各县自治。县则设立县筹备自治会，完成调查人口，测量土地，修筑道路，训练民众行使政权，选举自治机关等。

（三）“五·五宪草”

“五·五宪草”分八章，共一百四十八条。其基本内容与特点如下：

1. 确立五院制与总统实权制的政治体制

依该宪草，国民大会的职权为选举总统、副总统，选举立法院、监察院正副院长及各委员会；罢免总统、副总统及除行政院以外其他4院院长及委员；创设法律；复决法律；修改宪法等。国民大会代表每六年改选一次，每三年召集一次会议，会期为一个月，无常设机关。其闭会期间，则无法行使权力。

中央政府仍由立法、行政、司法、考试和监察五院组成。国家元首由原国民政府主席改为总统，其权力被大大扩充。总统既是国家元首，又是实际的政府首脑。总统除代表国家，享有公布法律，对外宣战、媾和、缔约，宣布戒严、解严，大赦、特赦、减刑、复权，任免文武官员，授予荣典及统率全国陆、海、空三军之权外，在国家遇有紧急事变或国家经济上发生重大变故时，还享有发布紧急命令之权（发布命令后三个月内，提交立法院追认）。此外，行政、司法、考试三院院长均由总统任免，行政院直接对总统负责。草案虽然也规定总统对国民大会负责，但国民大会无常设机关，其负责也就流于空泛。

2. 在经济制度上规定实行“平均地权”与“节制资本”

宪草规定，保护人民合法的土地所有权，但应予以法律上的限制；国家对私人土地照土地所有权人自己所报之价征税，必要时予以征收，“对于土地的分配整理，以扶植自耕农及自行使用土地人为原则”；对土地价值非因施以劳力资本而增值的部分应以征收土地增值税的方法归公。另外，关于节制资本，约法规定国家对私人之财富及私营企业，认为有妨害国计民生之均衡发展时，得依法律节制之；公用事业及其他有独占性之企业，以国家公营为原则，必要时可特许私人经营。因国防上紧急需要，国家有权对前述特许之私营企业临时接管并收归公营。上述规定基本符合孙中山平均地权、节制资本的思想，但强化了国家对经济资源的控制与垄断，妨害了私营民族工业的自由发展。

3. 实行县自治

依孙中山的自治思想，宪草规定自治区域单位为县。省政府为中央之执行机关，并负责监督县自治。自治即由一县民众直接行使选举、罢免、创制与复决四项政权。

由于抗战的爆发，国民大会不能如期召开，宪草也未能付诸审议。

(四)《中华民国宪法》

《中华民国宪法》共十四章，共一百七十五条。其基本内容与特点如下。

1. 国民大会的职权被缩小，其创制权、复决权的行使被推迟

在孙中山关于五权宪法的理论中，国民大会行使政权的范围非常广泛：对中央政府官员有选举与罢免权；有创设制度，复决宪法和法律之权；总统及五院皆对国民大会负责。宪法将国民大会的职权大大缩小了：其选举、罢免权仅限于选举、罢免总统、副总统，“五·五宪草”中规定的国民大会对立法、监察两院院长及委员的选举权，对立法、司法、考试、监察各院院长及委员的罢免权均被取消；复决法律的权力被缩减为仅复决立法院所提之宪法修正案。而且创制、复决两权要“俟全国半数以上县市曾经行使创制、复决两项政权时，由国民大会制定办法并行使之”。经此削弱，国民大会实际能行使的只是非常有限的选举权与罢免权。“五·五宪草”中规定的总统及立法、司法、考试、监察四院对国民大会负责的各条款在宪法中也一应被取消。此外，国民大会依然没有常设机关，致其闭会期间根本不能行使任何权力。

2. 政体上，兼采责任内阁制与总统制之精神，实行总统集权

根据宪法，行政院为国家最高行政机关，总统并不负行政责任；总统公布法律与命令，须经行政院院长副署；行政院有向立法院提出法律案、预算案、戒严案、大赦案、宣战案、媾和案、条约案及其他重要事项之权；行政院依法律规定的事项对立法院负责，如行政院有向立法院提出施政方针及施政报告之责，立法委员有向行政院院长及各部会首长质询之权等。上述规定有些类于责任内阁制，但又不是完全的责任内阁制，其政体的设计还具有部分总统制的特征。如宪法虽规定行政院对立法院负责，但除行政院应向立法院报告工作及应回答立法委员的质询之外，其所谓负责与责任内阁对议会的负责有所不同，如立法院既不能迫使行政院院长辞职，而行政院亦无解散立法院之权；行政院如对立法院决议有异议时，得经总统之核可，移请立法院复议，复议时如经出席立法委员 2/3 维持原议，行政院院长应即接受决议。

宪法规定的总统享有统率军队，缔结条约，宣战与媾和，宣布戒严、大赦、特赦、减刑、复权，任免文武官员，授予荣典等权力，是受到其他机关的限制的。总统的实权主要表现为发布紧急命令和 1948 年 5 月 10 日实施的《动员戡乱时期临时条款》赋予总统的特权。宪法第 43 条规定：“国家遇有天然灾害、疠疫，或国家财政经济上有重大变故，须为急速处分时，总统于立法院休会期间，得经行政会议之决议，依紧急命令法，发布紧急命令，为必要之处置。但于发布命令后一个月内提交立法院追认，如立法院不同意时，该紧急命令立即失效。”此紧急命令可以超越法律甚至是中止宪法的某些条款，所以须立法院追认。但这一限制，很

快被《动员戡乱时期临时条款》所取消。该条款规定，动员戡乱时期，总统的紧急处分与戒严之宣告，不受立法院追认的限制。此外动员戡乱时期的终止，亦由总统宣告之。

3. 实行省、县两级自治

为符合政协《宪草协议》规定的省自治原则，宪法规定实行省、县两级自治，与孙中山的县自治思想有所不同。省得召开省民代表大会，制定省自治法，但不得与宪法抵触；县得召开县民代表大会，制定县自治法，但不得与宪法与省自治法抵触。省设立省议会为省立法机关，省政府为行政机关；县设立县议会为县立法机关，县政府为行政机关。由于宪法在"中央与地方之权限"一章中规定部分事项由中央立法，交由省、县执行，部分事项由省立法，交由县执行，因而省、县政府的性质除分别属于省、县自治机构外，还兼国家行政执行机关性质。这一双重属性削弱了其作为自治机关的自治性质。

4. "尊重条约"的外交政策

宪法虽然规定了独立自主平等互惠的外交原则，但没有遵照孙中山要求废除一切不平等条约的主张，相反却规定要尊重条约。这一规定显然是为换取以美国为首的西方列强对国民党政权的支持，它极大地损害了中国的民族利益。

5. 经济政策

《中华民国宪法》的经济政策基本承袭了"五·五宪草"的内容。其变化主要是取消了国家因紧急国防需要临时管理或征收私人企业的条款，并增加了"合作事业应受国家奖励与扶助"的规定。

三、行政法

广州、武汉国民政府初立，如公务员法、行政执行法、诉愿法等主要行政法律尚来不及制定。直到南京国民政府建立后，行政法制体系才真正开始建立。

（一）公务员法

南京国民政府以公务员代替了文官的概念。自 1929 年起陆续颁布了有关公务员管理的系列法规。1929 年 5 月公布《弹劾法》，同年 8 月公布《考试法》，1929 年 11 月公布《公务员考绩法》，1931 年 6 月公布《公务员惩戒法》和《公务员退休法》，1933 年 3 月公布《公务员任用法》，1939 年 10 月公布《公务员服务法》，1943 年 11 月公布《公务员抚恤法》，等等。国民政府在公布上述各法之后，又分别予以修正公布。上述法规规定了公务员的考试、任用、考绩、退休、抚恤、奖励、惩戒等内容，以及公务员的其他权利和义务。

1. 公务员的概念与分类

由于南京国民政府的上述各项公务员法并不是在统一的时间制定的，因而各项法规所使用的公务员的概念都不一样，至为混乱。如《公务员任用法》规定：

本法于受有俸给之公务员及其他公营事业机关服务人员均适用之。而 1934 年 5 月 26 日公布的《公务员恤金条例》则规定,本条例所称公务员谓文官、司法官、警察官及警长。

各项法规对公务员的分类方法均有不同。依任命形式,公务员可分为高等官和普通官。凡由中国国民党中央执行委员会、政治委员会以及国防最高委员会选任,或由国民政府直接间接任命者为高等官;由所属官署直接任命者,为普通官。高等官分特任、简任与荐任三种,普通官仅有委任一种。依对国家行政方针是否有决定作用,公务员可分为政务官和事务官。政务官是可以决定国家行政方针的公务员。《公务员任用法施行条例》规定,"政务官以须经中央政治会议议决任命者为限"。有些法规还将政务官分为选任政务官和特任、简任政务官。事务官是执行既定方针之公务员。

2. 公务员的任用

公务员的任用资格。简任、荐任与委任官的任官资格限制较北洋政府为低,或曾任一定官职,或经高等或普通考试及格,或有一定著作或发明,或有一定文凭,或致力于国民革命达一定年限均可。特任、简任政务官不适用《公务员任用法》。

公务员任用程序。简任职由国民政府交考试院铨叙部审查合格后任命之;荐任与委任职由该主管长官送铨叙部审查全格后,自行委任。任用分试署与实授两种。试署期满一年,成绩优良者始得实授;如成绩不良,可由铨叙机关分别情节延长试署期,或降免之。

3. 公务员的权利与义务

公务员的法定权利义务与北洋政府时期的文官相类,唯权利方面缺乏对公务员的身份保障的专门法规,而于义务方面增加了道德的义务。《公务员服务法》要求"公务员应诚实、清廉、谨慎、勤勉,不得有骄纵贪惰、奢侈、放荡及冶游、赌博、吸食烟毒等足以损失名誉之行为"。

4. 公务员的惩戒

公务员的惩戒由监察院对违法或废弛职务或失职之公务员向惩戒机关提出弹劾,并移交证据。选任政务官的惩戒机关为国民党的中央监察委员会,其他政务官的惩戒机关为国民政府,事务官则为司法院下属之惩戒委员会。惩戒种类分为免职、降级、减俸、记过、申诫五种。

(二) 行政程序法

1.《行政执行法》

1932 年 12 月 28 日,南京国民政府在北洋政府《行政执行法》的基础上另行公布《行政执行法》。此后,又先后于 1943 年 7 月和 1947 年 11 月两次修正公布。在内容上,该法基本继承了北洋政府的《行政执行法》。

2.《诉愿法》

南京国民政府在建立以后不久，即以北洋政府《诉愿法》为基础，稍加删修后于1930年3月24日公布为新的《诉愿法》，共十四条。1935年10月4日修正公布为十二条。1937年1月8日再修正公布为十三条。《诉愿法》虽经数次修正，其结构与内容并无大的变化。

3.《行政诉讼法》

1932年11月17日，南京国民政府在北洋政府《行政诉讼法》的基础上制定公布新《行政诉讼法》(1942年7月，修正公布该法)，规定了行政诉讼的提起条件，提起、审理、判决、执行的程序及评事回避等内容。行政诉讼机关为行政法院。对行政法院的判决与裁定，当事人不得上诉，但可请求再审。对判决之执行采用行政手续而非司法程序。《行政诉讼法》未作规定者，准用民事诉讼法。

1932年11月南京国民政府公布的《行政法院组织法》。依该组织法，行政法院于1933年成立，掌理全国行政诉讼审判事务。与北洋政府的平政院一样，南京国民政府的行政法院仍采大陆法系体制，行政法院只设于首都。地方不设行政法院的行政诉讼体制与中国版图辽阔，交通不便，人民穷困，行政纠纷繁剧的国情，大相违背。自1933年开院至1939年7年间，行政法院收案仅一千零九十一件，有些省份如云南、察哈尔、宁夏和甘肃甚至七年无一件案件起诉到行政法院。①

四、民法

在民商事法方面，广州国民政府仍援用《现行律民事有效部分》。1927年初，武汉国民政府召开司法会议，规定民法不再适用《现行律民事有效部分》，而改以前清民律草案为蓝本；其有与党纲冲突者，由司法官以立法手段参照党纲与国民党第一次代表大会宣言，酌量变更。1927年，南京国民政府建立后，始制定民法典。

(一) 民法的制定

1. 民法典的制定

南京国民政府在其成立之初，即责成法制局起草民法典。在民法典颁布以前，暂援用北洋政府的《现行律民事有效部分》等民商法规。法制局成立后即先行起草亲属与继承两编。后立法院成立，民法起草工作遂移于立法院。1929年1月，立法院成立民法起草委员会。该起草委员会以北洋政府"第二次民律草案"与法制局起草的亲属、继承两编为基础，参照德、意、法、日、瑞士等大陆法系国家的民法典，根据国民党中央政治会议陆续议决的民法各编立法原则，先后草

① 参见司法院编译处：《司法年鉴》，商务印书馆1941年版，第309—311页。

拟了总则编、债编、物权编、亲属编与继承编等五编草案，先后分三次交由国民政府于1929年5月23日，1929年11月20日，1930年12月26日公布，是为《中华民国民法》。这是中国历史上正式颁行的第一部民法典。

2. 单行商事法规的制定

根据国民党中央政治会议第一百八十三次会议关于编订民商统一法典的决议，1929年到1946年，南京国民政府先后颁布了各种单行商事法规。其主要有《票据法》、《公司法》、《海商法》、《保险法》、《破产法》、《土地法》、《交易所法》、《合作社法》等。

（二）民法的特点

1. 实行民商合一的编制体例

中国清末及北洋政府都采用民商分立制，分别编定民、商法草案。到1929年5月民法总则颁布后，立法院院长胡汉民等人向国民党中央政治会议呈递编定民商统一法典的提案。随后国民党中央政治会议第一百八十三次会议通过《民商法划一提案审查报告》，送交立法院。报告认为中国自古以自然经济为主，未形成独立的商人阶级，无须单独为其立法；商法规定的事项无一定的范围，很难以总则统率全体；在民商分立国家，商法的法律原则仍须援用民法原则，在适用上也互有重复；民商合一在世界上已成为趋势；商事活动中有越来越多的非商人参加，如一方为商人，另一方为非商人将会出现适用法律的困难，故民法商法应划一制定。

依此审查报告，立法院在编制民法债编时，将通常属于商法总则内容的经理人及代办商，属于商行为之交互计算、行纪、仓库、运送营业、承揽运送及证券等项内容，一一订入。凡不宜由民法统一规定的，如公司、票据、保险、海商、银行等事宜，则分别制定为相应的单行商事法规。

2. 实行社会本位原则

历次民律草案均仿德、法、日、瑞等国的民法典。该民法典除继续参考以上诸国的民法典外，还吸收了苏联、泰国等国民法典的部分编纂体例与内容。在原则上，该民法受诸国新民法原则影响最大者，莫过于保护社会公益原则和保护弱者原则的确立。19世纪末20世纪初，西方国家的各项立法逐渐由个人权利本位趋向于社会权利本位。在民事立法中的表现即对所有权神圣、契约自由予以一定限制，将过错责任原则改为无过错责任原则等。国民党中央政治会议在议决民法各编立法原则时，认为三民主义之民生主义正好与这些新原则相契合①，因而将其采入民法典，形成了保护公益原则与保护弱者原则。此两项原则在民

① 中央政治会议《民法物权编立法原则》第3项有云，“所有权人固得任意使用、收益、处分其所有物，然为社会公益及贯彻吾党土地使用政策起见，不得不加以限制”。

法以及相关法律中多有体现。民法第765条规定,所有权的行使,须“于法令限制之范围内”。民法第774条至第798条及《土地法》具体规定了对土地所有权的种种限制。为兼顾作为常处于弱者地位的债务人的利益,民法典将历次民律草案中的“债权”编改为“债”,并对债务人给予相当的保护,如第845条规定,永佃权人(租佃关系中交纳地租的债务人)因不可抗力致其收益减少或全无者,得请求减少或免除佃租;第205条规定“约定利率超过周年百分之二十者,债权人对于超过部分之利息,无请求权”;第217条规定,“损害非因故意或重大过失所致者,如其赔偿致赔偿义务人之生计有重大影响时,法院得减轻其赔偿金额或免除之”。

3. 进一步排除了民法中的传统礼教精神,但仍保留了部分礼教的残余以及部分具有合理性的民法传统制度

在清末与北洋政府民法草案的基础上,《中华民国民法》进一步排除了传统礼教对民法的影响。这一特点尤其体现在亲属与继承两编。亲属编完全抛弃了传统的五服亲属制度,在亲属分类上将历次民律草案中依男系为中心划分为宗亲、外亲及妻亲3种改为体现男女平等的血亲、姻亲和配偶3种;在亲等计算法上将历次民律草案中规定的寺院法亲等计算法改为罗马法亲等计算法;对旧民律草案中规定的宗祧继承,嫡子、庶子、嗣子、养子、私生子在民事权利上的差别,妻为限制行为能力人,妇女无继承权,检察官可以公力干涉家庭事务等诸多具有封建礼教内容的条款予以废除,从而使中国民法进一步走向现代化。

但另一方面,民法仍然保留了部分封建性的内容。首先,男女在民事权利上仍有不平等的规定。如妻以本姓冠以夫姓;以夫之住所为住所;夫妻联合财产或共同财产由夫管理;夫对于妻之原有财产有使用、收益和一定的处分权;由妻之原有财产所生之孳息,其所有权归属于夫;对未成年子女行使亲权以父亲的决定为准。民法中还继承了封建社会歧视赘婿的传统,规定赘婿的民事权利与普通家庭中妻子相同。其次,父权的残余仍有保留。如父母在必要的范围内可以惩戒其子女。再次,在继承制度上,民法规定养子女对养父母遗产的继承只能是婚生子女的二分之一。

此外,民法还保留了少数具有一定合理性的传统民法习惯制度,如典权、永佃权等。典权的设立在于救济出典人之急,但又不至于使之由此即刻丧失不动产所有权;永佃权的设立亦多在于保护佃户的利益。此外,鉴于家在中国传统习惯中的重要性,亲属法保留并改造了家之制度,专列“家”为一章,规定家设家长,但家长对家属不再具有人身权,法律更为强调的是家长对家庭全体成员所负的义务。此外,《土地法》还保留了佃户对出租人出卖其所租之地时的优先购买权这一传统物权,以保障佃户的利益。

五、刑法

(一) 刑法典的制定与修改

南京国民政府成立之初,暂时援用北洋政府的《暂行新刑律》。1927 年 4 月,司法部长王宠惠以北洋政府拟定的"第二次刑法修正案"为基础,加以删修,编成"刑法草案"。该草案经国民党中央常务委员会审议通过,交国民政府于 1928 年 3 月 10 日公布为《中华民国刑法》。是为旧刑法。1931 年 12 月,立法院组织刑法起草委员会重新草拟刑法典。1934 年 10 月,刑法修正案完成,即由立法院审议通过。1935 年 1 月 1 日由国民政府公布。是为新刑法。新刑法分总则、分则两编,计四十七章,三百五十七条。

(二) 刑事特别法的制定

十年内战时期的刑事特别法主要有:1927 年 8 月 18 日公布的《惩治土豪劣绅条例》、11 月 18 日公布的《惩治盗匪暂行条例》(1936 年 8 月 31 日修正公布为《惩治盗匪暂行办法》),1928 年 3 月 7 日公布的《暂行反革命治罪法》、6 月公布的《暂行特种刑事诬告治罪法》、10 月 20 日公布的《共产党人自首法》(此后又数次修正)、11 月公布的《惩治绑匪条例》,1929 年 9 月 25 日公布的《陆海空军刑法》,1934 年 7 月 10 日公布的《徒刑人犯移垦暂行条例》,1935 年 7 月公布《妨害国币惩治暂行条例》,1936 年 7 月 6 日公布的《惩治偷漏关税暂行条例》,1931 年 1 月 31 日公布、1937 年 9 月 4 日修正公布的《危害民国紧急治罪法》,1935 年 4 月 16 日公布《禁烟治罪暂行条例》、《禁毒治罪暂行条例》等。

抗战时期的刑事特别法主要为惩治危害抗战犯罪而制定,其主要有:1937 年 12 月 10 日公布的《惩治汉奸条例》,1938 年 6 月 27 日公布的《惩治贪污暂行条例》,1942 年 2 月公布的《妨害国家总动员惩罚暂行条例》,1940 年 6 月 29 日公布的《妨害兵役治罪条例》,1944 年 4 月 8 日公布的《惩治盗匪条例》(1936 年公布为《惩治盗匪暂行办法》)等。

三年内战时期的刑事特别法主要有:1946 年 8 月 2 日公布的《禁烟禁毒治罪条例》,1947 年 12 月 25 日公布的《戡乱时期危害国家紧急治罪条例》,1948 年 3 月 11 日公布的《惩治走私条例》,1949 年 6 月 21 日公布的《惩治叛乱条例》,等。

以上特别法规,除《暂行反革命治罪法》、《惩治绑匪条例》、《惩治土豪劣绅条例》、《暂行特种刑事诬告治罪法》、《共产党人自首法》、《危害民国紧急治罪法》等法或因时代变化、或被并入新刑法中而被废止外,其他多数法规一直适用于南京国民政府结束。部分法规如《惩治盗匪条例》、《妨害国币惩治条例》、《妨害国家总动员惩罚暂行条例》、《惩治盗匪条例》、《惩治叛乱条例》、《妨害兵役治罪条例》,在台湾地区一直沿用至 20 世纪 80 年代。

（三）刑法的特点

1．在刑法典的立法技术上渐趋完善

在编制体例方面，新刑法对《暂行新刑律》和旧刑法作了较多的调整，使其结构更趋合理、科学。如关于刑罚的执行，《暂行新刑律》与旧刑法均将其列入“刑名”一章，新刑法则以其应为刑事诉讼法或监狱法规定的内容，故予删去。在条款间的逻辑结构上，刑法规定得更加严密。如关于犯罪行为，《暂行新刑律》与旧刑法仅规定了作为的犯罪，而对不作为的犯罪未作规定。新刑法增加了这一规定。在刑罚的种类及适用上，旧、新两部刑法的规定较之于《暂行新刑律》更为合理，更便于操作。《暂行新刑律》规定的徒刑等级制因等次间幅度过大而容易导致量刑的失轻失重，因而旧刑法予以废除，改为由分则明定具体刑期。在刑罚的适用上，《暂行新刑律》没有规定具体的量刑标准，旧、新两部刑法则均设专条规定量刑的各项标准，以便于规范法官的量刑；《暂行新刑律》与旧刑法只规定短期自由刑可以易科罚金，而新刑法则规定短期自由刑与罚金刑之间可因受刑人的实际情况互易科罚。

2．进一步革除了刑法中的礼教内容

基于民权主义的平等观念，以及世界平等潮流的影响，新刑法进一步革除了北洋政府刑法与旧刑法中的封建礼教内容。首先，在刑法的适用上，新刑法基本实行了男女平等。如《暂行新刑律》与旧刑法中规定，“有夫之妇与人通奸，处二年以下有期徒刑”，新刑法则改为“有配偶而与人通奸，处一年以下有期徒刑”。其次，新刑法将《暂行新刑律》规定的封建五服亲属制和旧刑法中规定的与服制相近的以男系为中心的宗亲、外亲、妻亲亲属制予以废除。

存在了两千多年，并根植于中国人心理深处的儒家礼教观念不可能于即刻间消除，即使是新刑法也没有完全删除传统礼教的内容。根据新刑法第 170 条、第 250 条、第 280、第 295 条、第 303 条规定，凡对直系血亲尊亲属犯诬告、侵害坟墓尸体、伤害、遗弃及非法拘禁等罪，比照对普通人犯同类罪行，加重刑罚二分之一。第 162 条、167 条规定，犯人的配偶、五亲等内之血亲或三亲等内之姻亲犯便利犯人脱逃、藏匿犯人及湮灭证据等罪，可以减轻或免除处罚。这一规定是古代刑法中同居相隐原则的继续。此外，第 324 条规定，直系亲属、配偶或同财共居亲属间犯盗窃罪，可以免除处罚；前项亲属或其他五亲等内血亲或三亲等内姻亲间犯盗窃罪，告诉乃论。

3．吸收了世界各国新的刑法理论与刑法原则

新刑法除继承了自清末以来形成的罪刑法定主义、刑罚人道主义及罪责自负等原则之外，还采纳了 20 世纪 20 年代以来西方部分国家刑法中的主观主义与社会防卫主义，新增入“保安处分”一章。所谓主观主义，是指犯罪的实质以及刑事责任的基础在于行为人对社会潜在的危险性格，而不在于其行为以及行为

造成的危害结果的理论。所谓社会防卫主义，则是指刑罚的主要目的不在于惩罚罪犯，而在于预防犯罪，以保卫社会安全的理论。此两种学说认为，传统的报应刑罚已不足以保障社会的安全，对那些不能加以刑罚但又具有社会危害性或潜在危险性的人，应施以刑罚以外的保安措施即保安处分，以保卫社会的安全。1929年，《意大利刑法》首先规定了保安处分制度。此后，德、日、法、南斯拉夫等国刑法也相继采用了这一制度。

新刑法"保安处分"一章规定，对未满14岁或心神丧失者（精神病人）危害社会的行为不处罚，但须送入感化院或相当处所施以感化教育或监护；对犯有吸毒、故意传播性病及麻风病等罪的人，应于刑罚执行前送入相当处所强制治疗；对因酗酒、游荡或懒惰成习而犯罪者，有犯罪习惯或以犯罪为常业的人，应于刑罚执行完毕或赦免后，进入相当处所强制戒酒或强制劳动。上述各种处分措施的执行与撤销由法院决定，其期限分别有三年以下、六个月以下、三个月以下。1929年12月公布的《反省院条例》还创设了一种类于保安处分的反省制度。该条例规定，凡违反《暂行反革命治罪法》或《危害民国紧急治罪法》的人，或依《共产党人自首法》之规定应移送反省院的人，于审判前或刑罚执行中或执行后，均应送入反省院反省，最低期限为六个月，最高为五年。所谓反省，实为监禁。

六、经济法

（一）经济体制

南京国民政府的经济立法最大限度地压缩了市场经济体制的适用空间，同时也最大限度地扩张了政府干预体制的适用范围与强度。

首先，南京国民政府通过《矿业法》、《铁道法》、《战时食糖专卖暂行条例》、《战时火柴专卖暂行条例》、《战时烟类专卖暂行条例》、《盐专卖条例》、《钨锑收购条例》、《非常时期农矿工商管理条例》、《战时管理矿产品条例》、《战时管理进出口物品条例》、《取缔违反限价、议价条例》等法规，对主要的工矿产业、商业与交通运输业实行国家垄断或限制私商经营。

其次，通过修正《公司法》帮助政府公司参与并控制其他公司。新《公司法》规定，公司"如为他公司之有限责任股东时，其所投资总额不得超过本公司实收股本二分之一，但投资于生产事业或以投资为专业者不在此限"，从而使国家资本利用其雄厚的资财通过投资，参与、控制乃至吞并其他公司成为可能。关于股东表决权，旧《公司法》规定拥有11股以上的股东表决权，不得超过全体股东代表的五分之一，但新《公司法》则取消了这一限制，从而有利于挟雄厚股本数额的政府大股东利用更多的表决权，控制和操纵他公司。

再次，南京国民政府通过《中央银行条例》（后先后改为《中央银行章程》、《中央银行法》）、《中国农民银行条例》、《中国银行条例》、《交通银行条例》、《中央信托局条例》等法规，以政府投资、强行控股等方式，基本垄断和控制了全国的金融业。

（二）南京国民政府的财政管理法

1. 中央与地方财政的划分

1927 年 7 月，南京国民政府公布《划分国家收入地方收入暂行标准案》及《划分国家支出地方支出暂行标准案》，将财政划为中央与省两级制。1934 年又公布《财政收支系统法》，进一步将财政划为中央、省与县三级，本拟于 1938 年开始施行，但由于抗战军兴而受阻。1941 年 6 月，由于新县制强调县自治，因而公布《改订财政收支系统实施纲要》，将财政划分为国家财政（包括中央与省财政）与自治财政两级。1942 年 1 月 1 日施行。

2. 主计制度

为建立起严格的预算制度，1927 年，南京国民政府尝试实行会计机关直隶于财政部的会计独立制度改革，但没有成功。财政制度的设计者们认识到，“单有会计独立是不够的，更要有预算的独立；会计机关直隶财政部是不够的，要隶属更高的机关”①。1930 年 11 月 25 日，南京国民政府公布《主计处组织法》（后修正公布），在国民政府之下设立与行政院地位平行的主计处，负责全国岁计（预算）、会计与统计事务（称为计政），实行计政与行政相分立的主计制度。

主计处设主计长一人，下设岁计、会计与统计三局。国民政府五院、各级政府，以及各级政府的职能部门分别设会计长、统计长，会计室、统计室。全国的预算由主计处岁计局（而非行政院，更非财政部）编制，所有会计、统计人员全部由主计处派任与调遣，对主计处负责，同时分别接受其所在机关官长之领导。这种横向与纵向的双重领导体制，以纵向垂直指挥为主，从而保证了主计事务超然独立于包括财政机关在内的行政机关。

3. 联综组织

联综组织只是一个财政学术语，而并非一项明确的法律制度。它包括编制预算并向各机关派出会计的主计机关，发布收支命令的预算执行机关（财政机关及各级国家机关），财政资金的出纳机关（公库），以及审计四大财政组织系统。此四大系统相互配合，相互制约，共同完成预算的编制与执行。

以某一机关一项普通财政资金的支出程序为例，可以说明联综组织在财政监督上的严密性。如某机关要进行某项支出，这一支出命令必须由该机关负责人根据主计机关编制的预算案发出，并由主计处向该机关派出的独立会计人员以及审计机关驻在该机关的审计人员的联署才能有效；经会计、审计人员联署的支出命令由公库系统支出。公库由银行代理。

① 卫挺生、杨承厚著：《中国现行主计制度》，商务印书馆 1948 年版，第 17 页。

联综组织的形成使得南京国民政府的财政管理制度具有世界先进水平。

(三) 赋税制度的近代化

1. 1927—1937 年的税收制度

十年内战时期,国民政府税收制度最可称道的是以统税制代替厘金制,并实现了关税与盐税的自主化。

(1) 关税税法。南京国民政府成立之初,即宣布关税自主。1928 年 7 月 25 日,南京国民政府与美国订立了《关税条约》。这是中国近代签订的第一个实行关税自主的国际条约。随即,南京国民政府又先后与各西方列强,最后与日本在关税自主原则下缔结了关税条约,从而获得了中国的关税自主权。

根据这些条约,南京国民政府于 1928 年 12 月 7 日公布《海关进口税则》。税则改变了从前“值百抽五”的统一税率,采用 1925 年北京特别关税会议所定的七级税税率,最高税率达到 27.5%。此后至 1934 年 6 月,国民政府先后四次修正公布“进口税则”,其主要变化在于提高税率,其最高税率达到 80%。

(2) 统税税法。1930 年底,行政院下令自 1931 年 1 月 1 日起,“将所有全国厘金及由厘金变名之……含有厘金性质者……一律廓清”。从此,自咸丰三年以来实行了六十多年的苛税被最后废除。为弥补厘金裁撤后政府的税收损失,国民政府创设了统税。

统税是对民族工业企业所征收的货物出厂税,因其一次征收,不再重征,故名统税。统税改变了过去关卡林立,重征苛敛的陋规,并取消了洋货免厘的特权,从而有利于国内商品流通与民族工商业的发展。

(3)盐税税法。1913 年,北洋政府因财政困难,将盐税作为向外国银行团借款的抵押,从此中国盐税的征收、管理与支配受到由外国银行团把持的盐务稽核所的控制。盐税收入必须存入外国银行,由稽核所负责偿付外债本息,余款称为“盐余”,中国政府要支用盐余,必须外籍会办签字方可。南京国民政府成立后,废除了这一机构。但固有的盐税征收监督组织被废除后,盐税征收大不如从前,于是国民政府在 1929 年又开始恢复稽核所,但规定稽核总分所仅为财政部下的一个专门征收盐税的机关,与偿还外债毫无关系,并要求“各分所经协理应将所收一切税款即时存入该区本部(财政部)指定之银行收本部账”,从而完全收回了盐税行政权。

1931 年政府公布《盐法》,废除了自明朝中后期由世袭专商垄断食盐运销的制度,实行“就场征税,听任人民自由买卖”。

除以上三种税收外,国民政府还有田赋、印花税、烟酒税、所得税、矿税、土地税等税种。其中,田赋征收仍依前清时的标准,但被归为地方税种。

2. 抗战时期的税制

抗战爆发后,为增加财政收入,税收制度有以下显著变化:

(1) 政府公布《盐专卖条例》,恢复了专卖制度;

(2) 田赋被收归中央,改征实物;

(3) 开征过分利得税与遗产税。这两种近代化税项的开征反映了中国税制的进步。

(四) 金融、货币管理法

1. 金融管理体制

南京国民政府的最高金融管理机关一直是财政部。财政部属下先后成立金融监理局、四联总处与金融管理局监管金融。此外,中央银行也有一定的金融监管职能。

财政部作为最高金融管理机关的体制,必然导致银行尤其是中央银行对财政的附属地位,从而必然导致金融与货币法律制度的不稳定。

2. 中央银行法

1927 年 10 月南京国民政府制定公布《中央银行条例》,1928 年 10 月 5 日修正公布。1935 年 5 月 23 日,《中央银行条例》再被修正公布为《中央银行法》。

依《中央银行法》,"中央银行为国家银行",除具备普通银行的业务范围之外,还拥有发行货币、经理国库、募集或经理内外公债事宜等法定特权,但却并未明确赋予它真正的中央银行的地位,其主要活动仍然是商业性的经营。随后公布的一系列单行法规,才逐渐赋予中央银行以代表国家进行金融控制和金融管理的央行职能。如财政部于先后于 1938 年 3 月、1942 年 7 月公布的《中央银行管理外汇办法》、1947 年 2 月 17 日公布的《统一发行办法》、《取缔黄金投机买卖办法》,1942 年 5 月四联总处颁布的《中中交农四行业务划分及考核办法》,等等。这些单行法规先后使中央银行获得了外汇、黄金管理与经营,国库代理与货币发行的垄断特权。至此,中央银行基本上成为了发行的银行、政府的银行和银行的银行,中国近代的中央银行制度基本上形成了。

3. 商业银行制度

在商业银行方面,南京国民政府继承了自清末以来的专业商业银行制度。根据 1947 年 9 月 1 日修正公布的《银行法》,专业银行分为五种,即收受普通存款与办理一般放款、汇兑及票据承兑或贴现的商业银行,对农、工、矿或其他生产、交通事业经营的实业银行,以复利方法收受以储蓄为目的之定额存款的储蓄银行,以信托方式收受动用或经理款项及财产的信托公司,以及按照当地钱业习惯经营商业银行业务的钱庄。

4. 货币

南京国民政府建立之初,国内币制除银元得到了统一外,包括银两在内的其他货币形式依然十分繁杂与混乱。

1933 年 3 月 1 日财政部发布《废两改元令》,宣布于 3 月 10 日起首先在上海实施废两改元。4 月 5 日，财政部发布训令，“兹定四月六日起，所有公私款项之收付与订立契约票据及一切交易，须一律改用银币，不得再用银两。”否则，“在法律上无效”。“凡持有银两者，得请求中央造币厂代铸银币，或送就地中央、中国、交通三银行代换银币行使”。至此，银两货币制被废除，中国货币实行了银元本位制。

1935 年 11 月 2 日国民政府以《财政部布告》宣布，自次日起，“以中央、中国、交通三银行所发行之钞票定为法币。所有完粮纳税及一切公私款项之收付，概以法币为限，不得行使现金(即银元——编者)”；“凡银钱行号商店及其他公私机关或个人，持有银本位币，或其他银币生银等银类者，应自十一月四日起，交由发行准备委员会或其指定之银行兑换法币”。法币作为国家强制流通的不兑换纸币代替银元成为唯一的法定货币，中国的货币形式越过了金本位制阶段，完成了近代化。

为规范纸币的发行，财政部于 1935 年 11 月 3 日发布布告，禁止中央、中国、交通三银行以外的其他银行与机构继续发行纸币。次年 1 月 20 日，财政部又赋予中国农民银行发行法币的权利。

1942 年 6 月，财政部公布《统一发行办法》，规定自 1942 年 7 月 1 日起，所有法币的发行归中央银行统一办理。至此，货币的发行权全部集中于中央银行。近代货币制度基本建立起来了。

七、司法制度

(一) 司法机关与司法行政机关

1. 司法院

根据《国民政府组织法》和 1928 年 10 月颁布的《司法院组织法》，司法院为国民政府最高司法机关，掌理司法审判、司法行政、官吏惩戒、解释法令、变更判例等职权。《中华民国宪法》还赋予司法院以解释宪法及对各省自治法进行违宪审查的权力。司法院下辖司法行政部(该部有时隶属行政院)、最高法院、行政法院和公务员惩戒委员会等机构。1947 年后司法院增设大法官会议，行使解释宪法并统一解释法律、命令之权。司法院院长和司法行政部对各级法院的审判与检察工作行使监督权。

2. 各级法院

南京国民政府成立之始，仍暂行援用北洋政府后期的四级三审制与审检合署制，不设法院的各县仍由县长兼理司法。这一体制一直延续至 1935 年《法院组织法》施行。1930 年 6 月，司法行政部拟具《法院组织法草案》，送立法院审议通过。1932 年 10 月，由国民政府公布为《法院组织法》。1935 年 7 月 1 日，《法院组织法》施行。该法此后又多次被修正。

《法院组织法》将普通法院分为地方法院、高等法院和最高法院三级。地方法院设于县或市(区域狭小者,数县市合设;区域辽阔者,得设立分院),管辖第一审刑事、民事案件和非讼事件。未设地方法院的县市之审判事务在1936年前由县长兼理,以后则由设于县政府的县司法处审理。根据1944年9月公布的《县司法处组织条例》,县司法处设立审判官、司法警察等司法人员,县长兼理检察事务。

高等法院设于首都、省会、直辖市和特别区域,管辖关于内乱罪、外患罪及妨害国交罪等刑事第一审诉讼案件,不服地方法院及其分院判决、裁定而上诉和抗告的案件。

最高法院设于国民政府所在地,管辖不服高等法院及其分院的判决而上诉的案件;非常上诉案件。

普通法院实行三级三审制,第三审仅为法律审。

最高法院、高等法院采用合议制。除重大案件外,地方法院一般采用独任审判制。上级法院对下级法院为监督关系而非隶属关系。各级法院院长只负责全院的行政事务,而不能指挥所属法官的审判。

检察机关的设置,实行“审检合署制”,即检察机关配置于各级法院内,独立行使职权。最高法院设检察署,置检察官若干人,检察长一人;地方各级法院及其分院各配置检察官若干人,首席检察官一人。检察机关实行垂直领导。各级检察官受司法行政部部长之监督。

3. 特别法院

1927年12月南京国民政府公布《特种刑事临时法庭组织条例》。该条例规定由特种刑事临时法庭审理反革命犯罪和土豪劣绅罪的刑事案件。次年11月,特种刑事临时法庭被撤销,其职能转由军法机关行使。1930年3月公布《陆海空军审判法》,1938年5月公布《县长及地方行政长官兼理军法暂行办法》。此两项法规规定由军法会审机关、普通军事机关和地方行政长官分别担任军事审判机关。1948年4月公布《特种刑事法庭组织条例》。该条例规定由特种刑事法庭审理《戡乱时期危害国家紧急治罪条例》所规定的犯罪案件。

4. 司法行政机关

南京国民政府的司法行政机关在五院成立以前为司法部,直属国民政府。1928年11月五院成立时隶属司法院,更名为司法行政部,属司法机关。1931年12月,改属行政院,为行政机关。1934年10月,仍隶司法院。1942年12月,重隶行政院。

司法行政部的职能非常广泛。根据《司法行政部组织法》,该部管理全国的司法行政事务。其主要职权有:法院的设置与废止、司法管辖区域划分的变更(后取消了这一职能),司法机关职员的编制、任免、奖惩、抚恤、考绩、训练与教育，律师与公证管理，监狱管理，民、刑事诉讼之行政事项（如规定民、刑诉讼中有关费用的征收、案卷的移送等），特赦、减刑及复权事项，执行刑罚及缓刑事项，对各地方最高级行政长官执行司法行政事务予以指示与监督，等等。"司法行政部就主管事务对于各地方最高级行政长官之命令或处分，认为有违背法令或逾越权限者，得提经行政院会议议决后，停止或撤销之。"

此外，《法院组织法》规定，"司法行政部部长监督最高法院所设之检察署及高等法院以下各级法院及其分院"。监督方法包括对被监督人职务上的事项发命令使之注意，对被监督人废弛职务、侵越权限或行止不检的行为加以警告，并有权对有上述行为的被监督人依《公务员惩戒法》办理。依《刑事诉讼法》，司法行政部对死刑的执行有最后复核权。

（二）诉讼法

根据1928年南京国民政府第29次委员会决议，国民政府最高法院及原适用广州军政府时期《民事诉讼律》、《刑事诉讼律》的南方各省，继续援用此两项法律；原北洋政府治下各省仍援用北洋政府颁布的《民事诉讼条例》、《刑事诉讼条例》。同时，南京国民政府开始起草新的民、刑诉讼法典。

1. 民事诉讼法

以北洋政府的《民事诉讼条例》为蓝本，1930年12月26日国民政府制定公布了《民事诉讼法》第1编至第5编第3章。随着民法亲属编和债编的颁布，次年2月13日，国民政府公布第5编第4章，《民事诉讼法》遂告完成。该法共5编，600条。这是中国历史上第一部民事诉讼法典。

1935年2月1日，国民政府公布新《民事诉讼法》。新法共9编，636条，于1935年7月1日施行。

南京国民政府颁布民事诉讼特别法主要有两类：其一是就《民事诉讼法》规定的某一程序的施行细则。如1940年1月公布的《强制执行法》，1941年4月公布的《民事诉讼费用法》等。其二是非常时期对民事诉讼的某些程序根据实际情况所作的变通，一俟特定背景消失，其效力即行废止。如1940年7月公布的《非常时期民事诉讼法补充条例》，1945年12月公布的《复员后办理民事诉讼补充条例》。

2. 刑事诉讼法

1928年7月28日，国民政府公布《刑事诉讼法》。该法共9编，513条。

为适应《法院组织法》与新刑法的颁布，1935年1月1日公布新《刑事诉讼法》。新法仍为九编，条文增加到五百一十六条。

特别刑事诉讼法主要有：1928年6月11日公布的《特种刑事临时法庭诉讼程序暂行条例》，1929年8月公布的《反革命案件陪审法》，1930年3月公布的《陆海空军审判法》，1938年5月公布的《县长及地方行政长官兼理军法暂行办法》,1944 年 1 月公布的《特种刑事案件诉讼条例》,1947 年 7 月公布的《非常时期刑事诉讼条例》,1948 年 4 月公布的《特种刑事法庭审判条例》等。

（三）司法制度的特点

1. 独立审判原则确立较晚

南京国民政府建立后的很长时间内,仍采用武汉国民政府新司法制度中法官必须是国民党党员的原则,甚至公开规定国民党组织有权干预司法,因而致审判不能独立。如《反革命案件陪审暂行法》规定,凡反革命案件,只能由法院所在地的国民党党部选任国民党党员担任陪审员,并参加案件裁判的评议。《特种刑事临时法庭诉讼程序暂行条例》规定:对反革命罪,如各省市及中央国民党党部认为判决违法,分别有权直接向中央特种刑事法庭提起非常上诉和指令中央特种临时法庭复审。至《中华民国宪法》公布时,始规定"法官须超出党派之外,依法律独立审判,不受任何干涉","法官为终身职,非受刑事或惩戒处分,或禁治产之宣告,不得免职。非依法律,不得停职、转任或减俸"。

2. 将凡有一定司法性质的职能都归于司法院

作为国家最高司法机关,司法院享有监督司法审判、行政审判、司法行政,进行官吏惩戒、解释法令、变更判例等各项职权。

3. 民事诉讼中规定有法院调解制度

清末《民事诉讼律草案》与北洋政府的《民事诉讼条例》中均未规定法院的调解职能。1930 年 1 月 20 日,国民政府公布《民事调解条例》,规定第一审法院附设民事调解处,由法官担任调解主任;凡初级管辖及涉及人身关系的诉讼事件,非经调解程序不得起诉;法官主持之调解结果与法院判决具有同等效力。新《民事诉讼法》将该条例纳入其中,规定凡适用民事诉讼简易程序案件以及涉及人身关系的诉讼案件,起诉前应经法院调解;其他民事案件的调解则由当事人于诉讼前向法院申请;调解的效力相当于诉讼上之和解,具有法律效力。

4. 领事裁判权与会审制度被最后废除

为取消领事裁判权,南京国民政府在很短的时间内就完成了除宪法以外各项法典的制定。但至 1943 年,除德、奥、苏等强国和墨西哥、波兰、希腊等一般国家放弃了领事裁判权外,英、美、法等主要列强仍以各种理由拒不取消该项特权。1941 年 12 月,太平洋战争爆发,美国被卷入对日战争,成为中国的盟国,故于 1943 年 1 月 11 日与中国签订《中美关于取消美国在华治外法权及处理有关问题的条约》。同日,英国也与中国签订了相关条约。随即比利时、挪威、巴西、法国、瑞士等国也纷纷取消了其在华领事裁判权。至此,在中国延续了百年之久的领事裁判权制度被最后取消,故南京国民政府将 1 月 11 日定为国家的司法节。但美国很快又通过南京国民政府制定的专门法规部分恢复了其在华的司法特权。根据南京国民政府 1943 年 10 月 1 日公布的《处理在华美军人员刑事案件条例》,"依互惠精神,对于美军人员在中国境内所犯之刑事案件,归美军军事法庭及军事当局裁判"。

至于会审机关,1927 年武汉国民政府取消汉口洋务公所,将其变为地方法院;1931 年南京国民政府将法租界会审公廨改为江苏第二特区地方法院;厦门、天津租界的会审机关,直至抗战胜利后才最后被废除。

本章重点问题提示

1. 宪法运动与宪法性文件

基于政治的原因,1949 年后的法学界对民国宪法运动与宪法性文件的研究,除南京临时政府时期的宪法性文件之外,完全是持否定的态度。这种主要基于政治而不是基于法学的评价标准与方法,自 20 世纪 90 年代以来,开始有所改变。首先,是从研究方法上逐渐以法学尤其是宪法学的具体专业学术研究代替武断而抽象的政治评价。如邓丽兰对 1947 年的《中华民国宪法》中"国民大会"体现的民主形式与属性进行了宪法学的分析。郑大华认为 1946 年的《中华民国宪法》具有一定的民主性质。其次,是除宪法的文本之外,对民国宪法的研究更多地扩展到了宪法文本之外的政治、经济与文化状况。

2. 民国时期的法律形式。

过去对民国法律的研究主要集中于成文法,20 世纪 90 年代以来,对民国法律形式的研究扩展至司法机关的判例与解释例,以及民商事习惯。

3. 对部门法的研究领域有所扩大。

20 世纪 90 年代以前对民国法制史的研究主要局限于宪法、民法、刑法、民事诉讼法、刑事诉讼法等领域,但对民国时期的行政法则少有涉及。20 世纪 90 年代后,对民国时期的行政法,包括行政组织法、行政程序法以及具体的部门行政法(民国时期的经济法、教育法都包括在行政法中)的研究有了较大的发展。

思考题

1. 请略述北京政府的制宪活动。
2. 试论民国时期判例与解释例的作用。
3. 简述北京政府时期的文官制度与古代官吏制度的区别。
4. 简述北京政府行政程序的主要内容。
5. 简述中国近代司法独立原则的形成及演变。
6. 论中华民国民法典的社会本位原则。
7. 南京国民政府经济体制相对于清末民初有什么变化?
8. 民国时期的法制在哪些方面受到了前苏联的影响?

第二十章　中共革命根据地的法制建设运动

内容提要

本章主要叙述了1949年以前中国共产党在各个时期建立的新民主主义政权的法制形成与发展状况。土地革命战争时期工农民主政权法制的主要内容为《中华苏维埃共和国宪法大纲》以及在其指导下形成的土地法、劳动法、婚姻法等。抗战时期各边区人民民主政权的法制除部分适用南京国民政府的法制外，主要表现为各边区政府发布的施政纲领及相关土地法、劳动法、刑法、婚姻法以及民主的司法制度。解放战争时期各解放区的法制除宪法原则与施政纲领有所变化外，主要沿用抗战时期的法制。

关键词

苏维埃宪法大纲　苏维埃土地法　苏维埃劳动法　苏维埃婚姻法　陕甘宁边区施政纲领　参议会　三三制　人权保障条例　减租减息　马锡五审判方式　中国土地法大纲　人民法庭　废除六法全书　确立解放区司法原则

第一节　苏区工农民主政权的法制(1927—1937年)

一、工农民主政权法制建设概述

1921年中国共产党成立到1927年第一次国内革命战争结束是革命根据地法制的萌芽阶段。

1922年7月，中国共产党在第二次全国代表大会上明确提出反帝反封建的革命纲领。为了实现这一革命纲领，中国共产党制定了各种纲领、决议和条例，作为夺取政权后的立法原则。如1922年8月，中国共产党劳动组合书记部制定的《劳动法案大纲》等。

1924年，国共第一次合作，中国共产党在联合政府中获得了一定的立法权。如1925年11月，共产党领导省港罢工工人代表大会制定《纠察队纪律》和《会审处条例》。1926年至1927年，中国共产党先后制定了关于惩办土豪劣绅、贪官污吏，实行减租减息，解放妇女等众多决议案，并促使国民党中央制定了《保护佃农法》,促使部分省党部制定了《惩治土豪劣绅条例》等法律。1927 年 3 月,上海起义胜利后,中国共产党领导上海市民代表会议制定了《上海特别市临时市政府政纲草案》等法规。上述立法尝试,为日后苏区工农民主政权的立法打下了良好的基础。

1927 年,第一次国共合作破裂后,中国共产党在农村开辟了众多根据地,建立了苏维埃工农民主政权。1931 年 11 月,第一次全国苏维埃代表大会在江西瑞金召开,宣布成立中华苏维埃共和国,并选举出以毛泽东为主席的临时中央政府,在政治与法律上建立了对全国各红色割据政权的统一领导。新成立的临时中央政府制定颁布了《中华苏维埃共和国宪法大纲》,以及政府组织法、刑法、土地法、劳动法、婚姻法、司法程序等各项法律,基本建立起了统一的新民主主义法律体系。1934 年 1 月,第二次全国苏维埃代表大会对上述部分法律进行了修订。受中国共产党"左"倾路线的影响,这一时期的法制存在着极"左"的错误,这一错误倾向直到红军长征到达陕北时,才逐步得到纠正。

二、《中华苏维埃共和国宪法大纲》

(一)《中华苏维埃共和国宪法大纲》的制定

1931 年 11 月 7 日,第一次全国苏维埃代表大会在江西瑞金召开,正式通过了《中华苏维埃共和国宪法大纲》(以下简称《宪法大纲》)17 条。1934 年 1 月,中华苏维埃第二次全国代表大会对《宪法大纲》进行了修改。

(二) 宪法大纲的基本内容

《宪法大纲》的主要内容和特点可归纳为如下几个方面:

1. 确定苏维埃国家的基本任务和各项政策

苏维埃国家的基本任务是"消灭一切封建残余,赶走帝国主义列强在华的势力,统一中国,有系统地限制资本主义的发展,进行国家的经济建设……以转变到无产阶级专政",即完成反帝反封建的民主主义革命的任务并逐步向社会主义社会过渡。

苏维埃国家的各项主要政策是:制定劳动法,宣布八小时工作制,规定最低限度的工资标准,创立社会保险制度与国家的失业津贴,并宣布工人有监督生产之权;颁布土地法,没收一切地主阶级的土地,分配给贫农、中农,并以实现土地国有为目的;实行妇女解放,承认婚姻自由,实行各种保护女性的办法;保证工农民众有受教育的权利,开始施行完全免费的普及教育;承认中国境内少数民族的民族自决权,直至承认各弱小民族有同中国脱离,自己成立独立的国家的权利;在宗教政策上,实行政教绝对分离原则:一切宗教,不能得到国家的任何保护和经费供给;在对外政策上宣布中华民族完全自由与独立,不承认帝国主义在华的一切特权,宣布一切与反革命政府订立的不平等条约无效,否认反革命政府所借的一切外债，帝国主义军队不准在华驻扎，无条件收回租界，帝国主义的在华企业一律收归国有，与世界无产阶级和被压迫民族站在同一条革命战线，同苏联结成巩固的联盟。

2. 确定苏维埃共和国的政权性质为工农民主专政

中华苏维埃共和国是工人和农民的民主专政国家。“苏维埃全部政权是属于工人、农民、红军及一切劳苦大众的”；“军阀、官僚、地主、豪绅、资本家、富农、僧侣及一切剥削人的人和反革命分子，是没有选派代表参加政权和政治上自由的权利的”。1934 年，中华苏维埃第二次全国代表大会对《宪法大纲》进行了重要的修改，特别增加了“实行同中农巩固联合”的规定，纠正了“左”倾路线最初打击中农的政策。

上述规定形成了公开的阶级不平等制度。

3. 确定苏维埃政权的组织形式为工农兵苏维埃代表大会

“中华苏维埃共和国之最高政权为全国工农兵苏维埃代表大会，在大会闭幕期间，全国苏维埃临时中央执行委员会为最高政权机关，在中央执行委员会下组织人民委员会，处理日常政务，发布一切法令和决议案”。这种“议行合一”的政权组织形式是我国人民代表大会制度的雏形，它将一切国家权力都集中于代表机关，由代表机关选举产生并监督其他国家机关，与西方资本主义国家及中国近代的三权分立或五权分立的政权组织形式有着根本的区别。

4. 规定苏维埃工农群众的各项基本权利

工农群众享有以下基本权利：凡在苏维埃政权领域内的工人、农民、红军战士等一切劳苦民众及其家属，不分男女、民族、宗教皆为苏维埃共和国的公民。在政治上，公民享有选举权和被选举权，以及言论、出版、结社、集会、自由信仰宗教、自由宣传反对宗教等各项民主自由权；在经济上，工人享有实行 8 小时工作制、社会保险、劳动保护等权利，农民有权获得土地；在文化教育上，公民享有受教育的权利；妇女有获得解放，参加全社会政治、经济和文化生活的权利。

地主、军阀、官僚、地主、豪绅、资本家、富农、僧侣及一切剥削人的人和反革命分子不享有平等的公民权。

（三）《宪法大纲》的历史意义

《宪法大纲》具有彻底的反帝反封建性，但同时也有着明显的“左”倾倾向。它为新民主主义各时期乃至于社会主义时期的宪政体制奠定了基础。

三、刑事立法

工农民主政权刑事立法的主要任务就是惩办各类反革命分子。为此，各地工农民主政权先后颁布有许多惩治反革命犯罪的刑事法规。如闽西政府 1930 年 6 月颁布的《惩办反革命条例》，1932 年 4 月湘赣省的《湘赣苏区惩治反革命暂行条例》，等等。1934 年 4 月 8 日，中央执行委员会颁布了适用于全苏区的《中华苏维埃共和国惩治反革命条例》。该条例是第二次国内革命战争时期苏区刑事立法中最具代表性的法规。此外，还有其他刑事法规，如 1931 年第二次工农兵代表大会制定的《赣东北特区苏维埃暂行刑律》等。

(一)《中华苏维埃共和国惩治反革命条例》(以下简称《条例》)

《条例》共 41 条，其基本内容如下：

1. 反革命罪的概念与种类

“凡一切图谋推翻或破坏苏维埃政府及工农民主革命所得到的权利，意图保持或恢复豪绅地主资产阶级的统治者，不论用何种方式，都是反革命行为”。

《条例》具体列举了各种反革命犯罪在主观方面与客观方面的构成要件。其主观方面的构成主要为“以反革命为目的”，这是区别反革命罪和其他刑事犯罪的标志。其客观方面的构成主要表现为各种具体的反革命行为。

2. 对反革命分子所处的刑罚种类

(1) 死刑。(2) 监禁。最高刑期为十年，最低为六个月。(3) 没收财产。(4) 剥夺公民权。(5) 驱逐出境。

3. 条例适用的一般原则

(1) 效力范围。“凡犯本条例所列举各罪者，不论中国人外国人，不论在中华苏维埃共和国领土内或在领土外，均适用本条例以惩罚之”。

(2) 类推原则。“凡本条例所未包括的反革命犯罪行为，得按照本条例相类似的条文处罚之”。

(3) 对自新、自首者减免刑罚。“凡犯本条例所列各罪之一未发觉而自己向苏维埃报告者(自首分子)，或既发觉而悔过，忠实报告其犯罪内容，帮助肃反机关破获其他同谋犯罪者(自新分子)，得按照各项条文规定，减轻处罚”。

(4) 不平等的原则。“工农分子犯罪，而不是领导的或重要的犯罪行为者，得依本条例各项条文的规定，比较地主资产阶级分子有同等犯罪行为者，酌量减轻其处罚”；“凡对苏维埃有功绩的人，其犯罪行为得按照本条例各该条文的规定减轻处罚。”这一规定违背了法律面前人人平等的精神。

(二)《赣东北特区苏维埃暂行刑律》

《赣东北特区苏维埃暂行刑律》分为总则、分则两编，共一百四十九条，其主要内容如下：

“总则”包括十四章：本法的效力、不为罪、未遂罪、累犯罪、俱发罪、共犯罪、刑名、宥减、自首、酌减、加减例、假释、时效、时例。其中“刑名”章规定主刑有死刑和有期徒刑两种(有期徒刑分为 5 个等级)；从刑有“剥夺公权”和“没收财产”两种。

“分则”按照罪名分为二十二章：藏匿罪人及湮没证据罪；伪证及诬告罪；放

火、决水及妨害水利罪；危险物罪；妨害交通罪；伪造货币罪；伪造文书及印文罪；杀伤罪；堕胎罪；遗弃罪；略诱及和诱罪；窃盗及强盗罪；诈欺取财罪；毁弃损坏罪；私擅逮捕监禁罪；骚扰罪。

据现有史料看，这是土地战争时期各工农民主政权唯一的一部普通刑事法典。

四、经济与婚姻立法

（一）工农苏维埃政权的土地立法

工农苏维埃政权的土地立法大体上可以分为四个阶段：

1927 年至 1929 年为第一阶段。这一时期的土地立法分散不统一，以 1928 年 12 月《井冈山土地法》为代表。

1929 年至 1931 年为第二阶段。1928 年 7 月，中共第六次全国代表大会通过了《土地问题决议案》，部分修正了土地革命早期的某些错误。据此，各地又重新制定了新的土地法。其中较具代表性的是 1929 年的《兴国土地法》。

自 1931 年 11 月至 1935 年 12 月为第三阶段。这一时期的土地立法以《中华苏维埃共和国土地法》为代表。

自 1935 年 12 月到 1936 年为第四个阶段。这一时期的代表性的文件有中共中央先后于 1935 年 12 月、1936 年 7 月发布的《关于改变对富农策略的命令》、《关于土地政策的指示》，主要是纠正了土地没收与分配中的“左倾”错误。

这一时期土地立法的主要内容可概括为以下方面：

1. 没收土地财产的对象和范围

由于受到“左”倾错误的干扰，这一时期关于没收土地的对象的立法屡屡变动。《井冈山土地法》规定“没收一切土地”，《兴国土地法》更正为“没收一切公共土地及地主阶级的土地”。而《中华苏维埃共和国土地法》又规定为“所有封建地主、豪绅、军阀、官僚及其他大私有主的土地，无论自己经营或出租，一概无任何代价地实行没收”，即富农、一切反革命组织者及白军武装队伍的组织者和参加者的土地都在没收之列。1935 年《关于改变对富农政策的命令》停止了对富农土地的没收。

2. 土地分配的对象

关于土地分配对象的规定明显带有“唯成份论”的倾向。1931 年 1 月中共中央六届四中全会以前所制定的土地法令，都明确规定雇农、贫民、红军战士、富农、地主及其家属均享有分配土地的权利。而六届四中全会则接受了王明提出的“地主不分田，富农分坏田”的“左”倾政策，并把此写入此后的土地立法中。如《中华苏维埃共和国土地法》规定：“被没收的旧土地所有者，不得有任何分配土地的权利”；“富农在被没收土地后，可以分得较坏的劳动份地”。1935 年《关于改变对富农政策的命令》，取消了对富农的歧视性分配制度。

3. 土地财产的分配办法

对被没收的土地财产分配基本上是将以乡为单位、按人口平均分配，但并不统一，也有的土地法令规定，按人口与劳动力的混合平均分配。《中华苏维埃共和国土地法》规定：按最有利于贫民、中农利益的方法，或以劳动力和人口的混合标准，或中农、贫农、雇农以人口平分，富农以劳力与人口标准分配。

4. 确定土地所有权的归属

土地所有权的归属问题先后有一些变化。1930 年 9 月六届三中全会以前的土地法令，都宣布没收后的土地属于国家所有，分得土地的农民只有占有、使用和收益权。此后的土地立法，先后承认了农民的土地所有权。《中华苏维埃共和国土地法》宣布土地实行国有，但第 12 条又规定“现在仍不禁止土地的出租与土地的买卖，苏维埃政府应禁止富农投机与地主买回原有土地”。实际上承认了农民的土地私有权。

（二）工农苏维埃政权的劳动立法

1931 年 11 月，中华苏维埃第一次全国代表大会制定了《中华苏维埃共和国劳动法》（以下简称《劳动法》）。1933 年 10 月 15 日重新公布。修正后的《劳动法》，共十五章，一百二十一条。其主要内容如下：

1. 规定工人的各项民主权利

根据《宪法大纲》，《劳动法》规定工人享有以下权利：加入工会并通过工会参加对国营企业的管理和对私营企业进行监督；实行八小时工作制；法定假日休息；获得不少于政府规定的最低标准的工资，参加公务时继续支领工资；享受法定劳动保护；女工怀孕和哺乳期间应给予特殊照顾；工人享有领取失业津贴、暂时丧失劳动能力津贴、老残优恤金及其他各种补助金，医药免费等社会保险。法律还特别禁止雇佣女工及未成年工人从事某些特别繁重或危险的工作，禁止雇佣未满 14 岁的童工。

2. 禁止雇主私自雇佣工人

《劳动法》禁止各种企业、机关、商店及私人雇主私自雇佣工人，严格禁止工头、包工头、买办、私人工作介绍所、雇佣代理处代为雇佣工人。凡需雇佣工人劳动的单位或私人，均须到政府劳动部下设的劳动介绍所登记，请求介绍。没有设立劳动介绍所的地方，应由当地职工会登记并介绍。

3. 规定解决劳资纠纷的办法

对劳资纠纷案件，凡因劳动条件的问题发生争执和冲突时，首先由双方协商解决；协商不成时，在双方当事人的同意下，由各级劳动部门进行调解和仲裁，或由市裁判科所属的劳动法庭审理。凡国有企业、合作企业及国家机关中有关工人、职员的工资及管理部门与工人、职员间因劳动法令及集体合同发生的纠纷，

则由管理部门、职工会及工厂作坊的支部委员会组成工资争议委员会协商解决。如无法解决，则提交劳动部所属机关或劳动法庭解决。

《劳动法》的颁布与施行对于工人阶级政治、经济地位的提高、生活和工作条件的改善起了一定的积极作用。但《劳动法》也存在着一定的“左”倾错误：在苏区工业经济十分落后的条件下，在工作和休息时间、工资及社会保障等方面提出的要求过高，并对雇主进行多方限制，结果使不少私人企业倒闭，农民因雇不起短工而贻误农时。一概地禁绝私人雇佣和代理雇佣固然是消灭了私人操纵劳动力市场、过分剥削工人的现象，但劳动介绍所和职工会又不可能包办一切工人的工作，失业人口往往因没有其他就业途径而陷入困境。根据《劳动法》中关于罢工权的规定，各地频繁举行罢工，一度使苏区经济受到严重影响。

（三）婚姻家庭立法

摧毁封建的婚姻家庭制度，建立男女平等、婚姻自由、一夫一妻的新的婚姻家庭制度是新民主主义革命的重要内容之一。1931 年 12 月中央执行委员会颁布了《中华苏维埃共和国婚姻条例》，1934 年 4 月 8 日，经修订后，公布为《中华苏维埃共和国婚姻法》（以下简称《婚姻法》）。《婚姻法》的主要内容包括：

1. 男女婚姻自由、一夫一妻的原则

《婚姻法》第 1 条规定，“男女婚姻以自由为原则”。婚姻自由包括结婚自由和离婚自由。男女结婚须经双方自愿同意，不许任何一方或第三者加以强迫；男女一方，坚决要求离婚的，即可离婚。为实现这一原则，《婚姻法》还规定，必须“废除一切包办强迫和买卖的婚姻制度，禁止童养媳”。

“实行一夫一妻、禁止一夫多妻和一妻多夫”。根据《中华苏维埃共和国婚姻条例》制定的《湘赣苏区婚姻条例》进一步规定，“有妻妾者，无论其妻或其妾都可以提出离婚，政府得随时批准之”。

2. 婚姻成立的要件

婚姻成立首先必须具备实质要件：双方自愿；达到法定婚龄；男子须年满二十岁，女子须年满十八岁；无三代以内血亲关系；无法律禁止结婚的疾病。其次，必须具备结婚的形式要件，即男女双方必须“同时到乡苏维埃或市之区苏维埃登记，领取结婚证”。

3. 离婚的条件和程序

离婚自由，男女一方，坚决要求离婚的，即可离婚。但红军战士之妻要求离婚，须得其夫同意。但在通信便利的地方，经过两年，其夫无信回家者，或在通信困难的地方，经过四年，其夫无信回家者，其妻始可向当地政府请求离婚。离婚的程序亦采用登记式，男女双方到乡苏维埃或市之区苏维埃进行登记。

4. 对离婚后妇女及子女的特殊保护政策

离婚后的男女双方应各自处理婚前属于各自的财产和债务；结婚满 1 年的

共同财产包括土地，由男女双方及子女按人口平分；婚后所负的共同债务由男子独自清偿；离婚后，女子未再行结婚，并缺乏劳动力或没有固定职业，因而不能维持生活者，男子必须给以帮助。对子女的抚养权由女方决定，抚养费由男方承担三分之二。子女长到十六岁或女方再婚，新夫愿意代为抚养时，男方始免其抚养之责。私生子女享有与合法子女同等的权利。

五、司法制度

（一）司法组织

在苏维埃临时中央政府成立以前，各根据地工农民主政权审判机关的名称很不一致，有革命法庭、裁判委员会、肃反委员会，等等。1931年12月，中央执行委员会发布《处理反革命案件和建立司法机关的暂行程序》（以下简称《暂行程序》）的训令，基本统一了苏区司法机关的组织系统。次年，中央执行委员会又相继发布《军事裁判所暂行组织条例》和《裁判部暂行组织和裁判条例》（以下简称《裁判条例》）。上述法规，构建了工农民主政权的司法组织系统。

1. 审判组织

（1）中央临时最高法庭。在最高法院成立以前，由临时中央政府组织临时最高法庭代行最高法院的职权。其职权是解释一般法律，监督审查各级裁判部的判决，受理不服省裁判部或高级军事裁判部的判决而提出的上诉或诉讼案件。

（2）省、县、区裁判部。在地方各级法院未设立以前，地方各级临时司法机关为省、县、区三级裁判部，行使审判权和司法行政权。地方各级裁判部采取双重领导原则，既受上级司法机关的领导，又受同级政府主席团的领导。各级裁判部在审判方面均受临时最高法庭节制，在司法行政方面则受中央司法人民委员部指导，司法人民委员部有委任、撤销各级裁判部部长及工作人员之权。

（3）军事裁判所。红军中设初级、高级军事裁判所和最高军事裁判会议三级审判机构，审理所有红色武装队伍中的军人、其他人员与作战地带的居民违犯法律的案件，以及作战地带敌军侦察和内奸案件。

2. 检察机关

工农民主政权实行“审检合一制”，在各级审判机关内部设置相应的检察长或检察员。在军事裁判所设立军事检察所。检察机关行使刑事案件的逮捕、预审及代表国家向司法机关提起公诉等检察权。

3. 国家政治保卫局及肃反委员会

国家政治保卫局及其派出机关是中央人民委员会下设立的同一切反革命、盗匪等重大刑事犯罪作斗争的政治侦查机关，享有侦查、逮捕、预审权。紧急情况下甚至有判决和执行判决权。其内部实行严格的垂直领导，地方党政和红军指挥机关均无权干预其活动。

根据1933年4月中央执行委员会发布的《关于肃反委员会决议》，在新开辟的苏区政权产生以前，县、区肃反委员会作为同级临时政权的下属机关，兼有司法机关和国家政治保卫局的职能，一旦苏维埃政权正式建立，其职权即分别归于裁判部和国家政治保卫局。

（二）审判制度

中央执行委员会于1934年4月颁布了《中华苏维埃共和国司法程序》（以下简称《司法程序》），它与《暂行程序》、《裁判条例》及各司法机关组织法等法规共同确立了工农民主政权的诉讼审判制度。

1. 公开审判制度

《裁判条例》第16条规定，“审判必须公开，倘有秘密关系时，可用秘密审判的方式，但宣布判决时仍须作公开”。

2. 合议制度与人民陪审制

简易案件可实行独任审判，一般案件都应实行合议制，由裁判部长或裁判员为主审，其余两人为陪审员。合议时以多数人的意见为准，若争执不决时以主审意见为准。如陪审员坚持保留自己的意见，可将其意见上报上级裁判部。陪审员由职工会、雇农会、贫农团及其他群众团体选举，军事审判陪审员则由士兵选举，审判完毕即回原处。

3. 两审终审制度

《司法程序》规定，“苏维埃法庭为两级审判制，即只限于初审、终审两级。”“任何案件经过两审后，不能再上诉。”

4. 回避制度

《裁判条例》规定，“与被告人有家属和亲戚关系或私人关系的人，不得参加审判该被告人的案件”。这一规定适用于主审员和陪审员。

5. 辩护制度

《裁判条例》规定，被告人可派代表出庭辩护，但须得法庭的许可。《川陕省革命法庭条例草案》规定，被告的辩护人必须是劳动者，有公民权的人，一切剥削分子没有担任辩护人的资格。

6. 死刑审批制度

《裁判条例》规定，县、省裁判部都有死刑判决权，但应分别由其直接上级审判机关批准才能执行。与省政府隔断的县和未与中央苏区打成一片的省，其裁判部可不经批准执行死刑。1934年，新公布的《司法程序》将死刑的判决和执行权下放到了区裁判部和区肃反委员会，并废止死刑批准制度，一律改为上诉制度。凡上诉期满犯人不上诉的，原审机关即可执行死刑。

第二节　抗日根据地人民民主政权的法制(1937—1945年)

1937年7月7日,抗日战争全面爆发。为实行第二次国共合作,同年9月,原中华苏维埃共和国西北办事处被更名为陕甘宁边区政府,红军被改编为八路军、新四军开赴敌后,建立抗日根据地和抗日民主政权。各抗日民主政权与陕甘宁边区政府一起在名义上隶属于国民政府,并接受南京国民政府的"六法"体系,同时各边区政权又拥有相对独立的立法权。在中国共产党的抗日民族统一战线政策的指导下,各边区参议会和政府结合本区域实际情况,独立自主地制定和颁布了大量的法规和法令。

一、施政纲领

根据中国共产党《抗日救国十大纲领》,陕甘宁边区政府和其他抗日根据地民主政府分别制定了本边区的施政纲领。这些施政纲领主要有:1939年4月的《陕甘宁边区抗战时期施政纲领》,1941年5月的《陕甘宁边区施政纲领》,1941年9月《晋冀鲁豫边区政府施政纲领》,1942年10月的《对于巩固与建设晋西北的施政纲领》,1943年1月的《晋察冀边区目前施政纲领》,1944年2月的《山东省战时施政纲领》等。这些施政纲领在基本精神和内容上基本相同,现以《陕甘宁边区施政纲领》(以下简称《施政纲领》)为代表进行阐述。

中共中央政治局于1941年5月1日批准了中共边区中央局提出的《施政纲领》,并于1942年11月交陕甘宁边区第二届参议会正式通过施行。该施政纲领共21条,规定有以下主要内容:

(一) 抗日民主政权的性质和总任务

抗日民主政权的总任务是,团结边区内部各社会阶级、各抗日民主党派,发挥一切力量,为保卫边区,保卫中国,驱逐日本帝国主义而战。这一任务决定了抗日民主政权是一切抗日阶级和党派反对日本帝国主义和汉奸的联盟。

(二) 抗日民主政权的民主政治制度

边区实行普遍、直接、平等、无记名投票的选举制度,以保障一切抗日人民的选举权和被选举权;在政权组织上实行"三三制",即在各级参议会和各级政府的人员构成上,共产党员最多只占三分之一,而三分之二的人员由党外人士,包括各党派及无党派人士组成。

(三) 抗日人民的各项基本权利

保证一切抗日人民(地主、资本家、农民、工人等)的言论、出版、集会、结社、信仰、居住、迁徙之自由权。此外,《施政纲领》还特别规定了以人身自由为内容的保障人权的法律原则。

其他各抗日民主政权施政纲领也无一例外地规定了保障人民权利的法制原则。据此，各抗日民主政权还先后颁布了保障人权的专门性法规。如 1940 年 11 月公布的《山东省人权保障条例》，1941 年公布的《冀鲁豫边区保障人民权利暂行条例》，1942 年 2 月的《陕甘宁边区保障人权财权条例》，1942 年 11 月公布的《晋西北保障人权条例》等。其具体的保障措施有：除司法系统及公安机关依法执行其职务外，任何机关、部队、团体不得对人民加以搜查、逮捕、拘禁、审问或处罚；司法机关或公安机关逮捕人犯应有充分证据、依法定手续、禁止使用肉刑；人民对公务员的非法行为有无论以何种方式控告的权利等。

（四）有利于团结抗战的经济政策

在土地政策方面，《施政纲领》改变了工农民主政权时期没收地主土地的政策，实行减租减息、交租交息；进行过土地革命的地区，保证一切取得土地的农民的私有土地权；土地未经分配的区域，保护地主的土地所有权及债主的债权，保护租佃关系和借贷关系。关于发展经济问题，《施政纲领》规定，奖励私营工商业，调节劳资利益；发展合作经济；对敌实行贸易统制，对内实行自由贸易。

抗日根据地的施政纲领是各抗日民主政权具有根本法性质的文件，是抗日民主政权各项其他立法的依据。

二、刑事立法

对于普通的刑事犯罪，各抗日民主政权不同程度地适用南京国民政府刑法。对于抗战和边区秩序危害最大的特种刑事犯罪，如汉奸、盗毁空室清野财物、烟毒、贪污等，各抗日民主政权都制定了专门的刑事政策和单行的刑事法规。这些单行的刑事立法主要有以下内容及特点：

（一）确立了新的刑罚原则

1. 实行镇压与宽大相结合的原则，两者不可偏废

1942 年 11 月，中共中央发布《关于宽大政策的解释》，强调镇压必须与宽大同时并重，不可偏废一端。为分化瓦解敌人，争取更多的汉奸分子转向抗日，各边区施政纲领规定，对敌人、汉奸及其他一切破坏分子等，在被俘被捕后，除绝对坚持不愿改悔者外，一律实行宽大政策，予以自新之路。对于已经证实是坚持破坏民族利益的分子，必须依法严办。

2. 实行教育感化为主、刑罚惩罚为辅的原则

1941 年 5 月 10 日，陕甘宁边区高等法院《对各县司法工作的指示》指出，“教育争取已经违犯法律的犯罪行为人”是边区司法的目的之一。以后其他边区也相继确立了这一原则。为此，各边区刑法采取轻刑政策，将《中华民国刑法》中的拘役刑改为苦役刑（不拘禁人身的劳役）。陕甘宁边区还废止了无期徒刑，并

将有期徒刑的最高期限从十五年改为五年(后改为十年);广泛地采用假释制度;对一些较轻的刑事犯或胁从犯,采用教育释放的方式等。

3. 实行法律面前人人平等的原则

各抗日民主政权放弃了苏维埃时期刑法适用的不平等原则,实行在法律面前人人平等的原则。

(二) 重点惩治危害抗战和边区秩序的犯罪

1. 汉奸罪

各边区抗日民主政权都颁布了惩治汉奸的单行法规,如1939年的《陕甘宁边区抗战时期惩治汉奸条例(草案)》,1945年8月公布实施的《山东省惩治战争罪犯及汉奸暂行条例》等。

凡有下列行为之一者,即以汉奸罪论处:企图颠覆国民政府所属各级政府(指抗日边区政府),阴谋建立傀儡伪政权;破坏人民抗日运动或抗战动员;进行各种侦探、特务和间谍活动;谋害党政军及人民团体领袖;施放信号,为敌人显示轰炸或射击目标;诱逼人民以供敌人使用,侮辱、凌虐或毒害人民生命;组织、领导抗日军队叛变或逃跑;拖枪逃跑,哗变,投降敌人;以粮食武器资敌;破坏交通;扰乱金融;以文字、图画、书报或以宗教迷信宣传破坏抗战;有意放纵汉奸分子逃跑,等等。另外教唆、放纵或协助上述汉奸行为者,与汉奸同罪。

2. 盗匪罪

为了保护边区人民生命财产和维护边区秩序,各边区政府颁布了许多惩治盗匪犯罪的法规。如1939年的《陕甘宁边区抗战时期惩治盗匪条例(草案)》,1942年9月的《山东省惩治盗匪暂行条例》等。

对于盗匪罪的构成,《陕甘宁边区抗战时期惩治盗匪条例(草案)》规定,凡"以抢劫为目的";聚众持械掳人勒赎;藏匿、贩运及买卖军火;杀人及伤害;强奸妇女;纵火焚烧房屋;破坏或阻塞交通;袭击或抗拒军队,或抢夺军队武器或其他自卫武器;勾引军人为匪等行为均构成盗匪罪。教唆、庇纵或协助上述盗匪行为者,以盗匪论罪。

3. 破坏坚壁财物罪

为保存敌后根据地的公私财物,防止敌人的抢劫和破坏,在敌人"扫荡"期间,根据地政府和人民常将财物转移并隐蔽起来,称作"空室清野"或"坚壁清野"。为保护坚壁清野财物,各抗日边区政府相继颁布了惩治盗毁空室清野财物罪或破坏坚壁财物罪的刑事法规。如1941年10月的《晋冀鲁豫边区惩治盗毁空室清野财物办法》规定:凡勾结敌伪挖掘搜索坚壁财物;向敌伪自动告密,暴露坚壁财物之处,至其损害;故意焚烧、毁坏坚壁财物;结伙三人以上,盗窃坚壁财物,屡犯盗窃坚壁财物;制造敌情或冒充敌伪致民众逃避而乘机盗窃坚壁财物等,均构成破坏坚壁财物罪。

三、经济与婚姻立法

（一）土地立法

依照抗日民族统一战线的总方针，中国共产党决定停止没收地主土地的政策，宣布实行“减租减息”的土地政策，各抗日民主政府颁布了一系列有关减租减息的法规和法令，如1944年12月的《陕甘宁边区地权条例》、《陕甘宁边区土地租佃条例》，1941年11月的《晋冀鲁豫边区土地使用暂行条例》等。

上述土地法的主要内容包括以下几个方面：

1. 保护地主的土地所有权

承认和保护土地所有人在法令限制的范围内，对其现有土地的自由使用、收益和处分之权。土地所有权人有权要求排除他人对其所有土地的妨害，并要求赔偿因妨害其所有权造成的损失。对于地主和汉奸的土地，土地法专门进行了规定，土地革命中农民分得的土地原地主不能索回，未经没收的土地仍由原所有人所有。逃亡地主的土地未委托他人代为经营者，由当地政府暂行代管。其回籍时，由政府于秋后全部发还代管之土地及地租。

对叛国投敌死心塌地的汉奸首要分子，没收其土地归公，分给或低额租给荣誉军人及其家属或贫苦抗属，贫苦人民。

2. 关于土地租佃关系的规定

允许地主继续出租土地给农民耕种，但同时又规定必须降低租率。各边区原则上实行“二五减租”，即要求地主比照抗战前原租额减收25%。减租后，出租人所得收益最多不得超过耕地正产物收获总额的37.5%。

为保护承租人利益，各边区租佃条例都规定了对承租人佃权的保障条款。法律承认并保护永佃权；出租人出卖或是出典有永佃权的土地，承租人的永佃权不受影响。出租人因租约期满收回租地再行出租时，原承租人有优先承租权；出租人若出卖或出典租地，原承租人有优先承买、承典权；除法律规定的原因外，出租人不得任意收回租地。除上述保护承租人的规定外，各边区的租佃条例还规定了租佃双方的其他权利义务。出租人有权收租，对无故不交租的佃户，有向司法机关追诉之权，出租人不得预收地租，不得押租，不得向承租人索取法定租额以外的各种另酬。对被承租人毁损的租地，承租人应负赔偿之责。

3. 实行减息，禁止高利贷

抗日民主政权禁止各种形式的高利贷剥削。各边区减租减息条例要求在现存的借贷关系中，计息标准一般不得超过年利的一分半（即15%）。债务人付息已超过原本一倍的，停利还本；超过两倍的，本利停付，借贷关系视为消灭。减租减息条例颁布以后新订立的借贷契约，利率由借贷双方自行议定，法律一般不作限定，以利恢复农村借贷，活跃金融市场。

减租减息法规的颁布和实施，一方面限制和减轻了封建剥削，改善了农民的生活，提高了农民的生产热情和抗战的积极性；另一方面又保障了地主和债权人的合法权益，对团结各阶层人民，加强抗日民族统一战线具有积极的意义。

（二）劳动立法

1940 年 12 月 25 日中共中央发布《论政策》，明确规定了调节劳资双方利益，实行十小时工作制，保护劳工等立法原则。根据这些原则，各边区政府在 1941 年后陆续制定了劳动保护条例或保护农村雇工的决定。其中 1941 年 11 月 1 日公布的《晋冀鲁豫边区劳工保护暂行条例》具有代表性。该条例共七章四十五条，其基本要点如下：

1．本边区工人的权利

本边区工人均享有言论、出版、集会、结社、参军、参政及抗日之自由；有组织职工会的权利；在工会或农会担任工作的，于会务特别繁忙时，可以向资方请假，请假期内工资照发；在劳资合同有效期间，工人要求参加抗日军队或参加行政工作必须退工时，资方不得留难；绝对禁止打骂、虐待、侮辱工人，雇主不得因工人的过失私行处罚及扣除工资。资方必须保证工人的教育，教育费用由资方负担。

2．确定工作时间

公私工厂、矿场及作坊工人每日工作时间以十小时为原则，地下矿工每日工时不得超过九小时，其他因需要延长工作时间的，至多不得超过十一小时，并得以延时钟点增加工资；一般手工艺工人、商店店员、运输工及学徒的工时，除双方协议规定外，依习惯；农村雇工、牧畜工人及家庭雇工的工时，亦依习惯。

3．规定工资标准

工人工资的最低限额标准应按各地生活状况，除工人本身的消费外，再供 1 人至 1 个半人最低生活的必需费用。根据这个原则，由劳资双方协议决定增减及工资支付的形式（或实物或货币）。劳动合同规定的工资，资方不得借故减少或拖欠，工人亦不得有额外的工资要求。

4．特别保护女工、青工和童工

未成年的青工（十六—十八岁）及童工（十二—十六岁）从事的工作须以不妨害其身体健康和教育为原则。其每日工作时间应较成年人减少一至两个小时。学徒学习期不得超过两年，学习期满继续为师傅工作的，应由师傅发给工资。女工在经期、分娩和哺乳期间享受照顾。

5．确立合同缔结的自愿原则和实际履行原则

合同包括集体合同和劳动合同。集体合同指职工会代表工人同资方签订的关于集体劳动条件的合同；劳动合同是指劳动者个人与资方签订的建立劳资关系的合同。无论集体合同还是劳动合同都应以订立合同的双方自愿为原则，一方不得强迫另一方接受自己提出的条件。劳动合同签订后必须实际履行，如合

同期限未满而要解除合同时，须经双方同意，不得无故退工或解雇；如一方不履行合同，他方有提出解除合同之权。

6. 规定劳资纠纷的处理程序

劳资双方因解除合同及其他原因发生纠纷时，先由工会或农会同双方代表进行调解，调解无效时，呈请政府处理。

抗日民主政权的劳动立法从抗日根据地的特殊经济条件出发，一方面取消了苏维埃劳动法中对资本家实行不平等待遇的条款，另一方面又限制其剥削的程度，照顾了劳资双方的利益，从而调动了双方的积极性，对发展抗日根据地的经济，团结资本家抗日，起到了很大的作用。

（三）婚姻家庭立法

国共合作时期，各抗日边区政府在原则上接受南京国民政府民法的同时，还自行颁行了本边区的婚姻条例，如 1939 年 4 月的《陕甘宁边区婚姻条例》，1943 年 1 月的《晋察冀边区婚姻条例》，1942 年 1 月的《晋冀鲁豫边区婚姻暂行条例》，1943 年 6 月的《山东省保护抗日军人婚姻暂行条例》，1945 年 3 月的《山东省暂行婚姻条例》，等等。这些婚姻立法的主要内容有以下方面：

1. 实行男女平等原则

各边区法规除继续规定婚姻自由、一夫一妻等原则外，还新确立了男女平等的原则。如 1942 年《晋冀鲁豫边区婚姻条例》规定，“本条例根据平等自愿、一夫一妻之婚姻原则制定之”。1945 年《山东省婚姻暂行条例》宣布，婚姻条例根据男女平等、婚姻自由及一夫一妻的原则制定。

2. 有关离婚的法律规定

关于一方要求离婚的条件，抗日民主政权取消了苏维埃时期《婚姻法》中“男女一方坚决要求离婚者，即可离婚”的条文，将离婚的理由改为有责主义，即夫妻任何一方如有法律规定的过错，对方即可提出离婚。《陕甘宁边区婚姻条例》规定男女一方有下列情形之一者，可请求离婚：感情根本不合，无法继续同居者；重婚者；与他人通奸者；虐待他方者；恶意遗弃他方者；图谋陷害他方者；生死不明已过 3 年者；患有不治之症或不能人道者；不务正业经劝解无效，影响他方生活者；有其他重大事由者。法律还规定无过失的一方有权向有过失的一方要求赔偿因离婚所受的损失。

为了保护妇女、儿童的合法权益，各根据地的婚姻法还规定，男方不得与孕妇或乳婴之产妇离婚。如有具备法定离婚条件者，应于产后 1 年后提出。此外，晋绥边区、晋西北边区还对离婚次数有所限制，“男女一方离婚三次者，不得再行请求离婚”。

3. 更加严格地保护抗日军人的婚姻

法律规定，普通婚约无法律约束力，任何一方皆可自由解除；但一方为抗日军人者,法律则予以特别保护,如抗日军人杳无音讯,对方不得擅自解除婚约。抗日军人婚姻的解除,必须经抗日军人本人同意,方能生效。如确知抗日军人死亡、逃跑、投敌,或无音讯超过法定年限,其配偶始可另行嫁娶。抗日军人之配偶或未婚妻(夫)擅自解除婚约或婚姻,与他人订婚、结婚者,婚约、婚姻无效,政府依法追究当事者的刑事责任。

四、司法制度

(一) 司法组织

抗日战争时期,各根据地抗日民主政权的司法组织基本按南京国民政府的司法体制。以陕甘宁边区为例,其司法机关的设置是:

1. 边区高等法院及高等法院分庭

边区高等法院受边区参议会和边区政府委员会的领导和监督,院长由参议会选举。高等法院的职权为审理边区重要刑事第一审案件,不服地方法院或县司法处裁定而抗告的案件,非讼案件,并负责边区的司法行政事务。

高等法院在边区政府所辖各分区设有高等法院分庭,代表高等法院受理不服各该分区所辖地方法院或县司法处第一审判决上诉之民、刑事案件。

2. 地方法院或县司法处

边区各县设立地方法院,负责审理初审民刑诉讼案件。1943 年,《陕甘宁边区司法处组织条例草案》规定除延安市设立地方法院外,其他各县一律改为县政府下辖之司法处。

3. 检察机关

各抗日边区基本上实行“审检合署”制。检察机关附设于法院内,独立行使检察权。高等法院内设检察处或首席检察官;地方法院设首席检察官或检察官,县司法处只设检察员。检察官的职权为侦查、提起公诉、协助自诉和监督判决之执行等。

(二) 审判制度

各抗日民主政权实行以下审判制度:

1. 公开审判制度

除涉及重大秘密和个人隐私案件外,对其他一切刑事、民事案件一律公开审理,允许群众旁听,并公开宣判。在公开审判的基础上,部分边区还创造了公审制度,即对有重大影响的刑、民事案件在群众大会上公开审判。

2. 人民陪审制度

各抗日边区政府发展了苏维埃时期的人民陪审制度,更广泛地吸收了各阶层人士参与和监督司法机关的审判活动。人民陪审员可由群众团体或参议会选举产生,也可由机关、部队选派代表,或由司法机关聘请公正人士担任;陪审员不参与刑事侦查，在庭上发问时，须得到审判长的许可，对所陪审的案件，有权陈述意见，参加评议，但无权决定案件之最后处理。

3. 辩护制度

刑事被告人有权获得辩护，但辩护只限于庭审阶段。《陕甘宁边区刑事诉讼条例（草案）》规定，除被告人自己拥有辩护权外，“刑事被告于侦查完毕后，得选任有法律知识之辩护人到庭辩护”。被告人的近亲属或其所在的群众团体也可以主动申请为被告辩护，但要经过法院批准和被告本人同意。

4. 上诉原则和审级制度

《陕甘宁边区刑事诉讼条例（草案）》规定被告人及其辩护人、近亲属、自诉案件的原告人和公诉案件的被害人均有权提起上诉。上诉的形式可以是口头的，也可以是书面的，可以向原审法院提起，也可以向上级法院提起。上诉期，民事案件一般为二十天，刑事案件一般为十天。

各抗日根据地司法机关的审级既有采用两审终审制的，也有采用三审终审制的。

5. 案件复核与审判监督制度

复核包括对判处有期徒刑案件的复核和死刑案件的复核。判处有期徒刑案件的复核指下级司法机关所判处的一定刑期以上的案件，无论被告人上诉与否，在宣判前须送上级复核，待批准后，方能宣判。死刑案件的复核指死刑判决确定后，无论被告人是否上诉，原审机关必须上报有死刑核准权的机关，经核准后，方能执行死刑。各边区规定的死刑复核机关不尽相同，陕甘宁边区由高等法院行使（边区政府审判委员存续期间由该委员会行使），晋冀鲁豫边区规定由二审机关行使。

《陕甘宁边区刑事诉讼条例（草案）》规定，被告人及其亲属、自诉案件的原告人、原审机关及其上级法院如发现原已生效的判决实有错误或处刑失当，可以提起再审。原告人请求再审须在判决确定之后2年内进行，而对其他人和机关则无时间限制。

（三）马锡五审判方式

为了方便战争环境中群众的诉讼，各抗日边区司法机关都实行巡回审判制度。巡回审判制度是抗日边区司法工作民主化和群众化的重要表现，其形式灵活多样，有的由各级司法机关指派审判人员，定期深入基层，巡回审判各自辖区内的刑事案件；有的是由政府或法院设立专门的巡回法庭或流动法庭，代表该级政府或法院外出巡回审判。马锡五审判方式就是这一制度的典型代表。

马锡五是陕甘宁边区陇东专区专员兼高等法院陇东分庭庭长，他在边区法律范围内，以其巡回审判的实践开创了一种灵活实用的审判方法。这种审判方法被称为“马锡五审判方式”，并被推广到其他各抗日边区。

马锡五审判方式的基本特点是：

1. 深入基层进行实地调查

在审判工作中，马锡五遵照以事实为根据、一切从实际出发的原则，亲自深入到群众中开展全面、细致的调查研究，了解案件的真相和舆论导向，尽可能全面地搜集证据，以便做出正确的裁判。

2. 走群众路线，采用审判与调解相结合的方法

马锡五审判方式最根本的经验就是认真贯彻党的群众路线。他善于依靠群众来调查案情，以平等的态度耐心听取各方面的意见。除依靠群众调查案件事实外，他还吸收有威望、有能力的群众直接参与案件的审理和调解，重视审判与调解相结合的方法，消除原被告双方的对立情绪。采取这种方式做出的判决既合乎法理，又顺乎人情。

3. 简化诉讼手续，方便群众诉讼

为改变少数司法人员坐堂问案的审判作风，马锡五灵活地运用巡回审判的特点，一切从方便群众出发，携卷下乡，定期巡视所属各县，随时受案。在田间地头就地设庭审判，即时判决。在保证案件依法处理的前提下，简化诉讼程序。

马锡五审判方式的推广，使边区司法更加适应抗战的需要和农村的实际，进一步推动了边区司法的民主化。

（四）调解制度

各地的抗日民主政府发布有许多关于调解工作的法规，如 1941 年 4 月的《山东省调解委员会暂行组织条例》，1942 年 3 月的《晋西北村调解暂行办法》，1942 年 4 月的《晋察冀边区行政村调解工作条例》，1943 年 6 月的《陕甘宁边区民刑事案件调解条例》等。上述法规使调解工作从组织形式、调解内容到调解程序实行了制度化。

1. 调解的组织形式

抗战时期的调解组织主要有四种：

(1) 民间调解，即由双方当事人邀请乡邻、亲友，在村民之间自行调解。

(2) 群众团体调解。即依靠群众团体内的调解委员会等组织，评议曲直，提出调解方案，劝导双方息争。

(3) 政府调解。基层人民政权有主持调解的职能。陕甘宁边区基层政府未设执行调解职能的专门机构，而其他大多数边区则于村、区两级设立了专门的调解委员会或民政委员会主持调解。

(4) 司法调解。凡起诉到司法机关的案件，如属于法律规定调解的案件范围，由司法机关主持调解，其调解协议书具有与判决同等的法律效力。

2. 调解的案件范围

一般民事纠纷和轻微的刑事案件，均可实行调解，但法律另有规定的除外。

3. 调解的基本原则

(1) 双方自愿原则。即双方当事人自愿选择调解方式,自愿接受调解的结果。任何个人和机关都不得使用强迫、命令、威胁或欺诈手段使之接受调解。但司法调解除外。

(2) 合法合理原则。即调解的内容不得违背政府的法律法令,或有碍善良道德风俗,亦不得涉及迷信,否则政府或司法机关可宣布调解无效而予以撤销。

(3) 调解不是诉讼必经程序原则。若当事人不愿调解,可以直接向司法机关起诉,任何个人和机关不得干涉与阻挠,司法机关亦不得以未经调解为理由拒绝受理,这一原则是自愿原则的自然延伸。

此外,上述法律还规定了调解人的资格、调解人的回避条件、调解的程序和调解纪律等。

作为审判制度的补充,调解制度减少了讼争,增强了人民之间的团结。

第三节　解放区人民民主政权的法制(1946—1949 年)

一、宪法原则和施政方针

(一) 解放战争前期各边区的宪法原则

政治决定法律。根据国共两党于 1945 年 10 月 10 日签订的"双十协定",1946 年 1 月,政治协商会议在重庆召开。会议通过了《关于宪草问题的协议》,确立了省自治原则,省可以制定省宪。据此,各边区政府先行制定了宪法原则和施政纲领。其中以 1946 年 4 月的《陕甘宁边区宪法原则》最具有代表性。其主要内容如下:

1. 政权组织

该宪法原则确定了解放区人民政权的各级权力机关,规定"边区、县、乡人民代表会议(参议会)为人民管理政权机关"。人民以普遍、直接、平等和无记名投票的方式选举各级代表;各级代表选举各级政府,各级政府对各级代表会议负责;乡代表会议直接执行政务。这一政权组织形式放弃了陕甘宁边区参议会与边区政府实行两权分立的模式,重新转向了议行合一的代表会议模式。

2. 人民权利

该宪法原则规定人民享有政治上的各项民主自由权利、经济上免于贫困的权利、受教育与保持健康的权利、武装自卫的权利以及民族平等、男女平等等权利。其中的武装自卫权主要是针对国民党政府即将发动的内战而规定的。

3. 司法制度和原则

该宪法原则将司法独立原则写进条文之中,规定"各级司法机关独立行使职权,除服从法律外,不受任何干涉"。

4. 经济政策

该宪法原则规定应"保障耕者有其田"，还规定允许公营(国营)、合作和私营三种经济形式并存，以促进经济繁荣，消灭贫困。

5. 文化教育政策

该宪法原则规定要普及并提高一般人民的文化水准，迅速消灭文盲；实行免费的国民教育和高等教育；保障学术自由，致力科学发展。

(二)《华北人民政府施政方针》(以下简称《施政方针》)

1947年，国共军事力量对比发生了根本性转变。中国共产党逐渐放弃了旧政协会议"关于宪草问题的协议"的精神，提出了"打倒蒋介石，解放全中国"的口号。新的战争与政治形势的变化，需要制定新的纲领性文件。

1948年8月，原晋察冀边区和晋冀鲁豫边区合并成华北解放区，并在石家庄召开了华北临时人民代表大会。临时代表大会选举产生了以董必武为主席的华北人民政府，讨论通过了中共中央华北局提出的《华北人民政府施政方针》。《施政方针》是解放战争后期各解放区政府中较具代表性的纲领性文件，对中华人民共和国初期的各项法律制度影响极大。

《施政方针》主要规定了华北人民政府在经济、政治、文化教育等方面的具体措施。

1. 经济政策

在经济方面，努力恢复和发展农村生产。在土地改革已完成的地区，应确定地权；在土改已经进行但尚未完成的地区，适当调剂土地，使所有农民都获得相当于平均数的土地，中农土地不动；在边沿区、游击区和新解放区，采取减租减息的政策；允许土地买卖和租赁；允许私人借贷；政府应通过国营工商业和国家银行有计划地领导扶持私营工商业和合作工商业；改革税制，整顿税收，禁止任何人以任何名目摊派募捐、强迫慰劳等非法行为。

2. 政治政策

整顿区村组织，建立各级人民代表会议，首先是县、村级人民代表会议，并在此基础上选举各级政府，尽可能地使各阶层人民均有他们的代表参加进去；提高行政效率，加强行政能力，严格行政纪律；保障人民的包括人权在内的合法民主自由权，提高妇女在政治、经济和文化上的地位，实行男女平等；保障少数民族的平等权利，尊重其宗教信仰和风俗习惯。

3. 文化教育政策

整顿各级学校教育，建立正规教育制度；加强社会教育，提高人民大众的文化水平；提高医疗卫生能力和水平，减少疾病与死亡；团结、教育知识分子，建立广泛的文化统一战线。

此外，《施政方针》还规定了关于新解放区和新解放城市的政策。

二、刑事立法

解放战争时期刑事立法的主要任务是镇压一切反革命活动，打击战争罪犯、土匪恶霸及破坏土地改革的犯罪分子。各解放区人民民主政权及人民解放军以宣言、命令、布告等形式规定以上述犯罪的基本构成特征。其主要内容如下：

（一）惩办战争罪犯

1947 年 10 月 10 日，中国人民解放军总部发布《中国人民解放军宣言》，发布了惩办战争罪犯和反革命分子的原则是“首恶者必办，胁从者不问，立功者受奖”。1948 年 11 月又发布了《惩处战争罪犯的命令》，重申了这一处罚原则，并具体列举了以战犯论处的各项罪行。

（二）镇压一切反革命活动

对于新老解放区的各种反革命分子和各类反革命组织，人民解放军军事管制委员会和人民民主政府依据“首恶者必办，胁从者不问，立功者受奖”的方针，分别颁布了处理的法令。如 1949 年 1 月 4 日华北人民政府发布的《解散所有会道门封建迷信组织的布告》宣布，取缔一切反动会道门组织；其首要分子须向当地政府机关登记，视情况予以宽大处理或免予追究；其余一般人员，一经脱离组织，停止活动，一律不予追究；能揭发各种阴谋破坏活动者，酌情予以奖励。

（三）严惩破坏土改的犯罪

为保证土地改革的顺利进行，各老解放区人民政府根据《中国土地法大纲》制定了惩办破坏土改犯罪的法规。如 1948 年 1 月晋冀鲁豫边区政府发布的《破坏土地改革治罪暂行条例》规定，凡蓄意破坏土地改革而有对农民实行武装反攻倒算，杀害农民和干部，强占或贪污土改果实，拒不退还并实施破坏或杀人等行为者，处死刑；凡反对土地改革或企图妨碍土地财产公平分配，侵犯农民及其代表的民主权利等各种违法行为，分别给予定期劳役、定期取消公民权、撤销公职、当众批评警告等处罚。

（四）管制刑的创制

解放战争时期，人民民主政权的刑罚制度基本上沿用抗日民主政权的刑罚制度。其最大的变化是创制了一个新的刑种“管制”。1948 年 11 月中共中央发布的《关于军事管制问题的指示》规定，在解散反动党团之后，“对登记后的少数分子实行管制（每日或每星期向指定机关报告其行动）”。管制，即不予关押，而是交当地政府和群众监督，由政府限制其行动自由，定期向政府有关部门报告自己的情况，管制期限视被管制人的改造表现而定。以后，《中华人民共和国刑法》将管制规定为一项独立的刑种。

三、土地立法

(一)《五四指示》

随着解放区反奸清算和减租减息运动的深入,农民以各种形式从地主手中获得了土地。为了支持农民的土地要求,消灭封建土地所有制,实现耕者有其田,1946年5月4日,中共中央发布了《关于土地问题的指示》,即《五四指示》。《五四指示》是解放战争初期,由抗战时期的减租减息政策转向彻底没收地主土地、分配给农民的土地政策的过渡文件。《五四指示》提出,必须坚决支持农民群众在反奸、清算、减租、减息、退租、退息等斗争中从地主手中获取土地,实现耕者有其田的正义行动;群众尚未起来解决土地问题的地区,应迅速发动群众;不能侵犯中农的土地,一般不动富农的土地;保护工商业。

(二)《中国土地法大纲》

1947年10月10日,中共中央公布《中国土地法大纲》。该大纲共16条,包括以下基本内容:

1. 废除封建性及半封建性剥削的土地制度,实行耕者有其田

《中国土地法大纲》要求废除一切地主的土地所有权和一切祠堂、庙宇、寺院、学校、机关及团体的土地所有权;废除土改前劳动人民所欠地主、富农高利贷者的一切债务;没收地主的牲畜、农具、粮食、房屋及其他财产,并征收富农的上述财产的多余部分。

2. 实行土地、财产的平均分配原则

除大森林、大水利工程、大矿山、大牧场、大荒地及湖沼等归政府管理外,乡村中的一切土地,以乡或行政村为单位,按乡村人口,不分男女老幼,统一平均分配土地财产。除汉奸、卖国贼及内战罪犯本人外,全乡村人民,地主及其家属均可获得同等的土地,并归各人所有。政府发给土地所有证,并承认其自由经营、买卖及在特定条件下出租的权利。

为照顾中农的利益,中共中央对《中国土地法大纲》中关于平分土地的条文特别作了注释,"在平分土地时,应注意中农的意见。如果中农不同意,则应向中农让步,并容许中农保有比较一般贫农所得土地的平均水平为高的土地量"。

3. 建立土地改革的执行机关

各级农民代表大会及其选出的委员会为土地改革的合法执行机关。乡村无地、少地的农民组成的各级贫农大会及其委员会也可执行土地分配。对一切违抗或破坏土地法的犯罪,由农民大会或农民代表会议选举的人员和政府委派人员组成人民法庭进行审判。

《中国土地法大纲》是新民主主义革命时期比较成熟的土地立法,在我国土地立法史上具有重要的历史意义。各解放区人民政府根据土地法大纲所规定的

原则，制定了具体的实施条例或补充办法。到1949年6月止，大约在1亿5千万人口的解放区，彻底废除了封建及半封建的土地制度，实现了“耕者有其田”。

四、婚姻立法

解放战争初期，一些老解放区基本上沿用抗日民主政权的婚姻立法。参照老区的规定，一些新解放区制定了婚姻法规，如《辽北省关于婚姻问题暂行处理办法(草案)》、《关东地区婚姻暂行条例(草案)》等。这一时期婚姻立法的主要特点是，各地人民政府针对当时干部、战士中新出现的婚姻问题发布了一些命令、通令。其要点如下：

(一) 重申并强调保障革命军人的婚姻

虽然各解放区的婚姻法规都有保护军婚的条款，但也有“某些政府人员遇到抗属离婚时，漠不关心，未加制止，或机械地执行婚姻条例，或误解条例(如把战争环境根本不能通音信者，也以不通音讯处理)，轻易准予离婚，甚至有个别政府干部与抗属结婚及与抗属作媒者，知法犯法”。① 为切实保障革命军人婚姻不受破坏，部分解放区人民政府专门发布通令，重申并强调保障革命军人的婚姻。

凡革命军人的妻室，不论已婚未婚，在未得革命军人同意正式离婚或解除婚约之前，任何人不得与其非法结合；过去造成既成事实者，在法律上一概无效，并须追究责任。如有故意违犯，应予以刑事处分。遇到抗属请求离婚时，各级政府民政和司法部门应加强优待抗属，教育抗属，帮助她们与丈夫取得通讯联系；耐心说服，非经本人同意，不准离婚，或拖延时间办理离异，干部如有违犯者，从严加倍论处。

(二) 规定干部、战士离婚的处理原则

针对解放战争后期，干部提出离婚案件的大量增加，各解放区人民政府发布了许多有关干部离婚的通令和命令。这些通令和命令规定，即使是革命干部，也必须严格地恪守一夫一妻的婚姻制度，遵守法律，并绝不允许有半点特权。此外，还专门规定了处理干部离婚的原则和程序：

1. 必须遵照“夫妻感情意志是否根本不合”的基本原则处理干部离婚案件。同时也应考虑其他一些条件和具体情况而定。

2. 如果干部单方提出离婚的，不论男方或女方，一律由原告直接向被告所在地之县政府提出，不能亲去则可用书面提出。听从县政府的判决，若不服判决，只可依法上诉，不得以势压人、无理取闹；若是双方自愿离婚的，也必须向当地县政府共同声请，由县政府发给离婚证书。政府根据离婚申请双方的情况作

---

① 韩延龙、常兆儒编：《中国新民主主义革命时期根据地法制文献选编》第四卷，中国社会科学出版社1984年版，第881页。

出准与不准的判决后,当事人应服从县政府的判决。

3. 要求离婚的任何干部和战士在完成正式离婚手续之前,不得以任何形式和借口擅自结婚。对干部以威胁、利诱、欺骗等手段制造离婚条件的,原则上不准离;如实际上不得不离,经动员无效后,应准许离婚,并在财产上多照顾对方。

五、劳动立法

遵照"发展生产,繁荣经济,公私兼顾,劳资两利"的新民主主义经济政策,1948 年 8 月,第六次全国劳动大会通过了《关于中国职工运动当前任务的决议》。提出了劳动立法的一般原则:工人有组织工会的权利;依靠工人管理生产,在国营、公营企业中建立工厂管理委员会和职工代表大会;实行 8 至 10 小时工作制;采取保障最低生活水平的工资政策;实行劳动保护制度;在条件许可的地方和生产部门试行劳动保险制度;按法律程序公平合理地解决劳资纠纷,等等。

根据上述立法原则,各解放区政府或新解放城市军管会结合本地实际颁布了有关的法令。这一时期劳动立法的主要内容和基本特点体现在以下方面:

(一) 确定工人对企业的管理权和监督权

1949 年 8 月 10 日,华北人民政府并公布了《关于在国营、公营工厂企业中建立工厂管理委员会与工厂职工代表会议的实施条例》。该条例共二十一条,其主要内容如下:

1. 规定工厂管理委员会和工厂职工代表会议的组成及职权

(1) 所有国营、公营工厂企业(公营工厂企业主要指合作形式的工厂企业)均应设立工厂管理委员会(以下简称管委会),作为该企业的行政领导机关。管委会由正、副厂长或经理、总工程师等生产负责人,以及一定数量的工人、职员代表组成。工人、职员代表由工会召集全体职工大会或职工代表会议选举。管委会的职权是根据上级企业领导机关规定之生产计划,讨论决定本厂一切有关生产及管理的重大问题。管委会的决议由厂长或经理执行,但厂长或经理有停止执行之权,并向上级报告,请求指示。管委会如不同意厂长或经理停止执行的决定,也须向上级报告,在未得到上级批示前,应服从厂长或经理的决定。

(2) 凡两百人以上职工的国营、公营工厂,须组织工厂职工代表会议,两百人以下的工厂则每月由工会主席召集职工会议一至二次。职工代表由各生产部门的基层组织选举,向其所代表的职工负责。职工代表会议的职权是听取并讨论管委会的报告,检查管委会对于工厂的经营管理,并对其工作提出批评与建议。职工代表会议同时也是该工厂工会组织的代表会议,有权决议工会的一切事务。

2. 在国营、公营企业实行劳动保险

部分解放区和新解放城市的人民民主政权根据各地现有的条件,制定了在国营、公营企业实行劳动保险的法规，在一定的程度上保证国营、公营企业中工人与职员的健康，减轻其生活困难。其最具代表性的法规是1948年12月的《东北公营企业战时暂行劳动保险条例》。该法规对东北公营企业的工人、职员实行了充分、非常的劳动保险制度，体现了公有制企业的优越性。但这一劳动保险的优越性仅适用于公营企业的工人，显然具有身份不平等的色彩。

六、司法制度

(一) 人民司法机关的发展变化

1. 土地改革中的人民法庭

这是在土地改革中设立的一种临时司法机构，审理一切违抗或破坏土地改革法令的犯罪案件。《中国土地法大纲》规定"对于一切违抗或破坏本法的罪犯，应组织人民法庭予以审判及处分。人民法庭由农民大会或农民代表会所选举及由政府所委派的人员组成"。根据这一规定，各解放区人民政府相应地颁布了人民法庭组织法规。

各级人民法庭受同级选举团体或其上级机关，同级或上级政府的监督与领导。人民法庭的上诉机关为上一级人民法庭和上级政府，最后的上诉审级为县政府。人民法庭有死刑判决权，但死刑执行须由县以上政府批准。由于人民法庭是专门审理一切违抗或破坏土改运动案件的临时审判机关，故一旦土改结束，人民法庭即行撤销。

2. 各级人民法院

1948年以后，各大解放区废除了依国民党政府《法院组织法》建立起来的司法体系，建立起新的人民法院系统。人民法院一般分为大行政区、各省(有些大解放区为行署)和县(市)3级。

3. 军事管制时期的军事法庭

这是一些新解放城市的军事管制委员会所设立的司法机构，军事法庭的主要任务是负责审判重大的反革命案件。

4. 检察院

这一时期各解放区的检察机关的设置及职权基本沿用民国时期的体制，检察官附设于各级法院内。但在任命方式上，关东解放区创立了首席检察官由关东人民大会选举的产生方式。①

5. 司法行政机关

华北和东北人民政府在解放战争后期相继成立了司法部，主管全区的司法行政事务，如法院与监所的设置，司法干部的铨叙与教育，民事和刑事行政，法规

① 参见陈卫东、张弢著:《检察监督职能论》，群众出版社1989年版，第5页。

的编纂等。省以下的司法行政工作则由各级人民法院兼管。

（二）诉讼与审判制度的发展

1. 进一步划分公安机关与司法机关的权责

过去，拘捕权与司法权分别由何种机关行使，没有明确的划分。如 1948 年 11 月，华北人民政府发布《关于县市公安机关与司法机关处理刑事案件权责的规定》，规定公安机关对汉奸、特务及内战罪犯等案件，行使侦查权及向司法机关提起公诉权，由司法机关行使审判权，双方不得互相干涉；对普通刑事案件，公安机关知其有犯罪嫌疑，在必要时可采取紧急措施，但必须移交司法机关处理。上述规定确立了公安机关和司法机关既相互配合又有所制约的关系。

2. 传讯、拘捕等程序的完善

为保障人权，各解放区政权建立了传讯、拘捕和搜查程序。如 1948 年 4 月，哈尔滨特别市政府发布《为禁止非法拘捕、审讯及侵犯他人人权等行为事》的布告，规定公安、司法机关执行职务人员在进行传讯、拘捕和搜查时，必须携带主管之公安或司法机关之传讯、拘捕或搜查证，且被告人有索阅该项证件之权。又如 1948 年 5 月，豫皖苏边区行政公署向各级政府发布《切实保障人权，严禁乱抓乱打，肉刑逼供》的训令，规定地方逮捕案犯须经区以上机关批准，部队逮捕案犯，须有团、营以上证明文件，并通过当地政府后方可执行。对逮捕的案犯，区政府扣押一般不得超过 48 小时。禁止对案犯使用肉刑逼供及变相肉刑。

3. 确定刑事案件复核制度

解放区各人民政府对重大刑事案件采慎重态度，进一步确立了刑事案件复核制度。1949 年 3 月，华北人民政府发布《关于确定刑事复核制度的通知》规定，原、被告不上诉和上诉期已过的刑事案件，除各县市人民法院判处的 5 年以下有期徒刑、拘役、罚金案件和各省、行署或直辖市人民法院判处的有期徒刑、拘役、罚金案件分别呈其上级法院备案外，其他所有案件于判决后，应一律由其上级法院复核。死刑案件由华北人民法院复核，并呈报华北人民政府主席批准才能生效。与此同时，其他各大解放区也都将死刑核准权收归大行政区政府。

（三）国民党六法全书的废除和解放区司法原则的确立

为了彻底废除国民党政权赖以生存的“法统”，1949 年 2 月，中共中央发布了《关于废除国民党“六法全书”与确立解放区司法原则的指示》（以下简称《指示》），废除了国民党“六法全书”，确立了解放区新的司法原则。

1. 宣布废除国民党“六法全书”

《指示》指出，“国民党全部法律只能是保护地主和买办官僚资产阶级反动统治的工具，是镇压与束缚广大人民群众的武器……因此‘六法全书’绝不能是蒋管区和解放区均能适用的法律”，应该彻底废除。从此，自清末以来仿西方大陆法系进行的中国法制近代化进程被中断。

2. 确立了解放区的司法原则

《指示》规定解放区的司法工作必须以新的法律原则为依据，要求“目前在人民的法律还不完备的情况下，司法机关的办事原则应该是：有纲领、法律、命令、条例、决议规定者，从纲领、法律、命令、条例、决议之规定；无纲领、法律、命令、条例、决议之规定者，从新民主主义政策。”

3. 教育和改造司法干部

《指示》要求各级司法机关，“应当经常以蔑视和批判国民党六法全书及国民党其他一切反动法律、法令的精神，以蔑视和批判欧美日本等资本主义国家的一切反人民法律、法令的精神，以学习和掌握马列主义、毛泽东思想的国家观、法律观及新民主主义的政策、纲领、法律、命令、条例、决议的办法来教育和改造司法干部”。

本章重点问题提示

1. 马锡五审判方式的法理学意义

上世纪末，法制史学界对马锡五审判方式的评价主要从司法的群众路线的角度，具有浓厚的政治评价色彩。本世纪以来，随着西方恢复性司法、纠纷的多元解决方式观念的东渐，法史学界开始从法理学的角度重新审视、评价这一审判方式，赋予了这一审判方式以新的时代意义。

2.《关于废除国民党“六法全书”与确立解放区司法原则的指示》在中国法制近代化进程中的意义。

20世纪90年代以前，中国法制史教科书无例外地都将这一指示视为是新民主主义进步法制与国民党反动法制决裂的标志。随着法理学关于法的继承性讨论的进行，对这一问题的研究也有所深入。新的观点认为，《指示》固然从政治上否定了国民党政府的法统，确立了平民主义的新法制观，但同时也中断了中国近半个世纪正常的法制现代化进程，否定了法的继承性。

思考题

1. 中华苏维埃共和国宪法大纲规定的国体、政体与北京政府时期的宪法有什么区别？

2. 为什么说土地革命战争时期的法制有“左倾”错误？

3. 运用所学的法理学知识评马锡五审判方式。

第二十一章　中华人民共和国初期的法制历程(1949—1957年)

内容提要

本章叙述了中华人民共和国建国初年法制草创的历史。新中国初期的法制是在继承革命根据地法制建设的成就,确立原解放区法律和司法原则,进一步学习苏联社会主义法制经验的基础上形成的,这一法制体系与国民党时代向模仿西方的"六法全书"体系大为不同,是一个苏维埃革命式的法律体系和法制秩序。这一法律体系的主要任务在于推动农业合作化与城市资本主义工商业的社会主义改造。这一时期的法制既为后来的法制建设积累了经验,也留下了诸多教训。

关键词

共同纲领　大行政区　1954年宪法　干部　土地改革法　人民法庭　计划经济体制

1949年2月,中共中央《关于废除国民党"六法全书"及确立解放区司法原则的指示》的颁布,标志着中国中止了移植大陆法的法制现代化进程,开始按照前苏联的法制模式重新选择法制的现代化道路。

第一节　宪法和行政法

一、《中国人民政治协商会议共同纲领》

建国初,由于全国普选的条件尚不具备,依毛泽东《论联合政府》的设想,1949年6月召开了有其他民主党派及社会名流参加的政治协商会议,作为临时性的权力机构,制定颁布了具有临时宪法性质的《中国人民政治协商会议共同纲领》,选举产生了中央临时政府,从而既确立了新政权的合法性,同时也将中国共产党的各项主张以根本法的形式固定下来,并确立了中国共产党领导其他党派的宪法地位。

(一) 中华人民共和国的阶级结构——国体

《共同纲领》规定新政权的国体,是工人阶级领导的,以工农联盟为基础的,团结各民主阶级和国内各民族,反对帝国主义、封建主义和官僚资本主义的人民民主专政国家。阶级之间是不平等的,“对于一般的反动分子、封建地主、官僚资本家,在解除其武装、消灭其特殊势力后,仍须依法在必要时期内剥夺他们的政治权利”。

作为具有革命性质的宪法性文件,剥夺敌对分子的政治权利是必要的。享有民主权利的主体范围覆盖了当时中国社会绝大部分的社会阶级和阶层,但在享有民主权的各阶级中,已隐含了工农与其他阶级之间的不平等。

(二)政权组织形式

1. 联合政府。《共同纲领》基本上依毛泽东《论联合政府》设计的模式,建立了以共产党领导的各民主党派、各人民团体、各地区、人民解放军、各少数民族、国外华侨及其他爱国民主分子的代表们参加的联合政府。其基本组织形式是人民民主统一战线,即中国人民政治协商会议。这一联合政府不是政党的联合,而是各政党与各社会团体、各地方、军队、民族乃至于个人代表的复杂联合,不同于西方国家的政党联合政府制度。除共产党的领导地位外,《共同纲领》没有规定其他政党在政府的地位以及参政的具体程序。

根据《共同纲领》选举产生的中央临时政府中,民主党派及各人民团体的领导人拥有相当多的职位。

2. 各级人民代表大会与各级人民政府。《共同纲领》规定各级人民代表大会由人民用普选方法产生之;各级人民政府由各同级人民代表大会选举产生,并在各同级人民代表大会闭会期间行使同级政权。凡解放军初占领的地方,一律实施军管或组成地方人民政府,并在条件许可时召集各界人民代表会议。在普选的地方人民代表大会召开以前,由地方各界人民代表会议代行人民代表大会的职权。

国家最高政权机关为全国人民代表大会。其闭会期间,中央人民政府为行使国家政权的最高机关。在全国人民代表大会召开之前,由中国人民政治协商会议代行其全部职权。

3. 中央与地方的权限划分。《共同纲领》规定,“中央人民政府与地方人民政府间职权的划分,应按照各项事务的性质,由中央人民政府委员会以法令加以规定,使之既利于国家统一,又利于因地制宜”,但“下级人民政府均由上级人民政府加委并服从上级人民政府。全国各地方人民政府均服从中央人民政府”。上述规定决定了中国的国家结构为单一制即中央集权制。

《共同纲领》没有设定司法机关与检察机关在国家机构中的地位。根据1949年10月1日发布的中央人民政府公告,最高法院院长与最高检察署署长由中央人民政府任命。显然,最高法院、最高检察署隶属于中央人民政府领导,与作为最高行政机关的政务院平行。

（三）人民权利

人民有思想、言论、出版、集会、结社、通讯、人身、居住、迁徙、宗教信仰、示威游行及婚姻自由。关于平等权，《共同纲领》仅规定了男女平等。

（四）基本经济政策

中华人民共和国的基本经济政策是，实行耕者有其田的土地改革；在已实现土改的地区，应组织各种劳动互助和生产合作社。有计划有步骤地恢复和发展重工业；各种社会经济成分在国营经济领导之下，分工合作，各得其所；凡属有关国家经济命脉和足以操纵国民生计的事业均由国家统一经营，扶助合作经济，鼓励私人资本向国家资本主义方向发展。

（五）文化教育政策

中华人民共和国实行民族的、科学的、大众的文化教育，应有计划有步骤地改革旧的教育制度、教育内容和教学法。

（六）民族政策

中华人民共和国实行境内各民族一律平等，实行民族区域自治。

二、中华人民共和国宪法(1954年)

1953年3月1日，中央人民政府公布《全国人民代表大会及地方各级人民代表大会选举法》。根据该法，1954年6至8月各地先后召开了地方各级人民代表大会，9月15日召开了第一届全国人民代表大会第一次会议。20日，全国人大第一次会议通过了《中华人民共和国宪法》。

该宪法共4章，106条。在内容方面除延续了《共同纲领》的基本内容外，还对建国4年来已经发生了很大变化的基本社会关系进行了调整。其进行实质性补充与修改的主要内容有：

（一）政治制度

1. 设立国家主席。国家主席由全国人民代表大会选举，作为国家元首，代表国家，并当然担任国家最高军事机关——国防委员会的主席。

2. 实行人民代表大会下的“一府两院”制。国务院是国家最高行政机关，是最高权力机关的执行机关。地方各级人民代表大会是地方国家权力机关，选举产生同级人民委员会（即人民政府）。

3. 司法机关与基本司法制度。各级人民法院院长、人民检察院检察长分别由同级人民代表大会选举产生（这一内容由同时颁布的《人民法院组织法》规定，宪法没有明确规定），并对同级人民代表大会负责。“人民法院独立进行审判，只服从法律”。实行人民陪审制。人民法院审理案件，除法律规定的特别情况外，一律公开进行。被告人有权获得辩护。

4. 检察院对同级政府、法院及其工作人员，下一级所有国家机关及其工作人员,辖区内的所有公民是否遵守法律,行使检察权。各级人民检察院检察长分别由同级人民代表大会选举产生(同样也由《人民检察院组织法》规定),并对同级人民代表大会负责。同时,各级检察院还受上级检察机关的领导。

(二)经济制度

1. 允许下列各种生产资料所有制同时并存:国家所有制,合作社所有制,个体劳动者所有制和资本家所有制。依法保护农民的土地所有权,但为了公共利益的需要,可以依法对城乡土地和其他生产资料实行征购、征用或者收归国有。依法保护资本家的生产资料所有权和其他资本所有权,对资本主义工商业采取利用、限制和改造的政策,鼓励和指导它们转变为各种不同形式的国家资本主义经济,逐步以全民所有制代替资本家所有制。

2. 实行社会主义工业化和社会主义改造,逐步消灭剥削制度,建立社会主义社会。优先发展国营经济,鼓励、指导和帮助合作社经济的发展,并且以发展生产合作为改造个体农业和个体手工业的主要道路。对富农经济采取限制和逐步消灭的政策。

3. 国家用经济计划指导国民经济的发展和改造。这是宪法中第一次规定计划经济体制。

(三)公民权利

"公民基本权利与义务"被列于"国家机关"之后。其内容除继承并细化了《共同纲领》中的人民各项权利之外,还增加许多基本人权。如在法律上的平等权,劳动权,休息权,获得国家物质帮助权,受教育权,进行科学研究、文学艺术创作和其他文化活动自由权,对违法失职的国家机关工作人员的控告权,以及由于国家机关的不法侵犯受到损失后获得国家赔偿的权利。

三、行政法制

(一)行政组织

1. 政务院

根据《中央人民政府组织法》,政务院是国家最高行政机关,实行政务委员会集体领导制。政务院的决议和命令由总理签署,或由总理签署并由有关委、部、会、院、署、行首长副署。

政务院下设政治法律、财政经济及文化教育三个委员会,分别领导政务院相关各部、委、院、署、行。

2. 大行政区人民政府委员会组织法

《共同纲领》没有规定大行政区制度。1949年12月,中央人民政府公布《大行政区人民政府委员会组织通则》,规定各大行政区人民政府委员会是各该区所辖省(市)高一级的地方政权机关,并为政务院领导地方政府工作的代表机关(即政务院的派出机关)。最高法院、最高检察署分别在各大行政区设有分院、分署等派出机关。大行政区领导机关在军管期间则称军政委员会,由政务院提请中央政府任命产生。军管结束后,则由本区人民代表会议或人民代表大会选举产生。

各大行政区人民政府委员会设主席、副主席和委员若干,实行委员会集体领导制。中央在大行政区之直属单位,受所在大行政区政府之指导。1954 年之前,中央政府在全国先后设有东北、华北、西北、中南、西南、华东六大行政区。

由于各地军事占领时间不同、地区差异较大,中央政府尚不能直接管理省和省以下地区。大行政区制的建立,则有利于本区因地制宜,迅速建立并稳定政权,恢复生产和社会秩序。随着中央政权与全国秩序的稳定,中央政府逐渐上收了各大行政区政府的行政权。1952 年 11 月,中央人民政府决定将大行政区人民政府或军政委员会"一律改为行政委员会",将原所设各部一律改为局(处)。大行政区行政委员会不再是地方一级政权机构,仅作为政务院的派出机关。1954 年 6 月 19 日,中央人民政府发布《关于撤销大区一级行政机构和合并若干省、市建制的决定》,撤销了大行政区政府,将其原职权部分收归中央,大部分移交给所属省、市政府。

3. 省、市、县及大城市区人民政府组织法

1950 年 1 月 7 日,中央政府公布《省人民政府组织通则》、《市人民政府组织通则》和《县人民政府组织通则》。该三项通则规定,省、市、县人民政府委员会分别由省、市、县人民代表大会选举产生,为本级地方政权机关。其中,市人民政府根据市的规模、地位及隶属关系,或受中央政府,或受大行政区政府,或受省政府领导。

省人民政府委员会设主席、副主席和委员,实行集体领导制。与中央政府下政务院与最高法院、最高检察院平等设立的体制有所不同,省人民政府下行政各职能厅(委、局、处)与省人民法院、省检察院并列,司法权完全隶属于行政权。各省根据需要划分若干专区,设立专员公署,为省人民政府委员会之派出机关。市(县)人民政府的组织结构和领导体制与省人民政府同。

1950 年 11 月 13 日,中央政府公布《大城市区人民政府组织通则》,在各大城市下设区人民政府,其组织机构与上述各项通则规定的基本相同。

市辖区、不设区的市的人民委员会(即政府)可以设立街道办事处,作为它的派出机关。在街道办事处的指导下,可以按照居住地区成立属于群众性自治组织的居民委员会。

4. 区人民政府及区公所、乡(行政村)组织法

1950 年 12 月 30 日,中央政府公布《区人民政府及区公所组织通则》和《乡(行政村)人民政府组织通则》。

(1) 区人民政府与区公所。区分两种：其一是作为一级政权的区，设区人民政府，由区人民代表大会或代行其职权的区各界人民代表会议选举产生，实行区政府委员会集体领导；其二是作为县政府派出行政区，设区公所，区长、副区长由县政府委派，监督所辖乡人民政府工作。

(2) 乡(行政村)人民政府组织法。乡人民政府为乡人民代表大会或人民代表会议选举产生，在不设独立区人民政府的地区，受县政府领导及区公所的监督指导；在设区的地方，由区政府领导。乡政府设乡长、副乡长及委员，实行集体领导。

(二) 干部制度

中华人民共和国废除了所有民国政府各级公务员的职务，并废除了民国的公务员制度，实行新的干部制度。新的干部制度没有统一的法规，通常由中央人民政府、政务院及其各部，以及地方各级人民政府以文件的形式颁发实施。

干部制度与公务员制度的主要区别在于：

1. 取消了公务员选任的资格限制

干部制度取消了民国时期公务员选任的学历、资历限制，录用干部主要以备选人的政治倾向和工作能力为条件。如1953年《北京市人民政府录用机关工作人员暂行办法》规定的干部的选任标准是：拥护《共同纲领》，愿为人民事业服务；历史必须交代清楚，具有一定工作能力，且身体健康。

2. 取消了公务员的职位分类，扩大了干部的范围

民国时期的公务员按职位分为行政官与法官，行政官下还有更细致的分类。新干部制度完全取消了上述分类，范围是除工人、农民外的所有公职人员，包括党政干部与专业技术干部(如作家、演员、技术人员、企业管理人员等专业人员)。各不同行业、不同序列的干部之间可以相互调动。

3. 实行供给制与工资制相结合的干部待遇制

所谓供给制，是指在战争年代和建国初期，对干部按实际需要免费供应生活必需品(包括伙食、生活用品、津贴等)的分配制度。主要特点是：供给标准较低，大体平均，略有差别。除保障工作人员的个人生活需要外，还供给一部分家属的生活待遇。

工资制则是依干部的级别发给一定的实物或货币，由干部自行安排生活的分配制度。

中华人民共和国成立初期，根据具体情况，对国家机关和事业单位的工作人员分别实行供给制和工资制。当时实行供给制的国家机关干部约占百分之八十以上，事业单位干部约占三分之一。1952年7月5日，政务院发出《关于颁发各级人民政府供给制人员津贴标准及工资制工作人员工资标准的通知》，仍实行供给制与工资制并存。政府干部分为29级，供给制津贴和工资随级别而定，不以

当时尚不稳定的货币为结算单位，而以粮、布、油、盐、煤五种实物的数量为基础进行折算，称为“折实单位”，又称“工资分”。此标准主要适用于各级党政干部，其他党派、人民团体中的工资制工作人员参照此标准执行。至于各种专业技术干部，如技术人员，科学、文艺、教育工作人员，新闻及出版工作人员之津贴或工资标准，均由各该主管部门比照上述标准，另行制定新的统一的暂行津贴或工资标准，经政务院批准颁布后执行。

由于物价基本稳定，生活水平逐步提高，工资分所含5种实物已不能完全包括生活的实际需要。1955年8月，国务院发布了《关于国家机关工作人员全部实行工资制和改行货币工资制的命令》，一律实行工资制，从此结束了供给制与工资制并存的局面。

这次工资改革，建立了国家机关、企事业单位等几大类分配制度，其中党政机关实行职务等级工资制，把党政干部分为30个行政级；企业工人分为8个（个别工种为7个）技术等级；专业人员，如工程技术人员、教师、医务工作者、文艺工作者也都相应有了自己的等级系列。且各系列之间可以互相换算，如文艺一级相当于行政八级；高教八级相当于行政17级等。

在这次定级具有浓厚的古代官吏制度中的“品位分类”的色彩，注重的是级别而非职务。同是局长或县长，其行政级别和工资待遇往往存在不小差别。职务只决定权责，级别才决定地位和报酬，因此出现很多官大职小、职大官小或有官无职的现象。

4. 多途径的录用制度

这一时期的干部录用途径主要有以下几种：

（1）军队干部转业为地方干部。从1949年始，就有部分南下的军队干部转为地方干部，并成为地方干部中的骨干。

（2）留用原国民党军政人员为干部。新旧政权交替之际，除国民党起义人员被委以新任外，对不再抵抗的国民党军政人员也予留用。

（3）招聘、招考录用干部。中华人民共和国成立之初，一方面政府需要大量的具有文化知识的干部，另一方面也为着救济大量失业的知识分子，因而各地政府从地方知识分子中招考录用了一定数量的干部。

（4）各种运动中提拔工农干部。从第二次国内战争开始，工农民主政权中的干部绝大部分都来自于战争与各种社会运动中的工农积极分子。1949年以后，随着中国共产党地方政权数量的猛烈增加，军队转业与社会招聘、招考的干部不足以充实各级政权，各地仍从工人与农民中提拔基层干部。1949年以来，土地改革、镇压反革命、三反五反、农村合作化运动、城市工商业社会主义改造、肃反等政治、经济运动连续不断，各级政府提拔了大量的运动积极分子成为城乡政权的基层干部。

(5) 高等、中等学校毕业生成为干部。从1950年开始，各高等学校毕业生开始由国家统一分配而具有干部身份。自1954年起，中等专业学校学生也由国家统一分配，具有专业技术干部身份。

第二节　刑事法制

一、镇压反革命的法令

(一)《关于镇压反革命活动的指示》

《共同纲领》所确立的刑事政策是，“必须镇压一切反革命分子活动，严厉惩罚一切勾结帝国主义、背叛祖国、反对人民民主事业的国民党反革命战争罪犯和其他怙恶不悛的反革命首要分子。对于一般的反动分子、封建地主、官僚资本家，在解除其武装、消灭其特殊势力后，仍须依法在必要时期内剥夺他们的政治权利，但同时给以生活出路，并强迫他们在劳动中改造自己”。

1950年7月23日，政务院与最高人民法院联合发布《关于镇压反革命活动的指示》，要求各地法院和人民法庭依“首恶者必办、协从者不问、立功者受奖”的方针，严厉、及时地镇压一切反革命分子。对各种反革命分子，依其行为分别判处死刑和长期徒刑。同时，该指示还规定新解放地区，判决由省人民政府主席或省人民政府授权的专署以上首长批准执行；老解放区，由省人民政府或大行政区人民政府主席批准执行；在中央及大行政区直属市，分别由最高法院院长及大行政区人民政府主席批准执行。死刑判决不得上诉。同年10月13日，政务院、最高人民法院联合发布《关于人民司法机关迅速清理积案的指示》，要求迅速判处证据确凿的反革命案犯；对证据不足，且无法寻求证据者，除反革命案犯外，予以释放或保释。11月3日，政务院发布《关于加强人民司法工作的指示》，要求纠正部分地区对反革命案犯“宽大无边”的偏向，加速案件审理。

上述指示，均没有形成规范性刑事法律文件。各地法院所依据的，是极其模糊的刑事政策和极有弹性的刑事原则。

(二)《中华人民共和国惩治反革命条例》

1951年2月21日，中央人民政府公布《中华人民共和国惩治反革命条例》(以下简称《惩治反革命条例》)。这是中华人民共和国第一部相对规范的刑事法律文件。该条例对反革命罪的构成要件的表述，在主观方面采概括式，即“以推翻人民民主政权，破坏人民民主事业为目的”；在客观方面则采列举式，列举了背叛祖国等十二大类反革命行为。

条例规定的刑罚种类分为主刑与附加刑。主刑有死刑、无期徒刑、有期徒刑；附加刑有剥夺政治权利和没收全部或部分财产。1951年6月22日，政务院公布《关于没收反革命罪犯财产的规定》，对条例中规定的“没收财产”刑的适用作了具体解释。

条例实行类推原则，规定“以反革命为目的之其他罪犯未经本条例规定者，得比照本条例类似之罪处罚”。数罪并罚原则为“除死刑和无期徒刑者外，应在总和刑以下，多种刑中最高刑以上酌情定刑”。该条例具有溯及既往效力，“本条例施行以前的反革命罪犯，亦适用本条例之规定”。

1952 年 7 月 17 日，公安部公布《管制反革命分子暂行办法》，可视为对《惩治反革命条例》规定的刑罚种类的补充。该办法溯及既往，对历史上有罪恶，解放后既无悔改表现或悔改证明，又无现行的反革命活动，其罪恶程度尚不需逮捕判刑的反革命特务分子、反动党团分子、反动会道门头子、坚持反动立场的地主分子、坚持反动立场之蒋伪军政官吏等，实行管制。管制期间，其政治权利被剥夺，须积极劳动，并积极举报他人之反革命活动。对管制分子，任何人都有监督及检举其不法活动之权。管制之批准权，除法庭依法判决者外，由区乡政府或派出所、公安分局提出，县市以上公安机关批准。

（三）没收战犯、汉奸、官僚资本家及其他反革命分子在企业中财产之法令

1951 年，政务院财政经济委员会公布《企业中公股公产清理办法》，规定战犯、汉奸、官僚资本家以及其他反革命分子在企业中的股份和财产应予没收。1951 年 2 月 4 日，政务院发布《关于没收战犯、汉奸、官僚资本家及反革命分子财产的指示》，规定了没收的程序。

二、惩治贪污犯罪的法令

根据 1951 年 12 月 29 日中国人民政治协商会议发布的《关于增产节约运动与反贪污、反浪费、反官僚主义斗争的指示》，全国发起了“三反”运动。

1952 年 3 月 31 日，政务院发布《关于处理贪污、浪费及克服官僚主义错误的若干规定》与《关于追缴贪污分子赃款赃物的规定》。1952 年 4 月 21 日，中央人民政府公布《中华人民共和国惩治贪污条例》（以下简称《惩治贪污条例》）。这一条例是反贪污犯罪的基本法规。

该条例规定贪污罪的主体为“一切国家机关、企业、学校及其附属机构的工作人员”、社会团体的工作人员、现役军人。向国家工作人员行贿、介绍贿赂的非国家工作人员有该条例规定之行为者，亦可参照该条例适当处刑。

客观方面主要表现为“侵吞、盗窃、骗取、套取国家财物，强索他人财物，收受贿赂以及其他假公济私违法取利之行为”。该罪的对象是国家财物。

凡犯贪污罪，视其贪污数额与情节，分别可判处死刑、无期徒刑、有期徒刑、劳役或管制。凡犯贪污罪，可剥夺部分或全部政治权利。贪污所得财物，应予追缴；其罪行特别严重者，并得没收其财产之全部或一部。免于刑事处分者分别予以开除、撤职、降职、降级、记过或警告等行政处分。

三、惩处其他犯罪的法规、法令

对其他犯罪进行刑事处罚的依据主要是政务院、大行政区人民政府及省人民政府发布的相关规定，最高法院及其各分院发布的司法解释，以及中共中央的刑事政策等。其中，政务院发布的其他单行刑事法规和附有刑事条款的主要法规有：1950年2月24日公布的《严禁鸦片烟毒的通令》、1950年5月24日《禁止珍贵文物图书出口暂行办法》、1951年4月19日《妨害国家货币治罪暂行条例》等。

四、刑法典的起草

从1950年起，中央政府法制委员会就组织翻译了前苏联、东欧社会主义各国，以及各主要资本主义国家的刑法典，并草拟出了《中华人民共和国刑法大纲草案》和《中华人民共和国刑法指导原则草案》两个文件。1954年9月第一届全国人民代表大会召开后，起草刑法典的任务移交给全国人民代表大会常务委员会法律室。到1957年6月，已经形成了刑法典草案的第22稿。

刑法草案第二十二稿经中共中央法律委员会审查修改，全国人民代表大会法案委员会审议修正，并由全国人民代表大会授权其常委会将该稿修改后作为草案公布试行。但反右运动中断了这一刑法立法进程。此后接连不断的经济与政治的社会运动，如"大跃进"、人民公社、1959年"反右倾"等重大事件的发生，使刑法起草工作陷于停顿。

第三节　民事和经济法制

这一时期的民法规范主要表现为中央政府及大行政区政府颁布的各项单行民事法规，以及最高人民法院及各大区分院对下级法院请示的批复，即司法解释。

一、民事法制

(一) 不动产物权法

1. 城市房屋产权法

农村房屋产权适用《土地改革法》。关于城市房屋所有权及租赁，除1951年12月2日政务院发布过《关于铁路房地产纠纷问题处理的规定》外，中央政府基本没有发布过统一的规章，而是由各大行政区自行立法。如上海军事管制委员会于1949年6月23日发布的《上海市房地产管理暂行条例》，东北区政府分别于1950年3月28日、8月21日公布的《城市房产管理暂行条例》、《城市公有房产管理暂行条例》，1950年11月26日中南区发布的《关于城市房产权的几项原则规定》等。其中以《关于城市房产权的几项原则规定》较为典型。

该规定宣布：政府对人民一切合法取得之房产的所有权与合法经营权（包括修建、买卖、转让、使用、出租等权利在内）一律保护。对私人房屋，应持其所有房屋证件，向当地政府申请登记，并由当地评论发给房照（房地产所有权证）。证件不足，且未在法定期间内补足证件或寻找证人者，收归国有。任何机关、部队、团体和个人，不得强购、强租、强借、强占；公共房产可以出租，对贫苦烈、军、工属租房及租房作集体宿舍等，租金可酌情照顾；原向国民党政府立有租约租用公共房产者，须向当地政府申请登记。

私房出租，按自愿两利，公平合理的原则订立契约。双方的权利义务规定与普通民法规定基本相同。

2. 不动产典权与抵押权法

建国初，关于不动产典权的立法，有1950年10月20日政务院公布的《新区农村债务处理办法》、1950年9月30日中央政府内务部发布的《关于土地改革地区典当土地房屋问题的处理意见（草案）》，1951年11月9日中央政府司法部发布的《关于典当处理问题的批复》，1951年11月9日华东军政委员会发布的《关于典当田地取赎问题的指示》，1952年7月31日中央最高法院、财政部、司法部发布《为同意西南财政部规定的房地产典期满后超逾十年未经回赎得申请产权登记的意见的联合通令》等。

上述规定、批复、指示与通令的大致原则是：土地改革前农村地主、学校、祠堂、庙宇、其他社团以及富农对农民的典权与抵押权必须废除；对土改前后贫农之间的典权关系，则应予承认。对订有期限的典权契约载明到期不赎即作绝卖者，逾期不赎，典权人取得典物所有权；未载明者，出典人到期前不能回赎，到期后随时可以回赎。超过典期十年以上尚不回赎，如出典人及其继承人下落不明，可由承典人或其继承人取具当地区、乡政府证明，连同原典约，向当地司法关申请产权登记；如出典人或其继承人尚存，可由双方协商立买契补付买价，经当地乡政府监证，连同有关契约，向当地契税机关办理产权移转手续。

（二）债法

1. 对1949年前遗留的借贷及买卖之债的处理

此类债借贷之债的处理依据主要有：政务院分别于1950年10月20日、1953年1月9日颁布的《新区农村债务处理办法》、《关于解放前银钱业未清偿存款给付办法》，司法部于1951年7月24日发布的《关于富农在解放前欠地主债应否偿还问题的批复》，最高法院分别于1954年9月22日作出的《关于资本家欠地主的债务与地主欠劳动人民的债务如何处理的批复》，等等。

上述规定与批复的处理原则具有强烈的阶级差异性：农民所欠地主债务一

律废除;农民所欠富农、学校债务,视利息及偿还情况有限地废除;农民所欠祠堂、庙宇及其他社团的债务,除债权人的利息收入确实用于社会公益事业外,一律废除。凡货物买卖及工商业欠账,以及农民之间的借贷之债,仍然有效。工商业资本家所欠地主债务仍然有效。地主所欠农民的债务,在其土地财产被没收后,一般无效;但如果地主在城市有工商业财产者,依然有效。富农所欠地主债务,一般予以废除;如地主的全部财产不足以退还农民的债务的,剩余部分由富农代偿。资本家之间的债务,如债务人确有偿还能力,可偿还一部或全部。

1949 年后的一切借贷关系,包括地主出借者在内,由双方自由议定的契约继续有效。但 1949 年前的债务如果于 1949 年后立新约者,仍以 1949 年前债务论。

2. 城市房屋租赁纠纷的处理

这一时期城市房屋的租赁规定,主要见于建国初各大城市自行颁布的房屋租赁规则。如 1950 年 9 月 7 日上海市军管会公布的《公共房屋租赁暂行办法》、1949 年 12 月 2 日武汉市政府公布的《公共房屋租赁暂行办法》、1951 年 8 月 7 日公布的《私有房屋租赁暂行规则》、1951 年 3 月 6 日天津市政府公布的《私人房屋租赁暂行条例》、1950 年 3 月 23 日广州市政府公布的《房屋租赁暂行办法》、1950 年 5 月重庆市政府公布的《私有房屋租赁暂行办法》等。此外,最高法院各大区分院也作出过关于房屋租赁问题的批复。

上述规定及批复的基本原则大致依前述“城市房屋产权”中所列内容。

3. 经济合同法

关于经济合同的法律规定主要有:1950 年 10 月 3 日政务院财经委员会、中央政府贸易部分别发布的《关于认真订立与严格执行合同的决定》、《机关、国营企业、合作社签订合同契约暂行办法》,最高人民法院先后于 1951 年 7 月 7 日、7 月 16 日、9 月 4 日作出的《关于债务担保财产与抵押财产性质及各债权人在受偿时有无区别的问题的批复》、《关于请示抵押权问题的批复》和《关于抵押权问题的函复》,政务院 1951 年 12 月 21 日作出的《关于船舶抵押效力问题的批示》,等等。

上述规定与批复的主要处理原则为:凡机关、国营企业、合作社向银行申请贷款,贸易部主管的公司进行的贸易业务,必须经上级主管部门批准,方能签订贷款与贸易合同。合同签订的主体必须是法人,以单位主管人为法人代表,而不得以个人为合同主体。借贷合同,以有担保品为原则;但在国家建设计划中规定之贷款,且事实上无法提供担保品者,由贷款单位之上级机关或主管机关担保。

其他合同原则上以被保证人之上级机关或主管机关为保证人。① 因合同一方违约导致对方遭受损失者，应负赔偿之责；保证人负连带责任。合同签订后须呈报直属上级机关及直接领导之财经委员会备案，并抄送同级财政部门。如发生合同纠纷，双方属同一大行政区，由该大行政区财经委员会处理；如不属同一大行政区，由政务院财经委员会处理。处理无效时，可向人民法院提起诉讼。

1952 年以前，企业之间订购货物实行订（定）金担保制。1952 年 8 月 5 日，政务院财经委员会发布《关于企业订购货物"预收定金"问题的指示》，取消了国营企业与公营企业之间的定金制。1955 年，国务院发布《关于公私合营企业加工订货预付工缴费及订金的几项规定》则基本取消了定金制度。

（三）继承权法

建国初期的继承权法主要表现为最高人民法院及其分院以及中央、大行政区司法部对相关问题的批复。

（四）知识产权法

1. 著作权。国家未规定著作权法，但各出版社依惯例对著作出版付给稿酬。

2. 发明权与专利权。1950 年 8 月 17 日，政务院财政经济委员会发布《保障发明权与专利权暂行条例》。这是中华人民共和国第一部专利权法规。1954 年 5 月 6 日，政务院通过《有关生产的发明、技术改进及合理化建议的奖励暂行条例》。1955 年 8 月 31 日，国务院发布《中国科学院科学奖金暂行条例》。

（五）婚姻法

1950 年 4 月 30 日，中央人民政府公布《中华人民共和国婚姻法》，并以命令规定自 5 月 1 日施行。自公布之日起，所有以前各解放区颁布的有关婚姻问题的一切暂行条例和法令均予废止。

婚姻法共 8 章，27 条。其基本内容有：

1. 婚姻法的基本原则

婚姻法的基本原则为：婚姻自由（包括结婚自由与离婚自由）、一夫一妻、男女平等、保护妇女和子女合法利益。针对中国传统的婚姻制度与习俗，第 2 条专门规定禁止纳妾、养童养媳、干涉寡妇的婚姻自由，禁止借婚姻索取财物。

2. 结婚的条件

(1) 结婚的实质要件。男子必须达到 20 岁，女子必须达到 18 岁，才能结婚。男女有以下情况之一者，禁止结婚：直系血亲、同胞兄弟姊妹、同父异母或同

① 据《工商行政通报》1955 年第 55 期载，天津市人民委员会经国务院批准，于 1955 年发布《国营、地方国营、公私合营企业签订合同不需具保》的通知，认为国营企业、地方国营企业与合作社营企业者是社会主义性质的企业，不需具保；公私合营企业中的社会主义成分已在企业中居于领导地位，对外签订的合同，亦可不具保。

母异父的兄弟姊妹(其他五代内旁系血亲之间是否禁止结婚,从习惯);无性行为能力者;患性病或精神病未经治愈,以及患麻风病或其他在医学上认为不应结婚之疾病者。

(2) 结婚的程序要件。结婚男女双方应亲自到所在地(区、乡)政府登记。

3. 家庭成员之间的权利义务

(1) 夫妻在家庭中地位平等。夫妻均有选择职业和参加社会活动的自由,对家庭财产有平等的所有权和处理权,有各用自己姓名的权利,有相互继承遗产的权利。夫妻有互相帮助、互相扶养的义务。

(2) 父母子女关系。父母对子女有抚养教育的义务;子女对父母有赡养扶助的义务;双方均不得虐待或遗弃(养父母与养子女之间也一体适用);父母子女之间有相互继承遗产的权利。非婚生子女与婚生子女享有同等权利。继父母不得虐待或歧视继子女。

4. 离婚

(1) 离婚自由。

(2) 离婚的限制性条件。女方怀孕期间或分娩一年之内,男方不得提出离婚(女方提出离婚,不在此限)。现役军人与家庭有通讯联系的,其配偶提出离婚的,须得军人同意。

(3) 离婚后子女的抚养与教育。离婚后,哺乳期内的子女,以随哺乳的母亲为原则。哺乳期后的子女,如双方就抚养而发生争执,由法院根据子女利益判决。

如由女方抚养子女,男方应负担必需生活费和教育费的全部或一部。其负担费用及负担期限,由双方协议。协议不成时,由法院判决。关于子女生活费与教育费的协议与判决,不妨碍子女向父母任何一方提出超出协议或判决的数额请求。如女方及子女分得的财产足以维持子女的生活费和教育费时,则男方可不再负责子女的生活费和教育费。

(4) 离婚后的财产和生活。离婚时,除女方婚前财产归女方所有外,其他家庭财产如何处理,由双方协议。协议不成时,由法院根据家庭财产具体情况,照顾女方及子女利益和有利发展生产的原则判决。

原来夫妻共同生活所负债务,离婚时以共同生活时所得财产偿还。如无共同生活时所得财产或共同生活时所得财产不足以清偿时,由男方清偿。男女一方单独所负的债务,由本人偿还。

离婚后,一方如未再行结婚而生活困难,他方应帮助维持其生活。帮助的办法及期限,由双方协议;协议不成时,由法院判决。

(六) 民法典的起草

1954 年下半年,全国人民代表大会常务委员会集中了全国法律院校专家及相关业务部门的官员，开始起草民法典。1956 年 12 月完成了包括总则、所有权、债和继承四编在内的“民法草案”525 条。但由于在生产资料公有制与计划经济体制下的民事立法经验尚有不足，尤其是很快遭遇到反右的政治运动，“民法草案”的修改审议工作被搁置了。

二、经济法制

（一）计划经济体制

所谓计划经济体制，是以政府的行政计划命令配置经济资源的经济制度。马克思认为，资本主义的自由经济必然造成生产的盲目性与无序化，导致周期性的经济危机。消灭经济危机的根本办法就是实行公有制和计划经济，对各种经济资源进行统一调配。既有马克思主义的经济学理论指导，又有苏联计划经济体制迅速促进工业化的榜样，再加上中国共产党在多年的战争环境中形成的行政经济传统，因而中华人民共和国成立后实行的经济体制必然是计划经济体制。

1. 计划经济体制的形成

从 1951 起，政务院财政经济委员会先后发布了《关于编制 1952 年国民经济计划程序的通知》、《编制国民经济计划的方法》、《国民经济计划编制暂行办法》。1953 年 8 月 5 日，中共中央批转国家计划委员会发布《编制国民经济年度计划暂行办法(草案)》。这些早期的计划法规主要规定了国民经济计划的编制方法与程序。

1954 年宪法规定，“国家用经济计划指导国民经济的发展和改造”。这是首次在宪法中规定计划经济体制。从 1951 年到 1954 年底，政务院财政经济委员会五易其稿，形成了《发展国民经济的第一个五年计划草案》(初稿)。1955 年 7 月 30 日提请全国人大审议通过，成为正式的法律文件。从此，编制五年国民经济发展计划遂成为法定的经济计划制度。

2. 计划管理机关

建国初的国民经济计划管理机关是政务院财政经济委员会下设的计划局。1952 年 11 月，该局独立为国家计划委员会，开始显示出经济计划在中央政府经济管理职权中的重要性与独立性。从 1954 年起，地方各级政府也建立了相应的计划机构。

3. 经济计划分类

建国初，对国营经济、实行定息的公私合营企业以及基本建设投资项目采用直接的计划管理。即直接由国家向企业下达指令性计划指标，由相关经济管理机构直接组织企业生产，以完成国家计划任务。

对其他经济形式，如私营企业、手工业和农业则采用间接计划管理，即以价格、信贷、税收、加工订货、批购、经销、代销等间接手段，引导其完成国家计划任务。

(二) 经济管理机关及其职权

由于实行行政管理经济,故需要庞大的经济行政管理机关。中华人民共和国成立时的最高专门经济管理机关为政务院属下的财政经济委员会,其下设的直接管理经济的部门达16个,占政务院直属各部门总数(30)的53%以上。1954年国务院机构改革后,直接主管财政经济的部门更达到55%以上。

这些机构既是政府管理各该行业的职能部门,同时也直接管理隶属于中央的国营企业的生产与经营。企业不是独立经营与核算的经济单位,而是隶属于中央相应管理部门的行政单位。

与中央各经济管理部门相对应,地方各级政府也设有相应的经济管理机构。

(三) 土地改革法

1950年6月28日,中央人民政府公布《中华人民共和国土地改革法》。

该法在土地的没收、分配范围与标准,土地改革的执行机关,土改以后农民对土地的权利等方面,基本继承了1947年的《中国土地法大纲》的各项基本原则与内容。

到1953年春,全国的土地改革全部完成,中国农村的土地制度与同时期的日本与中国台湾地区基本处于同一制度水平,即小农土地所有制(即耕者有其田)。

(四) 农业合作社化法

土地改革形成的小农经济必须进行社会主义改造。如何进行改造?中国共产党决定实行合作化。

1949年以后,新解放区开展了广泛的互助合作运动,但"绝大多数只是临时季节性的互助组,很少是长期固定性的"①。所谓互助组,是指在生产资料完全私有的前提下,农户之间以人力相互调剂,或以大型农具、畜力与人力的相互调剂折算的互助组合。1953年底以前,全国各地的农业合作主要是这种劳动互助。

1953年12月,中共中央发布了《关于发展农业生产合作社的决议》,确定我国农业合作化的道路是,由互助组到半社会主义的农业初级生产合作社,再到完全社会主义的高级农业生产合作社。

1.《农业生产合作社示范章程》(初级社章程)

1955年11月9日,全国人大常委会通过作为初级农业合作社规范性文件的《农业生产合作社示范章程(草案)》。1956年3月17日,国家主席将其正式公布为《农业产生合作社示范章程》。

① 肖鸿麟:《中国农业生产互助合作》,中华书局1954年版,第66页。

《农业合作社示范章程》是1949年后中国第一部正式的农业合作社法。它体现的合作原则介于西方资本主义的合作社与苏联的集体农庄之间。它规定的自愿原则(入退社自由)、民主原则(合作社的最高管理机关为社员大会或社会代表大会)、股本私有、按劳分配、提取公益金与公积金的原则,基本符合国际合作社联盟著名的罗虚代尔原则。同时该章程又规定,合作社的主要生产资料(土地、牲畜和大型农具)虽然暂时归仍归私人所有,但在得到社员同意的前提下,可以用有偿或者别的互利办法,陆续地转为全社公有,也就是趋向于集体农庄制。在事实上,合作社的建立过程很大程度上违背了入退社自由的原则,而与苏联的集体农庄更加类似。相当部分初级合作社是在强迫命令下,按摊派的指标进行的。在强大的社会主义主流意识与国家权力日益深入农村的情况下,退社的自由也受到了党和政府及其舆论媒体强有力的干预与遏制。

2.《高级农业生产合作社示范章程》

在1955年11月通过《农业合作社示范章程》时,全国人大认为,"高级合作社的社员约占社员总数的60%",因而"应当从速制定高级农业生产合作社的示范章程"。1956年6月30日,国家主席公布了由全国人大常委会通过的《高级农业生产合作社示范章程》。

该章程11章,64条。它保留了《农业合作社范围章程》规定的社员入退社自由,合作社实行民主管理、提取公益金与公积金等原则。其主要不同的是将原属社员私有的耕畜、大型农具等生产资料通过作价入社的方法转为公有,将土地直接转为公有。

与《农业合作社示范章程》一样,该章程也没有设定合作社的规模。

(五)私营工商企业的社会主义改造法

1. 初级形式的社会主义改造——加工订货、统购包销

从1949年起,国家开始采用加工订货、统购包销的形式,对其进行国家资本主义改造。1953年6月15日,中共中央政治局会议决定,进行国家资本主义改造的形式有较低级的市场收购、加工订货、统购包销,较高级的公私合营,最后过渡到完全社会主义。

加工订货、统购包销切断了私营资本主义工业与商业的联系,迫使其不得不服从社会主义商业组织的统筹安排。

2. 高级的社会主义改造形式——公私合营

公私合营运动主要由中共中央发出各种指示,定下指标,由各级党委与政府以运动的方式而不是按法律程序进行的。在强大的政治与舆论力量的推动之下,运动进行得非常迅速。1956年元旦,北京市私营工商业率先以整个行业为单位进行公私合营,"到1月10日,仅10天时间,北京就实现了全市私营工商业的公私合营。接着全行业公私合营高潮迅速推广到全国。……1956年第一季

度末,除西藏等少数民族地区外,全国各地基本上实现了全行业公私合营”①。

在运动进行到一定程度以后,政府即以较为规范性的法律文件将运动的结果固定下来,并对运动过程中出现的问题进行完善。较主要的法规有 1954 年 9 月 5 日政务院公布的《公私合营工业企业暂行条例》。该条例的基本内容有:

(1) 企业的性质。该条例第 2 条规定,“由国家或者公私合营企业投资并由国家派干部,同资本家实行合营的工业企业,是公私合营工业企业”。合营企业中,社会主义成分居于领导地位。合营企业由政府相关主管机关主管。

(2) 企业股份、责任形式及盈余分配。公私双方应当对企业的实有财产进行估价,并处理好企业的债权债务,以确定公私双方的股份。私人股份的合法权益受到保护,股东对合营企业的债务负有限责任。全年盈余总额在缴纳所得税以后的余额,分企业公积金、企业奖励金、股东股息与红利三部分,依一定比例分配。1956 年后对私股改为定息分配制度②。

(3) 企业的组织机构及管理形式。合营企业受公方领导,由政府主管业务机关所派代表同私方代表协商经营管理;遇到有重大问题不能取得协议时,报请政府主管机关核定。董事会是公私双方协商议事的机关,其重要协议,应报告政府主管业务机关批准。合营企业应有工人代表参加管理。私股股东可以单独召开股东会议,处理私股股东内部的权益事项。

(六) 中央经济集权体制的形成

1949 年 10 月 1 日中央政府虽然成立了,但尚不能对新占领的地区实行有效的经济管理。因而,货币、金融、财政、生产、经营活动的管理都是由各地方尤其是各大行政区各自为政。

1950 年以后,经济管理权逐渐集中于中央,形成高度中央集权的经济管理体制。

1. 财政权的集中及其变化

1950 年 3 月 3 日,政务院通过《关于统一国家财政经济工作的决定》,要求财政实行统收统支,全国各地的国营企业仓库、公粮及物资,由中央机关统一调动,非中央相关机关批准,地方各级政府不得支取与调动。

为克服财政权力的过度集中,不利于发挥地方政府的主动性和因地制宜的灵活性的弊端,1951 年 3 月 29 日,政务院公布《1951 年度财政收支系统划分的决定》,实行中央级、大行政区和省(市)三级财政,明确划定了中央与地方各级财政的预算收支科目。1952 年 11 月,又取消了大行政区的财政权,实行中央、省

① 赵德馨著:《中华人民共和国经济史(1949—1966)》,河南大学出版社 1988 年版,第 276 页。

② 1956 年 2 月 8 日国务院公布《关于在公私合营企业中推行定息办法的规定》,即按合营时的资本家股份资产,资方不再拥有股权,由国家在一定年限内,每年付给资本家一般为资产总额 5%的利息,同时对资方从业人员保留高薪。利息支付为期 10 年。

(自治区、直辖市)和县(市)三级财政预算。地方财政管理权依次下放到省、县。从1954年到1956年,进一步实行了地方各级政府财政包干制,超收节支部分由地方政府支配,地方财权有所扩大。但由于财政预算及执行主要集中以中央各部门(即所谓“条条”)归口管理,相互间缺乏沟通与统筹,作为“块块”的省、县两级地方政府的财权依然有限。

2. 金融的高度集权

(1) 中国人民银行实行集金融管理与经营于一身的大一统体制。1949年,除中国人民银行外,尚有大量的股份制商业银行及大小钱庄。1949年9月公布的《中央人民政府组织法》,赋予了中国人民银行发行货币、经理国库、金融监管等中央银行职能。

1956年,原股份制银行与钱庄经过公私合营的社会主义改造,被并入中国人民银行,原交通银行与建设银行被划归财政部专门负责管理财政资金(一般不再融资),中国人民银行遂成为国家唯一的统一经营全国金融业务的经济组织,同时也是国家的金融管理和货币发行机构。这种单一的垂直的集中统一领导的银行体系,一直保持到20世纪70年代末。

(2) 单一的银行信用。1954年前,企业之间尚存在着一定的商业信用。从1954年开始,到1955年,国务院及其财经委员会发布一系列指示,取消了商业信用,把信用完全集中于中国人民银行。

(3) 统存统贷制。从1952年9月开始,实行统存统贷的存贷体制,即全国各类各级银行吸收的一切存款都一律上交各自的总行统一使用,不能自行安排。各类各级银行发放的各项贷款,都由中国人民银行核定给各总行计划指标,逐级下达,各类各级银行只能在计划指标的范围以内发放贷款,不能突破。我国高度集中的信贷计划管理体制由此形成。

农村金融则由信用合作社系统承担,但各级信用合作社也必须接受各级人民银行监管。

3. 物资管理的集权

国家将所有工业产品的流通主要分为四种形式,即由国(政)务院及中央各工业主管部门负责的物资计划调拨,以及由商业部门负责的统购统销、统一收购与普通商品的流通。

从1950年10月起,国家对工业品实行分级控制制度。钢材、木材、水泥、纯碱、杂铜、机床等重要的工业品被称为全国计划统配物资,由政务院在大区之间进行统一计划,平衡调度。相对次要的工业产品称部管物资,由中央各部在全国范围内统一分配。除统配、部管物资和商业部门统购统销、统一收购的粮、棉、油等重要的农副产品以外的其他生产资料为地(方)管物资,又称三类物资。对国家统配物资和部管物资,生产企业和其他部门都无权支配,由国家有关部门按计划统一组织产品的订货,供需双方签订合同(东北地区则实行无偿调拨)。计划价格由国家制定。只有地管物资,才可以流入市场。

随着计划经济体制的建立,进入计划调拨产品目录的物资品种越来越多。

4. 国家商业贸易的中央集权制度

统配物资、部管物资以外的商品,由国家商业系统与供销合作社系统分别经营。国营商业居于绝对的垄断地位,商业活动受到政府严格的控制,自由市场几乎完全被取消。

(1) 国家商业管理体制。中央贸易部是国家的商业行政管理机关,管理全国的商业。其下设立粮食、花纱布、百货业、盐业、煤业(包括建筑材料)和土产总公司等六个全国范围的国内贸易专业总公司,以及六个对外贸易总公司,基本垄断了主要工业品与农产品的贸易。

各总公司实行垂直领导,即所谓纵向的"条条"体制。各级地方政府名义上对其分支公司也有一定的管理权,但非常有限。只有国营零售贸易由所在市地方人民政府的主管贸易部门领导。

各专业公司以总公司为经济核算单位,各下级分支机构不能进行独立的经济核算,其资金来源完全由中央贸易部逐月逐级拨付,其收入则是逐日遂级上缴贸易金库,一切现金支出均须列造计划经专业总公司审核,不得自行支配。地方更无权调度公司资金。

(2) 国家商业的购销形式。国营商业的购销形式有统购统销、统一收购、派购以及加工订货和统购包销制。

所谓统购统销,即对粮食、棉花、棉纱、食油等,由国家直属的专门商业机构按计划数量、价格进行统一收购,再统一按计划定量定价售与城镇居民的制度。该项制度从1951年开始实行。

所谓统一收购,是指对大部分农副产品由国家委托国营商业和供销合作社统一按国家规定价格收购,不允许私商收购。国家收购数量完成以后,其余部分允许在市场上出售。此两种收购办法,使主要农产品也成为国家统配物资与部管物资。

所谓派购,就是向农业合作社或农户分派一定的交售农副产品任务,由国家商业机构收购。此种派购制,除农民完成派购任务后可以自行出售与统购有所不同外,其与统购并无实质性区别。

所谓加工订货、统购包销,是指建国初期,国营商业为了掌握资源,稳定市场,对国营工业产品实行了统一收购和包销的形式。为切断私营工业与商业的联系,国家商业机构曾对私营工业企业产品实行订货,乃至统购与包销,使之变成国家商业机构的加工部门。

上述购销形式的价格管理权完全由中央贸易部行使。

国家商业经营范围以外的商业，则由供销社系统经营。农村自由市场被最大限度地压缩。

5. 实行高度集权的劳动力统一调配制度

1955 年 5 月，劳动部召开第二次全国劳动局长会议，决定在全国范围内实行劳动力的统一招收与调配。其管理方式是由劳动部门统一管理，由企业主管部门分别负责进行。

在这一劳动管理体制之下，生产单位缺乏用人自主权，劳动部门与业务主管部门又往往不甚了解劳动力需要情况，结果形成企业单位想要的人得不到，不想要的人却无法拒绝。

第四节 司 法 制 度

一、司法体制

（一）审判体制

1. 人民法院体制。1949 年 10 月 22 日，最高人民法院成立。12 月 2 日，中央政府公布《最高人民法院试行组织条例》。依此条例，最高人民法院在各大行政区成立了分院。至于地方各级人民法院，在各老解放区业已建立，而新解放区则由当地的军事管制委员会筹建。

1951 年 9 月 4 日，中央政府公布《人民法院暂行组织条例》。依该条例，人民法院分最高法院及其分院、省级（包括直辖市）人民法院及其分院（分院设于专区）以及县（市及市设区）级人民法院 3 级，分别接受本级人民政府和上级法院的双重领导和监督。各级法院的司法行政工作由上级司法部领导。此外，还设立专门人民法院。人民法院实行三级两审制、人民陪审员制、就地审判制和巡回审判制、公开审判制和审判委员会制。审判委员会处理重要或疑难案件，并在政策上和原则上指导审判。人民法院审判案件，以《共同纲领》及人民政府颁布的法律、法令、决议、命令的规定为依据；无上述规定者，依中央人民政府的政策。

1954 年 9 月 28 日公布的《人民法院组织法》。该法规定审判权由最高人民法院、地方各级人民法院和专门法院行使。地方各级人民法院包括省高级人民法院、中级人民法院、基层人民法院三级；专门法院包括军事法院、铁路运输法院和水上运输法院。高级人民法院和专门人民法院的设置，由司法部报请国务院批准，中级人民法院和基层人民法院，由省、自治区、直辖市的司法行政机关报请省、直辖市人民委员会或自治区自治机关批准。人民法院独立进行审判，只服从法律。各级人民代表大会有权选举、罢免同级人民法院院长，各级人民法院院长分别对同级人民代表大会负责并报告工作，各级人民代表大会有权罢免。下级人民法院的审判工作不再受上级人民法院领导，但应受其监督。人民法院实行公开审判制、回避制、人民陪审员制、合议制、四级两审制及审判委员会制。最高人民法院审判委员会委员及审判员以上职务,由最高人民法院院长提请全国人大常委会任免;地方各级人民法院审判委员会委员及审判员以上职务,由该法院院长提请本级人民委员任免。地方各级人民法院助理审判员,由上一级司法行政机关任免。各级人民法院的司法行政工作由司法行政机关管理。

2. 人民法庭体制。人民法庭是一种临时的司法机关,其组织程序与活动程序都不是依严格的法律规定,而是基于政治的需要依命令设立;其审判的依据也往往不是法律而是群众的革命情绪与受审者的"民愤";其成员构成通常不是专门的司法人员,而是具有政治热情的革命干部与群众。苏联的"肃反"运动以及东欧等社会主义国家都采用过人民法庭的治罪方式。

政务院先后于 1950 年 7 月 20 日、1952 年 3 月 24 日和 30 日公布《人民法庭组织通则》、《关于"五反"运动中成立人民法庭的规定》和《关于"三反"运动中成立人民法庭的规定》,要求设立人民法庭,分别审判破坏土改罪行,国家干部贪污、浪费、官僚主义罪行,以及私营业主行贿、偷税漏税、偷工减料、盗骗国家财产、盗窃国家经济情报的罪行。土改人民法庭设于县级,"三反"人民法庭设于专区以上机关或部队团一级,"五反"人民法庭则设于市级。人民法庭有权判决死刑及其以下的其他刑罚。

作为政治运动工具之一的人民法庭的审判体制,固然体现了司法的群众路线与民主,但在法律极不健全,且审判人员多不具备专门法律素养的条件下,必然会出现量刑过重和较多的错案。据董必武估计,在建国头 3 年所处理的 600 万件案件中,错判的大约有 10%。①

(二) 检察体制

1. 1949—1954 年。1951 年 9 月 4 日,中央政府公布《最高人民检察院暂行组织条例》、《各级地方人民检察署组织通则》。此两项法规规定,各级人民政府下设检察署,其职权为检察各级政府机关、公务人员和国民是否严格遵守《共同纲领》、人民政府的法律法令和政策方针;对刑事案件实行检察,提起公诉;监督各级审判机关之违法或不当裁判、监所及劳改机构的违法措施;代表国家公益参与有关社会与人民利益之重要民事案件及行政诉讼。各下级检察署受同级人民政府及上级检察署双重领导。

2. 1954—1957 年。1954 年 9 月 28 日公布的《人民检察院组织法》规定了新的检察体制。

检察机关的层级及所属关系。国家设立最高人民检察院、地方各级人民检察院和专门人民检察院。地方各级人民检察院分为省(自治区、直辖市)、自治州

---

① 参见《董必武政治法律文集》,法律出版社 1986 年版,第 273 页。

(市)、县(市、自治县)人民检察院。各级人民检察院对同级人大及其常设机关负责并报告工作。地方各级人民检察院和专门人民检察院在上级人民检察院的领导下,独立行使职权,不受地方国家机关的干涉。

检察机关的职权。首先,各级检察机关享有广泛的法律监督权。最高人民检察院发现国务院(不包括国务院)所属各部门和地方各级国家机关的命令和措施违法时,有权提出抗议;地方各级人民检察院发现包括本级人大及其常设机构在内的国家机关的决议、命令和措施,以及国家机关工作人员违法,有权要求纠正,但无权直接撤销、改变或停止执行。其次,对刑事案件,有权进行侦查或交公安机关进行侦查,并于侦查终结后提起公诉并支持公诉。再次,对侦查机关的侦查工作、人民法院的审判工作、监所及劳动改造机关的活动是否合法,有权实行监督。又次,人民检察院有权派员列席有关机关的会议,向有关的机关、企业、合作社、社会团体调阅必要的决议、命令、案卷或者其他文件。最后,对有关国家和人民利益的重要民事案件有权提起诉讼或者参加诉讼。这种广泛的法律监督权称为"一般监督权"(我国现行检察机关相对狭隘的法律监督权称为"专门监督权")

检察委员会及检察员的任免。各级检察院设立检察委员会,实行集体领导,处理有关检察工作的重大问题。检察委员会及检察员的任免程序与各级法院相同。

中华人民共和国的检察制度直接来自于前苏联的检察制度,并与中国古代的监察制度非常类似。这一制度与西方近代检察制度,以及以西方检察制度为范本建立的中国近代检察制度存在着重大区别。

(三)司法行政体制

1. 1949—1954 年。1949 年 12 月 9 日,中央政府颁布《中央人民政府司法部试行组织条例》。该条例规定,中央人民政府司法部主持全国司法行政事宜。其职权包括:拟定司法行政政策;商同最高人民法院、最高人民检察署及大行政区人民政府或省(市)人民政府,设置、废止或合并地方审检机关,划分、变更其管辖区域;教育训练司法干部;分配、任免司法干部;司法统计;设置、废止、合并监狱,并对其进行指导、监督;拟定司法经费;宣传有关司法法令政策;律师与公证管理;撤销与纠正各地方司法机关与法令相抵触或不适宜的司法行政决定;督导与检查各地方司法机关的司法行政;调查各地方司法机关积案;等等。1950 年 8 月,第一届全国司法工作会议又增加了建立与推行新的律师工作与公证的职权。

各大行政区也设有司法部负责本区的司法行政工作。各省、市的司法行政工作由则各级人民法院的司法行政处负责。由于地方各级政府未设立专门的司法行政机关,而负责司法行政工作的人民法院审判任务很重,故根据 1950 年 11

月 3 日政务院发布的《关于加强人民司法工作的指示》,“关于监所管理,目前一般宜归公安部门负责,兼受司法部门指导”。于是司法部将监所及劳改管理职权交由了公安部。

1951 年 9 月 3 日,《人民法院暂行组织条例》规定,将各下级人民法院的司法行政工作改由上级司法部领导。1953 年 4 月召开的第二届全国司法会议决议,省、市以上人民政府设立司法行政处,县(市)人民法院仍兼负本级司法行政职权。

2. 1954—1957 年。1954 年 9 月 28 日公布的《人民法院组织法》规定,“各级人民法院的司法行政工作由司法行政机关管理”。其与各级法院之间的关系在前述“审判体制”中已有叙述。

(四) 司法干部体制

中华人民共和国废除了自清末以来建立的近代法官与检察官制度,实行司法干部制度。司法干部通常指法官、检察官和司法行政干部(包括律师)。司法干部与党务干部、行政干部没有严格区分,可以相互调配。没有专门化的司法官考试与司法官的职业化制度,更没有实行法官独立。司法干部的主要来源是,“调配一定数量的老干部,作人民司法机关的骨干,大量培养新干部,大胆选用旧司法人员”[①]。所谓调配老干部,是指在其他党政机关任职的党政军干部到司法系统;所谓培养新干部,是指对地方青年干部进行短期司法培训,或使用刚刚毕业的法律专业学生;所谓留用旧司法人员,是指留用民国时期的司法官,但对其进行政治教育和改造。

二、刑、民事诉讼制度

1954 年以前,中华人民共和国的刑、民事诉讼制度,基本上以省以上的各级人民政府、政务院发布的相关规定,最高法院及其分院发布的司法解释,以及中共中央的刑事政策等形式规定。

1954 年后,刑、民事诉讼制度开始规范化。规定刑、民事诉讼程序的主要法规与规范性文件有 1954 年 9 月 28 日公布的《人民法院组织法》、《人民检察院组织法》,12 月 20 日公布的《逮捕拘留条例》,1956 年 10 月 17 日最高人民法院向全国各级法院印发的《各级人民法院刑、民事案件审判程序总结(草稿)》。

此外,刑、民事诉讼法律制度的主要渊源就是最高人民法院对下级法院的请示所作的批复。

(一)《逮捕拘留条例》

《逮捕拘留条例》规定的是刑事诉讼中的强制措施种类及其适用程序。

① 《人民法院审判工作报告——最高人民法院吴溉之副院长在全国司法会议上的报告》,载《中央政法公报》第 18 期,1950 年 10 月 31 日。

1. 逮捕、拘留与取保候审。《逮捕拘留条例》规定，任何公民非经法院决定或检察院批准，不受逮捕；对反革命分子及其他可能判处死刑、徒刑的人犯（即嫌疑人），经法院决定或检察院批准，由法院、检察院或公安机关逮捕，并通知其家属。公安机关对人犯进行刑事拘留后，应在24小时内报请检察院批准，以决定是否逮捕。检察院不批准逮捕的，公安机关应立即释放。

对被拘留或逮捕者，必须在24小时内进行讯问。如发现不应拘留逮捕时，必须立即释放。罪行较轻的，可以取保候审。

2. 搜查。必要时，可以对人犯的身体、物品、住处或其他有关地方进行搜查。除紧急情况外，应出示搜查证。

3. 扣押邮件、电报。执行逮捕、拘留的机关，对被逮捕、拘留人犯的邮件、电报，认为有扣押必要的时候，可以通知邮电机关加以扣押。

（二）《各级人民法院刑、民事案件审判程序总结（草稿）》

《各级人民法院刑、民事案件审判程序总结（草稿）》虽不是正式的诉讼法规，但它是各级法院审判民事案件时适用的有效法律文件。它主要规定了各级法院对案件的受理、审理前的工作、审理裁判过程、上诉、再审及执行等程序。

三、人民调解制度

1954年3月22日，政务院颁布《人民调解委员会暂行组织通则》，在全国范围内统一了人民调解制度。此后，各省、市、自治区相继制定颁布了本地区的实施办法与细则。《人民调解委员会暂行组织通则》规定的基本内容有：

（一）人民调解委员会的性质与任务

人民调解委员会是群众性的调解组织，其任务是调解民间一般民事纠纷和轻微刑事案件。

（二）人民调解委员会的设立及组织

人民调解委员会在城市一般以公安派出所辖区或街道为单位，在农村则以乡为单位，分别由居民代表或乡人民代表大会推选。每年选举一次，连选得连任。

（三）人民调解工作的原则

1. 依法调解。

2. 双方当事人自愿调解。

3. 调解非起诉必经程序。

4. 人民调解与基层人民政府和基层人民法院的关系。

基层人民政府和基层人民法院，应加强对调解委员会的指导、监督，并帮助其工作。调解委员会调解的案件，如有违背政策法令情形，人民法院应予以纠正或撤销。

四、律师与公证制度

1950年7月20日，政务院公布的《人民法庭组织通则》规定，“县(市)人民法庭及其分庭审判案件时，应当保障被告人有权辩护及请人辩护的权利”。同年12月，中央人民政府司法部发出了《关于取缔黑律师及讼棍事件的通报》，指出“作为旧司法制度组成部分的旧律师制度已经废止，若旧律师仍有非法活动，对于法院威信及人民利益均有危害，应予取缔”。1950年8月，第一届全国司法工作会议赋予司法行政部以建立与推行新的律师工作与公证的职权，表明中华人民共和国即将建立新的律师制度。

1953年，《上海市人民法院办理民事案件暂行办法》规定，“刑事案件得由被告人申请审判长指定公设辩护人或由有关团体指派代表为其辩护人，审判长亦得迳行指定之”。这一公设辩护人与指定辩护人制度成为中华人民共和国最早的法定辩护制度。1954年7月31日，中央人民政府司法部发出《关于试验法院组织制度中几个问题的通知》，要求北京、上海等大城市先行开展律师业务。1954年的《人民法院组织法》规定，“被告人除自己行使辩护权外，可以委托律师为他辩护。……人民法院认为必要的时候，也可以指定辩护人为他辩护”。这是中华人民共和国正式法律中最早规定的辩护律师制度。1956年1月，国务院批准了司法部《关于建立律师工作的请示报告》，并规定了《律师收费办法》。

1951年《人民法院暂行组织条例》规定，公证由市和县法院组织办理。1956年初，司法部向国务院报送了《关于开展公证工作的请示报告》，经国务院批准在地方设立由司法行政机关主管的公证处。

与近代律师、公证制度不同的是，新律师、公证制度中的法律顾问处与公证处虽然也为民众提供法律服务机构，但不是独立的社会服务组织，而属于国家司法行政机关下的法律服务机关。律师与公证员也不再是独立的自由职业者，而是属于国家机关干部，不能独立地执业，只能接受法律顾问处与公证处的领导，以法律顾问与公证处的名义对外进行业务活动。

到1957年前，中华人民共和国已经初步形成了以宪法、行政法、婚姻法、经济法、法院组织法和检察院组织法为主体的法律构架。同时，刑法、民法、诉讼法等各项基本法典也正在起草中。新的法制秩序正在形成。

在进行正常法制建设的同时，这一时期也出现了以“人民战争”、“群众运动”的非法制形式进行的镇压反革命，以及“三反”、“五反”等大规模的社会运动，形成了由群众代替专门执行机构进行执法与司法的现象。

本章重点问题提示

学习本章应当注意以下重点问题：

1. 中华人民共和国法制相对于清末、民国的法制体系的基本特征。

中华人民共和国法制基本上是仿照前苏联法制体系建立起来的，它也属于中国法制现代化的进程中的一个阶段，但属于一个很特殊的阶段。要了解其基本特征，就必须将其与清末、民国时期的法制体系进行比较。

2. 了解中华人民共和国经济法制的必要性。

中华人民共和国经济法制对其他各项法制的决定作用要远远大于中国法制史上的其他各时期。

对中华人民共和国法制史的研究是从上个世纪90年代开始的。目前对这一领域的研究的重点主要有两方面：其一是对重要政治人物的法律思想研究，如毛泽东、刘少奇、董必武、邓小平的法律思想。其二是对中华人民共和国法制通史的全面描述。由于多方面原因，法制史学界对这一时期的法制史研究的广度与深度都非常有限。

思考题

1. 试述干部制度与民国文官制度的区别。
2. 试述人民检察制度与民国检察制度的区别。

参考文献

一、通论及古代部分

（一）普及入门类

梁治平等著:《新波斯人信札》,中国法制出版社 2000 年版。

范忠信、郑定著:《情理法与中国人》,中国人民大学出版社 1992 年版。

洪丕谟著:《法苑谈往》,上海书店 1991 年版。

包振远等著:《中国历代酷刑实录》,中国社会出版社 1998 年版。

郭建著:《古代法官面面观》,上海古籍出版社 1993 年版。

郭建著:《帝国的缩影:中国历史上的衙门》,学林出版社 1999 年版。

郭建著:《绍兴师爷》,上海古籍出版社 1995 年版。

刘星著:《中国法学初步》,广东人民出版社 1999 年版。

（二）法制史通论类

瞿同祖著:《中国法律与中国社会》,中华书局 1983 年版。

杨鸿烈著:《中国法律发达史》,商务印书馆 1930 年版。

杨鸿烈著:《中国法律思想史》,商务印书馆 1936 年初版,中国政法大学出版社 2003 年再版。

武树臣著:《中国传统法律文化》,北京大学出版社 1994 年版。

范忠信著:《中国法律传统的基本精神》,山东人民出版社 2001 年版。

梁治平著:《寻求自然秩序的和谐》,上海人民出版社 1991 年版。

梁治平著:《法辨:中国法的过去现在与未来》,贵州人民出版社 1992 年版。

张建国著:《中华法系的形成与发达》,北京大学出版社 1997 年。

张晋藩著:《中华法制文明的演进》,中国政法大学出版社 1999 年版。

张晋藩著:《中国法律传统与近代转型》,法律出版社 1998 年版。

张中秋著:《中西法律文化比较研究》,南京大学出版社 2000 年再版。

张晋藩主编:《中国法制通史》(多卷本,共 10 卷),法律出版社 1997 年版。

〔美〕布迪、莫里斯等著:《中华帝国的法律》,朱勇译,江苏人民出版社 1993 年版。

范忠信著:《中西法文化的暗合与差异》,中国政法大学出版社 2001 年版。

范忠信等编:《中国文化与中国法系:陈顾远法律史论集》,中国政法大学出版社 2006 年版。

（三）专题研究类

杨一凡主编:《中国法制史考证》15 卷本,中国社会科学出版社 2003 年版。

杨一凡著:《明大诰研究》,江苏人民出版社 1988 年版。

杨一凡著:《明初重典考》,湖南人民出版社 1984 年版。

钱大群著:《唐律研究》,法律出版社 1999 年版。

俞荣根著:《儒家法思想通论》,广西人民出版社1999年版。
〔日〕滋贺秀山著:《明清时期的民事审判与民间契约》,林剑鸣译,法律出版社1998年版。
郑秦著:《清代法律制度研究》,中国政法大学出版社1999版。
贺卫方等编:《美国学者论中国法律传统》,中国政法大学出版社1995年版。
戴建国著:《宋代法制初探》,黑龙江人民出版社2000年版。
俞荣根著:《道统与法统》,法律出版社1998年版。
何勤华著:《中国法学史》(上、下)法律出版社2000年版。
徐忠明著:《包公故事:一个考察中国法律文化的视角》,中国政法大学出版社2002年版。
何勤华著:《法律文化史论》,法律出版社1999年版。
杨廷福著:《唐律初探》,天津人民出版社1981年版。
陈寅恪著:《隋唐制度渊源略论稿》,商务印书馆1945年初版,北京三联出版社2004年再版。
陈寅恪著:《唐代政治史述论稿》,商务印书馆1943年初版,上海古籍出版社1997年再版。
倪正茂著:《隋律研究》,法律出版社1987年版。
戴炎辉著:《唐律通论》,台北正中书局1964年初版,台湾编译馆1964年版。
戴炎辉著:《唐律各论》,台北三民书店1965年初版,成文出版社1990年再版。
高明士主编:《唐律与国家社会研究》,台北五南图书公司1999年初版。
高明士主编:《唐代身份法制研究》,台北五南图书公司2003年初版。
潘维和著:《唐律学通义》(《唐律上的家族主义研究》),台北汉林出版社1979年版。
林咏荣著:《唐清律的比较及其发展》,台湾编译馆1982年版,
蔡墩铭著:《唐律与近世刑事立法之比较研究》,台湾五洲出版社1968年第2版。
劳政武著:《论唐明律对官人之优待》,台湾万年青书店1976年第2版。
向淑云著:《唐代婚姻法与婚姻实态》,台湾商务印书馆1991年第1版。
庄为斯著:《唐律疏议引得》,台北文海出版社1965年第1版。
杨廷福著:《唐律初探》,天津人民出版社1982年第1版。
乔伟著:《唐律研究》,山东人民出版社1985年版。
钱大群、钱元凯著:《唐律论析》,南京大学出版社1989年第1版。
钱大群、夏锦文著:《唐律同中国现代刑法比较论》,江苏人民出版社1991年第1版。
钱大群、郭成伟著:《唐律与唐代吏治》,中国政法大学出版社1994年第1版。
钱大群、艾永明著:《唐代行政法律研究》,江苏人民出版1996年第1版。
钱大群著:《唐律与唐代法律体系》,南京大学出版社1996年第1版。
钱大群著:《唐律研究》,法律出版社2000年第1版。
刘俊文、池田温主编:《中日文化交流史大系(2)法制卷》,浙江人民出版社1996年版。
刘俊文著:《唐代法制研究》,台湾文津出版社1999年第1版。
杨鹤皋著:《魏晋隋唐法律思想研究》,北京大学出版社1995年第1版。
俞荣根、吕志兴著:《唐律学》,载《国学通览》,北京,群众出版社1996年版。
王立民著:《唐律新探》,上海市社会科学院出版社1993年第1版。
薛军著:《唐朝经济法论》,北京文津出版社1993年版。
王震亚著:《敦煌残卷争讼文牒集释》,甘肃人民出版社1993年版。

李锦绣著:《唐代制度史略论稿》,中国政法大学出版社 1998 年版。

张中秋著:《唐代经济民事法律述论》,法律出版社 2002 年版。

徐忠明著:《法学与文学之间》,政法大学出版社 1999 年版。

朱勇著:《清代宗族法研究》,湖南教育出版社 1988 年版。

怀效锋著:《明清法制初探》,法律出版社 1999 年版。

陈燎原著:《从法制到法治》,法律出版社 1998 年版。

〔日〕西田太一郎著:《中国刑法史研究》,段秋关译,北京大学出版社 1988 年版。

杨鸿烈著:《中国法律在东亚诸国之影响》,政法大学出版社 1998 年版。

刘海年著:《战国秦代法制管窥》,法律出版社 2006 年版。

黄中业著:《秦国法制建设》,辽沈书社 1991 年版。

〔日〕大庭脩著:《秦汉法制史研究》,林剑鸣等译,上海人民出版社 1991 年版。

〔日〕堀毅著:《秦汉法制史论考》,法律出版社 1988 年版。

栗劲著:《秦律通论》,山东人民出版社 1985 年版。

常建华著:《明代宗族研究》,上海人民出版社 2005 年版。

陈国平著:《明代行政法》,法律出版社 1998 年版。

(四)史料及工具书类

杨一凡主编:《中国珍惜法律典籍集成》,科学出版社 2000 年版。

杨一凡主编:《中国珍惜法律典籍集成续编》,科学出版社 2004 年版。

杨一凡主编:《历代判例判牍》,中国社会科学出版社 2005 年版。

武树臣主编:《中国传统法律文化辞典》,北京大学出版社 1999 年版。

《睡虎地秦墓竹简》,文物出版社 1978 年版。

《张家山汉墓竹简》,文物出版社 2000 年版。

《唐律疏议》,刘俊文点校,中华书局 1988 年版。

曹漫之主编:《唐律疏议译注》,吉林人民出版社 1989 年第 1 版。

钱大群著:《唐律译注》,江苏古籍出版社 1988 年第 1 版。

刘俊文著:《唐律疏议笺解》,中华书局 1996 年第 1 版。

刘俊文著:《敦煌吐鲁番法制文书考释》,中华书局 1989 年第 1 版。

《唐明律合编》,怀效锋点校,法律出版社 1997 年版。

汪潜:《唐代司法制度——〈唐六典〉选注》,法律出版社 1985 年版。

〔日〕仁井田陞辑:《唐令拾遗》,栗劲等译,长春出版社 1998 年版。

《唐六典》,陈仲夫点校,中华书局 2005 年版。

〔日〕仁井田陞辑:《唐令拾遗》,栗劲等译,长春出版社 1998 年版。

〔日〕仁井田陞辑:《唐令拾遗补》,日本东京大学出版会 1997 年版。

程树德著:《九朝律考》,中华书局 1983 年版。

沈家本著:《历代刑法考》,四册,中华书局 1988 年版。

《历代刑法志》,丘汉平辑录,群众出版社 1987 年版。

《大明律》(附《大明令》、万历《问刑条例》),法律出版社 1999 年版。

《明大诰》,杨一凡校勘,江苏人民出版社 1988 年版。

(明)申时行等修撰:《明会典》,中华书局 1989 年版。
《大清律例校注》,田涛、郑秦点校,法律出版社 1998 年版。

二、近现代部分

《大清光绪新法令》,商务印书馆 1905 年版。
故宫博物院编:《清末筹备立宪档案史料》,全二册,中华书局 1979 年版。
曾宪义、张晋藩著:《中国宪法史略》,北京出版社 1979 年版。
韦庆远等著:《清末宪政史》,中国人民大学出版社 1993 年版。
谢振民著:《中华民国立法史》,中国政法大学出版社 1999 年版。
马小泉著:《国家与社会(清末地方自治与宪政改革)》,河南大学出版社 2000 年版。
薛梅卿著:《中国监狱史》,群众出版社 1986 年版。
刘哲民编:《近现代出版新闻法规汇编》,学林出版社 1992 年版。
钱实甫著:《北洋政府时期的政治制度》,中华书局 1984 年版。
蔡鸿源主编:《民国法规集成》,黄山书社 1999 年版。
大理院编:《大理院判例要旨汇览》,正集,1919 年第一、二卷;续集,1923 年。
最高法院编:《最高法院判例要旨》,全三册,大东书局 1944 年版。
最高法院编:《最高法院判例要旨》,大东书局 1946 年版。
卫挺生、杨承厚著:《中国现行主计制度》,商务印书馆 1948 年版。
郭卫编:《大理院解释例全文》,上海法学编译社 1932 年版。
韩延龙主编:《中国革命时期根据地法制文献选编》,十卷,中国社会科学出版社 1984 年版。
张希坡、韩延龙、杨永华著:《革命根据地法制史》,法律出版社 1994 年版。
韩延龙主编:《中华人民共和国法制通史》(上、下),中共中央党校出版社 1998 年版。
张乐天著:《告别理想——人民公社制度研究》,上海人民出版社 2005 版。
赵德馨著:《中华人民共和国经济史(1949—1966)》,河南大学出版社 1988 年版。
国务院法制局编:《中华人民共和国法规汇编》,法制出版社 1980～2004 年版。
陈景良著:《当代中国法律思想史》,河南大学出版社 1997 年版。
曾宪义主编:《中国检察制度史略》,中国检察出版社 1992 年版。
北京政法学院编:《中华人民共和国刑法参考资料》,1956 年。
北京政法学院编:《中华人民共和国民法参考资料》,1956 年。
北京政法学院编:《中华人民共和国行政法参考资料》,1956 年。
北京政法学院编:《中华人民共和国审判法参考资资料》,1956 年。

后 记

我们是一群多年从事法律史教学和研究的学人。因为从事法律史教学多年，每每有些心得体会。对我们多年使用的各种教材，我们虽然从中学到了不少东西，受了不少启发，但也常常感到局限尚多，迫切需要改进，需要发展。我们自己过去也参加过一些教材的写作，但因为常常是以局部加入别人的整体，又因为常常是“急就章”，所以也未能对自己所看到的问题加以实际修正和补充。去年以来，我们就编写一部新的中国法制史教材问题，进行过集体思考，最后形成了本书的基本写作框架。应该说这一教材写作框架亦即解说中国法制史五千年发展历程的思路是有新意的。这一思路受俞荣根、范忠信、刘笃才主编的《中国法律思想史》（法律出版社 2000 年版）的影响。俞荣根先生最先提出要把中国法律思想的发展历程分为起源时期、争鸣时期、整合时期、定型时期、变革时期等五个时期。受其启发，范忠信主张在本书的写作中也以这五个时期来划分中国五千年法律制度史，得到大家的同意。因为法律制度的发展与法律思想的发展本来就有平行或对应的关系，同时中国法制的发展史分为这五个阶段也比较合乎事实。当然，把“争鸣”时期作为中国法律制度传统的一个发展时期，也许有人认为不妥当，但是我们认为春秋战国时期列国的变法改革从制度上讲本来就是一种百家竞赛、百家试验的状态，将这种状态称为“争鸣”没有什么不妥。除这种编写框架思路上的创新外，本书在原始法制萌芽部分、春秋战国部分、辽夏金部分、新中国部分增加的内容较多，有些是填补从前教材的空白。此外，我们于每章都特别强调各个朝代法制史的最大特色并彰显于标题。我们坚信我们的改革是有意义的。

本书是大家分工合作的结果。具体分工是：

范忠信：主编，执笔导论、第一章、第二章、第三章、第九章、第十一章、第十二章、第十七章；撰写古代部分全部 17 章之内容提要、关键词、重点问题提示、思考题、参考书目；撰写古代部分四编之“本编概述”；修改增补第四、五、六、七章；修订前四编所有各章。

陈景良：主编，执笔第十三章、第十五章。

武乾：副主编，执笔第十八章、第十九章、第二十一章，修订第五编（近现代编）全部四章，并撰写此四章之内容提要、关键词、重点问题提示、思考题、参考书目。

李艳华（中南财经政法大学法律史教研室主任、硕士生导师组副组长，副教授）：执笔第十章。

春杨（法学博士，硕士生导师，副教授）：执笔第二十章。

孙丽娟（法学博士，硕士生导师，副教授）：执笔第十四章。

陈会林（法学博士，硕士生导师，副教授）执笔第十六章。

陈敬刚（法学博士，讲师）：执笔第八章。

易江波（博士生，湖北警官学院讲师）：执笔第四章。

汤建华（法学硕士，华中农业大学讲师、系副主任）：执笔第七章。

黄东海（博士生）：执笔第五章，部分章节的校读。

罗鑫（博士生，讲师）：执笔第六章。

另外，博士生汪雄涛、毕巍明、李永伟、李栋、张文勇、徐会超、王伟等同学也参与了本书的校读工作。

北京大学出版社李霞老师、周志平老师、谢海燕老师督促本书编写，审读书稿，指误多处，多有辛劳，谨致谢忱！本书归根结底还是一个急就章，我们期待来年认真修订完善。

本书编写组

2007 年 7 月 12 日于武昌南湖文溯楼法律文化研究院